D1395999

Zum Buch

Howard Marks war der größte Haschisch-Dealer aller Zeiten. Er stammt aus Wales, besuchte das ehrwürdige Balliol-College der Universität Oxford, studierte Physik und philosophierte über gälische Sprachelemente bei Indianersprachen. Als Dope-Dealer arbeitete er mit durchgedrehten IRA-Aktivisten, mit sizilianischen Paten und Mitgliedern des britischen Geheimdienstes. Er schmuggelte Marihuana in Särgen über den Flughafen von Shannon oder transportierte den »Brennstoff« der Woodstock-Generation in ausgehöhlten Lautsprecherboxen einer nichtexistierenden Band namens Laughing Grass. Zeitweise galt Howard Marks alias Mr Nice den US-Behörden als Staatsfeind Nr. 1. Als sie ihn 1988 schließlich erwischten, wurde er zu 25 Jahren Gefängnis verurteilt, Mitte der Neunzigerjahre aber frühzeitig entlassen. Seine Biografie wurde ein weltweiter Bestseller, der 2009 mit Rhys Ifans *(Notting Hill)* und Chloë Sevigny *(American Psycho)* in den Hauptrollen verfilmt wurde.

Pressestimmen

»Eine rundum amüsante und humorvolle Lektüre.« *Frankfurter Allgemeine Zeitung*

»Nicht nur ein dreister Dealer, er war der Märtyrer der Haschischraucher.« *Spiegel*

Zum Autor

Howard Marks, Jahrgang 1945, geboren in Kenfing Hill in Wales, war Physikstudent in Oxford. Durch den ersten Joint veränderte sich sein Leben. Er begann mit Haschisch zu dealen. Zuerst um sich selbst und seine Studienkollegen zu versorgen, dann um die gesamte Uni zu beliefern und sehr bald um in ganz England, Europa und weltweit aktiv zu werden. Eine gigantische Fahndungsaktion der DEA führte 1988 in Spanien zu seiner Verhaftung. Er wurde an die USA ausgeliefert und in Miami zu 25 Jahren Hochsicherheitsgefängnis verurteilt. 1995 wurde er frühzeitig entlassen und schrieb seine Biografie, der weitere Bücher folgen sollten. Heute ist er Legalisierungsbefürworter von Cannabis, lebt in Leeds, West Yorkshire, England, und bereist mit seiner Ein-Mann-Show die ganze Welt.

Website: www.howardmarks.name

HOWARD MARKS
MR NICE

Aus dem Englischen
von Carola Giese

WILHELM HEYNE VERLAG
MÜNCHEN

Die englische Originalausgabe MR NICE erschien 1996
bei Secker & Warburg, Random House UK, London

FSC

Mix
Produktgruppe aus vorbildlich
bewirtschafteten Wäldern und
anderen kontrollierten Herkünften

Zert.-Nr. SGS-COC-1940
www.fsc.org
© 1996 Forest Stewardship Council

Verlagsgruppe Random House FSC-DEU-0100
Das für dieses Buch verwendete FSC-zertifizierte Papier
Holmen Book Cream liefert Holmen Paper, Hallstavik, Schweden.

Inhalt

	Einleitung	9
eins	Engländer	12
zwei	Master Marks	40
drei	Mr Marks	85
vier	Mr McCarthy	120
fünf	Mr Hughes	166
sechs	Albi	197
sieben	Mr Nice	263
acht	Howard Marks	295
neun	Marks	327
zehn	Mr Dennis	378
elf	D. H. Marks	434
zwölf	Mr Tetley (eigentlich nicht)	483
dreizehn	Dennis Howard Marks	520
vierzehn	Señor Marco	552
fünfzehn	Marco Polo	587
sechzehn	41526-004	630
siebzehn	Daddy	660
	Danksagung	703

Für meinen Sohn, Patrick Marks

Einleitung

Langsam gingen mir die Ausweise aus, zumindest solche, die ich noch benutzen konnte. In ein paar Wochen wollte ich nach San Francisco, um mehrere Hunderttausend Dollar von einem Kerl abzuholen, der vorhatte, seine Beziehungen zu mir und zu einem korrupten Zöllner bei der Importabteilung des San Francisco International Airport auszunutzen.

Einige Jahre zuvor war ich zum meistgesuchten Mann Großbritanniens erklärt worden, einem Haschischschmuggler mit nachgewiesenen Verbindungen zur italienischen Mafia, zur *Brotherhood of Eternal Love,* der IRA und dem britischen Geheimdienst. Ich brauchte dringend eine neue Identität. Nacheinander war ich schon ungefähr zwanzig verschiedene Personen gewesen, was durch einen Ausweis, einen Führerschein oder andere Existenzbelege bewiesen werden konnte, doch waren alle meine Identitäten entweder durch Freunde/ Feinde entdeckt worden, oder sie waren unbrauchbar, weil sie in kompromittierenden Zusammenhängen bei früheren Deals bekanntgeworden waren.

Wir fuhren nach Norwich. Nach einigen unangenehmen

Treffen mit Mittelsmännern wurde ich einem ruhigen Typen namens Donald vorgestellt. Ich hätte nicht sagen können, ob er trank, kiffte oder einfach straight war. In seiner Küche gab es keinerlei Hinweise. Er sah eigentlich ganz normal aus, nur dass seine Augen tanzten wie die eines Gauners.

»Hier draußen können wir uns in Ruhe unterhalten«, sagte er und führte mich zu einem Schuppen im Garten.

»Ich brauche einen Ausweis, Don, einen, der durch alle Kontrollen kommt.«

»Du kannst meinen haben. Ich werde ihn nicht brauchen. Es gäbe da allerdings ein Problem.«

»Nämlich?«

»Ich habe gerade zwölf Jahre von einmal lebenslänglich wegen Mordes abgesessen.«

Überführte Mörder sind zwar vorbestraft, werden aber an Landesgrenzen selten abgewiesen. Sie werden lediglich als Gefahr für Einzelne angesehen, nicht so sehr als Bedrohung für die Gesellschaft als solche. Letzteres traf gewöhnlich nur auf Dopedealer und Terroristen zu.

»Ich geb dir tausend Pfund«, antwortete ich, »und ein paar Hundert, wenn ich gelegentlich noch mehr Material brauche.«

Ich dachte dabei an Führerschein, Krankenversicherungskarte, Ausweis der Stadtbücherei. Es ist immer verdächtig, nur einen Ausweis und sonst gar nichts zu haben. Wenn man dagegen noch die Mitgliedskarte des örtlichen Billardclubs vorlegen kann, die billig und ohne Nachweis der Identität zu haben ist, so ist die erwünschte Glaubwürdigkeit schon erreicht.

»Das ist der beste Deal, den mir je einer vorgeschlagen hat.«

»Wie heißt du mit Nachnamen, Don?«, fragte ich. Mir waren schon einige ziemlich furchtbare angehängt worden.

»Nies.«

»Wie schreibt sich das?«

»N I C E. Wie die Stadt am Mittelmeer.«

Wie Don seinen Namen aussprach war seine Sache. Ich wusste, ich würde ihn anders aussprechen. Ich wurde gerade zu Mr Nice.

eins

ENGLÄNDER

»Marks!«, brüllte der Wärter. »Ihre Nummer!«

»41526-004«, murmelte ich noch im Tiefschlaf. Meine Nummer wurde ebenso häufig verwendet wie mein Name, und ich kannte sie genauso gut.

»Packen Sie Ihren Kram!«, befahl er. »Sie gehen!«

Langsam wurde ich wach. »Ja, ich gehe.« Ich verließ El Reno.

El Reno, Oklahoma, ist der Sitz der Zentrale für Gefangenentransporte des *Federal Bureau of Prisons* und beherbergt ein- bis zweitausend Gefangene, die von ein paar Hundert Wärtern versorgt, herumkommandiert und gepiesackt werden. Jeder Häftling, der von einem staatlichen Gefängnis der USA in ein anderes verlegt wird, kommt durch El Reno. Selbst wenn er von North Dakota nach South Dakota verlegt wird, muss er erst nach El Reno. Ich war schon fünfmal dort. Einige waren schon über fünfzigmal dort gewesen. Teure Unlogik und Ineffizienz stört die Monster amerikanischer Bürokratie nicht sonderlich, und die Steuerzahler stellen ihnen ganz eifrig und begeistert im Namen der Verbrechensbekämpfung Unsummen zur Verfügung. Die US-amerikanischen Steuerzahler geben mehr Geld für Gefängnisplätze aus als für Studienplätze. Die amerikanische Überzeugung, dass Gefängnisse das beste Mittel zur Verbrechensbekämpfung seien, hat dazu geführt, dass in diesem Land mindestens fünfmal so viele Verhaftungen vorgenommen werden wie in den meisten anderen Industrienationen.

Die Gefängnisse sind chronisch überfüllt. Die Haftbedingungen sind erschreckend, sie reichen von absoluter Isolation in fensterlosen Zellen bis zu stumpfer, sinnloser Brutalität.

Meistens werden die Gefangenen in Flugzeugen nach El Reno gebracht, welche die US-Regierung von kolumbianischen Drogenkartellen konfisziert hat – Kartelle, die Milliarden Dollars Profit aus Amerikas Krieg gegen die Drogen geschlagen haben. Es gibt mindestens zwei große Airliner, in die jeweils weit über Hundert Passagiere passen, und viele kleinere Flugzeuge für bis zu dreißig Personen. Jeden Tag kommen hier drei- bis sechshundert Gefangene an und andere gehen. Ankunft ist am späten Nachmittag oder abends, Abflug früh morgens. Ein Flug vom *Federal Bureau of Prisons* ist eine anstrengende und unangenehme Angelegenheit. Mein einziger Trost war, dass dies mein letzter Flug bei dieser Gesellschaft, Conair genannt, sein würde – der letzte von über einem Dutzend. In drei Wochen würde ich entlassen werden. Am selben Tag wie Mike Tyson. Die letzten sechseinhalb Jahre hatte ich ohne Unterbrechung im Gefängnis verbracht, weil ich wohltuende Kräuter von einem Ort zum anderen gebracht hatte, während er drei Jahre wegen Vergewaltigung gesessen hatte.

›Meinen Kram packen‹ hieß so viel, wie meine schmutzige Bettwäsche in einen Kopfkissenbezug zu stecken. In El Reno war keinerlei persönlicher Besitz zugelassen. Ich packte meinen Kram.

Zusammen mit sechzig oder siebzig anderen wurde ich in eine Wartezelle gebracht, um abgefertigt zu werden. Unsere Namen, Nummern, Fingerabdrücke und Fotos wurden eingängig geprüft, um sicherzugehen, dass wir die waren, die wir behaupteten zu sein. Unsere Gesundheitsunterlagen wurden sorgfältig durchgelesen, damit, falls jemand AIDS, TB oder irgendeine andere furchtbar ansteckende Krankheit hatte, das richtige Kästchen auf dem Formular angekreuzt wurde. Nacheinander mussten wir uns nackt ausziehen und uns aufs Pingeligste untersuchen lassen. Diese Prozedur wurde ›Abschütteln‹ *(shakedown)* genannt. Drei Wachen, bescheuerte Rednecks aus Oklahoma, beobachteten mich aus widerwärtiger Nähe, während ich mir mit den Fingern durch die Haare fuhr, den Kopf schüttelte, an meinen Ohren zog, um das Schmalz zu zeigen, den Mund öffnete, das Gebiss vom *Bureau of Prisons* herausnahm, die Arme hochstreckte, um meine Achseln zu zeigen, den Sack anhob, die Vorhaut von meinem Schwanz zurückzog, mich umdrehte, um meine Fußsohlen zur Schau zu stellen, und mich schließlich vornüberbeugte und dabei meine Pobacken auseinanderhielt, damit die Deppen meinen After als Teleskop benutzen konnten. Ein Gefangener der USA muss diese Erniedrigungen vor und nach jedem Besuch von seiner Familie, seinen Freunden, seinem Anwalt oder dem Pastor durchführen sowie bei jedem Betreten und Verlassen einer Haftanstalt. Ich hatte sie schon tausendmal durchexerziert. Die drei Berufsspanner rissen dieselben Witze, die Gefängniswärtern beim Abschütteln offenbar nie langweilig werden: »Hey, das Loch kenn ich doch! Warst du nicht vor drei Jahren schon mal hier?«

Während all dieser Vorbereitungen zur Abreise fragte ich bei den anderen Gefangenen herum, wo sie meinten, dass sie hingeflogen werden sollten. Es war wichtig, sicherzugehen, dass ich nicht aus Versehen an den falschen Ort gebracht wurde, was recht häufig vorkam. Manchmal waren solche Versehen Absicht – Bestandteil der sogenannten ›Dieseltherapie‹, die oft bei schwierigen Häftlingen angewandt wurde. Sie besteht darin, den Gefangenen immer in Bewegung zu halten und ihn so daran zu hindern, Kontakte zu knüpfen. Eine solche ›Behandlung‹ kann bis zu zwei Jahre dauern. Ich sollte nach Oakdale, Louisiana, gebracht werden. Dort begann für fremde Straftäter (das Wort ›fremd‹ wurde dem Wort ›ausländisch‹ vorgezogen), die bald entlassen werden sollten, der erfreuliche Prozess ihrer Entfernung aus den Vereinigten Staaten und der Rückkehr in die Zivilisation. Leichte Panik stieg in mir auf, als einige meiner schon durchsuchten Genossen sagten, sie gingen nach Pennsylvania. Andere meinten, sie gingen nach Michigan. Aus Sicherheitsgründen sollen die Gefangenen nicht wissen, wohin sie gebracht werden. Oft wissen sie nicht einmal, wann. Schließlich traf ich einen, der ebenfalls annahm, er werde nach Oakdale gebracht. Er war ein ruhiger, gescheiter Marihuanaschmuggler, der es kaum erwarten konnte, seine zehnjährige Haftstrafe abgesessen zu haben und in seine geliebte und sehnsüchtig vermisste Heimat Neuseeland zurückkehren zu können. Er sagte, er wisse genau, dass es nur eine Flugstunde von El Reno nach Oakdale sei.

Wir erhaschten einen Blick auf eine Uhr. Es war zwei Uhr morgens. Dann wurden wir mit unserer Reisekleidung ausgestattet: ein Hemd ohne Ärmel und ohne Taschen, eine Hose ohne Taschen, Socken, Unterwäsche und ein Paar sehr leichte Schuhe, wie für den Strand, made in China. Als Nächstes kam der Teil der Prozedur, der noch verhasster ist als das Abschütteln – die Heavy-Metal-Prozedur. Handschellen um die Handgelenke, Ketten um die Hüfte, weitere Ketten von den Ketten um die Hüften zu den Handschellen, und Fußfesseln. Wenn jemandem, so wie mir, nachgesagt wird, er neige zu Gewalt oder Fluchtversuchen, so kommt noch ein weiterer schwerer Metallklotz dazu: die sogenannte ›Black Box‹, eine Art tragbarer Pranger, nur ohne das Loch für den Kopf. Dieses Stück macht die Handschellen völlig steif und zwingt einen dazu, immer beide Hände gleichzeitig zu bewegen. Es wird an die Ketten um die Hüfte angekettet und mit einem Schloss gesichert. Ich habe niemals versucht, von irgendwo zu entfliehen, und habe nie jemand angegriffen oder auch nur bedroht. Den Informationen, die Special Agent Craig Lovato von der *US Drug Enforcement Administration* (DEA) dem *US Federal Bureau of Prisons* übermittelt hat, ist aber offensichtlich zu entnehmen, dass ich einen Abschluss von Oxford habe, Mitglied des britischen Geheimdienstes bin und mich aus Situationen befreien kann, in die Houdini nicht einmal hineinkäme.

Wir wurden in eine andere Wartezelle gebracht. Zwei oder drei Stunden waren vergangen, seit wir geweckt worden waren; weitere zwei oder drei würden vergehen, bevor wir mit dem Bus zum Flughafen von Oklahoma City gefahren werden würden. Wir saßen herum und unterhielten uns. Wir verglichen die Bedingungen in verschiedenen Gefängnissen in etwa so, wie ich mich früher über die Vor- und Nachteile der unterschiedlichen First-Class-Hotels ausgelassen hatte. Zigarettenstummel, die auf wunderbaren Wegen durch das Abschütteln geschmuggelt worden waren, wurden herausgeholt und führten zu Streitereien. In solchen Momenten war ich immer froh, dass ich (nach fünfunddreißig Jahren regelmäßigen Konsums) aufgehört hatte, Tabak zu rauchen. Ketten schepperten und rasselten, während die Gefangenen zu der einzigen Toilettenschüssel schlurften und unter einigen Verrenkungen ihre Hosen öffneten und sich erleichterten.

Nach staatlichem Gesetz müssen Häftlinge mindestens alle vierzehn Stunden einmal zu essen bekommen. Jedem Gefangenen wurde eine braune Papiertüte mit zwei hart gekochten Eiern, einer Packung ›Jungle Juice‹, einem Apfel und einem Granola-Riegel gegeben. Sofort begann angeregtes Handeln mit den einzelnen Nahrungsmitteln.

Die Tür der Wartezelle wurde geöffnet. In unseren ärmellosen Hemden wurden wir hinausgeführt. Draußen herrschte eine Eiseskälte. Noch einmal wurden wir gezählt, abgetastet, unsere Gesichter mit Fotos verglichen, dann wurden wir zum glücklicherweise beheizten Bus gebracht. Aus dem Radio plärrten die zwei Arten Musik, die dumme Rednecks aus Oklahoma kennen – Country und Western.

Wegen der vereisten Straßen ging die Fahrt zum Flughafen recht langsam vonstatten. Wir mussten lange am Rand der Piste warten, bis uns die Wachen endlich an die United States Marshals übergaben, von denen aber keiner so aussah wie Wyatt Earp. Sie kümmern sich um den Transport von staatlichem Eigentum (zum Beispiel uns) über die Grenzen von einem Bundesstaat zum anderen. Manche von ihnen sind weiblich, oder so was Ähnliches. Bald würde ich echte Stewardessen zu sehen bekommen – und dann meine Frau.

Nach einer Stunde in der Luft landeten wir auf einem Militärflughafen. Namen wurden aufgerufen, und einige Passagiere verließen das Flugzeug. Mein Name war nicht darunter. Panik stieg in mir auf, doch dann sah ich, dass auch der Neuseeländer noch an Bord war. Allerdings sah er auch besorgt aus. Andere Gefangene kamen an Bord und erzählten uns, wir seien in Memphis. Wir hoben wieder ab und landeten eine Stunde später tatsächlich in Oakdale. Ein Bus brachte uns zum Gefängnis, wo man uns die Ketten abnahm, uns durchsuchte, uns zu essen gab und uns der üblichen Abfertigungsprozedur unterzog. Ich fing an, mich auf die diversen Annehmlichkeiten zu freuen, die es üblicherweise in staatlichen Gefängnissen gab: einen Tennisplatz, eine Joggingbahn, eine Bibliothek.

Abgefertigt zu werden ist eine nervende und langwierige Angelegenheit, aber die meisten von uns hatten den Prozess schon Dutzende Male durchlaufen. Jeder Neuankömmling muss von einem Arzthelfer untersucht und von einem Screening Counsellor beurteilt werden, ferner etwas zu essen sowie neue Kleidung bekommen, die wenigstens halbwegs passen sollte. Das klingt alles nicht so schwierig, dauert aber mehrere Stunden.

Der Screening Counsellor hat die Aufgabe zu entscheiden, ob ein Gefangener zusammen mit allen anderen Häftlingen untergebracht werden kann oder nicht. Wenn nicht, wird er im ›Loch‹ eingesperrt, einem sehr unbequemen Gefängnis innerhalb des Gefängnisses. Es gibt verschiedene Gründe, einen Gefangenen von den anderen zu trennen. Gelegentlich beantragt ein Häftling diese Trennung auch selbst, wenn er zum Beispiel gewarnt worden ist, dass ein anderer Häftling in diesem Gefängnis es auf ihn abgesehen hat, etwa um alte Spielschulden zu begleichen oder weil er ihn einmal betrogen hat. Er könnte befürchten, vergewaltigt, erpresst oder als Verräter entlarvt zu werden. Insbesondere wenn sie bald entlassen werden sollen, beantragen Häftlinge ihre Isolierung, einfach um die Gefahr zu verringern, wegen irgendeiner Unachtsamkeit Ärger zu bekommen. Dumme Fehler gilt es vor allem in dieser Phase so weit wie möglich zu vermeiden. Außerdem sind alle Häftlinge gezwungen, eine sinnvolle Arbeit zu verrichten, und sich im Loch einsperren zu lassen ist eine der wenigen Möglichkeiten, dieser Pflicht aus dem Weg zu gehen. Anträge können jederzeit gestellt werden – hineinkommen ist einfach, herauskommen jedoch sehr schwierig. Meistens entscheidet der *Screening Counsellor,* wer wo hinkommt, und dabei werden die geringsten Anlässe als Vorwand für eine Einweisung ins Loch genommen: Gewalttätigkeit, Fluchtversuche, Verbindungen zu Banden oder irgendwelche Auffälligkeiten reichen schon aus für zumindest einen kurzen Aufenthalt im Loch. Meine Akte strotzte nur so vor absurden Behauptungen über Ausbruchsversuche, aber wegen der kurzen Zeit, die mir noch blieb, machte ich mir deshalb keine Sorgen. Es war der dritte März, und am fünfundzwanzigsten sollte ich auf Bewährung entlassen werden. Kein sonderlich sinnvoller Zeitpunkt, um zu versuchen, abzuhauen, doch ist es der amerikanischen Exekutive verboten, Entscheidungen im Sinne des gesunden Menschenverstands zu fällen.

Trotz tapferer Versuche hatte ich seit über zwölf Stunden nicht gepinkelt. In den Wartezellen drängen sich immer die Raucher um die Toilette, und ich habe es bis heute nicht fertigbekommen zu pissen, wenn ich über und über mit Ketten behängt bin und in einem Kabinchen mit Druckausgleich neben einem depperten Marshal stehe, dessen Job es ist, auf meinen Schwanz zu starren und aufzupassen, dass er sich nicht urplötzlich in eine furchtbar gefährliche Waffe oder ein großes Piece verwandelt. Ich platzte fast. Mein Name wurde als Erster aufgerufen. Ich ging in das Büro des *Screening Counsellors*. Sofort fiel mir ein Schreiben auf seinem Schreibtisch auf, das offensichtlich mich betraf und auf dem das Wort Fluchtgefahr leuchtend gelb angestrichen war.

»Nein!«, fuhr es mir durch den Kopf. »So verrückt können die doch gar nicht sein.«

Aber ich wusste, sie konnten. Meine angeblichen früheren Fluchtversuche verwendeten sie zwar nicht gegen mich, ins Loch gesteckt wurde ich aber trotzdem. *Der Screening Counsellor* erklärte mir, dass es sich nicht lohnen würde, mich dem ganzen langwierigen Prozess der Zulassung und der Orientierung im gewöhnlichen Gefängnis zu unterziehen, da ich ja nicht einmal mehr dreißig Tage bleiben würde. Ihm war egal, wer ich war. Es war alles nur Politik.

»Wie soll ich die Einwanderungsbehörden kontaktieren, um nach England gebracht zu werden? Wie soll ich meinen Pass bekommen? Wie soll ich mir ein Flugticket besorgen, um aus diesem fürchterlichen Land auszureisen, wenn ich nicht telefonieren oder Briefe schreiben darf?«

»Machen Sie sich darum keine Sorgen«, sagte der Beamte. »Unsere Leute werden zu Ihnen kommen, Ihnen sagen, wie Ihre Sache steht, und dafür sorgen, dass Sie so viele Telefonate führen und Briefe schreiben dürfen, wie Sie müssen.«

Wie leicht sie ihre Lügen über die Lippen bringen. Der Neuseeländer bemerkte mein ernstes Gesicht, als ich in die Wartezelle zurückkehrte.

»So was Dummes. War nett, dich kennengelernt zu haben, Engländer. Pass auf dich auf.«

Ich war außer mir vor Wut. Ich ging zum Klo, das eng umringt war von Rauchern, die mir auf den Schwanz starrten.

»Fickt euch«, dachte ich, und ließ einen Strahl stinkender, dunkelgrüner Brühe ins Becken.

Es war das letzte Mal, dass ich Schwierigkeiten beim Pinkeln hatte. Ein paar Stunden später wurde ich aus der Wartezelle herausgerufen, bekam die Hände hinter den Rücken gebunden und wurde ins Loch gebracht.

Das Loch in Oakdale hatte etwa vierzig Zellen. Wer hier hinkommt, muss unter Aufsicht in einem Käfig duschen, sich Mund, Vorhaut und After untersuchen lassen und bekommt ein Paar Unterhosen, Socken, ein Paar Pantöffelchen (*made in China*) und einen sterilisierten, übergroßen Strampelanzug. Ansonsten war ohne Kampf nichts zu kriegen. Ich war schon vor langer Zeit an einem Punkt angelangt, an dem mir erniedrigende Rituale nichts mehr ausmachten. Hatten sie mir meine Würde genommen, oder war sie im Gegenteil so groß, dass sie nicht verletzt oder angekratzt werden konnte?

Die meisten Vollzugsbeamten in Louisiana sind schwarz. Ein schwarzer Wachhabender nahm meine persönlichen Daten auf. Die Wärter im Loch interessieren sich nicht dafür, warum jemand dort ist. Es hätte absolut keinen Zweck gehabt, erklären zu wollen, dass ich mir keine disziplinarische Verfehlung hatte zuschulden kommen lassen, sondern nur in dieser Strafabteilung gelandet war, weil ich fast frei war. Das hatten sie alles schon tausendmal gehört. Manchmal war es die Wahrheit, manchmal nicht. Stattdessen wendete ich meinen üblichen Trick an, das heißt, ich war über alle Maßen freundlich und höflich. Es war der einzige Weg, um an Bücher, die nötigen Briefmarken, Umschläge, Stifte und Papier zu kommen. Dem Wachhabenden gefiel mein Akzent; er gab eine fast erkennbare Imitation von John Gielgud zum Besten, der im Fernsehen oft die britischen Lords spielte. Ich entsann mich meiner besten Oxford-Aussprache und nannte ihn ›Milord‹. Er schmolz dahin. Klar könnte ich ein paar Bücher zum Lesen haben.

Er sperrte mich für eine Stunde in die Bibliothekszelle. Ich stöberte ein wenig herum und stieß auf *Der Herr der Fliegen, 1984*, einen Roman von Ken Follett, die unvermeidliche Bibel, einen Roman von Graham Greene und ein Lehrbuch über Integral- und Differentialrechnung. Das würde für ein paar Tage reichen, unter Umständen auch wesentlich länger, falls sich mein Zellengenosse als geschwätziger Yankee oder als Spinner entpuppen sollte. Ich nahm noch Papier, ein paar Bleistifte und Briefumschläge. Briefmarken und Telefonate waren jedoch nur über höhere Beamte zu bekommen.

Man brachte mich in eine relativ saubere und – Gott sei Dank – unbewohnte Zelle, die mit der üblichen Einrichtung ausgestattet war: einem eisernen Bettgestell mit durchgelegener und fleckiger Matratze, einer Neonröhre mit Wackelkontakt, einer schmutzigen und häufig verstopften Toilettenschüssel und einem ebensolchen Waschbecken. Es war ein anstrengender Tag gewesen. Es war etwa zehn Uhr. Ich las ein wenig und schlief bald ein.

»You're in the jailhouse now«, sang der leider völlig unmusikalische irische Anstaltsangestellte, der Kaffee, Cornflakes und andere nahrungsmittelähnliche Dinge durch die siebeneinhalb Zentimeter breiten Schlitze in den Zellentüren schob.

Ich wusste, es musste sechs Uhr morgens sein. Zeit für ein Frühstück im Bett. Gäbe es keine Zeitverschiebung, würden weit über eine Million Häftlinge in den USA alle zur gleichen Zeit dasselbe essen. Es war kalt.

Im ›gesonderten Unterbringungskomplex‹ (ein Euphemismus für das Loch) wurde in allen Gefängnissen mit Absicht die Temperatur unangenehm niedrig gehalten, nur für den Fall, dass einer oder mehrere Häftlinge zur Strafe dort wären. Einer der Insassen wurde mit der Stellung des Ordners betraut. Er ging herum und sammelte die Reste des Frühstücks durch die Schlitze wieder ein. Des Weiteren zählte zu den offiziellen Aufgaben des Ordners, die Gänge vor den Zellen sauber zu halten und den Gefangenen die nötigen Toilettenartikel zukommen zu lassen. Er hatte auch inoffizielle Aufgaben, kleine Geschäfte, an denen er manchmal etwas Geld verdienen konnte. Dazu gehörte das Liefern von Schmuggelware (zusätzlicher Kaffee, Briefmarken oder Zigaretten) und das Herstellen von Beziehungen zwischen Besitzern und Abnehmern derselben.

»Hast du 'ne Briefmarke?«, fragte ich, als er eine leere Müslischachtel wegnahm.

»Kann sein«, antwortete er, »aber ich krieg zwei zurück.«

Dieser halsabschneiderische Zinssatz war im Knast bei so ziemlich allem üblich.

»Gib mir zwei und du kriegst fünf wieder.«

Er schien mir zu vertrauen und nickte zustimmend.

Alle paar Stunden wurde der Bereich kontrolliert. Jedes Mal wenn jemand anderes als der Ordner vorbeiging, hämmerte ich an die Zellentür und verlangte zu telefonieren, meinen Anwalt, meine Familie und die britische Botschaft zu kontaktieren. Anstaltsgeistliche (die sich Gebete anhören dürfen), Psychiater (die sich alles andere anhören dürfen) und Anstaltsärzte (die Tylenol austeilen dürfen) müssen per Gesetz einmal am Tag eine Runde im Loch machen. Zu Briefmarken oder Telefonaten dürfen sie einem aber nicht verhelfen. So wird dafür gesorgt, dass man verrückt und gestresst und auf Hilfe von oben angewiesen bleibt. Ich musste mich gedulden. Da ich alleine untergebracht war, beobachtete niemand meine ungeschickten Versuche, körperlichen Verfallserscheinungen vorzubeugen. Ich nahm meine Yoga- und Gymnastikübungen wieder auf. Und ich hatte meine Bücher. Irgendwann würde irgendwer kommen und mich telefonieren lassen. Der Ordner würde mir Briefmarken bringen. Entspann dich. Bald würde ich frei sein. Aber was tat inzwischen Special Agent Craig Lovato von der *Drug Enforcement Administration?* War er schuld daran, dass ich wieder im Loch saß? Könnte er meine Freilassung vereiteln? Er hatte schon so unendlich viel verdorben, schon so unendlich viel.

Craig Lovatos Vorfahren waren reiche Spanier gewesen. Sie waren vor etwa zweihundertfünfzig Jahren von Spanien nach Amerika übergesiedelt, wo ihnen von der spanischen

Krone knapp vierzigtausend Hektar Land im heutigen Neu-
mexiko überlassen wurden. Als Craig Lovato geboren wurde,
hatte seine Familie allerdings den größten Teil ihres Reichtums verloren, und er musste für seinen Lebensunterhalt arbeiten. Er verpasste sowohl den Krieg in Vietnam als auch die
Protestbewegungen der Sechziger, stattdessen nahm er eine
Stelle als Hilfssheriff beim *Las Vegas Sheriff's Department*
an. Seine Erfahrungen vom Leben auf der Straße sammelte er
als Streifenbeamter und als Officer bei nicht gerade zimper-
lichen Sonderkommandos, die unerwünschte Personen aus
der Stadt vertrieben. Was er über Haschisch wusste, lernte
er als Drogenfahnder, und seine Erfahrungen mit Leben und
Tod stammten aus seiner Zeit bei der Mordkommission. 1979
sehnte er sich nach einem neuen Leben und ging zur DEA.

Die DEA hat in siebenundsechzig Ländern auf der ganzen
Welt Niederlassungen. Sie ist mächtiger, als der KGB jemals
war. Eine dieser Niederlassungen befindet sich in der US-amerikanischen Botschaft in Madrid. Im August 1984 fing Craig
Lovato dort an. Zu der Zeit lebte ich in Palma und ging friedlich meinen internationalen Drogenhandelsgeschäften nach.
Lovato fand heraus, dass ich nicht nur Dope schmuggelte, sondern auch noch Spaß daran hatte. Aus irgendeinem mir uner-
klärlichen Grunde machte ihn das völlig wahnsinnig. Seitdem
hörte er nicht mehr auf, mich zu verfolgen und zu schikanieren.

Das Wetter in Louisiana ist wechselhaft. Es regnet mal
leicht, mal schwer, und donnert mal laut und mal leise. Obwohl es noch recht früh am Abend war, wurde es plötzlich
sehr dunkel, und es begann sintflutartig zu schütten. Vier
Stunden später trommelte der Regen noch immer. Ich schlief
ein. Nach einigen Stunden weckte mich der Donner. Auf dem
Fußboden stand das Wasser gut sieben Zentimeter hoch. Seltsame Kreaturen schwammen darin herum, aber ich war zu

müde, um mich zu fürchten. Ich schlief wieder ein und merkte nur, dass der Regen nachließ.

In der Ferne hörte ich »You're in the jailhouse now.«

Ich schaute auf den Boden. Das Wasser war abgelaufen, stattdessen wimmelten dort massenhaft widerliche, in Louisiana heimische Insekten herum: bunte Spinnen, groteske Wasserkakerlaken, fette Würmer und riesige Käfer. Meine sorgfältig kultivierte buddhistische Überzeugung von der Heiligkeit allen Lebens löste sich spontan in Luft auf, und ich machte mich daran, die Tiere der Nacht systematisch zu ermorden, indem ich sie mit meinen chinesischen Pantöffelchen erschlug. Dann erst nahm ich mein Frühstück entgegen. Die Leichen füllten zwei leere Müslischachteln. Die Klimaanlage war voll aufgedreht. Es war sehr kalt. Ich machte wieder Yoga und Gymnastik und las, aber diese primitiven Lebensformen drängten sich immer wieder in mein Bewusstsein. Passen die Tibetaner wirklich auf, dass sie keine Insekten töten, wenn sie ihre Tempel bauen?

»Legen Sie die Hände hinter den Rücken, und stecken Sie sie durch den Schlitz!«, befahlen unisono zwei Wärter auf der anderen Seite der Zellentür. Einer von ihnen war der irische Schlagersänger. Sie legten mir Handschellen an. Ich zog meine Hände wieder zurück. Die Wärter konnten jetzt ohne Gefahr die Tür öffnen.

»Die von der Einwanderung wollen Sie sehen.«

Das klang gut.

»Darf ich mich waschen, umziehen, aufs Klo gehen, mich rasieren und die Haare waschen?«

»Nein, die wollen Sie jetzt sofort sehen.«

Der Schlagersänger und sein Kumpel führten mich raus in die blendende Sonne, über mehrere matschige, sumpfige Innenhöfe, und in ein Gebäude, an dem INS stand – der Im-

25

migration and Nationalisation Service. Ich setzte mich. Die Handschellen wurden abgenommen.

Ich hörte eine Stimme im Hintergrund: »Er ist ausgeliefert worden. Also, wird er ausgewiesen, abgeschoben, zurückgeführt, des Landes verwiesen, oder darf er freiwillig gehen?«

Spätestens seit 1982 war es mir verboten, die USA zu betreten. Ich hatte kein Visum, und damit ich im Oktober 1989 bei meiner Auslieferung ins Land gebracht werden konnte, war eine Erklärung des Justizministers der Vereinigten Staaten nötig, die das Interesse des amerikanischen Volkes daran bestätigte, dass ich vor Gericht gestellt, für schuldig erklärt, verurteilt und eingesperrt würde. Das kommt aber noch keinem Betreten gleich, und somit befand ich mich offiziell nicht in den USA, obwohl ich ganz eindeutig seit über fünf Jahren hier war. Rechtlich gesehen befand ich mich noch immer jenseits der Grenze, und somit konnten auch keine Entscheidungen darüber gefällt werden, ob ich abgeschoben oder des Landes verwiesen werden konnte – zumindest so lange nicht, bis der Grund für die Erklärung des Justizministers wegfiel, also bis zu meiner Freilassung. Da ich nun aber ein unverbesserlicher fremder Straftäter war, durfte man mir unter keinen Umständen erlauben, durch das Land der Freiheit zu spazieren. Da ich das Land nicht im gesetzlichen Sinne betreten hatte, konnte ich nicht abgeschoben werden. Und da ich meine Haftstrafe bald abgesessen haben würde, könnte man mich danach auch nicht weiter festhalten.

Ich hatte mich über alle einschlägigen Gesetze in der juristischen Bibliothek des *United States Penitentiary* in Terre Haute gründlich informiert. Aus dem sechsten Zusatzartikel zur amerikanischen Verfassung folgt, dass jedem Gefangenen die Möglichkeit gegeben werden muss, vor Gericht zu gehen. Hierzu wurden in den Gefängnissen Schreibmaschinen und

Gesetzbücher zur Verfügung gestellt, und die Gefangenen durften prozessieren, so viel sie wollten. Über Jahre hinweg war es mein ›Geschäft‹ gewesen, Gerichten die Anliegen von Mitgefangenen darzulegen. Dabei hatte ich einige Erfolge erzielt und war ein recht angesehener Knastanwalt geworden, doch hatte ich nicht die leiseste Ahnung, was die Einwanderungsbehörde vorhatte, oder was sie überhaupt tun durfte. Vor Strafvollzugsbürokraten hatte ich eine Heidenangst.

Es war einfach alles möglich. Ich könnte sogar zu einem illegal eingereisten Kubaner werden.

»Kommen Sie rein, Marks. Können Sie sich selber einen Pass besorgen und Ihren Flug selbst bezahlen? Wenn ja, können Sie weitere Gerichtsverhandlungen vermeiden und ausreisen, sobald Sie Ihre Strafe abgesessen haben, am fünfundzwanzigsten März.«

Was für ein netter Mensch.

»Unterschreiben Sie hier.«

Nie hatte ich so schnell etwas unterschrieben. Später erst las ich durch, was es war. Ich hatte auf alle gerichtlichen Schritte verzichtet, vorausgesetzt, ich bekäme innerhalb der nächsten dreißig Tage meinen Pass und das Flugticket. Ich wusste, dass Bob Gordon vom britischen Konsulat in Chicago schon einen vorläufigen Pass geschickt hatte, und meine Familie und Freunde wären jederzeit bereit, meinen Flug zu bezahlen.

»Besorgen Sie sich ein einfaches, offenes Ticket von Continental 4.«

»Ich bin im Loch und darf nicht telefonieren«, sagte ich, »und ich kriege auch keine Briefmarken.«

»Machen Sie sich keine Sorgen. Ich werde mit dem Oberaufseher reden. Ihre Telefonate werden der Regierung der Vereinigten Staaten mehrere Tausend Dollar sparen. Er wird einverstanden sein. Fragen Sie nach ihm, wenn Sie zurück sind.«

Seit wann waren denn diese Leute daran interessiert, Geld zu sparen?

»Würden Sie bitte noch ein paar Passfotos von mir machen?«, fragte ich. Möglicherweise war mit denen, die ich Bob Gordon geschickt hatte, irgendwas nicht in Ordnung. Ein paar übrig zu haben, wäre bestimmt kein Fehler.

Mit einigen Fotos und dem unterschriebenen Verzichtsformular bewehrt, und glücklicher, als ich seit vielen, vielen Tagen gewesen war, ließ ich mich in Handschellen zurück ins Loch bringen. Der Oberaufseher nahm mich in Empfang.

»Hör mal her, Engländer. Ich geb keinen beschissenen Scheißdreck darauf, was die Scheißer von der Einwanderung sagen. Ich hab hier das Sagen in dem Scheiß-Loch, nicht die. Das ist mein beschissenes Loch. Du kriegst einen beschissenen Anruf pro Woche, und zwar den ersten am nächsten Sonntag. Am Montag kannst du den Counsellor nach Briefmarken fragen, ich kann dir keine geben. Und jetzt verpiss dich.«

Ärgerlich und frustriert, aber nicht wirklich überrascht, ging ich zurück in meine Zelle. Der Ordner gab mir ein paar Briefmarken. Ich schrieb einen Brief an den Konsul.

Nach zwei weiteren Tagen Yoga, Meditation und Gymnastik hörte ich wieder von jenseits der Tür:

»Tu die Hände hinter den Rücken und durch den Schlitz!«

»Wo werde ich hingebracht?«

»Oakdale Zwei.«

»Und wo bin ich jetzt?«

»Oakdale Eins.«

»Was ist der Unterschied?«

»Oakdale Zwei untersteht der Einwanderung. Von da wirst du ausgewiesen.«

28

Ich war überglücklich, das zu hören. Zwei Wochen waren von meiner Strafe noch übrig. Wollten sie mich so schnell wie möglich aus dem Land haben? Sie waren noch dabei, mir die Handschellen anzulegen, als der fluchende Oberaufseher angerannt kam und brüllte:

»Steckt den Scheißer zurück in seine Scheißzelle, der Stellvertreter vom Direktor will ihn sehen.«

Einige Minuten später bemerkte ich ein menschliches Auge am Guckloch in der Tür.

»Ein paar Journalisten von einer englischen Zeitung wollen Sie interviewen. Ja oder nein?«, bellte der stellvertretende Direktor.

»O Gott, nein!«

Woher wussten die, dass ich hier war? Wussten sie, dass ich bald freigelassen werden würde? Und wenn sie es wussten, wer wusste es sonst noch? Würde als Nächstes ein internationaler Sturm von Protesten ausbrechen, von der DEA, vom britischen Zoll, von Scotland Yard und all den anderen Staatsorganen, die sich so lange bemüht hatten, mich für den Rest meines Lebens hinter Gitter zu bringen? Der Direktorenstellvertreter schob ein Blatt Papier unter der Tür durch.

»Unterschreiben Sie das. Da steht, dass Sie ein Interview ablehnen.« Ich unterschrieb. Ich musste möglichst wenig Wirbel verursachen, aber ein etwas schlechtes Gewissen hatte ich doch. Im Großen und Ganzen hatten die Journalisten recht mitfühlend über meine Gefangenschaft in den Staaten geschrieben. Jedoch könnte ihr Mitgefühl die Behörden reizen, so dass sie meine Freilassung verhindern könnten. Das Risiko durfte ich nicht eingehen. Ich schob den Zettel zurück unter die Tür. Schritte entfernten sich.

Zweierlei Schritte kehrten zurück.

»Tu die Hände hinter den Rücken und durch den Schlitz.«

Mit Handschellen und Ketten behängt wurde ich in eine Wartezelle gesperrt, wo ich sechs Stunden blieb. Dann wurde ich zu einem Kleinbus geführt und von zwei Wachen mit Selbstladegewehren zu einem anderen Gefängnis gefahren, das etwa neunzig Meter entfernt war. Dort wurde ich für weitere vier Stunden in eine Wartezelle gesteckt, die ich aber diesmal mit acht anderen dort abgestellten Gefangenen teilte: einem Ägypter, einem Ghanaer, vier Mexikanern und zwei Honduranern. Der Ghanaer und die Honduraner waren aufgeregt. Nie wieder würden sie unter der Brutalität des amerikanischen Rechtssystems zu leiden haben. Der Ägypter und die Mexikaner waren gefasster, in ihr Schicksal ergeben. Alle waren sie schon mindestens einmal abgeschoben worden und waren illegal wiedergekommen. Manche verbrachten ihr ganzes Leben so: über die Grenze gehen, schwarz arbeiten, erwischt werden, sich ein paar Wochen, Monate oder Jahre erholen und durchgefüttert werden, während man auf Kosten des amerikanischen Steuerzahlers im Knast sitzt, abgeschoben werden, und den Kreislauf von Neuem beginnen. Das hatte ich vergessen. Die meisten Leute wollen die Staaten gar nicht verlassen.

»Wie ist es hier so?«, fragte ich die anderen fremden Straftäter.

»Wie in jedem anderen Staatsbau«, gab einer der Mexikaner zurück.

»Aber es untersteht doch der Einwanderung.«

»Nein, es untersteht dem *Bureau of Prisons*. Du brauchst schon 'ne Menge Glück, um hier jemand von der Einwanderung zu sehen zu kriegen. Ich sag dir, es ist wie in jedem anderen Bau auch.«

Handschellen wurden abgenommen, Dutzende Formulare ausgefüllt, Fotos gemacht und Fingerabdrücke genommen, ärztliche Untersuchungen durchgeführt, Körper und Öffnungen desselben besichtigt, Kleider ausgegeben und Zellen zugewiesen. Mein Zellengenosse war ein Pakistani, der gegen seine Abschiebung kämpfte und politisches Asyl beantragt hatte. Insgesamt waren hier fast Tausend Insassen unterschiedlichster Nationalitäten: Nigerianer, Jamaikaner, Nepalesen, Pakistanis, Chinesen, Inder, Srilanker, Vietnamesen, Philippinos, Laoten, Spanier, Italiener, Israelis, Palästinenser, Ägypter, Kanadier, Mittel- und Südamerikaner. Die meisten hatten gegen das Betäubungsmittelgesetz verstoßen und verbrachten ihre gesamte Freizeit damit, über zukünftige Drogendeals zu diskutieren. »In dieses Land bringen wir nichts mehr«, war immer wieder zu hören. »Europa und Kanada sind gut. Die geben einem nicht so viel, wenn man geschnappt wird. Die sind nicht so drauf wie die Amis.«

Viele Geschäfte wurden ausgeheckt. Viele davon werden sicherlich Früchte tragen.

Der Mexikaner hatte Recht gehabt, es war wirklich schwer, einen Beamten von der Einwanderung zu treffen. Ich gab nicht auf. Telefonieren durften wir, also rief ich den britischen Konsul an.

»Ja, Howard, Ihr Pass ist uns zugeschickt worden. Ihre Eltern, die Sie herzlich grüßen lassen, haben das Flugticket bezahlt, es ist auch geschickt worden.« Schließlich fand ich doch einen Beamten mit Verbindung zur Einwanderung.

»Ja, Ihren Pass und das Ticket haben wir geschickt bekommen, sie sind aber leider verlegt worden. Aber keine Sorge, alle sind am Suchen. Wir finden sie schon.«

Scheinbar wurde früher oder später von jedem Gefangenen das Ticket und der Pass verlegt. Wir mussten uns einfach gedulden. Sonst konnten wir nichts tun.

Walkmans waren zugelassen. Ich kaufte einen und ging jeden Tag zwanzig Meilen, immer um die Joggingbahn herum, und hörte dabei den Oldiesender. Während meiner Jahre im Knast hatte meine Tochter Francesca, mittlerweile vierzehn Jahre alt, mir regelmäßig geschrieben, wie sehr ihr meine Schallplattensammlung gefällt. Ihre Lieblingsscheiben waren unter anderem Little Richard, Elvis Presley, Waylon Jennings und Jimi Hendrix. Bald würden wir sie zusammen anhören können, und sie könnte mir Nachhilfe geben, was ich in der Zwischenzeit alles verpasst hatte. Ich bekam wieder etwas Farbe und außerdem Heimweh. Mir war langweilig. Drei Tage bevor ich freigelassen werden sollte, lief ich über die Bahn und hörte einem Discjockey aus New Orleans zu, der von einer neuen, sehr erfolgreichen britischen Band schwärmte, den Super Furry Animals. Sie kamen aus den Tälern von Wales. Ich lauschte, wie sie mich heimriefen, als plötzlich die großen Lautsprecher knisterten.

»Marks, 41526-004, melden Sie sich beim Einwanderungsbüro.«

»Wir haben Ihren Pass und Ihr Flugticket«, sagte der Beamte. »Alles ist für Ihre Abreise bereit. Wann das genau sein wird, können wir Ihnen natürlich nicht sagen, damit Sie keine Vorbereitungen treffen können, um Ihre Ausreise zu verhindern. Aber es wird bald sein.«

Der Tag meiner Entlassung, der fünfundzwanzigste März, kam und ging vorüber, und wieder verging etwa eine Woche.

»Lovato schafft es tatsächlich«, dachte ich, »er überredet seine Kumpels von der DEA, dass sie mich nicht gehen lassen.«

Am Donnerstag, dem siebten April, kam Komo auf mich zugerannt. Komo war Thailänder, kämpfte seit sieben Jahren gegen seine Abschiebung und hatte die letzten siebzehn Jahre ausschließlich im Gefängnis verbracht.

»Engländer! Engländer, du stehst auf der Liste. Gehst heut Nacht. Etwa um eins. Lass mir bitte Walkman.«

Komos Arbeit im Gefängnis bestand darin, in den Büros der Verwaltung zu putzen und aufzuräumen. Daher hatte er Zugang zu vertraulichen Informationen. Außerdem hatte er zirka zwanzig Walkmans, die er versuchte, an Neuzugänge zu verkaufen. Jeder, der längere Zeit im Gefängnis verbringt, braucht ein derartiges solides ›Geschäft‹. Aber die Neuigkeiten waren so gut, dass ich ihm sofort meinen Walkman in die Hand drückte.

»Viel Glück, Komo. Vielleicht treffen wir uns mal in Bangkok.«

»Ich geh nicht Bangkok, Engländer. Die würden mich umbringen. Ich Amerikaner. Hierbleiben.«

»Hier bringen sie dich auch um, Komo«, sagte ich. »Nur viel langsamer und schmerzhafter.«

»Langsam ist okay, Engländer, und sehr langsam ist sehr gut.«

Ich durfte es nicht riskieren, irgendjemand anzurufen und am Telefon die gute Nachricht mitzuteilen. Es konnte immer noch etwas dazwischenkommen, und außerdem wurden die Leitungen abgehört. Wenn bestimmte Behörden mitbekamen, dass ich gehen sollte, konnte es sein, dass sie meine Reisepläne doch noch änderten.

Außer mir gingen noch acht andere in jener Nacht: ein amerikanisierter Nigerianer mit britischer Staatsangehörigkeit und sieben Südamerikaner.

»Ist das Ihr gesamter Besitz, Marks?«

Ich hatte ungefähr einhundert Dollar, ein Paar Shorts, einen Nagelknipser, einen Kamm, eine Zahnbürste, einen Wecker, einige offizielle Papiere, die meinen ›Entlassungstermin‹ vor zwei Wochen bestätigten, eine Kreditkarte für Verkaufsautomaten im Gefängnis und fünf Bücher, darunter eines über mich: *Hunting Marco Polo*.

»Das ist alles, ja.«

Ich steckte das Geld in die Tasche. Es fühlte sich komisch an. Das erste Mal seit über sechs Jahren. Das würde ich noch oft denken. Das erste Mal seit über sechs Jahren. Geld, Sex, Wein, ein Joint, ein Bad, ein indisches Curry. All das wartete nur noch auf mich.

Meine anderen Besitztümer wurden in einem Pappkarton verstaut. Ich bekam ein Paar blaue Jeans, deren Beine dreißig Zentimeter zu lang waren, und ein extrem enges weißes T-Shirt. Ein Geschenk der Regierung der Vereinigten Staaten an jeden, der in die freie Welt entlassen wird.

Wir bekamen Handschellen angelegt, aber keine Ketten, und wurden in einen Kleinbus gezwängt. Dann sammelten wir noch zwei Kerle an einem anderen Ausgang auf. Einer sah aus wie ein Lateinamerikaner, der andere wie ein Nordeuropäer. Alle waren still, mit den eigenen Gedanken beschäftigt. Der Motor machte einen Riesenlärm, während sich der Bus in Richtung Houston bewegte, auf den beginnenden Sonnenaufgang zu. Um neun fühlten wir uns, als säßen wir auf Felsen in einer brennenden Sardinendose. Um zehn Uhr saßen wir in einer riesigen Wartezelle am Houston International Airport, zusammen mit über fünfzig anderen fremden Straftätern.

Der Nordeuropäer wandte sich an den Nigerianer: »Woher kommst du?« Er hatte einen starken südwalisischen Dialekt. Nie hatte ich einen Waliser in einem amerikanischen Gefängnis getroffen, noch nicht einmal von einem gehört. Ich hatte nur sehr wenige Amerikaner getroffen, die auch nur von Wales gehört hatten.

»Bist du aus Wales?«, unterbrach ich ihn.

»Schon«, sagte er und betrachtete mich misstrauisch.

»Ich auch.«

»Ach ja.« Tieferes Misstrauen.

»Wo bist du her?«, fragte ich, diesmal im selben Dialekt.

»Swansea«, sagte er, »und du?«

»Fünfundzwanzig Meilen weiter, aus Kenfig Hill«, antwortete ich.

Er fing an zu lachen.

»Du bist aber nicht er, oder? Großer Gott! Jungfrau Maria! Howard fucking Marks! Marco Scheiß Polo! Und sie lassen dich gehen, ja? Verdammt noch mal, das ist ja großartig! Klasse, dich kennenzulernen, Mann. Ich bin Scoogsie.«

Wir hielten ein Schwätzchen, ein langes. Scoogsie berichtete, dass er auch wegen Drogen gesessen hatte, und erzählte von seinen Anfängen im Geschäft.

»Meine Frau arbeitet seit Langem in einem Rehazentrum für Drogenabhängige in Swansea. Eigentlich eine gute Partnerschaft. Ich bring sie drauf, sie holt sie wieder runter. So haben wir beide immer was zu tun.«

Die Erinnerung an den südwalisischen Humor hatte mir oft über die schweren Zeiten im Gefängnis hinweggeholfen. Und jetzt hörte ich ihn hier direkt neben mir. Ich war auf dem Weg zurück zu meinen Wurzeln, und sie streckten sich mir entgegen.

Ein wenig verwirrt und ein wenig spät antwortete der Nigerianer auf Scoogsies ursprüngliche Frage.

»Ich lebe in London. Dahin werde ich abgeschoben. Ich komme nie wieder hierher. Sie haben mein Geld genommen, alles, was ich hatte, und mein Geschäft. Bloß weil einer, den ich nicht mal gekannt habe, vor Gericht geschworen hat, dass ich ihm Drogen verkauft hätte.«

Eine nur allzu bekannte Geschichte.

Die Zahl der Gefangenen in dem zweckentfremdeten Flugzeugschuppen verringerte sich zunehmend. »Geht sonst noch wer nach London?«, fragte Scoogsie. Niemand.

Bald waren nur noch wir drei übrig. Wir hatten herausfinden können, dass der Continental-Airlines-Flug nach London in einer Stunde gehen sollte. Ein Beamter von der Einwanderung kam herein, mit einem Gewehr bewaffnet.

»Kommen Sie mit, Sie drei.«

Ein Kleinbus brachte uns zur Gangway. Mit seinem Gewehr bedeutete uns der Beamte, dass wir hinaufgehen sollten. Der Nigerianer ging voraus. Scoogsie folgte ihm und spuckte demonstrativ auf die amerikanische Erde.

»So nicht!«, brüllte der Beamte und hob drohend die Waffe.

»Mach jetzt keinen Fehler, Scoogsie. Du weißt doch, wie die sind.«

»O ja, allerdings weiß ich, wie die Scheißkerle sind«, antwortete Scoogsie. »Ich hasse sie. Ich würde ihnen nicht in den Mund pinkeln, wenn ihr Hals in Flammen stehen würde. Ich werde nie wieder bei McDonalds essen. Keine Cornflakes mehr zum Frühstück. Der Herr steh ihm bei, wenn mich je ein Yank nach dem Weg irgendwohin fragt. Lass sich bloß jemand trauen, mich zu fragen, ob er in Dollars bezahlen kann. Der Herr steh' ihm bei.«

»Mit der Ruhe, Scoogsie. Lass uns reingehen.«

An Bord des Flugzeugs zu gehen war wie das Raumschiff Enterprise zu betreten. Passagiere mit abgedrehten Frisuren und Clownsklamotten holten Computer in allen Größen und Formen hervor. Hatte sich wirklich so viel verändert, oder hatte ich nur vergessen, wie es war? Lichter blinkten auf und erloschen wieder. Strahlend schöne, lächelnde Frauen, wie es sie nur auf Fotos an Zellenwänden gegeben hatte, gingen im Mittelgang auf und ab. Eine von ihnen sprach mich tatsächlich an.

»Mr Marks, ihr Sitz ist Nummer 34H. Am Gang. Ihren Ausweis bewahren wir auf, bis wir in London landen. Dort werden wir ihn den britischen Behörden übergeben.«

Das klang gar nicht gut, aber ich war zu überwältigt, um wirklich zuzuhören. Scoogsie und den Nigerianer konnte ich von meinem Platz aus nicht sehen. Ich setzte mich, blätterte durch Zeitschriften und Zeitungen und spielte mit den Knöpfen, mit denen die Sitzstellung und die Lautstärke der Konservenmusik eingestellt werden konnten, geradeso wie ein Kind auf seinem ersten Flug. Ich war schon tausendmal mit kommerziellen Fluggesellschaften geflogen, aber ich konnte mich an kein einziges Mal erinnern. Das Abheben erschien mir wie Magie. Ich beobachtete, wie Texas verschwand. Dann war Amerika nicht mehr zu sehen. Es gibt doch einen Gott.

»Hätten Sie gerne einen Cocktail vor dem Essen, Mr Marks?«

Die letzten drei Jahre hatte ich keinen Alkohol getrunken und nicht geraucht. Ich war stolz auf meine Selbstbeherrschung. Vielleicht sollte ich weiterhin abstinent bleiben.

»Bitte nur einen Orangensaft.«

Ein Tablett mit Essen wurde mir vorgesetzt. Früher hatte ich nur selten beim Fliegen gegessen – abgesehen vom Kaviar und der Gänseleberpastete, die den Passagieren der ersten Klasse auf Langstreckenflügen angeboten wurden, war es immer recht widerlich gewesen und weit unter dem Niveau, das ich gewohnt war. Von dieser Art pompösem Größenwahn hatten mich sechs Jahre Gefängniskost geheilt. Es war die beste Mahlzeit, an die ich mich erinnern konnte, und ich hatte riesigen Spaß daran, mit den Portionspäckchen zu spielen. Auf dem Tablett stand ein winziges Fläschchen Rotwein. Das könnte ich doch wohl … Er war ausgezeichnet. Ich bestellte noch sechs weitere.

Langsam machte ich mir Sorgen über die Bemerkung der Stewardess. Welchen britischen Behörden? Ich hatte es mir mit so vielen verscherzt, und für einiges könnten sie mich immer noch drankriegen. Während ich im Gefängnis gesessen hatte, hatten die britischen Behörden Beweise sammeln können, dass ich an zahllosen anderen Marihuana- und Haschischtransporten nach England beteiligt gewesen war, für die ich noch nicht belangt worden war. Außerdem hatten sie weitere gefälschte Pässe von mir gefunden. Nach britischem Gesetz konnten sie mich jederzeit wieder einsperren, wenn sie wollten.

Es waren zwei Bücher über mich geschrieben worden, die beide deutlich machten, dass ich ein unverbesserlicher Verbrecher war, der für die Gesetzeshüter nichts als Verachtung übrighatte. Vierzehn Jahre zuvor war ich nach einem aufsehenerregenden, schillernden, neunwöchigen Prozess von der Anklage freigesprochen worden, der Drahtzieher des größten Marihuana-Imports aller Zeiten nach Europa zu sein – fünfzehn Tonnen vom Besten, was in Kolumbien zu haben war. Die britischen Zollbehörden waren die Ankläger gewesen. Es war der größte Deal, den sie je hatten auffliegen lassen. Sie würden mich nie vergessen.

Ein Chief Inspector der Polizei hatte Selbstmord begangen, nachdem er beschuldigt worden war, meine Verbindung zum britischen Geheimdienst zur Presse durchsickern gelassen zu haben. Scotland Yard hatte wegen mir einen guten Mann verloren. Dort hatte ich sicherlich nicht viele Freunde.

Der MI6 war auch nicht gut auf mich zu sprechen, seit ich mich der IRA bedient hatte, um Dope zu schmuggeln, anstatt sie auszuspionieren.

Vor zehn Jahren, nachdem sie geschätzt hatten, dass ich durch Cannabisschmuggel ungefähr zwei Millionen Pfund verdient haben musste, hatten die Steuerbehörden widerstrebend sechzigtausend Pfund als Steuern festgelegt. Aufgrund öffentlicher Äußerungen der höchsten Beamten der DEA wurde jetzt aber allgemein davon ausgegangen, dass ich noch gut zweihundert Millionen Pfund auf diversen Konten in Ostblockländern hatte. Davon würde das Finanzamt zweifelsohne auch etwas abhaben wollen.

Und selbst wenn die Engländer der Ansicht waren, dass ich genug bestraft worden sei, würde Special Agent Craig Lovato es mit Sicherheit fertigbekommen, ihre Meinung zu ändern. Mitte der Achtzigerjahre hatte er es fast im Alleingang geschafft, die Polizei in vierzehn Ländern zu mobilisieren (USA, Großbritannien, Spanien, Philippinen, Hongkong, Taiwan, Thailand, Pakistan, Deutschland, Niederlande, Kanada, Schweiz, Österreich und Australien), so dass sie in noch nie dagewesener Weise international zusammenarbeiteten, um mich für immer hinter Schloss und Riegel zu bringen. Sicherlich würde er meine vorzeitige Entlassung als persönliche Niederlage auffassen und fürchten, das Gesicht zu verlieren. Er würde die Engländer so weit bringen, mich direkt nach der Landung zu verhaften. Erst wäre er streng mit ihnen, dann würde er ihnen versprechen, dass sie mit dem Hubschrauber fliegen dürften, neue Computer bekämen und tagelang in Miami einkaufen dürften. Was erwartete mich am Londoner Flughafen Gatwick?

Auf dem Bildschirm erschien eine grobe Landkarte, auf der zu erkennen war, dass wir über den Waliser Hügeln waren und langsam an Höhe verloren. Kenfig Hill, wie lange schien mir das her.

zwei

MASTER MARKS

Meine früheste Kindheitserinnerung ist die, eine Katze vom Deck eines Schiffes in die Tiefen des Ozeans zu werfen. Warum ich das getan habe? Ich schwöre, ich hatte erwartet, dass die Katze eine Runde schwimmen, ein paar Fische fangen und glorreich zurückkehren würde. Ich wusste es einfach nicht besser und sollte mir eigentlich keine Schuld zurechnen. Doch vielleicht war das Verdammen von Felix zu seinem feuchten Grabe ein Zeichen dafür, dass ich im Grunde alles andere als nett war. Falls es die Katzenliebhaber beruhigt, das Bild verfolgt mich noch immer. Jedes Mal wenn mein Leben an mir vorüberzieht, und das tut es nicht nur im Angesicht des Todes, ist das Gesicht dieser Katze das Erste, das ich sehe.

Wir befanden uns auf dem Indischen Ozean. Das Schiff war die *Bradburn,* ein Zehntausend Tonnen-Frachtschiff der Firma Reardon Smith und Co. aus Cardiff. Die Katze gehörte dem Prinzen von Siam und war der Liebling der ansonsten nicht gerade zartfühlenden Schiffsbesatzung. Mein Vater, Dennis Marks, Sohn eines Boxers und Bergarbeiters und einer Hebamme, war der Skipper der *Bradburn* und stand kurz vor dem Ende seiner einundzwanzig Dienstjahre bei der britischen Handelsmarine. Er hatte mich und meine Mutter Edna, Tochter einer Opernsängerin und eines Bergarbeiters und von Beruf Lehrerin, auf zahlreiche lange Seereisen mitnehmen dürfen. Zwischen 1948 und 1950 reiste ich durch die ganze Welt. Ich kann mich an kaum etwas erinnern, nur noch an die Katze. Möglicherweise hat die Katze deswegen so unauslöschliche Spuren auf meiner Psyche hinterlassen, weil mein Vater nach der Aufklärung meiner mörderischen Aktivitäten gezwungen gewesen war, mir den Hintern zu versohlen, und zwar vor der versammelten Mannschaft, die vor Hass nur so brodelte und offensichtlich Mordgelüste hegte. Er hat mich seitdem nie wieder geschlagen.

Dieses Ereignis hat mich nicht zu einem Tierfreund gemacht (wobei mir Katzen trotzdem noch am liebsten sind), doch hat es mich gelehrt, keinem Wesen leichtfertig Schmerzen zuzufügen. Selbst Kakerlaken in Gefängniszellen brauchen nicht um ihr Leben zu bangen (außer in Louisiana). Und wenn ich mich wirklich zu irgendeiner Religion bekennen müsste, würde ich das Risiko christlicher Höllenfeuer eingehen und sagen, ich bin Buddhist – vor allem in Bangkok.

Die meisten Bewohner der kohlereichen Gebiete in Südwales sprechen eher Dylan-Thomas-Englisch als Walisisch, aber meine Mutter war da eine Ausnahme. Ihre Mutter stammte aus dem wilden, druidischen Westen von Wales. Während meiner ersten fünf Lebensjahre sprach ich nur Walisisch. Die nächsten fünf Jahre besuchte ich eine englischsprachige Grundschule in Kenfig Hill, dem kleinen, vom Bergbau geprägten Dorf in Glamorganshire, in dem ich geboren wurde. Abgesehen von meiner Schwester Linda, die ein paar Jahre jünger ist als ich, hatte ich nur einen wirklichen Freund. Er hieß Marty Langford, und sein Vater war nicht nur Eigentümer der Eisdiele im Ort, sondern auch Sieger eines landesweiten Wettbewerbs für das beste Eis. Marty und ich waren aufgeweckte Kinder, und wir kamen bei Prügeleien auf dem Schulhof meistens ganz gut weg.

Mit elf Jahren, als ich auf die Ergebnisse meiner Orientierungsarbeiten wartete, beschloss ich, krank zu werden. Ich hatte überhaupt keine Lust mehr auf Schule und brauchte ein bisschen Aufmerksamkeit und Mitgefühl. Irgendwann war mir einmal aufgefallen, dass sich das Quecksilber in einem ganz gewöhnlichen Fieberthermometer fast ebenso leicht hoch- wie runterschütteln lässt. Wenn ich alleine war, konnte ich mir aussuchen, welche Temperatur ich gerade haben wollte. Zwar entsteht dabei am unteren Ende der Quecksilbersäule ein kleiner Spalt, aber auf dieses Ende achtet nie jemand. Manchmal hatte ich keine Gelegenheit, das Thermometer hochzuschütteln, ohne erwischt zu werden. In solchen Fällen dachte ich mir skrupellos andere Symptome aus, zum Beispiel Halsschmerzen, Schwindelanfälle, Übelkeit oder Kopfweh, während meine Temperatur, wenn ich unbeobachtet war, zwischen knapp unter 37° C und gut 40° C zu schwanken schien.

Nur sehr wenige Krankheiten geben eine solche achterbahnartige Temperaturkurve. Eine davon trägt den eher einfallslosen Namen ›Wellenfieber‹, oder auch Mittelmeerfieber oder Maltafieber. Ursprünglich war es eine Tropenkrankheit. Sankt Paulus soll sie angeblich gehabt haben. Mein Vater hatte sie ganz sicher gehabt, es sei denn, er hatte auch geschummelt. Obwohl der Arzt im Ort eher skeptisch war (er hatte mich durchschaut), blieb ihm nicht viel anderes übrig, als der Diagnose der Spezialisten zuzustimmen, dass ich nämlich, wie einst Papa und Sankt Paulus, Wellenfieber hatte. Ich kam auf die Isolierstation im nächsten Krankenhaus, in Bridgend.

Es war großartig. Dutzende verwirrte, interessierte Ärzte, Krankenschwestern und Medizinstudenten standen um mein Bett und waren unwahrscheinlich nett und rücksichtsvoll. Sie gaben mir alle möglichen Pillen und Säfte und machten alle möglichen Tests mit mir. Mehrmals am Tag wurde meine Temperatur genommen, und unglaublicherweise war ich manchmal alleine mit einem Thermometer, so dass ich einen neuen Fieberschub fabrizieren konnte. Hin und wieder versuchte ich auch, einen Blick in die unheimlich dicken Ordner zu erhaschen, die ungerechterweise die Aufschrift ›Vom Patienten nicht einzusehen‹ trugen. Ich entwickelte ein echtes Interesse für Medizin und ein noch viel echteres Interesse für Krankenschwestern. Ich hatte wohl auch vorher schon Erektionen gehabt, doch hatte ich ihr Erscheinen nie mit dem Schielen nach Frauen in Verbindung gebracht. Das wurde mir jetzt zwar klar, aber ich hatte immer noch keine Ahnung, dass diese Empfindungen aufs Engste mit dem Fortbestehen der menschlichen Rasse zusammenhingen.

Nach ein paar Wochen Sex and Drugs wurde mir wieder langweilig. Ich wollte heim und mit meinem Meccano-Baukasten spielen. Also hörte ich auf, das Thermometer zu schütteln, und jammerte nicht mehr. Dummerweise war es mit Krankenhäusern damals so wie mit Gefängnissen heute – herauszukommen war wesentlich schwieriger, als hineinzukommen. Ich sehnte mich so sehr danach, aufstehen zu dürfen, dass es mir den Appetit verschlug. Damit präsentierte ich den Spezialisten ein weiteres Symptom zum Verzeichnen und Rätseln. Nachdem ich literweise Lucozade-Energydrink in mich hineingeschüttet hatte, kam mein Appetit schließlich wieder, und ich wurde entlassen, um mich zu Hause wieder völlig erholen zu können. So endete meine erste Gaunerei.

In Südwales gab es mehr Pubs als Kirchen und mehr Kohlengruben als Schulen. Das zuständige Schulamt schickte mich zur Garw Grammar School. Garw ist ein walisisches Wort und bedeutet so viel wie rau, was sich aber wahrscheinlich eher auf die Landschaft als auf die Menschen dort beziehen sollte. Es war ein altmodisches, gemischtes Gymnasium, das am Abschluss eines Tales lag und elf Meilen von unserem Haus entfernt war, so dass ich jeden Tag in den Genuss einer fünfundvierzigminütigen, sehr lustigen Busfahrt kam. Häufig wanderten Schafe über den Schulhof, und gelegentlich versuchten sie sogar, in den Klassenzimmern zu grasen.

Ich bekam einen intensiven Crashkurs über die Tatsachen des Lebens verpasst, die zu den ersten Lektionen des inoffiziellen Lehrplans an jeder walisischen Grammar School gehörten. So erzählte man mir, dass einem Erektionen bei entsprechender Handhabung durch die Ejakulation große Lustgefühle verschaffen können und dass aus einer Ejakulation, die an die richtige Stelle geleitet wird, Kinder entstehen. Masturbationstechniken wurden bis ins Detail erklärt. Alleine in meinem Zimmer habe ich es dann später versucht. Ich habe es ernsthaft versucht. Immer und immer wieder. Ich gab mir wirklich alle erdenkliche Mühe. Nichts. Es war schrecklich. Es störte mich nicht, keine Kinder kriegen zu können. Ich wollte nur einfach kommen wie alle anderen auch, und mein Unvermögen plagte und deprimierte mich. Mir war noch nicht klar, dass es immer noch am besten ist, wenn man schon bei etwas versagen muss, dann dabei zu versagen, ein Wichser zu werden.

Ich hörte auf, auf dem Schulhof mit den anderen zu rangeln und mich zu prügeln, zum Teil, weil ich es verlernt hatte, das heißt, ich war der, der verprügelt wurde, und zum Teil, weil ich körperlichen Kontakt mit Jungs nicht ausstehen konnte. Das hatten mir die Krankenschwestern verdorben. Gott segne sie.

Nach dem Sportunterricht holten sich meine Mitschüler manchmal gegenseitig einen runter, und es lief mir kalt den Rücken hinunter bei dem Gedanken daran, dabei mitmachen zu müssen und meine Unzulänglichkeit (dabei war er lang genug) der Öffentlichkeit preiszugeben. Ich griff auf meine Kenntnisse auf dem Gebiet der Medizin zurück, schüttelte wieder einmal das Thermometer und bekam eine seltsame Krankheit, woraufhin ich von jeglichem Schulsport befreit wurde. Für meine Mitschüler wurde ich dadurch zum Schwächling (heute hätten sie mich wohl als ›Weichei‹ bezeichnet). Dass ich in Klassenarbeiten immer ziemlich gut abschnitt, machte mich in ihren Augen zu einem Streber, was in mancher Hinsicht noch schlimmer war. Mein Leben entwickelte sich überhaupt nicht so, wie ich es mir vorstellte. Die Mädchen ignorierten mich, und die Jungs machten sich über mich lustig. Es wurde Zeit, einige Dinge radikal zu ändern.

Elvis Presley litt offensichtlich nicht an derlei Problemen. Ich schaute alle seine Filme an und hörte wieder und wieder seine Platten. Ich las alles über ihn. Ich legte mir seine Frisur zu und versuchte so auszusehen wie er, mich so zu bewegen wie er und zu sprechen wie er. Ohne Erfolg. Aber ich kam der Sache schon ziemlich nahe, dachte ich zumindest. Schließlich war ich groß und schlank und hatte dunkle Haare und volle Lippen. Wenn ich mich gerade hielt, fielen auch meine runden Schultern und mein Bauch nicht mehr auf. Außerdem hatte ich seit meinem sechsten Lebensjahr zweimal die Woche bei einem Nachbarn Klavierstunden bekommen. Zur Bestürzung meiner Eltern hörte ich jetzt auf, jeden Morgen *Für Elise* und die *Mondscheinsonate* zu üben und verwendete mein Talent darauf, vor einem imaginären Publikum *Teddy Bear* und *Blue Suede Shoes* auf die Note genau nachzuspielen.

In der Schule beschloss ich, so viel anzustellen wie nur möglich. Dadurch, so hoffte ich, würde ich mich bei den Lehrern unbeliebt und bei meinen Mitschülern beliebter machen. Das hat auch ziemlich gut geklappt, aber weil ich körperlich nicht fit war, wurde ich den Ruf des Schwächlings nicht wirklich los, und ich wurde nach wie vor gelegentlich fertiggemacht. Ich traute mich noch nicht, meine Elvis-Karte aus dem Ärmel zu ziehen. Was ich brauchte, war ein Bodyguard.

Von der Garw Grammar School wurden keine außerschulischen Aktivitäten angeboten, da die meisten Schüler verstreut in unterschiedlichen Bergarbeiterdörfern lebten. Zwischen den Dörfern gab es kaum gesellschaftliche Kontakte, auch nicht unter den Jugendlichen, von denen jeweils nur wenige auf das Gymnasium am anderen Ende des Tales gingen. Außerdem hatte jedes Dorf seinen Rowdy. In Kenfig Hill war es Albert Hancock, ein gefährlicher und sehr starker Kerl, der aussah wie James Dean und ein paar Jahre älter war als ich. Ich sah ihn öfters im Dorf, aber ich hatte eine Heidenangst vor ihm. Das hatten die meisten Leute, solange sie nüchtern waren. Einen besseren Leibwächter hätte man sich nicht wünschen können. Aber wie um alles in der Welt sollte ich mich mit ihm anfreunden? Es war einfacher, als ich gedacht hatte. Ich besorgte Zigaretten und bat ihn, mir zu zeigen, wie man raucht. Ich erledigte Besorgungen für ihn. Ich ›lieh‹ ihm Geld. Es entwickelte sich eine lange währende Beziehung zwischen uns. Meine Schulkameraden hatten zu viel Angst, als dass sie mich noch geärgert hätten – Albert war mehrere Meilen im Umkreis für seine Gewalttätigkeit bekannt. Als ich vierzehn war, nahm mich Albert mit in ein Pub, wo ich mein erstes Bier probierte. In der Kneipe stand ein altes Klavier. Vom Alkohol mutig gemacht, schlenderte ich hinüber und begleitete mich, während ich *Blue Suede Shoes* sang. Die Gäste waren begeistert. Die guten Zeiten hatten begonnen.

Die guten Zeiten endeten ungefähr ein Jahr später, als mein Vater das Tagebuch entdeckte, in das ich dummerweise gerauchte Zigaretten, getrunkene Biere und sexuelle Abenteuer eingetragen hatte. Ich bekam unbegrenzten Hausarrest. In die Schule durfte ich gehen, aber sonst nirgendwohin. Er bestand darauf, dass ich meine Teddy-Boy Frisur abschnitt. (Glücklicherweise waren Elvis' Haare auch gerade für den Armeedienst geschnitten worden, und somit kam mir diese Strafe eben recht.)

Ich war fünfzehn, meine O-Level-Prüfungen waren in sechs Monaten. Außer lernen konnte ich nicht viel tun, also lernte ich, und zwar mit erstaunlicher Hartnäckigkeit und Ausdauer. Ich bestand in allen zehn Fächern mit sehr guten Noten. Der Hausarrest wurde aufgehoben. Überraschenderweise war auch Albert über meinen Erfolg völlig aus dem Häuschen: Sein bester Freund war eine Mischung aus Elvis und Einstein. Die guten Zeiten begannen aufs Neue.

Ich erlangte meine Freiheit just zu der Zeit wieder, als Van's Teen and Twenty Club in Kenfig Hill aufmachte. Mindestens einmal die Woche traten Gastbands auf, und meistens wurde ich aufgefordert, auch ein paar Nummern zu singen. Ich hatte nur ein sehr begrenztes Repertoire *(What' d I Say, Blue Suede Shoes* und *That's All Right Mama)*, aber es kam immer wieder gut an. Mein Leben bekam fast Routine. Die Schultage unter der Woche waren meinen A-Level-Prüfungsfächern Physik, Mathematik und Chemie gewidmet. Ebenso die Abende unter der Woche von halb sechs bis halb zehn. Ansonsten verbrachte ich jede wache Minute trinkenderweise in Pubs, tanzend und singend im Van's oder mit Mädchen.

Eines frühen Frühlingsabends, im gemütlichen Gesellschaftsraum vom ›The Royal Oak‹ in der Station Road in Kenfig Hill, versuchte ich auf das Drängen mehrerer Cubby-Checker-Imitatoren hin auf dem Klavier *Let's Twist Again* zu spielen. Es wurde bereits dunkel, als sich der Raum durch die Ankunft von fünf Polizisten aus dem Dorf plötzlich noch

mehr verfinsterte. Sie wollten das Alter der Gäste kontrollieren. Der Wirt, Arthur Hughes, war noch nie sehr gut im
Schätzen gewesen. Ich war noch nicht achtzehn und verstieß
somit gegen das Gesetz. Einen der Polizisten erkannte ich. Es
war Hamilton, ein riesiger Engländer, der erst vor kurzem ins
Dorf gezogen war. Er wohnte nur einen Steinwurf von unserem Haus entfernt. Hamilton kam direkt auf mich zu.

»Hör sofort mit diesem Lärm auf.«

»Spiel weiter, Howard«, sagte Albert Hancock. »Es ist
nicht verboten. Obwohl es das natürlich sein sollte.«

Ich spielte ein bisschen langsamer.

»Ich hab dir gesagt, hör mit dem Lärm auf«, knurrte Hamilton.

»Lass ihn schwatzen, Howard. Er kann dich nicht zwingen,
aufzuhören. Na, Hamilton, wie wär's mit 'nem kleinen Twist,
um ein bisschen von dem Fett loszuwerden?«

Das ganze Pub gackerte über Alberts Dreistigkeit.

»Vorsicht, Hancock«, drohte Hamilton. »Ich hab da draußen
eine große schwarze Minna stehen, die nur auf Sie wartet.«

»Na, dann bring sie doch rein, Hamilton! Wir sind hier
doch keine Rassisten!«

Während wieder alles lachte, begann ich, die ersten Tak-
te von Jerry Lee Lewis' *Great Balls of Fire* anzuschlagen.
Ich spielte laut und schnell. Hamilton packte mich bei der
Schulter.

»Wie alt bist du, Junge?«

»Achtzehn«, log ich ohne zu zögern. Seit über drei Jahren
ging ich in Pubs und trank, und niemand hatte mich je nach
meinem Alter gefragt. Um meiner Antwort Nachdruck und
Frechheit zu verleihen, griff ich nach meinem Bier und trank
einen Schluck. Ich war schon zu betrunken.

»Wie heißt du, Junge?«

»Warum interessiert Sie das? Mit achtzehn darf ich hier trinken, egal wie ich heiße.«

»Komm mal mit raus, Junge.«

»Wieso?«

»Tu einfach, was ich dir sage.«

Ich spielte weiter, bis mich Hamilton nach draußen zerrte. Er zückte sein Notizbuch und seinen Stift, ganz im Stil von Dixon of Dock Green aus der Fernsehserie.

»So, und jetzt sag mir, wie du heißt, Junge.«

»David James.«

Mir war niemand dieses Namens bekannt.

»Ich dachte, ich hätte gehört, wie deine Freunde dich Howard genannt haben.«

»Nein. Ich heiße David.«

»Wo wohnst du, Junge? Ich weiß, dass ich dich schon mal gesehen habe.«

»Pwllygath Street 25.«

Die Adresse gab es, aber ich hatte keine Ahnung, wer dort wohnte.

»Wo arbeitest du, Junge?«

»Ich gehe noch zur Schule.«

»Du kamst mir gleich ziemlich jung vor, mein Junge. Nun, ich werde deine Angaben überprüfen. Wenn sie falsch sind, werde ich dich schon finden. Gute Nacht, mein Junge.«

Ich ging wieder nach drinnen und bekam jede Menge Drinks ausgegeben.

Erst als ich am nächsten Morgen aufstand, wurde mir klar, wie dämlich ich gewesen war. Hamilton würde nur zu bald herausfinden, dass es in der Pwllygath Street 25 keinen David James gab, und ich könnte ihm jederzeit begegnen, sobald ich aus dem Haus ging. Langsam machte ich mir Sorgen. Ich würde gefasst und angezeigt werden, weil ich als Minderjähriger Alkohol getrunken und gegenüber einem Polizisten falsche Angaben gemacht hatte. Ich würde vor Gericht gestellt werden. Und es käme in die Zeitung, in die Glamorgan Gazette, gleich neben den Bericht über Albert Hancocks letzte Ausschreitungen. Ich würde mindestens Hausarrest bekommen, vielleicht noch Schlimmeres.

Obwohl mein Vater strikt gegen Tabak, Alkohol und Glücksspiele war, vergab er mir doch alle Missetaten, solange ich ehrlich zu ihm war. Ich gestand ihm die Ereignisse der vergangenen Nacht. Er ging zu Hamilton und erzählte ihm, was für ein braver Junge und guter Schüler ich doch war. Hamilton war skeptisch, er zweifelte daran, dass Albert Hancock einen guten Einfluss auf mich haben konnte. Irgendwie konnte mein Vater ihn schließlich überzeugen. Hamilton versprach, die Sache nicht weiterzuverfolgen.

Mein Vater hielt mir einen ernsten Vortrag. Ich lernte einiges aus dem Vorfall: dass ich mich, wie die meisten Leute, idiotisch verhielt, wenn ich betrunken war, dass Polizisten einem viel Ärger bereiten konnten, dass mein Vater ein guter Mensch war und dass Untersuchungen auch eingestellt werden konnten.

Das King's College der University of London hatte mich zu einem Bewerbungsgespräch für einen Studienplatz in Physik eingeladen. Ich freute mich auf die Reise, es war die erste, die ich alleine unternahm. Physik fiel mir immer noch leicht, und wegen des Gesprächs machte ich mir keine Sorgen. Meine Gedanken kreisten vielmehr um Soho, dem ich einen Besuch abstatten wollte, da Albert mir des Öfteren ausführlich davon erzählt hatte.

Nach der vierstündigen Zugfahrt nach Paddington kaufte ich einen Stadtplan, nahm eine U-Bahn zum Strand und stellte mich im King's College vor. Die Fragen waren einfach. Dann suchte ich mir die U-Bahn-Stationen heraus, die in der Nähe von Soho Square lagen, und trödelte noch eine Weile herum, so dass ich dort war, als es dunkel wurde. Ich ging die Frith Street und die Greek Street entlang. Ich konnte es kaum glauben. Es war wirklich so, wie Albert es beschrieben hatte. Wo man hinsah, gab es Stripclubs und Prostituierte. Weder das eine noch das andere hatte ich jemals in meinem Leben gesehen. Ich sah die Clubs und Bars, über die ich im *Melody Maker* und im *Musical Express* gelesen hatte: das ›Two I's‹, das ›Marquee‹, das ›Flamingo‹ und ›Ronnie Scott's‹. Das aufreizendste Mädchen, das ich je gesehen hatte, fragte mich, ob ich ein wenig Zeit hätte. Ich erklärte, dass ich nicht viel Geld hatte. Darum solle ich mir keine Sorgen machen, meinte sie. Ich stellte mich als Deke Rivers vor (den Elvis in *Loving You* gespielt hatte). Ich folgte ihr durch die Wardour Street zum St. Annes Court und in ein Apartment mit Namen Lulu. Ich gab ihr alles, was ich hatte – zwei Pfund und acht Shilling. Sie gab mir nur ein bisschen von dem, was sie hatte, doch es war mehr als genug. Ich lief zu Fuß zum Hyde Park, und von dort nach Paddington. Einige Stunden verbrachte ich damit, die anderen Reisenden zu beobachten, dann nahm ich den Bummelzug um zwei Uhr morgens zurück nach Bridgend. Ich hatte meinen Freunden viel zu erzählen.

Das King's College bot mir einen Studienplatz an, vorausgesetzt, meine Noten bei den A-Level-Prüfungen, dem Abitur, wären gut genug. Dafür wollte ich schon sorgen. Ich konnte es gar nicht abwarten, wieder nach Soho zu kommen. Ich bekam in allen Fächern ein ›A‹, die Bestnote. Herbert John Davies, der Rektor der Garw Grammar School, hatte andere Pläne mit mir. Ich war wie vor den Kopf gestoßen, als er mich eines Tages zur Seite nahm und mir sagte, dass ich an den Auswahlprüfungen für ein Stipendium der Universität von Oxford teilnehmen sollte. Es war mindestens acht Jahre her, dass zum letzten Mal ein Schüler der Garw Grammar School versucht hatte, in Oxford zugelassen zu werden. Der damalige Bewerber war erfolgreich gewesen – es handelte sich übrigens um John Davies, den Sohn des Rektors, der jetzt am Balliol College Physik studierte. Der Rektor schlug vor, dass ich genau dasselbe auch versuchen sollte. Ich wusste eigentlich gar nichts über Balliol. Um das zu ändern und um mein Allgemeinwissen aufzubessern, sollte ich Anthony Sampsons *Anatomy of Britain* lesen. Der Abschnitt, der von Balliol handelte, war sehr beeindruckend und eher einschüchternd. Die Liste der ehemaligen Studenten von Balliol enthielt viel zu viele Premierminister, Könige und hervorragende Wissenschaftler, als dass ich auch nur hätte hoffen dürfen, dort zugelassen zu werden. Aber trotzdem, was hatte ich schon zu verlieren? Wenn sie mich ablehnten, konnte ich immer noch einen Platz am King's College in London bekommen und mich wieder mit Lulu treffen.

Irgendwann im Herbst 1963 schrieb ich zwei Prüfungsklausuren, die Oxford der Grammar School geschickt hatte. Eine war über Physik und stellte überhaupt kein Problem dar, die andere war allgemein und weitgehend unverständlich. Eine der Fragen lautete: ›Ist eine Ausgabe der *Times* nützlicher als ein Thucydides oder ein Gibbon?‹ Weder Thucydides noch Gibbon war mir ein Begriff, und ich hatte noch nie eine Ausgabe der *Times* in der Hand gehabt. Diese Frage blieb unbeantwortet, ebenso wie die meisten anderen. Auf eine Frage hin versuchte ich immerhin zu begründen, warum Popsänger mehr Geld verdienten als Krankenschwestern. Ich stützte meine Argumentation auf die Tatsache, dass es für Popsänger keinen gesetzlich festgelegten Mindestlohn gibt, aber ich habe meine Zweifel, ob ich sehr überzeugend war.

Die Vorbereitung auf das Bewerbungsgespräch in Balliol war eine nervenaufreibende Angelegenheit. Meine Haare waren sehr lang, mit reichlich Brillantine eingeschmiert und zu einer Teddy-Boy-Frisur gekämmt, mit einer Tolle über der Stirn. Meine Eltern bestanden darauf, dass ich sie mir schneiden ließ, und widerwillig ließ ich es geschehen. Ich hatte mich endlich durch die *Anatomy of Britain* durchgearbeitet und kämpfte nun, wiederum auf Anraten des Rektors, mit Hemingways *Der alte Mann und das Meer*. Bis zu diesem Zeitpunkt waren die einzigen Werke klassischer oder zeitgenössischer Literatur, die ich gelesen hatte (wenn man die von Leslie Charteris und Edgar Wallace außer Acht lässt) *Oliver Twist* und *Julius Caesar* gewesen, die zum Englischlehrplan gehörten, und *Lady Chatterly's Lover* – das nicht dazugehörte. In Physik hatte ich noch nichts gelesen, das über Leistungskursniveau hinausging, und mir graute davor, dass man mich über die Relativitätstheorie oder Quantenmechanik abfragen könnte, die ich beide bis heute nicht völlig verstanden habe.

Der alte Mann und das Meer wurde beiseitegelegt, als der Zug von Bridgend nach Oxford Cardiff erreichte; ich machte es mir im Büfettwagen gemütlich und trank eine Dose Bier nach der anderen. In Didcot musste ich umsteigen. Mir gegenüber saß ein Mann, der ein Paar Handschellen hielt. Zum ersten Mal sah ich die verträumten Türmchen Oxfords.

Einige Stunden später wartete ich im Balliol College vor der Tür des Zimmers, in dem die Gespräche stattfanden. Ein weiterer Kandidat wartete ebenfalls. Ich streckte ihm meine Hand entgegen.

»Hallo, ich heiße Howard.«

Er schaute etwas verwirrt und legte seine Hand in meine, als erwartete er, dass ich sie küsste.

»Von welcher Schule kommst du?«, fragte er.

»Garw.«

»Wie?«

»Garw.«

»Wo ist das denn?«

»Zwischen Cardiff und Swansea. In der Nähe von Bridgend.«

»Entschuldige, ich kann dich nicht verstehen.«

»Glamorgan«, sagte ich.

»Ach so, Wales«, antwortete er verächtlich.

»Von welcher Schule kommst du denn?«, fragte ich.

»Eton«, sagte er und betrachtete den Fußboden.

»Wo ist das denn?«, konnte ich mir nicht verkneifen zu fragen.

»Die Schule natürlich! Eton! Die Schule!«

»Ja, ich hab davon gehört, aber wo ist die eigentlich?«

»Windsor.«

Der Etonianer wurde zuerst hereingerufen, und ich presste das Ohr an die Tür und hörte seine lange, in wohlgesetzte Worte gefasste Rede über seine diversen sportlichen Erfolge. Mir wurde etwas mulmig. Ich war zwar ein begeisterter Rugbyfan, hatte aber, seit ich zwölf war, keinen Sport mehr getrieben. Damals wurde ich versehentlich ausgewählt, um als Stürmer in zweiter Reihe für das B-Team der Schule zu spielen. Meine Zuversicht, dieses Gespräch erfolgreich hinter mich zu bringen, verflüchtigte sich.

Nach etwa zwanzig Minuten öffnete sich die Tür, der Etonianer kam heraus und die imposante Gestalt des altgriechischen Historikers Russell Meiggs füllte den Türrahmen. Er hatte wunderbares, schulterlanges, graumeliertes Haar, und ich bereute jetzt, dass ich der Forderung meiner Eltern nach einem Besuch beim Frisör vor meiner Abreise aus Wales nachgegeben hatte. In Russell Meiggs Gegenwart fühlte ich mich richtig wohl, und wir redeten eine ganze Weile über die walisischen Kohlengruben, das nationale Rugbyteam und das walisische Kunstfestival Eisteddfod. Ich brachte ihn einige Male zum Lachen, und das Gespräch ging wie im Fluge vorbei. Das darauffolgende Gespräch über Physik hingegen war eine viel ernstere Angelegenheit, und mir wurde bald bewusst, dass ich mich hier nicht hindurchscherzen konnte. Glücklicherweise bezogen sich die Fragen alle auf Themen, die in der Schule durchgenommen worden waren. Für die Nacht hatte ich mich gleich nach meiner Ankunft am Bahnhof von Oxford in einem Bed-and-Breakfast in der Walton Street einquartiert. Als ich die Gespräche hinter mir hatte, tauschte ich dort eiligst meinen ordentlichen Anzug gegen mein Teddy-Boy-Outfit aus und begab mich auf direktem Weg in die nächste Kneipe, um mich dumm zu trinken.

Einige Monate später wurde ich erneut nach Balliol zitiert. Diesmal ging es um die Prüfungen für die Aufnahme und die Stipendien. Sie waren über mehrere Tage verteilt, und wir sollten in dieser Zeit im College wohnen. Ich hatte meinen Eltern ausführlich Russell Meiggs' Frisur beschrieben, doch es hatte nichts genutzt: Wieder musste ich mir die Haare schneiden lassen.

In Balliol angekommen, gesellte ich mich zu den anderen Bewerbern in den Gemeinschaftsraum. Der Etonianer war nicht zu sehen. Ich war schüchtern und zurückhaltend. Jedes Mal wenn ich versuchte, mich mit jemanden zu unterhalten, wurde ich wegen meines walisischen Dialekts verspottet. Schließlich redete ich mit einem Jungen aus Southhampton, der auch von einer Grammar School kam. Er wollte auch

Physik studieren und fühlte sich anscheinend ebenso fehl am Platz wie ich. Sein Name war Julian Peto, und er ist heute noch mein absolut bester Freund. Jeden Morgen und Nachmittag besuchten wir pflichtbewusst die Prüfungsveranstaltungen, und jeden Abend waren wir ebenso pflichtbewusst gnadenlos besoffen. Irgendwie überstand ich noch die restlichen Gespräche und fuhr schließlich wieder nach Hause, ohne weitere Freundschaften geschlossen zu haben und ohne zu erwarten, Oxford jemals wiederzusehen.

In der ersten Dezemberhälfte 1963 erreichte mich ein Brief aus Balliol in meinem Zuhause in Wales. Ich gab ihn ungeöffnet an meinen Vater weiter. Der glückliche Ausdruck auf seinem Gesicht, als er ihn las, verriet mir den Inhalt. Im Gegensatz zu dem, was in den Siebzigern und Achtzigern in vielen Zeitungen zu lesen war, hatte ich kein Stipendium bekommen. Aber ich hatte einen Studienplatz.

Die Neuigkeit, dass ich mit meiner Bewerbung an der Oxford University Erfolg gehabt hatte, verbreitete sich wie ein Lauffeuer in Kenfig Hill. Balliol College hatte gerade bei der sehr anspruchsvollen Quizsendung *University Challenge* gewonnen, wodurch die Ehrfurcht und der Respekt, mit denen man mir begegnete, noch erhöht wurden. Ich konnte nicht mehr die Straße entlanggehen, ohne von jedem, den ich traf, beglückwünscht zu werden. Ich wurde zum obersten Aufsichtsschüler in Garw ernannt. Mein Erfolg stieg mir gründlich zu Kopfe, und in gewissem Maße profitiere ich heute noch davon. Den Rest des Jahres verbrachte ich damit, mich im Glanz meiner überraschenden Leistung zu sonnen. Ich hielt in den Medien nach irgendwelchen Erwähnungen von Balliol Ausschau, fand aber nur einen Artikel. Er war über die neue Mode des Marihuanarauchens in Balliol, ein Thema, von dem ich noch überhaupt nichts wusste, und über die

Besorgnis des Rektors von Balliol, Sir David Lindsay Keir, dass der Konsum von Marihuana faul mache.

Bevor ich als Erstsemester oder ›Freshman‹ nach Balliol ging, mussten noch einige Anschaffungen getätigt werden, die in Schreiben von Tutoren und Funktionären des College angeraten worden waren. Darunter befanden sich ein Kabinenkoffer, ein Schal in den Farben des College, einige Bücher und ein Talar (kurz). In Begleitung meiner Eltern, die sehr stolz auf mich waren, verbrachte ich einige Tage in Oxford, um diese Dinge zu kaufen. Wir besuchten natürlich auch Balliol College, doch bis auf ein paar amerikanische Touristen, die mit unverhohlener Enttäuschung auf die Gartenanlage starrten, war es öde und verlassen. All unsere Einkäufe wurden sorgfältig in dem großen Koffer verstaut, mit Ausnahme des Schals, den ich behielt, weil ich mir durch ihn bei meiner Tramptour durch Europa größere Chancen ausrechnete.

Anfang Oktober 1964 begann für mich das Studentenleben in Balliol. Ich bekam ein kleines, düsteres Zimmer im Erdgeschoss zugewiesen, mit Blick auf die Straße St. Giles, in das die Passanten hineinschauen konnten. Noch nie hatte ich so lauten Verkehrslärm in einem Schlafzimmer erlebt wie dort, und das Fenster bot mir die erste, wenn auch leider nicht die letzte Gelegenheit, die Außenwelt durch Gitterstäbe hindurch zu betrachten. Ein älterer Herr mit weißem Jackett klopfte an die Tür, öffnete sie und sagte: »Ich bin George, Ihr Scout.«

Niemand hatte mich darüber aufgeklärt, dass es so etwas wie Scouts gab, und ich hatte keine Ahnung, was dieser freundliche Herr wollte. Mein erster Gedanke war, dass er etwas mit sportlichen Aktivitäten zu tun haben könnte.

George und ich unterhielten uns ausgiebig miteinander, und er erklärte, dass es zu seinen Aufgaben gehörte, mein Bett zu machen, mein Zimmer aufzuräumen und mein Geschirr zu spülen. Das fand ich äußerst erstaunlich. Bis dahin hatte ich noch nie in einem Restaurant mit Kellner gegessen, noch nie hatte jemand mein Gepäck für mich getragen, und ich hatte noch nie in einem Hotel übernachtet.

Beim Abendessen im Speisesaal war ich nervös. Ich wusste nicht, worüber ich mich unterhalten sollte, und befürchtete, durch schlechte Tischmanieren aufzufallen. Ich kam mir völlig fehl am Platz vor und war ziemlich unglücklich, doch Julian Peto, der ein Stipendium bekommen hatte, zog mich immer wieder hoch.

In der Stadthalle fand eine Art Messe für die Erstsemester statt. Julian und ich gingen hin, um zu sehen, was angeboten wurde. Keiner der verschiedenen Vereine und Klubs interessierte uns. Drei hübsche Mädchen sprachen uns an und fragten, ob wir nicht der *Oxford University Conservative Association* beitreten wollten. Julian, der der Anti-Atomwaffenbewegung CND angehörte und überzeugter Sozialist aus humanistischem Elternhause war, ging angewidert weiter. Ich zögerte, von weiblichem Charme betört. Um diese angenehme Begegnung zu verlängern, trat ich der Organisation bei und zahlte auch einige Shilling für dieses Privileg. Meine Eltern waren fuchsteufelswild, als sie später von diesem Verrat erfuhren. Ich ging zu keinem Treffen der Vereinigung und sah die drei schönen Mädchen nie wieder. Diese unbedachte Dummheit hatte wahrscheinlich nur eine spätere Auswirkung: Ich nehme an, dass meine in den Akten verzeichnete Mitgliedschaft mitverantwortlich dafür war, dass ich als Agent vom MI6 angeworben wurde, dem britischen Geheimdienst.

Ich schlenderte zur Oxford Union weiter. Einige Monate zuvor war ich bei einem Ball der *Swansea University Union* gewesen und ging deshalb davon aus, dass Action, Rockmusik, Besäufnisse und Sex am ehesten in der Union zu finden sein würden. Ich zahlte ungefähr elf Pfund für eine lebenslange Mitgliedschaft und hatte seitdem nichts mehr mit ihr zu tun. Meine lebenslange Mitgliedskarte trug ich jedoch im Geldbeutel mit mir herum, bis die amerikanische *Drug Enforcement Administration* sie 1988 konfiszierte.

Die Physiktutorien, zu denen ich erscheinen musste, waren bemerkenswert einfach, und ich kam gut mit. Als mir klarwurde, dass die Studenten in keiner Weise verpflichtet waren, Vorlesungen zu besuchen, ließ ich es bleiben. Von Physikstudenten wurde jedoch erwartet, unverschämt viel Zeit in den Clarendon Laboratories mit schier endlosen Reihen hirnloser Versuche mit Pendeln, Linsen und Widerständen zu verbringen. Diesen Teil des Studiums konnte ich nicht ausstehen, und bald ging ich auch dort nicht mehr hin.

Obwohl ich mit den anderen Physikstudenten (außer natürlich mit Julian Peto) wenig bis gar nichts gemein hatte, hatten sie nichts gegen mich. Die anderen Erstsemester in Physik benahmen sich mir gegenüber höflich und schienen meinen walisischen Tonfall jetzt zu verstehen. Nach und nach lernte ich Studenten von Balliol kennen, die nicht an der naturwissenschaftlichen Fakultät studierten, und kam zu der Überzeugung, dass die Geisteswissenschaftler, insbesondere die Historiker und die Philosophen, ein wesentlich interessanteres und nonkonformistischeres Völkchen als die Physiker waren. Einige von ihnen hatten sogar lange Haare und trugen Jeans. Bald fingen wir an, einander zu grüßen.

Meine erotischen Abenteuer beschränkten sich auf Frauen, die nicht an der Uni waren. Ich ging davon aus, dass Studentinnen einfach nicht der Typ Mädchen waren, die mit mir oder sonst jemand ins Bett gingen. Diese lächerliche Annahme beruhte auf den Erfahrungen meiner Jugend in den walisischen Kohlegegenden, wo es überhaupt keine Überschneidung gab zwischen Mädchen, die studierten, und Mädchen, die ›es taten‹. Diejenigen, die ›es taten‹, waren allesamt so früh wie möglich von der Schule abgegangen und arbeiteten gewöhnlich bei Woolworth's, in Wettbüros oder in der Fabrik. Deshalb begannen auch in Oxford meine Bettbeziehungen zunächst im Woolworth's am Cornmarket oder mit einem zufälligen Kennenlernen auf der Straße. Letzteres schien am häufigsten mit ausländischen Mädchen zu klappen, die Ausbildungen zur Sekretärin oder als Krankenschwester machten. Die Illusion, dass Karrierefrauen keinen Sex hatten, wurde weiter gefestigt.

Etwa in der Mitte meines ersten Semesters hing eine Mitteilung aus: ›Die folgenden Herren werden dem Rektor am … Referate zum Thema des Bevölkerungsproblems vortragen.‹ Darunter stand mein Name und noch sechs andere, die ebenfalls mit L, M oder N begannen. Ich hörte zum ersten Mal, dass es ein Bevölkerungsproblem gab. Wir hatten ungefähr eine Woche Zeit, und ich war sehr nervös. Ich lieh mir eiligst einige Bücher aus der Bibliothek und kopierte schamlos lange Ausschnitte. Irgendwer erzählte mir, dass Sir David Lindsay Keir, der Rektor von Balliol, diese Referate dazu nutzte, herauszufinden, wie viel Sherry die Erstsemester vertrugen. Das beruhigte mich ein bisschen.

Glücklicherweise gehörte ich nicht zu den dreien, die ihr Referat halten mussten. Ich trank Unmengen von Sherry und unterhielt mich lange mit Sir David über die Ursprünge und die grammatikalischen Eigenheiten des Walisischen. Er war der Überzeugung, dass das Walisische eine rein keltische Sprache sei, mit ähnlicher Grammatik wie das Gälische und das Bretonische. Ich hingegen behauptete, dass das ursprüngliche Walisisch eine präkeltische Sprache sei, die einige einzigartige grammatikalische Züge aufweise. Einige Wochen später gab er zu, dass ich möglicherweise Recht hätte. Bis zum Zeitpunkt unseres Gesprächs war Sir David auch die (zugegebenermaßen umstrittene) Tatsache nicht bewusst gewesen, dass Amerika im Jahre 1170 n. Chr. von Prinz Madoc ab Owain Gwynnedd entdeckt worden war und dass daraufhin die Padoucas-Indianer gewisse Elemente des Walisischen in ihre Sprache aufgenommen hatten. Er achtete darauf, dass mein Sherryglas immer gefüllt war, und lauschte interessiert meiner ausführlichen Wiedergabe dieser obskuren Geschichtstheorie.

Ebenfalls anwesend bei dieser Referatsstunde (in meinem Falle Nicht-Referatsstunde) waren die Erstsemester John Minford und Hamilton McMillan, die beide noch eine wichtige Rolle in meinem Leben spielen sollten. John Minford war auf Anhieb überzeugt, dass ich ein begabter Schauspieler sei, und überredete mich, der Theatergruppe von Balliol beizutreten. Hamilton McMillan kam Jahre später zu der Überzeugung, dass ich einen guten Spionageagenten abgeben würde und überredete mich, für den MI6 zu arbeiten. Es ist seltsam, wenn man es sich überlegt – hätte mein Name nicht mit M begonnen, hätte ich weder das gleißende Licht der Bühnenscheinwerfer noch die Aufmerksamkeit der Medien in aller Welt über mich ergehen lassen müssen.

Um mich für die Teilnahme an der Theatergruppe zu begeistern, bat mich John Minford, bei der Weihnachtsaufführung von *Dornröschen,* einer Coproduktion der Colleges Balliol und Lady Margaret Hall, die Rolle des Ersten Proleten zu spielen. Es war nur eine kleine Rolle, die darin bestand, im richtigen Moment einige treffende Obszönitäten einzuwerfen, und ansonsten herumzuliegen und dabei irgendwie bedrohlich oder pervers verführerisch auszusehen. Ich war einverstanden unter der Voraussetzung, dass Julian Peto überredet wurde, den Part des Zweiten Proleten zu übernehmen.

Durch meine Teilnahme an der Theatergruppe freundete ich mich schnell mit anderen Mitgliedern an, und bald wurde ich in eine größere Clique aufgenommen, die vor allem aus Studenten im zweiten Jahr bestand und als ›das Establishment‹ bekannt war. Auch Rick Lambert war dabei, heute der Herausgeber der *Financial Times,* und Chris Patten, bis 1997 amtierender Gouverneur von Hongkong. Wir tranken viel und hatten viel Spaß miteinander. Das ›Establishment‹ bildete außerdem den harten Kern der *Victorian Society,* der ich auch beitrat. Es war eine seltsame Vereinigung, das ist das Mindeste, was man darüber sagen kann, doch wieder war die wesentliche Anforderung, sehr viel zu trinken, diesmal Portwein, den ich noch nie probiert hatte. Jedes Mitglied der Society war verpflichtet, den anderen Mitgliedern ein viktorianisches Lied vorzutragen, und es musste bei jedem Treffen ein anderes sein. Nur mir wurde vom Vorstand gestattet, bei jedem Treffen dasselbe Lied zu singen. Ich wählte eine walisische Hymne, *Wele Cawson Y Messiah.*

Die Aufführung von *Dornröschen* lief gut, und danach gab es eine Party für die Mitwirkenden. Ich stellte mich ganz fürchterlich zur Schau, indem ich versuchte, Elvis Presley zu imitieren, als der Leadsänger der erfolgreichsten Rockband der Oxford University, The Blue Monk and his Dirty Habits, gerade eine Pause machte. Diesem Auftritt folgte meine erste Affäre mit einer Studentin, der traumhaft schönen Lynn Barber vom St. Anne's College. Erst mal keine Mädchen von Woolworth's mehr.

Das Zimmer neben meinem war weitaus größer und schöner als meines. Gelegentlich war ich dort zu Besuch, zusammen mit Joshua Macmillan (dem Enkel von Harold Macmillan), der mit dem Bewohner sehr gut befreundet war. Aus irgendeinem Grund zog dieser aus, und ich übernahm das Zimmer.

Meine neuen Räumlichkeiten waren wesentlich besser dazu geeignet, Gäste zu empfangen. Ein paar Tage nachdem ich eingezogen war, schaute Joshua vorbei und bereitete mich darauf vor, dass ich wahrscheinlich oft mitten in der Nacht Besuch bekommen würde, vor allem an Wochenenden. Das lag daran, dass das Gitter vor dem Fenster entfernt werden konnte, wodurch man ohne Probleme auf die Straße gelangen konnte. Etwa ein Dutzend von Joshuas Freunden war in dieses Geheimnis eingeweiht, und sie wollten diese Möglichkeit gerne weiterhin nutzen. Das lose Gitter vereinfachte auch mir und meinen Freunden, die bald alle davon wussten, die nächtlichen Ausflüge. Mein Zimmer wurde zu einem beliebten nächtlichen Treffpunkt. Gelegentlich war es lästig, um vier Uhr morgens gestört zu werden, weil jemand hereingelassen werden wollte, doch lernte ich dadurch mehr abenteuerlustige Studenten Balliols und lockere Frauen kennen.

Am Anfang jedes Semesters gab es die ›Collections‹-Prüfung, anhand derer das Wissen aus dem letzten Semester geprüft wurde. Die Prüfungsunterlagen lagen wahrscheinlich im Büro eines der Physiktutoren herum. Vorher schon einen Blick darauf zu werfen, würde das Problem lösen, bei der Prüfung gut abzuschneiden. Dazu musste man natürlich in die Büros einbrechen und heimlich in den Schreibtischen der Tutoren herumstöbern. Einige Tage vor Anfang des zweiten Semesters startete ich einen Erkundungsgang zu den Büros von Dr. P. G. H. Sandars und Dr. D. M. Brink. Sie waren verschlossen, aber das Zimmer von Dr. Sandars lag im Erdgeschoss. Gegen drei Uhr in der nächsten Nacht schlich ich über das verlassene Collegegelände, öffnete das Fenster und machte mich mithilfe einer am Nachmittag gekauften Taschenlampe daran, Dr. Sandars Schreibtisch zu durchsuchen. Nach etwa einer halben Stunde gab ich auf. Es waren keine Collectionspapiere zu finden. Es schien recht ungefährlich, durch die Gegend zu schleichen, und so beschloss ich, auch Dr. Brinks Zimmer einen Besuch abzustatten. Es lag auch im Erdgeschoss, doch das Fenster war unzugänglich und fest verschlossen. Ich trieb mich herum und überlegte, wie ich in Dr. Brinks Zimmer gelangen konnte. Ich war mir sicher, dass die gesuchten Unterlagen sich dort befanden. Mir fiel ein, dass Wally, der korrupte Nachtpförtner, in seinem Häuschen vermutlich Zweitschlüssel zu allen Zimmern aufbewahrte. Ich schlenderte über den Hof zu meinem Zimmer, stieg durch das Fenster auf die Straße hinunter, ging zum Pförtnerhäuschen und bat Wally, mich hereinzulassen. Ich erzählte ihm, ich hätte mich ausgeschlossen, und mein Schlüssel sei noch in meinem Zimmer. Er fragte nach meiner Zimmernummer, und ich sagte ihm die von Dr. Brink. Er gab mir dessen Schlüssel und bat mich, ihn wiederzubringen, wenn ich meinen eigenen geholt hätte. Ich lief zu Dr. Brinks Zimmer, schloss die Tür auf, sah sofort den Stapel Prüfungspapiere, nahm eines, und gab dem dankbaren Wally den Schlüssel und – nicht zum ersten Mal – eine Half-Crowne Trinkgeld. Ich bestand die Prüfung mit Bravour.

Die Studenten der niedrigeren Semester an Balliol sprachen oft von einem Kerl namens Denys Irving, der aus Oxford relegiert worden war und die Zeit seiner Verbannung sinnvollerweise mit Reisen in exotische Länder verbracht hatte. Vor kurzem war er von seinen Entdeckungsreisen zurückgekehrt und wollte nun, obwohl es verboten war, seine Freunde in Oxford besuchen. Ich sollte ihn auch kennenlernen. Denys hatte

Kif mitgebracht, Marihuana aus Marokko. Bis dahin hatte ich nur gerüchtehalber gehört, dass an der Uni Drogen genommen wurden, und wusste, dass Marihuana bei den westindischen Gemeinschaften in England, bei Jazzern, amerikanischen Beatniks und der neuen intellektuellen Welle der Angry Young Men recht beliebt war. Ich hatte aber keine Ahnung, wie Marihuana wirkte, und nahm mit begeistertem Interesse meine ersten Züge von dem Joint, den mir Denys anbot. Die Wirkung war erstaunlich sanft, hielt aber sehr lange an. Schon nach wenigen Minuten fühlte ich Schmetterlinge im Bauch, jedoch ohne der gewöhnlich damit verbundenen Angst. Daraufhin hatte ich Lust zu lachen, und das meiste der Unterhaltung meiner Freunde schien mir komisch genug dafür. Dann wurde ich mir der Musik sehr bewusst (es lief gerade *Please Please Please* von James Brown), und der ästhetischen Qualitäten meiner näheren Umgebung. Alle diese Erfahrungen waren völlig neu und überaus angenehm. Als Nächstes fühlte ich, wie sich die Zeit verlangsamte. Schließlich bekam ich Hunger, wie alle anderen, und wir fielen in die Lokalität ein, die später das französische Restaurant ›Sorbonne‹ werden sollte, damals aber noch das ›Moti Mahal‹ war – und in einer Straße liegt, die den treffenden Namen ›The High‹ trägt. Es war meine erste Erfahrung mit indischem Essen, doch sie genügte, um mich für den Rest meines Lebens süchtig zu machen.

Nach zahllosen Bhajias, Kormas, Pilaos, Do-Piazzas und anderen Currys ließ die Wirkung des Marihuanas schließlich nach, und ich lud die ganze Versammlung in mein Zimmer ein, wo wir noch diverse Joints rauchten und Doowop aus meinem eher antiquierten Kassettenrekorder hörten. Einer nach dem anderen driftete weg.

Am Tag darauf hatte George frei. Er wurde von einem Scout vertreten, der seine liberale Einstellung zu den Vorkommnissen in den Studentenbuden nicht teilte und der beim Anblick des Schlachtfeldes, das mein Zimmer darstellte, drohte, es dem Dekan zu melden. Meine neuen Freunde beschlossen, mein Zimmer für diesen Tag zu ihrem Hauptquartier zu ernennen. Sie luden weitere Freunde aus ganz Oxford ein, sich uns anzuschließen. Einer kam mit einem Plattenspieler und einer Kiste Schallplatten. Andere brachten verschiedene Sorten Marihuana und Haschisch mit. Den ganzen Tag dröhnte Musik von den Rolling Stones und Bob Dylan, und Cannabisrauch wallte in die Straße und über den elisabethanischen Teil des hinteren Hofes von Balliol. Am frühen Abend kehrte Denys Irving nach London zurück, und das ›Happening‹ klang langsam aus.

Am nächsten Tag starb Joshua Macmillan an einer Blockierung der Atemwege infolge einer Überdosis Valium und Alkohol. Ich sah, wie sein Körper die Treppe hinuntergetragen wurde. Es war die erste Leiche, die ich in meinem Leben sah. Joshuas Tod war außerordentlich tragisch. Es wurde gemunkelt, er hätte Selbstmord begangen, doch passte das überhaupt nicht zu seinem Benehmen in der letzten Zeit. Er hatte in der Schweiz eine Entziehungskur für Heroin gemacht und hatte behauptet, clean zu sein. Außerdem hatte er beteuert, Barbiturate und Alkohol nur dann zu nehmen, wenn kein Marihuana aufzutreiben war. Joshua und ich waren keineswegs eng befreundet gewesen, wir waren einfach nur Bekannte. Trotzdem hinterließ sein Tod einen tiefen Eindruck und veranlasste mich dazu, meine Einstellung zum Drogenkonsum sorgfältig zu überdenken.

Kurz nach Joshuas Tod fand ich in meinem Briefkasten die Botschaft, mich so bald wie möglich beim Dekan, Francis Leader McCarthy Willis Bund, zu melden. Er kam sofort auf den Punkt. Aufgrund von Joshuas Tod würde es vonseiten der Polizei und der Proctoren (Disziplinarbeamte der Universität) Ermittlungen über den Drogenkonsum an der Hochschule geben, wobei der Schwerpunkt der Untersuchungen in Balliol liegen würde. Der Dekan hatte auf eigene Faust eine Voruntersuchung begonnen, und er hatte seine Gründe (nämlich Informationen von Georges Vertreter), zunächst mir einige Fragen zu stellen. Nahm ich Drogen? Wer sonst noch? Wo geschah das? Ich erklärte, dass ich einige Male Marihuana geraucht hatte, aber keine Namen von anderen nennen würde, die vielleicht auch schon geraucht hätten. Der Dekan schien sehr erleichtert, dass ich mich weigerte, andere Namen zu nennen. Ich sehe heute noch den Ausdruck auf seinem Gesicht vor mir, und es hat mir seitdem durch viele unangenehme Verhöre geholfen. Er beendete die Unterredung mit der Bitte, ich solle mit meinen Bekannten reden, die Marihuana rauchten, und sie überzeugen, es nicht auf dem Collegegelände zu tun.

Am nächsten Wochenende wurde in der *Sunday Times* ein Artikel unter der Überschrift ›Geständnisse eines Oxforder Drogensüchtigen‹ veröffentlicht. Es handelte sich im Wesentlichen um ein Interview mit einem von Joshuas Freunden. In einigen anderen Zeitungen erschienen Artikel mit ähnlichen Themen, nachdem die Uni von Journalisten überrannt worden war, die über den Tod des Enkels von Ex-Premierminister Harold Macmillan schreiben wollten. Selbst die straightesten Studenten gaben sich alle erdenkliche Mühe, vor den Reportern mit ihren Kontakten zur Oxforder Drogenkultur zu kokettieren. Überall wimmelte es plötzlich von Kiffern, und es wurde als ziemlich uncool angesehen, keiner zu sein. Da ich zufälligerweise mit Drogen in Kontakt gekommen war, bevor sie zum nationalen Thema wurden (wenn auch nur wenige Tage vorher), wurde ich als einer der Pioniere betrachtet. Ich tat absolut nichts, um diesen falschen Eindruck zu berichtigen. Von daher überraschte es niemanden (außer mich, ein bisschen), dass ich ›in einer vertraulichen Angelegenheit‹ vor den Proctoren erscheinen sollte. Ich holte mir sofort den Rat des Dekans ein, der langsam begann, sich Sorgen um all die ungewollte Aufmerksamkeit zu machen, die Balliol zuteilwurde. Ich war sehr lange in seinem Zimmer, ich muss ihm wohl meine ganze Lebensgeschichte erzählt haben. Während unseres Gesprächs begann ich, ungeheuren Respekt und Sympathie für ihn zu empfinden, und er schien mich auf väterliche Art und Weise zu mögen. Er erzählte einiges aus seinem Leben und betonte dabei besonders, dass er auch schon als Proctor gearbeitet hatte und dass dies meistens sehr unangenehme Leute waren. Er empfahl mir, mich ihnen gegenüber genauso zu verhalten wie zu ihm, als er mich befragt hatte.

Ich ging zum Büro der Proctoren. Der ranghöhere von den beiden hieß David Yardley und war ein ernster Mann, der sich benahm, als leitete er ein polizeiliches Verhör. Ich verweigerte jegliche Antwort mit der Begründung, dass es gegen meine moralischen Prinzipien verstoße, andere Leute zu belasten. Mit den Worten »Sie werden noch von uns hören« wurde ich entlassen.

Ich verließ das Gebäude und traf draußen auf den Dekan, der auf mich wartete. Er fragte: »Und, haben Sie diesem verruchten Gespann die Stirn geboten?«

Ich erzählte ihm, dass ich das zwar getan hatte, dass ich mir aber Sorgen machte, dass sie mich für mein Schweigen bestrafen könnten. Der Dekan beruhigte mich und meinte, wenn sie das versuchten, dann müssten sie seine Kündigung hinnehmen. Ich glaubte ihm, und von diesem Tag an verband uns eine tiefe Freundschaft.

Ich beschloss, ein engagierter Beatnik zu werden – das

Wort ›Hippie‹ war noch nicht erfunden worden. Ich hörte auf, Brillantine zu verwenden, und ließ meine Haare lose auf die Schultern fallen. Röhrenhosen wurden durch ausgefranste Jeans ersetzt, spitze Elvis-Schuhe durch spanische Lederstiefel, die lange Jacke mit Samtkragen durch eine kurze aus Jeansstoff und der weiße Regenmantel durch einen aus Schafsfell. Ich rauchte so viel Marihuana, wie ich kriegen konnte, las Kerouac, hörte Bob Dylan und Roland Kirk und sah französische Filme, die ich nicht verstand. Abgesehen davon, dass ich immer noch der Arbeit aus dem Weg ging und noch immer viel Kontakt zu Mädchen hatte, schien sich mein Leben von Grund auf verändert zu haben.

Am elften Juni 1965 fuhren einige von uns nach London zur Wholly Communion in der Royal Albert Hall. Es handelte sich dabei um eine moderne Dichterlesung, bei der Allen Ginsberg, Lawrence Ferlinghetti, John Esam, Christopher Logue, Alexander Trocchi und andere berühmte Dichter auftraten. Sie lockte das größte Publikum nach London, das eine Lesung in England je gehabt hatte, und wurde das erste richtig große ›Happening‹. Peace and Love, Joints rauchen und sich lieben. Eine neue Generation war im Entstehen, und ich wollte dazugehören.

Während der sehr langen Sommerferien in Oxford trampte ich ziellos in dreckigen Klamotten durch England und Europa und fühlte mich irgendwie *on the road*. Ich kam auch nach Kopenhagen, wo mir das Geld ausging. Zum Glück hatte ich mich mit einigen Mitgliedern einer dänischen Rock-and-Roll-Band angefreundet, die mich netterweise ein paarmal singen ließen, so dass ich genug Geld verdienen konnte, um das Land zu verlassen. Auf dem Rückweg nach England kam ich durch Hamburg, wo mein Freund Hamilton McMillan wohnte. Mac hatte mir seine Adresse gegeben, und ich rief ihn von einer finsteren Kneipe auf der Reeperbahn aus an. Ich hatte den Star Club gesucht, in dem die Beatles entdeckt worden waren. Mac freute sich riesig, von mir zu hören, bestand darauf, dass ich ein paar Tage bei ihm wohnte, und kam mich abholen.

Mac hatte zwar nicht erwartet, dass ich wie ein feiner Herr aussehen würde, war aber trotzdem sichtlich schockiert über mein abstoßendes, schlampiges, zotteliges, langhaariges, schmutziges Äußeres. Zudem brachte es ihn ein wenig aus der Fassung, dass mich eine stetig wachsende Traube neugieriger und schaulustiger Hamburger umstand, die mich degeneriertes Exemplar der Gattung Mensch unverhohlen anstarrte. Der Gedanke daran, wie wir im Haus seiner Eltern empfangen werden würden, machte ihn verständlicherweise nervös. Wir tranken ein paar Biere und er erholte sich langsam von seinem Schreck. Er vertraute darauf, dass seine Eltern, wenn sie mich erst gesehen hätten, ihn nicht mehr wegen seiner Koteletten nerven würden, die ihren Namen übrigens völlig zurecht trugen: Sie hatten die Größe und Form von Lammkotelett. Es stellte sich heraus, dass seine Eltern ganz außerordentlich großzügige und gastfreundliche Leute waren, wobei wir dem mit einem ausgiebigen heißen Bad und einer schnellen Wäsche meiner dreckigsten Klamotten aber auch etwas nachgeholfen hatten. Es war eine prima Zeit bei Mac. Es machte ihm Spaß, seinen Freunden meine schulterlangen Haare zur Schau zu stellen, und mir machte es Spaß, so zur Schau gestellt zu werden. Unsere Freundschaft wurde gefestigt, und wir blieben befreundet, bis der britische Geheimdienst und die Zoll- und Steuerbehörden unser enges Verhältnis beendeten.

Ungefähr zwei Wochen lang schlief ich im Freien vor dem Shakespeare Memorial Theatre in Stratford-on-Avon, dem

Geburtsort Shakespeares. Somit stand ich immer als Erster in der Schlange, wenn die Kasse öffnete und die vierzig Karten verkauft wurden, die sie immer bis zum Tag der Aufführung zurückbehielten. Ich kaufte täglich vier Eintrittskarten, mehr durften nicht an eine Person ausgegeben werden. Eine behielt ich für mich, da ich mittlerweile ein echter Fan von Shakespeare geworden war, zwei verkaufte ich zu wahnsinnig überteuerten Preisen an amerikanische Touristen, und eine verschenkte ich oder verkaufte sie sehr billig, an irgendeine attraktive Frau, die alleine da war. Wegen der Sitznummern auf unseren Karten saß sie während der Vorstellung natürlich neben mir, und es war einfach, ein Gespräch zu beginnen. Ich fragte mich, ob andere Leute auch solche Spielchen spielten.

Auf meinen Touren sammelte ich unterschiedlichsten Ethnomüll zusammen, prätentiöse Kunstwerke, sinnlosen Nippes und anderen Hippiekram, mit dem ich mein Zimmer am College schmücken wollte. Darunter befand sich auch ein etwa siebenunddreißig Quadratmeter großes Netz, mit dem man Obstbäume vor Vögeln schützte, ein Schild mit der Aufschrift ›Vorsicht, Schlauch‹, ein sehr großes Poster von Cezanne und mehrere Rollen Alufolie. Ich hing das Netz an die Zimmerdecke, tapezierte die Wände mit Alufolie und nagelte das Poster auf den Fußboden. In strategisch günstige Ecken kamen Lampen aus Orangenkisten, in die schwache, gefärbte Glühbirnen montiert waren, und mein neuer Plattenspieler wurde angeschlossen, mit zusätzlichen Lautsprechern entlang der Wände. Alle und jeder waren in meinem Zimmer willkommen, und ihre Freunde, Platten, alkoholischen Getränke und Haschisch- und Marihuanavorräte durften sie auch gerne mitbringen. Bald war in meinem Zimmer eine ständige Party zugange, immer dröhnte Musik, und dichte Wolken Marihuanarauchs wallten aus Fenstern und Türen. Ich verabschiedete mich von sämtlichen Collegeaktivitäten und verließ kaum noch das Zimmer, außer um in Georges Arbeitercafé am Markt zu Mittag oder im Moti Mahal in The High zu Abend zu essen.

Der Ruf dieser von der Universität und dem College geschützten Kifferoase verbreitete sich rasch nah und fern. Gelegentliche Gaststudenten von der Sorbonne oder aus Heidelberg schauten vorbei, ebenso manchmal ein Mitglied der noch embryonischen Londoner Undergroundbewegung. Marty Langford, der jetzt Kunst studierte, und ein paar andere Freunde aus Kenfig Hill waren mal da. Selbst John Esam, einer der Beat-Dichter, die an der Wholly Communion in der Royal Albert Hall teilgenommen hatten, beehrte uns mit seiner Anwesenheit. Er stand plötzlich unangemeldet in meinem Zimmer und bot mir LSD an, von dem ich noch nie gehört hatte. Es war in Zuckerwürfeln dosiert, von denen jeder mit einem Tropfen versehen worden war. Jedes behandelte Stück Würfelzucker sollte drei Pfund kosten. John Esam erzählte mir, es wirke wie Haschisch, nur unendlich viel stärker, und sei absolut legal. In beiden Fällen sagte er die Wahrheit. Ich kaufte ein paar Würfel und hob sie für einen anderen Tag auf. Ich fragte bei meinen Freunden herum. Einige hatten von LSD gehört, doch niemand hatte es probiert oder kannte jemanden, der es ausprobiert hatte. Es war alles sehr mysteriös. Irgendjemand sagte, LSD sei wie Meskalin, über das Aldous Huxley geschrieben hatte. Jemand anderes sagte, dass ein Wissenschaftler an Harvard, Timothy Leary, mit LSD experimentiert und darüber geschrieben habe.

Ungefähr eine Woche später lud mich Frances Lincoln, eine lebhafte Studentin vom College Somerville, zu sich zum Tee ein. Eine äußerst seltsame Eingebung sagte mir, dass es ein guter Moment sei, den Würfelzucker zu probieren, und etwa eine Stunde vor meiner Verabredung aß ich einen. Bis ich Balliol verließ, hatte sich noch keine erkennbare Wirkung eingestellt, und als ich in Somerville ankam, war ich der Überzeugung, dass ich beim Kauf dieser angeblichen Wunderdroge gründlich über den Tisch gezogen worden war. Ich hatte mein Teestückchen zur Hälfte gegessen, als die Wirkung urplötzlich einsetzte. Die Bilder an den Wänden wurden lebendig, die Blumen in den Vasen atmeten schwer und rhythmisch, und die Platte von den Rolling Stones, die gerade lief, klang wie ein Händelscher Himmelschor, der von afrikanischen Eingeborenentrommeln begleitet wurde. Es war unmöglich, Frances zu beschreiben, was sich in meinem Kopf abspielte, aber sie zeigte sich immerhin höflich interessiert an meinen Erklärungsversuchen. Als die vier Beatles auf dem Cover von *Please Please Me* aufsprangen und begannen, ihre Instrumente zu spielen, fand ich, dass ich besser gehen sollte. Frances brachte mich nach Balliol zurück und setzte mich an der Pforte ab. Ich wanderte benommen und kichernd über die Höfe und durch den Gemeinschaftsraum. Meine Kommilitonen waren es gewohnt, mich in verschiedenen Stadien der Breitheit anzutreffen; ich glaube kaum, dass mein Zustand Anlass zu Sorge gab. Gegen Mitternacht, gut acht Stunden, nachdem ich das Zuckerstück genommen hatte, ließ die Wirkung langsam nach, und ich ging ins Bett.

Während der nächsten Wochen, die ich teils in Oxford, teils in Wales verbrachte, verzehrte ich die restlichen Würfelzucker. Einige Freunde schlossen sich den Experimenten an. John Esam kam wieder vorbei, und ich kaufte neuen Würfelzucker. Nach einem davon kam ich auf das, was inzwischen als ›Horrortrip‹ bekannt ist. Es ist schwer zu beschreiben. Anstatt dass die LSD-Erfahrung als amüsanter, interessanter, zu Gedanken anregender Zustand von unmittelbarem Zen empfunden wird, angereichert mit diversesten angenehmen und wundersamen Halluzinationen, wird sie erschreckend ernst; man durchlebt unmittelbar eine Psychose. Blumen atmen nicht mehr sanft. Sie verwandeln sich in Werwölfe oder Fledermäuse. Die Halluzinationen werden zu bedrohlichen Dämonen. Es war gar nicht komisch; ich wurde ungewöhnlich deprimiert und machte mir trübe Gedanken über den Sinn des Lebens, seine Nichtigkeit und meine Identität. Die schlimmen Trips an sich hörten zwar nach der üblichen Zeit auf, doch ihre Wirkung hielt an. Ich war überzeugt, dass ich diese Probleme nur lösen konnte, indem ich weiter LSD nahm und mit dem, was mich verstörte, fertigwurde. Das klappte nicht. Die ›Horrors‹ kamen wieder, jedes Mal anders. Zwischen den Acidtrips las ich alles, von dem ich dachte, dass es irgendwas mit LSD-Erfahrungen zu tun hatte: *Himmel und Hölle, Die Pforten der Wahrnehmung* und *Eiland* von Aldous Huxley, *Das tibetanische Totenbuch,* herausgegeben von Evan-Wentz, *Drugs of Hallucination* von Sydney Cohen und *The Psychedelic Experience* von Timothy Leary. Keines dieser Bücher half gegen meine tiefe Depression. Ich wurde außergewöhnlich introvertiert, mürrisch, selbstmordgefährdet und wahrscheinlich verrückt. Obgleich man mir mein Elend anmerkte, hielt das die anderen nicht davon ab, nach wie vor ein fast pausenloses ›Happening‹ in meiner Bude abzuhalten, doch schien es mich immer weniger zu betreffen. Ich saß nur unglücklich in einer Ecke und lächelte ab und zu schwach jemanden an, der den Raum betrat.

Zu dieser Zeit war es, aus welchen Gründen auch immer, nicht verboten, auf dem Collegegelände ein Luftgewehr zu besitzen. Ich selber besaß keines, doch es lag eins in meinem Zimmer herum. Eines Abends, als ich alleine im Zimmer war, lehnte ich mich aus dem Fenster, richtete das Luftgewehr auf die Passanten auf der Straße und brüllte ihnen irgendwelchen Mist zu. Die meisten von ihnen ignorierten diesen kindischen Blödsinn einfach, doch ein Mann nahm heftigen Anstoß daran. Er schrie zurück, dass ich keine Ahnung hätte, wie es im Krieg wäre, und dass ich zu feige wäre, abzudrücken, wenn ich wirklich einem Feind gegenüberstünde. Ich drückte ab. Das Gewehr war nicht geladen, doch das Geräusch erschreckte den Mann, auf den ich sorgfältig gezielt hatte. Er lief zum Pförtnerhäuschen, offensichtlich mit der Absicht, sich über mich zu beschweren. Ich war noch vernünftig genug, in den Keller zu rennen, ihn zu durchqueren und an einer abgelegenen Stelle des Collegegeländes wieder zu erscheinen. Der Dekan kam mit entschlossener Miene aus dem Pförtnerhäuschen. Er sah mich und bat mich, mitzukommen, da es in der Nähe meines Zimmers Ärger gegeben habe. Wir traten ein. Das Gewehr lag offen mitten im Raum. Der Dekan sagte, dass mit selbigem Luftgewehr auf einen Passanten geschossen worden sei, und obwohl ich woanders gewesen sei und für dieses Vergehen nicht verantwortlich sein konnte, sei es nur einer von einer ganzen Reihe besorgniserregender Zwischenfälle, die mein Zimmer betrafen. Er bat mich, mich in einer Stunde bei ihm zu melden.

Ich hörte mir eine kurze Rüge wegen der Leute an, mit denen ich mich umgab, und erzählte dann von meinen Depressionen und dem Gefühl der Sinnlosigkeit und auch von dem vermutlichen Grund dafür, dem (noch immer legalen) Konsum von LSD. Ich erwähnte, dass ich überhaupt nichts mehr für mein Studium tat, doch den Dekan schien dieses Stagnieren nicht im Geringsten zu bekümmern, und es war ihm wichtig, dass auch ich mir deshalb keine Sorgen machte. Er legte mir nahe, dass ich die letzten sechs Wochen des Semesters freinehmen und mich auf irgendeine sinnvolle Arbeit außerhalb des Stundenplans konzentrieren sollte. Außerdem sollte ich überlegen, ob ich nicht in einem anderen Fach Examen machen wollte. Er würde die Angelegenheit mit meinen Tutoren klären. Der Dekan war schon immer von der Theatergruppe begeistert gewesen, und er schlug vor, dass ich mich ihr wieder anschließen sollte.

Ich suchte John Minford auf und fragte, ob es in den nächsten Stücken noch freie Rollen gebe. Eine bearbeitete Version von Peter Weiss' Stück *Marat/Sade* war gerade in Vorbereitung. Keine Rolle bot sich direkt für einen durchgeknallten walisischen Hippie an, doch da die meisten Figuren Spinner waren, war er sicher, dass er mich unterbringen könnte. Ich bekam den Part des Sängers, für den ich stoned, schlampig und bedrohlich aussehen und mich wie ein Sexbesessener aufführen musste. Ich sollte vier Lieder singen. Minford hatte die Musik dazu komponiert. Zwei waren im Stil von Elvis Presley und zwei im Stil der Rolling Stones. Die Rolle war mir wie auf den Leib geschneidert.

Die letzten Proben und die Aufführungen fanden im Great Tithe Barn bei Faringdon statt. Meinen Text zu lernen, an meinen Auftritt zu feilen und von Oxford nach Faringdon zu fahren nahm täglich viele Stunden in Anspruch. Es blieb kaum Zeit zum Herumsitzen und Trübsalblasen. Einige der Spieler waren der Anstrengung nicht gewachsen, ständig so tun zu müssen, als seien sie total verrückt; bei mir hingegen war es so, dass mich der täglich mehrere Stunden gespielte Wahnsinn davon abhielt, in der restlichen Zeit wirklich verrückt zu werden. Ich wurde zusehends munterer, gönnte mir wieder wie zuvor reichlich Sex, Alkohol und Marihuana und nahm mehrere Jahre lang kein LSD mehr.

Auf den Rat hin, den mir der Dekan gegeben hatte, schlugen einige meiner Freunde vor, ich sollte statt Physik entweder Politik, Philosophie und Wirtschaft (PPE) oder Philosophie, Physiologie und Psychologie (PPP) studieren, mit dem Schwerpunkt auf Philosophie. Ich sprach mit dem Dekan darüber, und er organisierte ein Treffen mit Alan Montefiore, einem PPE-Tutor, der mir eine kurze Literaturliste gab und mir auftrug, bis zum Ende des Semesters einen Aufsatz über die Definition des Begriffes ›gut‹ zu schreiben. Sieben Tage lang quälte ich mich etwa achtzehn Stunden täglich durch eine Reihe von Texten über Moralphilosophie, ehe mir klarwurde, dass ich weder das Thema jemals völlig durchschauen würde, noch irgendetwas dazu beitragen könnte. Jahre später fand ich heraus, dass niemand Moralphilosophie wirklich verstand, dass Nichtverstehen aber nicht hieß, dass man nichts beitragen könnte. Schüchtern versuchte ich, Montefiore dieses scheinbar ernste Hindernis zu erklären, und er schien zwar verwundert über mein Problem, war aber unglaublich freundlich und mitfühlend. Er bot mir an, dass ich jederzeit zu ihm kommen könne, wenn ich Rat oder Unterstützung brauchte. Ich wechselte doch nicht das Fach. Ich blieb bei Physik.

Ich wurde mit der Organisation des Programms für den bevorstehenden Ball anlässlich der Siebenhundert-Jahr-Feier betraut. Meine Aufgabe bestand im Wesentlichen darin, Bands für die musikalische Unterhaltung zu engagieren. Dafür stand mir ein Budget von eintausend Pfund zur Verfügung. Hauptziel war es, zu versuchen, Talente zu entdecken, die innerhalb kurzer Zeit berühmt werden würden, und sie zu engagieren, solange sie noch relativ billig waren. Das Magdalen College hatte vor einigen Jahren ein entmutigendes Beispiel gesetzt: Sie hatten für schlappe hundert Pfund die Rolling Stones engagiert, kurz bevor sie Superstars wurden. Ich wusste damals so viel über Popmusik wie jeder andere und engagierte zu einem Spottpreis die relativ unbekannte Spencer Davis Group und die Small Faces. Wenige Wochen darauf hatten beide Number-One-Hits. Ihre jeweiligen Manager wollten vom Engagement in Balliol zurücktreten, da der Auftritt mit später angebotenen, lukrativen Tourneen nicht vereinbar gewesen wäre. Laut Vertrag waren sie aber verpflichtet, zu spielen und sie konnten auf hohe Summen verklagt werden, wenn sie nicht kamen. Der Agent schlug eine Lösung vor: Wenn ich die Spencer Davis Group und die Small Faces aus dem Vertrag entließ, könnte ich Künstler engagieren, die bis zu 2500 Pfund kosteten, müsste aber trotzdem nur den ursprünglich vereinbarten niedrigen Betrag zahlen. Ich stimmte zu. Daraufhin engagierten wir die Kinks, die Fortunes, Them und Alan Price, die alle schon berühmte Stars waren. Ich hatte von den ursprünglichen tausend Pfund noch Geld übrig, also engagierte ich noch eine irische Band, ein Streichquartett und ein paar professionelle Freistilringer. Am Abend des Balls kiffte ich mit Them und Alan Price und trank Whisky mit Ray Davies.

Studenten im dritten Jahr, dem letzten vor der Prüfung, mussten außerhalb des Colleges wohnen. Julian Peto, Steve Balogh und ich suchten zusammen eine Wohnung. Während unserer Suche lernten wir Gilbert Frieson kennen, einen Kanadier, der die Prüfung schon hinter sich hatte, aber weiter studierte. Er bewohnte ein Zimmer in einem ansonsten leerstehenden Haus, Paradise Square 46. Er war heroinsüchtig und stark selbstmordgefährdet. Er unternahm zahllose Selbstmordversuche, und irgendwann 1968 oder 1969 schaffte er es auch. Gilbert hatte absolut kein Geld und sollte demnächst aus der Wohnung geworfen werden, wenn er nicht jemanden fand, der den Rest des Hauses mietete und ihn umsonst weiterhin in seinem Zimmer wohnen ließ.

Das Haus war in einem entsetzlichen Zustand. Der Schriftsteller William Burroughs hatte einmal darin gewohnt, und es stand im Schatten von Oxfords Gefängnis, das von außen die attraktivste Strafanstalt ist, die ich je gesehen habe. Ein paar Meter weiter befand sich ein wunderbares Pub mit Namen ›The Jolly Farmers‹, wo man mehr als bereit war, Stammkunden auch nach Feierabend noch auszuschenken.

Eines Morgens, ich wollte eigentlich lange ausschlafen, wurde ich unsanft von Rauch geweckt, der in dichten Schwaden durch die Fußbodendielen quoll. Nach wenigen Minuten konnte ich schon nicht mehr die Hand vor Augen sehen. Ich stürzte aus meinem Zimmer und sah, dass es in Gilberts Zimmer im ersten Stock brannte, wobei die Flammen durch einige Löcher in den Wänden hinausleckten. Julian und Steve schliefen noch fest. Ich trat Gilberts Tür ein und wurde vom Rauch eingehüllt. Gilbert konnte ich nicht sehen. Ich konnte gar nichts sehen. Nach ein paar kamikazemäßigen Vorstößen in das Zimmer war ich sicher, dass Gilbert sich nicht darin befand. Das Telefon war im Erdgeschoss, und zum ersten und einzigen Mal in meinem Leben wählte ich die 999. Ein ganzer Löschzug fuhr im Paradise Square vor, und ein großer Trupp Feuerwehrleute stürmte in das kleine Reihenhaus, löschte das Feuer und setzte das gesamte Anwesen unter Wasser. Wir brauchten zwei Wochen, bis das Haus wieder ungefähr in demselben furchtbaren Zustand war, in dem es sich befand, als wir eingezogen waren.

Die Neuigkeit von dem Feuer verbreitete sich weit schneller in der Universität, als sich das Feuer selber im Haus ausgebreitet hatte. Die Angelegenheit kam den Proctoren zu Ohren. Uns wurde mitgeteilt, dass es sich bei unserem Haus nicht um eine eingetragene Unterkunft handelte und dass, falls sich daran nichts änderte, wir uns nach einer anderen Wohnung umsehen müssten. Die Verantwortlichen für die

Entscheidung, ob eine Unterkunft eingetragen werden konnte, wollten in den nächsten Tagen einige offizielle Vertreter zu uns schicken. Damit eine Wohnung eingetragen wurde, musste der Vermieter oder die Vermieterin selbst auf dem Anwesen wohnen, und die Vertreter mussten mit ihm oder ihr sprechen können. Es gab eine lange Liste von Gründen, weshalb uns Gilbert nicht als der geeignete Kandidat für die Rolle des Vermieters erschien. Schließlich baten wir eine entfernte Bekannte, am Tag, an dem wir den Besuch erwarteten, die Vermieterin zu spielen. Sie war alleinerziehende Mutter einer kleinen Tochter, und wir richteten unser leerstehendes Zimmer so ein, dass es entsprechend aussah. Zu unserem großen Erstaunen waren die Prüfer zufrieden mit dem, was sie sahen, und erklärten unsere Wohnung als eingetragen.

Es gab ständig Leute, die am Paradise Square eine billige Wohnung suchten, und kurz nachdem wir eingetragen wurden, klopften ein paar sympathische, langhaarige Hippies an unsere Tür und fragten, ob wir ein Zimmer frei hätten. Sie bekamen das Zimmer der ›Vermieterin‹. Sie hatten sehr viele Freunde in der Stadt, die sich auch bald bei uns wie zu Hause fühlten und das Haus angenehm mit Marihuanarauch und mit Musik von Joe Cocker und Cream füllten. Julian, Steve und ich hatten an dieser Entwicklung nichts auszusetzen, und wieder einmal wurde meine Wohnung zu einem Ort, an den die Leute von nah und fern kamen, um Marihuana zu rauchen und abzuhängen.

Das interessanteste Mädchen, das ich kannte, hieß Ilze Kadegis und studierte Englisch am St. Anne's College. Sie war eine schöne, gefährlich geistreiche, goldhaarige Lettin. Ihre Vergangenheit, ihre Gegenwart und ihre Präsenz machten sie zu einem exotischen Wesen. Über ein Jahr lang trafen wir uns gelegentlich und verbrachten die Hälfte der Zeit bei ihr, in der Nähe von St. Anne's, die Hälfte bei mir im Paradise Square.

Immer wieder fielen Julian und mir im Paradise Square seltsame Leute auf, die stundenlang im Auto saßen und Zeitung lasen. Eines Tages, als ich gerade bei Ilze zu Mittag aß, kam ein Polizist in Zivil vorbei und teilte mir mit, dass Beamte des Oxforder Drogendezernats gerade meine Wohnung durchsuchten und dass meine Anwesenheit erforderlich war. Ich wurde zum Paradise Square gefahren, wo ein rundes Dutzend Polizisten eifrig das Haus zerlegten. Steve Balogh war schon zur Polizeistation in der Straße St. Aldate's mitgenommen worden, weil er ein Stück Würfelzucker in der Jackentasche gehabt hatte. Die Beamten hatten wohl vermutet, dass es sich um LSD handelte, das inzwischen verboten war. In Wahrheit war es aber einfach ein Stück Tate-&-Lyle-Würfelzucker, das Balogh im Gemeinschaftsraum in Balliol eingesteckt hatte. In meinem Zimmer hatte die Decke, die seit dem Brand extrem bröckelig gewesen war, aufgegeben und war auf das Zimmer herabgestürzt, und alle Halterungen waren aus den Wänden gerissen worden. Einer der Polizisten hielt stolz einen Jointfilter hoch, den er in einem Aschenbecher gefunden haben wollte. Ich tat völlig überrascht. Er sagte mir, dass er den Filter mitnehmen und analysieren lassen würde. Julians und meine Personalien wurden sorgfältig notiert, und die Beamten kündigten uns an, dass wir von ihnen hören würden, wenn sie die Laborbefunde zu dem Jointstummel und den diversen Küchenutensilien hätten, die sie in Plastiktüten verpackt und mitgenommen hatten.

Der Dekan konnte Balogh freibekommen; er wollte dringend mit uns drei reden. Geknickt betraten wir sein Büro. Er erzählte, dass außer dem Jointfilter nichts Belastendes in unserem Haus gefunden worden sei und dass das Drogendezernat von einer Anzeige absehen werde, wenn wir bereit wären, uns in Anwesenheit eines von uns gewählten Zeugen einem Verhör zu stellen. Der Dekan legte uns nahe, ihn zu unserem Zeugen zu machen. Wir stimmten zu und machten uns auf den Weg zur Polizeistation in der St. Aldate's. Wir leugneten, überhaupt irgendetwas zu wissen, auch woher der Jointstummel kam, war uns unbekannt. Die Polizisten machten einen recht enttäuschten Eindruck, ließen uns aber laufen. Der Dekan meinte, dass wir gerade nochmal so davongekommen seien und dass wir, da wir in sechs Monaten die Finals-Prüfung hatten, uns ruhig verhalten sollten, lernen, und davon absehen, mit stadtbekannten Hippies Marihuana zu rauchen.

Die Ratschläge des Dekans waren vernünftig und wir hielten uns daran. Wir nahmen uns vor, ernsthaft zu studieren. Die Durchführung dieses Beschlusses wurde dadurch erleichtert, dass die Hippies plötzlich aus Paradise Square auszogen. Sie waren glücklicherweise bei der Razzia nicht da gewesen, doch sie waren nicht scharf darauf, ihr Glück noch weiter auf die Probe zu stellen. Julian und ich fingen an, ernsthaft zu lernen. Was Balogh tat, weiß ich nicht mehr. Ilze gesellte sich zu uns und lernte mit. Wir waren so fleißig, dass wir die gesamten Osterferien in Oxford verbrachten und den Stoff der Prüfungskurse wiederholten – das heißt, eigentlich lernten wir ihn zum ersten Mal. Wir hörten sogar auf, an Werktagen Marihuana zu rauchen.

Mit dem Stoff der Tutorien kam ich jetzt leicht zurecht, aber irgendwie musste ich in den acht Wochen, die mir blieben, die praktischen physikalischen Experimente vieler Monate nachholen. Ohne sie waren die Chancen gering, einen lohnenden Abschluss zu bekommen. Mithilfe von Arbeitsheften, die ich von Kommilitonen geliehen hatte, und von einem freundlichen Aufseher der Clarendon Laboratories, der wegschaute, als ich meine Versuchsliste klaute und die Lücken ausfüllte, war es in zwei Wochen geschafft.

So lernten wir bis zu den Finals. Julian und ich machten gelegentlich Pause und spielten Tischfußball oder betranken uns im ›The Jolly Farmers‹. Einmal, etwa drei Tage vor den Finals, veranstalteten wir in einer Lernpause eine Wasserschlacht. Gerade waren die neuen Maschinengewehr-Wasserpistolen auf den Markt gekommen, und Julian und ich hatten beide eine gekauft. Wie ich barfuß durchs Haus rannte und eines dieser neuen Modelle schwang, trat ich auf einen rostigen Nagel, der aus einem Brett ragte. Der Schmerz war unerträglich, und innerhalb etwa einer Stunde lief mein Bein lila an. Julian und Ilze brachten mich zum Radcliffe-Krankenhaus, wo ich einige Überdosen Penicillin, Painkiller und ein Paar Krücken bekam. Als ich wieder rauskam, konnte ich weder laufen noch denken. Und wenn mein Leben davon abgehangen hätte – ich hätte nichts mehr lernen können.

Am ersten Tag der Finals wurde ich zum Prüfungsraum getragen und bekam einen Extratisch und einen Stuhl, so dass ich mein Bein waagerecht halten konnte. Ich quälte mich durch die ersten drei Blätter, war mir aber ziemlich sicher, sie verhauen zu haben. Plötzlich ließ der Schmerz nach, und die nächsten drei Blätter fielen mir viel leichter. Ich dachte, ich hätte zumindest bestanden.

Kurz darauf kehrten wir alle mit unseren Besitztümern in unsere jeweiligen Elternhäuser zurück. Ein paar Wochen später wurde ich zu mündlichen Prüfungen bestellt, die gewöhnlich abgehalten wurden, wenn jemand auf der Kippe stand. Auf welcher Kippe ich mich befand, wurde mir aber nicht mitgeteilt.

Zu dieser Zeit wurde meine sechzehnjährige Schwester, die mit meinen Eltern im Urlaub in Stratford-on-Avon war, von einem Auto überfahren. Mein Vater sah sie, wie sie blutend auf der Straße lag. In diesem einen Augenblick verließ ihn jeglicher Glaube an Gott. Linda lebte noch, doch ihr Zustand war kritisch, sie war sehr schwer verletzt. Sie brauchte eine gute Portion Glück, um zu überleben. Es war schon ein Wunder vonnöten, wenn sie jemals wieder laufen sollte. Ich raste von Wales zu ihrem Bett im Warwick Hospital und weinte bitterlich bei ihrem Anblick, so zerbrechlich, verkrüppelt, kaum mehr als ein Schatten war sie. Meine Eltern und ich haben uns nie ganz von der Verzweiflung und Trauer erholt, die uns in diesem Sommer von 1967 quälten. Nichts schmerzt so sehr wie das Leiden einer geliebten Person. Mit übermenschlicher Kraft und Willensstärke gelang es meiner Schwester, durchzukommen. Nach Monaten der Abhängigkeit von Krücken strafte sie alle Prognosen Lügen und lief. Mit wahrer Größe trug sie ihre Last.

Die Ergebnisse der Finals hingen in den Prüfungsräumen in The High aus. Sie verkündeten, dass ich ein Second-class Honours Degree bekommen hatte. Ich war überglücklich. Ilze und Julian hatten auch Seconds. Seltsamerweise bekam in diesem Jahr kein Physikstudent von Balliol etwas anderes als ein Second-class Honours Degree. Dadurch erschien meine eher mittelmäßige Leistung besser, als sie war. Wahrscheinlich war ich der einzige Physiker von Balliol, der sich von Herzen über ein Second freute. Ich war stolz auf mich, dass ich rechtzeitig die Kurve gekriegt hatte. Vielleicht sollte ich straight bleiben.

drei
MR MARKS

Rückblickend erscheint es wie Ironie, dass ich ausgerechnet zu der Zeit für eine Weile straight wurde, als dem Rest des Landes klarwurde, dass England so etwas wie die Hochburg der Kultur und der Kreativität der Sechziger war. Die Todesstrafe war abgeschafft worden, Aufhetzung zum Rassismus verboten, Miniröcke waren in Mode gekommen, Sex war okay, Dichter rauchten Dope, und Dylan hatte in der Royal Albert Hall gespielt. Carnaby Street und die King's Road waren zu weltweiten Modezentren geworden, mit Twiggy als Supermodel. Mick Jagger hatte mithilfe der Zeitung *The Times* eine Klage wegen Drogenmissbrauchs abgewehrt. Studenten, insbesondere die der London School of Economics, hatten eine gewisse Macht. Tausende demonstrierten gegen Krieg und für die Legalisierung von Marihuana. Unter der Schirmherrschaft des Dukes von Bedford hatte beim Herrenhaus Woburn Abbey ein Festival der Blumenkinder stattgefunden. Britische Musik beherrschte die Welt. Viele der Leute, die bei irgendwas eine wichtige Rolle spielten, waren in meiner Studentenbude in Oxford zu Gast gewesen. Manche hatten dort ihre ersten Joints geraucht. Aber anstatt dass ich versucht hätte, selber wie sie etwas auf die Beine zu stellen, beschloss ich, Physiklehrer zu werden.

Ebenso seltsamerweise beschloss Ilze, Englischlehrerin zu

werden. Wir waren beide von der London University angenommen worden, um dort für das Lehramt zu graduieren, und wir gingen davon aus, dass wir danach in London als Lehrer arbeiten würden. Wir bezogen eine geräumige Wohnung im dritten Stock eines Hauses in Notting Hill. Das erste Semester der Ausbildung zum Lehrer war alles andere als anspruchsvoll, und so las ich in meiner Freizeit die Bücher, über die sich meine Kommilitonen in den ersten Studienjahren unterhalten hatten. Eines der ersten war Bertrand Russels *Philosophie des Abendlandes*. Es war das interessanteste Buch, das ich jemals gelesen hatte, und es führte dazu, dass ich eine ganze Reihe Bücher von Platon, Aristoteles, Lucretius, Locke, Berkeley, Hume, Aquin, Leibniz und Spinoza las. Diese Lektüre weckte in mir ein lebhaftes und dauerhaftes Interesse an der Geschichte und der Philosophie der Wissenschaft. Es dämmerte mir, dass ich all die Möglichkeiten, die Oxford mir geboten hatte, vergeudet hatte, und ich wollte dorthin zurückkehren, um jetzt von ihnen zu profitieren. Ich schrieb einen Brief an die Verantwortlichen der weiterbildenden Kurse für Geschichte und Philosophie der Wissenschaft, in dem ich mein Interesse an dem Thema darlegte, und sie bestellten mich zu einem Vorgespräch nach Oxford. Ich wurde in den einjährigen Kurs über Geschichte und Philosophie der Wissenschaft aufgenommen.

Gegen Ende Dezember 1967 heirateten Ilze und ich in der kleinen freichristlichen Kirche im Dorf meiner Eltern. Obwohl wir gar nicht genug voneinander bekommen konnten, habe ich keine Ahnung, warum wir einen dermaßen unpraktischen Schritt unternommen haben. Wir hatten nicht vor, Kinder zu bekommen. Wir hatten kein Geld. Ilze sollte eine unterbezahlte Grundschullehrerin werden. Was ich werden sollte, stand noch in den Sternen. Unsere Hochzeitsreise beschränkte sich auf eine Nacht mit Bed-and-Breakfast in einem Nest mit Namen Ogmore-by-Sea.

Eines unserer Hochzeitsgeschenke war ein Go-Spiel. Go ist seit etwa 1500 Jahren das beliebteste Brettspiel Japans. Gut Go zu spielen erfordert viel Geschick, Strategie und Geduld. Es bietet unendlich viele Variationen. Dennoch sind die Regeln und der Aufbau so einfach, dass es sogar Kinder spielen können. Leichte Handicap-Regeln ermöglichen es unterschiedlich guten Spielern, miteinander zu spielen. Historische japanische Kriegsherren haben sich mit Go beschäftigt. Ursprünglich war es ein chinesisches Spiel, mindestens viertausend Jahre alt, und das quadratische Spielbrett wurde in Sand gezeichnet. Ilze und ich konnten beide ein bisschen Schach spielen, aber wir hatten keinen Spaß mehr daran. Go war anders. Es war auch vom ästhetischen Standpunkt aus wesentlich befriedigender, so als hätte man es mit den grundlegenden Strukturen des Lebens und des Denkens zu tun.

Das Pädagogikstudium ödete mich an. Obwohl ich ein geordnetes Leben führte, trug ich meine Haare immer noch gerne lang und kleidete mich wie ein Hippie, und ich wurde ständig deswegen kritisiert. Ich stieg aus und verlor damit natürlich auch die finanzielle Studienbeihilfe. Um über die Runden zu kommen, nahm ich eine Lehrerstelle mit fünf Stunden täglich an einem Londoner College für Examensvorbereitung an und gab abends Privatunterricht. Ich freundete mich mit einem jungen Lehrerkollegen an, einem Waliser namens Dai. Wir gingen öfters ins ›Princess Royal‹ in der Hereford Road, das ein beliebter Treffpunkt schwarzer Musiker und Entertainer aus Südafrika war, mit denen ich mich auch anfreundete.

Einige meiner früheren Oxforder Kommilitonen waren ebenfalls nach London gezogen. Einer von ihnen war Graham Plinston, der Philosophie, Politik und Wirtschaft studierte. Er war ein Jahr jünger als ich und war 1966 oft mit reichlich Hasch und Marihuana auf meiner damaligen Bude zu Gast gewesen, bevor er dann in einem kleinen Dorf zwischen Oxford und Woodstock selbst eine Kifferkommune gegründet hatte. Bei einer Razzia fand die Polizei auch LSD. Graham musste fünfzig Pfund Strafe zahlen und wurde für ein Jahr von der Universität verwiesen.

»Howard! Hey, was machst du denn in London?«

»Ich wohne hier. Grad um die Ecke, in der Westbourne Grove.«

»Echt? Ich dachte, du wärst in Oxford geblieben oder zurück nach Wales gegangen.«

»Das hätte ich wohl auch tun sollen. Aber ich gehe nächstes Jahr zurück nach Oxford und studiere weiter.«

»So ein Zufall. Ich gehe auch nächstes Jahr zurück, um meinen Abschluss zu machen. Dieser Univerweis war ziemlich Scheiße. Was treibst du denn so, dieser Tage?«

»Ich hab einen Job als Lehrer. Den Rest der Zeit spiele ich meistens Go.«

»Was! Diese Zufälle werden langsam unheimlich. Ich habe vor ein paar Monaten Go gelernt, aber jetzt habe ich niemanden zum Spielen. Was hältst du von einer Partie?«

Es gab viele Hippiebuden in London, aber Grahams Wohnung in der Lansdowne Crescent war eine teure Hippiebude. Neben den üblichen nahöstlichen Teppichen auf dem Boden und Kaftans an Kleiderhaken hatte er kostbares Porzellan in den Regalen stehen, ein ganzes Sortiment Parfüms und Aftershaves im Bad und elektrische Apparate auf dem neuesten Stand der Technik. Die Wohnung sah aus, wie man sich die eines erfolgreichen Rocksängers vorstellen würde.

Graham baute das Go-Brett auf, legte *Their Satanic Majesties Request* von den Rolling Stones auf und reichte mir einen Klumpen aromatisches afghanisches Haschisch. Ich zögerte nicht einen Augenblick. Ich baute einen Joint. Ich war sofort wieder mittendrin. Während der nächsten zweiundzwanzig Jahre verging kein Tag, an dem ich nicht gekifft hätte.

Wieder daheim in der Wohnung in der Westbourne Grove tauchte ein weiterer meiner Freunde aus Oxford auf, Humphrey Weightman. Er hatte vor kurzem einiges Geld geerbt und sich eine neue, teure Stereoanlage gekauft, und jetzt bat er uns, auf sie und seine umfangreiche Plattensammlung aufzupassen. Wir schlossen sie an, bauten ein paar Joints und hörten die neuesten Platten. Es war klasse. Ich war so entspannt wie schon lange nicht mehr.

Ilze und ich waren geborene Gastgeber, und unter Mithilfe von Humphreys Anlage und Grahams Hasch war die Westbourne Grove bald zum Nachfolger meiner Studentenzimmer in Balliol und am Paradise Square geworden. Abends und an Wochenenden war die Wohnung meistens voller Leute, darunter ein paar schwarze Musiker aus Südafrika, die ich erst kürzlich kennengelernt hatte, und einige geringere Berühmtheiten der Zeit. Graham und ich verdrückten uns meistens in eine Ecke und spielten Go, während die anderen entweder tanzten oder auf Matratzen und Kissen herumlagen. Es gab einen unerschöpflichen Vorrat an Marihuana und Haschisch.

Mit einer gewissen Genugtuung entdeckte ich, dass es zwar schwieriger war, über mathematische Physik zu lesen, wenn ich breit war, dass es mir dafür aber leichter fiel, Philosophie zu lesen. Das lag nicht daran, dass Philosophie einfacher gewesen wäre als mathematische Physik. Es war nur so, dass Philosophie lesen das war, was ich wirklich tun wollte. Wenn man stoned ist, ist es sehr schwierig, etwas zu tun, was man eigentlich lieber nicht täte.

Ich arbeitete freiberuflich als Lehrer und musste zu diversen Tages- und Nachtzeiten zu Schülern nach Hause kommen, um ihnen Einzelunterricht zu geben. Mein unregelmäßiger Zeitplan und steigender Haschischkonsum führten dazu, dass ich gelegentlich unterrichten musste, wenn ich sehr stoned war. Das erste Mal, als das vorkam, bat mich ein neunzehnjähriger arabischer Schüler, ihm die Theorie der Permutation und Kombination zu erklären, ein Kapitel der Schulmathematik, in dem ich nie sonderlich gut gewesen war. Bis dahin waren meine Fähigkeiten als Lehrer eher bescheiden gewesen. Wenn es um Bereiche ging, in denen ich mich gut auskannte, war ich viel zu ungeduldig mit meinen Schülern, und ich vermied es tunlichst, über andere Bereiche zu sprechen. Unter dem Einfluss von Marihuana jedoch, wie ich jetzt merkte, gab ich mir außergewöhnliche Mühe mit meinen Erklärungen und hatte eine Engelsgeduld mit meinem Schüler. Ich hörte auf, Wissen vorzutäuschen, wo keines war, und gab offen zu, wenn ich von einem Thema überhaupt keine Ahnung mehr hatte und mir alles nochmal von vorn anschauen müsste. Es fiel mir leicht, mich in die Schüler hineinzuversetzen; ich verstand ihre Probleme und konnte ihnen helfen, sie zu lösen. Von da an machte ich es mir zur Regel, vor dem Unterricht einen Joint zu rauchen, und meine Schüler machten große Fortschritte.

In den Jahren 1967/68 war London auf jeden Fall eine interessante Stadt: Die Beatles machten mit *Sergeant Pepper's Lonely Hearts Club Band* Psychedelik zum Mitsingen und eröffneten ihre Apple Boutique, und ihr Manager, Brian Epstein, starb an einer Überdosis Schlaftabletten. Die Rolling Stones hielten sich mit ihrem Rhythm and Blues zurück und brachten Love-and-Peace-Songs wie *We Love You* und *Dandelion* heraus, während ihr Kopf und Gründer Bri-

an Jones versuchte, nach einer Verurteilung wegen Drogenmissbrauchs auf Kaution freizukommen. Procul Harums *A
Whiter Shade of Pale* war eine passende Hymne für die Junkies. Achtzigtausend Menschen (einer davon war ich) zogen
vor die amerikanische Botschaft, um gegen den Vietnamkrieg
zu protestieren. Allein, den verträumten Türmchen Oxfords
konnte ich nicht widerstehen. Eine wunderbar bekiffte akademische Laufbahn lag vor mir.

Ein Problem war allerdings, wie ich mein weiteres Studium
finanzieren sollte. Damals gab es im Wesentlichen zwei Institutionen, die weiterführende Studien unterstützten: Das Department of Education und den Science Research Council.
Ersterer förderte nur Studenten geisteswissenschaftlicher Fä-
cher, Letzterer unterstützte nur solche, die sich mit Forschung
auf rein naturwissenschaftlichem Gebiet befassten. Aufgrund
dieser Regelung schieden beide für die Unterstützung meiner Studien der Wissenschaftsphilosophie aus. Es gab ein di-
ckes Verzeichnis aller Organisationen, die Stipendien für weiterführende Studien vergaben, und welche Bedingungen sie
stellten. Ich arbeitete mich durch das Buch und stieß auf das
›Thomas and Elisabeth Williams Scholarship‹, das auf Studenten aus einer kleinen Gegend in Wales beschränkt war, in
der auch das Dorf lag, in dem meine Eltern lebten. Der Bruder
meiner Mutter, Onkel Mostyn, war damals Vorsitzender des
Glamorgan County Council, des Grafschaftsrats. Ich sprach
ihn auf das Thomas and Elisabeth Williams Scholarship an,
und er organisierte ein Treffen mit den Trägern des Stipendi-
ums. Sie erklärten sich einverstanden, alle Studiengebühren
zu übernehmen, und bewilligten auch einen Zuschuss zum
Unterhalt.

Ilze und ich beschlossen, dass wir während meines Studiums an Balliol in einem romantischen Cottage auf dem Lande in der Nähe von Oxford leben wollten. Bill Jefferson, der im dritten Jahr Englisch studierte und den ich sehr gerne mochte, und seine Freundin Caroline Lee (die Tochter von Anthony Lee, unserem Mann in Anguilla), hatten ähnliche Pläne. Bill Jefferson und ich suchten mit vereinten Kräften die Gegend nach geeigneten Häuschen ab. Bald waren wir in einer großen Anzahl Pubs auf dem Lande bekannt, aber Fortschritte bei der Wohnungssuche machten wir nicht. Schließlich, als wir uns gerade im Pub ›The Plough‹ in Garsington betranken, erfuhren wir, dass keine hundert Meter entfernt ein Cottage zu vermieten war. Die Vermieter waren Eierhändler namens Jennings. Wir schlossen einen Mietvertrag über zwölf Monate ab. Ilze bekam eine Lehrerstelle an einer Grundschule in Didcot. Mein Vater hatte mir einen verbeulten Hillman vermacht, und ich stand immer sehr früh auf, um Ilze rechtzeitig für den Zug nach Didcot zum Oxforder Bahnhof zu fahren. Während der Fahrt war es noch stockfinster. Zum Frühstück ging ich entweder nach Balliol, wenn ich meinem Magen das zutraute, oder zu Georges Arbeitercafé am Markt, wenn ich mich schwach oder verkatert fühlte. Meistens aß ich bei George.

Kurz nach Beginn des Semesters traf mich der Dekan im Pförtnerhäuschen an und lud mich zu einem Gespräch in sein Zimmer ein. Er sagte, dass er meine Hilfe benötige, um gegen ein, wie er meinte, sehr ernstes Problem an Balliol und den anderen Colleges der Oxforder Universität vorzugehen. Ich befürchtete schon, dass es sich bei diesem Problem um Drogen handelte und dass die Hilfe, die sich der Dekan von mir erhoffte, darin bestehen sollte, dass ich eine Art Spitzel wurde, der den Collegevorstand über Namen und Gewohnheiten von Konsumenten informieren sollte. Es ging aber um etwas ganz anderes. Nicht Drogen waren das Problem, sondern linke Revolutionäre. Ich sollte kein Spion werden, sondern einfach nur davon absehen, an Demos und Ähnlichem teilzunehmen, und meine Freunde und Bekannten überzeugen, es ebenso zu halten.

Im Oktober 1968 war Balliol in der Tat ziemlich revolutionär geworden. Aber wenn Kleidung und Aussehen der Revolutionäre fast dieselben waren wie die der Hippies von 1966, waren die Überzeugungen doch diametral entgegengesetzt. Marihuana zu rauchen wurde jetzt als eine Art Volksverdummung betrachtet, die der Arbeiterklasse von der Bourgeoisie aufgezwungen wurde. Die Revolution schien keinen eigenen Musikstil zu haben, und das Niveau der Top-Ten-Hits war von *2000 Light Years from Home* auf *Me and You and a Dog Named Boo* gesunken.

Während der Sechziger wurde das Studentenleben an Balliol im Wesentlichen von den Macken, den Vorlieben und dem Verhalten der Studenten im zweiten Jahr bestimmt. Erstsemester waren noch zu schüchtern, um die Trends zu setzen, und Studenten im dritten Jahr waren gewöhnlich mit den Abschlussprüfungen vollauf beschäftigt. 1968 ging der Trend eindeutig in Richtung revolutionärer Aktivitäten. Ein Punkt, in dem ich mit den Revolutionären völlig übereinstimmte, war die Gleichberechtigung aller Rassen. Der überaus Ehrenwerte Enoch Powell, Abgeordneter des Unterhauses, hielt eine Anti-Immigrationsrede in der Oxforder Stadthalle, und ich nahm an einer Demonstration teil, die bald ziemlich aggressiv wurde. Einige Demonstranten wurden von der Polizei brutal niedergeknüppelt, und um zum Schaden auch noch den Spott zu bekommen, wurden sie daraufhin sogar beschuldigt, selber die Polizisten angegriffen zu haben. Am nächsten Morgen verpasste ich mein Tutorium bei Michael Dummett, einem Kettenraucher, Go-Spieler und überzeugten Christen, der später Oxfords Wykeham Professor für Logik werden sollte, damals aber noch ein Fellow des All Souls College war und mich in mathematischer Logik unterrichtete. Ich schwänzte das Tutorium, um vor Gericht zugunsten meiner verletzten und verhafteten Freunde aussagen zu können. Ich hatte Mr Dummett nicht Bescheid gesagt und hatte ein schlechtes Gewissen deswegen. Auch Mr Dummett hatte ein schlechtes Gewissen – er war im selben Gericht erschienen, um für jemand anderes auszusagen, der ebenfalls während der Demonstration am Abend zuvor verhaftet worden war. Wir lachten laut los, als wir einander sahen. Zum Mittag lud er mich ins All Souls ein, wo mir die Ehre zuteilwurde, neben dem Rektor zu sitzen, John Sparrow. Wie der Dekan von Balliol machte auch er sich mehr Gedanken über Revolutionäre als über Kiffer.

Eines Abends besuchten Ilze und ich einen ihrer Lehrerkollegen aus Didcot zum Abendessen. Zwei oder drei andere Paare waren noch dort, darunter John und Fanny Stein. John war damals praktischer Arzt und kurz davor, ein Fellow von Magdalen zu werden, und Fanny war Hausfrau. Während des Essens fand ich heraus, dass Fannys Mädchenname Hill war und dass sie die Tochter von Christopher Hill war, des Vorgängers von David Lindsay Keir als Rektor von Balliol. Für Fanny und mich war es der Anfang einer langen Freundschaft. Wir fühlten uns sehr zueinander hingezogen, doch die erst kürzlich übernommenen Ehepflichten überwogen, und wir hatten erst sehr viel später eine Affäre.

Kurz nach meiner ersten Begegnung mit Fanny traf ich Christopher Hill bei einer Veranstaltung in der Studentenbar von Balliol. Wir kannten einander kaum, waren aber bald in ein ernstes Gespräch vertieft, das wir beide noch fortführen wollten, als die Veranstaltung zu Ende war. Er fragte, ob ich nicht Lust hätte, eine Flasche Whisky an der Bar zu kaufen und sie mit zu seiner Wohnung zu bringen. Er würde mir dort das Geld zurückgeben, und wir könnten uns weiter unterhalten. Ich war begeistert von dem Vorschlag. Wir kamen ausgesprochen gut miteinander aus, und am Ende des Abends nahm Christopher meine Einladung an, uns einmal in Garsington zum Abendessen zu besuchen.

Ilze machte die Aussicht nervös, so hochgestellte Gäste bewirten zu müssen, und sie hatte keine Ahnung, was sie kochen sollte. Während des letzten Jahres hatte ich mich in London mit dem Küchenchef eines indischen Restaurants angefreundet und konnte mittlerweile ganz passable Currys zubereiten. Christopher hatte erwähnt, wie sehr er auf seiner Indienreise die indische Küche schätzen gelernt hatte. Also kochte ich das Abendessen, über das Christopher und seine Frau Bridget mit Genuss herfielen.

Christopher bekundete größtes Verständnis sowohl für die Revolutionäre als auch für die Kiffer. Abgesehen davon konnte er uns eine Unmenge Geschichten über Garsington erzählen. So erfuhr ich, dass Russell Meiggs (mein langhaariges Vorbild in Oxford) nur ein paar Hundert Meter weiter wohnte (ich hatte ihn noch nie im Dorf getroffen) und dass auf der anderen Seite eines angrenzenden Feldes, in einer Senke verborgen, das Herrenhaus Garsington Manor stand, in dem einst Lady Ottoline Morrell, die Erbin der Morrell-Brauerei, gewohnt hatte, die er aber nur ›Lady Utterly Immoral‹ (Lady außergewöhnlich unmoralisch) nannte. Angeblich waren die Schriftsteller Bertrand Russell und Aldous Huxley, der Philosoph Lytton Strachey und andere Persönlichkeiten regelmäßige Gäste im Manor gewesen. Einige Wochen später, nach einer Nacht auf dem ersten Trip seit Jahren, blamierte ich mich, indem ich zum Garsington Manor ging, an die Tür klopfte und die Anwohner fragte, ob Aldous Huxley wohl zum Spielen rauskommen könnte.

Hier und da gab es Grüppchen von Marihuanarauchern, größtenteils Leute wie ich, die nach dem ersten Abschluss weiterstudierten. Einer ihrer Treffpunkte war unser Häuschen in Garsington. Unter den regelmäßigen Gästen war auch Graham Plinston, der gerade im Abschlussjahr war. Er hatte immer Lust auf ein Spielchen Go und brachte immer einige Gramm feinstes Haschisch mit. Manchmal kaufte ich mehr, als ich brauchte, und verkaufte den Überschuss weiter, mit genug Profit, um meinen eigenen absurd hohen Bedarf von etwa zwanzig Joints am Tag finanzieren zu können. Bill Jefferson, unser Mitbewohner, rauchte nicht wesentlich weniger.

Ich beschäftigte mich ernsthaft mit meinen Philosophiebüchern. Eine der üblichen Schwierigkeiten, mit denen Anfänger des Philosophiestudiums zu kämpfen haben, ist, dass alles, was man liest, zunächst absolut überzeugend scheint. Durch den Konsum von Marihuana war ich gezwungen, nach jedem Schritt erst einmal anzuhalten, ihn genau zu analysieren, zu untersuchen und zu kritisieren, bevor ich weiterlas. Marihuana half mir nicht nur dabei, die Schwächen bestimmter Theorien genau zu umreißen, sondern auch, alternative Theorien zu entwickeln.

Ein Teil des Seminars bestand darin, dass ich vor einer Versammlung Gelehrter in einem altehrwürdigen Hörsaal des All Souls College einen Vortrag halten sollte. Als Thema waren die Unterschiede in der Auffassung von Raum und Zeit bei Isaac Newton und Leibniz vorgegeben. Newton schien der Überzeugung zu sein, dass Dinge in absoluter Zeit und in absolutem Raum existieren, der gewissermaßen als Sensorium Gottes betrachtet werden kann, der überall das Unrecht wahrnimmt. Leibnitz, in mancher Hinsicht ein Vorläufer Einsteins, hatte wesentlich coolere und verblüffendere Ansichten. Er vertrat die These, dass Raum und Zeit ständig in chaotischer Bewegung sind und dass jedes Ding im Universum jedes andere Ding beinhaltet. Es war schwierig, darüber zu schreiben, aber ich tat mein Bestes.

Ich entwickelte Interesse für die Theorie der Beweisführung: Was für Beweise brauchen Wissenschaftler, bevor sie etwas glauben? Man kommt zu einem Paradoxon, wenn man eine Hypothese des allgemeinen Musters ›Alle X sind Y‹ (zum Beispiel ›Alle Raben sind schwarz‹) unter dem Blickwinkel betrachtet, welche Beweise erbracht werden müssten, um ihr Glaubwürdigkeit zu verleihen. Man könnte damit beginnen, einen Raben anzuschauen, um zu sehen, ob er schwarz ist. Wenn dem so ist, hat die Beobachtung die Hypothese zu einem gewissen Maße bestätigt. Schaut man mehrere Tausend Raben an, und sind sie alle schwarz, so würden diese Beobachtungen die Hypothese noch kräftiger bestätigen. ›Alle X sind Y‹ ist logisch äquivalent mit ›Alle Nicht-Y sind Nicht-X‹. Die zwei Sätze ›Alle Raben sind schwarz‹ und ›Alle nicht-schwarzen Dinge sind Nicht-Raben‹ haben dieselbe Aussage. Daher würden Beobachtungen von nicht-schwarzen Nicht-Raben die Hypothese ›Alle Raben sind schwarz‹ ebenso bestätigen wie die Hypothese ›Alle nicht-schwarzen Dinge sind Nicht-Raben‹. Dies führt zu dem Schluss, dass Beobachtungen von zum Beispiel roten Nasen, weißen Schwänen etc. ebenfalls die Behauptung ›Alle Raben sind schwarz‹ bestätigen. Wie jeder weiß, ist dem natürlich nicht so.

Bill Jefferson, ursprünglich aus Yorkshire, studierte englische Literatur und organisierte manchmal Dichterlesungen. Einmal veranstaltete er eine in irgendeinem Oxforder College und brachte nachher zwei der Dichter, Christopher Logue und

Brian Patten, zum Cottage in Garsington mit, zusammen mit einigen ihrer Begleiter. Eine zweite, weniger förmliche Lesung fand statt, auf die eine Trink- und Rauchorgie folgte, die mindestens einen Tag lang dauerte. Es war aber eher ein Ausnahmeereignis; das Häuschen in Garsington erreichte nie den Stand meiner früheren Behausungen, was Ausschweifungen und Kultur betraf.

Am College und in den Bars waren fast nur Revoluzzer anzutreffen, und an Balliol herrschte ein Mangel sowohl an Kiffern als auch an Studenten der Wissenschaftsphilosophie und an Büchern zu diesem Thema, und so wurde ich ziemlich unzufrieden mit dem Studium und ging bald nur noch einmal die Woche nach Balliol. Ilze war von ihrer Stelle in Didcot auch alles andere als begeistert, und wir dachten ernsthaft darüber nach, Oxford zu verlassen, sobald ich mein Diplom hätte. Eigentlich wurde zwar erwartet, dass ich in Balliol blieb und bis zum Bakkalaureat oder Doktor der Philosophie weiterstudierte, doch das könnte ich genauso gut an einer anderen Universität. Ich entschied mich für die University of Sussex in Brighton, das damals als das Balliol am Meer galt. Brighton versprach, lustig zu werden. Ilze bekam eine Lehrerstelle in einer Klosterschule in Worthing zugesichert. Ich bekam mein Diplom ohne größere Schwierigkeiten und wurde langsam recht selbstbewusst, was meine Fähigkeiten für eine akademische Laufbahn betraf. Nach der Prüfung fragte mich Christopher Hill, ob ich Lust hätte, bei einem Ferienkurs mitzuarbeiten, den Balliol für Teenager aus ärmeren Verhältnissen veranstaltete. Ich half gerne mit, und ich hatte sehr viel Spaß bei der ganzen Sache. Ein Teil meiner Aufgabe war gewöhnlicher Unterricht. Ein anderer Teil bestand darin, mich mit den Jungen anzufreunden und sie zu überzeugen, dass die Leute an der Uni nicht alle Lackaffen waren. Das war recht einfach – eine Kneipentour und ein anschließender Besuch im Pornokino Scala in der Walton Street reichten aus.

Ilze und ich zogen nach Brighton und mieteten eine billige Wohnung nahe am Meer. Christopher Logue stellte uns Johnny Martin vor, seinen Vermieter, ein Anthropologiedozent an der University of Sussex, und seine Frau Gina. Wir hatten alle ähnliche Interessen: Marihuana, LSD, Rockmusik und gemütliches Philosophieren am Abend, und wir verbrachten viel Zeit zusammen.

Ich hasste die University of Sussex. Ich hatte mittlerweile genaue Vorstellungen davon, wie eine Universität zu sein hatte, und Sussex entsprach nicht meinen Ansprüchen. Die Räume hatten Nummern anstatt Namen. Es war einfach unromantisch, in einer Hochhausbibliothek zu lernen. Man konnte sich nicht zurücklehnen und sich darauf besinnen, dass dies ein Ort war, an dem großartigen Denkern großartige Ideen gekommen waren. Mein Tutor war ein polnischer Logiker namens Jerzy Giedymin. Er galt als brillant, aber nur in Bereichen, in denen es niemand überprüfen konnte. Ich fand ihn sehr schwer zu verstehen, egal, worüber er gerade sprach. Er ließ keinen Zweifel daran, dass ihn Nebensächlichkeiten wie Paradoxe bei Beweisführungen nicht im Geringsten interessierten. Ich wiederum ließ keinen Zweifel daran, dass ich kein Interesse daran hatte, seine nebensächlichen Obsessionen zu studieren. Er sagte, ich hätte Oxford nie verlassen sollen. Ich sagte, dass er Recht hätte.

Ich bekam nach wie vor das Thomas und Elisabeth Williams Scholarship und gab das Geld für das erste Semester für eine neue Stereoanlage aus. Die nächsten Monate widmete ich mich den Platten von Led Zeppelin, Blind Faith, Jethro Tull und Black Sabbath. Ich beschloss, dass das Leben als Akademiker doch nichts für mich war, und meldete mich von der Universität ab. Ilzes Lehrergehalt reichte kaum zum Überleben, doch konnte ich das Fehlende gutmachen, indem ich mehr Haschisch von Graham kaufte, der des Öfteren nach Brighton kam, um ein Wochenende am Meer mit einigen Spielen Go zu verbringen. Mittlerweile waren wir beide recht gute Spieler geworden.

Graham war in Marokko gewesen, wo er Libanesen-Joe getroffen hatte. Joes Mutter arbeitete als Entertainerin in Beirut. Joe kannte Sam Hiraoui, der für die libanesische Fluggesellschaft Middle East Airlines arbeitete. Außerdem besaß Sam ein Stoffgeschäft in Dubai, dem großen nahöstlichen Gold- und Silberschmugglerhafen am Persischen Golf. Sams Partner in Dubai war ein Afghane namens Mohammed Durrani. Graham erzählte mir, dass er durch diese Leute etwa einmal im Monat an die fünfundzwanzig Kilo schwarzes pakistanisches Haschisch geliefert bekam. Zum ersten Mal stellte ich mir vor, was für ein interessantes und lohnenswertes Leben Schmuggler doch haben mussten. Aber Graham erzählte mir das alles nur. Es war kein Vorschlag oder Angebot. Ich war nur ein weiterer kleiner Provinzdealer, der seine paar Kilo im Jahr verkaufte, um zu überleben, und der auch nicht viel mehr wollte, als eben zu überleben.

Ein paar ehemalige Studenten aus Oxford waren jetzt an der University of Sussex. Einer von ihnen war Richard Lewis, ein brillanter Mathematikdozent, der Ilze und mich oft zusammen mit Johnny und Gina Martin besuchte. Richard, der aus einer relativ wohlhabenden Familie kam, besaß Häuser in Brighton und in London, soff wie ein Loch, rauchte, was ihm zwischen die Finger kam, dachte mathematische Tiefgründigkeiten und war ein begeisterter und talentierter Schachspieler.

Er hatte von Go gehört und interessierte sich dafür, hatte aber noch nie gespielt. Ich brachte es ihm bei. Nach einem Dutzend Spiele gewann er. Er schlägt mich heute noch.

Richard hatte eine wunderschöne Frau, Rosie, von der ich meine Augen kaum abwenden konnte. Ilze hingegen konnte ihre Augen kaum von Johnny Martin abwenden. Innerhalb kürzester Zeit hätten wir alle sechs Gründe gehabt, die Scheidung einzureichen, alle drei Ehen zerbrachen, und Emily, Richards und Rosies Tochter, nannte mich Onkel Howie.

Graham Plinstons Frau Mandy rief mich an. Sie fragte, ob ich so schnell wie möglich nach London kommen könnte, um sie zu treffen. Als ich dort ankam, war Mandy völlig aufgelöst und weinte.

»Howard, Graham ist verschwunden. Irgendwas stimmt da nicht. Ich glaub, er ist erwischt worden. Könntest du nicht gehen und rausfinden, was los ist? Du kriegst auch alles bezahlt, was du brauchst.«

»Wo ist er denn?«

»Er muss irgendwo in Deutschland sein.«

»Und warum soll gerade ich gehen?«

»Weil du der Normalste von Grahams Freunden bist. Über dich haben sie nichts in ihren Akten. Kannst du dir nicht vorstellen, wie unsere anderen Freunde drauf sind? Graham sollte diesen deutschen Typen Klaus Becker in Frankfurt treffen. Der wird dir wahrscheinlich weiterhelfen können.«

»Na gut, ich geh ihn suchen.«

Ich war noch nie in meinem Leben geflogen und war während des ganzen Fluges aufgeregt. Als ich bei Klaus war, erzählte er mir, dass in Lörrach, an der Schweizer Grenze in der Nähe von Basel, jemand hochgegangen war. Er vermutete, dass das Graham gewesen war. In einem nicht unbedingt vertrauenerweckenden Propellerflugzeug flog ich von Frankfurt nach Basel. Dass ich kein Wort Deutsch konnte, machte meine Aufgabe nicht leichter, doch letztlich fand ich in einer älteren Zeitung in der Baseler Stadtbücherei einen Artikel über die Sache. Graham war in einem Mercedes von Genf nach Frankfurt unterwegs gewesen. In den Türverkleidungen und unter dem Rücksitz waren fünfzig Kilo Haschisch versteckt gewesen. An der deutsch-schweizerischen Grenze war das Auto durchsucht worden, und die Zöllner hatten das Haschisch gefunden. Graham saß in Lörrach im Gefängnis.

Ich nahm ein Taxi nach Lörrach und lief durch die Straßen, bis ich einen Rechtsanwalt gefunden hatte. Der ging zu Graham ins Gefängnis und sagte zu, ihn zu verteidigen. Graham ließ nichts ausrichten.

Zurück am Londoner Flughafen rief ich gleich Mandy an und gab ihr die Telefonnummer des Anwalts in Lörrach.

»Howard, geht es ihm gut?«, fragte Mandy.

»Der Anwalt sagte, er sähe ganz okay aus.«

»Sollst du mir irgendwas von ihm ausrichten? Soll ich irgendwas tun?«

»Nein, Mandy, er ließ niemandem etwas ausrichten.«

»Howard, würde es dir etwas ausmachen, bei einem Freund von Graham vorbeizugehen und ihm zu erzählen, wie alles gelaufen ist? Er ist in Ordnung, er macht sich nur Sorgen wegen dem, was passiert ist, und würde gerne alles aus erster Hand erfahren.«

»Kein Problem. Wo soll ich hin?«

»Nach Mayfair, Curzon Street siebzehn. Er heißt Durrani.«

Mohammed Durrani war der Enkel des Bruders des ehemaligen Königs von Afghanistan. Zur Schule gegangen war er in Delhi, danach war er elf Jahre lang bei der Polizei in Hongkong gewesen, und er hatte diverse undurchsichtige Geschäfte im ganzen Osten. Eines davon bestand darin, pakistanisches Haschisch nach Europa zu liefern. Durrani öffnete mir die Tür seiner Wohnung im Londoner Stadtteil Mayfair und bat mich herein. Er hatte eine Habichtsnase, trug einen eleganten Anzug von einem der Herrenschneider in der Savile Row, hatte sorgfältig manikürte Fingernägel und benutzte recht intensives Aftershave. Er goss mir ein Glas Johnny Walker Black Label Whisky ein und bot mir eine Benson & Hedges aus einem goldenen, mit seinem Monogramm verzierten Etui an. Er zündete sie mir mit einem Dupont-Feuerzeug an. Er stellte mir Sam Hiraoui vor, seinen libanesischen Partner, und kam dann zur Sache: »Vielen Dank, dass Sie gekommen sind, Howard. Wir haben einfache Frage. Hat Graham geredet?«

»Er sagte, er hätte keine Nachricht an irgendwen«, antwortete ich.

»Wir meinen, mit der Polizei in Deutschland.«

»Das weiß ich nicht.«

»Der Grund, weshalb wir fragen, Howard, ist der, dass Waren unterwegs sind, die wegen der Verhaftung unseres Freundes vielleicht aufgegeben werden müssen. Mandy sagt, Sie sind bester Freund. Glauben Sie, dass er der Polizei etwas über unsere Geschäfte verrät?«

»Absichtlich natürlich nicht, wenn Sie das meinen.«

»Genau das meinen wir.«

»Dann hat er nicht geredet, nein. Aber ich habe hier alle Zeitungsberichte, die Unterlagen vom Anwalt und so weiter. Vielleicht helfen Ihnen die weiter.«

»Sie waren sehr gründlich, Howard, sehr gründlich«, sagte Durrani. »Wir stehen tief in Ihrer Schuld. Möglicherweise, *inshallah,* werden wir Ware zum Verkauf in England haben, während Graham in Deutschland im Gefängnis sitzt. Haben Sie Interesse?«

»Ich habe kein Geld, aber ich fühle mich geehrt, dass Sie mich fragen.«

»Wir würden Ihnen hundert Prozent Kredit geben«, sagte Libanesen-Sam. »Sie müssen es nur verkaufen, Ihren Anteil behalten, und uns den vereinbarten Betrag zurückgeben.«

»Ich bin eigentlich kein Großdealer, Sam. Graham gab mir alle paar Wochen mal ein, zwei Pfund zum Verkaufen, das ist alles. Ich war nie richtig im Geschäft.«

»Sie kennen aber sicherlich Leute, die Ware kaufen?«, fragte Durrani.

»Nein, niemanden.«

»Aber Sie waren doch mit Graham an der Universität von Oxford, oder?«

»Wir waren zusammen in Oxford, ja, aber viel Geschäfte werden dort nicht gemacht.«

»Es ist Universität mit den meisten Geschäften auf der ganzen Welt, Howard. Graham verkauft seine Ware an Leute von Oxford.«

»Das wahrscheinlich schon. Warum fragen Sie nicht Leute von dort, ob sie Ihre Ware verkaufen?«

»Wir kennen nur David Pollard, und der ist jetzt Verrückter.«

Ich kannte David Pollard. Er war gleichzeitig mit mir in Oxford gewesen, aber an einem anderen College, nicht in Balliol. Er hatte auch Physik gehört, und er war zwar ein bisschen exzentrisch, aber keineswegs verrückt. Vor nicht allzu langer Zeit hatte er einige schwere Schicksalsschläge erlitten. Eigentlich war er genial, er hatte alle möglichen Dinge erfunden – von Apparaten zur Nierendialyse bis hin zu Geräten, um LSD herzustellen. Nebenbei setzte er sich für die Verbreitung der ersten großen Jointpapers in England ein, Esmeralda genannt. Seine Freundin, Barbara Mayo, war an der

Autobahn M6 getrampt und war vergewaltigt und ermordet worden. Die Polizei hat den Täter nie gefunden, aber David war routinemäßig verhört worden und galt als Hauptverdächtiger. Letzten Endes ließ die Polizei ihn laufen, und er warf seine ganze Ausrüstung zur LSD-Herstellung in die Themse. Ich hatte nicht gewusst, dass er Grahams wichtigster Geschäftspartner war.

»Jarvis hat mich einmal in Beirut getroffen«, sagte Sam, »aber ich habe keine Ahnung, wo er sich aufhält. Mandy auch nicht. Ich glaube nicht, dass er in Oxford an der Universität war, aber Graham hat an ihn verkauft.«

Ich hatte Jarvis einige Male mit Graham getroffen. Er war ein Londoner Dealer der Sechziger, wie aus dem Bilderbuch – getönte Brille, Klamotten wie ein Popsänger, Freundinnen wie Models und jede Menge neuer Ausdrücke. Er kam aus Birmingham, hatte sich aber den vornehmeren Dialekt von Chelsea angewöhnt.

»Nein, in Oxford war er nicht, aber ich könnte ihn vermutlich auftreiben.«

»Gut«, sagte Durrani. »Wir freuen uns auf gutes Geschäft. Ich werde Mandy bitten, Sie anzurufen, wenn alles bereit ist.«

Meine Erlebnisse in Deutschland und Mayfair füllten mich mit einer mir bis dahin unbekannten Art von Energie und Aufregung. Ein großer Teil von mir verlangte nach weiteren solchen Abenteuern. Ich stellte mir vor, was ich mir mit viel Geld alles kaufen könnte.

Wieder in Brighton verbrachte ich viel Zeit mit Rosie und wenig Zeit mit sonst irgendjemand. Ich erzählte ihr von meinen Erlebnissen und von Durranis Angebot.

»Das ist toll, Howard«, sagte Rosie. »Das ist ganz offensichtlich das, was du tun solltest. Beweg deinen Hintern und sei jemand in deinem Leben, du hast nur eins. So, wie ich das sehe, wäre es eine prima Sache, Durranis Hasch in London zu verkaufen. Das ist doch genau das, worauf du gewartet hast, oder?«

»Ich weiß nicht. Ich habe einfach nicht genug Startkapital. Ich bräuchte eine Wohnung in London, ein anderes Auto als meinen klapprigen Hillman, dazu kommen noch die Geschäftskosten und alles Mögliche, ganz zu schweigen von Geld zum Leben.«

»Howard, ich weiß ja nicht, wie das mit dir und Ilze ist. Aber Richard und ich werden nicht einfach weitermachen und so tun, als wäre alles in bester Ordnung, als würden wir uns noch lieben. Wir werden uns trennen. Meine Familie hat Geld. Seine hat noch viel mehr, und sie werden sich auf jeden Fall darum kümmern, dass es ihrer Enkelin, Emily, an nichts mangelt. Ich werde nach London ziehen. Meine Eltern werden mir eine Wohnung mieten und ein Auto kaufen. Du kannst jederzeit bei mir wohnen, das Auto benutzen, und wenn du dir ein paar Hundert Pfund leihen musst, um ein Geschäft zu starten, kann ich mir keine bessere Investition vorstellen.«

In einem Strudel von Liebe, Romantik und unbegrenzten Möglichkeiten zogen Rosie, ihre kleine Tochter Emily und ich in eine Maisonette-Wohnung in der Hillsleigh Road, in der teureren Gegend von Notting Hill. Richard kam gelegentlich vorbei, um Go zu spielen. Wir blieben sehr gute Freunde. Ilze besuchte uns auch, und obwohl wir uns beide durch die Untreue des anderen etwas betrogen fühlten, blieben auch wir befreundet. Während meines letzten Jahres in Oxford hatte ich Charlie Radcliffe, einen Freund von Graham, kennen und schätzen gelernt. Er stammte aus einer sehr vornehmen Familie, hatte eine riesige Sammlung Bluesplatten, war Marihuana-Kettenraucher, gehörte der Bewegung für atomare Abrüstung an und war festgenommen worden, weil er eine unglaubliche Menge hervorragend gefälschter amerikanischer Hundertdollarscheine in Umlauf gebracht hatte, bei denen die Worte ›In God We Trust‹ durch einen Anti-Vietnamkriegsslogan ersetzt waren. Damals arbeitete er für Robert Maxwells Verlag, Pergamon Press, in Headington bei Oxford. Charlie wohnte jetzt auch in London, und als er von Grahams Verhaftung hörte, spürte er mich auf, um so viel zu erfahren wie möglich. Ich erzählte ihm, was ich wusste, und erwähnte auch, dass ich vielleicht während Grahams Abwesenheit sein Haschisch verkaufen würde. Ich fragte, ob er mir helfen könnte, sei es, indem er Jarvis auftrieb, den er recht gut kannte, oder indem er selber auch etwas verkaufte. Charlie gefiel die Aussicht, Geld zu verdienen, er erklärte mir aber, dass er einen Partner habe, Charlie Weatherley, der mit einbezogen werden müsse. Ich hatte Charlie Weatherley ein paarmal getroffen, als er noch am Christ Church College studierte. Inzwischen war er zu einem heftig kiffenden Biker geworden, und wenn er nicht gerade seine Norton Commando bis zum Anschlag aufdrehte, hörte er ständig mit größtem Vergnügen die Grateful Dead. Es war eine Freude, ihn um sich zu haben. Charlie Radcliffe und ich beschlossen, dass es der einfachste und fairste Weg für alle wäre, ein Syndikat zum Verkauf von Durranis Haschisch zu bilden. Meine Aufgabe würde es sein, das Haschisch von Durrani entgegenzunehmen und in der Hillsleigh Road aufzubewahren. Jarvis und die zwei Charlies würden es dann an diverse ihnen bekannte Dealer verkaufen. Schließlich würde der Profit durch vier geteilt, und ich würde Durrani das restliche Geld bringen. Wir waren bereit. Wir brauchten nur noch das Haschisch.

Es kam aber kein Haschisch. Durrani meldete sich nicht, und nach sechs Monaten wurde Graham freigelassen. Während dieser ganzen sechs Monate jedoch war unser neues Syndikat aktiv und handelte mit Haschisch aus anderen Quellen, einerseits, weil die Wohnung in der Hillsleigh Road uns einfach die Möglichkeit dazu gab, und andererseits wahrscheinlich auch, weil wir ständig auf eine große Ladung von Durrani hofften. Durch diese Geschäfte lernte ich Duncan Laurie kennen, einen Haschischgroßimporteur, der in der Portobello Road und der King's Road die Sechziger-Jahre-Boutiquen Forbidden Fruit gegründet hatte, Libanesen-Joe, über den Graham Durrani kennengelernt hatte, und James Goldsack, David Pollards Partner. Im Grunde genommen verdiente ich Geld und knüpfte Connections, indem ich Rosies Sicherheit aufs Spiel setzte und mich schamlos ihrer Wohnung, ihres Autos und ihres Telefons bediente. Aber ich konnte ein paar Kilo Haschisch zu den günstigsten Preisen kaufen und verkaufte es in kleinen Stückchen weiter an Universitätsdealer und Freunde in Oxford, Brighton, London und Bristol, wo meine Schwester Französisch studierte. Meine neue Karriere hatte begonnen. Cannabishandel sollte der Beruf werden, den ich die nächsten achtzehn Jahre lang ausübte.

Meine Auffassung von Cannabis wich in einigen Punkten von der von Jarvis und den zwei Charlies ab. Sie dachten wesentlich radikaler als ich und sahen Haschisch als bedeutende neue Währung an, mithilfe derer die faschistische Vorherrschaft gebrochen werden könne. Sie wollten, dass Haschisch illegal bliebe. Wir verdienten unseren Lebensunterhalt damit, und es war Balsam für unsere rebellischen Gemüter, dass wir gleichzeitig damit dem Establishment den Mittelfinger zeigen konnten. Wir waren echte Outlaws – wir verstießen nicht wirklich gegen Gesetze, nicht gegen richtige jedenfalls, wir lebten nur einfach außerhalb von ihnen. Wir bezahlten keine Steuern, weil wir nicht wollten, dass unser Geld von der Armee dafür verwendet wurde, unschuldige Ausländer umzubringen, oder von der Polizei dazu benutzt wurde, uns hochgehen zu lassen. Wir wollten nur unseren Spaß haben, und wir nahmen harte Arbeit und große Risiken in Kauf, um ihn zu kriegen, indem wir einer großen Nachfrage ein Angebot entgegensetzten. Mit dem meisten war ich einverstanden, doch konnte ich es absolut nicht gutheißen, wenn Leute, die Marihuana rauchen wollten, bestraft wurden, und konnte somit logischerweise die Illegalität des Haschischhandels nicht unterstützen.

Während er im Gefängnis saß, hatte Graham mehrere Pläne ausgebrütet. Einige wurden dadurch behindert, dass er nicht nach Deutschland einreisen durfte, bevor er nicht seine ziemlich hohe Geldbuße gezahlt hatte. Er bat mich, fünftausend Pfund für ihn nach Frankfurt zu Libanesen-Sam zu bringen. Ich sagte zu. Sam würde sich dann um die Strafe kümmern. Es war verboten, mehr als fünfundzwanzig Pfund außer Landes zu führen, also versteckte ich das Geld hinten in meiner Hose, bevor ich in Heathrow eincheckte. Ich hatte nicht damit gerechnet, dass ein paar Polizisten die Passagiere durchsuchten, um Terroristen abzuschrecken. Bevor ich mir noch der Gefahr bewusstwurde, in der ich schwebte, war ich schon unglaublich ineffektiv gefilzt worden und wurde durch das Tor gewunken. Ich spürte keine Erleichterung, nur eine leichte Verwirrung.

Auf dem Rückweg am nächsten Morgen versteckte ich die Quittung für das Bußgeld und die großzügigen dreihundert Pfund, mit denen Sam mich entlohnt hatte, in meiner Socke. Ich kaufte einige Parfüms für Rosie im Duty-free-Shop. In Heathrow hielt mich ein Zollbeamter auf.

»Wo kommen Sie her, Sir?«

»Aus Frankfurt.«

»Ist das Ihr ganzes Gepäck?«, fragte er und zeigte auf meine Aktentasche und die Plastiktüte mit den Parfüms.

»Ja.«

»Haben Sie diese Parfüms duty-free gekauft?«

»Am Frankfurter Flughafen, ja.«

»Ist Ihnen klar, Sir, dass es illegal ist, zollfreie Waren einzukaufen, wenn Sie kürzer als vierundzwanzig Stunden das Land verlassen?«

»Ja«, log ich.

»Wie lange waren Sie fort?«

»Zwei Tage«, log ich weiter.

»Würden Sie bitte ihre Tasche öffnen, Sir? Ich würde gerne einen kurzen Blick hineinwerfen.«

In der Tasche befand sich nur mein Ticket vom Hinflug, eine Zahnbürste und ein Buch mit dem passenden Titel *The Philosophy of Time*.

»Mit leichtem Gepäck unterwegs, Sir?«

»Ich habe bei einem Freund gewohnt. Ich brauchte nichts mitzunehmen.«

Der Zöllner nahm mein altes Ticket und schaute auf das Datum.

»Sagten Sie nicht, Sie seien zwei Tage weg gewesen? Diesem Ticket nach haben Sie London aber erst gestern Abend verlassen.«

»Ja, zwei Tage: gestern und heute.«

»Würden Sie bitte mitkommen, Sir?«

Der Zollbeamte brachte mich in einen kalten, aus Ytongsteinen gebauten Raum.

»Zeigen Sie mir bitte Ihren Ausweis. Danke. Würden Sie sich bitte ausziehen?«

»Das kommt gar nicht infrage.«

»Mr Marks, wenn Sie keine Schmuggelwaren dabeihaben, haben Sie nichts zu befürchten.«

»Ich habe keine Schmuggelwaren, und ich habe nichts zu befürchten. Aber ich werde mich nicht ausziehen.«

Ich machte mir langsam Sorgen wegen der dreihundert Pfund in meiner Socke. Wenn es schon verboten war, über fünfundzwanzig Pfund außer Landes zu bringen, war es dann nicht sicherlich auch verboten, zwölfmal so viel in das Land zu bringen?

»Dann lassen Sie mir keine Wahl. Ich muss Sie leider festhalten, wegen versuchten Schmuggels von Parfüm nach Großbritannien und wegen Verdachts auf weitere Schmuggelware. Entweder lassen Sie mich jetzt eine Leibesvisitation durchführen, oder ich übergebe Sie der Polizei, und die wird Sie durchsuchen.«

»Ich wähle die zweite Alternative.«

»Wie Sie wünschen. Es gibt noch eine weitere Möglichkeit. Sie übergeben mir freiwillig alles, was Sie an Schmuggelware bei sich haben. Wenn ich Ihnen glaube, verzichten wir auf die Leibesvisitation.«

»Ich habe dreihundert Pfund in der Socke«, gab ich dummerweise zu.

»Zeigen Sie sie mir.«

Ich zog meinen Schuh und meine Socke aus und gab ihm das Bündel Zwanzigpfundscheine und die Quittung für die Geldstrafe.

»Hatten Sie dieses Geld außer Landes gebracht, Sir?«

Es schien sinnlos, das zuzugeben.

»Nein. Ein Freund hat es mir in Frankfurt gegeben. Ich wusste nicht, wo ich es sonst hätte hintun sollen. Ist es auch verboten, Geld mitzubringen, wenn ich nur kurze Zeit weg war?«

111

»Nein, Mr Marks, Sterling in das Land zu bringen ist nicht verboten. Es ist aber verboten, mehr als eine bestimmte Summe auszuführen. Warum haben Sie es in Ihre Socke gesteckt? Damit wir es nicht finden?«

»Eigentlich nur, um es nicht zu verlieren.«

»Ebenso diese Quittung, um sie nicht zu verlieren? Was arbeiten Sie?«

»Nun, im Moment bin ich irgendwie arbeitslos, aber eigentlich bin ich Lehrer.«

»Wer ist Kenneth Graham Plinston?«, fragte er mit einem Blick auf die Quittung.

»Nur ein Bekannter, eigentlich. Er hatte in Deutschland Schulden und bat mich, das zu regeln.«

»Bezahlen Sie immer seine Schulden? Verdienen Sie so gut als Lehrer?«

»Nein, es war sein Geld. Sein Freund gab mir das Geld in Frankfurt.«

»Und wie hieß dieser Freund?«

»Sal.« Mir war klar, dass ich hier lügen musste.

»Ein Italiener, ja?«

»Ich glaube schon.«

»Einen Moment bitte, Mr Marks.«

Der Zollbeamte verließ den Raum und nahm die Quittung mit. Einige Minuten später kam er in Gesellschaft eines etwas älteren, wichtig aussehenden Herren in Zivil zurück.

»Guten Morgen, Mr Marks. Ich bin Sonderermittlungsbeamter der Zollbehörde ihrer Majestät. Wir werden Zoll erheben auf die Parfüms, die Sie gekauft haben. Was die dreihundert Pfund betrifft, können wir Ihnen nichts anhaben. Hier sind sie. Aber wir kennen Ihren Freund, Mr Plinston. Wir wissen, womit er sein Geld verdient. Wir verlassen uns darauf, dass Sie nicht denselben Weg gehen. Bleiben Sie Lehrer.«

112

Graham zeigte sich völlig unbeeindruckt, als ich ihm in seiner Wohnung die Quittung überreichte und von meinem Zusammenstoß mit den Gesetzeshütern berichtete.

»Ich denke, da musst du dir keine Sorgen machen, Howard. Wir sind nur Freunde, das ist alles.«

»Ich mache mir keine Sorgen deswegen«, antwortete ich. »Ich erzähle dir nur, was passiert ist. Es ist mir wirklich absolut egal.«

»Dann ist's gut. Howard, es gibt da noch was. Hättest du Lust, eine hübsche Stange Geld für ein paar Tage Arbeit zu verdienen? Du müsstest in Deutschland herumfahren und einigen Freunden von mir Haschisch liefern.«

»Ich bin noch nie im Ausland Auto gefahren, Graham. Ich kann mir gar nicht vorstellen, auf der falschen Straßenseite zu fahren.«

»Einmal ist immer das erste Mal.«

»Mag schon sein, aber da sollte ich dann nicht gerade eine Ladung Dope im Wagen haben.«

»Könntest du nicht jemanden mitnehmen, der dich fährt? Ich werde dich wirklich gut bezahlen.«

»Doch, das würde wahrscheinlich gehen.«

»Okay, Howard, ich rufe dich in ein paar Tagen aus Frankfurt an, wenn ich so weit bin.«

Weder Jarvis noch die zwei Charlies waren daran interessiert, die königlichen Boroughs Kensington und Chelsea zu verlassen, in denen alles schön geregelt ablief. Dafür kannte aber Charlies attraktive Freundin Tina einen Neuseeländer namens Lang, der mehrere Jahre Erfahrung als Schmuggler hatte und gerade in London nach Arbeit suchte. Er war begeistert, als ich ihm die Sache mit Deutschland vorschlug. Wir einigten uns auf halbe-halbe.

Lang und ich trafen Graham am Frankfurter Flughafen. Er

erklärte uns, dass in einer gemieteten Garage eine Tonne pakistanisches Haschisch lagerte. Unser Auftrag bestand darin, ein geeignetes Fahrzeug zu mieten, zur Garage zu fahren, das Haschisch einzuladen und davon einen Teil ein paar Kaliforniern zu bringen, die auf einem verabredeten Rastplatz warten würden, einen Teil zu ein paar Deutschen in Frankfurt und den Rest zu einer Gruppe Niederländer, mit denen ein Treffpunkt mitten im Schwarzwald ausgemacht worden war. Dafür sollten wir zusammen fünftausend Pfund bekommen.

Wir mieteten einen Opel-Kombi mit großem Laderaum. Die Garage befand sich in einem noblen Vorort von Wiesbaden. In ihr standen zwanzig Fünfzig-Kilo-Holzkisten mit der Aufschrift ›Streptomycin, Karatschi‹. Der Haschischgeruch war beeindruckend. Wir beluden den Opel, legten eine Decke über die Kisten und fuhren zu dem Rastplatz. Einige Cheech und Chong-Doppelgänger warteten in einer großen Limousine. Wir hielten neben ihnen. Einer der Kalifornier sprang aus dem Wagen und öffnete den Kofferraum. Lang und ich öffneten die Heckklappe des Opels und zu dritt luden wir fünf der zwanzig Kisten um. Wir gaben uns die Hand und die Limousine fuhr davon.

Die Niederländer und die Deutschen waren noch nicht bereit, ihr Haschisch in Empfang zu nehmen. Wir mussten uns ein paar Tage um die Ohren schlagen. Mit dem Opel fuhren wir aus Wiesbaden heraus und das Rheinufer entlang bis zu einem Dorf namens Oestrich. Dort stiegen wir in einem Hotel ab, das seltsamerweise den englischen Namen ›The White Swan‹ trug. Wir aßen und tranken und machten uns danach über eine der Kisten her. Wir wurden stoned.

Am Tag vor dem Treffen mit den Niederländern fuhren wir mit einem Schiff auf dem Rhein zurück nach Wiesbaden. Lang wollte ein paar englische Zeitungen besorgen. Wir überquerten gerade eine der Hauptverkehrsstraßen der Stadt, als ein Auto sehr schnell um die Ecke bog, eine rote Ampel überfuhr und Lang fast umgerissen hätte. In einem Anfall von sehr verständlicher Wut schlug Lang mit einer zusammengerollten Zeitung auf das Heck des Wagens. Mit quietschenden Bremsen kam das Auto zum Stehen. Ein massiger, rotgesichtiger Deutscher sprang heraus, rannte zu Lang, versetzte ihm einen kräftigen Fausthieb an den Kopf, der seine Brille in Scherben auf der Straße landen ließ, rannte zurück zum Auto und fuhr weg. Innerhalb weniger Sekunden war alles vorbei. Lang war fast bewusstlos und ohne seine Brille so gut wie blind.

»Morgen musst du wohl fahren, Alter«, war alles, was er sagte.

Das Treffen mit den Niederländern sollte auf einer abgelegenen, aber leicht zu findenden Lichtung im Schwarzwald stattfinden. Vorsichtig und nervös fuhr ich den haschischbeladenen Opel in das waldige Landesinnere. Ich gewöhnte mich sehr schnell daran, auf der anderen Straßenseite zu fahren. Wir erreichten die Lichtung. Sie war verlassen. Nach zwanzig Minuten kamen zwei Volvos. Im einen saß Holländer-Nik, den ich einmal bei Graham getroffen hatte. Aus dem anderen stieg ein Mann, der sich als Holländer-Pete vorstellte. Wir luden dreizehn Kisten um.

Lang besorgte sich bei einem tüchtigen Optiker eine neue Brille und konnte den Wagen zurück nach Frankfurt fahren, wo ihn auf dem Parkplatz des Hotels Intercontinental ein Deutscher, der sich nicht vorstellte, in Empfang nahm. Alles ging glatt.

Graham hatte von seinem Zimmer im Frankfurter Hof aus alles überwacht. Er hatte sich einen neuen BMW gekauft und fragte, ob wir ihm ein paar Tage Gesellschaft leisten wollten. Danach würde er uns bezahlen. Lang wollte zurück nach London und dort auf seinen Lohn warten. Ich blieb bei Graham, der Säcke voll Geld einsammelte. Einige Tage später versteckten wir das Geld, teils amerikanische Dollar, teils deutsche Mark, im BMW und fuhren nach Genf. Nachdem er mir meinen Anteil gegeben hatte, zahlte Graham große Mengen amerikanisches und deutsches Geld auf sein schweizerisches Konto ein. Ich fragte ihn, was weiter mit dem Haschisch passieren würde, das wir ausgeliefert hatten, und er erzählte mir, dass die Deutschen ihres in Frankfurt verkaufen würden; die Kalifornier würden fabrikneue deutsche Autos kaufen und diese vollgepackt mit Haschisch nach Los Angeles verschiffen, während Holländer-Nik und Holländer-Pete ihre sechshundertfünfzig Kilo nach England fahren würden. Ich fragte, wer es in England verkaufen würde. Ich ging davon aus, dass Graham dafür auf David Pollard und James Goldsack zurückgreifen würde. Graham lächelte.

»Du, Howard.«

»Aber ich weiß doch, dass das sonst Dave Pollard und James gemacht haben. Ich will keinen Ärger.«

»Howard, ebenso habe ich schon Jarvis und die zwei Charlies genommen. Dealen in London funktioniert wie die Reise nach Jerusalem. Dave Pollard ist sowieso aus dem Geschäft draußen. Und James kannst du glücklich machen, wenn du ihm ein bisschen was zu einem guten Preis überlässt, das er dann verkaufen kann.«

Jarvis, die zwei Charlies und ich verkauften die sechshundertfünfzig Kilo Haschisch und machten zusammen einen Profit von etwa zwanzigtausend Pfund. Ich hatte allein in nur einer Woche 7500 Pfund gemacht. Zum ersten Mal in meinem Leben fühlte ich mich reich. Ich begann, mich an einen Lebensstil mit schnellen Autos, teuren Restaurants und technischen Spielereien zu gewöhnen. Ich kaufte einen nagelneuen BMW, eine Stereoanlage mit allem, was das Herz begehrt, und ein Wasserbett. Rosie schlug vor, eine Wohnung in Brighton zu mieten, für die Wochenenden und andere Zeiten, an denen ich nicht damit beschäftigt war, Haschisch durch London zu kutschieren. Sie hatte noch Freunde in Brighton und vermisste das Meer. Wir mieteten eine Erdgeschosswohnung in der Lewes Crescent vierzehn. Einer von Rosies Freunden war Patrick Lane, der an der Sussex University einen Abschluss in englischer Literatur gemacht hatte und jetzt als Buchhalter für Price Waterhouse Ltd. arbeitete. Patrick und ich kamen gut miteinander klar. Er stellte mir seine siebzehnjährige Schwester Judy vor. Der Gedanke an ihr Lächeln, ihre hüftlangen Haare und ihre langen Beine ließ mich nicht mehr los. Bald schlug ich Patrick vor, bei Grahams nächstem Auftrag mit mir zusammenzuarbeiten.

Mohammed Durrani kannte viele Wege, Haschisch nach Europa zu schmuggeln. Die üblichste Methode war, bis zu einer Tonne im persönlichen Besitz von pakistanischen Diplomaten zu verstecken, die in pakistanischen Botschaften und Konsulaten in Europa eine Stelle bekommen hatten. Durrani sprach die Sache mit den Diplomaten ab, bevor sie Pakistan verließen. Persönliches Gepäck und Möbel von Diplomaten wurden bei der Ankunft selten durchsucht, und wenn das Dope doch entdeckt wurde, konnten sie sich immer noch auf ihre Immunität berufen oder den pakistanischen Spediteur beschuldigen. Diesmal war die Ladung zum Wohnsitz des Diplomaten nach Bonn geliefert worden. Patrick und ich mussten die Umzugskisten und Koffer durchsuchen, das Haschisch entfernen und es zu einer stillgelegten Baggergrube in der Nähe von Köln fahren, wo es Holländer-Nik, Holländer-Pete und einige andere Niederländer in Empfang nehmen sollten, um es nach England zu bringen. Alles lief wie am

Schnürchen, und nachdem ich mich in London um den Verkauf gekümmert hatte, war ich wieder um 7500 Pfund reicher.

Graham hatte noch wesentlich höheren Profit gemacht und war jetzt darauf bedacht, sein schwer verdientes Geld mithilfe von soliden Londoner Geschäften zu legitimieren. Er hatte Patrick kennengelernt und mochte ihn. Er brauchte für seine Zwecke einen Buchhalter und hielt Patrick für ideal. Ich hatte keine Bedenken. Kurze Zeit darauf hatten die beiden das Teppichgeschäft Hamdullah und im Warwick Place drei in Little Venice die Immobiliengesellschaft Zeitgeist gegründet. Sie trugen entsprechende Visitenkarten bei sich, die sie bei jeder Gelegenheit vorzeigten.

Mein Lebensstil entwickelte sich von aufwendig zu geradezu schändlich pompös. In London, Brighton, Oxford und Bristol gab ich in jeder Bar und in jedem Restaurant, das ich besuchte, Runden aus. Diejenigen unter meinen Freunden, die nur Haschisch rauchen, selber aber nicht verkaufen wollten, bekamen umsonst von mir, so viel sie wollten. Nur wenige Dinge im Leben bereiten mir mehr Freude, als meine Freunde sehr stoned zu machen und ihnen dann gute Speisen und guten Wein vorzusetzen, doch langsam sah ich auch ein, dass es sinnvoll war, einen Teil meines Geldes dazu zu verwenden, so wie Graham eigene Geschäfte zu gründen. Es müsste zwar in kleinerem Rahmen geschehen als bei Graham, war aber im Prinzip machbar.

Redmond und Belinda O'Hanlon waren in Oxford Studienfreunde von mir gewesen. Redmond war jetzt am St. Anthony's College und schrieb gerade seine Doktorarbeit über die Auswirkungen des Darwinismus auf die englische Literatur des neunzehnten Jahrhunderts, während Belinda eine kleine Damenschneiderei hatte, zusammen mit Anna Woodhead, der spanischen Frau von Anthony Woodhead, der ebenfalls ein ehemaliger Studienfreund von mir war. Ihre Kundschaft bestand im Wesentlichen aus den Damen der Oxforder Universität, die nach angemessenen Ballkleidern suchten. Anna und Belinda hatten viel zu wenig Kapital. Ich ließ sie glauben, dass ich vor kurzem geerbt hatte. Wir wurden uns bald einig. Ich kaufte einige Nähmaschinen, die ich bar bezahlte, und brachte sie in die kleinen, abgelegenen Räume in der Nähe des Oxforder Bahnhofs. Unsere Firma nannte ich AnnaBelinda Ltd. Sie lief von Anfang an gut, und wir begannen uns nach einem geeigneten Ladengeschäft umzusehen, um eine Boutique zu eröffnen. Wir fanden eines in der Gloucester Street 6, wo AnnaBelinda heute noch steht.

Wir machten noch einige Deals mit Durrani, doch ging es dabei nur noch um wesentlich kleinere Mengen. Gelegentlich fuhr ich mit einem beladenen Wagen über eine europäische Grenze, wobei ich jedes Mal einen religiösen Flash und einen asexuellen Orgasmus bekam. Marty Langford, Mike Bell und David Thomas, meine Klassenkameraden von der Grundschule im walisischen Kenfig Hill, lebten auch in London. Sie hatten schlecht bezahlte und langweilige Jobs, und ich bot ihnen an, für mich zu arbeiten, Haschisch zu transportieren oder zu verstecken, Anrufe entgegenzunehmen und Geld zu zählen. Sie nahmen alle an, und damit brauchte ich nicht mehr unsere Londoner Wohnung den Gefahren des Dealens auf der Straße auszusetzen – das taten sie jetzt für mich. Wir vier waren vermutlich die einzige kriminelle Vereinigung von Walisern in London, und andere Dealer nannten uns scherzhaft die ›Tafia‹, in Anlehnung an die englische Bezeichnung ›Taffy‹ für Waliser. Es war gefährlich, aber es machte Spaß. Nur gab ich fast so viel aus, wie ich verdiente. Einige Tausend Pfund im Monat waren nicht genug.

vier
MR MCCARTHY

Charlie Radcliffe, Graham und ich saßen in Grahams Wohnung in der Marylands Road, rauchten Joints und zählten
Geld. Wir beklagten unsere Armut. Wir waren zwar dankbar, dass Mohammed Durranis pakistanische Diplomaten Haschisch nach Europa schmuggelten und dass wir es weiter-
verkaufen durften, doch waren wir neidisch auf die Menge
Geld, die sie dabei verdienten. Wir bekamen etwa zwanzig
Prozent des Verkaufspreises in London. Die Diplomaten und
Durrani teilten sich den Rest. Wir oder die Holländer mussten das Haschisch nach England bringen und es an Dealer in
London verteilen. Es war ein gefährlicher Job, insbesondere
seit überall Straßensperren errichtet wurden, um IRA-Aktivisten abzufangen. Wir nahmen alle Risiken auf uns, während die Pakistanis absolut sicher waren. Es war unmöglich,
in Europa billiger an Haschisch zu kommen. Die Pakistanis
wussten genau, dass es mehr als genug Käufer gab, die ihnen ihre Ware abnehmen würden und zu höheren Preisen, als
wir bezahlten. Wir konnten sie also nicht herunterhandeln.

»Wenn wir nur einen Weg finden könnten, selber Hasch zu
importieren, dann würden wir auch so reich werden«, meinte Graham. »Kennt ihr denn wirklich niemanden, der in einer
Schlüsselposition irgendwo an einem Flughafen oder einem
Hafen arbeitet?«

Mir fiel niemand ein.

»Ich könnte es in Cardiff versuchen«, schlug ich vor. »In irgendeiner Frachtabteilung werden sicherlich ein paar alte Schulfreunde von mir arbeiten. Ich könnte mich in den Pubs umsehen, wo die Hafenarbeiter und die vom Flughafen hingehen. Da wird sich schon jemand finden, der gerne sein Einkommen aufbessern würde.«

»Gute Idee«, stimmte Graham zu, aber ohne echte Begeisterung.

Charlie meldete sich zu Wort. »Ich habe neulich einen kennengelernt, der bestimmt Hasch hereinbringen könnte. Ich habe ihn für *Friends* interviewt. Er ist bei der IRA. Wenn er Waffen schmuggeln kann, dann kann er auch Hasch schmuggeln.«

Friends war eine Untergrundzeitschrift. Der Redakteur war ein Südafrikaner namens Alan Marcusen. Charlie und Tina, seine Freundin, lebten in Alans Wohnung in Hampstead. Ebenso wie Mike Lessors *International Times* und Richard Nevilles *Oz* traf *Friends* den Geschmack und die Überzeugungen der Aussteiger der Sechzigerjahre, der Haschdealer, Rockmusiker, Acidheads und aller Gesellschaftskritiker. Die gesamte Untergrundpresse war gegen die britische Präsenz in Nordirland. Der Kampf der IRA wurde als stellvertretend angesehen für die Verteidigung der Rechte der armen und unterdrückten Katholiken in der ganzen Welt. Wer hätte da nicht sympathisiert? Natürlich wurden die Zweifel und Sorgen über die gewaltsamen Methoden der IRA stärker, vor allem die der Provisorischen IRA, die sich erst kürzlich als terroristische Splittergruppe von der offiziellen IRA abgespalten hatte. Außerdem war die IRA dem Konsum von Haschisch gegenüber sehr puritanisch eingestellt.

In der neuesten Ausgabe von *Friends* war ein ziemlich langer Artikel über die IRA erschienen, unter anderem mit einem Interview mit einem Mitglied aus Belfast, James Joseph McCann. In dem Interview erzählte er von seiner Kindheit in Belfast, die von Kleinkriminalität geprägt war, und von seinen Kontakten in den Sechzigern mit Charlie Richardson, dem mächtigsten und meistgefürchteten Gangster des Londoner Südens. Ein Aufenthalt in Her Majesty's Prison in Parkhurst, Englands härtestem Knast, hatte aus McCann einen Dichter und Fürsprecher der Unabhängigkeit Irlands gemacht. Seine Gedichte waren furchtbar, aber seine Rhetorik wirkte recht überzeugend, vor allem, wenn er unverhüllt drohte. Es fehlte ihm aber der Glamour, der den Gangster umgibt, und scheinbar versprach er sich mehr Geld und ein spannenderes Leben davon, zum irischen Nationalhelden zu werden. Dieses heiß ersehnte Ziel erreichte er, indem er Molotowcocktails in die Queen's University in Belfast warf, sich als Mitglied der IRA ausgab, sich den Behörden stellte und daraufhin aus dem Gefängnis in der Crumlin Road ausbrach. Es war der erste Ausbruch aus diesem Gefängnis seit dem Zweiten Weltkrieg. Zurzeit hielt er sich irgendwo in Südirland auf. Pressefotografen präsentierte er sich in schlecht passender Militärkleidung und mit unterschiedlichen tödlichen Waffen in der Hand, die er selber nach Dublin geschmuggelt haben wollte. Schulkinder machten sich über die britischen Soldaten lustig, die in den Straßen von Andersonstown in Belfast patrouillierten, und spotteten: *»Where is your man McCann? Where is your man McCann?«** Doch, er war schon ein Held.

»Aber, Charlie, würde er mitmachen?«, gab ich zu bedenken. »Du weißt doch, wie sich diese Typen mit Dope anstel-

---

* Wo ist euer Mann McCann?

len. Die würden doch am liebsten jeden Kiffer teeren und federn. Denken, es verdirbt ihnen die Jugend. Die werden ganz sicherlich keinem helfen, Dope nach Irland zu bringen.«

»Weißt du, Howard, Jim McCann raucht fast genauso viel Hasch wie wir. Der hat keine Probleme damit.«

»Das ist echt ein erstklassiger Vorschlag«, meinte Graham, diesmal wirklich begeistert. »Kannst du ein Treffen für uns arrangieren?«

Eine Woche später landeten Graham und ich am Flughafen von Cork. Es war unsere erste Reise nach Südirland. Wir gingen zum Schalter einer Autovermietung. Die Firma hieß Murray Hertz.

»Also. Was sind Sie?«, fragte der Angestellte von Murray Hertz.

»Wie bitte?«, fragte Graham sehr verwirrt zurück.

»Ihren Beruf. Den brauche ich für die Unterlagen.«

»Ich bin Künstler«, stammelte Graham.

»Ach, tatsächlich. Und wofür braucht ein Künstler an einem Tag wie heute ein Auto? Und was ist mit Ihrem Begleiter? Wird der Ihre Pinsel halten?«

Wir gaben es auf und gingen an den Avis-Schalter, wo sich die Angestellten wesentlich mehr Mühe gaben. Sie gaben uns ein Auto, und wir fuhren durch Nacht und Nebel nach Ballinskelligs, wo Alan Marcuson vor einiger Zeit ein Fischerhäuschen gemietet und es McCann zur Verfügung gestellt hatte. Die Telefonnummer war Ballinskelligs 1, und es befand sich gleich neben einer ehemaligen Irrenanstalt für Nonnen.

»Gott sei Dank, dass ihr endlich da seid«, begrüßte uns Alan, »aber ihr dürft nichts mit Jim anfangen, was auch immer euch Charlie erzählt hat. Der Mann ist ein gefährlicher Spinner. Er lässt einen Wagen mit dem Kofferraum voll

Sprengstoff direkt vor der Haustür stehen, er bunkert Waffen in der Nonnenklapsmühle, er lässt mich auf diesen Hund aufpassen, er ist den ganzen Tag betrunken oder stoned, er bringt ständig irgendwelche Typen von der IRA hierher, und jeder Bulle in ganz Irland sucht ihn. Ich hab noch nie so Schiss gehabt. Haltet ihn bei Laune, wenn er vom Pub zurückkommt, aber denkt nicht mal daran, Geschäfte mit ihm zu machen. Er wird innerhalb kürzester Zeit auffliegen.«

Jim McCann, besoffen, wankend und stolpernd, fiel zur Tür herein und verpasste dem schlafenden Hund einen kräftigen Tritt. Graham und mich ignorierte er völlig, stattdessen ließ er einen lauten Furz und starrte auf den Hund.

»Schaut euch diesen Scheißköter an! Was ist los mit dem? Du gibst ihm keine Bewegung, Alan. Das ist nicht gut, sag ich dir. Schaut euch bloß den Scheißköter an.«

Alan, Graham und ich stierten wortlos auf den immer noch schlafenden Hund. Das also war McCann, der große Mann. Ein irischer Freiheitskämpfer.

McCanns Blick schwenkte vom Hund zu mir. »Du bist aus Kabul, ja?«

»Nein. Eigentlich komme ich aus Wales.«

»Ein Waliser! Scheiße, ein Waliser! Jesus, was zur Scheiße kannst du denn machen? Was willst du hier?«

»Ich muss mit entscheiden, ob du nützlich für uns sein könntest.«

»Nützlich für euch!«, schrie McCann. »Hört mal zu. Bekommt das gut in eure Scheißschädel rein. Ich bin ›the Kid‹. Der Fuchs. Ich entscheide, ob ihr Scheißer nützlich für mich seid. Und nicht andersrum, Scheiße! Und ihr Scheißer solltet besser nützlich sein. Wir brauchen Waffen für den Kampf. Hörst du mir zu, ja? Meine Jungs sind euch vom Flughafen aus gefolgt. Diese Scheißhütte ist umstellt von der IRA.

Bau irgendwelche Scheiße, und du bist tot, Bruder, einfach tot.«

Er wandte sich ab und sprach zu Graham. »Dann bist du aus Kabul?«

»Nun, nicht direkt …«

»Warum hast du mir die zwei Wichser hergeholt, Alan? Wolltest du mir nicht jemand holen, der mir Waffen aus Kabul besorgen kann?«

»Ich war schon mal in Kabul«, versuchte Graham die Situation zu retten.

»Und kannst du mir Waffen von da besorgen? Ja oder nein? Scheiß, oder mach's Klo frei. John Lennon wollte heut Abend noch vorbeikommen. Ich hab nicht so viel Zeit.«

»In Kabul verkaufen sie keine Waffen«, erklärte Graham.

»Scheiße, was faselst du da? Waffen verkaufen? Ich kaufe keine Scheißwaffen. Ich bekomme sie für den Kampf von Leuten, die sich ihre Zukunft sichern wollen, wenn wir euch Scheißbriten endlich aus meinem Land rausgeschmissen haben. Wie kommt so ein beschissener Arsch eigentlich dazu, Waffen zu verkaufen? Du solltest lieber weiter Straßenschilder malen.«

»Jim«, sagte ich, »wir zwei sind Haschischdealer. Wir würden gerne wissen, ob du in der Lage wärst, Dope nach Irland zu schmuggeln. Wir würden dich sehr gut bezahlen.«

»Wo kommt das Haschisch denn her?«

»Aus Kabul.«

»Wo zur Scheiße ist das denn, du walisischer Schwanz?«

Das Gespräch drohte zu entgleisen, aber Graham kam mir zu Hilfe.

»Kabul ist die Hauptstadt von Afghanistan. Aber wir können auch welches aus Karatschi in Pakistan bekommen. Hättest du eine Idee, wie man es nach Irland bekommen könnte?«

»Tut es in einen Sarg. Kapiert ihr? Die durchsuchen sie nie. Ich geb euch die Adresse, wo ihr ihn hinschicken müsst. Mein Bruder Brendan kennt da den Priester. Unser Gerard kann den Leichenwagen fahren, und unser Peter passt auf, dass niemand zu nahe kommt.«

Nicht der allerbeste Plan. Nicht einmal originell, aber wenigstens sprachen wir dieselbe Sprache. Meine Laune besserte sich ein bisschen, doch Graham zeigte sich wenig beeindruckt.

»In Städten wie Kabul kann man nicht so einfach mit einem Sarg hantieren, Jim. Glaub mir. Man müsste alle möglichen Formulare ausfüllen. Sie würden die Identität der Leiche wissen wollen und so weiter, und so weiter.«

»Alan hat mir Scheiße nochmal gesagt, dass ihr in Kabul alles machen könnt. Und ihr könnt keine Waffen kriegen, und ihr könnt nicht einmal eine Scheißleiche kriegen! Ich schick euch eine Scheißleiche mit einem Ausweis um den Hals, so dass die Scheißpenner in Kabul wissen, wer er ist. Wo bleibt dieser Scheißer John Lennon? Nie ist er pünktlich. Alan, geh hoch und ruf ihn an.«

Alan kratzte sich am Kopf und verschwand.

»Der kriegt nicht einen Scheißpenny«, sagte Jim und zeigte hinter ihm her die Treppe hoch. »Das ist meine erste Bedingung. Charlie Radcliffe kriegt auch nicht einen Scheißpenny. Das ist Bedingung Nummer zwei. Bedingung Nummer drei: Ich will fünfhundert Pfund Cash, jetzt auf die Hand, um alles vorzubereiten, und ich will fünftausend Pfund, wenn alles vorbei ist.«

»Jim«, fragte ich, »wenn wir dir einfach ein paar Kisten zum Flughafen schicken würden, keinen Sarg, nur Kisten, würden du und deine Brüder die abfangen können?«

»Natürlich können wir, du walisischer Arsch. Wovon rede

ich denn die ganze Zeit? Wir sind die Bosse in diesem Scheiß-
land. Gib mir mal den Scheißjoint rüber.«

Graham, der sichtlich müde wurde, griff in die Tasche und
meinte: »Okay, Jim, da hast du fünfhundert Pfund. Lass es
uns wissen, wenn du eine Adresse hast, an die wir ein paar
Kisten schicken können. Ich geh jetzt ins Bett.«

Graham und Alan kamen sich auf der Treppe entgegen.
Alan gähnte und sagte zu Jim: »Bei der Nummer, die du mir
für Lennon gegeben hast, geht keiner dran.«

»Dann ist er wohl schon unterwegs. Hast du Lust auf ein
Pint Guinness, H'ard? Alan bleibt hier und wartet auf John
Lennon. Vielleicht kommen auch noch ein paar von den
Jungs, die können John Gesellschaft leisten, während wir ein
klitzekleines Bierchen trinken.«

Wir gingen schweigend zu einem kleinen Laden in etwa
Hundert Metern Entfernung. Es war ungefähr zwei Uhr morgens, dunkel und nebelig. Jim schlug laut und ausdauernd
gegen die Tür. Ein älterer Bauer öffnete uns und führte uns
durch den Laden in eine Bar hinten im Haus. Ein rundes Dutzend Leute unterschiedlichster Größen und Berufe tranken
Guinness und brachen hin und wieder in lauten Gesang aus.
Jim war erst vor ein paar Stunden gegangen und wurde mit
einem herzlichen »Wie geht's, Seamus?« begrüßt. Wir ließen uns an einem Tisch nieder und bekamen mehrere Pints
Guinness vorgesetzt. Jim fing an, mir seine Lebensgeschichte zu erzählen – vielleicht war es auch die von jemand anderem. Im Wesentlichen war es die gleiche Geschichte, die in
Friends erschienen war, nur mit noch weiteren Ausschmü-
ckungen.

Er fragte mich über meine Vergangenheit aus. Ich erzählte sie ihm.

»Ach, du bist also so ein Scheiß-Oxford-Akademiker, ja?

Das Scheißhirn von dieser scheißverrückten Gang aus Kabul. Der walisische Wunderknabe. Oxford? Du bist aber nicht beim Geheimdienst, oder? Bist hergekommen, um ›the Kid‹ zu schnappen? An wen verkaufst du eigentlich das ganze Dope? Andere Scheißakademiker und irgendwelches Hippiepack? Bringst gelegentlich eine Platte nach Brighton und vercheckst die anständigen Ladungen im Hyde Park? Ich kenne Leute, die in Brighton Shit verkaufen können. Du kennst doch die Weavers, oder? Oder Nicky Hoogstratten? Jesusmaria, den musst du doch kennen?«

»Ich habe von ihnen gehört, Jim, aber ich kenne sie nicht wirklich.«

Die Weavers waren Brightons bekannteste kriminelle Familie. Ihr Kapo war James Weaver, der wegen Mordes und Entführung zum Tode verurteilt worden war, dann aber begnadigt wurde. Die Weavers waren dafür bekannt, dass sie tiefste Verachtung für diejenigen in ihren Reihen hatten, die der Versuchung erlagen, rein entspannende Substanzen zu verkaufen. Nicholas Hoogstratten hingegen hatte es als Vermieter von Brightons Slums zum Millionär gebracht. Seine Gorillas warfen ständig verarmte, bekiffte Hippies auf die Straße.

»Ich könnte das Dope für dich verkaufen. Hier in Irland. In Dublin war letzte Woche ein Bust, da haben sie einen erwischt.«

Das stimmte. Sie hatten ein halbes Pfund Haschisch gefunden, und ein Dubliner Polizeichef mit starkem Akzent hatte es in einem Fernsehinterview stolz als Irlands größten ›Burst‹ bezeichnet. Ich war mir gar nicht sicher, ob irgendeine Schmuggelaktion mit McCann überhaupt eine Chance hatte zu funktionieren. Aber wenn, dann war ich strikt dagegen, ihn mit unserem Hasch und dem Geld vom Verkauf in den Straßen von Dublin herumlaufen zu lassen. Er würde sicherlich ›geburstet‹ werden.

»Jim, es wäre bestimmt besser, wenn die Ware nicht in Irland verkauft wird. Nachher kommen die Bullen noch auf die Idee, dass wir es hierher importieren. Sobald du die Ladung hast, gibst du sie mir. Ich bring sie mit der Fähre nach Wales, fahre sie nach London und verkaufe sie. Ein paar Tage später komm ich wieder mit der Fähre zurück und bringe dein Geld mit, wenn du es hier haben willst.«

»Ich will mein Geld in Amsterdam.«

»Kein Problem, Jim.«

»Kannst du Waffen besorgen, und die mit der beschissenen walisischen Fähre rüberbringen? Das würde dem Kampf helfen.«

»Nein, Jim.«

»Und was ist mit Fickfilmen? Bring so viele mit wie möglich.«

»Okay, Jim, das geht klar.«

Jemand stellte einen Plattenspieler an, und einige der Gäste tanzten einen Irish Jig. Jim gesellte sich zu ihnen. Ich ging zur Bar und gab eine Runde aus. Auf der Theke sah ich ein Telefon, auf dem ebenfalls die Nummer Ballinskelligs eins stand. Das Gelage dauerte bis zum Sonnenaufgang. Jim und ich gingen als Letzte.

Wir liefen über pitschnasse Felder. Das Meer war nur wenige Meter entfernt. Zwischen den aufreißenden Schwaden von Morgennebel hindurch konnten wir einige kleine Inseln vor der Küste erkennen.

»Das da ist Scarriff Island. John Lennon will sie kaufen. Wir haben ihn wahrscheinlich verpasst, als wir im Pub waren. Macht aber nichts, es war ein lustiger Abend. Bestimmt besser als so ein Scheißpub in Wales.«

In der Fischerhütte stellten wir fest, dass Graham und Alan noch tief und fest schliefen. Nichts deutete darauf hin, ob John Lennon da gewesen war. Jim und ich rauchten ein paar Joints.

»Du weißt ja, Howard, Kondome sind in Irland verboten. Aber nicht mehr lange. Wenn wir die Briten erst mal los sind, dann schmeißen wir die Scheißpriester raus, und dann werden die Leute ficken können, ohne sich um kleine Kinder kümmern zu müssen. Das ist auch so eine britische Verschwörung, damit wir arm bleiben. Die lassen uns für Sex bezahlen, einmal ficken kostet ein Kind. Ich mache eine Firma auf, ›Durex Novelty Balloons‹, also wird Durex ihren Gummis einen anderen Scheißnamen geben müssen, und sie werden keine verkaufen. Kapierst du? Dan Murray hat dasselbe mit Hertz gemacht. Wir werden sie ficken, diese Scheißkapitalisten. Aber erst mal brauche ich Geld. Dafür könnte ich dich brauchen, H'ard. Lass uns zum Laden gehen und was zu essen kaufen. Ich bin Scheiße nochmal am Verhungern.«

Wir schlenderten wieder über die nassen Felder und gingen diesmal am Irrenhaus der Nonnen vorbei. »Das ist unser Waffenlager«, erklärte Jim. »Wir könnten uns hier monatelang verteidigen.«

Derselbe Laden/Pub, den wir erst kurz zuvor verlassen hatten, war jetzt wieder geöffnet und verkaufte Frühstück. Eine nette ältere Dame verteilte riesige Portionen Frühstück an die Gäste, und ein junger Bursche war für den Verkauf anderer Lebensmittel zuständig. Im Hinterzimmer war die Unordnung der letzten Nacht noch unangetastet, doch es standen schon wieder fünf Gestalten herum und tranken Guinness. Das Telefon auf der Theke klingelte. Es war für Jim. Ich sah mich ziellos um und setzte mich dann an einen der Tische. Jim kam wieder.

»War es John Lennon?«, fragte ich.

»Nein, es waren Graham und Alan. Sie kommen jetzt auch rüber, um zu frühstücken. Dass du denen kein Scheißwort sagst von dem, worüber wir geredet haben, hörst du? Das ist wichtig.«

Ich rätselte, wie es wohl Ballinskelligs 1 angestellt haben mochte, um Ballinskelligs 1 zu wählen. Jim bestellte vier große Frühstücke und vier Pints Guinness. Alles war fertig, als Graham und Alan kamen. Sie meinten, es sei noch zu früh für sie zum Trinken, also tranken Jim und ich ihre Guinness.

»Jim, wir müssen heute zurück nach London fliegen. Gibt es noch irgendwas zu besprechen?«, fragte Graham.

»Nein. Wir sehen uns in einer Woche oder zehn Tagen. Ich bin weg.«

Damit stand er auf, gab jedem von uns die Hand und ging.

»Also, was denkt ihr?«, fragte ich Graham und Alan.

»Ihr müsst euch das aus dem Kopf schlagen«, meinte Alan. »Der Typ ist verrückt. Dieser ganze Quatsch mit John Lennon. Und er hat keine Ahnung, wo Kabul überhaupt ist.«

»Ich denke, er könnte es schaffen«, überlegte Graham. »Er gehört zu den Leuten, die sich einfach alles erlauben können. Wir sollten uns jetzt aber auf den Weg machen. Ich muss zurück nach London.«

Auf dem Weg zum Flughafen von Cork kamen wir in der Nähe von Blarney vorbei. Ich hätte gerne angehalten, um den Stein auf der Zinne der Burg zu küssen, der Sage nach bringt das Glück und Beredsamkeit. Aber Graham fand, wir hätten keine Zeit. In dieser Gegend war mein Ururgroßvater aufgewachsen, Patrick Marks, der sich damals noch McCarthy nannte. Zu wie viel Prozent war ich also irisch?

Am Flughafen von Cork ging ich zu einem Münztelefon und bat die Vermittlung um Ballinskelligs eins. Eine sehr angenehme irische Stimme fragte mich: »Und wen möchten sie gerne sprechen? Michael Murphy, den Laden, den Hof oder die Fremden? Gestern Abend kamen zwei, aber sie sind heute früh schon wieder abgereist.«

»Wer ist denn da bitte am Apparat?«, fragte ich zurück.

»Nun, ich bin doch die Vermittlung von Ballinskelligs.«

Jetzt wurde mir zwar einiges klarer, eigenartig war es aber trotzdem.

Zu Hause gab es viel zu erledigen. Im neuen Gebäude von AnnaBelinda gab es auch eine Wohnung, in die ich mit Rosie und Emily einzog. Hier wollten wir die geplante Edelboutique eröffnen. Ich beaufsichtigte die kostspielige Neugestaltung des ehemaligen Imbisslokals, das heißt, ich schaute zu und rauchte Joints. Die Ladenfront sah langsam gut aus und zog schon die Aufmerksamkeit der Damen der Stadt und der Universität auf sich. Aus Balken und Sägemehl erstanden Räume zum Zuschneiden und Nähen der Kleider. Die Wohnung war komfortabel, und es gab noch separate Büroräume. Aus einem von ihnen hatte ich mithilfe von Robin Murray, einem kooperativen Oxforder Bauunternehmer, ein Innenarchitekturbüro gemacht. Dabei hatte ich vor allem als Ziel vor Augen, die Rechnungen für den Umbau des Gebäudes manipulieren zu können. Geldwäscherei war zwar bei Weitem nicht so schwierig wie heutzutage, aber ein bisschen Vorsicht war schon geboten, wenn man aus dem Untergrund auftauchte. Auf keinen Fall sollten die Behörden erfahren, wie viel Geld ich hatte. Deshalb zahlte ich viel Geld bar für die Renovierung, doch die Rechnungen zeigten wesentlich geringere Beträge. In einem anderen Büro machte ich ein Geschäft aus meinem Hobby, dem Briefmarkensammeln. Ich hatte vor, unter eigenem Namen große Mengen günstiger, unsortierter Briefmarken zu kaufen, in der Branche als Kiloware bezeichnet. Gleichzeitig wollte ich anonym teure, seltene Marken von seriösen Londoner Händlern kaufen und bar bezahlen. Meinen Geschäftsunterlagen zufolge hätte ich diese Marken nach langer, sorgfältiger Suche in der Kiloware entdeckt. Die kostbaren Marken wollte ich dann an Händler in anderen Städten verkaufen und somit scheinbar ehrlich Geld verdienen. In Wirklichkeit hätte ich dabei kleine Verluste, aber was soll's? Gloucester Street Nummer sechs entwickelte sich zu einem großartigen Hauptquartier. Nur der große, leere Keller blieb vorläufig ungenutzt.

Eine Woche nachdem ich aus Irland zurückgekommen war, rief mich Alan Marcusen an und teilte mir mit, dass McCann alles vorbereitet hätte. Er gab zu, McCanns Fähigkeiten bei Weitem unterschätzt zu haben. Er hätte wirklich alles auf der Reihe. Graham und ich sollten auf schnellstem Wege nach Dublin kommen. Ich stellte mir vor, wie McCann an einem der Anschlüsse von Ballinskelligs 1 hinter Alan stand und ihm drohend jedes Wort vorsagte.

Graham hatte keine Zeit, er war zu sehr mit seinem Teppich- und Immobilienhandel beschäftigt. Ich flog alleine nach Dublin, wo ich im Hotel Intercontinental abstieg. Als Aussicht bot es ausgerechnet das Rugbystadion der Lansdowne Road, in dem die Iren den Walisern im letzten Jahr die Triple Crown vermasselt hatten. An der Rezeption erwartete mich ein Päckchen, an dem ein Zettel mit der Aufschrift ›Lies das durch. Seamus.‹ befestigt war.

Ich öffnete das Päckchen. Es enthielt sehr ausführliche Informationen über einen Flughafen, von dem ich noch nie im Leben gehört hatte. Er hieß Shannon und lag in der Nähe von Limerick an der Atlantikküste.

Dieser Flughafen hatte eine Reihe außergewöhnlicher Eigenschaften. Er war derjenige europäische Flughafen, der am nächsten an Nordamerika lag, und wurde deshalb von vielen europäischen und asiatischen Flugzeugen zum Auftanken vor der Atlantiküberquerung angeflogen. Im Jahre 1952 überlegten die irische Regierung und private Unternehmer, wie Shannons Stellung als Knotenpunkt des Flugverkehrs am besten auszunutzen sei, und erfanden daraufhin den ersten Duty-free-Shop, in dem Transitpassagiere Alkohol, Zigaretten, Parfüm und Uhren zu Niedrigstpreisen kaufen konnten. Das Gebiet um den Flughafen herum war zum Freihafen erklärt worden, in den Rohstoffe und bestimmte andere Waren zur Weiterverarbeitung eingeführt werden durften, sofern die fertigen Produkte für den Export bestimmt waren und nicht in Irland verkauft wurden. Es entwickelte sich ein großes Industriegebiet, in dem sich viele verschiedene Produktions- und Handelsfirmen niederließen, die von dieser Entscheidung profitieren wollten. Jeden Tag beförderten Hunderte Autos und Lastwagen Arbeiter und Maschinen in den Freihafen und wieder heraus. Langsam begriff ich, worauf McCann hinauswollte. Man konnte Waren vom Ausland zum Shannon Trading Estate schicken, ohne dass sie vom Zoll kontrolliert wurden. Irgendwie würden sie dann vom Gelände geschmuggelt werden, in dem Moment, an dem Hunderte Arbeiter nach ihrer Schicht den Hafen verließen. Jeder Quadratzentimeter des Geländes und des Flughafens war auf den beiliegenden Karten verzeichnet; außerdem fand ich einen Stapel diverser Formulare für Luftfracht und Import. Ich war sehr, sehr beeindruckt.

Die Tür des Hotelzimmers ging auf, und Jim kam herein in Gesellschaft eines Hotelangestellten, der eine Flasche Paddy's Whiskey und einen Eimer voll geschmolzenem Eis trug.

»Du bist in Ordnung, Damien«, sagte Jim. »Unterschreib die Rechnung, H'ard, und gib dem Kerl hier zwanzig Pfund Trinkgeld. Er hat's verdient.«

Ich gab dem Whiskeyträger sein Geld.

Jim schlang die Arme um mich und drückte fest zu. Ich war entgeistert.

»Na, was hältst du von ›the Kid‹? Ich hab's geschafft. Das Rätsel ist gelöst. Schick so viel Scheißdope, wie du willst!«

»Wie hast du das geschafft, Jim?«

»Ich hab den Chef vom Flughafen angerufen und hab behauptet, ich würde für die Zeitschrift *Fortune* arbeiten. Ich hab ihn um ein Interview gebeten. Dann bin ich von ihm aus abwärtsgegangen, kapierst du, bis ich den Mann gefunden hab, den ich brauche. Alles Mögliche kann man aus diesem Hafen rausbringen, alles beschissen Mögliche, was du willst. Man braucht nur so was hier.«

Jim griff nach dem Stapel Unterlagen, die ich durchgelesen hatte, und zog ein Formular mit der Aufschrift ›Ausfuhrgenehmigung‹ heraus.

»Du kannst das doch kopieren, oder?«

»Ich denke schon, Jim. Charlie Radcliffe hat jahrelang in dem Bereich gearbeitet, der wird schon wissen, wie das geht.«

»Sag Charlie Radcliffe bloß nicht, wofür die sind, hörst du.«

»Also … na gut. Vielleicht frage ich auch jemand anderes. Wer überprüft die denn?«

»Stehst du auf der Leitung, H'ard? Ich hab dir Scheiße nochmal gerade erklärt, dass ich den Mann hab, den ich brauche. Scheiße, der überprüft die. Und wenn ihm was an seinem Scheißguinness liegt, dann sollte er sie besser durchlassen. Er heißt Eamonn. Er ist überzeugter Republikaner.«

»Weiß er, dass wir Dope reinbringen wollen?«

»Scheiße, natürlich weiß er das nicht, du walisisches

Arschloch. Er denkt, er schmuggelt Waffen für den Kampf. Er ist gegen Dope.«

»Jim, wo ist Alan?«

»Den unfähigen Scheißer hab ich gefeuert. Der und Radcliffe sollten sich vorsehen, wenn ihnen ihr Leben lieb ist. Genauso wie dieser Scheißer John Lennon. Und den Saftsack solltest du auch loswerden.«

»Den Saftsack? Wen meinst du?«

»Diesen Scheißbriten, den du letzte Woche dabeihattest.«

»Jim, wir brauchen Graham. Sonst kenne ich niemanden mit Connections nach Pakistan und Afghanistan.«

»Scheiße, dann finde jemand, hörst du. Wir beide könnten nach Kabul gehen. Hast du die Fickfilme, die du mir versprochen hast?«

Ich hatte sie vergessen.

»Ich wollte sie nicht mit ins Flugzeug nehmen, Jim. Ich werde sie bei der nächsten Gelegenheit mit der Fähre schicken. Also, dein Plan klingt ausgezeichnet. Wann können wir anfangen?«

»Scheiße, sofort! Ich bin so weit. Ich hab alles auf der Reihe.«

»Wie viel können wir schicken?«

»Das sag ich dir noch, H'ard.«

»An welche Adresse sollen wir das Zeug schicken?«

»Das sag ich dir noch, H'ard.«

»Welche Art Waren sollen wir auf den Frachtbrief schreiben?«

»Das sag ich dir noch, H'ard.«

Jim hatte offensichtlich nicht alles auf der Reihe, aber es klang doch sehr vielversprechend. Ich wollte Shannon selber anschauen. Wir mieteten ein Auto und fuhren über Limerick zum Flughafen. Die Landschaft war spektakulär, eine große, wunderschöne Bucht, umgeben von sanften Hügeln. Mitten in dieser idyllischen Gegend lag ein großes Industriegebiet und der Flughafen. Jim fuhr. Er hielt direkt vor dem Passagierterminal des Flughafens, ganz eindeutig im Halteverbot.

»Hier können Sie nicht parken«, sagte ein irischer Flughafenangestellter mit ruhiger Stimme.

»Scheiße, das ist ein Notfall! Ich muss das Gepäck von meinem Boss abholen!«, antwortete Jim in seinem Belfaster Akzent, so laut und aggressiv wie möglich.

»Alles in bester Ordnung. Ich werde es für Sie im Auge behalten.«

Jim bot mir eine Führung durch den ganzen Flughafenkomplex, wobei wir auch den Frachtterminal von Aer Lingus besichtigten. Mehrere Angestellte nickten ihm zu. Er führte mich herum, als gehörte das alles ihm. Dann beauftragte er einen Lastwagenfahrer von Aer Lingus, uns zum Industriegebiet zu fahren. Es schien keinerlei Kontrollen zu geben. Jim bat einen Aufseher, mir zu erklären, wie der Freihafen funktionierte.

»Er ist wie ein richtiges Land«, wurde ich aufgeklärt. »Keine Waren oder andere Güter dürfen das Gelände verlassen, außer natürlich, sie sind speziell dafür verzollt worden.«

»Und wenn jemand versuchen würde, etwas auszuführen?«, fragte Jim, etwas zu leichtsinnig für meinen Geschmack.

»Ohne einen von denen hier geht das nicht«, antwortete der Aufseher und zückte eine Ausfuhrgenehmigung.

»Verstehst du jetzt, was ich meine?«, sagte Jim, nachdem wir uns zurück zu unserem Wagen hatten fahren lassen, auf den der nette Angestellte immer noch aufpasste. »Hier stehen sämtliche Tore Scheiße-weit offen.«

So war es.

»Du musst mir mehr Geld geben, H'ard, damit ich ein Büro in Limerick und eine kleine Werkstatt in Shannon mieten kann. Wie wirst du das Hasch nach London und Brighton bringen? Soll unser Brendan es für dich rüberfahren? Ein bisschen Arbeit und Geld könnte er jedenfalls Scheiße-gut gebrauchen.«

»Freunde von mir werden es mit der Fähre nach Wales bringen, Jim. Wir haben jede Menge Erfahrung mit europäischen Grenzen.«

»Ladet ihr das Zeug einfach in den Kofferraum und betet?«

»Nein, wir verstecken es in den Türverkleidungen und unter und hinter dem Rücksitz. Du würdest dich wundern, wie viel da reinpasst. Ich brauchte einen Raum, ein Häuschen oder eine Garage oder so was, wo ich das Auto beladen kann, bevor es auf die Fähre kommt.«

»Ich kann dir eine besorgen. Gib mir nur das Geld dafür.«

»Jim, wenn ich dir nochmal fünfhundert Pfund gebe, wird das die Kosten für das Büro, die Werkstatt und meinen Raum decken?«

»Es könnte gerade so reichen, H'ard.«

Wir checkten im Shannon Shamrock ein, einer Art Motel, in dem viele Piloten abstiegen. In der Lobby roch es nach Torf und Guinness. Ich meldete mich unter meinem richtigen Namen an. Jim nannte sich James Fitzgerald. Wir tranken etwas. Die Piloten erzählten fürchterliche Geschichten von Beinahezusammenstößen und schwierigen Landungen.

»Du darfst nie wieder deinen richtigen Namen verwenden, H'ard. Das ist zu gefährlich. Scheiße, es ist einfach dumm.«

Am nächsten Morgen ging ein direkter Flug von Shannon nach Heathrow. Ich nahm ihn, mit einem Formular der Ausfuhrgenehmigung in der Tasche. Ich ging gleich zu Graham. Charlie Radcliffe war auch dort. Einer der Leute von

Holländer-Nik hatte hundert Kilo Libanesen von Sam Hiraoui gebracht, die verkauft werden mussten. Für Charlie und mich kämen dabei jeweils 1500 Pfund heraus, fünftausend für Graham, zweitausend für den Holländer und zwanzigtausend für Libanesen-Sam, dessen Diplomaten es nach Holland gebracht hatten. Wenn Shannon funktionierte, würden wir noch endlos viel mehr verdienen.

»Howard, wir müssen erst mal einen Dummy schicken. Ich kann meine Beziehungen im Nahen Osten nicht aufs Spiel setzen, bloß weil McCann sagt, es klappt.«

»Ich glaube nicht, dass sich Jim darauf einlassen wird, Graham. Er will endlich richtig anfangen.«

»Nun, er hat keine Wahl.«

Charlie Radcliffe meinte, es wäre kein Problem, die Ausfuhrgenehmigung zu kopieren.

Charlie Radcliffe, Charlie Weatherly und ich verkauften den Libanesen, das heißt, wir gaben ihn an James Goldsack weiter und warteten auf unser Geld. Danach fuhr ich nach Brighton. Wir lebten zwar nicht mehr dort, aber ich hatte die Wohnung behalten und McCann die Adresse und die Telefonnummer gegeben. Ein Telegramm aus Limerick erwartete mich. Jim hatte es ungefähr eine Stunde, nachdem ich geflogen war, abgeschickt. Der Inhalt war: ›Schickt Sportartikel an Ashling Distribution Services, Shannon Airport. Ich brauche mehr Geld. Fitzgerald.‹

Ich hatte keine Möglichkeit, Jim direkt anzurufen, und die Post musste man sich in Ballinskelligs selbst abholen. Ich rief Graham an, der vorschlug, eine Dummyladung zu schicken, sobald die Ausfuhrgenehmigungen gedruckt wären, aber Jim erst im letzten möglichen Moment mitzuteilen, dass es ein Dummy wäre. Es gefiel mir nicht, klang aber sinnvoll. Graham beauftragte Patrick Lane, einen Stoß Londoner Telefonbücher zu verpacken und per Luftfracht nach Shannon zu schicken. Ich gab ein Telegramm mit der elfstelligen Nummer des Frachtbriefs an Jims Adresse in Ballinskelligs auf und schickte einige perfekt gefälschte Ausfuhrgenehmigungen per Eilboten hinterher. Viele Stunden später rief Jim an.

»Diese Wichser in Kabul haben euch beschissen. Scheiß-Telefonbücher! Geh mir Scheiße nochmal bloß aus dem Weg, du walisisches Arschloch. Ich geh selber nach Kabul. Scheiß-Telefonbücher! Sie hätten wenigstens ein paar Fickhefte für die Jungs schicken können. Sag dem Saftsack, seine Tage sind gezählt, hörst du. Scheiß-Telefonbücher.«

»Jim, wir mussten erst mal einen Dummy schicken, und ich hatte keine Möglichkeit, es dir zu sagen. Ich hätte ja wohl schlecht in einem Telegramm schreiben können, ›Achtung, dies ist ein Dummy‹, oder? Ich muss dich leichter erreichen können.«

»Ich will morgen nochmal fünfhundert Pfund, und es kommt gefälligst nichts dazwischen. Der Safti sollte besser in der nächsten Scheißmaschine nach Kabul sitzen, und er sollte was anderes als Scheiß-Telefonbücher schicken, oder er muss sehen, wie er ohne seine Scheiß-Kniescheiben auskommt. Wie ist die Telefonnummer von dem Scheißer?«

»Die gebe ich dir nicht, Jim, aber ich komme morgen früh mit dem Geld rüber. Hast du ein Haus oder so was für mich gefunden?«

»Ja, Mensch, ich hab alles auf der Reihe. Wenn ich's sag, tu ich's Scheiße nochmal auch. Ich bin ›the Kid‹.«

Ich erstattete Graham Bericht. Er sagte zu, in den nächsten Tagen nach Pakistan zu fliegen. Ich flog wieder nach Shannon, mietete ein Auto und wartete wie vereinbart in der Halle des Shannon Shamrock. Jim erschien, begleitet von einem Riesen, der aussah wie ein Freistilringer.

»H'ard, das ist Gus. Er gehört zum Mordkommando der Belfaster Brigade. Ich will, dass er dein Gesicht kennt. Okay, Gus, du kannst dich jetzt verpissen. Vergiss nicht, John Lennons Londoner Adresse rauszubekommen. Ich will dem beschissenen Arsch 'ne Lektion erteilen, die er so bald nicht wieder vergisst. H'ard, ich will kein Scheißspielchen mehr, das ist klar, ja?«

»Es gab doch nur ein Kommunikationsproblem, Jim. Es war kein Spielchen. Hier sind die fünfhundert Pfund. Wo ist das Haus?«

Wir fuhren zu einem Dorf namens Ballynacally. In einem der Pubs holten wir einen Bauern ab, mit dem sich Jim am Tag zuvor geeinigt hatte. Zu dritt fuhren wir eine gewundene Straße entlang, bis wir zu einem abgebrannten und verlassenen Herrenhaus kamen.

»Dies ist das Paradies«, sagte der Bauer.

Verwirrt murmelte ich Zustimmung.

»Mieten wir etwa das da, Jim? Es hat nicht mal ein Dach.«

»Colonel William Henn hat in diesem Haus gewohnt«, fuhr der Bauer fort, »aber Sie mieten das Cottage ein Stückchen weiter. Oh, ich habe Ihren Namen gar nicht mitbekommen.«

»Er heißt Brendan«, warf Jim schnell ein.

»Brendan und wie weiter?«, fragte der Bauer.

»McCarthy«, sagte ich. »Meine Familie stammt ursprünglich aus Cork.«

»Willkommen im Paradies, Mr McCarthy.«

Wir fuhren zu dem abgelegenen Häuschen. Hier gab es überhaupt keinen Verkehr. Für unsere Zwecke war es perfekt.

»Wie ist denn die Adresse?«, fragte ich den Bauern.

»Paradise Cottage, Paradise House, Paradise. Aber, Mr McCarthy, ich würde noch dazuschreiben, dass es in der Nähe von Ballynacally liegt.«

Auf dem Rückweg zum Shannon Shamrock fragte ich Jim, weshalb er den Namen Ashling für die Firma in Limerick gewählt hatte.

»Da kommst du nicht von alleine drauf mit deinem Scheiß-Oxfordgehirn? Ashling ist das gälische Wort für Vision. Außerdem ist es eine Zusammenziehung von Haschisch und Aer Lingus. Wir können zum Büro in Limerick fahren, wenn du willst.«

Das gemietete Büro lag eingezwängt zwischen einer kleinen Autovermietung und einem Heimwerkerladen. Jim schloss die Tür auf. Es gab nur einen Raum, mit einem Schreibtisch und einem Telefon. Das Telefon funktionierte, aber Jim wusste die Nummer nicht. Es war der private Anschluss des Vormieters gewesen.

»Ist der Saftsack nach Kabul gefahren?«

»Ja, er hat sich heute Morgen auf den Weg gemacht«, log ich.

»Wie lange wird er brauchen, um mir den Nordel zu schicken?«

»Was zum Teufel ist denn bitte Nordel, Jim?«

»Wir müssen Codewörter benutzen, du dämlicher walisischer Arsch. Codewörter und falsche Namen. Nordel heißt Haschisch.«

»Oh! Okay. Nun, Safti wird ungefähr eine Woche brauchen, um dir den Nordel zu schicken.«

»Eine Woche! Eine ganze Scheißwoche! Warum so lange?«

»Keine Ahnung, Jim.«

Wir fuhren weiter, zurück zum Shannon Shamrock. Ich hatte noch jede Menge Zeit bis zum Rückflug nach Heathrow, also gingen wir im Hotelrestaurant etwas essen. Jim ging telefonieren, und wenig später betrat Gus den Raum. Er setzte sich an einen Tisch in der Ecke und ignorierte uns. Wir ignorierten ihn ebenfalls.

»Denk dran, H'ard, keine Scheißspielchen. Codes und falsche Namen. Dann wird alles nur so dahinplätschern, mit der Leichtigkeit einer Mozartsonate. Du stehst unter meinem Schutz, Junge, niemand in Irland wird dir was tun. Wenn du mich erreichen willst, dann unter dieser Nummer in Dublin. Gib sie niemandem weiter. Und ich meine wirklich niemandem. Bis dann.«

Einige Tage später war Graham immer noch in England. Seine Connection, die am besten dazu in der Lage war, Haschisch per Luftfracht zu verschicken, hieß Raoul und war Mohammed Durranis Mann in Karatschi. Ich war ihm ein paarmal bei Graham begegnet. Er war ein kleiner, leicht übergewichtiger Pakistani, trug eine Brille und war etwa zehn Jahre älter als ich. Jedes Mal wenn ich ihn sah, grinste er breit und zählte viel Geld. Graham und seine Connection in Kalifornien, Ernie Combs, Mitglied der kalifornischen Dopeschmuggelorganisation ›Brotherhood of Eternal Love‹, hatten schon diverse Fahrzeuge nach Pakistan geschickt. Sie wurden mit Raouls Haschisch beladen und dann auf dem Landwege zurück nach Europa gefahren. Manche wurden per Schiff weiter über den Atlantik transportiert. Raoul war ein reicher Mann, er besaß Kinos und verschiedene andere Geschäfte in Karatschi. Graham musste ihm nur den Auftrag geben für Luft- oder Seefracht, das war alles. In Pakistan konnte Raoul tun, was er wollte, und wann er wollte, außer in Zeiten von Naturkatastrophen oder Krieg. Gerade drohte Indien, in Ostpakistan einzumarschieren, um es vom westpakistanischen Joch zu befreien. Ein Krieg war unausweichlich. Es wurde davon abgeraten, nach Pakistan zu reisen. Raoul waren die

Hände gebunden. Mindestens einmal am Tag rief ein sehr ungeduldiger McCann an, um zu fragen: »Wie viel Scheißzeit wollt ihr euch eigentlich noch lassen?«

»Jim, da draußen ist Krieg. Der Flughafen von Karatschi ist von Soldaten umstellt. Zurzeit ist es schlichtweg unmöglich, irgendetwas aus dem Land zu schaffen.«

»Krieg! Was zur Scheiße glaubst du eigentlich, was in meinem Land los ist? Ich bin von allen Seiten von Scheißsoldaten umzingelt. Aber das hält mich nicht davon ab, was zu tun.«

»Nun, manche Leute hält es davon ab, zum Beispiel unseren Mann in Karatschi.«

»Ihr beschissenen walisischen Akademiker, könnt ihr den Nordel nicht von woanders bekommen?«

»Vielleicht doch. Graham kennt Leute in Beirut und Kabul.«

»Kabul! Scheiße, du hast mir doch gerade erzählt, dass da ein Scheißkrieg ist und dass ihr da nichts tun könnt! Spiel keine Scheißspielchen mit mir, H'ard. Ich hab' dich gewarnt.«

»Jim, der Krieg ist in Pakistan. Eigentlich wollten wir die Sportartikel von dort schicken.«

»Was für Scheißsportartikel?«

»Den Nordel, Jim, du weißt schon. In Afghanistan ist jedenfalls kein Krieg. Von da müsste Graham also was besorgen können.«

»Sag dem Saftsack, dass er drei Tage hat, um zu liefern, oder seine Kniescheiben sind für 'n Arsch.«

»Okay, Jim.«

Wir führten noch mehrere ähnliche Gespräche. Schließlich kam eine Nachricht von Mohammed Durrani, dass er innerhalb einer Woche von Kabul aus eine Ladung per Luftfracht schicken könnte. Daraufhin flog ich nach Shannon. Ich nahm Marty Langford mit, der im Paradise Cottage wohnen sollte,

um das Haschisch in Empfang zu nehmen und darauf aufzupassen, bis es nach England weitertransportiert werden konnte. Jim traf uns im Shannon Shamrock. Er war sehr gemäßigt,
aber immer noch furchteinflößend. Zu Marty meinte er: »Das
sollte Scheiße nochmal alles glattgehen, wenn du Wales wiedersehen möchtest, hörst du.« Dann ging er.

»Ich will hier keine Geisel sein, Howard. Es macht mir
nichts aus, ganz alleine in diesem Häuschen zu sitzen, aber
dieses ganze harte Zeug was Schnucki so erzählt, weißt du,
das gefällt mir nicht.«

»Mach dir keine Sorgen, Marty. Schnucki, wie du sagst,
klingt immer so gefährlich. Aber er tut nie etwas.«

Wir fuhren mit einem gemieteten Wagen nach Paradise.
Es gefiel Marty. Er war ein sehr belesener Mann, der Spaß
an einfachen Dingen hatte, und er freute sich darauf, ein paar
Tage zu lesen und nichts zu tun. Ich ließ ihn dort und flog zurück nach London, um Graham zu treffen. Jim hatte Grahams
Nummer herausbekommen (wahrscheinlich über die Auskunft, wenn er auch behauptete, über seine Kilburner Nach-
richteneinheit), und seitdem ging Graham nicht mehr ans Telefon. Jedes Mal wenn Jim anrief, richtete ihm Grahams Frau
Linda treu aus, dass Graham noch in Kabul sei.

Als ich bei Graham war, rief Mohammed Durrani an.
Die Ladung hatte Kabul in Richtung Frankfurt verlassen,
wo sie in eine Aer Lingus Maschine nach Shannon umgeladen werden würde, und einer von Durranis Leuten war mit
dem Frachtbrief nach London gekommen. Graham und ich
gingen zu einer Wohnung in Knightsbridge und holten den
Schein ab. Wir lasen ihn durch. Die Ladung war als ›Antike Teppiche‹ bezeichnet, die ein Ali Khan in Kabul einem
Juma Khan in Shannon schickte. Das sah alles nicht gut aus.
Ich rief bei Jims Nummer in Dublin an und ließ ihm ausrich-

ten, er solle mich in ein paar Stunden bei Graham zurückrufen. Das tat er.

»Also, Jim, es ist unterwegs. Morgen wird es bei dir ankommen.«

»Scheiße, das wurde ja auch Zeit.«

»Es gibt da aber ein paar Probleme, Jim.«

»Was?«

»Es sind keine Sportartikel.«

»Willst du damit sagen, es ist kein Nordel?«

»Nein. Es ist schon Nordel, aber auf den Papieren steht nicht ›Sportartikel‹, wie wir ausgemacht hatten, sondern ›antike Teppiche‹.«

»Scheiße, das ist kein Problem. Was auf den Scheißpapieren steht, interessiert mich nicht. Es wird an Ashling geschickt, ja?«

»Nun, das ist das andere Problem, Jim. Adressiert ist es an Juma Khan, Limerick.«

»Du beschissenes walisisches Arschloch! Wieso zur Scheiße hast du meinen Namen draufgetan?«

Erst dann fiel mir auf, wie ähnlich Jim McCann und Juma Khan ausgesprochen klangen. Es war zu komisch.

»Hast du denn überhaupt keine Ahnung von Sicherheitsmaßnahmen? Falsche Namen und Codes. Scheiße, das hab' ich dir doch hundertmal erzählt, und was tust du? Schreibst Scheiße nochmal meinen Namen drauf! Scheiße, was ist das hier eigentlich? Ein Kindergeburtstag?«

»Jim, ›Khan‹ heißt im Nahen Osten so viel wie ›Herr‹. Und hier steht ›Juma‹, nicht Jim. Das heißt bei denen ›Freitag‹ oder so.«

Aber bei Jim stieß man mit Erklärungen auf taube Ohren.

»Scheiße, in Kabul heißt Jim McCann vielleicht Mister Freitag, aber in Irland heißt Jim McCann, Scheiße, dass ich gemeint bin, ›the Kid‹. Ich werd' den Nordel trotzdem kriegen, aber weil ihr dauernd Scheiße baut, wird es mich noch mal fünfhundert Pfund kosten. Und die brauch ich auf der Stelle.«

Früh am nächsten Morgen flog ich wieder nach Shannon. Diesmal erwartete mich Jim am Flughafen. Er war auf hundertachtzig. Er riss mir die fünfhundert Pfund aus der Hand und rannte weg. Dabei brüllte er, so laut er konnte: »Warte in Paradise oder im Shannon Shamrock auf mich! Melde dich als McCarthy an!«

Ich mietete ein Auto und fuhr nach Paradise. Marty stand vorm Haus und sah sehr erleichtert aus.

»Gott sei Dank, du bist es, Howard. Ich dachte schon, es wären wieder diese Pakistanis.«

»Pakistanis? Was für Pakistanis?«

»Vorgestern hörte ich ein Auto vorfahren. Ich dachte, es wärst entweder du oder Schnucki von der IRA. Das Auto hielt vor dem Tor, und zwei Pakistanis stiegen aus. Du hattest gesagt, dass das Dope aus Pakistan kommen sollte, und ich erinnerte mich, dass du irgendwas von einer angeblichen Leiche aus Pakistan erzählt hattest, also dachte ich, die hätten wohl was damit zu tun. Ich dachte, sie würden mir Dope oder einen Sarg oder sonst was geben. Dabei wollten sie nur Hemden verkaufen. Ja, Hemden! Erst dachte ich, du hättest dir einen Witz erlaubt und sie hierhergeschickt. Dann dachte ich, Schnucki hätte sie geschickt, um mir Angst zu machen. Dann dachte ich, es wären vielleicht getarnte Bullen aus Pakistan gewesen. Ich hab ihnen ein paar Hemden abgekauft. Da liegen sie. Keine schlechte Qualität für den Preis.«

Diese Zufälle wurden langsam unheimlich.

»War sonst noch jemand hier?«

»Nein, niemand. Alles war mucksmäuschenstill, bis auf die Ratten. Ich hasse Ratten.«

Wir tranken Tee und aßen, was da war – Eier, Erbsen und Pommes. Marty machte ausgezeichnete Pommes. Ich hatte ein bisschen Hasch mitgebracht, und wir kifften. Ich fuhr zurück zum Shannon Shamrock und meldete mich als Stephen McCarthy an. Meine Mutter hatte ernsthaft darüber nachgedacht, mich Stephen zu nennen, und mein Vorfahre Patrick Marks hieß mit Nachnamen noch McCarthy. Ich hatte noch nicht gelernt, nur falsche Namen zu verwenden, die absolut nichts mit der eigenen Vergangenheit zu tun hatten. Ich war neu im Geschäft.

Ich hatte gerade ein paar Minuten gedöst, als das Telefon klingelte. Es war Jim.

»Komm sofort runter, H'ard. Scheiße, seit wann rumpeln antike Teppiche, wenn sie bewegt werden?«

Jim lächelte zufrieden, als ich in die Halle kam. Ich folgte ihm zum Hotelparkplatz. In der Mitte stand ein verbeulter Ford, nicht abgeschlossen, mit einer großen Kiste auf dem Rücksitz, über die ein alter Sack gebreitet war, und einer weiteren im Kofferraum. Die Kiste war so groß, dass die Klappe nicht zuging. Sie stand weit offen. Der Haschischgeruch war überwältigend.

»Siehst du, H'ard, ›the Kid‹ hat's geschafft. ›The Kid‹ liefert die Ware, alles mit der Leichtigkeit einer Mozartsonate. Ich will meine zwei Riesen, und nochmal fünfhundert für Spesen. Und nächstes Mal will ich, dass mein Name nicht auf den Scheißpapieren steht, und ich will keine Scheißteppiche, die rumpeln, und ich will Fickfilme. Obwohl, H'ard, das bleibt unter uns, aber es war Scheißglück, dass die Teppiche gerumpelt haben. Es hat sie überzeugt, dass sie wirklich Waffen reinbringen. Sie wussten, dass es keine Scheißteppiche waren. Kapierst du? Hier sind die Autoschlüssel. Bring das Zeug nach Paradise. Wann krieg ich mein Scheißgeld?«

»Willst du es immer noch in Amsterdam bekommen?«

»Was zur Scheiße soll ich denn da damit anfangen, H'ard? Manchmal redest du wirklich nur Scheiße. Ich will mein Geld hier.«

»Ich hab ein paar Hundert dabei, die kannst du sofort haben. Der Rest kommt morgen.«

»Gib her, H'ard, und gib mir die Schlüssel von deinem Wagen. Ich bring ihn in ungefähr einer Stunde nach Paradise. Ich muss ein paar von meinen Leuten treffen. Macht die Scheißkisten nicht auf, bevor ich da bin.«

Jim raste in meinem gemieteten VW davon. Der alte Ford, den er mir dagelassen hatte, sprang nicht leicht an. Der Anzeige nach zu urteilen war weniger als ein Eierbecher voll Benzin im Tank. Die Karosserie setzte fast auf dem Boden auf. Ich fuhr zur nächsten Tankstelle und stellte beruhigt fest, dass die meisten anderen Autos auf irischen Straßen ebenso verdächtig aussahen. Niemand schenkte mir auf dem Weg nach Paradise die geringste Beachtung. Marty und ich entluden das Auto und ließen, Jims Anweisungen entsprechend, die Kisten geschlossen. Bald war Paradise Cottage durchdrungen von dem Duft, der ihnen entströmte. Jim ließ nicht lange auf sich warten. Zu dritt packten wir die Kisten aus. Wir fanden hundert Kilo feinstes, handgepresstes afghanisches Haschisch. Wir rauchten einen Joint nach dem anderen. Marty und ich kicherten nervös, während Jim im Zimmer herumrannte und rief: »Ich hab's geschafft! Ich hab's geschafft! ›The Kid‹ hat's getan!«

Marty und Jim fielen irgendwann in tiefen Schlaf. Ich fuhr mit dem gemieteten VW ein paar Meilen zur nächsten Telefonzelle und rief Graham an, um ihm die guten Nachrichten mitzuteilen. Er war angenehm überrascht und sagte, dass Patrick Lane sich sofort mit dem restlichen Geld für McCann auf den Weg machen würde und das Haschisch mit nach England nähme. Als ich die Telefonzelle verließ, bemerkte ich, dass das Heck des Autos sehr tief lag. Ich öffnete die Kofferraumklappe und stieß auf mehrere Stapel Londoner Telefonbücher und einige Kisten mit in Plastik verpackten Chemikalien. Etwas verwirrt fuhr ich zurück nach Paradise. Jim erwartete mich vor der Haustür.

»Du bist nicht über irgendwelche Huckel gefahren, oder? Das Scheißauto ist voll Sprengstoff.«

»Dann hol ihn da raus, Jim. Versteck ihn in deiner eigenen Rostlaube.«

»Was ist los mit dir? Du dealst ja nur mit Illusionen. Nordel ist 'ne Illusion. Scheißsprengstoff und Waffen sind keine. Die sind Realität. Ich deale mit Realität. Nicht dieser dämlichen Hippiescheiße.«

Er schnippte den halb gerauchten Joint in die irische Nacht, verstaute die seltsame Ladung aus Telefonbüchern und Sprengstoff in seinem Auto und fuhr davon.

Vierundzwanzig Stunden später checkte Patrick Lane im Shannon Shamrock ein. Ich wartete in der Halle. Ich nahm die Schlüssel des Ford Capri, den er gemietet hatte, und während er ein Nickerchen machte, fuhr ich damit nach Paradise. Marty war sehr aufgeregt.

»Schnucki ist gerade hier gewesen. Er hat ungefähr zehn Kilo Hasch mitgenommen. Er hat gesagt, er käme gleich wieder. Und er will sein Geld. Und Fickfilme. Er ist irgendwie komisch, Howard.«

Wir verstauten das restliche Dope im Auto, hinter den Verkleidungen der Vorder- und Hintertüren, und unter dem Rücksitz. Platz war genug da, aber der Geruch war überwältigend. Jim kam zurück.

»Scheiße, wo ist mein Geld?«

»Das hast du dir schon genommen, Jim. Zehn Kilo Nordel kosten etwa zweitausend Pfund. Du bist ausbezahlt.«

»Die ganze Hippiescheiße kannst du sofort zurückhaben.« Er ging zu seinem Wagen und zog einen Beutel heraus, den er mir gab.

»Das sind nur um die fünf Kilo, Jim. Wo ist der Rest?«

»Scheiße, mehr hab ich nicht genommen.«

Plötzlich fiel mir ein, dass ich vergessen hatte, mir von Patrick das Geld geben zu lassen. Ich versuchte, Jim das zu erklären, aber er wollte nichts hören.

»Ich fahr jetzt selber und hol's mir. Und es sollte besser keins von euren Scheißspielchen sein. Wartet hier auf mich.«

Mehrere Stunden später kam Jim mit Patrick zurück. Sie waren beide betrunken und sehr böse aufeinander. Patrick hatte sich geweigert, Jim ohne meine Genehmigung zu bezahlen. Jim hatte Patrick mit Gus und der Belfaster Brigade gedroht. Patrick, dem zum ersten Mal klarwurde, dass möglicherweise die IRA bei diesem Deal die Finger im Spiel hatte, war in die Luft gegangen. Sein Großvater, Patrick Murphy, Polizist in Belfast und Katholik, war von der IRA ermordet worden. Jim sagte, er werde es wohl verdient haben. Sie waren sehr kurz davor, mit Fäusten aufeinander loszugehen. Patrick gab mir das Geld. Ich gab es Jim.

»H'ard, du bist ab sofort persönlich dafür verantwortlich, dass dieser Kerl nie wieder einen Fuß auf irischen Boden setzt. Für heute Nacht kriegt er eine Amnestie, um zurückzufahren. Aber das ist alles. Ich werde Bescheid wissen. Wir hören voneinander, Bruder.«

Patrick schäumte noch vor Wut, bestand aber darauf, sofort zur Fähre zu fahren. Innerhalb eines Tages hatten Jarvis und die zwei Charlies das gesamte Hasch verkauft und über zwanzigtausend Pfund eingenommen. Es mussten noch einige Leute bezahlt werden. In Anbetracht der Ausgaben, vor allem der von Jim, hatte niemand wirklich ein Vermögen gemacht. Aber Jim konnte zweifellos die Ware ausliefern. Die Probleme hatten wir damit, sie zu schicken. Wir würden die Sache besser organisieren müssen, um diese außergewöhnliche Möglichkeit voll auszunutzen.

Am ersten Januar 1972 fasste Graham einen Vorsatz. Damit die Dinge ins Laufen kämen, wollte er selber nach Karatschi fliegen und dafür sorgen, dass bei der nächsten Lieferung nach Shannon alles in Ordnung sei. Eine Tonne war die angestrebte Menge, eine beachtliche Steigerung im Vergleich zum letzten Mal. Diesmal würde es keine Fehler geben.

Zwei alte Kommilitonen, die Marty noch von der Kunsthochschule kannte, betrieben in Winchester einen Autohandel und eine Reparaturwerkstatt. Mit ihrer Hilfe untersuchten wir diverse Autos daraufhin, wie viel Hasch man in jedem von ihnen problemlos unterbringen konnte. Der zweitürige Ford Capri war perfekt. Allein in die hinteren Verkleidungen und unter den Rücksitz passten mindestens Hundert Kilo. Wir kauften ein paar davon. Niemand schien sich je darüber zu wundern, wenn man Autos bar bezahlte.

Es kam zu heftigen Streitereien darüber, wie beim nächsten Deal der Gewinn aufgeteilt werden sollte. McCann hatte Wind davon bekommen, wie viel Geld man in dieser Branche verdienen konnte. Schließlich einigten wir uns darauf, dass er für jedes Kilo, das er importierte, sechzig Pfund bekommen sollte.

Durranis und Raouls Kosten in Karatschi lagen bei siebzig Pfund pro Kilo. Jeder, der mit einem beladenen Auto mit der Fähre von Irland nach England fuhr, bekam zwanzig Pfund pro Kilo. Dazu kämen noch weitere Ausgaben. In London ließ sich Haschisch für etwa zweihundertvierzig Pfund pro Kilo verkaufen. Bei einer Ladung von einer Tonne würden Graham und ich jeweils fünfzigtausend Pfund verdienen. McCann bekäme mehr, aber damit mussten wir uns abfinden.

McCann gab vor, eine Konferenz für Händler landwirtschaftlicher Geräte zu organisieren, und mietete einen Bauernhof bei Newmarket-on-Fergus, etwa zwanzig Meilen von Limerick entfernt. Aus manchen Schlafzimmerfenstern konnte man den Flughafen von Shannon erkennen. Ich kaufte einen Stapel Pornofilme und lud sie in einen der präparierten Fords. Ich fuhr von London nach Swansea, nahm die Fähre nach Cork und fuhr über Limerick zum Shannon Shamrock, wo ein Zimmer für Stephen McCarthy reserviert war. Es war gegen Mittag, ich stand am Schalter der Rezeption, als mir jemand mit starkem Belfaster Akzent ins Ohr schrie: »Spar dir die Scheißmühe! Wir können auf dem Bauernhof wohnen! Wir nehmen dein Auto, mit meinem ist Gus gerade nach Dublin gefahren! Wir wollen die britische Botschaft abfackeln!«

Wir stiegen ins Auto.

»Na, wie geht's dir? Hat den Akademikern im schönen Seebad Brighton der Nordel von ›the Kid‹ geschmeckt?«

»Sie hatten noch nie von dir gehört.«

»Scheiße, du hast ihnen doch nicht gesagt, dass ich ihn reingebracht habe, oder? Du beschissenes walisisches Arschloch.«

»Nur 'n Scherz, Jim.«

»Ich hab keine Zeit für Spielchen, H'ard. Du weißt das. Scheiße, hier ist Krieg. Letzten Sonntag habt ihr Scheißbriten dreizehn unschuldige Iren kaltblütig umgebracht. Und du denkst, du hättest Probleme, Mann. Ich geb dir Scheißprobleme. Und dieser Scheißer John Lennon ist so gut wie tot.«

»Was hat er denn getan, Jim?«

»Er hatte versprochen, in Derry ein Gratiskonzert zu geben, und ich hatte alles vorbereitet. Und jetzt, nach dem, was letzten Sonntag war, sagt er, er wird's Scheiße nochmal nicht tun. Er wird nur ein Scheißlied drüber schreiben. Scheiße nochmal, wir haben schon genug Scheißlieder. Und ich steh jetzt da wie der Depp. Alle Kids in den Straßen von Derry hatten sich drauf gefreut. Ich schicke unseren Brendan zu John Lennons Haus am St. George's Hill in Weybridge, um ihn da rauszubrennen. Keiner verarscht ›the Kid‹. Wann schickt der Saftsack den Nordel? Was zur Scheiße hält ihn jetzt schon wieder auf? Scheiße, was glaubt der, was das hier ist? Ein Kindergeburtstag? Ich hab noch anderes zu tun, Mann. Ich bin gerade aus Amsterdam wiedergekommen, ich hab Waffen gekauft für die Provisorische. Das ist Druck, verstehst du, wesentlich mehr Scheißdruck, als Briefmarken und Kleider zu verkaufen.«

»Ich verkaufe keine Briefmarken und Kleider. Das sind doch nur Fassaden, um die Behörden glücklich zu machen.«

»Scheiß auf die Behörden. Was zur Scheiße soll das, H'ard?«

»Es ist zur Sicherheit, Jim. So lassen sie mich in Ruhe. Als ich heute in Cork von der Fähre fuhr, fragten sie, was ich in Irland wollte. Ich sagte, ich sei Briefmarkenhändler und auf Überdrucke von 1922 spezialisiert. Es ist genauso wie ein falscher Name. Du hast mir selbst gesagt, das sei wichtig.«

»Recht hast du, H'ard, Sicherheit ist sehr wichtig. Hier, nimm eins«, woraufhin er ein Handfunkgerät aus der Tasche holte.

»Dieses Mal machen wir alles mit militärischer Präzision und mit der Leichtigkeit einer Mozartsonate. Wenn ich den Nordel in Shannon abhole, will ich, dass du alleine und mit einem dieser Walkie-Talkies im Bauernhaus sitzt. Wenn ich unterwegs bin, gebe ich dir eine codierte Nachricht durch, zum Beispiel ›Ich hab den Nordel‹ ...«

»Und was bringt das?«

»Dann weißt du ganz genau, wann ich den Nordel abliefern werde, du dämlicher walisischer Schwanz.«

»Warum soll ich das genau wissen müssen? Wenn ich's auf ein paar Stunden genau weiß, bleibe ich einfach im Haus und warte auf dich.«

»Scheiße, H'ard, tu einfach, was ich dir sage. Ich ruf dich über das Walkie-Talkie.«

McCanns ziemlich ungenauen Anweisungen folgend, fuhr ich uns zum Bauernhof. Der Ort war ideal, um heimlich Autos zu beladen. Wir stiegen aus. McCann schaute den Ford Capri angewidert an.

»Das Scheißauto fällt hier auf wie 'ne Schweinshaxe auf 'ner jüdischen Hochzeit.«

»Was hattest du erwartet, womit ich herkäme, Jim, einem Scheißtraktor?«

»Jetzt sei nicht so scheißwitzig, H'ard. Ich hab dir doch gesagt, dass die Fassade diesmal Landwirtschaft sein würde.«

»Nun, der Ford Capri ist ausgezeichnet, um Sachen drin zu verstecken. Unter dem Rücksitz befinden sich etwa fünfzig Pornofilme.«

»Scheiße, das wurde ja auch langsam Zeit, Howard. Ich frag dich schon seit Ewigkeiten danach. Komm, wir bringen sie ins Haus. Wir können gleich einen anschauen.«

»Hast du denn eine Leinwand und einen Projektor?«

»Scheiße, natürlich nicht. Seit wann gibt es so was in einem Bauernhaus? Willst du damit sagen, du hast keinen mitgebracht?«

»Ich wusste ja nicht, dass du die Filme hier anschauen

wolltest. Aber du kannst doch in Limerick einen kaufen, oder?«

»Ich hab's dir schon mal gesagt, H'ard, Pornografie ist in Irland verboten.«

»Ein Projektor ist nicht pornografisch. Aber wenn du ein Problem damit hast, sorge ich dafür, dass im nächsten Wagen, der über die Fähre kommt, einer drin ist.«

»Tu das, H'ard. Das ist wichtig.«

Ich ließ Jim weiter die großzügig bebilderten Filmschachteln anschauen und fuhr zur nächsten Telefonzelle. Ich rief Mandy an. Graham hatte die Tonnenladung mit Pakistan International Airways von Karatschi nach London geschickt, von wo aus sie heute mit Aer Lingus in Shannon ankommen sollte. Ich schrieb die Nummer des Frachtbriefs auf. Ich ging zurück zum Haus. McCann hielt gerade einen der Super-8-Filme gegen das Licht und versuchte, die Bilder zu erkennen. Ich sagte ihm, was auf dem Frachtbrief für die Haschischladung stand.

»Ich werde dich um exakt zehn Uhr heute Abend anfunken!«, schrie Jim und stieg in meinen Capri.

»Und Scheiße, geh nicht weg hier, hörst du!«, rief er noch aus dem Auto.

»Kann ich gar nicht, Jim. Du hast meinen Wagen.«

Bis kurz nach zehn Uhr passierte gar nichts. Dann kam ein leises Knistern aus dem Walkie-Talkie und eine Stimme mit Belfaster Akzent flüsterte: »Ich kann dich überhaupt nicht hören, Jim. Ich kann mit diesem Spielzeug nicht umgehen.«

Dann wieder Stille.

In der Ferne hörte ich Fahrzeuge. Ich öffnete die Tür. Irgendwo in der Dunkelheit des verlassenen, nächtlichen Irland hörte ich McCanns Stimme rufen: »Zieh die Scheißantenne raus, du Depp!«

Mein Ford Capri fuhr als Erster vor. Ein unauffällig wirkender junger Mann saß darin, der mit den Knöpfen eines Walkie-Talkies herumfummelte. Danach kam ein VW-Bus. McCann saß darin, hinter sich eine Tonne in Kisten verpacktes pakistanisches Haschisch, und schrie noch immer in ein abgeschaltetes Walkie-Talkie.

»Nur Deppen, alle Scheiß-beide. Los, wir laden jetzt diese Gewehre aus.«

Wir trugen die Kisten ins Haus. McCanns Helfer fuhr mit dem VW weg. Jim und ich öffneten eine Kiste. Das Hasch war ausgezeichnet. Wir stellten den Fernseher an. Es kamen gerade Nachrichten. Die britische Botschaft in Dublin war niedergebrannt worden.

»Hab ich dir doch gesagt«, sagte McCann.

Dann kam ›Gardai Patrol‹, das irische Äquivalent zu ›XY – Ungelöst‹, die Möglichkeit für Normalbürger, auch mal jemanden zu verpfeifen. Ein irischer Polizist mit ernster Miene erschien auf dem Bildschirm: »Bei O'Reilly's in der Sean MacDermot Street sind verschiedene Haushaltsartikel gestohlen worden, einige Toaster und elektrische Wasserkocher …«

»Es ist doch nicht zu fassen, H'ard! Wir hocken hier auf einer Tonne Nordel, die ein paar Hunderttausende wert ist, und die Bullen suchen Scheißkochtöpfe!«

Ich musste mich jetzt um einige Angelegenheiten in England kümmern: leere Autos nach Irland schicken und Vorbereitungen treffen, sie in Empfang zu nehmen, wenn sie beladen zurückkämen. Ich fuhr zur Telefonzelle und bat Marty, einen weiteren Ford Capri mit einem Projektor und einer Leinwand herzufahren. McCann sollte auf ihn warten und so lange auf das Haschisch aufpassen. Ich flog von Shannon nach Heathrow.

Abgesehen von den Mitgliedern der ›Tafia‹ hatten sich noch einige meiner Freunde bereiterklärt, für zweitausend Pfund einen Wagen voll Haschisch von Irland nach England zu fahren. Darunter waren auch Anthony Woodhead, Johnny Martin und andere Bekannte von der Uni, und ihre Frauen. Zwei dieser Akademikerpaare schickte ich los, um Marty zu treffen. Ich bereitete die Werkstatt und die Garage in Winchester so vor, dass die Autos unauffällig entladen werden konnten, und flog wieder nach Shannon.

Im Bauernhaus bei Newmarket-on-Fergus fand ich zwei Universitätsdozenten und ihre Ehefrauen vor, die im abgedunkelten Wohnzimmer saßen und entsetzt auf eine Leinwand starrten, auf der ein Bauernmädchen zu sehen war, das gerade Geschlechtsverkehr mit einem Schwein hatte. Direkt neben der Leinwand stand McCann. Er hatte seinen Schwanz draußen und masturbierte. Nach vergeblichen Versuchen, meine Oxforder Freunde zu überzeugen, dass die ganze Welt nicht durchgedreht war, beluden Marty und ich ihre Autos und sie fuhren los. Ich flog wieder nach Heathrow, um das Entladen in Winchester zu beaufsichtigen. Graham hatte mir sehr vernünftigerweise geraten, mich nicht mehr selber am Verkauf in London zu beteiligen. Ich tat so schon zu viel. James Goldsack sollte diese Ladung verkaufen. Ich fand das ein bisschen unfair Charlie Radcliffe gegenüber, ohne den wir McCann nie getroffen hätten und der deshalb wenigstens etwas Haschisch zum Verkaufen hätte kriegen sollen, doch schloss ich mich Grahams Meinung schließlich an. Die ganzen eintausendzwanzig Kilo kamen sicher in Winchester an und wurden in London verkauft. Ich war 50000 Pfund reicher, und alle, die für mich gearbeitet hatten, waren mit ihrer Bezahlung zufrieden.

Meine simple Geldwäscherei in Oxford wurde kräftig angekurbelt. AnnaBelinda ›verkaufte‹ jeden Tag eine stattliche Anzahl Kleider. Dennis H. Marks, internationaler Briefmarkenhändler, hatte immer wieder unglaubliches Glück und ›fand‹ seltene Marken in seiner Kiloware. Imaginäre Leute bezahlten bei Robin Murray Ltd. ihre neue Inneneinrichtung in bar. Ich besaß Kreditkarten, eine Lebensversicherung und vieles andere, mit dem sich der neureiche, aufstrebende Yuppie zu schmücken pflegt. Für viele, auch für meine Eltern, war ich ein vielbeschäftigter, erfolgreicher, ehrlicher Geschäftsmann, der zu seiner Alma Mater zurückgekehrt war, um Karriere zu machen.

Freunde baten mich nun gelegentlich, ihnen größere Geldsummen zu leihen. Sie meinten, großartige Geschäftsideen zu haben, ihnen fehlte aber das nötige Kapital. Ich ließ mich dazu überreden, den Kauf von zehn Tonnen dänischer Kerzen und ihren Transport von Rotterdam nach England zu finanzieren. Durch den Streik der Arbeiter in den Kohleminen kam es häufig zu Stromausfällen, und Kerzen hatten Hochkonjunktur. Als meine Kerzen nun aber bereitstanden, den Markt zu überschwemmen, wurde mir klar, dass ich es moralisch nicht vertreten konnte, die Wirkung des Streiks der Minenarbeiter abzuschwächen. Fast alle Männer in meiner Familie arbeiteten in Minen im Süden von Wales oder hatten dort gearbeitet. Es war ein Interessenkonflikt. Das Kerzenunternehmen hatte das Nachsehen, und seitdem lagerten zehn Tonnen einfacher dänischer Kerzen im ansonsten leer stehenden Keller von AnnaBelinda.

Einer meiner Freunde hatte jedoch eine Idee, die mich wirklich interessierte. Denys Irving, der mir in Oxford den ersten Joint meines Lebens gegeben hatte, hatte die letzten Jahre in Greenwich Village in New York, in Haight-Ashbury in San Francisco und in anderen Mekkas der hippen und coolen verbracht. Inzwischen hatte er die jamaikanische Schauspielerin Merdelle Jardine geheiratet und lebte mit ihr in London, in einem riesigen Lagerhaus am St. Katherine's Dock. Kurzfristig gesehen hatte Denys ein einziges, klar definiertes Ziel vor Augen: eine Hitsingle mit Namen ›Fuck You‹ zu produzieren. Den Text hatte er schon geschrieben; der Refrain ging so:

Arse and cunt
Back and front
I just want to fuck you,
Baby.

Kein Label wollte sich auch nur Gedanken darüber machen, also gründeten wir unsere eigene Firma, die wir ›Lucifer‹ nannten. Wir brachten eine Single und eine LP heraus. Außer *Fuck You* waren auf der LP Lieder mit Titeln wie *PRICK* (Schwanz) oder *Puke On Me* (Kotz mich voll). Die Musik war eine Mischung aus den destruktiven Höhepunkten von The Who und verrohtem Little Richard. Kein einziger Plattenladen wollte von Single oder LP etwas wissen. Schließlich verkauften wir sie per Postversand über *Private Eye*. Eintausendfünfhundert Singles wurden wir los. Ich hatte 15 000 Pfund ausgegeben. London war noch nicht bereit für den Punk von Denys, es wartete auf den von Johnny Rotten.

Hinter den Kerzen im Keller von AnnaBelinda richtete ich einen Versuchs-Growraum ein, um die Tauglichkeit von Cannabis als Hydrokulturpflanze zu testen. Robin Murray Ltd. besorgte die Ausstattung, Anthony Woodhead kümmerte sich um die Beleuchtung und die Nährstofflösungen. Ein Freund von ihm arbeitete für BOSS, den südafrikanischen Geheimdienst, und hatte ihm Unterlagen übermittelt, die die US-amerikanische Hanfproduktion betrafen. Deren Forschung konzentrierte sich auf die Frage, mithilfe welcher chemischen Nährstoffe man gute Seile und schlechtes Dope bekäme. Woodhead versuchte, durch sinnvolles Umkehren der Ergebnisse auf eine Formel zu kommen, mit der schlechte Seile und gutes Dope produziert werden könnten. Die Stromrechnungen waren horrend, aber das Gras war nicht schlecht.

Rosie war schwanger. Obwohl wir beide noch offiziell mit jemand anderem verheiratet waren, wünschte sich Rosie eine Schwester für Emily und wollte wieder Mutter eines Babys sein. Ich wusste, Rosie war die Frau für mich. Wir waren überglücklich. Ich kaufte ihr ein malerisches Cottage in Yarnton, einem kleinen, verschlafenen Nest in der Nähe von Oxford, als Tempel unseres häuslichen Glücks. Um den Anlass gebührend zu feiern, leisteten wir uns einen zweiwöchigen Luxusurlaub im Dome Hotel von Kyrenia auf Zypern. Ende August 1972 erlebte ich im Headington Hospital die Geburt meiner Tochter Myfanwy mit. Ich liebe sie, seit der Sekunde, in der sie auf die Welt kam.

Myfanwy war zwei Monate alt, als der nächste irische Deal stattfand. Das Bauernhaus hatte aufgegeben werden müssen, weil McCann mit seinen Pornofilmen zu viel Aufmerksamkeit darauf gelenkt hatte. Durch ihn war das Haus zum einzigen Ort in Irland geworden, wo man an Orgien teilnehmen und Pornofilme anschauen oder kaufen konnte. Die Polizei von Limerick hatte bei Newmarket-on-Fergus ein Auto angehalten und durchsucht und die Insassen so sehr eingeschüchtert, dass sie die Quelle der Pornofilme preisgaben. Dann hatten sie das Haus durchsucht. McCann hatte noch irgendwie entwischen können, doch war die Geschichte am nächsten Tag in den Zeitungen. Es hieß dort, die Polizei von Limerick hätte die Filme auf der Wache ›unter Beobachtung‹. McCann hatte Ersatz für das Bauernhaus gefunden: ein seltsam angelegtes Landhaus in einem kleinen Dorf mit dem eigentümlichen Namen Moone.

Ich wollte wieder mein merkwürdiges Grüppchen Oxforder Akademiker und walisischer Aussteiger beauftragen, das Haschisch von Irland nach England zu fahren, doch Graham zog es vor, das diesmal seinen niederländischen Connections zu überlassen. Es hatte in letzter Zeit nicht viel Arbeit für die Holländer gegeben, und Graham war der Ansicht, dass man ihnen eine Chance geben musste, mal wieder zu verdienen, um sicherzugehen, dass sie loyal und verfügbar blieben. Ich widersprach nicht.

McCann sagte, dass es am Flughafen von Shannon irgendwelche Schwierigkeiten mit den Schichtwechseln gebe und dass die nächste Ladung aus Pakistan deshalb mit einem ganz bestimmten Flug von Aer Lingus aus Frankfurt kommen müsse. McCann und ich waren in einer Bar in Moone. Ich telefonierte mit Mandy in London. Sie sagte, die Ladung habe Karatschi verlassen, werde aber vermutlich erst mit einigen Stunden Verspätung in Frankfurt ankommen.

»Jim, die Ware wird nicht rechtzeitig in Frankfurt sein, um auf unsere Aer-Lingus-Maschine geladen zu werden.«

»Muss sie aber, H'ard, das hab ich dir schon ein dutzendmal gesagt.«

»Wird sie aber nicht, Jim. Also, wirst du irgendwas tun, oder fahre ich wieder nach Hause und vergesse die Ladung!«

»Scheiße, bist du wahnsinnig? Klar werde ich den Scheißnordel holen. Aber ich will hundert Pfund pro Kilo. Sechzig Pfund würden nicht mal meine Ausgaben decken, bei dem zusätzlichen Ärger, den du und der Saftsack mir und den Jungs wieder macht.«

»Vergiss es, Jim.«

»Betrachte es einfach so, H'ard. Entweder bezahlst du mir die hundert Pfund pro Kilo, oder ich werd den ganzen Scheiß einfach selber einstecken und zur Legende werden. Gib mir das Scheißtelefon. Wie ist die Nummer der internationalen Auskunft? Ich muss Aer Lingus in Frankfurt sprechen. Gib mir mal Kleingeld, H'ard.«

Ich überlegte, was um alles in der Welt er bloß vorhaben mochte.

»Aer Lingus? Hier ist der große Mann, McCann von der Provisorischen IRA. Meine Jungs haben gerade eine Bombe in euren nächsten Flug nach Shannon eingebaut. Ihr habt zwanzig Minuten.«

Jim legte auf, ein breites Grinsen glückseliger Selbstzufriedenheit im Gesicht.

»So, das sollte sie ein bisschen bremsen, H'ard, so dass der Nordel von Kabul noch ankommen und geladen werden kann. Kapierst du?«

»Er kommt aus Karatschi, nicht aus Kabul. Aber die werden doch sicher merken, dass es ein Scherz ist, oder, Jim?«

»Ich hab den Code benutzt, H'ard. Ich bin berechtigt, den Code der IRA zu benutzen. Die wissen, dass es kein Scherz ist.«

»Wie meinst du das, Jim? Dass ein paar Jungs von der Provisorischen und vom Nachrichtendienst der britischen Armee die Köpfe zusammengesteckt haben und ausgemacht haben, wenn die Provos eine Bombendrohung mit den Worten ›Hier ist der große Mann‹ einleiten, dann nehmen sie die Briten ernst, und ansonsten nicht?«

»H'ard, versuch nicht wieder, so scheißwitzig zu sein. Es ist echt 'ne schlechte Angewohnheit.«

Ob der Flug von Karatschi nach Frankfurt wirklich ernsthafte Verspätung hatte und ob McCanns Bombendrohung ernstgenommen wurde, weiß ich bis heute nicht. Meiner Ansicht nach war es von vornherein nicht zwingend notwendig, dass die Ladung mit diesem bestimmten Flug kam. Das war alles nur Teil von McCanns Theater, wie auch sein Anruf bei Aer Lingus in Frankfurt. Vermutlich hatte er mit der Zeitansage gesprochen.

Die Ladung kam an, und die Wagen der Holländer wurden in Moone beladen. Holländer-Nik fuhr mit dem ersten von mehreren Volvos auf die Fähre und ins Lager in Winchester. Holländer-Pete folgte. Dann wieder Holländer-Nik. Und schließlich nochmal Holländer-Pete.

James Goldsack und Jarvis hatten etwa ein Drittel des Dopes verkauft, als Marty mich aus Winchester anrief. Es war frühmorgens, ich gab Myfanwy gerade ein Fläschchen Milch.

»Howard, das wird dich jetzt umhauen, okay?«

»Schieß los, Marty.«

»Der ganze Nordel ist weg. Gestohlen.«

Ich fuhr nach Winchester. Marty hatte natürlich Recht. Weit über eine halbe Tonne Haschisch war aus der Garage verschwunden. Auf dem Boden waren Teile des Schlosses und der Riegel verstreut. Für mich gab es nur eine mögliche Erklärung: Grahams Holländer waren mitten in der Nacht gekommen und hatten alles eingepackt. Graham glaubte das nicht und verdächtigte alle anderen. Einige Tage waren wir wie betäubt. Dann rief McCann an.

»Scheiße, wo bleibt mein Geld?«

»Der Nordel ist geklaut worden, Jim.«

»Wer war das? Diese Scheißhippies aus Holland?«

»Yeah.«

»Mann, ich hab dir doch gesagt, du sollst diesen holländischen Schwänzen vom Saftsack nicht trauen. Die bescheißen

164

doch bloß. In Zukunft kommen nur noch deine walisischen Straßenschildmaler und Akademiker hierher. Hörst du? Aber mach dir keine Sorgen, H'ard. Niemand bescheißt ›The Kid‹. Ich krieg den Nordel wieder. Ich hab die Autonummern von all diesen holländischen Schwänzen, und ihre Ausweisnummern auch. Gus und ein paar Jungs aus Belfast werden die schon finden.«

»Jim, es soll niemand verletzt werden.«

»Wer spricht denn von verletzen? Ich will nur, was mir gehört. Ich werd es mir holen.«

Von dem, was danach passierte, kenne ich nur McCanns Version, und die war bei jedem Erzählen anders als das Mal zuvor. Auf jeden Fall hatte Jim eine beachtliche Menge von den Holländern zurückbekommen. Allerdings ist es natürlich sehr wahrscheinlich, dass es McCann selbst war, der Holländer-Pete erst zu dem Raub in Winchester überredet hatte und ihm dafür einen lächerlichen Anteil überließ. Das sähe ihm ähnlich.

fünf
MR HUGHES

Ende 1972 war das Shannongeschäft zu einer immensen Geldquelle geworden. Zugegeben, es war unberechenbar und unregelmäßig. Es war eng verflochten mit McCanns Wahnsinn und den daraus erwachsenden, begründeten oder unbegründeten Befürchtungen, die IRA könnte ihre Finger im Spiel haben. Nichtsdestoweniger hatten einige Leute größere oder kleinere Vermögen gemacht und waren jetzt eifrig dabei, sie wieder zu verschleudern, indem sie sich allerlei Wünsche erfüllten. Junge Universitätsdozenten konnten sich teure Autos leisten, die auch fuhren; diejenigen, die schon immer eine Kneipe, ein Café oder ein kleines Geschäft eröffnen wollten, konnten wenigstens einen Anfang machen; und ich hatte Kisten voller Geld, von dem ich nicht wusste, was ich damit tun sollte.

Es war seltsam: Nach wie vor hatte ich immer wieder den Traum, dass ich beim Fußballtoto gewinnen würde, obwohl ich mehr Geld, als im Jackpot war, unter dem Bett liegen hatte. Ich hatte mehr als genug, um mich für den Rest meines Lebens zur Ruhe setzen zu können, aber ich wollte mehr, noch viel mehr. Ich wollte einen unerschöpflichen Schatz. Mein Lebensstil wurde geradezu unvertretbar aufwendig, und das traute Familienleben in Oxfordshire verlor seinen Charme. Londoner Clubs ersetzten Oxforder Pubs. Ich beschloss, sowohl meine legalen Geschäftstätigkeiten als auch meine Dealereien auszuweiten, und dachte darüber nach, in allen großen Metropolen der Welt eine AnnaBelinda-Boutique zu eröffnen.

Zu diesem Zeitpunkt wurde ich vom britischen Geheimdienst angeworben. Hamilton McMillan (Mac), den ich seit meinen Studententagen nicht mehr gesehen hatte, tauchte eines Tages bei AnnaBelinda auf. Wir nahmen ein paar Drinks und schwatzten über die alten Zeiten. Er hatte sich kaum verändert, trug immer noch mit Stolz seine auffälligen Koteletten und sprühte vor spöttischer Arroganz. Derzeit war er beim Außenministerium angestellt. Eine Weile lang taten wir so, als wären wir nur zwei alte Kumpels von Oxford, ein junger Diplomat und ein unbedeutender Geschäftsmann, die sich nostalgisch der guten alten Zeiten erinnerten. Dann gestand er, dass er eigentlich als Spion für MI6 arbeitete, den Geheimdienst des Außenministeriums. Ohne irgendwelche Details zu verraten, gab ich daraufhin zu, dass mein Vermögen teilweise vom Haschischschmuggel kam. Wir diskutierten über Cannabis im Allgemeinen. Ja, natürlich sollte es legalisiert werden. Ich machte ihn darauf aufmerksam, dass Cannabis vor allem in politisch sehr instabilen Ländern angebaut wurde, in Afghanistan, Pakistan, Kolumbien, Marokko und im Libanon, um nur ein paar zu nennen, und dass es immer nur Leute mit sehr viel Macht waren, die die Möglichkeit hatten zu exportieren. Er war beeindruckt, wie viel ich in Europa schon herumgereist war, und auch von meinen Plänen für eine Expansion von AnnaBelinda.

»Howard, ich will nicht lange drum herum reden. Ich bin hier nicht nur einfach so hereingeschneit, ohne mich vorher zu informieren. Willst du mit uns zusammenarbeiten?«

»Ich soll ein Spion werden, Mac?«, fragte ich, ohne mein Erstaunen zu verbergen.

»Wir nennen das anders. Es gibt aber eine Reihe von Gebieten, in denen jemand wie du uns von unermesslicher Hilfe sein kann. Ich erinnere mich noch genau an deine außergewöhnliche Begabung, Mädchen abzuschleppen. Du wirst immer interessante Leute treffen. Dein legendärer Charme hat keineswegs abgenommen.«

Was ich da hörte, gefiel mir. Hatte er vor, mich mit wunderschönen Spioninnen ins Bett zu schicken? Der Gedanke, hinter dem Eisernen Vorhang eine lüsterne Mata Hari zu vögeln, war durchaus verlockend.

»Red nur weiter, Mac.«

»Zunächst möchten wir lediglich einige deiner Geschäftsniederlassungen benutzen.«

»Und wozu, Mac?«

»Um Mitteilungen abzugeben, als Stützpunkt, so was. Du solltest in Rumänien und in der Tschechoslowakei Läden eröffnen. Später bekämest du auf jeden Fall interessantere Aufgaben. Ich kenne dich, Howard. Es wird dir viel Spaß machen.«

»Ich bin dabei, Mac. Sag mir einfach, was ich tun soll.«

»Fürs Erste brauchst du nur dein Geschäft zu erweitern. Und halte Augen und Ohren offen.«

Mac ließ mir seine private Telefonnummer da und seine Büronummer, die ich nie vergessen werde – 9 25 56 00.

»Sie steht im Londoner Telefonbuch, unter *Her Majesty's Foreign Office, Parliamentary undersecretary.* Frage nach mir, wenn du irgendwas hörst, das ich vielleicht wissen sollte. Ich melde mich auf jeden Fall in den nächsten Monaten bei dir.«

Macs Vorschlag machte mich ganz high. Das war doch mal eine Fassade! Agent beim Geheimdienst. James Bond. Keine Lizenz zum Töten, die brauchte und wollte ich auch gar nicht.

Aber könnte es eine Lizenz zum Dopeschmuggeln sein? Die käme mir jedenfalls sehr gelegen. McCann gegenüber sollte ich davon aber besser nichts erwähnen. Der britische Geheimdienst war in Belfast nicht sonderlich beliebt. Am besten erzählte ich überhaupt niemandem davon.

Im Frühjahr 1973 beschloss ich, einige der Pappkartons voll Geld in Dopedeals zu investieren, mit denen McCann nichts zu tun hatte. Ein alter Bekannter von Oxford hatte einen Freund, Eric, der behauptete, mithilfe einer Connection bei den Middle East Airlines Koffer von Beirut nach Genf schmuggeln zu können. Man müsste ihm nur in Beirut das Haschisch zukommen lassen. Außerdem schlug Eric vor, mit einem mit Haschisch beladenen Boot von der libanesischen Küste nach Italien zu segeln. Ich besprach diese Möglichkeiten mit Graham, und wir beschlossen, sie zu probieren. Wir gaben Eric ein paar Hundert Riesen und sagten ihm, er solle sich an die Arbeit machen.

Graham war auch ein Geschäft angeboten worden. Ein Freund von ihm, James Morris, organisierte den Transport des musikalischen Equipments britischer Popgruppen in die Vereinigten Staaten und zurück. Die britische Popmusik hatte zu dieser Zeit ihren absoluten Höhepunkt erreicht; Gruppen wie Pink Floyd, Genesis und Emerson, Lake and Palmer tourten häufig mit Containerlastwagen voll riesiger Lautsprecherboxen und Verstärker durch die USA. Da das Equipment nur vorübergehend in die Staaten importiert wurde, wurde es von den amerikanischen Zollbehörden nur sehr oberflächlich kontrolliert. Wenn die Papiere in Ordnung waren, wurde nicht weiter nachgesehen. In Erzeugerländern wie Pakistan oder dem Libanon fanden zwar keine Konzerte britischer Gruppen statt, in europäischen Ländern aber schon. In Amerika war Haschisch dreimal so teuer wie in Europa. Der Plan war einleuchtend. Die Lautsprecher in Europa mit Hasch füllen, sie per Luftfracht nach Amerika schicken, das Haschisch in Amerika herausnehmen, Ziegelsteine in die Boxen packen, damit auf dem Frachtbrief dasselbe Gewicht verzeichnet war, die Lautsprecher wieder nach Europa bringen, sich zurücklehnen und auf das Geld warten. Alles klar.

Immer wieder kamen afghanische oder pakistanische Diplomaten von Mohammed Durrani, die gleichzeitig mit ihrem persönlichen Besitz einige Hundert Kilo Haschisch umzogen, wenn sie in Europa ihre Posten in diversen Botschaften nahöstlicher Länder antraten. Libanesen-Sam betrieb das gleiche Geschäft mit libanesischen Diplomaten, und er erklärte sich natürlich sofort bereit, Eric im Libanon so viel zu beschaffen, wie er brauchte. Eine von Sams Connections hatte gerade ein paar Hundert Kilo nach Paris geschmuggelt, und so fand im März 1973 das erste transatlantische Rockbandgeschäft statt. Keine der von James Morris betreuten Gruppen hatte zu der Zeit eine Tournee in Amerika, also suchten wir uns vier arbeitslose Musiker, die sich zur Band ›Laughing Grass‹* zusammenschlossen und so taten, als hätten sie in Kalifornien einen Auftritt. Rockgruppen trennten sich dauernd und wurden mit leicht veränderter Besetzung neu formiert, es dürfte also keinen Anlass zu Misstrauen geben.

Irgendwo in der französischen Pampa beluden wir die Lautsprecher mit Haschisch und schickten sie dann per Luftfracht von Paris über New York nach Los Angeles. Es lief alles traumhaft. Grahams Connection bei der Brotherhood of Eternal Love, Ernie Combs, verkaufte das Haschisch in Kalifornien. Gelegentlich telefonierte ich mit ihm, wenn Gra-

---

* (Lachgras)

ham keine Zeit hatte. Ernie war stets gut gelaunt, geistreich, außergewöhnlich scharfsinnig und sehr schlagfertig. Es entwickelte sich ein ausgezeichnetes Verhältnis zwischen uns, wenn auch ein rein telefonisches.

Ein paar Wochen später kam pakistanisches Haschisch von Mohammed Durrani in Wien an. Diesmal machten wir uns nicht einmal die Mühe, sicherheitshalber eine geeignete britische Rockband für eine Tournee zu finden oder zu gründen. An der entsprechenden Stelle auf den Zollformularen trugen wir einfach einen Namen ein, das war alles. Das Haschisch wurde wieder nach Philadelphia geschickt. Kein Problem.

Eric hielt Wort und kam am Genfer Flughafen mit hundert Kilo libanesischem Haschisch an, das ihm Sam in Beirut beschafft hatte. Für ein Rockbandgeschäft war es nicht genug, also bat ich Anthony Woodhead, es von der Schweiz nach England zu fahren. Das ging ohne Zwischenfall vonstatten. Ich bezahlte alle Beteiligten und trug ihnen auf, genau dasselbe nochmal zu machen. Das taten sie noch ein paarmal, bis sich Eric auf seine Bootstour im Mittelmeer konzentrieren musste. Mittlerweile hatte er alles so vorbereitet, dass er in der libanesischen Hafenstadt Juniyah Haschisch von Sam entgegennehmen konnte.

Gelegentlich hatte ich Erics Ankunft am Genfer Flughafen beobachtet. Dabei war mir aufgefallen, dass einige Flugzeuge in Zürich eine Zwischenlandung eingelegt hatten, bevor sie nach Genf weitergeflogen waren, und dass Koffer, die in Zürich aufgegeben worden waren, auf demselben Gepäckband in Genf herauskamen wie Koffer, die von außerhalb der Schweiz kamen. Das lohnte weitere Nachforschungen, und ich entdeckte mit Freude, dass es einen Flug von Swissair gab, der von Karatschi über Zürich nach Genf ging. Ich flog probehalber einmal von Zürich nach Genf. Am Genfer Flughafen wollten die Beamten mein Flugticket sehen. Sie warfen einen kurzen Blick darauf und ließen mich dann mein Gepäck abholen. Nach der Gepäckausgabe gab es keine Zollkontrolle mehr.

Graham und ich schickten Anthony Woodhead nach Karatschi. Er sollte diese potenzielle Goldgrube von einem Swissair-Flug nehmen, nur um zu testen, was passiert. Ich erwartete ihn am Genfer Flughafen. Nachdem Woodhead sein Ticket gezeigt hatte, begleiteten sie ihn zum Gepäckband, wo er ihnen seinen Koffer zeigen musste. Der Koffer wurde gründlich durchsucht. Wir schickten Woodhead wieder nach Karatschi und beauftragten Durrani und Raoul, seinen Koffer voll Haschisch zu packen. Woodhead nahm wieder den Flug über Zürich nach Genf. Ich stieg in Zürich zu, mit einem anderen Koffer, in dem sich Woodheads Sachen befanden. In Genf verließ ich zuerst das Flugzeug, zeigte den Beamten mein Flugticket, und wurde durchgewunken. Ich nahm Woodheads Koffer voll Haschisch vom Gepäckband und ging hinaus. Woodhead zeigte sein Ticket. Die Zollbeamten wollten seinen Koffer sehen. Er zeigte ihnen meinen, und sie überzeugten sich von seinem alltäglichen Inhalt. Später tauschten wir wieder die Koffer, und er fuhr mit dem Haschisch nach London. Das wiederholten wir noch ein paarmal, bis die Schweizer ihr Kontrollverfahren änderten und unsere Geschäfte damit durchkreuzten.

Mein erster Auftrag von MI6 bestand darin, eine weibliche Angestellte der tschechoslowakischen Botschaft zu verführen. Macs Bosse dachten, sie wäre eine Agentin des KGB. Es war bekannt, dass sie demnächst auf eine Geburtstagsparty gehen würde, und für Mac und mich wurden Einladungen besorgt. Ich bekam ein paar Fotos gezeigt. Sie war hübsch. Die Party war in Highgate. Außer Mac kannte ich niemanden. Das Mädchen kam nicht, und mir wurden nicht einmal meine Auslagen erstattet. Offenbar sollten mein Patriotismus und meine Geduld getestet werden. Kein Wunder, dass sie so auf Geheimhaltung bedacht waren.

So sehr Graham und ich es auch genossen, keine Geschäfte mit McCann zu machen, konnten wir doch nicht widerstehen. Wir planten, tausendfünfhundert Kilo, unsere größte Ladung bisher, über Shannon nach Moone zu schicken. Einen Teil davon würden wir wie gewöhnlich mit der Fähre nach England weitertransportieren; den Rest wollten wir zunächst in einem Haus im County Cork unterbringen, das Woodhead gemietet hatte und von dem McCann nichts wusste, und es dann in James Morris' Transatlantic-Sounds-Rockbandequipment per Luftfracht von Dublin nach New York schicken. McCann und die Pakistanis könnten wir vom Erlös des Verkaufs in England bezahlen, und McCann hätte keine Ahnung, dass wir noch einen ganzen Batzen mehr verdienten, indem wir das Haschisch in Kalifornien verkauften. Bald saß ich in dem seltsamen Cottage in Moone auf eineinhalb Tonnen pakistanischem Haschisch und belud die Autos für die ersten Fahrten über die Fähre, bevor ich wieder zum Flughafen raste, um den nächsten Flug nach London zu erwischen.

Nach dem Fiasko mit den Holländern konnten wir die Werkstatt in Winchester nicht mehr als Entladestelle benutzen. James Goldsack hatte brauchbare Räumlichkeiten, also wurden die ersten zwei Autos zu ihm geschickt, während einige andere Autos zum Haus im County Cork fuhren. Beim Verkauf der ersten Autoladung wurde James Goldsack geschnappt. Das zweite beladene Auto war vor der Polizei Station von Hammersmith geparkt, während James gerade in selbiger Polizeistation ausgequetscht wurde. Patrick Lane bewies außerordentlichen Mut, knackte das Auto und rettete das Haschisch. Ich holte es bei ihm ab und brachte es zu Rosies Cottage in Yarnton. Ich entfernte die Plastikfolie, in die es verpackt war, und verstaute es in Koffern. Die Plastikverpackung warf ich auf einen Müllhaufen am Rande einer Landstraße.

Bandequipment von Transatlantic Sounds wurde von London nach Cork geschickt, in Woodheads irischem Cottage mit Haschisch beladen und per Luftfracht von Dublin in die Vereinigten Staaten befördert.

Wir brauchten dringend eine neue Entladestelle in England, also mietete Marty ein Bauernhaus in der Nähe von Trelleck in der Gegend Monmouthshire. Haschisch aus Irland und Oxford staute sich in Wales. Jarvis verkaufte genug, um McCann, die Pakistanis und die Fahrer zu bezahlen. Ernie Combs und die Brotherhood of Eternal Love entluden in Kalifornien die Bandausrüstung. In nur einem Tag verkaufte Ernie die gesamte Ladung für dreimal so viel Geld, wie wir in London daran verdient hätten. Schwer beeindruckt füllten wir noch einige Transatlantic-Sounds-Lautsprecher mit dem restlichen Haschisch aus Martys Hof in Trelleck und schickten sie von Heathrow nach Phoenix. Danach nahmen wir eine Woche frei.

Wir machten uns Sorgen, ob James Goldsack vielleicht reden würde. Würde er das Irlandgeschäft verraten? Nun, James schwieg wie ein Grab. Er gab zu, ein Haschischdealer zu sein, weigerte sich aber, gegen irgendjemand sonst auszusagen. Alles schien sicher. Vom Irlandgeschäft hatten die Behörden nach wie vor keine Ahnung.

Während dieser Woche der Untätigkeit lud ich meine Eltern und meine Großmutter ein, Rosie, mich und die Kinder in unserem Cottage in Yarnton zu besuchen. Es war ein warmer Sonntagnachmittag im Frühling. Meine Großmutter war ganz vernarrt in Myfanwy. Emily und mein Vater spielten Verkleiden. Rosie und meine Mutter erörterten Themen der Mutterschaft. Ich bemühte mich um Ausgeglichenheit. Ein Polizeiwagen kam die schmale Straße hochgefahren und hielt vor dem Haus. Zwei Beamte des Thames Valley Constabulary stiegen aus, in den Händen hielten sie einige der Plastikverpackungen, die ich einfach am Straßenrand liegengelassen hatte. Ich blieb wie erstarrt sitzen. Meine Mutter sah mich an, verwirrt und beunruhigt. Sie spürte, dass mir nicht wohl war.

»Wohnt hier jemand des Namens Emily?«, fragte unvermittelt einer der Polizisten.

»Ja, das ist meine Tochter. Warum?«, entgegnete Rosie, die Ruhe selbst.

»Gehört ihr dieser Briefumschlag?«, fragte der Polizist und zog einen kleinen Umschlag hervor, der an Emily in Yarnton adressiert war.

In diesem Moment wurde mir klar, was passiert sein musste. In ihrer kindlichen Unschuld musste Emily einen ihrer Briefe in die Mülltüte mit den Haschischverpackungen gestopft haben. Anstatt die Tüte auf eine Müllhalde zu bringen oder sie zu verbrennen, hatte ich sie blödsinnigerweise einfach am Straßenrand liegengelassen. Irgendjemand hatte sie gefunden. Die Tüten waren voller Cannabiskrümel und trugen meine Fingerabdrücke, und quasi als Begleitschreiben gab es einen Briefumschlag, der in meinem Haus gewesen war. Das konnte ernst werden.

»Ja, das ist ihrer. Woher haben Sie ihn?«

Rosie war immer noch völlig ruhig. War ihr überhaupt bewusst, in welcher Gefahr wir schwebten?

»Er war hier dabei, Ma'am«, sagte der Polizist und hielt einige Plastikfolien hoch.

»Haben Sie die schon mal gesehen?«, wandte sich der zweite Polizist an die ganze Familie.

»Nein, nie«, sagte meine Mutter.

»Wir sind heute erst aus Südwales gekommen«, erklärte mein Vater, »wie sollten wir da bitte etwas wissen?«

Mein Vater war im Umgang mit der Polizei immer sehr bestimmt.

Meine Großmutter spielte weiterhin mit Myfanwy, als wären die Polizisten gar nicht da. Der erste Polizist sah mir direkt in die Augen.

»Was ist mit Ihnen, Sir? Kommen sie Ihnen nicht bekannt vor? Offensichtlich kommen die doch von hier, oder?«

»Nein, ich hab sie noch nie gesehen.«

»Ah, jetzt fällt's mir wieder ein!«, unterbrach uns Rosie mit erstklassiger krimineller Inspiration. »Der Handwerker, der letzte Woche da war, um die Feuchtigkeitsdämmung nachzubessern, der hatte nachher eine große Tüte solcher Verpackungen übrig. Wahrscheinlich waren da die ganzen Chemikalien drin, die er benutzt hat.«

»Ich nehme an, den Namen und die Telefonnummer des Herrn haben Sie leider nicht mehr, Ma'am?«

»Natürlich habe ich die. Ich wollte ihn sowieso nochmal anrufen. Er hat so geschludert.«

Rosie gab den Polizisten den Namen und die Telefonnummer. Sie brausten davon, um irgendeinen armen Handwerker zu piesacken. Ich entschuldigte mich mit dem Vorwand, mich bei AnnaBelinda um wichtige Angelegenheiten kümmern zu müssen, raste die M40 runter nach London und checkte beim Blake's Hotel, Roland Gardens, als Stephen McCarthy ein.

Ich war mir sicher, dass die Polizei nach Yarnton zurückkommen würde; Bilder von Rosie in einer Gefängniszelle und von zwei weinenden, verzweifelten, verschreckten kleinen Mädchen verfolgten mich. Es fiel mir nicht schwer, Rosie zu überreden, das Land zu verlassen. Sie nahm meinen BMW und fuhr mit den Kindern und einem ausgezeichneten Kindermädchen namens Vicky nach Ibiza, wo sie in Santa Eulalia ein Haus mietete. Ich blieb im Blake's.

Ich musste herausfinden, was vor sich ging, und dachte, dass Mac mir vielleicht helfen könnte. Ich rief beim Außenministerium an und vereinbarte ein Treffen mit ihm. Ich erzählte ihm, was in Yarnton geschehen war. Später am selben Tag trafen wir uns wieder.

»Hast du irgendwas herausgefunden, Mac?«

»O ja, das habe ich. Du kannst versichert sein, dass die Polizei nicht vorhat, dich festzunehmen. Geh ruhig nach Hause. Aber du sollst einen meiner Vorgesetzten treffen, morgen, wenn möglich. Er hat ein paar Fragen an dich.«

»Was für Fragen?«

»Er erwähnte Irland.«

»Mac, darüber kann ich nicht reden. Das hat mit meinen Dopegeschäften zu tun.«

»Howard, ich habe dir doch gesagt, dass wir an deinem Cannabisschmuggel nicht interessiert sind. Das betrifft uns nicht. Andere Angelegenheiten in Irland hingegen möglicherweise schon.«

»Was, zum Beispiel?«

»Das wird dir Donald morgen erklären.«

Donald, ein gut gekleideter, ernster Agent, Mac und ich trafen uns zum Mittagessen im Pillars of Hercules beim Soho Square. Donald kam auf den Punkt.

»Wir wissen, dass Sie sich mit einem Mitglied der Provisorischen IRA getroffen haben, der den Terroristen Waffen besorgt, und wir wissen, warum Sie ihn getroffen haben. Wir möchten, dass Sie sich weiterhin mit ihm treffen, um Informationen von ihm zu bekommen.«

»Nun, ich hatte nicht vor, ihn in der nächsten Zeit zu treffen.«

»Das ist in Ordnung. Aber wenn, dann sagen Sie McMillan hier Bescheid.«

»Gut.«

Mac und ich gingen zu seiner Wohnung in Putney. In seinem Wohnzimmer tranken wir jeder einen Whisky.

»Howard, nur um irgendwelche Ungewissheiten aus dem Weg zu räumen«, meinte Mac und holte ein Foto hervor. Ich schaute es an. Es war ein Bild von McCann, mit seinem Namen darunter. Mac nahm es wieder an sich und ging in sein Arbeitszimmer, um zu telefonieren.

Ich war mir völlig im Klaren darüber, dass ich McCann warnen musste, dass der MI6 hinter ihm her war. Wenn der MI6 wusste, dass er Dope schmuggelte, dann würde es die IRA auch bald wissen, und McCann würde möglicherweise hingerichtet werden. Keine Shannongeschäfte mehr. Die mussten aufhören. Es war einfach zu gefährlich, eine Nummer zu groß. Was war nur aus der ganzen Peace-and-Love-Sache geworden? Waffenschmuggel, Bloody Sunday, Hinrichtungen, *knee-capping* – Zerschießen der Kniescheiben. Ernies Brotherhood of Eternal Love kam den traditionellen Werten des Dopedealens viel näher – Sex, Drugs and Rock'n 'Roll – und sie konnten wesentlich mehr Geld damit verdienen. Kein McCann mehr. Ich würde ihn warnen und dann aus seinem Leben verschwinden. Ich wollte dieses Foto von ihm, damit er wusste, dass ich nicht bluffte.

Mac kam zurück. Ich fragte, ob ich bei AnnaBelinda anrufen könnte. Er wies mich in sein Arbeitszimmer, und ich telefonierte, wobei ich den Blick über Macs Bücherregale schweifen ließ. Ein Buch mit dem Titel *The Unconscious Mind* erregte meine Aufmerksamkeit. Ich nahm es und schlug es auf, und das Foto von McCann fiel heraus. Ich steckte es ein. Bis heute war dies das unerklärlichste Ereignis in meinem Leben.

Entschlossen und voll edler Gefühle verließ ich das Blake's und fuhr nach Yarnton. Ich schickte Rosie ein Telegramm und bat sie, mich anzurufen. Ich erklärte ihr, dass sie gefahrlos zurückkommen konnte. Sie wollte aber gar nicht zurück. Das Leben auf Ibiza erschien ihr weitaus lebenswerter: Sonne, Sterne, Strand und jede Menge Dope. Sie schlug vor, dass ich zu ihr nach Ibiza kommen sollte, bevor ich zu einem größenwahnsinnigen Geldscheffler wurde und alle meine Freunde verlor. Ich sollte aber versprechen, dass ich meinen kaputten Lebenswandel zu Hause lassen würde. Sie hatte einige ganz wunderbare Leute kennengelernt, denen er nicht gefallen würde. Ich spürte, dass sie mir entglitt. Ich besuchte Fanny Hill und hatte eine sehr geheime Affäre mit ihr, während sie gleichzeitig eine nicht ganz so geheime Affäre mit Raymond Carr hatte, dem Rektor des St. Anthony's College von Oxford, das mit dem CIA in Verbindung gebracht wurde.

Ich reiste nach Ibiza und dachte mir, dass es ein schön neutraler Ort für ein Treffen mit McCann wäre.

»Fuck, wieso hast du mich denn hier rausgeschleppt, H'ard, mitten in diese ganze Hippiescheiße? Du weißt doch, dass ich zu tun habe. Warum bist du nicht nach Irland gekommen? Ich hoffe, du kannst mir ein paar sehr gute Gründe dafür sagen.«

»Kann ich auch, Jim. Der MI6 ist hinter dir her.«

»Fuck, wen interessiert das denn? Da draußen ist Krieg. Und was zur Scheiße hast du mit dem MI6 zu tun, du walisisches Arschloch?«

»Ein alter Freund von Oxford arbeitet für die. Sie wissen, dass wir beide Dope geschmuggelt haben. Und wenn sie das wissen, könnten es auch andere Leute erfahren, zum Beispiel die IRA.«

Jim wurde blass.

»Fuck off! Fuck off! Du spielst wieder Scheißspielchen!«

Ich zeigte ihm das Foto.

»Du und der Saftsack, ich hab doch gewusst, dass ihr beschissene britische Agenten seid! Ich hab's gewusst. Und wie soll ich jetzt sicher sein, dass ihr ›the Kid‹ nicht schon die ganze Zeit beschissen habt?«

»Probier's mal mit Nachdenken, Jim.«

»Fuck!«

»Das war's dann, Jim. Erst mal keine Deals mehr.«

»Okay, H'ard. Aber ich bleibe jetzt erst mal eine Weile hier auf Ibiza. Ich mach Urlaub. Meine neue holländische Freundin, Sylvia, und meine ehemalige irische Freundin, Anne, kommen auch. Wir wohnen dann bei dir.«

»Ich dachte, du wärst beschäftigt, Jim.«

Ein paar Tage später hatte sich Rosies Ferienhäuschen in Santa Eulalia in ein Irrenhaus verwandelt. McCann spielte Bäumchen wechsle dich mit Sylvia und Anne und versuchte vergeblich, Rosie und Vicky zum Mitspielen zu überreden. Das Haus war ständig voll von irgendwelchen seltsamen Gestalten, die er in diversen Bars aufgegabelt hatte. Er amüsierte mich, also ließ ich es mir gefallen. Ich telefonierte mit AnnaBelinda in Oxford und bekam ausgerichtet, dass ich Eric in Athen anrufen sollte. Ich wusste, dass Eric das Haschisch im Libanon an Bord genommen hatte. Er hatte es wohl also schon in Italien abgeliefert, wo Johnny Martin eine Villa gemietet hatte, um sowohl das Haschisch als auch das Transatlantic-Sounds-Equipment in Empfang zu nehmen. Spitze!

Es war nicht spitze. Eric sagte, dass es ein kleines Problem gegeben habe. Ich sollte sofort nach Athen kommen. Ich packte meine Sachen, und Rosie explodierte.

»So ist's recht. Lass mich doch allein in all dem Chaos, das du veranstaltet hast, um mir meinen Urlaub zu versauen. Ich hab dich doch gewarnt, das nicht zu tun. Wo gehst du hin?«

»Nach Athen. Magst du mitkommen? Vicky kann doch auf die Kinder aufpassen.«

Das ›kleine Problem‹ bestand darin, dass Eric siebenhundert Pfund libanesisches Haschisch auf einer kleinen, abgelegenen griechischen Insel zwischengelagert hatte. Eine Herde Ziegen war darauf gestoßen, woraufhin es einige griechische Schwammtaucher entdeckt hatten, die es mit nach Kreta genommen hatten und es dort jetzt zu absurd niedrigen Preisen verkauften. Ich konnte mich darauf verlassen, dass Eric die Wahrheit sagte. Eric schlug einen kommandoartigen Überfall auf Kreta vor, um das Haschisch zurückzubekommen. Ich sagte, dass er es vergessen solle, dass ich aber, falls er es doch wiederbekäme, auch gerne einen Teil davon hätte. Rosie und ich schauten uns noch kurz die Akropolis an und flogen dann zurück nach Ibiza.

Graham gefiel Erics Vorschlag, er wollte McCann damit beauftragen. Ich überredete ihn, es zu lassen. Da ihm sonst niemand einfiel, schickte er Patrick Lane nach Heraklion. Patrick kam eine Woche später zurück, sonnengebräunt und mit viel zu erzählen, aber ohne Haschisch. Aber ich bin sicher, er hat getan, was er konnte.

Graham teilte Ernie mit, dass die Lautsprecherladung aus

Italien abgeblasen werden musste, doch Ernie widersprach: Freunde von ihm sollten demnächst mit einem mit afghanischem Hasch beladenen Campingbus aus Kabul in Italien ankommen. Einer seiner Freunde war James Garter, ein kalifornischer Scientologe, der sich vor seiner Einberufung zum Militär drückte. James Morris und ich trafen Garter in Cupra Maritima, in der Nähe von Ancona an der Adriaküste, in der Villa, die Johnny Martin gemietet hatte. Wir entluden den Campingbus aus Afghanistan, packten das Haschisch in die Transatlantic-Sounds-Lautsprecher und schickten es per Luftfracht von Rom nach Los Angeles. James Morris und ich flogen von Rom nach Zürich, wo er mir seinen schweizerischen Finanzexperten vorstellte. Ich eröffnete ein Konto beim Schweizerischen Bankverein. Der Banker versicherte mir, dass es überhaupt kein Problem sei, große Summen bar einzuzahlen. Ernie gab mir hunderttausend Dollar als meinen Anteil. Graham sagte, ich könne alles behalten. Er würde sich nicht in irgendwelche Geschäfte einmischen, die ich mit Ernie abwickelte, solange ich mich aus den Geschäften heraushielte, die er mit McCann vorhatte. Bei allen anderen Deals würden wir Partner bleiben, schlug er vor, und wir könnten jeder in Deals des anderen investieren, ohne aktiv teilnehmen zu müssen. Ich war einverstanden, machte mir aber Sorgen um Graham. Er entwickelte sich von einem bürgerlichen, mittelständischen, monarchistischen Freibeuter in das genaue Gegenteil. Das war schon okay, nur geschah diese Wandlung zu schnell und unter McCanns Einfluss. Der Himmel allein weiß, was McCann im Sinn hatte, aber Grahams politische Entwicklung war es bestimmt nicht.

Auf Ibiza hatte Rosie das Ferienhaus in Santa Eulalia aufgegeben und eine Finca, einen kleinen Hof, mitten in der Pampa gemietet. Sie war auf einem Trip zurück zur Natur.

Es gab nicht einmal ein Badezimmer oder eine Toilette, und das nächste Telefon war Meilen entfernt. Eine Weile lang fand ich mich damit ab. Rosie und ich vertrugen uns wieder. Wir hatten uns unsere Seitensprünge eingestanden und taten so, als seien sie nicht wichtig. Sie stellte mir einen der vielen Holländer vor, die Häuser auf der Insel besaßen. Er hieß Arend und war ein Dopedealer aus Amsterdam, der viel trank und gerne seinen Spaß hatte. Ich fragte ihn nach den gewöhnlichen Preisen und Größenordnungen in Amsterdam und gab seine Auskünfte an Ernie weiter. Er schickte Gater und einen anderen seiner Freunde, Gary Lickert, mit mehreren hunderttausend Dollar nach Amsterdam, und Arend und ich investierten von unserem eigenen Geld. Gater mietete eine Wohnung in Maastricht. Vor dem Haus parkte ein gemieteter Lkw mit Transatlantic-Sounds-Lautsprechern. Arend und ich kauften bei einem ihm bekannten Amsterdamer Großhändler siebenhundert Pfund libanesisches Haschisch. Gater und ich beluden die Lautsprecher, und einer der Leute von James Morris fuhr den Laster zum Flughafen Schiphol und schickte sie per Luftfracht über New York nach Las Vegas.

Es war Anfang September 1973. Ernie hatte mich eingeladen, nach Kalifornien zu kommen, sobald die Ladung aus Holland unterwegs war. Ich könnte meinen Anteil persönlich abholen und vielleicht einen Teil davon gleich wieder ausgeben. Ich war schon in Los Angeles, bevor die Lautsprecher in Las Vegas ankamen. Ernie und James Morris holten mich vom Flughafen ab. Ernie war groß, dünn, bärtig, Brillenträger, langhaarig und sonnengebräunt. Ein waschechter Kalifornier.

»Hi. Wie geht's? Guten Flug gehabt?«

»Yeah. War aber lang.«

Ernie dachte eine Sekunde lang nach und feuerte dann im Maschinengewehrtempo einige Sätze ab.

»Shit! Ich hab diesen Scheißflug einmal die Woche genommen, in den alten Tagen, als ich anfing, mit Graham zu arbeiten. Welche Laus ist dem eigentlich über die Leber gelaufen? Behandelt mich wie Dreck, die Tage. Das geht mir langsam auf die Nerven. Jedenfalls, wir sollten die Ladung heute Abend am Flughafen Las Vegas abholen. Du hast ein Zimmer im Newporter Inn, wo Richard Nixon oft hingegangen ist. Nixon find ich urkomisch. Was machst du denn so zum Spaß haben? Surfen geht hier richtig gut. Ich hab einen ganzen Schuppen voll Bretter.«

»Ich bin noch nie gesurft, Ernie.«

»Wie sieht's mit Segeln aus?«

»Hab ich auch noch nie probiert.«

»Kein Meerfreak, hm? Okay, was ist mit Motorradtouren durch die Wüste? Ich hab ein paar spitzenmäßige Bikes.«

»Noch was, was ich noch nie getan hab. Mitgefahren bin ich schon, aber noch nie selber gefahren. Ich kann nicht mal radfahren.«

Ernie brach in haltloses Gelächter aus. Ich lachte mit.

»Das muss dir wohl komisch vorkommen, Ernie, was?«

»Du hast's erfasst. Was machst du denn dann, wenn du nicht arbeitest, fernsehen?«

»Manchmal. Normalerweise rauch ich mir einen, lese Bücher und höre Musik.«

»Kalifornien wird dir gefallen«, sagte Ernie.

Das tat es, zumindest das, was ich davon sah, was sich vor allem auf ein Hotelzimmer am Newport Beach beschränkte. Ich wanderte durch den Hotelkomplex, die Bars, die Swimmingpools und die anderen öffentlichen Bereiche, und mir wurde klar, dass amerikanische Filme nicht in einer Fantasiewelt spielten: Es waren Dokumentarfilme über Holly-wood. Es gab Hunderte Radiosender und Dutzende Fernseh-programme. In England gab es genau drei. Die Radiosender waren fantastisch. Ich gönnte mir ein paar Stunden Doo-wop und Golden Oldies, bis ich die Werbung nicht mehr aushielt. Im Fernsehen gab es Sport, Ballereien von Cops, Seifen-opern, Spielshows und Nachrichten. Ich schaute die Nach-richten. Ein Reporter sagte: »Hey, einer von euch Typen da draußen hat gerade fünf Millionen Dollar verloren. Heute konnte die Polizei die so weit größte Menge illegaler Dro-gen in der Geschichte Nevadas sicherstellen. Fast eine hal-be Tonne Haschisch, hochkonzentriertes Cannabis aus dem Nahen Osten, wurde in den Hohlräumen von Lautsprechern entdeckt. Rüber nach Las Vegas …« Auf dem Bildschirm er-schienen Bilder von den Lautsprechern, die Gater und ich in Holland beladen hatten.

Im Kino schaltet der Bösewicht, für gewöhnlich schon auf der Flucht, immer sofort den Fernseher aus, wenn die ihn betreffende Nachrichtensendung zu Ende ist. Ich nicht. Ich starrte noch mindestens eine Stunde lang mit leerem Blick auf den Bildschirm. Passierte das jetzt alles gerade wirklich? Ich war noch sehr mitgenommen vom Jetlag meines ersten lan-gen Fluges, und Ernie hatte mir ein äußerst reichhaltiges Sor-timent unterschiedlichster Haschisch- und Marihuanasorten dagelassen. Ich war so stoned wie selten. Das hier war Hol-lywood. Wahrscheinlich bildete ich mir alles nur ein.

Es klopfte an der Tür. Ernie kam herein und holte mich auf den Boden der Tatsachen zurück.

»Tja, die Ladung haben wir verloren. Die Cops …«

»Ich weiß, Ernie. Ich hab's gerade im Fernsehen gesehen.«

»Ehrlich jetzt. Das ging ja schnell. Und was wirst du jetzt machen?«

»Ich denke, ich sollte gehen.«

»Nicht dumm. Hier sind 10 000 Dollar für dich. Ich bin schon davon ausgegangen, dass du nicht viel Geld mit rüberbringen würdest. War ja auch blöd, wo du doch gekommen bist, um welches abzuholen. Das ist meine neue Telefonnummer. Ruf mich an.«

»Danke, Ernie. Wie ist es eigentlich passiert? Hast du eine Ahnung?«

»Klar doch. Haben sie das im Fernsehen nicht gesagt? Am John F. Kennedy Airport in New York ist umgeladen worden. Dabei haben's die Leute verpeilt und haben beim Beladen der Maschine nach Vegas einen Lautsprecher vergessen. Sie haben ihn im Kennedy irgendwo über Nacht in einen Schuppen gestellt, und ein Hund hat ihn gerochen. In Vegas hat die DEA das Dope sofort aus den Lautsprechern rausgenommen und gewartet, bis Gary Lickert, der Kerl, den du in Amsterdam getroffen hast, sie abholte, um zu sehen, wo er sie hinbringen würde. Ich beobachtete die ganze Sache aus einer gewissen Entfernung und merkte, dass sie ihm folgten. Ich überholte ihn, gab ihm das Zeichen und sah zu, dass ich meinen Arsch da wegbekam.«

»Was hat Gary gemacht?«

»Fuhr immer im Kreis um den Flughafen, bis die Cops ihn angehalten haben.«

»Wird er ihnen von uns erzählen?«

»Nein. Er hat in Vietnam einiges durchgemacht, da wird er hier nicht die Nerven verlieren. Aber wir sollten es eine Weile ruhig angehen lassen, so ein paar Tage. Ich hab Freunde beim FBI. Ich werde schon rausfinden, was die über uns haben. Nimm eine Limousine von hier zum Flughafen von L. A. Kauf dir auf irgendeinen dummen englischen Namen, zum Beispiel Smith, ein Ticket nach irgendwo an der Ostküste, Philadelphia oder so, und hol dir dann auf deinen richtigen Namen ein Ticket nach wo auch immer du hinwillst.«

Ich flog nach New York und blieb über Nacht im Hilton. Ich sah mir Greenwich Village an, Times Square und die Freiheitsstatue. Dann flog ich nach London. Mac wollte mit mir reden. Wir trafen uns in Dillons Buchhandlung und fuhren mit einem Taxi in der Gegend herum.

»Howard, wie du wohl weißt, gab es kürzlich einige peinliche Zwischenfälle für uns, mit der Littlejohn-Affäre.«

»Ja.«

Kenneth und Keith Littlejohn waren Bankräuber, die behauptet hatten, sich auf Geheiß des MI6 in die IRA eingeschleust zu haben. Die Aussage war bestätigt worden, und die britische Öffentlichkeit war entrüstet darüber, dass der eigene Geheimdienst notorische Verbrecher für verdeckte Ermittlungen in der unabhängigen Republik Irland einsetzte.

»Aus diesem Grund, und nur aus diesem einen Grund, müssen wir beide unsere Zusammenarbeit beenden. Wir können es uns nicht mehr erlauben, uns mit Kriminellen zusammenzutun.«

»Dope zu schmuggeln ist doch wohl kein Verbrechen, Mac.«

»Natürlich ist es das, Howard. Red doch keinen Blödsinn. Es ist illegal.«

»Ich dachte, du wärst auch der Ansicht, dass Haschisch nicht illegal sein sollte. Das Gesetz ist falsch, nicht die Tätigkeit.«

»Das denke ich auch. Aber bis das Gesetz geändert wird, bist du ein Verbrecher.«

»Meinst du nicht, Mac, dass man es als seine Pflicht ansehen sollte, Gesetze zu ändern, die falsch, schlecht, schädigend und gefährlich sind?«

»Doch, aber auf legalem Wege.«

»Du würdest das Gesetz mittels des Gesetzes ändern wollen.«

»Natürlich.«

»Ich nehme an, dein Vorschlag zur Rettung eines Ertrinkenden wäre, ihm zu sagen, er soll langsam anfangen zu schlürfen.«

»Was du da betreibst ist Sophisterei, Howard, und das weißt du auch. Dieses Ende unserer Beziehung ist nicht meine Entscheidung. Ich wurde angewiesen, es dir mitzuteilen.«

Irgendwie fühlte ich mich betrogen. Meine Karriere als Spion war vorüber, ohne dass ich irgendeinen Nutzen daraus hätte ziehen können.

»Mac, wenn ich mich jetzt nur noch an meine eigenen Entscheidungen und Überzeugungen halte und nicht an die der anderen und dabei auf etwas stoße, das die Sicherheit dieses Landes gefährdet, sehe ich das richtig, dass ich dich dann nicht mehr darauf aufmerksam machen soll?«

Mac lächelte. Ich habe ihn seitdem nie wieder gesehen.

Nach dem Fiasko mit den griechischen Schwammtauchern war Eric entschlossen, es wiedergutzumachen. Er flog nach Beirut und fand einen Lieferanten, der einverstanden war, ihm hundert Kilo Haschisch auf Kredit zu geben. Eric bot uns an, uns diesen Kredit zu überlassen und einen weiteren Koffer nach Genf zu bringen. Der Handel lief glatt. Anthony Woodhead fuhr das Haschisch von Genf nach England.

Einer von Mohammed Durranis Diplomaten war mit zweihundertfünfzig Kilo pakistanischem Haschisch in Hamburg angekommen. Graham und ich schickten einen Mitarbeiter von der Tafia los, der ein Auto und eine Garage in einem Vorort von Hamburg mietete, um das Dope zu lagern.

James Morris rief aus Los Angeles an. Drei seiner Leute waren in London festgenommen worden. Er wusste nicht, wieso. Wir wussten, dass gegen das amerikanische Gesetz verstoßen worden war, aber uns war nicht klar, in welchem Punkt ein britisches Gesetz gebrochen worden sein sollte. Graham hatte keine Lust, es herauszufinden. Er war einmal im Gefängnis gesessen, das reichte ihm. Er wollte unter falschem Namen nach Irland zu McCann gehen und von dort aus seine Geschäfte leiten. Das war sicherer. McCann hatte ihm einen gefälschten irischen Führerschein besorgt. Er verließ London noch in derselben Nacht.

Graham hatte Recht. Mit welcher Begründung auch immer sie die Leute von James Morris festgenommen hatten, mit derselben Begründung könnten sie auch uns schnappen. Ich wollte mich nicht schon wieder mit McCann zusammentun, nachdem ich mich gerade erst von ihm getrennt hatte, doch Irland war das einzige Land, in das man von England aus reisen konnte, ohne einen Ausweis vorlegen zu müssen. Wenn ich wirklich Gefahr lief, festgenommen zu werden, sollte ich ganz bestimmt nicht unter meinem eigenen Namen durch die Gegend reisen. Ich hatte keine andere Wahl, als bei McCann unterzuschlüpfen. Ich lieh mir Denys Irvings Führerschein, mietete ein Auto, verstaute meinen Pass, ein bisschen Dope, etwas Geld und einigen Kleinkram hinter den Verkleidungen und fuhr nach Fishguard. An der Bar auf der Fähre trank ich mehrere Pints Guinness, bevor sie in Rosslare anlegte. Sobald ich die Ortschaft verlassen hatte, hielt ich an und baute einen kräftigen Joint mit afghanischem Hasch. Als es dunkel wurde, war ich auf dem Weg nach Drogheda, wo sich McCann zurzeit aufhielt. Ich fuhr so mit achtzig Stundenkilometern vor mich hin, als ich eine Neunzig-Grad-Kurve völlig übersah, durch eine Hecke brach und in einem Feld landete. Ich verlor das Bewusstsein.

»Wird er einen Arzt brauchen oder einen Priester?«

Eine Gruppe von Leuten umstand das dampfende, tropfende Fahrzeug. Ich hing ziemlich unbequem im Wagen, hatte aber keine Schmerzen und konnte alle Muskeln bewegen.

»Mir geht's gut«, sagte ich.

»Beweg dich jetzt nicht. Der Krankenwagen und der Abschleppwagen werden gleich da sein. Es dauert nicht lange.«

Ich dachte an das Dope und meine widersprüchlichen Papiere.

»Nein, mir geht's wirklich gut«, sagte ich und kletterte aus dem Wrack. »Wenn mich jemand bis zum nächsten Telefon mitnehmen könnte, kann ich alles alleine regeln.«

»Das ist bei Bernhard Murphy's, ein Stück die Straße runter. Steig ein.«

Bernhard Murphy's, das eigentlich ›Crazy Horseshoe‹ oder so ähnlich hieß, bebte von dem üblichen Rummel eines irischen Samstagabends. Einige Gäste tanzten energisch einen Irish Jig rund um das Telefon. Einige junge Kerle versuchten zu telefonieren und steckten sich den Finger ins Ohr. Ich rief McCann in Drogheda an und sagte ihm, dass ich im ›Crazy Horseshoe‹ etwa zehn Meilen vor Rosslare festsaß. Ob er mich wohl abholen könnte? Ein paar Stunden später war er da.

»Scheiße, du bist ja ein toller Geschäftsmann. Kannst nicht mal ein beschissenes Auto fahren. Kannst nirgendwo hingehen. Kannst nicht mal mehr im Brighton am Strand Dope verkaufen oder Scheißakademikern Kleider andrehen. Wie ein rolling fucking Stone. Warum hilft dir der britische Geheimdienst nicht? Du kommst nicht klar ohne ›the Kid‹, hm? Das hier ist Krieg, H'ard. Der Saftsack hat sich dem Kampf angeschlossen. Scheiße, das solltest du besser auch tun. Okay, ich geb dir zwei fucking Möglichkeiten zur Auswahl: Ich leih dir

190

fünfhundert Pfund und du verpisst dich, oder ich besorg dir einen neuen Ausweis und du kümmerst dich um diese zwei Lieferungen aus Kabul und Libanon oder wie das beschissene Kaff heißt, von denen der Saftsack erzählt hat, dass ihr gerade dabei seid.«

»Was meinst du mit ›kümmern‹?«

»Safti hat gesagt, der Nordel aus Libanon wär in London. Verkauf ihn. Der Kabuler Nordel ist in Scheiß-Naziland. Ich hab schon einen britischen Armeestützpunkt in Mönchengladbach in die Luft gejagt, und die Baader-Meinhof-Gang frisst mir Scheiße nochmal aus der Hand. Ich will, dass du den Nordel aus Kabul meinem Mann in Hamburg gibst. Der wird ihn verkaufen.«

»Und wie viel würden wir alle daran verdienen?«

»Wir sind Partner, H'ard. Ich, du und Safti. Gleiche Teile, nachdem alle anderen bezahlt sind.«

»Für das Dope in Hamburg wäre das okay, wenn deine Leute es verkaufen. Aber warum solltest du irgendwas von dem Libanesendeal bekommen?«

»Safti hat schon zugestimmt, H'ard.«

Wir holten meine Sachen aus den Trümmern des Autos und fuhren zu McCanns Versteck in Drogheda. Es dauerte ein paar Tage, bis ich meinen falschen Ausweis bekam. Während dieser Zeit schimpfte McCann ständig über meine Inkompetenz. Der Ausweis war perfekt. Er war auf den Namen Peter Hughes ausgestellt.

»Jim, gibt es diese Person wirklich?«

»Scheiße, allerdings gibt es Peter Hughes. Er ist Mitglied der Provisorischen IRA, und die Briten haben ihn eingesperrt.«

»Wenn das so ist, ist es vielleicht keine so tolle Idee, so zu tun, als wäre ich Peter Hughes«, gab ich zu bedenken.

»Scheiße, aber nach ihm suchen die Bullen nicht. Er sitzt in Long Kesh, und das wissen sie. Dich suchen sie, H'ard. Scheiße, denk doch mal nach, du dämliches walisisches Arschloch.«

McCann brachte mich zum Flughafen.

»Lass dir einen Rat geben, H'ard. Flieg nie dahin, wo du wirklich hinwillst. Fahr das letzte Stück mit dem Zug, mit dem Bus oder im Auto. Schau, es gibt einen Aer-Lingus-Flug nach Brüssel. Nimm den und fahr mit dem Zug nach Hamburg.«

In Brüssel untersuchte der Beamte sorgfältig meinen Peter-Hughes-Ausweis. Dann schaute er mich an.

»Howard?«, fragte er.

Ich erstarrte vor Schreck. Er wusste, wer ich war. Aber er lächelte. Da wurde mir klar, dass es nur eine scherzhafte Anspielung auf den Milliardär Howard Hughes sein sollte.

»Sie tragen einen berühmten Namen, Mr Hughes.«

Nach der Zugreise von mehreren Stunden checkte ich im Atlantic Hotel in Hamburg ein, wo ich bleiben sollte, bis McCann anrief und mir sagte, wo ich seinen Freund treffen könnte. Ich hatte die Schlüssel für das Auto und die Garage. Währenddessen war Marty Langford im International Hotel am Earl's Court in London abgestiegen und hatte das Auto voll libanesischem Haschisch in der Hotelgarage abgestellt. Charlie Weatherley sollte es verkaufen. Ich rief Marty an. Er war nicht in seinem Zimmer. Ich hinterließ meine Nummer an der Rezeption. Nach einer Weile rief ich wieder an. Jemand anderes nahm in seinem Zimmer den Hörer ab.

»Könnte ich bitte mit Marty sprechen?«, fragte ich.

»Ja, hier ist Marty, schieß los.«

Die Stimme klang nicht mal entfernt nach Marty.

»Hier ist Marty. Wer ist denn da?«

Ich legte auf und rief nochmal an.

»Könnten Sie mich bitte zu Herrn Langfords Zimmer durchstellen?«

»Hallo, hier ist Marty, hallo.«

Jetzt war mir klar, was passiert war. Marty war geschnappt worden, und die Polizei war in seinem Zimmer und versuchte, so viel wie möglich herauszufinden. Blöd wie ich war, hatte ich meine Nummer bei der Rezeption des International Hotel hinterlegt. Es blieb mir nur noch, mich abzumelden und zu flüchten. Auf der Tafel am Hamburger Flughafen standen zwei Flüge, die fast sofort gingen: einer nach Helsinki und einer nach Paris. Ich erinnerte mich nicht mehr genau, in welchem Land Helsinki eigentlich lag, und kaufte mir deshalb ein Ticket nach Paris. In Paris bekam ich einen Flug nach Barcelona, und von dort nach Ibiza. Als ich dort landete, hatte ich schon hohes Fieber. Die nächsten zwei Tage stolperte ich im Delirium durch Rosies Finca und suchte ein Telefon und eine Toilette. Rosie ignorierte mich. Sobald es mir wieder besser ging, ging ich zum Flughafen von Ibiza und rief bei Marty, Weatherley und einer ganzen Reihe anderer Londoner Nummern an. Niemand ging dran. Ich rief bei McCann in Drogheda an. Auch er ging nicht dran. Ich nahm den nächsten Flug nach Amsterdam und ging zu Arends Wohnung. Ich rief wieder bei McCann an.

»Wähle nie wieder diese beschissene Nummer und zeig dein beschissenes Gesicht nie wieder in meinem Land, klar? Wegen deiner Scheißdummheiten sitzt meine Anne im Gefängnis. Sie ist bei diesen Scheißnazis, Mann. Marty und seine zwei Freunde sind hier. Ich hab ihnen Asyl gewährt. Du hast ihnen Reichtümer versprochen, und sie haben nichts als beschissene Asche bekommen, du walisisches Arschloch.«

So ging es weiter über mich hernieder. Ich konnte mir schließlich zusammenreimen, was passiert sein musste. Charlie Weatherley war zu Marty ins Hotel gegangen, um eine Probe von dem Libanesen zu bekommen. Der Sicherheitsbeamte vom Hotel hielt ihn auf, als er gerade das Hotel verlassen wollte, und fragte ihn, aus welchem Zimmer er gekommen sei. Er sagte, aus Martys. Nur um sicherzugehen, schleppte der Beamte Charlie wieder rauf zu Martys Zimmer. Marty dachte, dass Charlie geschnappt worden sei, und leugnete, ihn je gesehen zu haben. Marty geriet in Panik, packte seine Sachen, verließ sein Zimmer, ließ das Auto voll Libanesen stehen und floh mit dem Rest der Tafia nach Irland. McCann hatte keine Ahnung, was mit mir los war. Er schickte seine Freundin, Anne McNulty, und einen Holländer nach Hamburg, um mit Grahams Ersatzschlüsseln den Wagen aus der Garage zu holen. Die Hamburger Polizei schnappte sie.

»Jim, das mit Anne tut mir wirklich leid. Kann ich irgendetwas tun?«

»Ich brauch deine beschissene Hilfe nicht. Ich hab diesen beschissenen Nazis schon persönlich den Krieg erklärt. Die wissen, zu was ›the Kid‹ in der Lage ist. Fuck, wenn sie nicht wollen, dass ich ihnen ihre Erinnerungen vom Zweiten Weltkrieg auffrische, dann sollten sie Anne besser laufenlassen.«

Ich rief Ernie an. Er sagte, er käme in den nächsten Tagen nach Amsterdam, um mich zu treffen. Das Paradiso, Amsterdams erster Coffeeshop, war gerade eröffnet worden. Diese Stadt gefiel mir langsam, die hübschen Kanäle, die Nutten in den Schaufenstern und die liberale Drogenpolitik. Vielleicht sollte ich mich hier niederlassen. Eines Abends ging ich ins Oxhooft, einen Nachtclub, und traf völlig unerwartet auf Libanesen-Joe.

»Ja Howard, schön, Sie zu sehen. Was machen Sie denn hier?«

»Vielleicht wohne ich ab jetzt hier.«

»Genau wie ich. Es ist eine coole Stadt. Geben Sie mir Ihre Telefonnummer. Und hier, nehmen Sie was zu rauchen.« Er steckte mir ein Piece Libanesen in die Hemdtasche.

Ernie traf ein und checkte unter falschem Namen im Okura Hotel ein. Ich klagte ihm mein Leid.

»Hey, keine Sorge. Wir werden sehr bald von Amsterdam aus was machen, und wenn wir auf unser altes Ding zurückgreifen müssen, neue europäische Autos in die Staaten zu verschiffen. Ich kann dir sagen, damit hab ich eine schöne Stange verdient. Hier hast du hunderttausend Dollar. Fang schon mal an, einzukaufen. Und hier, nimm auch die Platte Afghanen. Ich weiß doch, dass es in Europa nichts Anständiges zu rauchen gibt. Soll ich dich irgendwo hinfahren? Ich hab einen Mietwagen.«

»Ja, bitte, Ernie. Ich glaube, ich besorge mir ein Bankschließfach für das Geld und geh dann zu Arend.«

Ernie brachte mich zur *Allgemene Bank Nederland*. Ich ließ mir als Peter Hughes ein Schließfach geben und schloss die hunderttausend Dollar und den irischen Peter-Hughes-Ausweis darin ein. Arend war begeistert von dem Plan, wieder Haschisch in Amsterdam zu kaufen. Wir gönnten uns eine Pfeife von Ernies Afghanen. Es klopfte laut an der Tür. Sie sprang auf und sechs holländische Polizisten stürmten die Wohnung. Ich stand auf, um zu gehen.

»Ich wohne nicht hier. Ich hab eine Verabredung. Ich muss los«, stammelte ich.

Einer der Polizisten hielt mich auf und durchsuchte mich. Er fand das Piece von Libanesen-Joe. Er fragte nach meinem Ausweis. Meinen eigenen hatte ich noch. Ich gab ihn ihm.

»Sie sind Dennis Howard Marks?«

»Ja, der bin ich.«

»Sie sind festgenommen und kommen jetzt mit auf die Wache.«

Drei von ihnen führten mich die Treppe hinunter und schoben mich auf den Rücksitz eines Wagens, bevor sie selber einstiegen. Auf der Wache durchsuchten sie mich nochmal und nahmen mir alles ab. Sie nahmen meine Personalien auf und führten mich zu den Zellen. Im Radio der Polizisten sang Mick Jagger gerade *Angie*.

Sie hatten mich.

sechs
ALBI

Im April 1974, fast ein halbes Jahr später, saß ich in einer
Wohnung ziemlich weit oben in einem Hochhaus auf der Isle
of Dogs, im Osten Londons. Ich hatte Aussicht auf die Themse und die Hafenanlage von Greenwich. Ich war auf Kaution
aus der U-Haft entlassen worden und drückte mich jetzt vor
der Gerichtsverhandlung. Trotz des Protests meines Amsterdamer Rechtsanwalts hatte mich die holländische Polizei in
ein Flugzeug von British European Airways nach Heathrow
verfrachtet. In Heathrow kamen britische Zollbeamte an Bord
und brachten mich zur Polizeistation Snowhill, wo ich des
Verstoßes gegen den noch nie zur Anwendung gekommenen
Paragrafen 20 des Betäubungsmittelgesetzes von 1971 beschuldigt wurde: Ich hatte von Großbritannien aus Beihilfe
geleistet zum Verstoß gegen das US-amerikanische Betäubungsmittelgesetz. Der Kalifornier James Gater, der einige
Tage vor mir in Heathrow festgenommen worden war, und
einige der Leute von James Morris waren ebenfalls angeklagt.
Nach drei langweiligen Wochen in Her Majesty's Prison in
Brixton wurde ich gegen eine Kaution über eine Gesamthö-
he von 50 000 Pfund freigelassen. Zunächst wohnte ich mit
Rosie und den Kindern in der Leckford Road Nummer sechs-
undvierzig in Oxford, wo schon William Jefferson Clinton
gewohnt hatte, der später Präsident der Vereinigten Staaten

werden sollte. Die Beweise gegen mich waren erdrückend, zum Teil auch deswegen, weil ich bescheuert genug gewesen war, den britischen Behörden meine illegalen Aktivitäten in Holland zu gestehen, in der Hoffnung, dass sie nach holländischem statt nach britischem Recht beurteilt werden würden. Der Schuss war allerdings nach hinten losgegangen, und mein Anwalt, Bernard Simons, war überzeugt davon, dass ich verurteilt werden würde, und hatte keine große Hoffnung, dass ich mit weniger als drei Jahren Gefängnis davonkäme.

Die Wohnung im vornehmen East End gehörte dem Lehrer Dai, meinem alten Kumpel. Die *Thames Valley Police* hatte zwar Nachforschungen über meinen Aufenthaltsort angestellt, aber bis jetzt regte sich noch niemand besonders auf. Ich hatte Bernard Simons die Nachricht zukommen lassen, dass nichts weiter passiert war, dass ich nur eben nicht zu meiner Gerichtsverhandlung erscheinen würde. Der Prozess hatte am Tag zuvor begonnen, am ersten Mai 1974. Meine Mitangeklagten bekannten sich schuldig und wurden zu Strafen zwischen sechs Monaten und vier Jahren verurteilt. Ernie hatte versprochen, jedwede Sicherheiten zu bezahlen, die der Richter aufgrund meines Fernbleibens von der Verhandlung verlangen mochte. Er hatte das Gefühl, mir etwas schuldig zu sein, da ich zur Zeit meiner Verhaftung in Amsterdam der einzige Mensch auf der Welt gewesen war, der wusste, wo er sich aufhielt, und ich den Behörden nichts gesagt hatte. Ich wartete.

Dai hatte mich frühmorgens geweckt, bevor er zur Schule gegangen war.

»Howard, du warst in den Nachrichten.«

»Ehrlich! Was haben sie gesagt?«

»Na ja, es gab nur drei Schlagzeilen: Eine war über Premierminister Harold Wilson, eine über Präsident Nixon, und

198

eine über dich. Ich konnte mir nicht alles merken. Irgendwas mit MI6 und IRA. Ich geh mal Zeitungen holen.«

Die gesamte Titelseite des *Daily Mirror* war einem Artikel über mich gewidmet, mit der Überschrift Wo ist Mr Marks?, in dem zu lesen war, dass ich ein Agent des MI6 war, nach dem in sieben Ländern gefahndet wurde, der gekidnappt, zusammengeschlagen und mundtot gemacht worden war und den die IRA zur Zusammenarbeit gezwungen hatte. Es gab keinen Hinweis darauf, wie der *Daily Mirror* an die Information gekommen war, dass ich für den MI6 gearbeitet hatte. Er behauptete vage, ich hätte einigen Freunden erzählt, dass ich ein Spion sei. Ich hatte es aber nur Rosie, meinen Eltern und McCann gesagt. Rosie bestritt in Interviews immer kategorisch, dass ich irgendwelchen Kontakt zur IRA oder zum Geheimdienst gehabt hätte. Die Zollbehörden waren auf meine Verbindung zum MI6 aufmerksam geworden, da Macs Telefonnummer in den Telefonlisten eines Amsterdamer Hotels aufgetaucht war. Um auf Kaution freizukommen, hatte ich mich an mein Versprechen gehalten, vor dem Untersuchungsrichter den MI6 nicht zu erwähnen. Es war unwahrscheinlich, dass die Zollbehörden Ihrer Majestät einem Reporter des *Daily Mirror* alles verraten hatten. Die Überschrift auf der Titelseite des *Daily Mail* lautete Scotland Yard befürchtet IRA-Entführung, und im Artikel wurde behauptet, dass ich zuletzt in Begleitung zweier Zollbeamter gesehen worden sei und dass die Polizei jetzt ermittle, ob ich von der IRA hingerichtet worden sei. Später am selben Tag stritt die *Thames Valley Police* energisch ab, dass ich ein Agent des MI6 gewesen sei, der die IRA ausspionieren sollte, und Bernard Simons versicherte immer wieder, dass er von mir gehört habe und dass ich nicht gegen meinen Willen festgehalten wurde. Die Medien nahmen aber keine Notiz davon. Es wäre ja auch zu langweilig gewesen. Fairerweise muss ich zugeben, dass der *Daily Mirror* sich zumindest verpflichtet fühlte, auch eine alternative Version zu veröffentlichen: Die Titelüberschrift am nächsten Tag lautete DER INFORMANT, und diesmal waren es Drogenschmuggler der Mafia, die mich gekidnappt hatten, damit ich nicht im Old Bailey erscheinen und sie verraten konnte. Andere Meldungen vermuteten, dass ich meine Entführung selbst inszeniert hätte. Die Öffentlichkeit bevorzugte jedoch die Spion/IRA-Theorie, und somit beschränkten sich auch die Nachrichten im Fernsehen und im Radio darauf. Wer waren also meine Feinde? Die Polizei, weil sie überall nach mir suchen musste, die IRA, weil ich Dope geschmuggelt hatte, die Mafia, weil sie glaubte, dass ich gegen sie aussagen würde, die Zoll- und Steuerbehörden, weil ich nicht kam, um mich verurteilen zu lassen, der Geheimdienst Ihrer Majestät, weil ich das Lager gewechselt hatte, oder die Medien, aus mir unbekannten Gründen? War das wichtig? Ich hatte nichts weiter vor, als mein Aussehen zu verändern und weiter meinen Geschäften nachzugehen. Einen Ansatz von Schnurrbart hatte ich schon. Diese ganze lächerliche Publicity diente nur dazu, mich noch vorsichtiger zu machen. Trotzdem fühlte sich das alles eher irreal an, und gelegentlich konnte es einem Angst machen.

Der Medienrummel hörte so plötzlich auf, wie er begonnen hatte. Der Richter vom Old Bailey verschob die Entscheidung über die Zahlung der Kautionssumme. Ich sei möglicherweise entführt worden, sagte er, und könne deshalb nicht als flüchtig angesehen werden. Meine wesentliche Aufgabe bestand darin, meine Familie wissen zu lassen, dass es mir gutging. Dai ließ mich nicht gerne sein Telefon benutzen, zu welchem Zweck auch immer, und ich ging davon aus, dass die Telefone meiner Familienangehörigen aufgrund der landesweiten Suche nach mir alle abgehört wurden. Über Umwege und durch einige komplizierte Manöver, bei denen ich gelegentlich mit meiner Schwester in Wales sprach, gelang es mir, heimliche Treffen mit Rosie, Myfanwy und meinen Eltern zu organisieren, während ich noch an meiner Tarnung feilte.

Nach etwa zwei Monaten hatte ich mich sehr verändert und konnte ohne Furcht durch die Straßen spazieren. Jeden Morgen kaufte ich mir die Zeitung und trank einen Kaffee in einem Café der Hafenarbeiter. An einem heißen Julimorgen war ich am Zeitungsstand und sah die Titelseite des *Daily Mirror* mit der Überschrift DAS LANGE SCHWEIGEN DES MR MYSTERY. Darunter war ein Foto von mir. Ich kaufte die Zeitung. Der Artikel berichtete, dass die Polizei die Suche nach mir abgebrochen habe und dass im Parlament über mein Verschwinden diskutiert worden war. Dem Artikel folgte wieder eine Welle von Publicity.

»Du brauchst einen anderen Namen und bessere Verkleidung«, sagte Dai. »In der U-Bahn reden alle nur über dich. Ich werde nicht mehr Howard zu dir sagen. Und ich werde dich auch ganz sicher nicht Mr Mystery nennen.«

»Nenn mich doch Albi«, schlug ich vor, teils in Anlehnung an meinen alten Freund Albert Hancock, teils weil es ein Anagramm von *bail* (Kaution) war.

»Na gut«, meinte Dai. »Du könntest dir doch zum Beispiel eine Brille besorgen.«

»Woher denn?«

»Ich glaube, die nennt man Optiker, Albi.«

»Aber meine Augen sind völlig in Ordnung, Dai. Die würden mir keine Brille geben.«

»Geh zum Zahnarzt, und er wird dir sagen, dass du schlechte Zähne hast. Geh zum Optiker, und er wird dir sagen, dass du eine Brille brauchst. So verdienen die ihr Geld. Außerdem hab ich neulich gelesen, dass man von dem Zeug, das du dauernd rauchst, weitsichtig wird. Also rauch doch einfach eine gute Ladung und geh dann zum Optiker.«

Dai hatte wahrscheinlich eine dieser absurden Horrorgeschichten gelesen, nach denen Marihuana so ziemlich alles von Sterilität bis Nymphomanie verursacht. Aber da konnte trotzdem etwas dran sein, ich wusste, dass sich der Konsum von Marihuana auf den Innendruck der Augen auswirkt. Ich rauchte mehrere Joints und ließ einen Sehtest machen. Ich brauchte eine Brille, und sie wurde speziell für mich angefertigt. Mein Aussehen veränderte sie total, doch sah ich alles nur noch verschwommen, außer wenn ich völlig stoned war.

Während des nächsten Monats erschienen immer wieder Spekulationen über meinen Aufenthaltsort in der Presse. Das FBI fürchtete um mein Leben. Ein mir völlig unbekannter Mann aus dem West Country gestand, mich ermordet und unter einer Autobahnbrücke in der Nähe von Bristol verscharrt zu haben.

»Du wirst verschwinden müssen, Albi. Jane, Sian und ich gehen sonst noch die Wände hoch.«

»Okay, Dai. Es tut mir leid. Ich hatte nicht geahnt, dass ich so lange hierbleiben würde, und auch nicht, dass es zu diesem ganzen Wahnsinn kommen würde.«

»Warum gehst du nicht ins Ausland?«

»Ich hab keinen Ausweis, Dai. Ich hab keine Ahnung, wo ich anfangen soll.«

»Nimm meinen.«

Unter normalen Umständen sahen Dai und ich uns ein bisschen ähnlich. Wir waren beide groß, dunkel und glatt rasiert, und hatten beide blaue Augen und recht ausgeprägte Gesichtszüge. Mit meiner Kifferbrille und dem Schnurrbart war die Ähnlichkeit verschwunden, aber das Foto konnte leicht durch ein anderes ersetzt werden, der geprägte Stempel ging nur über ein winzig kleines Eckchen. Es würde nicht auffallen, wenn er auf dem neuen Foto fehlte. Dai gab mir auch seinen Führerschein. Er gab sich alle Mühe, dass mich nichts mehr aufhielt.

Ich beschloss, nach Italien zu gehen. Dafür gab es im Wesentlichen zwei Gründe. Auf einem Campingplatz in Genua stand ein großer Winnebago-Caravan. Ich hatte ihn im Jahr zuvor dort abstellen lassen, damit Eric ihn benutzen konnte – hätte er den Libanesen in Italien abgeliefert, statt ihn griechischen Schwammtauchern zur Verfügung zu stellen. Ich hatte Lust, eine Weile darin zu leben. Außerdem sollte meine Schwester demnächst anfangen, in Padua zu unterrichten, und so könnte ich leicht den Kontakt zu meiner Familie halten. Abgesehen vom Winnebago hatte ich noch etwa fünftausend Pfund Bares. Alles andere war weg. Während ich auf Kaution frei war, hatte Ernie jemanden nach Amsterdam geschickt, um die hunderttausend Dollar und den Ausweis von Peter Hughes aus dem Bankschließfach bei der *Allgemene Bank Nederland* zu holen, aber das Fach war leer. Die Polizei war schneller gewesen. Der Typ, den Ernie geschickt hatte, Burton Moldese, hatte scheinbar Connections zur Mafia in San Francisco, und ich nehme an, dass der *Daily Mirror* daher seine Mafiatheorie hatte. Ich war mir sicher, dass Ernie mir Geld leihen würde, insbesondere, da es immer mehr so aussah, als müsste die Kaution nicht bezahlt werden. Ich hatte eine Postadresse von Ernie, war mir aber unsicher, wie er wohl auf den ganzen Pressezirkus reagiert haben mochte. Ich wollte mich mit ihm in Verbindung setzen, wenn sich die Lage etwas beruhigt hatte.

Ich hielt mich an McCanns Rat und flog nicht direkt nach Italien. Ich nahm ein Fähre nach Dänemark und flog von Kopenhagen nach Genua. Der Pass erfüllte seinen Zweck. Der Winnebago sprang gleich beim ersten Versuch an, und ich zog von Campingplatz zu Campingplatz die italienische Riviera entlang. Ich trug meine Brille nicht mehr und genoss ein Leben vielfältiger Ausschweifungen. Ich fuhr über italienische Landstraßen und gabelte Tramperinnen auf. Der Winnebago verfügte über eine Küche, einen Wohnraum, eine Dusche, eine gute Stereoanlage und genug Schlafplatz für sechs Leute. Gewöhnlich nahm ich nur einen Anhalter mit, aber manchmal auch bis zu sechzehn. Die Autostradas zwischen Como und Neapel wurden mein Zuhause. Das Benzin musste ich bezahlen, aber Dope, Sex, Essen und Trinken schien es in diesem Land umsonst zu geben.

Rosie kam mich für ein paar Wochen mit Myfanwy besuchen. Das Cottage in Yarnton hatte sie verkauft und sich zusammen mit Julian Peto und seiner Familie ein großes Haus in Northleigh bei Oxford gekauft. Ich hielt den Kontakt mit Rosie über Fanny Hill. Im September rief ich Rosie bei Fanny an und erwähnte, dass meine Eltern mich vielleicht besuchen kämen. Später stellte sich heraus, dass Raymond Carr, der Rektor des St. Anthony's College, mit dem Fanny noch immer eine Affäre hatte, dieses Gespräch über einen Nebenanschluss mitgehört hatte. Es ist nicht sicher, ob Raymond Carr diese Information an die Behörden weitergeleitet hat, doch es ist sehr wahrscheinlich. Meine Eltern kamen wirklich nach Italien und verbrachten zwei Wochen mit mir und meiner Schwester, in denen wir mit dem Winnebago durch Norditalien fuhren.

Nachdem sie abgefahren waren, hing ich auf einem Campingplatz in Padua herum. In heller Panik suchte mich meine Schwester auf. Der *Daily Mirror* hatte versucht, sie zu interviewen. Sie wussten, dass ich mich in Italien aufhielt, und sie wussten auch, dass mich meine Eltern besucht hatten. Ich musste also davon ausgehen, dass es die Behörden ebenfalls wussten. Wo konnte ich jetzt hingehen? Ich hatte fast kein Geld mehr. In England suchte mich die Polizei wahrscheinlich nicht. Dort würden sie mich wirklich nicht erwarten, und dort würde ich wenigstens irgendwo einen Schlafplatz auf dem Fußboden bekommen.

Am achtundzwanzigsten Oktober 1974 fuhr ich den Winnebago zurück zum Campingplatz in Genua, von dem ich ihn drei Monate zuvor abgeholt hatte. Ich klebte wiederum ein neues Foto in Dais Ausweis und buchte einen Flug von British Caledonian nach Gatwick.

Im Flughafen von Genua trank ich mehrere Gläser Grappa, ehe ich ohne Zwischenfall die Passkontrolle passierte und mich daranmachte, mich in der Abflughalle ernsthaft zu betrinken. Im Duty-free-Shop kaufte ich Zigaretten und einige Flaschen Sambuca Negra. Während des Fluges bestellte ich weitere Drinks und fing sogar an, aus den Sambucaflaschen zu trinken. Es wurden Zeitungen verteilt, und ich nahm einen *Daily Mirror.* Auf dem Titelblatt war ein Foto von mir, dazu in riesigen Lettern die Überschrift: ER LEBT. Der Artikel umfasste mehrere Seiten und besagte, dass Mr Mystery in Padua als Gast der Mafia lebte. Mr Mysterys Versteck kannten nur die Mafia und meine Schwester. Mr Mystery tarnte sich als Student und wurde von den Gangstern der Mafia gedeckt und beschützt. Das Flugzeug war voller Leute, die diesen Exklusivbericht lasen. Ich verlor mal wieder den Kontakt zur Realität, und der Sambuca Negra leistete mir dabei gute Dienste. Als ich ausstieg, war ich schon haltlos am Kichern, und ich kann mich nicht einmal daran erinnern, irgendwelchen Zollbeamten gegenübergestanden zu sein. Ich folgte den anderen Passagieren durch den Bahnhof von Gatwick und bestieg einen Zug nach Victoria. Als der Zug hielt, trank ich noch immer an meinem Sambuca Negra. Ich nahm eine U-Bahn nach Paddington, und, im Suff meinem Heimatinstinkt folgend, den Zug nach Oxford, wo ich gegen neun Uhr abends ankam. Vom Bahnhof ging ich zu Fuß zur Polizeistation in der Straße St. Aldate's. Als ich dort war, war ich extrem verwirrt. Ich konnte einfach nicht glauben, dass die letzten sechs Monate meines Lebens tatsächlich geschehen waren. Ich wollte mein Leben zurückspulen bis zu dem Punkt, an dem ich die Freilassung auf Kaution beantragt hatte. Bis dahin hatte ich noch alles verstanden. Ein Polizist kam aus der Wache. Ich fragte ihn, wo der Bus nach Northleigh abfuhr. Er antwortete, dass es schon zu spät für den Bus sei, dass ich ein Taxi nehmen müsste. Ich ging in eine Telefonzelle und versuchte, Rosie in Northleigh anzurufen. Es hob niemand ab. Ich lief zur Leckford Road, in der mich der geistig gesunde Teil der Welt zuletzt gesehen hatte. Das Pub an der Ecke, das ›Victoria Arms‹, in dem ich oft mit Freunden gewesen war, gab es noch. Ich ging hinein. Totenstille trat ein. Fast alle erkannten mich. Julian Peto war da und brach in unkontrollierbares Gelächter aus. Ich fragte, wo Rosie sei. Sie sei mit Myfanwy auf einer Party, zu der er auch gerade gehen wollte. Bis wir dort ankamen, waren Rosie und Myfanwy schon fort. Ich trank ein bisschen Punsch und rauchte ein paar Joints. Julian und ich fuhren nach Northleigh. Rosie stand unter Schock. Chief Superintendent Philip Fairweather von der Thames Valley Police, der Mann, der für die Ermittlung der Umstände meines Verschwindens verantwortlich war, war gerade eben gegangen. Rosie steckte mich ins Bett. Am nächsten Morgen kam in den Nachrichten, dass Muhammad Ali von George Foreman den Weltmeistertitel im Schwergewicht zurückerobert hatte und dass ein Richter des Old Bailey beschlossen hatte, kein Geld von denen einzuziehen, die meine Kaution übernommen hatten, ungeachtet der Tatsache, dass der Polizei mein Aufenthaltsort in Italien bekannt war. Die polizeilichen Ermittlungen wurden eingestellt. Es war nicht im ›öffentlichen Interesse‹ zu enthüllen, wo ich mich befand. Aber ich lebte. Wenigstens war ich kein toter Spion mehr.

Judy Lane, inzwischen schon neunzehn, stattete uns einen freundschaftlichen Besuch in Northleigh ab. Wir hatten einander nicht vergessen, und ich musste nicht lange überredet werden, ihr nettes Angebot anzunehmen, zu ihr nach Brighton zu ziehen. Judy hatte fünf Geschwister. Bis jetzt hatte ich nur Patrick kennengelernt, der seit einem Jahr in selbstauferlegtem Exil in der Dordogne lebte und Schnecken züchtete. Judys Mutter war vor kurzem an Krebs gestorben, und ihr Vater hatte jetzt eine neue, junge Freundin. Von ihren Geschwistern wohnte keiner mehr zu Hause, einige lebten im Internat. Nur Judy wohnte noch in der Wohnung in Brighton. Seit dieser Zeit waren Judy und ich zusammen, und wir sind es immer noch.

Wieder ebbte der Medienrummel so schnell ab, wie er begonnen hatte. In Judys Wohnung fühlte ich mich sicher, und ich begann, alte Geschäftsfreunde zu kontaktieren, darunter Johnny Martin, Anthony Woodhead und Jarvis. Mit ihrer Hilfe konnte ich den Winnebago verkaufen und die paar Tausend Pfund beim Schweizerischen Bankverein abheben, die ich im Jahr zuvor dort eingezahlt hatte. Ich schrieb Ernie und gab ihm Judys Telefonnummer. Mitten in der Nacht klingelte das Telefon.

»Es ist für dich, Albi«, sagte Judy.

»Wie geht's dir? Ich dachte schon, du wolltest dich gar

nicht mehr bei mir melden. Was ist denn so alles passiert? Was hast du getrieben?«

»Entschuldige, Ernie. Nachdem so viel in der Zeitung gestanden war, dachte ich, du würdest es vielleicht gar nicht so genau wissen wollen.«

»Davon hab ich gar nichts mitbekommen. Hier drüben wärst du ein kleiner Fisch. Hör mal, meine Freundin Patty kommt rüber zu dir. Sie wird dir erzählen, was bei mir dieser Tage so geht. Brauchst du Geld? Sie wird 10 000 Dollar für dich dabeihaben.«

Anthony Woodhead hatte ein extrem billiges Penthouse in London aufgetan, mit Blick über den Regent's Park. Ich mietete es inoffiziell von ihm, und Judy und ich zogen dort ein. Patty kam und erzählte mir Näheres von Ernie und sagte mir auch, welche Codes ich benutzen sollte, wenn ich mit ihm telefonierte. Ernie hatte eine Connection im John-F.-Kennedy-Flughafen in New York, die jede beliebige Ladung durch den Zoll bekommen konnte, ganz gleich, woher sie kam, vorausgesetzt, sie war geruchsneutral und kam mit Alitalia. Der Preis dafür lag bei fünfundzwanzig Prozent des Großhandelspreises in Amerika. Ein alter Verbündeter von Ernie bei der Brotherhood of Eternal Love, Robert Crimball, konnte Thai Sticks aus Bangkok exportieren. Er verlangte fünfunddreißig Prozent des amerikanischen Großhandelspreises. Vierzig Prozent wären dann noch für Mittelsmänner übrig. Einige Tausend-Kilo-Ladungen waren schon importiert und verkauft worden. Ob ich jemanden in einem anderen Erzeugerland als Thailand wusste, der gegen einen kleinen Vorschuss und reichliche Entlohnung hinterher Dope per Luftfracht verschicken konnte? Wenn ja, könnte ich extrem reich werden.

Es war ein Angebot, wie man es nur einmal im Leben bekommt, aber ich kannte niemanden, der das Notwendige hätte tun können. Mohammed Durrani, Libanesen-Sam und Libanesen-Joe hatte ich völlig aus den Augen verloren. Niemand fiel etwas ein, außer Jarvis. Einer seiner Freunde hatte sieben Jahre lang in Nepal gelebt. Er hieß John Denbigh, wurde aber Old John genannt. Jarvis organisierte ein Treffen in seiner Wohnung für uns.

Old John war eine sehr große, erwachsene, männliche Ausgabe von Mick Jagger. Er war wie ein Hell's Angel gekleidet und schmückte sich mit Halsketten, Perlen, Amuletten, Ketten und Halbedelsteinen. Er war die Auffälligkeit in Person, verdächtig wie kein Zweiter. Aber Old John hatte noch niemals einen Joint geraucht, und seinen Lebensunterhalt verdiente er sich, indem er alte Öfen kaufte und reparierte. Seine Worte waren weise, doch wenn man auch nur eine Sekunde aufhörte, sich darauf zu konzentrieren, wirkten sie inkohärent. Ansonsten schien sich seine Weisheit in ihrer Tiefe jeglicher Konventionen und Platitüden zu entziehen. Old John kannte die Straße wie kein anderer; die Straßen von Fulham waren sein Lehrmeister gewesen, und von ihnen hatte er auch seinen Dialekt. Er spielte leidenschaftlich gerne Fußball und Kricket. Sein Vater war auf der Universität von Oxford gewesen. Old John war hundert Prozent ehrlich und integer. Niemand könnte sich einen besseren, verschwiegeneren und vertrauenswürdigeren Freund wünschen.

Jarvis baute Joints und kochte Tee. Old John rauchte Zigarren von Tom Thumb und trank Whisky. Wir sprachen über die walisische und die englische Rugbymannschaft. Wales hatte England gerade im Cardiff Arms Park zwanzig zu vier massakriert. Nach einer Stunde konnte ich das Gespräch auf Nepal lenken.

»Es war doch bestimmt interessant dort, John.«

»Interessant schon, und ich kann dir sagen, die Nepalesen sind ganz wunderbare Leute.«

»Gibt es da viele Touristen?«

»Weißt du, das war so. Da kam dieser Engländer und sagte mir, er hätte neun verschiedene Fähigkeiten. Ich sagte, ich hätte nur eine: Ich könnte ihn aus dem Fenster werfen. Und er strich die Außenwände seines Hauses mit Religion und ging dann hinein und lebte drinnen in dem Haus. Wahnsinn.«

Dem konnte ich gerade noch folgen und fasste es so auf, dass Old John eine gewisse Verachtung für Gemeinschaften von Auswanderern im Osten verspürte. Ich musste konkreter fragen.

»Hattest du keinen Ärger mit dem Zoll, als du hierher zurückgekommen bist?«

»Ärger? Nein, Ärger nicht. Ich hörte einen von ihnen sagen: »Halte den Arsch da auf. Den nehm ich auseinander«, und er kam auf mich zu und sagte: »Verzeihung, Sir«, und ich habe geantwortet: »Sir? Nein. Nennen Sie mich nicht ›Sir‹. Meine Name ist ›Arsch‹. Nennen Sie mich doch bitte Arsch.« Das hat ihm gereicht. Dann kam der andere und fragte: »Dürfte ich mal Ihren Ausweis sehen?«, und ich antwortete: »Es ist nicht mein Ausweis, es ist der Ihre«, und gab ihm den Pass. Er fragte, was ich in Nepal tat. Ich sagte, ich sei Barkeeper. Vodka and Lime. Was soll's denn sein? Er fragte, ob ich irgendwelchen komischen Tabak rauche. Ich fragte, ob er Kinabis meine, und er sagte, es sei nicht so wichtig. Dann nahm ich den Bus nach Fulham.«

Ich musste wohl direkt fragen, was ich wissen wollte.

»Könntest du per Flugzeug was aus Nepal rausschicken, John?«

»Ooh! Nein. Nein, so etwas kann ich nicht machen. Nein,

nein, nein. Aber ich kenne da jemanden. Der kennt jemand, der das vielleicht könnte.«

»Wie viel würde das kosten?«

»Nun ja, Geld ist eben so eine Sache, und ich verspreche dir, dass sie für einen fairen Lohn immer arbeiten werden.«

»Wie viel ist ein fairer Lohn, John?«

»Ich bin sicher, dass du es mir sagen wirst.«

»Und was würdest du selber dafür wollen, John?«

»Wenn ich dir bei deinen Geschäften behilflich bin, so wirst du mir sicherlich einen Drink spendieren.«

»Einen Drink?«

»Ja. Wenn jemand etwas für dich tut, dann gib ihm einen aus. Wenn alles gut geht, dann lade mich bitte auf einen Drink ein.«

»Kannst du prüfen, ob die Qualität in Ordnung ist?«

»Ich rauche nur Tom Thumb, aber ich kenne jemand, der ein Messer hat.«

Ich fasste das als ›Ja‹ auf.

»Kannst du dafür sorgen, dass es nicht riecht?«

»Nicht, wenn Gott gewollt hat, dass es riecht.«

»Kennst du jemand, der das kann?«

»Nein. Aber wenn du jemanden kennst, dann lass ihn hinfahren und es tun, oder mir sagen, wie es geht.«

»Wie viel können sie schicken?«

»Ich würde annehmen, das hängt davon ab, wann du anfangen willst.«

»Nun, John, die Amerikaner werden so bald wie möglich eine Tonne haben wollen.«

»Ich war ja mal in Amerika, und die Sache ist die, dass die Amerikaner immer noch mehr wollen, und ihr Wahnsinn kennt keine Grenzen. Wunderbare Leute, kein Zweifel, aber man muss ihnen Grenzen setzen. Als mein Visum abgelaufen war, fragte mich der Beamte auf dem Einwanderungsamt, warum ich es verlängern lassen wollte, und ich sagte, deswegen, weil ich noch Geld übrig habe. Der Beamte setzte seinen Stempel darauf und wünschte mir noch einen schönen Tag. Wenn die Amerikaner also morgen eine Tonne wollen, dann sage ihnen, dass du eine halbe Tonne schicken wirst, wenn Wales im Rugby die Triple Crown gewinnt. Das wird ihren Wahnsinn ein wenig dämpfen, und alle können in Ruhe ihr Leben leben. Es erspart einem das ganze GID.«

»GID?«

»Geschwätz über imaginäre Deals.«

Es war nicht leicht, den Inhalt meines Gesprächs mit Old John zuverlässig an Ernie weiterzugeben. Ich teilte ihm mit, dass aus Nepal Haschisch zu etwa demselben Preis exportiert werden konnte, den Robert Crimball in Bangkok verlangte, dass aber fünfhundert Kilo pro Lieferung die Obergrenze sei und dass jemand hingeschickt werden musste, der dafür sorgte, dass die Ladung geruchsneutral sei. Ernie schickte Tom Sunde, seine rechte Hand, mit Geld, Anweisungen und Know-how. Tom kam erst nach London, bevor er nach Kathmandu flog, um sich dort mit Old John zu treffen. Ernie hatte ihm freie Hand gegeben, mich in sämtliche Einzelheiten der Prozedur in New York einzuweihen.

In den Siebzigern war die mächtigste Mafiafamilie in den Vereinigten Staaten die unter Carlo Gambino, dem Prototyp des Vito Corleone in Mario Puzos Roman *Der Pate*. Anfang des Jahrhunderts auf Sizilien geboren, hielt sich Gambino an den alten Kodex, dass sich die Mafia aus Drogengeschäften heraushalten sollte. Carmine Galante, Gambinos schärfster Rivale im Kampf um die Stellung als Pate des New Yorker Mobs, kannte dergleichen Skrupel nicht. Seiner Meinung nach sollte die Mafia alles beherrschen, auch den Drogenhandel.

Carmine Galantes Organisation bediente sich der Hilfe Don Browns, eines amerikanischen Iren, der in Queens in New York mit Dopehandel sein Geld verdiente und es in Los Angeles wieder ausgab. Don Brown kannte Richard Sherman, einen extrem gewieften kalifornischen Anwalt, der auch Ernie Combs vertrat. Nichtsahnend stellte Sherman Ernie und Don Brown einander vor. Und schon wurde ein Plan ausgeheckt.

Das häufige Verschwinden von Gütern bewies zur Genüge, dass Gambinos Bande in der Lage war, Dinge auf anderen als den üblichen Wegen vom Gelände des John-F.-Kennedy-Flughafens zu entfernen. Sehr bald wurde diese Möglichkeit zum Schmuggeln genutzt. Die bevorzugte Methode war die, eine Ladung legaler Güter einer New Yorker Firma in das Dope-Erzeugerland zu schicken. Die Importfirma in diesem Land würde die Lieferung dann scheinbar zurückschicken, angeblich weil sie defekt war oder nicht der Bestellung entsprach. In Wirklichkeit wurde aber eine Lieferung Haschisch geschickt und vom Mob abgefangen.

Vorbereitend für den Nepaldeal war in New York ein Geschäft für Klimaanlagen namens Kool-Air gegründet worden. Alles war bereit, echte Klimaanlagen zu exportieren. Old John und Tom Sunde flogen einzeln nach Kathmandu, jeder mit einem Koffer voll Dollars von Ernie, um sich dort um das Geschäftliche zu kümmern. Zunächst sollte Old John eine nepalesische Firma gründen, die Klimaanlagen importieren konnte, und mir ihre Anschrift mitteilen. Eine Woche später erhielt ich ein Telegramm aus Kathmandu. Die Botschaft bestand aus nur einem Wort: Yeti. Ich wusste zwar, was der Yeti war, doch half mir das nicht weiter. Ernie wartete auf Neuigkeiten. Ich wusste nicht, was ich ihm hätte sagen sollen, also schickte ich Old John ein Telegramm mit der Bitte, mich anzurufen.

»John, was bedeutet deine Nachricht?«

»Es ist der Name, den du wissen wolltest.«

Ich war nicht gerade begeistert von der Idee, ein Geschäft für Klimaanlagen ›Yeti‹ zu nennen.

»Das ist wirklich kein besonders vielsagender Name, John.«

»O doch, das kann ich dir versprechen. Sie haben noch nie einen gefangen.«

Ich gab es auf.

»Okay, John, das ist also der Name. Ist sonst alles in Ordnung?«

»Nein. Die essen hier keine Spaghetti. Sie benutzen Essstäbchen, oder sie essen Wurst oder Smörrebröd. Mit Spaghetti sieht's schlecht aus.«

Mit jedem Tag fiel es mir leichter, Old John zu verstehen. Er konnte es nicht so einrichten, dass die Ladung vor New York in eine Maschine von Alitalia umgeladen wurde, sondern nur, dass sie mit anderen europäischen oder fernöstlichen Fluggesellschaften käme. Ich sagte Ernie Bescheid. Er wollte sich darum kümmern.

Mit dem Geld, das mir Ernie gegeben hatte, stattete ich das Penthouse am Regent's Park mit etwas Luxus aus: Ich kaufte eine Stereoanlage und Schallplatten. Judys Vater und seine Freundin waren in die Wohnung in Brighton gezogen, und somit stand Judy jetzt seine Wohnung zur Verfügung, die ganz in der Nähe des Regent's Park gelegen war. Gegen vier Uhr an einem Frühlingsnachmittag war ich alleine im Penthouse, genoss die Aussicht über die Londoner Skyline und hörte *Ladies Love Outlaws* von Waylon Jennings. Ich blickte auf die Straße hinunter und sah vier stämmige Männer, die eilig auf mein Haus zuliefen. Irgendetwas sagte mir, dass sie zu mir wollten, aber ich kannte sie nicht. Die Klingel von der Haustür im Erdgeschoss läutete. Ich fragte, wer dort sei. Eine gedämpfte Stimme murmelte etwas Unverständliches. Ich drückte auf den Türöffner, setzte meine Kifferbrille auf, verließ die Wohnung und begann, die Nottreppe hinunterzusteigen, in der Annahme, dass die Herren wohl den Aufzug nehmen würden. Unten angekommen stellte ich fest, dass die vier Männer immer noch bei der doppelten Eingangstür aus Glas standen. Der Hausmeister hielt ihnen eine der Türen auf und sprach mit ihnen. Sie sahen mich alle, und der Hausmeister deutete mit dem Kopf in meine Richtung. Unverschämt langsam bewegte ich mich in Richtung des Ausgangs, als wollte ich das Gebäude verlassen. Einer der Männer fotografierte mich mit hellem Blitz.

Dann sagte ein anderer: »Das ist er nicht.«

»Es tut uns leid, Sir. Entschuldigen Sie.«

Ich warf ihnen einen ärgerlichen Blick zu, ging hinaus auf die Straße und nahm ein Taxi nach Soho.

Es war offensichtlich der *Daily Mirror* gewesen, mit oder ohne Polizei. Wie hatten die es nur herausbekommen? Ich hatte nicht die leiseste Ahnung, aber zum Penthouse konnte ich nicht zurück. Das Geld und die Wertsachen, die ich dort gelassen hatte, musste ich als verloren betrachten. Anthony Woodhead, als Hauptmieter des Penthouse, würde vielleicht ein paar Probleme kriegen – es sei denn, dass er es gewesen war, der ihnen den Tipp gegeben hatte. Zum ersten Mal sollte Haschisch per Luftfracht von Katmandu an die New Yorker Mafia geschickt werden, und ich sollte das ganze Geschäft organisieren – und besaß nichts auf der Welt außer den paar Pfund in meiner Hosentasche und einer Kifferbrille. Ich rief Judy an. Sie holte mich in ihrem Wagen ab, und wir fuhren nach Liverpool, wo wir unter falschem Namen im Holiday Inn eincheckten. Am nächsten Morgen wurde der *Daily Mir-*

ror unter der Tür durchgeschoben. Wieder war ich auf der Titelseite. Unter der Überschrift EIN MANN AUF DER FLUCHT prangte ein großes Bild von mir, mit Schnurrbart und Brille. Ich rasierte mich, schmierte mir Brillantine in die Haare und kämmte sie glatt nach hinten. Judy zog los, um ein möglichst billiges Zimmer zu mieten. Es lag im Viertel Sheill Park und kostete vier Pfund die Woche, mit Bad- und Küchenbenutzung. Ich rief meine Eltern an, um ihnen zu sagen, dass es mir gut ging, und Ernie, um ihm zu erzählen, was passiert war. Er war völlig gelassen. Ich brachte es nicht über mich, ihn wieder um Geld zu bitten. Er hatte gute Nachrichten für Old John. Die Ladung konnte auch mit Japanese Air Lines (JAL) kommen; die Italiener hatten mit den Japanern gesprochen und sich mit ihnen geeinigt.

Das bei Weitem größte Netzwerk organisierten Verbrechens auf der Welt ist die Yakuza, mit mehreren Hunderttausend Mitgliedern. Ihre Wurzeln liegen im frühen siebzehnten Jahrhundert, als einige Outlaws im Stile Robin Hoods sich gegen die Herrschaft der Samurais auflehnten. Nach dem Zweiten Weltkrieg glich sie eher typisch westlichen Banden von Gangstern mit dunklen Anzügen und Sonnenbrillen. Ende der Sechziger hatte die Yakuza wichtige Kontakte mit den chinesischen Triaden in Hongkong, Malaysia, Taiwan und Thailand geknüpft, und ein chinesisch-japanisches Syndikat entstand, mächtiger als je eines zuvor, das große Ladungen Heroin in die Vereinigten Staaten schickte. Einige davon kamen über den Kennedy Airport. Und jetzt warteten die Yakuza und die Mafia darauf, dass Old Johns Yeti in die Gänge kam.

Ich gab Ernie die Nummer der Telefonzelle an der Straßenecke durch und sagte, dass ich jeden Dienstagabend von acht bis Viertel nach acht dort warten würde. Dieselbe Telefonnummer und die guten Nachrichten mit JAL schickte ich auch an Old John nach Katmandu. Ich lebte das Leben eines Liverpooler Penners, der weiß, dass er bald reich werden würde. Von einigen leiderprobten Freunden und Familienmitgliedern konnte ich noch ein paar Hundert Pfund schnorren.

Ich machte mir langsam Sorgen darüber, dass ich keine Papiere hatte. Ein einundzwanzigjähriger Polizist war von der IRA erschossen worden und ein Serienmörder, genannt ›der Schwarze Panther von Birmingham‹ sowie der ›Verhüllte Vergewaltiger‹ von Cambridge trieben ihr Unwesen. Die Polizei konnte einen jederzeit anhalten, und es wäre unangenehm gewesen, sie nicht mit irgendeinem Papier mit falscher Identität abspeisen zu können. Die Führerscheinstelle in Swansea verlangte keinen Beweis der Identität zum Beantragen einer vorläufigen Fahrerlaubnis. Ich bestellte eine auf den Namen Albert Lane, die mir nach Liverpool zugeschickt wurde. Ich meldete mich zur Führerscheinprüfung an und bestand sie, woraufhin ich einen voll gültigen Führerschein bekam. Als Albert Lane besorgte ich mir einen Ausweis der Stadtbibliothek und eröffnete ein Sparkonto bei der Post. Judy und ich kauften zu einem Spottpreis einen klapperigen Bedford-Bus und verbrachten Wochen am Stück auf unterschiedlichen Campingplätzen. Dieses Leben immerwährenden Urlaubs gefiel uns, doch beschwerte sich Judy häufig darüber, dass ich darauf bestand, dass unser Zelt immer neben der Telefonzelle stehen musste, deren Nummer von Los Angeles bis zum Himalaja bekannt war. Ich musste zu jeder Tages- und Nachtzeit erreichbar sein und telefonieren können, und ich hatte keine Lust, dafür erst im Mondschein und im Schlafanzug über die Wiese latschen zu müssen. Die Telefonzelle war so gut wie immer neben den Duschen und Toiletten des Platzes. Unser Zelt war immer das einzige, das dort in der

Nähe stand. Tagsüber vergnügten wir uns entweder mit den Freizeitangeboten des Campingplatzes, oder wir trugen uns unter verschiedenen dummen Namen bei örtlichen Bibliotheken ein. Abends testeten wir neue Tricks, an weitere falsche Identitäten zu kommen.

Unsere Lieblingsmethode war die Wahrsagerei. Judy verkleidete sich als sexy Hellseherin und setzte sich alleine in ein Pub. Ich setzte mich an einen anderen Tisch. Früher oder später sprach sie unweigerlich ein Mann etwa meines Alters an und erfuhr, dass sie in Astrologie, Handlesen und Numerologie bewandert war und seine Zukunft voraussagen konnte. Dafür benötigte sie natürlich ein paar Details: Geburtsort und -zeit, den Mädchennamen der Mutter und Auskunft über vergangene Reisen und Reisepläne. Einige der Männer hatten nicht vor, das Land zu verlassen, da sie ausländischem Bier misstrauten. Letztendlich hatten wir genug Informationen, um mehrere Geburtsurkunden vom Standesamt St. Catherine's House in London zu bekommen.

Am Jahrestag der Unabhängigkeitserklärung, dem vierten Juli 1975, wurden fünfhundert Kilo handgepresste Temple Balls, mit das beste Haschisch der Welt, von Kathmandu über Bangkok und Tokio nach New York geschickt. Am Tag darauf wurde es schon in Greenwich Village geraucht. Ich war wieder sehr reich, und ich war noch in den Zwanzigern.

Ernie wollte gleich noch eine Ladung machen, diesmal eine größere. Old John war nicht so begeistert davon. Die Koffer voller Dollars, die Tom Sunde nach Nepal gebracht hatte, hatten verheerende Auswirkungen auf den Geldmarkt von Kathmandu gehabt.

»Das ist der amerikanische Wahnsinn. Mehr, immer nur mehr. Nächstes Jahr werden die Nepalesen keinen Reis mehr anbauen, sie werden alle nur noch Zeug anbauen und dabei

218

verhungern. Sie brauchen kein Geld, sie brauchen Medikamente.«

Ich fand aber, dass Ernie Recht hatte, und überredete Old John, der sich widerwillig bereiterklärte, eine Ladung von siebenhundertfünfzig Kilo zu schicken. Es klappte. Es wurden noch einige Ladungen von Nepal geschickt, doch sie waren nie größer. Nach einer dieser Sendungen fuhr Old John mit einem Krankenwagen voll Antibiotika, Verbandszeug und anderem Krankenhausbedarf nach Kathmandu und ließ ihn dort. Er weigerte sich, noch weitere Ladungen zu schicken. »Nepal soll Nepal bleiben.«

Ernie schickte immer einen seiner Kuriere mit meinem Anteil am Profit nach England. Inzwischen hatte ich einen Vorrat von mehreren Hunderttausend Dollar in bar. Ich mietete Wohnungen und Häuschen in verschiedenen Teilen des Landes. Ich war noch immer im Wesentlichen damit beschäftigt, mir falsche Dokumente zu beschaffen, und dafür brauchte ich Adressen, an die Führerscheine und andere nützliche Identitätsbeweise geschickt werden konnten. Ich wurde ein bisschen albern und beantragte sogar vorläufige Führerscheine auf die Namen Waylon Jennings und Elvis Presley, mit Erfolg. Der Computer in Swansea zuckte nicht einmal mit der Wimper, offenbar erinnerte er sich nicht an die Fünfziger. Mit den Geburtsurkunden, die ich mithilfe der Astrologie bekommen hatte, ging ich zu Postämtern und besorgte mir vorläufige Ausweise.

Johnny Martin stellte mich Philip Sparrowhawk vor, einem Allroundman aus Epsom, der gegen entsprechende Entlohnung diverse Identitätspapiere besorgen konnte. Er verdiente sein Geld vor allem mit Textilimporten aus Fernost, konnte aber auch sehr nützliche Dinge, zum Beispiel rückdatierte Versicherungsunterlagen besorgen, neue, gebrauchte oder

Mietwagen mit einem Minimum an Formalitäten auftreiben und Adressen und Telefonnummern zum spontanen und kurzzeitigen Gebrauch auftun. Über unsere Geschäfte freundeten wir uns rasch an, und wenig später taten wir uns zusammen und mieteten Büroräume in der High Street achtunddreissig A in Ewell, Surrey. Dies wurde bald die eingetragene Adresse der ›Ewell Group of Companies‹, einer Gruppe kleiner, unbedeutender Firmen, in denen Direktoren mit falschen Namen Sekretärinnen mit falschen Namen beschäftigten, die aber immer genügend Angaben machen konnten, um einen Ausweis zu beantragen oder ein Konto zu eröffnen. Da Phil darauf bestand, waren auch einige legale, tatsächliche Geschäfte darunter, die allerdings auch meistens etwas zwielichtig waren, so ein Gebrauchtwagenhandel und ein Minicarunternehmen. Das Ganze war auf einem Fundament von Schwindelfirmen und Versicherungsbetrug gebaut.

Von meiner ständigen Beschäftigung mit falschen Identitäten einmal abgesehen, deutete wenig darauf hin, dass ich der meistgesuchte Flüchtige in England war. Ich traf mich oft mit Rosie und Myfanwy und auch mit meinen Eltern. Mein Bekanntenkreis wuchs. Ich frischte Freundschaften mit alten Bekannten aus Oxford und Sussex auf, von denen es den meisten nichts ausmachte, mich Albi zu nennen, und lernte viele neue Freunde kennen. Sie wussten, wer ich war, und ich war mir völlig im Klaren darüber, dass mich jeder von ihnen jederzeit an die Behörden verraten konnte. Ich war eingebildet genug, davon auszugehen, dass mich jeder gernhaben musste, der mich kennenlernte, und so etwas nicht täte. Ich war einfach zu nett, um verpfiffen zu werden.

Denys Irving hatte es endgültig aufgegeben, schweinische Texte zu schreiben, und gab sich jetzt mit Begeisterung seinem neuen Hobby hin, dem Drachenfliegen. Er arbeitete mit

Mike Ratledge zusammen, der auch in Oxford gewesen war. Mike war der einzige Überlebende der Band ›Soft Machine‹, die neben Pink Floyd zu den angesagtesten Freakgruppen gehörte. In der Zeitschrift *Melody Maker* war er mehrmals zum besten Keyboarder der Welt gekürt worden, und er hatte bei Mike Oldfields sensationellem Hit *Tubular Bells* mitgespielt. Zurzeit experimentierten Denys und er mit integrierten Schaltungen und elektronischer Musik. Sie verbrachten ihre Tage über Lötkolben und Schaltkreisen. Die ganze Telefoniererei auf den Campingplätzen hatte dazu geführt, dass ich anfing, mir ein ideales Telefonsystem auszumalen. Ich stellte mir vor, mit ein paar Münzen statt einem ganzen Beutel voll Kleingeld in eine beliebige Telefonzelle gehen zu können und eine bestimmte Nummer zu wählen, die mich automatisch an jede Nummer weiterleiten würde, die ich danach von der Zelle aus wählte. In der Telefonzelle müsste ich nur für das Ortsgespräch, also die erste Nummer, bezahlen, und die Telefongesellschaft würde die Rechnung für das eigentliche Gespräch, sei es im In- oder Ausland, an den Inhaber der ersten Nummer schicken. Außerdem wollte ich unter dieser ersten Nummer die Nummer der Telefonzelle, in der ich zu erreichen war, hinterlassen können, so dass jeder andere, der diese Nummer anrief, automatisch an meine Telefonzelle weitergeleitet würde. Mithilfe dieser Erfindung könnte ich für wenige Münzen anrufen, wo ich wollte, und wäre für alle wichtigen Leute erreichbar, ohne dass der Anrufer genau wusste, wo ich mich befand. Heutzutage wäre das kein Problem. Damals hingegen schon, doch Denys und Mike, denen ich davon erzählte, fühlten sich kompetent genug, um ein derartiges Gerät in Angriff zu nehmen. Mike entwarf die Schaltkreise, Denys kümmerte sich um den Rest. Es funktionierte, jedenfalls meistens. Ich bestellte bei Ernie den neuesten und besten Drachen für

Denys. Ich wurde der Pate von seinem und Merdelles neugeborenem Sohn Arthur. Denys ging als Toningenieur nach Lagos in Nigeria. Dort lernte er einen Marihuanagrower und -verkäufer kennen. Ich bat Denys, nach Nigeria zurückzugehen und in Erfahrung zu bringen, ob Marihuana von dort aus per Luftfracht exportiert werden könnte. Er kam mit der Meldung zurück, dass es unmöglich sei. Der Drache von Ernie kam an. Denys machte eine Bruchlandung damit, die er nicht überlebte. Ich fühlte mich, als hätte ich einen meiner liebsten Freunde eigenhändig umgebracht.

Obwohl ich weder Old John hatte überzeugen können, wieder in Nepal aktiv zu werden, noch in einem anderen Land jemand finden konnte, der Haschisch per Flugzeug exportieren konnte, hatte mir Ernie angeboten, in seine Thai-Stick-Geschäfte von Bangkok nach New York zu investieren, vorausgesetzt, Judy und ich kämen nach Amerika, um die Berge Bargeld auszugeben, die sich in den Schließfächern in Kalifornien ansammelten. Wir wären beide nur zu gerne gekommen, aber für eine Reise in die Staaten brauchte man einen voll gültigen britischen Pass und ein amerikanisches Visum. Ich hätte eine meiner Geburtsurkunden und Referenzen von der Ewell Group of Companies benutzen können, um einen Pass zu bekommen, aber ich befürchtete immer, dass die Person, deren Namen auf dem Pass stand, plötzlich selber einen beantragen könnte. Am liebsten wäre mir jemand gewesen, der wusste, dass ich seinen Pass benutzte, der nicht vorhatte, jemals selber einen zu beantragen, und der mir auch alle anderen Papiere beschaffen würde, die ich brauchte. Judy fiel ein alter Freund aus Kindertagen ein, Anthony Tunnicliffe. Er wohnte in der Nähe von Birmingham und war ein bisschen, aber nicht zu viel jünger als ich. Judy war überzeugt, dass er gegen eine angemessene Summe auf die Möglichkeit verzichten würde, ins Ausland zu reisen. Außerdem schlug sie vor, sie könnte die Identität der Frau ihres Freundes annehmen. Das gäbe uns doppelte Sicherheit: Herr und Frau Anthony Tunnicliffe. Die echten Tunnicliffes waren begeistert von dem Vorschlag. Sie füllten wahrheitsgemäß die Antragsformulare für die Pässe aus, ließen Fotos von sich machen und händigten die Formulare und die Fotos ihrem Hausarzt aus, der sie unterschrieb und damit ihre Echtheit bestätigte. Die Tunnicliffes gaben mir die Formulare und die Fotos. Phil Sparrowhawk besorgte einen Gummistempel, der dem des Arztes genügend ähnlich sah. Judy und ich füllten Antragsformulare in unserer eigenen Handschrift aus. Phil übernahm die Stellen, die der Arzt ausgefüllt hatte, wobei er dessen Schrift nachahmte, und versah Fotos von mir und Judy mit Stempeln. Wir gaben die Formulare den Tunnicliffes zurück, die sie ans Passamt schickten. Die einzige Kontrollmöglichkeit des Passamts bestand darin, den Arzt anzurufen und ihn zu fragen, ob er die Anträge und die Fotos der Tunnicliffes gegengezeichnet hatte. Kein Grund zur Sorge also. Innerhalb von zehn Tagen kamen die Pässe mit unseren Fotos bei den Tunnicliffes in Birmingham an. Jetzt brauchten wir noch amerikanische Visa. Dazu mussten wir beweisen, dass wir uns eine Reise in die Staaten leisten konnten. Wir mieteten in Birmingham auf den Namen Tunnicliffe eine Wohnung. Eine der imaginären Firmen von Ewell, Insight Video, eröffnete eine Zweigstelle in der New Street in Birmingham und beschäftigte einen Herrn Anthony Tunnicliffe als Generaldirektor für die Midlands und eine Frau Jill Tunnicliffe als Sekretärin. Bei der Midland Bank wurde ein Konto auf den Namen Tunnicliffe eröffnet. Wir schickten unsere Pässe und die Visaanträge an die amerikanische Botschaft am Grosvenor Square. Sie schickten sie uns zurück, zusammen mit zwei Visa zur mehrfachen Einreise in die Vereinigten Staaten, die uns Reisen in die USA für die Dauer von jeweils zwei Monaten ermöglichten.

Im Spätherbst 1976 flogen Judy und ich von Birmingham über Brüssel, Frankfurt, New York und Chicago nach Denver, Colorado. Wir waren schon fast übervorsichtig. Eine Limousine mit Chauffeur brachte uns von Denver nach Vail, wo sich Ernie, der unglaublich zugenommen hatte, Patty und Tom Sunde ein großes, luxuriöses Haus teilten. Es lag tiefer Schnee. Wir kamen gerade rechtzeitig zu Thanksgiving, das mir völlig unbekannt war. Es gab jede Menge Schrott im Fernsehen. Bei eisiger Kälte ritt ich auf einem Pferd durch die Rockys und spielte mit Pistolen. Das Leben in Colorado gefiel mir gar nicht.

Ernie besaß auch eine riesige Wohnung in Coconut Grove in Florida, wo er gerne Weihnachten und Silvester verbrachte. Zu fünft flogen wir von Denver über Dallas/Fort Worth nach Miami. Judy und ich gingen ins Mutiny, ein Hotel, dessen Name durch eine Platte von Crosby, Stills and Nash unsterblich wurde. Wir bekamen eine Suite de Luxe mit Spiegeln an der Decke, Sauna, Whirlpool, Bar und vier Fernsehern. Die Straßen waren gepflastert mit kolumbianischem Dope, Dopedealern, Gangstern und jungen, attraktiven und oft exotischen Frauen. Ich mochte Coconut Grove. Wir mieteten auf ein Jahr ein Apartment in einer Luxuswohnanlage mit Blick auf Key Biscayne und statteten es mit allem erdenklichen Komfort aus – von allem nur das Neueste und Beste, darunter auch ein Safe voller Hundertdollarscheine. Zum ersten und letzten Mal in meinem Leben wettete ich beim Football. Ich setzte 10 000 Dollar darauf, dass die Oakland Raiders die Minnesota Vikings im Superbowl schlagen würden. Ich gewann. Von einem von Ernies Freunden bei der Mafia, Luis Ippolito, kaufte ich gestohlene Juwelen und einen Cadillac Seville, legte eine Fahrprüfung ab und bekam einen Führerschein des Staates Florida auf den Namen Anthony Tunnicliffe ausgestellt.

Da unsere zwei Monate abliefen, beschlossen Judy und ich, Kanada einen Besuch abzustatten und von dort aus wieder in die USA einzureisen. Zunächst gingen wir nach New York. Wir stiegen im Waldorf-Astoria ab und nutzten das Tourismusangebot, mit einem Hubschrauber die Wolkenkratzer von Manhattan zu umkreisen. New York strahlte eine ganz besondere Energie aus. Deren Abwesenheit fiel uns in Toronto auf – es war todlangweilig, also flogen wir mit Canadian Pacific nach Vancouver, wo es ein kleines bisschen wärmer war. Wir checkten im Seaporter Inn ein und schauten den Wasserflugzeugen beim Abflug zu. Am nächsten Tag sahen wir uns den Stanley Park an und gingen abends ins Planetarium. Wir saßen ziemlich in der Mitte. Vom Rande des fast leeren Auditoriums her starrte mich jemand durch die funkelnde Dunkelheit an. Es war Marty Langford, der vor Staunen den Mund fast nicht mehr zubekam.

Erstaunliche Zufälle mögen ja recht oft geschehen, aber das war dann doch ein bisschen zu viel. Der Mann, der mindestens fünfzehn Jahre lang mein engster Jugendfreund gewesen war, den ich seit 1973 nicht mehr gesehen hatte und nicht hatte kontaktieren können, saß nur wenige Meter von mir entfernt. Woher kommt nur diese eigentümliche Anziehungskraft, die Planetarien in Vancouver auf flüchtige walisische Dopeschmuggler ausüben?

Marty und ich unterhielten uns. Seitdem er vor drei Jahren nach Irland geflohen war, hatte er bei McCann und seiner holländischen Frau Sylvia gelebt. Die anderen Mitglieder der Tafia waren ihre eigenen Wege gegangen. McCann nannte sich jetzt James Kennedy und behauptete, ein naher Verwandter des ehemaligen Präsidenten Kennedy zu sein. Es ging ihm sehr gut, er hatte Büroräume im Guinness Tower in Vancouver gemietet, besaß Ölaktien in Venezuela und hatte den Film *Equus* mitfinanziert. Er war mit James Coburn und dessen Frau Beverly eng befreundet. Marty lehnte es ab, sich über die Herkunft von McCanns Vermögen auszulassen. Ich gab ihm meinen neuen Namen und die Zimmernummer im Seaporter mit der Bitte, sie an McCann weiterzugeben. McCann rief am nächsten Morgen an.

»Und was macht der britische Geheimdienst?«

»Unterwandert gerade Irland, Jim.«

»Fuck you, du walisisches Arschloch. Bist immer noch derselbe alte Schleimer, hm, H'ard? Aber Respekt, du bist da rausgekommen, und du hast es alleine geschafft. Ich bin in einer halben Stunde da.«

Ich stellte Judy und McCann einander kurz vor, bevor sich Judy unter dem Vorwand entschuldigte, sie müsse etwas aus dem Einkaufszentrum des Hotels besorgen.

»Dealst du immer noch mit Dope, H'ard?«

»Wenn sich die Gelegenheit ergibt, ja.«

»Fuck, die Tage sind vorbei, Mann. Dopedealer sind doch Geschichte. An die Hochfinanz muss man sich halten.«

»Wie das?«

»Revolvingkredite, Schwindelfirmen, Bankgeschäfte im Ausland. Scheiße, ich gebe haufenweise Geld aus, und es gehört alles anderen Leuten.«

»Wo ist also der Unterschied?«

»Der Unterschied, du dämlicher walisischer Schwanz, ist der, dass ich auf der Überholspur lebe und dass alles völlig sauber ist.«

»Wenn ich richtig verstehe, bist du also kein Revolutionär mehr.«

»Fuck, ich bleibe ein Revolutionär, bis ich verrecke. Seit wann ist es denn revolutionär, am Strand von Brighton Dope zu verkaufen, Scheiße noch mal?«

»Auf jeden Fall eher als diese ganze jung-dynamisch-aufstrebende Scheiße die du so treibst, Jim.«

»Wieso Scheiße? H'ard, in diesem Job lerne ich die Leute kennen, die wirklich was zu sagen haben, die richtig hohen Tiere, verstehst du? Auf der ganzen Welt sind es nur fünfhundert Leute, die alles in den Händen halten, was auch nur einen Furz wert ist. Und ich hab sie alle getroffen, jeden einzelnen von den Scheißern.«

»Jim, wo ist Graham?«

»Der ist schwul geworden. Lebt jetzt in San Francisco oder irgend'ner anderen Schwuchtelstadt. Wahrscheinlich dealt er immer noch, wie du.«

»Habt ihr noch Geschäfte über Shannon gemacht, nachdem sie mich geschnappt hatten?«

»Sag ich dir nicht, H'ard. Graham hatte diese Penner in Kabul nie richtig im Griff. Ich weiß jetzt, wer sie sind, und hab ihre Adressen in Kabul. Wenn ich sie kriegen will, krieg ich sie. Aber die Tage sind vorbei, H'ard, das solltest du kapieren. Wir hören voneinander. Wenn du mal in der Scheiße steckst, dann wende dich an ›the Kid‹.«

Judy und ich hatten mit Ernie, Patty und Tom Sunde verabredet, sie in San Francisco zu treffen. Don Brown hatte in New York gerade eine Ladung Thai Sticks von Robert Crimball in Bangkok in Empfang genommen, und die Westküste galt als der beste Markt für *top-quality* Thaigras. Hier war am meisten Geld zu machen. Nach dem Verkauf wollte Ernie mir seinen Anwalt vorstellen, Richard Sherman, und einen ihrer Freunde, der in den Tresorräumen der Wells Fargo Bank arbeitete. Wir flogen von Vancouver aus und mieteten uns im Mark Hopkins am Nob Hill ein. Die Aussicht auf das Gefängnis Alcatraz gefiel mir nicht sonderlich, doch ich war gespannt auf das Viertel Haight-Ashbury, eine der Gegenden, in denen die Bewegungen der Sechziger begonnen haben sollten. Es war enttäuschend. Es sah genauso aus wie die meisten anderen Viertel in San Francisco, das sich wiederum nicht wesentlich von den meisten anderen Städten Amerikas unterschied. Nicht ein einziger Hippie war zu sehen. Vielleicht saßen sie alle zu Hause und rauchten Thai Sticks. Ich füllte ein Schließfach bei der Wells Fargo Bank mit meinem Gewinn aus dem letzten Thaigeschäft und ging mit Judy nach Las Vegas. Wenn wir nicht gerade eine der Dutzenden von Shows mit großen Stars anschauten, spielten wir. Ich hatte ein Buch darüber gekauft, wie man im Blackjack todsicher gewann, und es aufmerksam gelesen. Ich gab Judy tausend Dollar, über die sie nach Belieben verfügen konnte. Sie entschied sich für Bakkarat. Mir selbst genehmigte ich auch tausend Dollar. Nach der ersten Nacht war ich um hundert Dollar reicher. Judy hatte insgesamt sechzehntausend Dollar gewonnen. Es war mir sehr unangenehm.

Die meisten Top-Marihuanadealer in den Staaten hatten Wohnungen in Miami und New York. Das wollte ich auch. Judy und ich flogen von Las Vegas nach New York und checkten im Plaza Hotel ein. Während wir uns gerade anmeldeten, wurde im Rundfunk der Tod von Elvis Presley bekanntgegeben. Wir fanden ein großzügig geschnittenes Apartment im Pavilion Building an der Kreuzung East 77th Street/York Avenue und richteten es ein, wie es sich für reiche Leute gehörte. Ernie hatte ein ganzes Lagerhaus voll Möbel, in dem wir uns einfach bedienen konnten. Ernie gab mir auch die Nummer von Alan Schwarz, seines Haschisch- und Marihuanagroßdealers in New York, ein netter, charmanter Multimillionär, der derzeit der Liebling der Manhattaner Szene war. Alan hatte ein ganzes Heer von Dealern, die in Manhattan für ihn arbeiteten, und von Fahrern, die einen ständigen Nachschub an Marihuana von Lagern an der Küste Floridas in die Straßen New Yorks beförderten. Er war äußerst professionell und effektiv und bot uns die beste Einführung in die Manhattaner Gesellschaft, die wir uns nur wünschen konnten. Ich lernte ihn an seinem einundzwanzigsten Geburtstag kennen, den er im Regine's feierte. Unter den Gästen waren die Schriftstellerin Margaux Hemingway und der Betrüger Bernie Cornfield. Die britischen Einwohner New Yorks waren damals noch nicht als ›Eurotrash‹ verschrien. John Lennon und Mick Jagger wohnten beide an der Upper East Side, und sie und ihre Entourage beehrten unsere Wohnung gelegentlich mit ihrer Anwesenheit. Die schönen Schwestern Guinness, Sabrina, Miranda und Anita besuchten uns häufig, ebenso wie die Schauspielerin Jane Bonham-Carter und Rebecca, die Tochter der Schriftstellerin Lady Antonia Fräser. Ich mietete vollzeit einen schwarzen Chauffeur namens Harvey, der uns in einer langen, schwarzen Limousine überall hinfuhr.

McCann meldete sich. Er kam nach New York.

»Ich gebe ein Dinner im Elaine's. Es kommen ein paar wirklich scheißwichtige Leute. Du und Judy, ihr könnt auch kommen. Ich öffne dir Tür und Tor, H'ard, Tür und Tor zur Hochfinanz und zur Überholspur.«

Elaine's war ein Restaurant an der 88th Street, das bekannt dafür war, dass es bei Schauspielern sehr beliebt war. McCann saß am Kopfende eines Tisches für zehn Personen, an dem unter anderem Fakri Amadi saß, der Chef von Hertz in Dubai, Al Malnik, der Senkrechtstarter der Wall Street, der die Tochter des Gründers von Las Vegas, Meyer Lansky, geheiratet hatte, sowie, zu meinem größten Erstaunen, Mohammed Durrani. Offenbar hatte McCann ihn über Graham kennengelernt und ihn auf seine Seite bekommen. Durrani wurde als Michael vorgestellt (ein Name, von dem ich wusste, dass er ihn gelegentlich benutzte), Kronprinz von Afghanistan. Durranis dröhnendes »Sehr erfreut, Sie kennenzulernen!« und die Grimassen, die er dabei schnitt, fasste ich als Zeichen auf, dass ich mir nicht anmerken lassen sollte, dass ich ihn kannte. Ich wurde als Howard ap Owen vorgestellt, Führer der Nationalistischen Partei von Wales. McCann ließ es sich nicht nehmen, uns bis zu den Ohren mit Champagner abzufüllen, und nervte sehr penetrant Peter Ustinov, der alleine am Nebentisch saß, indem er ihn immer wieder zu einer Partie Backgammon aufforderte. Durrani und ich verabredeten uns für den nächsten Tag in meiner Wohnung. Judy bereitete ihm zu Ehren einen Rinderbraten.

»Howard, bitte denken Sie nicht, dass ich mit verrücktem Iren Geschäfte mache. Meine Cousine braucht falschen Pass für ihren Mann, der ist Europäer, und Ire ist Einziger, den ich kenne, der vielleicht bekommen kann.«

»Das kann ich für Sie erledigen, Mohammed.«

»Ich danke, Howard.«

»Es ist kein Problem. Ich musste mir selber einen besorgen. Ich nehme an, Sie haben von meinen Problemen gehört?«

»Ich höre manche Sachen, aber ich achte nicht darauf. Sie und mich betrifft das nicht, Howard.«

»Haben Sie noch immer die Möglichkeit, Waren per Luftfracht aus Karatschi zu schicken?«

»Natürlich. Raoul, er macht das jeden Tag. Sie haben Raoul einmal getroffen, nicht?«

»Schon, aber ich weiß nicht, wie ich ihn erreichen kann und ob er bereit wäre, Geschäfte mit mir zu machen.«

»Bei richtigen Bedingungen ist Raoul immer bereit, Geschäfte zu machen. Ich werde mit ihm sprechen und Treffen vereinbaren. Sam arbeitet auch, von Beirut. Sie sollten ihn treffen. In ein paar Wochen wird Sam mich in meinem Haus an Französischer Riviera besuchen. Sie und Ihre wunderbare Frau seid sehr eingeladen zu kommen.«

Ich rief Ernie an und erzählte ihm von den neuen Möglichkeiten, die sich nun auftaten. Er nahm die nächste Maschine nach New York.

»Das ist fantastisch! Wann können sie etwas schicken?«

»In einem Monat oder so, Ernie. Nehme ich an.«

»Hm! So lange hin noch? Okay. Ich fang schon mal an und bereite die Firmen vor. Wir machen das genauso wie die Sache mit Nepal. Könntest du mir übrigens mit den nächsten Bangkokdeals ein bisschen helfen? Meinen Jungs geht es langsam auf die Nerven, ständig mit Botschaften und Geld nach Bangkok und zurück zu fliegen. Der US-Zoll macht sie ständig wegen der thailändischen Stempel in ihren Pässen an. Kennst du jemand, der das für uns machen könnte?«

Ich rief Philip Sparrowhawk an. Zwei Tage später war er in Bangkok und händigte Richard Crimball einen Beutel voll Geld aus, den er in Hongkong bei Tom Sunde abgeholt hatte. Für die nächsten paar Jahre ließ sich Phil in Bangkok nieder und entwickelte eigene Kontakte mit Richard Crimball und anderen, die im Export von Thaigras arbeiteten.

Judy und ich flogen mit der Concorde von Washington nach Paris, von wo aus wir ein paar Tage später nach Nizza weiterflogen. Wir checkten im Carlton in Cannes ein. Ich rief Durrani an.

»Sie haben gehört, was vor ein paar Tagen mit verrücktem Iren passiert ist?«

»Nein, Mohammed, ich habe nichts gehört.«

»Ich erkläre Ihnen.«

Durrani erzählte, dass McCann New York verlassen hatte und zurück zu seiner Villa aus Glas und Holz in Brunswick Beach in Vancouver gefahren war. Die *Royal Canadian Mounted Police* erschien an seiner Haustür und nahm ihn mit. Scheinbar hatten sie Beweise, dass er nicht James Kennedy von der Massachusetts-Dynastie war, und Grund zu der Annahme, dass er James McCann war, auf der Flucht vor den britischen Justizbehörden, seit er vor einigen Jahren aus dem Crumlin Road Prison in Belfast geflohen war. Sein Antrag auf Freilassung gegen Kaution wurde abgelehnt. Die Begründung der kanadischen Behörden lautete: »Zum Schutze der Öffentlichkeit muss der Bewerber festgehalten werden. Er ist zweimal aus polizeilichem Gewahrsam geflohen, verfügt über immense finanzielle Mittel und wird international gesucht. Er stellt eine Gefährdung der Gesellschaft dar, und seine Drohungen gegenüber den Beamten dürfen nicht auf die leichte Schulter genommen werden.«

In Durranis Haus im Departement Alpes-Maritimes setzte ich mich mit Libanesen-Sam zusammen. Er fand das Angebot sehr verlockend, für alles Haschisch, das er von Beirut schicken könne, fünfunddreißig Prozent des Großhandelspreises in Amerika zu bekommen. Wir besprachen Kommunikationsmöglichkeiten. Wir hatten Zeit, bis Sam so weit war, das libanesische Haschisch zu exportieren, und bis ein Treffen mit Raoul über den Export von pakistanischem Haschisch organisiert werden konnte. Judy und ich mieteten einen Mercedes und fuhren durch Frankreich, wobei wir schließlich im Tal der Dordogne herauskamen, bei der umgebauten Mühle ihres Bruders Patrick Lane. Er hatte die Schneckenzucht aufgegeben (die Schnecken waren ihm eines Nachts einfach davongelaufen) und hatte große Lust, eine seiner lukrativeren Beschäftigungen von früher wieder aufzunehmen. Ich hatte mich in Patricks Gesellschaft immer wohlgefühlt und wusste, dass Graham von seinen Fähigkeiten als Buchhalter absolut überzeugt war. Ich überlegte, dass es vielleicht sinnvoll wäre, mit Patricks Hilfe Konten in verschiedenen Ländern zu eröffnen. Das ganze Bargeld in Safes und Schließfächern in Amerika aufzubewahren hieß, seinen Nutzen einzuschränken.

»Patrick, was weißt du über Banken im Ausland?«

»Überhaupt nichts, außer über die Schweiz, und das weiß jeder.«

»Wenn ich alle Kosten übernehme und dir ein paar Tausend zahle, würdest du dich dann über ausländische Banken und Steueroasen informieren und in der Welt herumfliegen, um selber zu testen, wie die Dinge liegen? Vielleicht könntest du auch ein paar Konten eröffnen, private und Firmenkonten.«

»Wann geht mein Flieger?«

Judy und ich verließen die Dordogne, fuhren Richtung Süden und konnten es nicht lassen, einen Abstecher nach Albi zu machen. In der Stadtmitte stand die Kathedrale, ein trutziges, burgähnliches Gebäude, in dem wir eine Statue von Sankt Judith fanden. Wir interpretierten das als die ultimative Bestätigung, dass wir zusammengehörten. Über die Alpen ging es nach Mailand, und nach einer wunderbaren Nacht in der Villa d'Este in Cernobbio bei Como fuhren wir bei Chiasso über die italienisch-schweizerische Grenze und am Ufer des Luganer Sees entlang. In Lugano, Europas Rio de Janeiro, wohnten wir im Hotel Splendide und frühstückten mit Blick über den See.

»Albi, ich muss dir etwas sagen.«

»Nur zu, Liebling.«

»Ich bin schwanger.«

Wir strahlten uns an.

»Aber ich will das Kind nicht als Mrs Tunnicliffe in Amerika bekommen. Ich will, dass es in England zur Welt kommt, Albi. Hochschwangere Frauen lassen sie nicht mit dem Flugzeug fliegen, also muss ich nah genug bei London wohnen, um mit dem Zug fahren zu können.«

»Dir ist doch klar, dass ich manchmal nach Amerika reisen muss, und vielleicht sogar in den Libanon oder nach Pakistan, oder, Judy?«

»Ich weiß es, Albi, aber ich habe keine Wahl.«

Die Sonne spiegelte sich auf der Oberfläche des Sees. Am gegenüberliegenden Ufer lag ein kleines Dorf, eingerahmt von herrlichen Bergen.

»Dieser Ort sieht so schön aus, Albi. Ich würde dort gerne hinfahren.«

»Okay, Liebling, wir fahren zum Mittagessen hin und feiern.«

Es war eine Fahrt von zehn Minuten. An der Brücke über den See kamen wir an einem Restaurant namens ›La Romantika‹ vorbei, dann fuhren wir durch das Örtchen Bissone und über einen unbesetzten Grenzübergang. Auf einem Ortsschild stand ›Campione d'Italia‹, und eine italienische Flagge wehte. Viel Verkehr floss in beiden Richtungen über die Grenze, also fuhr ich weiter. Das Dorf kombinierte auf ausgezeichnete Weise alte und moderne Architektur, und die Einwohner schienen alle sehr reich zu sein. Es gab ein großes Casino. Wir fuhren durch den Ort durch und auf einer Landstraße weiter, die sich nach einer halben Meile gabelte. Wir probierten es links und wurden von vier japanischen Wächtern angehalten. Wir versuchten es rechts. Die Straße endete an einem Tennisplatz. Was für ein seltsamer Ort! Wir waren in Italien, konnten aber nach nirgendwo sonst in Italien fahren. Also waren wir wohl doch noch in der Schweiz. Im Zentrum der Ortschaft gab es ein italienisches Lokal, ›La Taverna‹. Perfekt gekleidete Kellner geleiteten uns zu einem Tisch im Freien, der mit blitzblankem Glas, Besteck und Porzellan gedeckt war. Der Kellner, der uns bediente, sprach fließend Englisch.

»Sind wir in Italien oder in der Schweiz?«, fragte ich.

»Wir nehmen beide Währungen an, Sir. Wir nehmen alle Währungen und alle Kreditkarten an. Darf ich vorschlagen, dass Sie sich selbst am Antipasti-Tisch bedienen?«

»Aber in welchem Land sind wir nun wirklich?«, beharrte ich.

»In Italien.«

»Leben Sie hier?«, fragte ich weiter.

»Jetzt, ja. Aber ich komme aus Sizilien.«

Draußen hielt ein Londoner Taxi. Ein gut aussehender, bebrillter, fünfzigjähriger Deutscher betrat das Restaurant, in Begleitung eines grellgekleideten Rastafaris, eines reichen Cockney Geschäftsmannes, eines Sophia-Loren-Doubles und einer blonden teutonischen Schönheit. Das Lokal füllte sich mit überaus sehenswerten Persönlichkeiten.

Irgendwo hatte ich einmal gelesen, dass Mafiabosse Brunello di Montalcino zum Fleisch zu trinken pflegen. Es gab ihn auf der Speisekarte, also bestellte ich welchen. Wir aßen und tranken und ließen es uns gutgehen.

»Das ist wirklich ein erstaunlicher Ort hier, Judy. Die Telefone sind schweizerisch. Der Polizist da drüben ist Italiener, aber die Kennzeichen an seinem Auto sind schweizerisch. Was geht hier eigentlich vor?«

Mit dem Auto konnte man zwar von Campione d'Italia nirgendwo sonst in Italien hinfahren, es hatte aber einmal eine Seilbahn zum nächsten italienischen Berg gegeben, und Boote verkehrten zwischen Campione d'Italia und den Häfen des wirklich italienischen Teils der Küste des Luganer Sees. Benito Mussolini hatte ein Casino im Dorf bauen lassen. Ein geheimer Tunnel, von dem jeder wusste, verband das Casino mit dem Pfarrhaus. Ich fand Campione herrlich.

Judy und ich fuhren in der Schweiz umher und eröffneten diverse Bankkonten und Schließfächer, sie auf ihren richtigen Namen, ich auf den Namen Tunnicliffe. Sie deponierte ihren Ausweis von Mrs Tunnicliffe in einem ihrer Schließfächer. Libanesen-Sam war wieder in Durranis Haus in den Alpes-Maritimes. Judy sah sich in Campione nach einer Wohnung um, während ich von Genf nach Cannes fuhr. Sam hatte in Beirut alles vorbereitet und konnte jederzeit eine Ladung von einer Tonne Haschisch zum Kennedy Airport schicken. Tom Sunde flog mit Geld von Ernie nach Zürich, und ich gab es in Genf an Libanesen-Sam weiter, der es nach Beirut brachte. Zwei Wochen später saßen Judy und ich in einer frisch gemieteten Wohnung in der Via Totone in Campione d'Italia am Luganer See, mit atemberaubender Aussicht auf die Stadt Lugano und die erhabenen Gipfel des San Salvatore und des Monte Bre. Ich war gerade um 300 000 Dollar reicher geworden. Libanesen-Sam war schon wieder unterwegs nach Beirut, um das erfolgreiche Geschäft zu wiederholen.

Unterdessen unternahm McCann energische Versuche, die Kanadier dazu zu bewegen, ihn freizulassen. Über die Medien, die auf ihn aufmerksam geworden waren, verkündete er: »Ich biete euch einen Handel an. Ich gehe. Das ist der Handel. Mich festzuhalten würde bedeuten, einen Stein in ein Meer irischer Gewalt zu werfen. Die Wellen würden euch schälen wie einen Apfel.«

An den Sprecher der kanadischen Einwanderungsbehörden, Jack Betteridge, wandte sich McCann mit den Worten: »Mr Betteridge, Sie sind ein Feind des irischen Volkes und werden sich vor einem irischen Gericht zu verantworten haben. Außerdem sind Sie ein beschissenes faschistisches Schwein und werden entsprechend gerichtet werden.«

Die Fernsehzuschauer in Britisch-Columbia hörten fasziniert zu, wie McCann mehrfach erklärte, seine Verhaftung sei vom MI6 in die Wege geleitet worden, da er nämlich in Vancouver einen Waffenschmugglerring der Ulster Protestants aufgedeckt habe. Er behauptete, ein Mitglied der offiziellen IRA zu sein, und dass er Sinn Fein während der sechziger Jahre in Vietnam und in Kambodscha vertreten habe. Er besaß eine Geburtsurkunde auf den Namen Joseph Kennedy und erklärte ausführlich, dass ›Jim‹ eine alte gälische Abkürzung von Joseph sei. Es kam zu Bombendrohungen auf verschiedene kanadische Konsulate in Irland und Südamerika. Die Kanadier gaben nach, händigten Jim seinen falschen Ausweis aus und setzten ihn in ein Flugzeug nach Paris, wo er wenig später in Begleitung von Aki Lehmann, der Frau des prominenten New Yorker Bankers Robin Lehmann, im sehr angesagten Pariser Nachtklub ›Castell's‹ gesehen wurde.

Anfang Oktober 1977 schlossen Judy und ich die Tür der Wohnung in Campione hinter uns ab und reisten per Zug und Fähre nach Victoria Station. Wir stiegen im Blake's Hotel in Roland Gardens ab und begannen, uns nach einer geeigneten Londoner Wohnung umzusehen. Judy fühlte sich nicht wohl bei dem Gedanken, unter falschem Namen eine Wohnung zu nehmen. Falls es Schwierigkeiten bei der Geburt geben sollte, könnte der Betrug auffliegen, und ich könnte Ärger bekommen. Sie hatte aber kein Konto auf ihren eigenen Namen, außer einigen in der Schweiz. Wir brauchten jemand, der für uns eine Wohnung mietete. Vor einem Jahr, kurz bevor wir nach Amerika gegangen waren, hatten wir kurz Nik Douglas und Penny Slinger kennengelernt. Sie wohnten in Chelsea. Beide hatten ganz außerordentliche Begabungen. Nach einer wissenschaftlichen Ausbildung hatte Nik in den frühen Sechzigern Platten produziert und Popgruppen gemanagt; Mitte der Sechziger war er nach Spanien gegangen und hatte neue Technologien für die Gewinnung von Sonnenenergie entwickelt; in den späten Sechzigern hatte er sich in Indien dem Studium von Sanskrit, Tibetisch, Buddhismus, Hinduismus und tantrischem Yoga gewidmet und in den frühen Siebzigern dem Studium der Homöopathie, der indischen Heilkunde und fernöstlicher Alchimie. Er hatte mehrere Bücher über fernöstliche Kultur und Religion herausgegeben und hatte bei dem Film *Tantra* Regie geführt, der von Mick Jagger produziert worden war. Penny hatte ein First-class Honours Degree in Kunst, einen sehr guten Abschluss. Ihre surrealistischen Werke waren schon des Öfteren veröffentlicht und ausgestellt worden. Als ich sie kennenlernte, arbeiteten sie gerade gemeinsam an einer Reihe von Kunst- und Literaturprojekten. Ihre Kunst begeisterte und inspirierte mich, und ich beschloss, ihnen zu helfen, wo ich nur konnte. Sie hatten mich nie um größere Summen Geld gebeten, doch ich wusste, dass sie es brauchen konnten.

Ende Oktober war ich im St. Theresa's Hospital in Wimbledon und sah zu, wie Judy unsere Tochter zur Welt brachte. Sie war viel zu schön, um mit einem der verschiedenen Namen gerufen zu werden, die wir uns in den letzten Wochen überlegt hatten. Tagelang blieb sie namenlos und geheimnisvoll, wie verzaubert. Dann kamen Penny und Nik, um Judy zu besuchen, und Penny meinte: »Sie hat mir gesagt, ihr Name sei Amber.«

Amber, Bernstein, das war wirklich ihr Name, und Judy und ich gingen zum Standesamt, um ihre Geburt zu melden. Als Vater nannten wir Albert Waylon Jennings, einen Sänger der Band Laughing Grass. Jahre später, während ich im Gefängnis saß, fand Amber ihre Geburtsurkunde. Sie befand sich mitten in einer pubertären Identitätskrise. Es war ihr bestimmt keine große Hilfe.

In London traf ich zufällig Sally Minford, die Schwester von John Minford, meinem Freund von der Theatergruppe in Balliol. Sie lebte mit Michael O'Connel zusammen, einem begabten Musiker und Aufnahmetechniker. Sie wollten ein Tonstudio eröffnen und brauchten Geld. Ohne ihnen zu verraten, woher ich es hatte, gab ich ihnen welches, und so entstand in Pimlico ein Tonstudio namens Archipelago. Schon bald wurde es von Künstlern wie Elvis Costello benutzt, und Island Records ließ dort Aufnahmen machen.

Auf einer Feier in Islington begegnete ich Anthony Woodhead. Er war bei den Ermittlungen nicht verdächtigt worden, nachdem ich aus dem Penthouse am Regent's Park verschwunden war. Er hatte seiner tschechoslowakischen Freundin alles in die Schuhe geschoben und hatte sie dazu gebracht, zuzugeben, dass sie das Penthouse heimlich an mich weitervermietet hatte. Noch nie war jemand so glücklich gewesen, mich zu sehen. Er hatte ein Jahr in San Francisco zugebracht und sich mit einem bestechlichen amerikanischen Zollbeamten angefreundet, der am San Francisco Airport Waren abfangen konnte, vorausgesetzt, sie kamen mit Pan American. Woodhead fragte, ob ich jemand kannte, der Haschisch exportieren konnte. Ich meinte, dass ich im Libanon jemanden kennen würde und in Thailand. Wir wurden uns schnell einig: Er und sein Freund sollten die Hälfte der Kosten im Libanon (oder in Thailand) übernehmen, und mein Lieferant und ich sollten die Hälfte des Erlöses in San Francisco bekommen. Der zweite Deal von Libanesen-Sam mit Don Brown in New York ging schief. Sam wurde in Beirut hochgenommen, als gerade die nächsten tausend Kilo exportiert werden sollten. Auch in New York wurden Nachforschungen angestellt, doch Don Brown und der Mob wurden nicht befragt. Die Geschäfte konnten weitergehen, doch war erst einmal eine Pause angebracht. Auch müsste wesentlich sorgfältiger geplant werden. Wenn die Ware in New York ankam, sollte sie so aussehen, als käme sie aus einem Land, das kein Dope exportierte. Auf dem Frachtbrief durfte nicht mehr Bangkok oder Beirut als Absendeflughafen stehen, da der amerikanische Zoll sicherlich darauf aufmerksam würde. Phil Sparrowhawk brachte Nachricht auf Nachricht und Idee auf Idee von und nach Bangkok. Es war schwierig, das Ursprungsland zu ändern. Von Thailand nach New York würde es erst mal keine Luftpostgeschäfte mehr geben, aber dafür vielleicht von irgendwo anders nach San Francisco.

Durrani kam nach London, um über die Folgen von Libanesen-Sams Bust zu sprechen. Er wohnte in seinem Haus in Dulwich, und ich besuchte ihn dort.

»Howard, vielen Dank für britischen Pass, den Sie geschickt haben. Er ist perfekt. Leider denke ich, Sie sollten auch für sich selbst neuen besorgen. Sam weiß, dass Sie Tunnicliffe-Ausweis benutzen. Vielleicht hat er aufgeschrieben und Polizei weiß jetzt. Vielleicht auch nicht. Ich weiß nicht.«

»Ich werde mir einen neuen besorgen, Mohammed. Danke für den Hinweis.«

»Ich muss Sie noch um einen Gefallen bitten. Ich will, dass mein Sohn in Oxford studiert. Können Sie einrichten?«

»So funktioniert das nicht, Mohammed, glauben Sie mir.«

»Ich werde gut bezahlen.«

»So geht das aber nicht. Man kann sich nicht nach Oxford einkaufen.«

»Aber ich treffe viele reiche Leute hier in London. Sie sagen alle, ihre Kinder gehen auf die Universität in Oxford.«

»Das kommt daher, dass es sich reiche Leute leisten können, ihre Kinder auf teure Schulen zu schicken. Es ist leichter, von einer teuren Schule nach Oxford zu kommen, teils, weil die Lehrer und die Einrichtungen besser sind, und teils, weil teure Schulen reservierte Studienplätze in Oxford und Cambridge haben.«

»Was ist das?«

»Das heißt, dass manche Plätze in Oxford nur an Schüler einer bestimmten teuren Schule vergeben werden dürfen.«

»Kennen Sie Namen dieser Schulen?«

»Von einigen, ja. Eton, Harrow, Winchester …«

»Bitte helfen Sie mir, meinen Sohn auf eine dieser Schulen zu bekommen, damit er nach Oxford gehen kann.«

»Ich werde tun, was ich kann.«

»Ich stehe in Ihrer Schuld, Howard.«

»Mohammed, ist es möglich, Waren von Karatschi zu schicken, so dass es so aussieht, als kämen sie von woanders? Und noch etwas. Ist es möglich, in Karatschi Ware auf einen Flug der Pan Am zu laden?«

»Raoul kommt diese Woche nach London. Wir kaufen Hotel in Knightsbridge, und er hat zugesagt, Sie zu treffen, wie Sie vor einiger Zeit gebeten haben. Sie können ihn fragen. Wenn es möglich ist, wird er tun.« Raoul hatte keine Zweifel.

»Pan-American-Flug nach San Francisco ist kein Problem. Für Flug nach New York, wir können tun was nötig auf viele Weise. Zwei kann ich jetzt sagen. Wir können Ware von Karatschi nach Dubai in Schiff bringen, dann von Dubai-Flughafen schicken. Sie können Fluglinie aussuchen. Wir müssen

Männer von Schiff bezahlen, ansonsten selber Preis. Es gibt anderen Weg. Wir tun Ware in Karatschi in Flugzeug von Pakistan International Airways, PIA, aber wir besorgen Frachtbrief, wo steht, dass Ware nur Transit in Karatschi und kommt von anderswo in Fernost wo Flug herkommt.«

»Wo zum Beispiel, Raoul?«

»Ich denke Singapur oder Hongkong. Ich bin sehr bald wieder in Karatschi. Durrani wird mir sagen, was Sie beschlossen.«

Don Brown in New York war nach wie vor nicht bereit, Ware anzunehmen, aber Anthony Woodheads Connection in San Francisco schon, und er hatte Woodhead die abgemachten hunderttausend Dollar gegeben. Ich brachte das Geld Mohammed Durrani nach Dulwich und gab ihm die Adresse, an die das Haschisch, als chirurgische Instrumente ausgewiesen, geschickt werden sollte. Knapp zwei Wochen später rief mich Woodhead in der Richmonder Wohnung an und meldete, dass alles klargegangen sei. Könnte ich wohl nach San Francisco kommen, um meinen und Raouls Anteil abzuholen und seinen Bekannten beim US-Zoll kennenzulernen? Ich sagte, ich käme, sobald ich einen neuen Pass hätte.

Ich brauchte dringend einen falschen Pass vom selben Kaliber wie der von Tunnicliffe, den ich nicht mehr benutzen sollte, nachdem Libanesen-Sam gebustet worden war. Ich erwähnte mein Problem Nik Douglas gegenüber, der meinte, jemanden in Norfolk zu kennen, der bereit wäre, sein Recht auf einen Pass zu verkaufen.

Eines Morgens im Frühjahr 1978 fuhren Nik und ich nach Norwich, wo ich einen Ausweis auf den Namen Donald Nice erhielt. Ende März war ich völlig zu Mr Nice geworden (eigentlich heiße ich Donald, aber nennt mich doch bitte Albi), und ich hatte alle möglichen Dokumente, die es bewiesen.

Patrick Lane war von seinen weltweiten Ermittlungen zu Anlegemöglichkeiten von heißem Geld zurückgekehrt und erstattete Bericht. Abgesehen davon, dass er in Montreal fünf Kontokorrentkonten eröffnet hatte, wobei er nicht wirklich erklären konnte, warum, hatte er nichts erreicht – außer sich einen schönen Teint zu holen und sich eine umfangreiche Sammlung an Büchern über Steueroasen zuzulegen. Immerhin hatte er die meisten dieser Bücher gelesen und fühlte sich in der Lage, meinen Wünschen zu entsprechen. Ich verbrachte viel Zeit mit Nik Douglas und Penny Slinger und begann, mich sehr für ihre Arbeit mit östlichen esoterischen Praktiken zu interessieren. Ich lernte einige faszinierende Leute kennen, darunter den bekannten Psychiater R. D. Laing und die Bestsellerautoren Lyall Watson und Robin Wilson. Der finanzielle Aspekt von Niks und Pennys Arbeit wurde immer komplexer durch die Lizenzen vom Verkauf ihrer Bilder und seiner diversen Produktionen sowie dem Kauf, der Ausstellung und dem Verkauf orientalischer Antiquitäten. Ich stellte ihnen Patrick vor, der sich mit Frau und Tochter in unserer Wohnung in Campione d'Italia niedergelassen hatte, um eine Steuerberatung namens Overseas United aufzumachen. Übrigens war Campione zufällig eine der besten Steueroasen der Welt. Nik und Penny waren von Patrick angemessen beeindruckt, der daraufhin drei Firmen gründete: ›Scepter Holdings‹ auf den Kaimaninseln, für Niks Antiquitäten, ›Buckingham Holdings‹ auf den britischen Jungferninseln für sämtliche Lizenzen und ›World-wide Entertainments‹ in Monrovia, Liberia, über die die audio- und videomedialen Geschäfte abgewickelt wurden. Sämtliche Firmen hatten Konten bei der Foreign Kommerz Bank in Zürich. Donald (Albi) Nice wurde zum Geschäftsführer von World-wide Entertainments ernannt sowie zum Berater für die zwei anderen Unternehmen.

Mr Nice konnte also in der ganzen Welt legalen Geschäften nachgehen. Langsam wurde ich ein wenig größenwahnsinnig, ich fühlte mich unverwundbar und war nicht im Geringsten nervös, als ich die Botschaft der Vereinigten Staaten am Grosvenor Square betrat, den Pass und die Geschäftsdokumente von Mr Nice vorlegte und darum bat, so schnell wie möglich ein Visum zur mehrfachen unbegrenzten Einreise ausgestellt zu bekommen. Ich bekam es noch am selben Tag. Judy und Amber ließ ich in Richmond und flog nach New York, wo ich die Wohnung an der East 77th Street der Firma World-wide Entertainments überschrieb. Am nächsten Tag saß ich im Mark Hopkins Hotel am Nob Hill in San Francisco und wartete auf Woodhead, der mir eine Million Dollar bringen sollte, wovon ein Viertel mir gehörte und der Rest Durrani und Raoul. Woodhead kam nicht. Ich wartete eine Woche und rief alle Leute an, von denen ich dachte, dass sie vielleicht wussten, wo er war. Er blieb verschwunden.

Bei den meisten Haschischschmugglern gibt es eine Grundregel: Wenn ein Geschäft auffliegt, verlieren die Investoren ihre Einlagen und bezahlen alle Kosten, und niemand sonst wird verantwortlich gemacht. Es gibt noch eine Grundregel: Wenn es zu irgendeinem Rip-off kommt, so verlieren die Investoren ihre Einlagen nicht, bekommen ihren Gewinn ausgezahlt, und die Person, die sich hat abzocken lassen, ist verantwortlich. Dahinter stecken ganz logische Überlegungen: In schlechten Zeiten verbündet man sich gegen den gemeinsamen Feind, die Polizei, in ruhigen Zeiten hingegen wird bestraft, wer der falschen Person vertraut hat. Die meisten kriminellen Organisationen halten sich an diese Regeln. Es gibt aber auch einige, zum Beispiel die sizilianische Mafia und die straff organisierten Banden im Süden und Osten Londons, die die zweite Regel dahingehend modifiziert haben, dass der Betrogene nicht mehr als verantwortlich gilt, wenn er denjenigen, der ihn abgezockt hat, umbringt – ›ein Toter auf dem Boden oder ein Lebender vor Gericht‹ ist das Motto. Nur unter dieser Bedingung darf die Zahlung verweigert werden. Diese etwas gruselige Verschärfung der Regel ist aber ein wirksames Abschreckungsmittel, da die Identität des Abzockers für gewöhnlich bekannt ist. In der normalen Gesellschaft sind abschreckende Maßnahmen meistens deshalb unwirksam, weil die Wahrscheinlichkeit, erwischt zu werden, so gering ist. Ich schuldete Raoul und Durrani also 750 000 Dollar. Ich konnte sie bezahlen, aber ich würde es doch spüren. Ich kehrte als unglücklicher und verwundbarer Mr Nice nach London zurück.

»Okay, wir sind so weit. Hör zu, du machst Folgendes …«

Es war Ernie. Don Brown und der Mob waren bereit, wieder Ware am Kennedy Airport in New York entgegenzunehmen, und Ernie sagte mir, was ich auf den Frachtbrief schreiben sollte. Er bevorzugte die Methode, die Ware mit dem Schiff nach Dubai zu bringen und sie dann nach New York fliegen zu lassen. Was zum Teufel sollte ich machen? Ich ging nach Dulwich zu Durrani und erzählte ihm alles, was passiert war. Er sagte, er persönlich sei bereit, auf seinen Anteil zu warten, bis ich Kontakt mit Woodhead aufgenommen hätte, egal, wie lange das dauern mochte. Er wollte am Abend mit Raoul darüber sprechen, vermutete aber, dass Raoul einen Teil seines Geldes haben wollen würde, im Ganzen aber Verständnis zeigen würde. Am nächsten Tag rief ich wieder bei Durrani an. Eine weinerliche Frauenstimme teilte mir mit, dass Durrani im Westminster Hospital lag und sich von einem Herzanfall erholte. Ich ging zu dem Krankenhaus. Durrani war leichenblass, seine Stimme fast nicht hörbar. Ein Mann mit ausgeprägten afghanischen Gesichtszügen saß an seinem Bett.

»Howard, Raouls Nummern stehen auf diesem Papier«, flüsterte Durrani, »und wenn Sie Probleme haben, dieser Mann, Salim Malik, ist auch von Karatschi und in unserem Geschäft. Schicken Sie bitte meinen Anteil auf mein Konto in Amsterdam, steht auch auf Papier.«

Maliks Gesicht war vollkommen unbewegt, als er seine Visitenkarte herausholte und mir gab.

»Gefällt Ihnen London, Mr Malik?«, fragte ich.

»Ich komme seit 1965 hierher. Ich mag den Hyde Park. London ist eine gute Stadt. Englische Menschen sind gute Menschen. Ich bin morgen hier, meinen Freund zu besuchen, und dann zurück nach Pakistan.«

»Dann sehe ich Sie beide morgen. Gute Besserung, Mohammed. Sehr erfreut, Sie kennengelernt zu haben, Mr Malik.«

Als ich am nächsten Tag ins Krankenhaus kam, sagte mir die Krankenschwester, dass Durrani in der Nacht einen schweren Herzanfall erlitten habe, den er nicht überlebte. Er wurde zweiundvierzig Jahre alt.

Raoul wartete in der Halle auf mich, während ich mich im Intercontinental Hotel in Karatschi anmeldete und mich auf meinen ersten Besuch in einem Haschisch produzierenden Land freute.

»So, Sie sind jetzt Mr Nice«, sagte Raoul und grinste. »Und Sie sind sehr willkommen in Pakistan. Gehen wir doch auf Ihr Zimmer.«

In meinem Zimmer zog Raoul zwei dicke Bündel pakistanischer Rupien aus der Tasche, und ein Piece pakistanisches Haschisch.

»Sie werden brauchen, zum Ausgeben und Genießen. So, wie sind Dinge?«

Zögernd erklärte ich ihm die Lage.

»Mr Nice, ich bin immer verständnisvoller Mann, aber ich

habe meinen Leuten schon ihr Geld gegeben. Aus einfachem Grund: Sie sagten, Ware sei in San Francisco. Ich habe nicht viel Geld. Ich brauche 500 000 Dollar für offene Rechnung. Bitte tun Sie, was nötig, und ich werde Schiff fertig machen, Ware für New York nach Dubai zu bringen.«

Ich musste ihn bezahlen. Patrick Lane, der inzwischen ein wöchentliches Rundschreiben namens *The Offshore Banking Report* veröffentlichte und einen großen Teil meines Geldes verwaltete, veranlasste, dass auf Raouls Konto in Genf 500 000 Dollar gutgeschrieben wurden. Ich sagte Raoul, was auf dem Frachtbrief zu stehen hatte, und saß dann tagelang im Intercontinental Hotel und wartete darauf, dass das Telefon klingelte. Raoul rief an und kam mit dem Frachtbrief vorbei, sobald die Ware in Dubai zum Abflug bereit war. Ich überprüfte die Eintragungen, notierte in codierter Form die Nummer des Frachtbriefs und flog nach Zürich, von wo aus ich bei Ernie anrief. Ein paar Tage später rief Ernie bei mir in London an.

»Es hat geklappt. Soll sich Judys Bruder Patrick wieder um das Geld kümmern, ja? Okay. In zwei Wochen machen wir dasselbe nochmal.«

In London traf ich mich mit Nik und Penny, die mich Peter Whitehead vorstellten, dem Regisseur, der in den Sechzigern mit seinem Film über die Beat-Dichterlesung ›Wholly Communion‹, die 1965 in der Royal Albert Hall stattgefunden hatte sowie mit dem Film *Let's All Make Love in London*, berühmt geworden war. Er hatte die zwei Stockwerke über dem Pizza-Express an der Ecke Carlisle Street/Dean Street in Soho gemietet und wollte sie weitervermieten. Ich dachte mir, dass die Räumlichkeiten als Hauptniederlassung von Mr Nices World-wide Entertainments optimal wären. Die Wohnung lag mitten im hippen Zentrum von Londons Vergnügungsviertel, nur ein paar Schritte von Paul McCartneys Büro am Soho Square entfernt, ein paar Schritte von dem Haus, in dem Karl Marx gelebt hatte, und ein paar Schritte von Lulu's. Die obere Etage wurde rasch als Wohnung eingerichtet, die untere als Büro. Judy, Amber und ich zogen ein, dann flog ich wieder nach Pakistan, um das erfolgreiche Geschäft zu wiederholen. Diesmal saß ich im Intercontinental Hotel in der alten Festung von Lahore und wartete darauf, dass das Telefon klingelte. Meine Aufgabe war nur, immer im Zimmer und erreichbar zu sein. Ernie würde anrufen, falls der Deal abgebrochen werden musste. Von wenigen Minuten konnte alles abhängen. Ich schlich mich jedoch hinaus, um mir die berühmte Statue des fastenden Buddha im städtischen Museum und die große Kanone anzusehen, die Rudyard Kipling in *Kim* beschreibt. Wieder lief alles glatt, und ein paar Wochen später war ich in London und Ernie teilte mir mit, dass es keine Probleme gegeben habe. Langsam wurde es ein erfolgreiches Jahr.

Wir machten den Deal nochmal. Ich saß im Holiday Inn in Islamabad am Telefon. Diesmal blieb ich länger in Pakistan als nur ein paar Tage. Durch politische, soziale und militärische Unruhen war es zu Verzögerungen gekommen. Der Premierminister Pakistans, Zulfikar Ali Bhutto, war beschuldigt worden, Wahlen zugunsten seiner Volkspartei manipuliert zu haben, und gewalttätige Ausschreitungen waren an der Tagesordnung. Bhutto verhängte den Ausnahmezustand über das Land, wurde aber von General Zia ul-Haq, dem Stabschef der pakistanischen Armee, den er selbst ins Amt erhoben hatte, festgenommen und wegen Mordes angeklagt. In Lahore hatte ihn ein Gericht zum Tode verurteilt, und er wurde gegenwärtig in Rawalpindi festgehalten, der Partnerstadt von Islamabad. Ich hatte jede Menge Haschisch, jede Menge pakistanische Rupien und einige Tage Zeit. Raoul hatte mir empfohlen, Murray Hill Station bei Kaschmir einen Besuch abzustatten, wenige Autostunden von Islamabad entfernt. Ausländern war es nicht gestattet, Autos zu mieten, also einigte ich mich mit einem Taxifahrer, der ein wenig Englisch konnte. Wir fuhren auf schlechten Straßen durch das bergige Vorland des Himalaja. Ich sah und roch Marihuanafelder. Eine anderthalb Meter lange, urzeitlich aussehende Echse kroch vor uns über die Straße und verschwand im Marihuanagestrüpp. Das Taxi hielt mit quietschenden Bremsen, und mein Fahrer deutete mit dem Finger und rief: »*Krow! Krow!*«

»Was ist das?«, fragte ich.

»Ist *Krow,* Mr Nice, beste Freund von Einbrecher.«

»Ich verstehe nicht.«

»Wollen kommen zu meine Bruder Cousin, Mr Nice? Ich zeige Ihnen.«

»Ja, gerne«, sagte ich. Ich hatte richtig Lust auf überraschende Abenteuer mit Bruder Cousins und Einbrecherfreunden.

Wir fuhren von der Straße auf einen schmalen Pfad, folgten ihm mehrere Meilen weit und hielten schließlich vor einer Gruppe durcheinandergewürfelter, alter, staubiger, gelber Gebäude. Durch ein Loch in einer Wand erschien ein alter Mann, der in bunte Fetzen gehüllt war und dem Taxifahrer etwas zugrunzte.

»Das ist Mohammed, Mr Nice. Er freut sich, Sie kennenzulernen, Mr Nice.«

Die zwei plapperten in einer mir unbekannten Sprache weiter und bedeuteten mir, ihnen in einen umwandeten Hof zu folgen, in dem sich eine Menge *Krows* in verschiedensten Größen befanden. Auf ein Zeichen von Mohammed hin ergriff einer der pakistanischen Arbeiter einen großen *Krow* beim Schwanz, schleuderte ihn mit der ganzen Länge seines Körpers gegen die hohe Wand und ließ ihn los. Der *Krow* blieb an der Mauer hängen. Der Pakistani kletterte an dem vertikal hängenden Tier wie an einer Leiter hoch. Ich konnte jetzt zwar nachvollziehen, warum der *Krow* der beste Freund des Einbrechers war, konnte mir einen Einbruch mithilfe einer Rieseneidechse aber trotzdem nur schwer vorstellen. Ich brauchte einen Joint.

Wir fuhren weiter nach Murray Hill Station und aßen im Cecil Hotel zu Mittag. Es wurde von einem Pakistani geleitet, der perfekt Englisch sprach. Murray sah so ähnlich aus wie ein altmodischer Wintersportort, primitive Seilbahnen inklusive, nur dass kein Schnee lag, und es sah nicht so aus, als würde es jemals welchen geben. Es gab eine Brauerei im Ort, die ein Getränk namens London Lager in Flaschen verkaufte. Es war das beste Flaschenbier, das ich je in meinem Leben getrunken hatte. Das lag wohl daran, dass es noch nach einem hundert Jahre alten Rezept hergestellt wurde, das von den Briten importiert worden war, als sie noch Bier brauen konnten.

Als ich wieder im Holiday Inn in Islamabad war, kam Raoul vorbei. Er wusste von den *Krows* und ihrer Verwendung. Er gab mir den Frachtschein der nächsten Ladung, die in Dubai auf den Abflug wartete. Ich flog nach Paris und übernachtete im L'Hôtel d'Alsace in der Rue des Beaux Arts, in dem Oscar Wilde seine letzten Tage verbracht hatte. Ich rief Ernie an. Es ging ihm nicht gut, seine Schilddrüse machte ihm schwer zu schaffen. Er fragte, ob ich mich ausnahmsweise um die Geschäfte in New York kümmern könnte. Mich kümmern hieß in diesem Fall, einige Millionen Dollar von Alan Schwarz entgegenzunehmen, sobald er das Haschisch verkauft hätte, und Don Brown fünfundzwanzig Prozent davon zu geben.

Ich nahm einen Flug von Air France nach New York, machte mich in der Wohnung in der 77th Street kurz frisch und traf mich dann mit Don Brown im Mortimer's, einem Restaurant an der Upper East Side, das dem Engländer John Beamish gehörte und sehr beliebt war bei nicht gerade ärmlichen Kultur-Yuppies und Kokaindealern. Don strahlte ein gewisse Würde aus, war rothaarig und trug eine dicke Brille. Er war sehr jovial und hatte eine Vorliebe für schlechte Witze. Es erschien eher unglaubwürdig, dass er der Boss der kriminellen Aktivitäten am Kennedy Airport sein sollte. Am nächsten Tag traf ich Don zum Abendessen wieder. Diesmal brachte er einen seiner Freunde mit, einen Italiener namens Willy. Wir aßen bei Nicola's, einem Restaurant, in dem Gangster, Schauspieler und Leute auf der Flucht vor der CIA verkehrten. An der Wand hingen neben den Covers von neu herausgegebenen Büchern über die Mafia Hinweise, dass in diesem Lokal nur bar bezahlt werden durfte.

»Du heißt also auch Don, hm?«, fragte Don, ein klassischer Versuch, mich zu beunruhigen. Ich sollte anfangen zu überlegen, ob er mir nachspionieren und mich überprüfen ließ. Wahrscheinlich hatte ihm Ernie erzählt, dass ich als Mr Nice durch die Welt reiste und Spaß daran hatte. Wir sollten uns diese Details natürlich nicht verraten, taten es aber trotzdem. Genauso hatte mir Ernie erzählt, dass Don mit Nachnamen Brown hieß. Auch das sollte ich natürlich eigentlich nicht wissen.

»Na ja, besser nett als braun, Don.«

Don brüllte vor Lachen.

»Mr Nice, wir haben unseren Teil getan, und der Judenjunge, Alan, hat den Shit. Wenn du Don und mir das Geld bringst, wollen wir die Scheiße nicht auch noch zählen müssen, und wir mögen auch keine kleinen Scheine. Dein Shit aus Dubai hat genau 2308 Pfund gewogen, du schuldest mir also 577 000 Dollar. Ich kriege die 577 000 Dollar, bevor irgendein anderer Schwanzlutscher auch nur einen Cent sieht. Sind wir uns da einig?«

»Wenn Ernie das so gemacht hat, dann werde ich das genauso tun, Willie.«

»Yeah, so hat Ernie das gemacht, also machst du das auch so. Gib Don das Geld.«

Don lachte immer noch über meine Bemerkung, die so witzig nun auch wieder nicht gewesen war.

»Wo in Gottes Namen kriegt man denn einen Namen wie Nice her?«

»Ich hab ihn mir ausgesucht, Don. Ich wette, du hast dir Brown nicht ausgesucht, oder?«

»Du hast's erfasst. Okay, es wird Zeit zu gehen. Ich werde im Pierre Hotel sein, bis du mir das Geld bringst.«

»Welche Zimmernummer, Don?«

»Weiß nicht. Ich werde mich Nasty nennen.«

Don Brown hielt Wort, und nachdem ich einige Pappkartons voll schmutziger Dollarscheine von Alan Schwarz bekommen hatte, machte sich Mr Nice auf den Weg, Mr Nasty 577 000 Dollar auszuhändigen.

In Bangkok stapelten sich die Thai Sticks, Ernie wollte den nächsten Luftfrachtdeal von dort aus machen. Ich war nur Investor. Phil Sparrowhawk wurde jetzt auch das Privileg zuteil, investieren zu dürfen. Eine Tonne Thai Sticks verließ Bangkok und verschwand. Keiner der Leute von Don Brown konnte sie auftreiben, ebenso wenig die von Robert Crimball in Bangkok. Irgendwann wurden sie in einer Lagerhalle im Flughafen Charles de Gaulle in Paris entdeckt. Die ›wegen Fehlerhaftigkeit zurückgeschickten Nähmaschinen‹ hatten keine Aufmerksamkeit erregt, nur schien es unmöglich, sie mit Alitalia oder Japanese Air Lines nach New York zu bekommen, den einzig möglichen Gesellschaften. Ich hatte eine Idee. Die Firma in New York sollte eine große Ladung echte Nähmaschinen an eine neu gegründete Firma in Rom schicken. Die Firma in Rom würde die Nähmaschinen zurückweisen und noch innerhalb der Garantiezeit zurückschicken. Die Firma in New York würde Alitalia anweisen, auch die Ladung aus Paris nach Rom zu bringen und beide Ladungen gemeinsam nach New York zu bringen. Das war zwar etwas kompliziert, sollte aber eigentlich funktionieren. Das tat es auch.

Ich blieb in New York. Ernie beschloss, noch einen Bangkokdeal zu versuchen. Er klappte nicht. Die DEA fing die Ladung in New York ab und verhaftete sechzehn Leute, die verdächtigt wurden, an der Spitze von Don Browns Organisation zu stehen. Ich nahm den nächsten Flug raus aus New York.

Zum Glück war Donald Brown selbst nicht festgenommen worden. Auch nicht Willy, der Italiener. Ich konnte Nice bleiben. Aber es würde keine Luftfrachtdeals nach New York mehr geben. Das war zu Ende. Zwischen 1975 und 1978 wurden vierundzwanzig Ladungen erfolgreich über den John F. Kennedy Airport nach New York geschmuggelt, insgesamt 55 000 Kilo Haschisch und Marihuana. In irgendeiner Weise damit zu tun gehabt hatten die Mafia, die Yakuza, die Brotherhood of Eternal Love, die thailändische Armee, die PLO, die pakistanische Armee, nepalesische Mönche und andere Personen unterschiedlichster sozialer Schichten und Stellungen. Der gesamte Profit aller Beteiligten belief sich auf 48 000 000 Dollar. Es war ein lohnendes Geschäft gewesen.

Judys Schwester Natasha besuchte uns in London. Sie hatte mehrere Monate auf einem Segeltörn im Mittelmeer verbracht und hatte dabei Stuart Prentiss kennengelernt, einen kalifornischen Segler, der Haschisch schmuggelte. Sie hatten sich unterhalten, und Stuart hatte lebhaftes Interesse daran bekundet, Natashas Haschisch importierenden Schwager kennenzulernen. Stuart hatte ein Boot, mit dem er Haschisch nach Schottland schmuggeln wollte. Er besaß ein Yachtcharterunternehmen auf Kerrera, einer kleinen Insel unweit von Oban in Schottland, und traute es sich zu, Haschisch importieren zu können, ohne dass die Behörden auf ihn aufmerksam wurden. Er hatte aber im Mittelmeerraum keine Quelle. Libanesen-Sam war noch immer im Gefängnis, also spürte ich Eric auf und fragte, ob er seine Connections im Libanon noch hatte. Er hatte keinen Kontakt mehr zu ihnen. In Beirut hatte es alle möglichen Probleme gegeben: Im Krieg waren Menschen umgekommen, andere waren ausgewandert, die Qualität des kommerziellen Haschischs war deutlich gesunken, und es wurde immer mehr Heroin exportiert. Eric hatte allerdings eine Bekanntschaft in Marokko gepflegt, mit der er noch keine Geschäfte gemacht hatte, Sharif. Gegen angemessene Bezahlung, so sagte Sharif, könne er eine Tonne Haschisch zu einem Boot liefern, das in der Nähe von Al Hoceima vor Anker liegen müsste. Wir machten uns an die Arbeit. Es erwies sich als völlig problemloses Geschäft. Ende 1978 legte Stuarts Boot mit einer Tonne marokkanischem Haschisch auf der abgelegenen schottischen Insel an. Eine Woche lang wurden jeden Tag hundertfünfzig Kilo der Ladung aufs Festland gebracht, nach London gefahren und verkauft.

Nichts ging schief, alle wurden bezahlt. Ich schlug eine Wiederholung vor. Stuart sagte, er wollte nur einen Deal pro Jahr machen. Ich hatte es nicht eilig. Von den Einnahmen kaufte Judy eine Wohnung in der Cathcart Road in Chelsea. Wir begannen, sie einzurichten.

Es war an der Zeit, dass World-wide Entertainments einen Teil seines Geldes mit legalen Geschäften verschleuderte. Ich hatte selber nicht das geringste Talent für Rockmusik, und dieses Manko wollte ich gutmachen, indem ich jemand anderes finanzierte und managte. Auf einer Weihnachtsfeier traf ich P. J. Proby und Tom Baker. Proby hatte schon Demoscheiben für Elvis gesungen, war in den Sechzigern mit den Beatles auf Tour gewesen und hatte es zu ein paar Hitsingles in England und einigen Auftritten im West End gebracht. Tom Baker, ein Freund von Proby, hatte früher in der US-Serie *The Virginian* gespielt und war jetzt Regisseur. Er suchte einen brauchbaren Manager für Proby, jemanden mit Geld und Aufnahmemöglichkeiten. Ich nahm den Job an als Mr Nice.

Seit über vier Jahren war ich in den Medien kaum erwähnt worden. Doch im Juli 1979 wurde entdeckt, dass der streng vertrauliche Bericht von Chief Superintendant Philip Fairweather über mein Verschwinden im Jahre 1974 zur Presse durchgesickert war. Englands Topreporter für Kriminalfälle, Duncan Campbell, schrieb im *New Statesman* darüber und erklärte, dass der Rechtsberater des MI6, Bernard Shelton, mit Fairweather gesprochen habe und ihm mitgeteilt habe, »dass ein ehemaliger Studienkollege von Marks am College Balliol, der jetzt ein Officer des MI6 ist, Marks kontaktiert hat im Hinblick auf die Möglichkeit, die Räumlichkeiten seiner Firma AnnaBelinda, die auch in Amsterdam eine Zweigstelle hat, als Tarnung für seine Aktivitäten zu nutzen. Später wurde er sich der Tätigkeiten von Marks bewusst und wies ihn an, ihm Informationen über die Provisorische IRA zu beschaffen«.

Zu der Zeit beachtete ich den Artikel nicht sonderlich, doch war es das erste Mal, dass eine offizielle Stelle der britische

Regierung zugab, dass ich für den MI6 gearbeitet hatte und beauftragt worden war, die IRA auszuspionieren.

Jim McCann hatte sich nach seinem von den Medien unterstützten Scharmützel mit den kanadischen Behörden noch nicht lange in Frankreich aufgehalten, als er im Klubhaus einer Villenanlage an der Riviera von einem Kommando französischer und deutscher Polizisten festgenommen wurde. Sie sperrten ihn in das berüchtigte Marseiller Gefängnis Les Baumettes und begannen, seine Auslieferung nach Deutschland in die Wege zu leiten, wo er sich wegen der Sprengung des britischen Armeestützpunktes in Mönchengladbach 1973 verantworten sollte. Zum Glück für McCann gab es in Frankreich eine Graswurzelbewegung, die dagegen ankämpfte, dass das Land kein angemessenes politisches Asyl gewährte und nur allzu leicht den Auslieferungsbegehren anderer Länder nachkam. Vor kurzer Zeit erst hatte die französische Regierung der Auslieferung an Deutschland von Klaus Croissant zugestimmt, eines Anwalts der RAF. Es kam zu heftigen Protesten, und als Italien wenig später einen in Frankreich ansässigen Helfer der Roten Brigade forderte und Spanien ein Mitglied der Baskischen Guerillagruppe ETA, setzten es die Verfechter des politischen Asyls durch, dass sie abgewiesen wurden. McCanns Verteidigung wurde von denselben Marseiller Anwälten übernommen, die im ETA-Fall erfolgreich gewesen waren. Seinen Anwälten erzählte McCann eine Geschichte: Er sei nicht James Kennedy, sondern James McCann, und er treibe Geld für die IRA auf. Der kommunistischen Zeitung *Libération* erzählte er eine andere: Sein Name sei Peter Joseph (Jim) Kennedy und er sei ein harmloser Underground-Journalist. Die Organisation Communiste Internationale, eine trotzkistische Gewerkschaftsorganisation, solidarisierte sich mit seiner Sache und bezeichnete die Angelegenheit als ›*un scandale judiciaire et politique*‹. McCann war begeistert und ließ folgende Kundgebung verbreiten:

Camarades. Je suis très touché par votre
*   Solidarité ... mes*
circonstances personelles sont le resultat
*   d'une conspiration entre*
les services secrets anglais et allemands
*   de l'Ouest, tumeur fasciste*
au cœur de l'Europe democratique.

Mit kämpferischem Gruß,
James Kennedy (McCann)

Die Franzosen taten es den Kanadiern gleich – sie gaben auf. Sie weigerten sich, McCann an Deutschland auszuliefern, weil das Sprengen eines Armeestützpunktes als politischer Akt angesehen werden musste und sie ihm politisches Asyl gewährten. Wir trafen uns im La Coupole in Montparnasse, Paris.

»›The Kid‹ ist eine Legende, H'ard, eine fucking Legende. Ich halte diese beschissenen trotzkistischen Schneckenfresser hier in dieser Hand. Niemand darf mir was tun. Ich habe politisches Asyl. Aber Scheiße, Mann, ich brauch Brot. Diese Marseiller Anwälte haben mich total ausgenommen. Dealst du noch immer mit Dope, H'ard?«

»Nein, Jim, ich habe mich an deinen Rat gehalten. Ich bin jetzt im Finanzgeschäft.«

»Fuck off, okay? Ich weiß, dass du noch dealst. Du musst mir Nordel aus Kabul schicken.«

»Und wie viel? Wären ein paar Gramm okay?«

»Scheiße, ich brauche eine halbe Tonne, mindestens, du walisischer Arsch.«

»Willst du damit sagen, dass du den Pariser Flughafen unter Kontrolle hast?«

»Scheiße, ich krieg unter Kontrolle, was immer ich will. Das weißt du, H'ard. Aber du musst den Nordel nach Irland schicken.«

»Was? Wieder über Shannon?«

»Dublin. Das ist näher an deiner Scheißfähre nach Wales. Du kennst doch Leute in Kabul, oder?«

»Nur die, die du auch kennst. Warum fragst du sie nicht selber?«

»Scheiße, Durrani ist tot und dieser Arsch Raoul denkt, ich hätte ihn abgezockt.«

»Und, hast du?«

»Scheiße, natürlich hab ich. Ich steckte in der Scheiße, Mann. Es ist besser, wenn du ihn fragst, H'ard.«

»Wenn ich Raoul sage, er soll Dope nach Irland schicken, dann weiß er, dass es für dich ist. Er wird sich nicht darauf einlassen. Aber ich kenne da jemanden in Bangkok.«

»Wo zur Scheiße ist das denn?«

»Es ist die Hauptstadt von Thailand.«

»Scheiße, nie gehört.«

»Früher hieß es Siam.«

»Was zur Scheiße soll das? Ich brauche Nordel, keine Katzen.«

»Jim, der Nordel aus Thailand, Thai Sticks, gehört zum besten der Welt.«

»Scheiße, du dämlicher walisischer Arsch, ich weiß, was Thai Sticks sind. Hab letzte Nacht erst welche geraucht.«

»Also, dann schicke ich dir davon.«

»Okay, H'ard, aber es muss schnell gehen, und es darf nichts schiefgehen.«

Phil Sparrowhawk lebte immer noch in Bangkok. Ich flog hin, um ihn zu treffen, und checkte im Hyatt Rama Hotel als Mr Nice ein. Phil stellte mir Robert Crimball vor, Ernies Genossen von der Brotherhood of Eternal Love. Es dürfte kein Problem sein, Thai Sticks vom Flughafen von Bangkok nach Irland fliegen zu lassen. Das Marihuana war schon geerntet und getrocknet. Das einzige Problem war, dass es noch nicht an Stöckchen gebunden war, und das würde noch eine Weile dauern. Robert dachte, dass der Markt schlecht wäre für Marihuana aus Thailand, wenn es nicht in der traditionellen Form verkauft würde, also um fünfzehn Zentimeter lange Stöckchen gewickelt. Ich meinte, dass das in Amerika vielleicht so wäre, dass es auf dem englischen Markt aber keinerlei Schwierigkeiten geben dürfte, solange das Dope einen breit machte. Londoner Kiffern wäre es eher zuzutrauen, mit den leeren Stöckchen zurückzukommen und sich zu beschweren, dass sie nicht törnten.

Ich blieb nur eine Nacht in Bangkok, dann flog ich nach Hongkong, um Geld abzuholen, das die Hong Kong & Shanghai Bank auf Geheiß von Patrick Lane an Mr Nice auszahlen sollte. Phil begleitete mich, und ich gab ihm das Geld. Von Hongkong flog ich nach Zürich und nahm dann einen Zug nach Lugano, um mich mit Judy und Amber zu treffen. Wir ließen uns wieder in Campione d'Italia nieder. Vor einigen Monaten war Patrick Lane mitsamt seiner Familie und seiner Steuerberatung von Campione nach Irland umgezogen. Mit der Steuerberatung hatte er bisher nicht einen einzigen Penny verdient. Trotzdem könnte sich seine Anwesenheit auf der Grünen Insel als nützlich erweisen.

McCann hatte eine schicke Wohnung in der Nähe von Fitz-patrick's Castle in Killiney gemietet, dem Beverly Hills der Dubliner Gegend. Judy, Amber und ich zogen dort für eine Woche ein. Der Deal klappte gut, und McCann kam mit einem Lieferwagen voll in Dosen verpacktem Thaigras vorbei. Insgesamt waren es siebenhundertfünfzig Kilo. Wie in den alten Tagen der Shannondeals beauftragte ich ein paar Freunde damit, das Marihuana von Irland nach England oder Wales zu fahren. Außerdem wollte ich zwei Freunde von Phil fahren lassen, denen er Arbeit versprochen hatte.

Fünfzehn Autos mussten fahren. Thailändisches Marihuana ist viel voluminöser als Haschisch; ein Auto konnte immer nur fünfzig Kilo laden. Phils zwei Freunde, einer von ihnen war der englische Fußballstar Eddie Clamp, übernahmen die letzte Ladung. Sie wurden in Liverpool gebustet. Zum ersten Mal hatten die Behörden Beweise, dass große Mengen Dope über Irland nach England geschmuggelt wurden. Dabei geschah es schon seit acht Jahren. Niemand hatte gewusst, wo es herkam.

»Wir machen's nochmal, H'ard, aber ohne deine beschissenen Einbrecher, drittklassigen schottischen Fußballer und Akademiker und der Scheißfähre. Diesmal bringt es ›the Kid‹ rüber. Alles klar?«

»Wie willst du es schon rüberbringen!«

»Als Bananen.«

»Bananen?«

»Unser Gerard verkauft Obst. Jeden beschissenen Tag bringen sie Obst von Südirland nach Nordirland und von Nordirland nach Schottland.«

»Werden sie denn nicht angehalten und durchsucht, Jim?«

»Ihr Briten behauptet doch, dass Nordirland und Schottland dasselbe beschissene Land sind. Wie sollte es da also einen Zoll geben? Scheiße, ich dachte, du wärst ein Dope-schmuggler. So was solltest du wissen, Mann.«

»Ich dachte eher an die Landgrenze zwischen Süd- und Nordirland, Jim.«

»Scheiße, das ist keine Grenze.«

»Ich weiß, aber einen Zoll gibt es trotzdem, und Kontrol-len, oder? Wie an der Fähre nach Wales.«

»Scheiß auf die Fähre nach Wales. Und kein Scheißer durchsucht ›the Kid‹. Wenn die Jungs jeden Tag Waffen für den Kampf rüberbringen können, und die Bauern können ihre Schweine rüberbringen, um mehr Subventionen zu kriegen, Scheiße, dann kann ich ja wohl ein paar beschissene Bana-nen rüberbringen.«

Phil schickte eine neue Ladung von Bangkok nach Dub-lin. Eines Morgens im Spätsommer saß ich in einem Miet-wagen bei der Anlegestelle in Stranraer an der Westküste Schottlands und wartete auf die Ankunft der Fähre aus Lar-ne, mit der McCanns Obsttransporter kommen sollte. Jarvis wartete eine Meile entfernt in einem Lieferwagen auf einem Parkplatz. Ich sah jeden Wagen, der von der Fähre fuhr. Ein Lieferwagen mit Obst war nicht darunter. Unter Jims Num-mer in Killiney erreichte ich niemanden. Ich gab die Warte-rei auf und fuhr in Richtung London. Ich hörte Radio. In den Mittagsnachrichten wurde durchgesagt, dass in den frühen Morgenstunden ein Laster, der mit einer Ladung südameri-kanischer Bananen von den Docks von Cork nach Norden unterwegs gewesen war, kurz vor Dublin auf einen Rast-platz an der Hauptstraße abgebogen war. Im Schutze der Dunkelheit wartete dort ein gemieteter Kleinbus. Aus bei-den Fahrzeugen stiegen Männer aus und sprachen miteinan-der. Zufällig beobachtete ein Liebespaar vom anderen Ende des Rastplatzes aus das Geschehen. Ein Mann mit starkem

Belfaster Akzent entdeckte die beiden und brüllte, »Scheiße, verpisst euch!«

Das Pärchen fuhr weg und verständigte die Polizei. Ein Streifenwagen kam auf den Rastplatz. McCann stellte sich ihm mit einer Pistole entgegen. Ein Polizist stieg aus und entwaffnete ihn mit einem gezielten Tritt. McCann stürzte in ein Auto und fuhr damit in eine Hecke. Als er überwältigt wurde, schrie er: »Ich hab's für Irland getan!«

Ein Team von der Bombensicherung der irischen Armee sprengte die Tür des Lasters auf. Sie fanden aber keine Bombe. Stattdessen stießen sie auf einundzwanzig Teekisten voll thailändischem Marihuana. Es war der größte Bust in der Geschichte Irlands.

sieben
MR NICE

In den späten siebziger Jahren kam ein Großteil der achtund-
zwanzig Tonnen Marihuana, die jeden Tag in den Vereinigten Staaten geraucht wurden, aus Kolumbien. Jeden Monat
wurden Hunderte Tonnen in kolumbianischen Häfen auf große Frachtschiffe geladen. Diese Mutterschiffe gingen mehrere Kilometer vor der Küste von Südflorida vor Anker, wo
ihre Fracht auf eine ganze Flotte kleinerer Schiffe umgeladen
wurde, mehrere Hundert Tonnen auf einmal, die sie an privaten Anlegestellen oder an einsamen Stränden an Land brachten. Ein Teil des importierten Marihuanas wurde in Florida
verkauft, der Rest wurde an Kiffer anderswo weitergegeben.
Die erste dieser Operationen war die Idee von Santo Trafficante jr. gewesen, dem Boss der Mafia von Florida. Trafficante hatte diese Stellung von seinem Vater geerbt, einem
Partner des New Yorker Mafiabosses Salvatore ›Lucky‹ Luciano. Trafficante hatte 1946 in Kuba einige Casinos eröffnet,
wurde aber festgenommen und eingesperrt, als Fidel Castro
1959 an die Macht kam und gegen die Mafia vorging. Aus
irgendeinem Grund gestattete Castro Trafficante, das Land
mit seinem ganzen Geld zu verlassen. Als er nach Amerika
kam, bezahlte ihn die CIA dafür, Castro umzubringen. Trafficante nahm das Geld und warnte Castro. Der Anführer der
Mafia von Chicago, Sam Giancana, behauptet, dass Traffi-

cante danach den Auftrag erhielt, Präsident Kennedy zu ermorden. Weiteres ist ungewiss, doch Trafficante war auf jeden Fall effizient, und kolumbianisches Marihuana kam in solchen Mengen nach Amerika, dass die Preise in den Keller fielen. Die Konsumenten wollten Abwechslung. Schließlich wurde in den Straßen von Miami und Fort Lauderdale tonnenweise Marihuana zum Spottpreis von vierhundert Dollar das Kilo verkauft, während Haschisch und Thai Sticks bis zu zweitausend Dollar das Kilo kosteten. In London war die Situation völlig anders. Marokkanisches und pakistanisches Haschisch gab es genug, das Kilo war für sechshundert Pfund zu haben, und vernünftiges Marihuana kostete etwa genauso viel. Es war schon immer möglich gewesen, durch den Schmuggel von Haschisch von London nach Amerika Profit zu machen, wie ich es schon mit den Rockbandgeschäften gemacht hatte, doch nun war es durch den niedrigen Preis von kolumbianischem Marihuana in Amerika ebenso möglich geworden, durch Marihuanaexporte von Amerika nach London Gewinne zu machen. Einige kleinere Ladungen waren schon geschickt worden, und Trafficante und seine Handlanger waren zufrieden, ihren Gewinn in Form von Devisen zu bekommen. Sie dachten darüber nach, größere Ladungen nach Europa zu schmuggeln, nicht von Amerika aus, sondern direkt aus Kolumbien. Trafficante, Louis Ippolito und Ernie beschäftigten sich mit den Möglichkeiten. Ernie wäre mit jeder Menge einverstanden gewesen. Trafficante wollte mindestens fünfzig Tonnen schicken, er meinte, kleinere Mengen wären nicht rentabel.

In England wurden am Tag etwa drei Tonnen Haschisch und Marihuana konsumiert, also wesentlich weniger als in Amerika. Eine bis zwei Tonnen wurden jede Nacht allein in London verbraucht. Daran hat sich bis heute nicht viel geändert. Es dauerte aber länger, eine solche Menge zu verkaufen. Es würde schwierig werden, über längere Zeit hinweg mehr als eine Tonne kolumbianisches Marihuana pro Woche zu verkaufen. Fünfzig Tonnen würden für ein ganzes Jahr reichen.

Stuart Prentiss war bereit, wieder eine Ladung nach Schottland zu bringen, aber fünfzig Tonnen waren zu viel für ihn. Seine Kapazitäten reichten nur für fünfzehn Tonnen, er brauchte dann aber Geld im Voraus, um ein neues Boot zu kaufen. Fünf Tonnen könnte er unbegrenzt lagern, mehr aber nicht. Die anderen zehn Tonnen müssten so schnell wie möglich von Kerrera abgeholt werden, am besten per Schiff, und anderswo aufbewahrt werden. Wir brauchten also eine weitere Anlegestelle und ein Lager. Widerwillig ließen sich die Gangster in Florida auf diese Bedingungen ein.

Peter Whitehead, von dem ich das Büro für World-wide Entertainments in Soho bekommen hatte, züchtete in dem winzigen Dörfchen Pytchley in Northamptonshire Jagdfalken für die königliche Familie Saudi-Arabiens. Von außen sah sein Schuppen absolut harmlos aus, doch innen saß eine Vielzahl gefährlicher Falken in einem Komplex riesiger, speziell angefertigter Käfige. Es war ideal, um Marihuana zu lagern.

Peter Whitehead beschäftigte sich nach wie vor mit Dreharbeiten von Filmen. Manchmal musste er Anwesen in ausgefallenen Gegenden mieten. In Schottland gibt es große Herrenhäuser zu mieten, mit Ländereien, die bis hinunter ans Meer reichen. Whitehead könnte einen Film auf einem Anwesen drehen, das wir eigentlich mieten würden, um Marihuana an Land zu bringen und zu lagern. Es wäre eine ausgezeichnete Fassade.

Den folgenden Brief schrieb ich auf Papier mit dem Briefkopf ›World-wide Entertainments Inc., Europäische Haupt-

niederlassung, Carlisle Street 18, London‹ an das Makler-
büro Lochaber Estate Agents, Fort William, Invernessshire:

Sehr geehrte Damen und Herren!
Im Winter dieses Jahres wird unsere Gesellschaft einen
halbdokumentarischen Film drehen, der in der zweiten
Hälfte des letzten Jahrhunderts auf den Western Isles spielen wird. Zu diesem Zwecke beabsichtigen wir, ein an einem Loch gelegenes Anwesen zu mieten, das sowohl als
Unterkunft für das Team (ca. sechs bis zehn Personen) dienen kann, als auch als Kulisse für einige Aufnahmen.
Wir würden das Objekt etwa zum ersten Dezember dieses
Jahres für eine Dauer von mindestens drei Monaten be-
nötigen. Die finanziellen Mittel für ein geeignetes Anwesen sind vorhanden. Wenn Sie etwas hätten, von dem Sie
denken, dass es unseren Anforderungen entspricht, würden
Sie es mich dann bitte so bald wie möglich wissen lassen?

Mit freundlichen Grüßen,
Donald Nice.

Conaglen House, ein wunderschönes Herrenhaus direkt am
Wasser in der Nähe von Fort William, am Anfang des Caledonian Canal gelegen, war für tausend Pfund die Woche zu
mieten.
    James Goldsack, der kurz im Gefängnis und lange ein Jun-
kie gewesen war, hatte sich jetzt wieder darangemacht, sein
Geschäft als Haschisch- und Marihuana-Großdealer auszubauen. Jarvis, Johnny Martin und Old John hielten sich mit
ähnlichen Tätigkeiten über Wasser. Zu dritt müssten sie es eigentlich schaffen, eine Tonne pro Woche zu verkaufen.
    Patrick Lane war mittlerweile in der Lage, fast unbegrenz-

te Geldmengen von einem Erdteil zum anderen zu transferieren. Wenn man ihm in London Bargeld gab, konnte er es auf jedem beliebigen Konto in der ganzen Welt gutschreiben lassen. Patrick und seine Familie zogen von Limerick in eine teure Villa am Hyde Park.

Die *Karob* war ein Hochsee-Bergungsschlepper, das ideale Schiff zum Transportieren großer Mengen Schmuggelware. Bergungsschiffe konnten überall auf dem Ozean herumfahren, ohne Misstrauen zu erregen. Wenn er gefragt wurde, konnte der Kapitän immer sagen, er hätte einen Notruf empfangen und wäre auf dem Weg, Hilfe zu leisten. Funksprüche zwischen Bergungsschleppern waren oft kodiert. An Deck gab es massenhaft Geräte zum Be- und Entladen. Im Dezember 1979 lud die *Karob* fünfzehn Tonnen kolumbianisches Marihuana, durchquerte die heiße Karibik und nahm Kurs auf die kühle und stürmische Irische See. Stuart Prentiss' zwei zwölf Meter lange Jachten, die *Bagheera* und die *Salammbo,* schlüpften nordwärts von Kerrera in das Wirrwarr tiefer Lochs um die Inneren Hebriden. Die *Salammbo* kehrte mit fünf Tonnen kolumbianischem Marihuana auf Kerrera zurück. Prentiss' Familie und Freunde nahmen die Ladung entgegen. Die *Bagheera* brachte zehn Tonnen zum Conaglen House, wo sie vier große Lieferwagen mit einer Kapazität von jeweils drei Tonnen erwarteten. Tom Sunde, Ernies rechte Hand, war da und half beim Entladen. Er hatte acht New Yorker Vegetarier dabei, Freunde von Alan Schwarz, die extra zu diesem Anlass eingeflogen worden waren. Sie hatten keine Ahnung, wo sie eigentlich waren. Jarvis brachte fünf Tonnen in die Falknerei in Pytchley. James Goldsack nahm fünf Tonnen zu einem seiner Lager in Essex mit. Am Neujahrstag 1980 warteten fünfzehn Tonnen hochqualitatives kolumbianisches Marihuana darauf, die Straßen Englands zu überschwemmen. Es war die größte

Menge Dope, die je auf einmal nach Europa importiert worden war – genug, um alle Einwohner der Britischen Inseln gleichzeitig stoned werden zu lassen.

Während die Handwerker in der Cathcart Road das Badezimmer richteten, wohnten Judy, Amber und ich in einer Wohnung in der Anlage Hans Court in Knightsbridge, direkt gegenüber von Harrods – eine Wohnung für fünfhundert Pfund die Woche. Zum frühstücken gingen wir ins Caviare House und aßen Kaviaromeletts. Judy wurde wieder schwanger. Ich machte ihr einen Heiratsantrag. Sie lehnte ihn ab. Sie würde mich nur unter meinem richtigen Namen heiraten. Mrs Nice wollte sie nicht sein. Sie war aber damit einverstanden, dass wir uns verlobten. Wir gaben eine geradezu ekelhaft verschwenderische Party am Hans Court. Zu essen gab es nur Kaviar und Foie Gras, zu trinken nur Stolichnaya und Dom Perignon, als Dekoration hatten wir aus Eis geschnitzte Schwäne, und Musik lief nur von den Pretenders. Peter Whitehead heiratete Dido Goldsmith, die Tochter des Ökologen Teddy Goldsmith und Nichte von Sir James Goldsmith, einem der reichsten Männer Englands. Bianca Jagger und ich waren Trauzeugen. Unsere Töchter trafen sich. Ihre Jade und Amber, unser Bernstein, spielten miteinander.

Ganz England war stoned. Die Straßen waren gepflastert mit kolumbischem Marihuana, und alle wussten es, auch die Polizei und die Zoll- und Steuerbehörden, aber sie konnten keines finden. Es verkaufte sich wie vorhergesehen, eine Tonne die Woche, doch die Gangster in Florida konnten nicht glauben, dass es so langsam ging. Bestimmt sei etwas schiefgegangen. Betrogen wir sie? Davon waren sie überzeugt, und sie zwangen Ernie, zuzustimmen, dass sie ein paar Vertreter nach England schickten, die überprüfen sollten, wie viel Marihuana noch übrig war. Diese Abgesandten waren Joel

Magazine, ein Strafverteidiger aus Miami, und ein Sizilianer mit dem unpassenden Namen Walter Nath. Sie wohnten im Dorchester Hotel. Während sie die unverkauften Mengen überprüften, hörte sich Nath auf eigene Faust auch bei seinen Londoner Freunden um, ob sie das kolumbianische Marihuana schneller verkaufen könnten. Dummerweise stellten ihn seine Freunde einem Undercoveragenten der Zollbehörde vor, der ihm nach Schottland folgte, wo er mit Stuart Prentiss das dort gelagerte Marihuana überprüfte. Stuart Prentiss bemerkte, dass sie verfolgt wurden, schüttelte den Verfolger ab und warf einige Tonnen Marihuana ins Meer. Während der nächsten Wochen wurden immer wieder große Ballen kolumbianisches Marihuana an der schottischen Küste angespült und entweder geraucht, der Polizei übergeben oder von Schafen oder Rotwild gefressen. Die Medien fanden das lustig. Die Gangster in Florida nicht. Aber der Verkauf ging weiter.

Marty Langford half uns gelegentlich, indem er Marihuana von Pytchley nach London fuhr. In Pytchley passte Jarvis' Freund Robert Kenningale auf das Lager auf und verfütterte tote Ratten an die Falken. Marty hatte außerdem Kontakt zu McCanns Frau, Sylvia. Während die Zollbehörden in England Londoner Dealer und schottische Strandgutsammler beobachteten, die mit kolumbianischem Marihuana reich wurden, begann in Dublin McCanns Prozess wegen des Imports von thailändischem Marihuana nach Irland. Während der U-Haft war McCann von Mitgliedern der IRA zusammengeschlagen worden, hatte sich aber wieder genügend erholt, um eine feurige Verteidigungsrede vorzubringen: Er hätte gerade einen Feind Irlands verfolgt, einen Agenten des MI6, der die irische Jugend durch den Import von Marihuana vergiftete. Der Agent hieß Howard Marks und benutzte den Decknamen Mr Nice. McCann wurde freigesprochen.

Ich schickte Jarvis nach Campione, wo ich die diversen Papiere von Mr Nice aufbewahrte, und wies ihn an, sie im Park von Campione zu vergraben. Dort liegen sie heute noch. Immer wieder fielen mir seltsame Dinge auf: Es klickte in der Telefonleitung, wo ich auch hinging, sah ich immer dieselben unfreundlichen Gesichter. Ich wurde beschattet. Aber wenn sie wussten, wer ich war, warum nahmen sie mich dann nicht hoch?

Ich saß an der Bar des Swan Hotel in Lavenham. Im Hans Court war ich zunehmend paranoid geworden und war übers Wochenende als John Hayes weggefahren. Judy brachte gerade Amber ins Bett. Das Hotel bot einen Babyphon-Service, und vor dem Abendessen wollte sie auch noch runter in die Bar kommen. Zwei Männer, etwa in meinem Alter, kamen an die Bar und bestellten ihre Drinks. Ich hatte einen Tio-Pepe-Sherry bestellt und ging zu einem freien Tisch. Plötzlich griff einer der Männer nach meinem Arm.

»Kann ich mal Ihre Uhr sehen?«, fragte er und schloss im selben Moment ein Paar Handschellen fest um mein und sein Handgelenk.

Ich erholte mich recht schnell von der Überraschung. Es war ziemlich offensichtlich, was gerade passierte.

»Wir sind Zollbeamte und nehmen Sie jetzt fest.«

»Warum soll ich festgenommen werden?«

»Sie werden festgenommen, weil Sie im Zusammenhang mit einem Cannabisdelikt verdächtigt werden. Verstehen Sie?«

»Ja.«

»Wie heißen Sie?«, fragte einer der Beamten.

Vielleicht wussten sie nicht, wer ich war, und dachten, ich sei ein gewöhnlicher Dopedealer.

»Das sage ich nicht.«

»Warum nicht?«

»Kein Kommentar.«

»Wohnen Sie in diesem Hotel?«

»Kein Kommentar.«

»Wohnen Sie alleine hier?«

»Kein Kommentar.«

»Leeren Sie Ihre Taschen.«

Ich krempelte meine Taschen um: ein Führerschein, ein Notizbuch, in dem ich die Rechnungen des Kolumbiendeals verzeichnet hatte, und ein Schlüssel der Falknerei in Pytchley, mit dem ich an die mehreren Tonnen Dope dort herankam.

»Dieser Führerschein ist auf den Namen John Hayes ausgestellt. Ist das Ihr richtiger Name?«

»Ja.«

»Ist das Ihre Adresse?«

»Kein Kommentar.«

»Womit verdienen Sie Ihren Lebensunterhalt, Mr Hayes?«

»Ich mache eine Ausbildung zum Zollbeamten.«

Er lächelte nicht mal. Einige andere Zollbeamte kamen an unseren Tisch.

»Das hier ist in Zimmer zweiundfünfzig gefunden worden, in Ihrem Zimmer. Es handelt sich offensichtlich um Haschisch. Gehört es Ihnen?«

»Nein, selbstverständlich nicht.«

»Dieses Haschisch befand sich in Ihrer Jackentasche. Wollen Sie andeuten, dass wir es dort hineingetan hätten?«

»Weiß ich's?«

»Gehört es Ihrer Freundin, die im Zimmer war?«

»Nein, es gehört mir. Könnte ich Judy und unsere Tochter sehen?«

»Natürlich. Betrachten Sie uns als Ihre Freunde. Ich bin Nick Baker, und das ist mein Kollege Terry Byrne. Wir können nochmal in Ihr Zimmer gehen, bevor wir alle nach London fahren, in unser Büro in der New Fetter Lane.«

Ich nahm Judy und Amber in den Arm und küsste sie. Ich wusste, dass sie Judy nichts tun würden, sie nur ein wenig ausfragen und dann gehen lassen würden. Ich wusste auch, und bestimmter, als ich je etwas in meinem Leben gewusst hatte, dass sie ihnen nichts sagen würde, egal, wie sehr sie sie auszuquetschen versuchten.

»Sei stark, Liebling«, sagten wir beide.

In London ging die Fragerei weiter.

»Womit verdienen Sie Ihren Lebensunterhalt, Mr Hayes?«

»Meine Arbeit ist geheimer Natur. Hören Sie, worum geht es hier eigentlich?«

»Haben Sie einen Pass?«

»Nein.«

»Sie sind noch nie im Ausland gewesen?«

»Nein.«

»Womit verdienen Sie Ihren Lebensunterhalt?«

»Das darf ich nicht beantworten. Meine Arbeit ist geheim.«

»Wann sind Sie nach Lavenham gekommen?«

»Kein Kommentar.«

»Kennen Sie einen Marty Langford?«

»Kein Kommentar.«

»Kennen Sie einen Stuart Prentiss?«

»Kein Kommentar.«

»Kennen Sie einen James Goldsack?«

So ging es eine Ewigkeit weiter. Nach einer Weile fragte ich, ob ich einfach den Finger heben könnte, statt dauernd ›kein Kommentar‹ zu sagen. Doch Baker ließ sich nicht darauf ein.

»Mr Hayes, ich muss diese Unterredung mitprotokollieren. Ich sehe nicht, ob Sie Ihren Finger heben. Würden Sie also bitte eine hörbare Antwort geben? Verstehen Sie?«

»Bliep.«

»Ist John Hayes Ihr richtiger Name?«

»Bliep.«

»Wären Sie bereit, uns Ihre Fingerabdrücke nehmen zu lassen?«

»Bliep, bliep.«

»Vielleicht deswegen, weil Ihr richtiger Name Howard Marks ist?« Eine Welle der Erleichterung kam in mir hoch. Zum ersten Mal in sechseinhalb Jahren war ich wieder ich selbst.

»Also, Howard, womit haben Sie in den letzten Jahren Ihren Lebensunterhalt verdient?«

»Kein Kommentar.«

Und so ging es die ganze Nacht durch weiter, bis Baker und Byrne mich zur Polizeistation Snowhill brachten. Judy kam mich am nächsten Morgen besuchen und fragte, ob ich sie heiraten wollte. Ich sagte Ja.

Nach sechsunddreißig Stunden in der Zelle schleppten sie mich vor Richter Miskin vom Old Bailey. Wieder wurde ich von Bernard Simons vertreten. Ich wurde für den Rockband-deal von 1973 wieder in U-Haft ins Brixton Prison geschickt. Am nächsten Morgen verlangten auch die Friedensrichter im Londoner Rathaus, dass ich festgehalten wurde, wegen Mithilfe beim Import von mehreren Tonnen kolumbianischem Gras und wegen Besitzes einer ganzen Reihe falscher Pässe. Als Gesellschaft hatte ich Marty Langford und Bob Kenningale, die beide in Whiteheads Falknerei verhaftet worden waren, James Goldsack und seinen Gehilfen Nick Cole, die in London geschnappt worden waren, den kalifornischen Segler

Stuart Prentiss nebst seinem Gehilfen Alan Grey und Patrick Lanes Assistenten Hedley Morgan. Patrick Lane hatte irgendwie durch die Maschen des Netzes schlüpfen können und hatte sich bei Ernie in Kalifornien in Sicherheit gebracht. Der Zollbeamte Bakers erzählte den Richtern, dass sie Dope im Wert von fünfzehn Millionen Pfund sichergestellt hatten – das war mehr als die Gesamtmenge all dessen, was bis dahin gefunden worden war. Ich war stolz, das zu hören, und vergaß völlig die Folgen, so schwerer Straftaten angeklagt zu werden. Zeitungsüberschriften verkündeten, dass mich der britische Geheimdienst strengstens verhört hätte, dass ich der IRA beigetreten sei und unter dem Schutz der Mafia stünde.

Diese Artikel und gewisse Nachrichtenmeldungen über mich im Radio sicherten mir in Brixton einen Empfang als Schwerverbrecher. Ich wurde von meinen Mitangeklagten getrennt und in einer Doppelzelle ohne fließendes Wasser oder Toilette im Flügel A untergebracht. Mein Zellengenosse war ein verschlagener junger jüdischer Betrüger namens Jonathan Kern. Der Flügel A bestand aus einem Erdgeschoss und drei Obergeschossen mit Zellen und beherbergte etwa zweihundert Gefangene. Einige legendäre Mitglieder der Londoner Gangsterszene waren hier: Ronnie Knight, Ehemann der Schauspielerin Barbara Windsor, Duke und Dennis von der gefürchteten und respektierten Familie Arif, türkische Zyprier, die es zu Londons meistgesuchter Familie seit den Krays gebracht hatten, Tommy Wisbey, der seinerzeit zahllose Züge überfallen hatte, und Mickey Williams, ein irisch-jamaikanischer Londoner, dessen Umtriebe auch durch alle Maßnahmen des Gefängnisses in Durham nicht verhindert werden konnten. Eines Morgens, als wir gerade unsere Plastikeimer von der nächtlichen Notdurft reinigten, stand Mickey neben mir und Jonathan Kern.

»Vorsicht, H. Das 'n falscher Fuffziger, 'n richtig falscher Fuffziger. Tat seine eigene Mutter verpfeifen.«

Kern hörte ihn und ging weg.

»Danke, Mick.«

»Da nich für, H. Er 's nich in deim Geschäft, oder?«

»Nein, Mick. Ich hab ihn hier erst kennengelernt.«

»Gibt nämlich einige falsche Fuffziger in deim Geschäft, H, weiß' du. Dachte, er war vielleicht einer davon. Dabei isses so 'n gutes Geschäft, H. Aber irgendwer sollt'n paar Mäuler stopfen. Hab gehört, deine Mitangeklagten haben so einiges erzählt?«

»Okay, sie haben mehr erzählt, als gut gewesen wäre, und mehr, als sie wollten, aber sie sind nicht wirklich Verbrecher, Mick.«

»Warum begehn sie dann Verbrechen, H? Erklär mir das. Wer Angst vorm Feuer hat, sollte nicht mit Streichhölzern spielen. So einfach is' das. Stimmt's etwa nicht? Doch, ich weiß, dass es stimmt. Ich weiß, was ich mach, wenn ich rauskomm. Ich hüpf nicht mehr mit 'ner Knarre über Bankschalter. Ich mach Drogen. Aber in meiner Firma wird's keine Verräter geben. Keine lebendigen jedenfalls. Lass uns in Kontakt bleiben, wenn wir draußen sind, H. Ich hab jede Menge Typen in London, am Flughafen und in 'en Docks. Könnten einander helfen.«

Es war ein typisches Gespräch, wie ich und andere Dopedealer sie in den späten Siebzigern und frühen Achtzigern mit anderen Verbrechern in britischen Gefängnissen oft führten. In unserem Geschäft verdienten wir im Allgemeinen ein Mehrfaches von dem, was man als Räuber, Betrüger oder Dieb einnehmen konnte. Das Gefängnis war ein ausgezeichnetes Forum zum Kombinieren unterschiedlicher krimineller Talente. Wenn ein Dopeschmuggler vierundzwanzig Stunden lang mit einem Fälscher zusammen eingesperrt ist, wird das Gespräch unter Garantie irgendwann auf gefälschte Frachtbriefe für Schiffe oder Flugzeuge kommen. Daraufhin fingen viele Schwerverbrecher an, mit Dope zu dealen, mit allen möglichen Sorten von überallher. Einige der Auswirkungen waren vorhersehbar. Der Dopehandel wurde rücksichtsloser und gewalttätiger. Rip-offs und Waffengebrauch wurden häufiger. Es kam, wie es kommen musste: Ein Beamter wurde erschossen, als er einen Container marokkanisches Cannabis konfiszieren wollte. Anstatt dass die Behörden dies nun aber als offensichtliche Folge des Drogenverbots erkannt hätten (hohe Profite, die kriminelle Organisationen anlockten), nahmen sie es als Beweis für den inhärenten Zusammenhang zwischen Drogen und Gewalt. Obgleich sie sich im Allgemeinen an die Gesetze hielten und eher friedfertig waren, wurden Kiffer und Dopedealer jetzt beschuldigt, mit gewissenlosen Mördern unter einer Decke zu stecken, und wie solche sollten sie behandelt werden. Gebt ihnen lange und harte Strafen.

Ich erschien mehrmals vor den Friedensrichtern der Guildhall, meistens aus verwaltungstechnischen Gründen, oder um vergebliche Anträge zu stellen, auf Kaution entlassen zu werden. Sie wollten mir wohl keine zweite Chance zur Flucht geben. Als ich nach einem dieser Gespräche wieder ins Gefängnis kam, schaute ich im Vorbeigehen in ein Verhörzimmer und sah Jonathan Kern, der sich mit Officer Baker unterhielt. Sie sahen mich nicht. Später, in unserer Zelle, begann Kern, mir Fragen zu stellen. Ich hatte noch keinen der Beweise gegen mich gesehen, doch Kerns Verbindung zu Baker konnte vielleicht als wertvoller Kanal für Fehlinformationen verwendet werden. Ich könnte unendlich viele falsche Hinweise über meine Verteidigung verbreiten. Ich dachte mir für Kern eine fantastische Geschichte aus, dass das Marihuana nämlich von peruanischen Terroristen stammte, die mit einem Schiff mit weiteren sechzig Tonnen vor der Küste Irlands vor Anker lagen. Leider wurde Kern wieder beobachtet, als er mit Baker sprach, diesmal von einem wuchtigen East-Ender, der ihn gründlich zusammenschlug, sobald sich die Möglichkeit dazu ergab. Kern wurde in ein anderes Gefängnis verlegt. Ich wurde in eine andere Zelle gesperrt. Diesmal teilte ich sie mit einem Mann namens Jim Hobbs. Er war wegen der Verführung eines minderjährigen Jungen verhaftet worden (minderjährig hieß damals noch unter einundzwanzig), doch er sprach nicht viel darüber. Sexualverbrechern, ebenso wie überführten Polizisten und Verrätern, wird das Leben in britischen Gefängnissen sehr schwergemacht. Sie werden oft zur Zielscheibe für physische Torturen. Es nutzte nicht viel, dass Hobbs erklärte, sein minderjähriges Opfer sei immerhin schon achtzehn gewesen. Bestenfalls war er immer noch 'ne Schwuchtel. Und vielleicht log er ja auch. Also, immer feste drauf. Trotz seiner seltsamen Neigungen mochte ich Hobbs, vor allem wegen seiner Verachtung jeglicher Autorität und wegen seiner Großzügigkeit ärmeren Gefangenen gegenüber.

Die Gefängnisverwaltung hatte nichts dagegen, dass ich heiraten wollte, und sie ließen mich dazu sogar in Begleitung zweier Wachen hinaus, um in einer walisischen Freikirche im Süden Londons die Trauung vollziehen zu können. Es machte sehr den Eindruck einer Musshochzeit: Judy war im fünften Monat schwanger, und meine Töchter Myfanwy und Amber waren die Brautjungfern. Johnny Martin war Trauzeuge. Nach der Hochzeit bettelte ich so lange, bis mir die Wachen gestatteten, auch noch an der Feier teilzunehmen. Ich lud sie herzlich ein und versprach, nicht wegzulaufen. In einem Cadillac mit Chauffeur wurden Judy, ich und eine Wache zum Basil Hotel gefahren. Es regnete Champagner und Glückwünsche. Judy und ich durften einige Zeit alleine in einem Hotelzimmer verbringen. Ich betrank mich zusammen mit meinen Wachen.

Mit den meisten Wärtern in Brixton vertrug ich mich gut, es gab wenig bis gar keinen Sadismus oder Quälereien. Der heiß begehrte Posten als *teaboy*, Kellner für die Wärter, des Flügels A wurde mir angeboten, und ich nahm an. Er brachte eine Menge Vorteile mit sich. Den größten Teil des Tages durfte ich außerhalb meiner Zelle verbringen. Die Wärter brachten mir kleine Geschenke harmloser Schmuggelware: dänischen Schimmelkäse und Schmuddelhefte. Meine Besucher durften mehrere Stunden bleiben, nicht nur die paar Minuten, die regulär gestattet waren. Damals waren die Bedingungen in der U-Haft nicht so streng wie heute. Die Gefangenen durften jeden Tag eine Mahlzeit und ein bisschen Alkohol von draußen kommen lassen. Es war kein Problem, zusammen mit dem Essen auch Dope hereinzuschmuggeln. Ich besaß noch immer ziemlich viel Geld, das noch nicht beschlagnahmt worden war. Fast alle Großhändler, denen ich auf Kredit von dem kolumbianischem Marihuana gegeben hatte, bezahlten ihre Schulden in voller Höhe. Johnny Martin, der zwar verhört, aber nicht verhaftet worden war, passte auf das Geld auf.

Ernie hatte ein schlechtes Gewissen, dass er ein paar unfähigen amerikanischen Gangstern ermöglicht hatte, die Marihuanalager in England zu besuchen. Hätte er sie besser im Griff gehabt, hätte es keinen Bust gegeben. Er bot an, meine Verteidigungskosten zu übernehmen, so hoch sie auch sein mochten. Judy versicherte er, dass sie sich nie um Geld Sorgen zu machen brauchte. All seine Connections und seine Reichtümer standen ihr zur Verfügung.

Judy musste schneller, als wir dachten, auf Ernies Angebot zurückgreifen. Ihre Schwester Natasha war gebustet worden, als sie ohne unser Wissen versuchte, selber ein Geschäft durchzuziehen. Sie und ihr Freund waren vor der mexikanischen Küste mit einer kleinen Bootsladung Marihuana aufgegriffen worden. Jetzt schmachteten sie in dreckigen mexikanischen Verliesen. Ernie legte sich ins Zeug und bekam sie frei. Es dauerte zwar eine Weile, doch während dieser Zeit wurden Natasha und ihr Freund gemeinsam in einer Luxuswohnung mit Balkon und allem erdenklichen Komfort festgehalten. Dort wurde Natasha schwanger und brachte einen kleinen Sohn auf die Welt. Sie gab ihm den Namen Albi. Ernies Connections in Mexiko waren jedenfalls ausgezeichnet.

Am dreiundzwanzigsten November 1980 wurde meine reizende Tochter Francesca geboren. Ich hatte beim Innenministerium beantragt, bei ihrer Geburt dabei sein zu dürfen, doch sie hatten den Antrag abgelehnt.

Sie war das einzige meiner Kinder, bei dessen Ankunft auf dieser Welt ich abwesend war. Es machte mich wütend, nicht dort sein zu können, doch gab mir ihre Geburt die Kraft, mich der Zukunft zu stellen. Ich sah harte Zeiten und einen langen Aufenthalt im Gefängnis auf mich zukommen. Dann wurde eines meiner Vorbilder, John Lennon, in New York erschossen, ermordet entweder von einem Spinner oder von der CIA. In seinem Tod spiegelte sich seine Definition von Leben wider: ›Das, was passiert, während du andere Pläne schmiedest‹. Die Tragödie machte mich traurig, stärkte aber auch meinen Kampfeswillen. Judy schickte mir ein Buch über Yoga, und ich gewöhnte mir ein Routine an, an die ich mich seitdem immer hielt, wenn ich eingesperrt war: täglich eine halbe Stunde Yoga und zehn Minuten Meditation.

Nach und nach brachte mir Bernard Simons die Niederschriften der Aussagen und Beweise, die mich belasteten. Es gab da so einiges. Ein Schlüssel, der sich in meiner Tasche befand, als ich verhaftet wurde, passte zur Tür der Falknerei in Pytchley, in der einige Tonnen kolumbianisches Gras lagen. Die Notizen, wer während des ganzen Deals wie viel Geld bekommen hatte, waren in meiner Handschrift. Ich war in London und in Schottland in Gesellschaft meiner Mitangeklagten gesehen worden. Ein Koffer voll Geld hatte unter meinem Bett gelegen. Es war schwer, dafür unschuldige Erklärungen zu liefern, und doch mussten eben solche her.

Wie jeder Anwalt und jeder freigesprochene Verbrecher bestätigen kann, hat die Frage der Schuld nichts damit zu tun, ob man das fragliche Verbrechen wirklich begangen hat. Die Schuld ist eine rein theoretische Beziehung zwischen der Anklage und dem Beweismaterial, die der Ankläger so überzeugend darlegen muss, dass sich die Richter seiner Meinung anschließen, dass die Beweise nur mit dem von ihm dargestellten Hergang der Ereignisse übereinstimmen und sonst mit keinem. Sehr viele der Beweise gegen mich stimmten damit überein, dass ich fünfzehn Tonnen Dope importiert hatte. Womit könnten sie sonst noch übereinstimmen?

Träume werden im Gefängnis sehr wichtig. Eines Nachts erschien mir McCann in einem Alptraum.

»Benutz ›the Kid‹, du dämlicher walisischer Arsch. Scheiße, ich hab dich auch benutzt.«

Mein Verteidiger war Lord Hutchinson of Lullington, Sozialist und Anwalt der Krone (QC), der schon des Öfteren Spione und andere Leute, die dem Establishment Ärger gemacht hatten, erfolgreich verteidigt hatte. Sowohl die russischen Spionageagenten George Blake und Vassal hatten schon von seinem Können profitiert, als auch der Verlag Penguin Books, als er wegen der Veröffentlichung von D. H. Lawrences *Lady Chatterley* verklagt worden war. Ich erklärte ihm, wie ich mir meine Verteidigung vorstellte: 1972 war ich vom MI6 angeworben worden, um den Waffenhändler der IRA, James McCann zu überlisten, indem ich ihn in Dopedeals verwickelte. Alles lief ausgezeichnet, bis die Zollbehörden 1973 die Pläne des MI6 durchkreuzten, indem sie mich hochnahmen. Es wurde so eingerichtet, dass ich auf Kaution freikam. Wie verabredet, tauchte ich unter. Die Medien waren jedoch irgendwie an die streng vertrauliche Information gelangt, dass ich für den MI6 arbeitete, und dadurch wurde meine Tarnung zerstört. Da ich kein anderes Leben als das eines Spions kannte, gab mir der MI6 den Auftrag, für den mexikanischen Geheimdienst zu arbeiten, der seltsamerweise auch daran interessiert war, McCann zu schnappen, da er ihn im Verdacht hatte, der mexikanischen Terrororganisation ›Liga des 23. September‹ bei der Beschaffung von Waffen und Geld durch Dopedeals behilflich zu sein. Der mexikanische Geheimdienst stellte mir einen Ausweis und jede Menge andere Papiere auf den Namen Anthony Tunnicliffe zur Verfügung. Es schien fast unmöglich, doch es gelang mir, immer noch im Dienst für Krone und Vaterland, McCann in Vancouver aufzustöbern, und diesmal leistete ich auch einen Beitrag zur inneren Sicherheit Mexikos. Ich gab den kanadischen Behörden Bescheid, aber McCann entwand sich ihnen. Ich jagte und fand ihn wieder, diesmal in Frankreich. Wieder konnte er den Behörden entschlüpfen, doch nicht bevor ich erfahren hatte, dass er zu terroristischen kolumbianischen Drogendealern in Südamerika und zu Heroinbossen in Laos, Thailand und Burma, dem Goldenen Dreieck, Kontakte hatte. Ich bekam ziemlich komplizierte Anweisungen und war sowohl der britischen als auch der mexikanischen Regierung gegenüber verantwortlich. Ich musste mich in die kolumbianische Drogenhierarchie einschleusen und herausfinden, wo die Bosse ihr Geld bunkerten und wie es auf die Konten bekannter Mitglieder der ›Liga des 23. September‹ kam. Darüber hinaus hatte ich dafür zu sorgen, dass McCann auf frischer Tat ertappt wurde, am besten in Irland oder einem anderen europäischen Land. Während all dieser Spionagetätigkeiten tarnte ich mich als Hippie, der nur Marihuana schmuggelte und dealte. Um meinen gefährlichen Auftrag zu erfüllen, ließ ich mich gleichzeitig auf zwei verschiedene Dopedeals ein: Kolumbianisches Gras wurde nach Schottland, Thaigras nach Irland importiert. Der Irlanddeal fand zuerst statt. Als das Dope in Irland ankam, informierte ich den M16, wie McCann auf frischer Tat ertappt werden konnte. McCann konnte die Behörden wieder überlisten und wurde von einem Dubliner Gericht freigesprochen. Währenddessen ging es mit der Infiltrierung in die kolumbianische Drogenhierarchie recht gut voran. Ich konnte es sogar einrichten, dass mein Schwager, Patrick Lane, ihre Bankgeschäfte übernahm. Bald hätte ich alles beisammengehabt, was ich brauchte, und wäre der Held des mexikanischen Geheimdienstes geworden. Doch dann kam mir wieder, wie schon 1973, der britische Zoll dazwischen und nahm mich fest. Wahrscheinlich hatten sie etwas gegen den MI6. Wer weiß?

»Das ist Ihre Verteidigung, Howard?«, japste ein erstaunter Lord Hutchinson of Lullington, QC.

»Ja. Wieso? Ist etwas nicht in Ordnung?«

»Es ist, absolut ohne jeden Zweifel, die lächerlichste Verteidigung, die ich je in meinem Leben gehört habe.«

»Heißt das, Sie glauben sie nicht?«

»Glauben spielt hier keine Rolle, Howard. Ich habe mich verpflichtet, Ihre Stimme vor Gericht zu sein, auch wenn Ihre Verteidigung idiotisch ist.«

»Ich kann fast alles davon belegen, Lord Hutchinson. Es gibt jede Menge Zeitungsartikel, die besagen, dass ich ein Agent des MI6 war, der McCann gejagt hat.«

»Und wo mag sich dieser Tunnicliffe-Ausweis jetzt wohl befinden? Der, den Ihnen dieser südamerikanische Geheimdienst gegeben hatte. Der mexikanische, oder?«

»Der Tunnicliffe-Ausweis ist britisch, Lord Hutchinson. Ich nehme an, der MI6 hat ihn den Mexikanern für mich zukommen lassen. Er ist voll von mexikanischen Ein- und Ausreisestempeln, und einige davon beweisen, dass ich mich nicht mal in Schottland aufhielt, als das Marihuana importiert wurde. Der Vorwurf, ich hätte am Strand gestanden und die Ankunft und den Abtransport des Dopes überwacht, ist lächerlich.«

»Schade nur, mein lieber Junge, dass niemand vom mexikanischen Geheimdienst bereit sein wird, nach London zu kommen und zu bestätigen, dass Sie wirklich für sie gearbeitet haben.«

»Lord Hutchinson, mein direkter Vorgesetzter, Jorge del Rio, ein Mitglied der mexikanischen Regierung, wäre nur zu gerne bereit, zu kommen und für mich auszusagen.«

»Hm! Interessant. Ich freue mich schon darauf, wieder am Old Bailey zu arbeiten.«

Die meisten Bücher waren im Gefängnis von Brixton erlaubt, aber solche über Terrorismus nicht. Anwälte durften aber an Fotokopien hereinbringen, was sie wollten. Tag für Tag brachte mir ein verlegener Bernard Simons Bücher über südamerikanische und südostasiatische revolutionäre Vereinigungen, um, wie er sagte, mein Gedächtnis aufzufrischen.

Die Gefängnisverwaltung hatte nichts dagegen, dass die Gefangenen Reiseführer lasen.

»Was machen Sie bloß mit diesen ganzen Reiseführern von Mexiko, Marks?«

»Sobald ich freigesprochen werde, fahre ich dorthin in Urlaub, Chef. Sie können einen Unschuldigen ja nicht allzu lange festhalten.«

»Schön zu sehen, dass Ihnen Ihr Sinn für Humor nicht abhanden gekommen ist, Marks. Viel Spaß bei der Lektüre.«

»Danke, Chef.«

Ein Punkt machte mir aber wirklich Sorgen. In meiner Verteidigung behauptete ich, dass ich keinen der Gangster aus Florida je getroffen hätte, doch einer der Zollbeamten behauptete, er hätte mich gesehen, wie ich spät eines Abends ihr Zimmer im Dorchester Hotel verlassen hätte. Dieser Aussage musste ich etwas entgegensetzen. Ich hatte damals einen Freund, der für kurze Zeit mit Rosie zusammengewesen war. Er war Waliser, hieß Leaf und hatte ein Pub in St. Clement's, Oxford, das ›Oranges and Lemons‹. Leaf kam mich in Brixton besuchen.

»Leaf, weißt du noch, ich hab dich doch letztes Jahr mal in Oxford besucht.«

»Klar weiß ich das noch. So betrunken war ich nicht. Ich kann mich noch genau dran erinnern.«

»Kannst du dich erinnern, welches Datum das war?«

»Teufel, nein. So nüchtern war ich auch wieder nicht.«

»Es war ein Freitagabend, oder?«

»Könnte sein, Howard.«

»War es. Weil wir nämlich am Samstag, als wir endlich aufgestanden waren, alle zusammen das Rugbyspiel geguckt haben. Kannst du dich jetzt wieder erinnern? Wales hat gegen Irland verloren.«

»Stimmt. Wie könnte ich das je vergessen? Wir haben in der Lansdown Road in Scheiß-Dublin einundzwanzig zu sieben verloren. Jeff Squire war Captain. Aber im Cardiff Park dieses Jahr haben wir sie geschlagen, wenn auch nur mit neun zu acht Punkten.«

»Das Spiel letztes Jahr war am fünfzehnten März.«

»Könnte sein. Ich kann ganz leicht nachgucken, ich hab alle Rugbyspiele von Wales auf Video.«

»Ich hab schon nachgeschaut, Leaf. Wärst du bereit, im Old Bailey für mich auszusagen, wo ich an dem Abend war?«

»Aber mit dem allergrößten Vergnügen.«

Der Prozess begann am achtundzwanzigsten September 1981, demselben Tag, an dem viele Jahre zuvor Marihuana in England gesetzlich verboten worden war. Ich sah mich einer Höchststrafe von achtzehn Jahren Gefängnis gegenüber, vierzehn für Marihuana und vier wegen gefälschter Ausweise. Patrick Lane schickte mir ein Gedicht:

Dear Brother: Five hundred days stand between
    us, and
All the distance I have managed to create.
No word has passed, no smile exchanged, no touch
    of hand,
And yet, as Dawn intrudes, we still relate.
I cannot sleep whilst you, awake across the Globe,
    await
The turn of Fortune's wheel, and take her dare,
To chance your luck agaist the odds as they rotate
And play for both of us and all the precious ›ours‹
    we share.
In Time and Space and Circumstance we're Night
    and Day
Upon the circle, although the axis is the same.
But all around your friends and family hope that they

May share with you and help you play, and win,
    this game.
In one brief span, as the world turns, the sun's
    warm kiss
Touches many loving hearts that beat with yours:
    you will get this.[*]

Nur drei von uns plädierten auf ›nicht schuldig‹ Prentiss'
Verteidigung war, dass er genötigt worden sei. Dafür mussten die Geschworenen glauben, dass er das Verbrechen, dessen er angeklagt war, nur begangen hatte, um ein schlimmeres
Verbrechen zu verhindern. Prentiss wollte vorbringen, dass er
fünfzehn Tonnen kolumbianisches Marihuana importiert hatte, weil ihn die Mafia sonst ermordet hätte. Hedley Morgan
wollte versichern, dass er nicht gewusst habe, dass das Geld,
das durch seine Hände ging, vom Verkauf von Dope stammte. Und ich war ein Spion, der sich in der Welt der Drogendealereien umsah.

Es dauerte sechs Wochen, ehe Richter ›Penal Pete‹ Mason
die Anklage vorgelegt wurde. John Rogers, QC, war leitender
Staatsanwalt. Hinter einer Barrikade aus Beuteln voll Gras,

---

[*] Lieber Bruder, Durch fünfhundert Tage sind wir getrennt, • und so viel Dis-
tanz, wie zu schaffen mir nur möglich war. • Kein Wort ward gesprochen; kein
Lächeln, keine Berührung der Händ', • Und doch, während der Morgen graut,
spüre ich um Dich die Gefahr. • Der Schlaf ist mir fern, weil Du, jenseits der halben Erde, nicht ruhen magst, • Den Lauf von Fortunas Rad erwartest und trotz
ihrer kreiselnden List • Die Wette annimmst und Dein Glück wagst • Im Spiel
um uns beide und all das Wunderbare, was »unseres« ist. • In Zeit und Raum
und Dasein sind wir gleich Tag und Nacht • Auf dem Zirkel, in dessen Zentrum
doch nur eine Achse liegt. • Jedoch um uns herum warten Deine Freunde und
Deine Familie wacht, • Bereit, mit Dir zu gehen und zu spielen und ihr Teil zu
tun, dass Du es bist, der endlich siegt. • In nur einem Augenblick, während die
Welt sich dreht, der Sonne warmer Hauch berührt • Viel liebende Herzen, die
zugleich mit Deinem schlagen und wissen, sie werden wieder zusammengeführt.

Adressbüchern, Pässen, Akten, Zeugenaussagen und Telefon-
zubehör legte er ohne ein Spur von Humor den Fall dar: »Es
handelt sich hier um Verbrechen in großem Umfang ... Wie
bei seinem Hintergrund und seiner Intelligenz nicht anders
zu erwarten, hat der Angeklagte seinen Teil des Geschäfts,
im Vereinigten Königreich, als hoch funktionsfähiges Unternehmen organisiert ... Er fand Gefallen an der Herausforderung ... Unvorstellbare Mengen Cannabis und Geld. Diese Schmuggelgeschäfte waren wie militärische Operationen
aufgezogen ... Ein eng gewobenes Netz von Bluffs, Gegen-
bluffs und falschen Namen ... Marks hat so viele Namen gehabt, dass man sich wundert, wie er es fertiggebracht hat, sich
zu merken, wer er gerade war ... Die Organisation musste
schlank, optimal abgestimmt und perfekt durchdacht sein,
um zu funktionieren, und es wird Sie nicht erstaunen zu hören, dass es sich bei den Beteiligten um überdurchschnittlich
intelligente Menschen handelt.«

Dies führte dazu, dass der *Daily Mail* und der *Daily Tele-
graph* ihre Berichte mit OXFORD SUPERHIRN IM 20 MILLI-
ONEN SCHWEREN DROGENRING und DIE OXFORD CON-
NECTION betitelten.

Peter Whitehead war Kronzeuge. Sie hatten ihn in eine
Zwickmühle gebracht. Er konnte es moralisch nicht vertreten, schuld zu sein, dass jemand ins Gefängnis kam. Er wollte aber auch nicht selber dort landen. Der einzige Ausweg,
den er sah, um mich nicht direkt zu beschuldigen, war der,
als Belastungszeuge aufzutreten. Peter verhielt sich hochan-
ständig bei seiner Aussage, ließ aber einige Fragen offen, was
ich genau getan hatte. Lord Hutchinson fiel über ihn her, und
er beantwortete diese Fragen. Obgleich Lord Hutchinsons
Kreuzverhör brillant war und sein Assistent, Stephen Sol-
ley, die Beweislage so kompetent und gewissenhaft analy-

sierte, wie man es sich nur wünschen konnte, hatten wir nur einen kleinen Sieg errungen: Wir hatten Zweifel an der Aussage des Zollbeamten Michael Stephenson gesät, der mich beim Verlassen des Dorchester Hotel gesehen haben wollte. Als Lord Hutchinson mit ihm fertig war, war sich Stephenson nicht mehr sicher, ob er das Dorchester selbst überhaupt jemals gesehen hatte. Er hat mir nie vergeben. Der Rest der Zollbehörde feierte schon im Voraus ihren Sieg. Ich würde hinter Gitter kommen.

Das glaubte auch Lord Hutchinson, und er hatte eine Unterredung mit ›Penal Pete‹. Absprachen mit dem Richter gibt es an britischen Gerichtshöfen nicht, doch manchmal kann man herausfinden, wie der Richter wahrscheinlich entscheiden wird. Lord Hutchinson wollte wissen, ob mir Penal Pete ein Maximum von sieben Jahren Gefängnis geben würde, wenn ich mich für schuldig erklärte. Damit könnte ich leben. Ich würde Bewährung bekommen. Doch Penal Pete lehnte ab. Er wollte mir wesentlich mehr aufbrummen.

Eine ganze Woche brauchte ich, meine Schilderung der Ereignisse abzugeben, nachdem ich zuerst geschworen hatte, die Wahrheit zu sagen, die ganze Wahrheit und nichts als die Wahrheit. Ich hatte viele Beweise dafür, dass ich ein Spion des mexikanischen Geheimdienstes war, doch die einzigen Belege, die ich für meine Arbeit für den MI6 auftreiben konnte, waren alte Zeitungsüberschriften. Dank völlig legaler Manipulationen erreichte Lord Hutchinson, dass die Jury gefesselt war und die Artikel in wohlwollender Grundstimmung las. Doch, ich war ein Spion. Darin waren sich alle Zeitungen einig. In einer wurde sogar der Anwalt des MI6 zitiert, der bestätigt haben sollte, dass ich als Agent für den Geheimdienst gearbeitet hatte. John Rogers erhob sich zum Kreuzverhör. Ich war erstaunt, wie wenig Mühe er sich gab. Er hatte keine Ahnung, was er fragen sollte, und brachte nur leere rhetorische Phrasen hervor, was für ein schlechter, aber brillanter Mensch ich doch sei. Einmal stand er sogar eindeutig hinter mir, als er sagte: »Wir gestehen zu, dass Sie bis zum März 1973 für den Geheimdienst gearbeitet haben ...«

Jetzt waren sich die Geschworenen sicher, dass ich ein Spion war. Gelegentlich fiel Rogers auch über mich her: »Sie verwenden ein kleines Stückchen Wahrheit und polieren es dann heraus ... Sie haben selbst an Ihrer Legende gefeilt, nicht wahr? Sie selbst haben den Marks-Kult angefacht, mit der Lehre, dass Sie ein Geheimagent auf der Flucht vor der Polizei seien, und haben so viel Nebel wie möglich verbreitet, während Sie in sehr großem Rahmen Ihre Drogenschmuggelgeschäfte betrieben ... Sagen Sie doch, verraten Sie mir doch, wie er hieß, dieser MI6-Beamte, der Sie für die Mexikaner angeworben hat?«

Darauf zu antworten viel mir leicht. Ohne zu zögern nannte ich Anthony Woodhead, den Ehemann der Anna von AnnaBelinda, der mich um eine Million Dollar betrogen hatte. Ich weiß nicht, welche Auswirkungen das für ihn hatte, doch ich nehme an, er konnte sie sich leisten. Mein Kreuzverhör war beendet.

Leaf war der erste Zeuge der Verteidigung. Er sagte so offensichtlich die Wahrheit, dass die Geschworenen nicht mehr daran zweifeln konnten, dass der Zollbeamte Michael Stephenson zu Unrecht behauptet hatte, er hätte mich im Dorchester Hotel gesehen. Der letzte Zeuge der Verteidigung war Jorge del Rio, ein waschechter höherer Beamter der mexikanischen Regierung. Wegen der hohen Bedeutung seiner Aussage wurde der Gerichtssaal im Old Bailey geräumt und der Mexikaner sprach vor einer Kamera. Er bestätigte, dass er mich unter dem Namen Anthony Tunnicliffe kannte, dass ich ihm von Anthony Woodhead vorgestellt worden war, dass ich für den mexikanischen Geheimdienst gearbeitet hatte und dass mir große Summen ausgezahlt worden waren, um mich in kolumbianische Drogenkartelle einzuschleusen. Die Geschworenen waren begeistert. Die Vertreter vom Zoll schauten langsam etwas besorgt drein.

In seinem Schlussplädoyer ging John Rogers, QC, noch einmal zum Angriff über: »Diese eine Ladung schon macht Marks zum größten Drogenschmuggler, der je verhaftet wurde. Seine Behauptungen, ein Geheimagent zu sein, sind völliger Blödsinn. Zugegeben, Marks wurde im Jahr 1973 für drei Monate angeworben, von jemand, der unbedacht genug war, ihn um seine Mithilfe zu bitten. Der ganze Rest jedoch ist ein Mythos, den Marks selbst in die Welt gesetzt hat, um seine wahren Tätigkeiten zu verschleiern. Die Geschichte vom Geheimdienst ist nur eine Fassade, hinter der er sich versteckt. Diesen Unsinn werden die Damen und Herren Geschworenen doch wohl nicht ernst nehmen.«

Lord Hutchinson war wesentlich überzeugender: »Howard Marks wurde vom MI6 beauftragt, sich in die IRA einzuschleusen. Dreimal gelang es ihm, McCann aufzuspüren, doch jedes Mal ließ man ihn wieder entkommen. Und doch weigern sich die Verantwortlichen des britischen Geheimdienstes, vor diesem Gericht zu erscheinen und zuzugeben, wie es die Anklage getan hat, dass Howard Marks für sie arbeitete. Sie bleiben lieber dort oben im Zuschauerraum sitzen. Verehrte Geschworene, ich bin sicher, dass Sie sie von Ihren Plätzen aus sehen können. Howard Marks ließen sie einfach als ›Spion in der Kälte‹. Das ist der Code der Geheimdienste, er heißt nichts anderes als »Du bist völlig auf dich allein gestellt, alter Junge.« Vielleicht entsinnen Sie sich der Fälle um die russischen Spione, nicht nur Kim Philby, auch

Anthony Blunt. Scheinbar kann der britische Geheimdienst Straffreiheit für Spione erlangen, die gegen unser Land arbeiten – nicht jedoch für die, so scheint es, die im Dienste unseres Landes stehen.«

Richter ›Penal Pete‹ Mason fasste zusammen: »Sie haben Mr Marks gesehen, meine Damen und Herren Geschworenen. Er verfügt über ungewöhnlich viel Charisma und über ein geradezu enzyklopädisches Wissen, was die Beweislage betrifft, was es ihm ermöglicht, auf jede Frage eine Antwort parat zu haben. Wie bei den anderen Angeklagten müssen Sie auch in seinem Fall entscheiden, ob er an dieser Verschwörung teilgenommen hat oder nicht. Entweder hatte er überhaupt nichts damit zu tun, oder aber er steckt bis zum Halse drin.«

Die Geschworenen fällten über uns alle das Urteil ›nicht schuldig‹. Ich denke nicht, dass sie auch nur eine Minute glaubten, was wir als Verteidigung vorbrachten. Sie wollten nur nicht, dass so nette Jungs wie wir unzählige Jahre im Gefängnis schmoren mussten, nur weil wir wohltuende Kräuter von einem Teil der Welt zum anderen transportiert hatten. Die Geschworenen können einen Angeklagten aus jedem beliebigen Grund freisprechen, eine Tatsache, über die immer mal wieder in der Öffentlichkeit diskutiert wird. Wenn es genügend Freisprüche gibt, wird das Gesetz irgendwann geändert. Stuart Prentiss und Hedley Morgan verließen das Old Bailey als freie Bürger. Ich bekam zwei Jahre wegen der falschen Ausweise. Unter Anrechnung der Zeit, die ich schon im Gefängnis verbracht hatte, blieben mir noch fünf Tage. Ich schaute ins Publikum und sah Judy. Weihnachten würde ich mit ihr, Amber und der kleinen Francesca verbringen. Ihre ganze Liebe und Erleichterung strahlten mir entgegen, in dem schönsten Lächeln, das ich jemals gesehen hatte. Ich hatte das

System geschlagen. Ich hatte gesiegt und würde binnen einer Woche frei durch die Straßen gehen können.

Nicht alle waren so glücklich wie ich. Der Zoll hatte andere Vorstellungen, als mich sofort freizulassen. Das Rockbandgeschäft von 1973 hatte ich völlig vergessen. Sie nicht. Die Verhandlung wurde für Mitte Februar angesetzt. Mein Antrag, auf Kaution entlassen zu werden, wurde abgelehnt.

Zwei Wochen nach meinem Freispruch ging *Chief Superintendent* Philip Fairweather von der *Thames Valley Police* mit einem zwanzig Zentimeter langen Küchenmesser in seinen Garten und stieß es sich in den Bauch. Er hatte gestanden, dass er es gewesen war, der die Information aus dem Bericht des MI6 über meine Mitarbeit an die Presse weitergegeben hatte, und er wusste, dass mein ungerechter Freispruch zum Teil auf diesen Informationen beruhte. Bevor er sich vor einem Gericht wegen Verstoßes gegen die *Official Secrets Act* für das Ausplaudern von Amtsgeheimnissen verantworten musste, beging der achtundfünfzigjährige Veteran des Zweiten Weltkriegs und ausgezeichnete Polizeidetektiv lieber zu Hause Harakiri. Ich hatte nicht gewollt, dass irgendwer in dieser ganzen dummen Sache ums Leben kam.

Bernard Simons hatte entdeckt, dass die niederländischen Behörden nach meiner Festnahme in Amsterdam und der Auslieferung in meiner Abwesenheit über mich zu Gericht gesessen hatten. Aus Gründen, die nur ihnen selber bekannt sind, befanden sie mich für nicht schuldig, das libanesische Haschisch, das 1973 in Las Vegas gebustet worden war, aus Holland exportiert zu haben. Im britischen Recht gibt es den Grundsatz des *autrefois acquit,* der besagt, dass ein vorangegangener Freispruch von einem Vergehen an einem ausländischen Gericht unter Umständen bewirken kann, dass ein ähnliches Vergehen von englischen Gerichten nicht verfolgt werden darf. Ein Geschworenengericht wird hinzugezogen, das beurteilen muss, ob die Fälle sich genug ähneln, dass *autrefois acquit* angewendet werden kann. Es schien uns, als sei der Export einer gewissen Menge Haschisch von Amsterdam nach Las Vegas eine recht ähnliche Anklage wie die, bewusst zu selbigem Export beigetragen zu haben. Die Anklage von 1973 abzuwehren würde einfach sein. Es würde nicht mal zu einem Prozess kommen.

Im Old Bailey reichte ich beim Einzelrichter Sir James Miskin den Antrag auf *autrefois acquit* ein. Der Richter erklärte einer verwirrten Jury die feinen Nuancen der Unterschiede zwischen den Delikten. Er fragte sie, ob sie denn meinten, dass man das holländische Delikt als dasselbe wie das britische betrachten könne. Die Geschworenen hüllten sich in bestürztes Schweigen. Richter Miskin schlug vor, dass ›Nein‹ eine angemessene Antwort wäre. Der Obmann der Geschworenen sagte »Nein.« Lord Hutchinson sprang auf und erhob Einspruch. Richter Miskin verwies ihn an das Berufungsgericht und entließ die Jury. Der Fall ging doch vor Gericht.

Die erste Runde ging an mich. Gary Lickert, der Freund Ernies, der die Dollars nach Amsterdam gebracht hatte und die Lautsprecher in Las Vegas hatte abholen wollen, war extra nach England gebracht worden, um mich bei einer Gegenüberstellung zu identifizieren. Er hatte aber eigentlich gar keine Ambitionen, als erster amerikanischer Megaverräter Englands in die Geschichte einzugehen, und schaute deshalb in der Polizeistation Snowhill alle ganz genau an, außer mich. Er konnte niemanden identifizieren.

Die Anklage war empfindlich geschwächt. Trotz dieses Vorteils hielt es Lord Hutchinson für unwahrscheinlich, dass ich wieder freigesprochen werden würde, und ging deshalb am Tag der Verhandlung in das Büro des Richters, um ihm ein Geschäft vorzuschlagen. Er übermittelte mir das Angebot: maximal drei Jahre. Ich nahm an. Ich bekam die drei Jahre. Was dem Richter und dem Zoll entgangen war, mir hingegen nicht, war der Umstand, dass ich ja zuerst wegen dem Rockbanddeal von 1973 festgenommen worden war, und dass mir deshalb die ganze Zeit, die ich jetzt schon im Gefängnis verbracht hatte, sowohl bei dieser Strafe als auch bei den zwei Jahren wegen der falschen Ausweise angerechnet wurde. Somit würde ich in weniger als drei Monaten wieder frei sein. Ich fühlte mich, als hätte ich das System noch einmal geschlagen, zumindest fast. Allerdings war ich jetzt vorbestraft. Ich war ein überführter Marihuanadealer, der keine Skrupel hatte, falsche Namen zu benutzen. Wie sollte ich nur mit dieser Schande leben?

HOWARD MARKS

Aus *Her Majesty's Prison* in der Heathfield Road in Wandsworth entlassen zu werden ist eine angenehme Erfahrung. Um acht Uhr morgens am sechsten Mai 1982 stand ich vor seinen Toren, eine Plastiktüte mit einigen belegten Broten und ein paar Büchern in der Hand. In der Tasche hatte ich fünfzehn Pfund und eine Reisegenehmigung nach Brighton. Einige andere Leute wurden auch entlassen und warteten an der Bushaltestelle. Ich hatte Glück: Judy wollte mich abholen kommen. Die Reisegenehmigung würde ich nicht brauchen. Ich würde sie rahmen und als Andenken an die Wand hängen.

Die zwei Jahre waren recht schnell vorübergegangen, und von der Hauptklage war ich freigesprochen worden. Dank der täglichen Yogaübungen und einer rein vegetarischen Ernährung fühlte ich mich besser in Form denn je. Ich wollte Tennis spielen, laufen, meditieren, kopfstehen, inneren Frieden fühlen und Yuppie-Fitness-Clubs beitreten. Johnny Martin bewachte in Brighton noch immer einen großen Geldvorrat, der mir gehörte. Auf Ernies Rechnung war die Wohnung über Judys Souterrainwohnung in der Cathcart Road in Chelsea gekauft worden, und beide Stockwerke wurden von seinem Geld zu einer Maisonette-Wohnung umgebaut. Außerdem hatte er mir sehr viel Geld versprochen, wenn ich wieder auf freiem Fuß wäre – er fühlte sich noch immer schuldig dafür, dass ich mit der Ladung aus Kolumbien hochgegangen war. Judy hatte für uns beide, ihre Schwester Masha und meine drei Töchter Myfanwy, Amber und Francesca eine Reise nach Korfu gebucht. Ich freute mich darauf, über griechische Strände zu joggen und meine Fußabdrücke am Rande der Wellen im Sand zu hinterlassen. Im Moment regnete es allerdings, und nicht zuwenig. Wo blieb Judy bloß? Vielleicht gab es einen Stau auf der Straße von Brighton.

»Soll ich Sie wieder reinlassen, Marks?«, witzelte ein Wärter, der gerade zur Arbeit erschien, und rasselte mit dem Schlüsselbund.

»Ach, jetzt noch nicht, Chef. Ein kleines bisschen Freiheit war mir noch ganz lieb«, versuchte ich ebenfalls zu scherzen.

»Okay, wenn Sie so weit sind, dann klopfen Sie einfach ans Tor.«

Nach und nach erschienen Hunderte Wärter, um ihren Dienst aufzunehmen.

»Sie kommt nicht, Marks. Sie lässt sich gerade um die Ecke von einem Taxifahrer durchbürsten. Und letzte Nacht war sie bei mir. Komm doch rein, Frühstück ist fertig.«

Es war schon fast neun. Ich konnte es nicht mehr ertragen und stapfte durch die Pfützen fort, weg von der Horde spottender, uniformierter Idioten. Es gab keine Telefonzelle in der Nähe. Ich winkte ein Taxi heran.

»Wohin soll's gehen, Chef?«

»Victoria Station«, sagte ich.

Das schien mir noch am sinnvollsten. Dort fuhren Züge nach Brighton, und es gab Telefone.

Es war eine sehr nasse Rushhour. Die Fahrt dauerte eine Stunde und kostete mich einen Zehner. Ich stieg aus dem Taxi und war sofort wie hypnotisiert von den Menschenmassen, die aus dem Bahnhof strömten. Aufgrund einer eingefleischten Gefängnisgewohnheit begann ich zu warten, bis alle anderen vorbei wären, bevor ich selber gehen wollte. Dann wurde mir klar, wo ich war. Ich ging zu einer Telefonzelle. In unserer Wohnung in Brighton hob niemand ab. Wo steckte Judy bloß? Ich trank einen Kaffee und versuchte es nochmal.

»Sie war sehr spät dran. Es tut ihr unheimlich leid. Sie ist zu der Wohnung in Chelsea gefahren«, sagte Masha.

Ich nahm eine U-Bahn, die falsche, verlor die Orientierung und fuhr schließlich mit dem Taxi bis zur Wohnung. Ich hatte jetzt schon kein Geld mehr.

Die Wohnung war eine Baustelle. Es regnete nicht mehr, aber es war niemand dort. Ich stand draußen und fühlte mich ziemlich hilflos.

Dann hielt das Auto neben mir, und Judy stieg aus. Ich hatte sie erst am Tag zuvor im Besucherraum in Wandsworth gesehen, doch jetzt sah sie noch viel überwältigender aus. Ich wusste, dass ich sie anfassen konnte. Wir nahmen uns in die Arme, stiegen dann ins Auto und machten uns auf den Weg nach Brighton. Es war wie ein Traum – die Sonne wurde mit jeder Meile, die wir zurücklegten, kräftiger, und beschien eine herrliche Aussicht nach der anderen. Beim Hilton vom Flughafen Gatwick hielten wir an und aßen: Würstchen, Bacon, Eier und Champagner. Ich brauchte einen Joint. Wir fuhren weiter nach Brighton, wo mich Amber und Francesca willkommen hießen und drückten. Ein Gemisch aus Gefühlen, Champagner und Haschischduft hing in der Luft.

»Du wirst nicht wieder anfangen zu dealen, oder?«, fragte Judy. »Nochmal zwei Jahre Alleinsein könnte ich nicht aushalten.«

»Aber natürlich nicht.« Ich denke, ich glaubte wirklich, was ich sagte. Das Leben war schön. Ich war absolut frei.

Das Passamt hatte Judy mitgeteilt, dass ich persönlich erscheinen müsste, um einen neuen Pass ausgestellt zu bekommen. Nur eine Formalität, nahm ich an. Die Vorstellung, wieder unter meinem eigenen Namen zu reisen, war eigenartig. Auf dem Amt angekommen, wurde ich durch mehrere Korridore hindurch zu einem Büro geführt, dessen Tür die simple Aufschrift ›Besonderes‹ trug.

»Mr Appleton wird in wenigen Minuten hier sein«, sagte die sehr schüchterne Sekretärin, und bedeutete mir, mich zu setzen. »Sie dürfen hier rauchen, wenn Sie möchten«, fügte sie mit einem leicht angewiderten Blick auf meinen Old Holborn hinzu.

Appleton betrat das Zimmer. Er machte einen recht forschen Eindruck, schien aber leicht verwirrt, als ich meine Hand ausstreckte. Er schüttelte sie trotzdem.

»Wie geht es Ihnen, Mr Marks? Ich muss sagen, eigentlich sollte ich Sie zu der Qualität Ihrer gefälschten Passanträge beglückwünschen. Sie waren wesentlich besser gemacht als das meiste, was wir sonst so kriegen. Die meisten Leute scheinen uns für Idioten zu halten. Sie sollten mal sehen, was für geradezu beleidigenden Müll wir geschickt bekommen.«

»Ja, gerne«, sagte ich, wirklich neugierig geworden.

Appleton nahm keine Notiz von der Bemerkung und gab seiner Stimme einen ernsten und förmlichen Ton, als er weitersprach.

»Wir wären im Prinzip bereit, Ihnen einen Pass in Ihrem Namen auszustellen, Mr Marks, doch wir müssen die falschen zurückbekommen. Und zwar sofort. Es ist uns bekannt, dass die Zollbehörden Pässe mit Ihrem Foto mit den Namen Cox, Goddard, Green und McKenna konfisziert hat, die alle von uns ausgegeben worden sind. Unseren Unterlagen zufolge haben Sie jedoch mindestens noch zwei weitere Pässe von uns erhalten, und zwar auf die Namen Tunnicliffe und Nice.

Die müssen wir zurückhaben, ebenso wie mögliche andere, von denen wir jetzt vielleicht noch nichts wissen.«

Den Tunnicliffe-Pass hatten die Beamten im Old Bailey behalten, nachdem ich ihn bei meiner Verteidigung vorgelegt hatte. Der Pass von Mr Nice war in einem kleinen Park an der italienisch-schweizerischen Grenze vergraben worden, in Campione d'Italia. Das sagte ich Appleton, wobei ich allerdings behauptete, er wäre in Mailand auf dem Cimitero Monumentale vergraben worden. Vielleicht würde ich ihn ja eines Tages wieder brauchen. Man kann ja nie wissen.

»Werden Sie jemals wieder einen falschen Pass beantragen, Mr Marks?«

»O nein, gewiss nicht. Die Zeiten sind vorbei. Es tut so gut, nicht mehr auf der Flucht zu sein«, antwortete ich, und meinte es auch so.

»Nun denn, Mr Marks, ich habe beschlossen, Ihnen den Familienurlaub auf Korfu zu ermöglichen. Ich werde Ihnen einen Pass für zwei Monate ausstellen. Wenn sich herausstellt, dass Ihre Angaben über den Verbleib der anderen Pässe korrekt sind, so steht einer Verlängerung nichts im Wege.«

Das akzeptierte ich. Das britische Passamt ist keineswegs verpflichtet, jemandem einen Pass auszustellen; und obgleich es kein Gesetz gibt, das einen Pass auf Reisen vorschreibt, kann man doch höllisch viel Ärger bekommen, wenn man keinen besitzt.

»Meinen herzlichen Dank, Mr Appleton.«

Wieder streckte ich meine Hand aus, und wieder erntete ich einen verwirrten Blick.

»Sie können ihn unten abholen, Mr Marks. Einen schönen Urlaub.«

Ein paar Wochen vor meiner Entlassung hatte ich angefangen, Bücher über die Insel Korfu zu lesen. Ihre Geschichte war typisch für den Mittelmeerraum – über zweitausend Jahre hinweg stand sie nacheinander unter der Herrschaft von Korinthern, Illyrern, Römern, Goten, Lombarden, Sarazenen, Normannen, Sizilianern, Genuesern, Venetianern, Franzosen, Türken, Russen und Briten. Die meisten Beschreibungen der Geschichte und Geografie der Insel waren langweilig, doch Lawrence Durrell's *Prospero's Cell* verlieh ihr eine gewisse Faszination. Scheinbar war es unmöglich, auf Korfu irgendwo hinzugehen, ohne ständig auf die Fußstapfen von Odysseus zu stoßen. Durrell schwärmte in den höchsten Tönen von einer verlockenden tagtäglichen Siesta zwischen Sonne und Meer, Wein und Oliven. Ich konnte es gar nicht erwarten. Er erwähnte es zwar nicht extra, doch die Strände sahen wie geschaffen fürs Joggen aus.

Schon am ersten Morgen auf Korfu begannen sich Durrells Versprechen zu erfüllen. Unser Haus lag auf einer Klippe in der Nähe von Kassiópi und war von Sandstränden und üppiger Vegetation umgeben. Es war noch sehr früh; ich war als Erster aufgestanden. Ich zog meine Sporthose an und lief los, den Pfad hinunter zum Strand. Lange bevor ich dort ankam, war ich schon außer Atem. Das sollte eigentlich nicht passieren. Dann gab mein rechtes Knie nach. All die Nächte, die ich im Gefängnis vom Joggen über den Strand und durch die Wellen geträumt hatte – sie schienen plötzlich vergeudeter denn je. Ich hatte immer gedacht, Yoga machte einen fit. Es war jedoch offensichtlich weder für die Ausdauer noch für die Knie gut und brachte fürs Joggen gar nichts. Ich humpelte zum Haus zurück und begann mich darauf zu freuen, mein früheres Leben wieder aufzunehmen, mit all seinen Ausschweifungen, wenn auch ohne inneren Frieden oder körperliche Fitness.

Die Erschöpfung, ein kaputtes Knie und ein ständiger Retsina-Hangover fesselten mich für den größten Teil der nächsten Tage ans Bett. Danach halfen mir Sonnenbäder, Schwimmen und mehr Retsina, die Gefängnisbleiche von meiner Haut und den Knastgeruch aus meiner Nase zu verscheuchen.

Ich spielte mit meinen drei Töchtern und verliebte mich noch mehr in jede einzelne von ihnen. Wir erforschten die Insel mit unserem Mietwagen. Manchmal spielte Masha Babysitter, und Judy und ich hatten so viel Spaß zusammen wie nie zuvor.

Unsere Nachbarn wohnten seit Längerem auf Korfu und waren bedeutende Persönlichkeiten der Insel. Über sie lernten wir den ehemaligen britischen Konsul von Korfu kennen, John Fort, und einige Vertreter der englischen Oberschicht, die dort ihren Ruhestand verbrachten. Es waren typische Auswanderer: ehemalige Angestellte des Außenministeriums, Nachrichtenkorrespondenten oder Waffenhändler. Sie verfolgten aufmerksam jede Entwicklung des Falklandkrieges, der damals gerade in vollem Gange war. Wenn der Krieg bis zu den Tennisturnieren von Wimbledon und den internationalen Kricketmeisterschaften anhielt, dann würde es diesen Sommer nicht langweilig werden. Wenn es gerade keine neuen Meldungen vom Krieg gab, wurde Golf gespielt und anschließend ein Teller Spiegeleier verzehrt, die mit großen Bechern billigem griechischem Gin hinuntergespült wurden, in einer kleinen Taverne, die den Namen ›Loch Neunzehn‹ trug. Judy und ich wurden öfters eingeladen, mitzuspielen, doch schon nach wenigen schmerzhaften Übungsstunden war mir klar, dass es kein Sport für mich war. Die Spiegeleier und den Gin verschmähten wir trotzdem nicht, und diese Après-Golf-Sessions machten mir unheimlichen Spaß.

»Was ist eigentlich dein Spezialgebiet, Howard?«, erkundigte sich John Ford.

»Das Grenzland«, antwortete ich, ohne wirklich nachzudenken, und erinnerte mich an die Zeiten als Grenzgänger. Teufel auch, was soll's. Denen wollte ich es zeigen.

»Ich will ehrlich zu dir sein, John, ich bin ein überführter Marihuanaschmuggler und gerade erst aus dem Knast entlassen.«

Im ›Loch Neunzehn‹ wurde es angemessen still. Judy hob den Blick missbilligend zur Decke.

»Aber das ist ja faszinierend!«, platzte ein Gin- und Eigelb-gesättigter ehemaliger Waffenhändler namens Ronnie heraus. »Erzähl doch mal!«

Ich gab ihnen eine zensierte Version, die Verbindungen zur IRA und zum MI6 ließ ich aus, und war der Held des Tages.

»Sag mal, du bist aber nicht dieser Agententyp, der in allen Zeitungen stand?«, fragte Ronnie. »Aus Oxford, nicht? Balliol?«

Es war weit genug gegangen. Judy ging auf die Toilette.

»Ja, aber das interessiert doch heute gar niemand mehr«, murmelte ich mit gespielter Schüchternheit. »Die Zeiten haben sich geändert.«

»So ist es«, stimmte Ronnie zu, »so ist es. Gründlich haben sie sich geändert. Wenn man bloß mal an diese schlimme Sache in Goose Green auf den Falklands denkt, zum Beispiel …«

Zu meiner Erleichterung wendete sich das Gespräch nun dem Falklandkonflikt zu. Wenige Minuten später fasste Ronnie mich beim Arm und führte mich in eine ruhige Ecke.

»Fehlt es dir nicht, Howard?«

»Was denn?« Meinte er Oxford oder das Gefängnis?

»Das Schmuggeln, Alter. Das muss doch irre spannend gewesen sein. Was kannst du denn jetzt noch machen, was dich nicht langweilt?«

»Vielleicht fange ich ja wieder an«, meinte ich.

»Wäre nicht das Schlechteste«, ermutigte mich Ronnie, »gar nicht das Schlechteste. Hier, nimm meine Karte. Wir brauchen zwar alle ein Zuhause auf einer Mittelmeerinsel, aber für mein Geld zu reisen ist so ziemlich das Beste, was du tun kannst. Ich bin noch immer im Geschäft – hab noch ein paar Eisen im Feuer. Man muss was machen aus seinen Begabungen, was die auch immer sein mögen.«

Wieder daheim in England, widmete ich mich mehrere Wochen lang nur meiner Familie. Wir fuhren nach Kenfig Hill und besuchten meine Eltern. Ich war seit fast zehn Jahren nicht mehr da gewesen. Obwohl ich von allen Kenfigern mit Abstand am weitesten herumgekommen und am bekanntesten war, verhielten sich die Leute auf der Straße und in den Pubs so, als wäre ich nie fort gewesen. Wir redeten über das Wetter und über die walisische Rugbymannschaft. Niemand erwähnte meinen Jugendfreund Marty. Es war schwierig. Ich war frei, er saß noch im Gefängnis. Er war dafür verurteilt worden, für mich gearbeitet zu haben, und ich war von dem Vorwurf freigesprochen worden, ihn beschäftigt zu haben. Ich lief mit Judy und den Kindern über die Kenfiger Dünen zum Strand Sker Beach und stellte mir Boote vor, die Haschisch auf dem Sand abluden, bewacht und beschützt von der Meerjungfrau, die R. D. Blackmore in seiner Erzählung *The Maid of Sker* beschrieb. Der Strand war verlassen. In der Ferne lagen die massiven Hunderttausend-Tonnen-Frachter mit Eisenerz, bei deren Entladung mein Vater geholfen hatte, nachdem er die Seefahrt aufgegeben hatte. Die Hochöfen und Schornsteine der riesigen Stahlwerke von Port Talbot verdunkelten den größten Teil des Himmels. Auf dem Rückweg bemerkten wir die Turmspitzen der Burg der verschütteten

Stadt, die irgendwie unheimlich aus dem Sand ragten. An der Stelle, wo die Dünen auf die Straße treffen, liegt das ›Prince of Wales‹, das mittelalterliche Rathaus von Alt-Kenfig, wo das weltbeste Worthington vom Fass ausgeschenkt wird.

»Howard, was hältst du denn von unserer sprechenden Wand?«, fragte mich einer der Gäste. »Schon verflucht eigenartig, wenn man so drüber nachdenkt.«

»Was für 'ne sprechende Wand?«, fragte ich zurück.

»Na die hier oben drin, Mann«, bekräftigte er, »die im ehemaligen Ratszimmer, weißt du. In manchen Nächten fängt die Wand an zu sprechen, in sehr altem Walisisch. Die Professoren von der Uni waren schon x-mal hier. Schwer zu erklären, nicht? Die Wände reden einfach, weißt du.«

»Waren die Leute betrunken, die es gehört haben?«

»Ja, schon, aber nicht mehr als gewöhnlich, weißt du.«

Es stimmte, es gab im Obergeschoss eine sprechende Wand. Es waren schon betrunkene und nüchterne Leute von überallher extra nach Kenfig gereist, nur um sie zu hören. Verschiedene Audioexperten vom BBC hatten die unheimlichen Laute der Wand aufgenommen und analysiert. Experten für Walisisch der University of Wales hatten festgestellt, dass in den Ecken und Winkeln geflüsterte mittelalterliche walisische Worte zu hören waren. Spezialisten der Festkörperphysik und für integrierte Schaltungen brachten komplizierte Theorien vor, um das Phänomen zu erklären. Viel mehr konnte ich nicht herausfinden. Immer wieder wurde mir gesagt, es hätte ›irgendwas mit dem Silizium im Sand zu tun‹. Die Wand hat bis heute nicht mit mir gesprochen, aber ich habe ihr auch nicht wirklich eine Gelegenheit dazu gegeben.

Judy, die Mädchen und ich verbrachten auch ein paar Tage in Upper Cwm Twrch auf dem kleinen Hof meines Vaters.

Er lag in der Mitte von nirgendwo, aber mit Sicht nach überallhin. Ein fast völlig überwucherter Pfad schlängelte sich vom Haus durch die Black Mountains zu dem See Llyn Fan, der anders nicht zu erreichen war. Viele Waliser (besonders die, die in der Gegend wohnen) glauben, dass dies der See ist, der in der Legende von König Artus erwähnt wird. Dem Aussehen nach könnte es stimmen. Sein Ufer bilden steile Klippen. Fische gibt es keine. Auch keine Wellen, nicht mal, wenn es windig ist. Eigentümliche große Vögel ziehen darüber ihre Kreise.

Das Wetter war ungewöhnlich sonnig, und wir gingen oft spazieren und sammelten Beeren und Pilze. In der Gegend gab es alles von römischen Burgruinen bis zu stillgelegten Kohlenbergwerken. Die Schafe waren freundlich. Einige von ihnen gehörten sogar uns und trugen große Ms als Brandzeichen. Die meisten der mit Schafdung übersäten Pfade endeten bei kleinen Pubs, die köstliches Bier und riesige Portionen ekelhaften Tiefkühlfraß verkauften. Ich hatte Haschisch mitgebracht, und manche der Pilze hatten psychedelische Eigenschaften. Das Leben war schön, doch mein Geldvorrat schmolz. Und Ernie hatte sich nicht gemeldet.

In Brighton erwarteten mich Aufforderungen, mich bei Bernard Simons zu melden, meinem Anwalt. Seit meiner Freilassung hatten ihn mehrere Schriftsteller angesprochen und Interesse daran bekundet, mit meiner Hilfe meine Biografie zu schreiben. Darunter war auch Piers Paul Reid, der Autor von *Überleben* und dem neuesten Buch über den großen Überfall auf den Postzug 1963. Bernie erklärte mir, dass möglicherweise viel Geld damit zu machen sei, dass ich aber aufpassen müsste. Es könnte rechtliche Schwierigkeiten geben.

Auch die Steuerbehörden hatten sich bei Bernie gemeldet.

Seit 1973 hatte ich keine Steuern mehr gezahlt. Sie sagten, ich hätte mit Dope haufenweise Geld verdient, was auch immer das Old Bailey darüber denken mochte, und davon wollten sie ihren Anteil. Bernie meinte, ich brauchte einen ausgezeichneten Buchhalter, sowohl um die Steuerangelegenheit zu bereinigen als auch, um mir ein angemessenes Einkommen aus dem Buch zu sichern, das über mich geschrieben werden sollte.

Ich machte mir immer noch Gedanken über die 30 000 Pfund, die die Leute vom Zoll in der Wohnung in Hans Court gefunden und mitgenommen hatten, als ich verhaftet worden war. Ich hatte ›bewiesen‹, dass ich das Geld vom mexikanischen Geheimdienst bekommen hatte.

»Bernie, können wir den Zoll nicht wegen der dreißig Riesen verklagen, die sie eingesteckt haben?«

»Howard, du hattest schon ganz erstaunliches Glück, dass du freigesprochen worden bist. Meinst du nicht, du übertreibst es da ein wenig?«

»Aber, Bernie, wenn wir sie nicht verklagen, dann sähe es doch so aus, als würde ich zugeben, dass es Dopegeld war. Jeder Unschuldige würde genau das tun, was ich vorschlage.«

»Du beauftragst mich also, sie anzuzeigen?«, fragte Bernie.

»Ja. Ja, genau.«

Bernie klagte die Rückgabe des Geldes ein. Die Zollbeamten tobten. Sie kündigten Bernie an, dass ich nie auch nur einen einzigen Penny bekäme, selbst wenn ich das Verfahren gewinnen würde. Bernies Widerstreben löste sich in Luft auf. Denen würden wir es zeigen. Wir würden sie drankriegen.

Bernie stellte mir Stanley Rosenthal vor, einen außerordentlich scharfsinnigen Buchhalter, der ein unscheinbares Büro in der Nähe des Marble Arch hatte. Er empfahl die Gründung eines Unternehmens, an das jegliches Geld von

Verlagen für die Veröffentlichung eines Buches über mich gezahlt werden sollte. Es bekam den Namen Stepside Limited. Stanley wollte den Steuerbehörden mitteilen, dass er mich in Geldangelegenheiten vertrat. Ich erzählte ihm, dass ich den Zoll verklagt hatte, und er lachte.

Die Steuerbehörden bestellten mich für den dreißigsten Juni 1982 zu einem Treffen. Ich erschien mit Stanley und Bernie im Büro für Sonderfälle (A10). Dort begrüßten uns ein ausgesprochen liebenswürdiger Waliser namens Price und ein englischer Arsch namens Spencer. Als Bernie sich vorstellte, meinte Spencer, dass Anwälte nur dann Respekt verdienten, wenn sich ihre Mandanten für schuldig erklärten. Das war ein schlechter Anfang. Wir hätten gleich wieder gehen sollen. Price und Spencer stellten mir ihre Fragen. Meine Antworten waren einfach: Ich hatte kein Geld. Ich hatte nie einen Penny mit Cannabisschmuggel verdient. Ich hatte es einmal versucht, im Jahr 1973, war aber gebustet und verurteilt worden. Wenn ich jemals Geld gehabt hatte, lag das an der Freundlichkeit einiger Leute, die mir etwas geliehen hatten, oder an den großzügigen Vorschüssen des mexikanischen Geheimdienstes. Price und Spencer glaubten mir kein Wort. Obwohl mich das höchste Gericht des Landes vom Vorwurf des Cannabisschmuggels freigesprochen hatte, waren sie überzeugt, dass ich während der letzten neun Jahre damit Geld verdient hatte. Sie würden sich wieder melden.

Um nicht verhaftet zu werden, hatte Old John die letzten paar Jahre in Kathmandu gelebt. Wir wollten uns treffen, um über die alten Zeiten zu schwatzen und um den dreizehnten August zu feiern, meinen Geburtstag und den von seiner Frau Liz. Appleton hatte meinen Pass um weitere zwei Monate verlängert, also trafen wir uns mit unseren Frauen und Kindern in Lyon. Wir brauchten nicht lange, um uns an Zimmerservice und französische Restaurants zu gewöhnen. Wir fuhren in die Weinberge des Beaujolais und tranken viel Fleurie.

»Das Ding, was wir tun sollten, ist, dieses Zeug hier reinbringen und allen anderen Wahnsinn vergessen, erst mal.«

Old John drückte sich immer noch nicht sehr deutlich aus, aber offensichtlich wollte er, dass wir Weinhändler und -importeure wurden, zumindest, bis sich die Gemüter beruhigt hätten.

»Das ist gar keine schlechte Idee, John. Wir könnten beide ein bisschen Geld reinstecken, die oberste Etage in der Carlisle Street wieder mieten und unser Hauptbüro darin einrichten. Wir wissen bloß nicht viel über Wein.«

»Ja, aber es gibt doch Major Meschugge, nicht wahr?«, meinte Old John. »Wir verkauften ihm einen Ofen, und du wirst es nicht glauben, dann trafen wir ihn in Griechenland. Der Mann ist total übergeschnappt, aber ein perfekter Gentleman. Weiß alles über Wein.«

Major Meschugge, den ich noch treffen sollte, war Major Michael Pocock, ein Ex-Militär und Alkoholiker, der einige Jahre damit verbracht hatte, Wein von Frankreich nach England zu exportieren.

»Okay, John, lass uns das versuchen. Judy wird sich freuen, wenn ich mal was straightes mache.«

Judy, die Kinder und ich machten auf dem Rückweg nach England einen Umweg über die Tessiner Alpen. Wir wollten Campione d'Italia besuchen, solange es noch Sommer war, die guten alten Zeiten wieder aufleben lassen, die Aussicht genießen und in der Taverna essen gehen. Am ersten Abend wurden wir von unseren ehemaligen Nachbarn, den Barkeepern und den Gastwirten herzlich willkommen geheißen. Wir waren uns im Klaren darüber, dass wir diesmal keinen unbegrenzten Geldvorrat hatten, und nahmen ein Zimmer in einem billigen Hotel am Stadtrand von Lugano. Am nächsten Morgen gingen wir am Seeufer entlang spazieren und setzten uns in ein Café an der Piazza Reforma. Dort sind alle Gebäude entweder Banken oder Cafés. Wir schlürften Cappuccino und sahen den Kindern beim Spielen zu, als Judy plötzlich erstarrte, nach meinem Arm griff und auf das Gebäude der Union Bank deutete.

»Howard, ich bin sicher, dass ich dort ein Konto eröffnet habe. Ich glaube, du hattest mir einiges Geld zum Einzahlen gegeben.«

Das war wohl möglich. Geld war in der Schweiz ein bisschen wie Schnee gewesen – wenn welches kam, dann immer gleich eine ganze Lawine, und ich hatte manchmal den Überblick verloren. Schließlich waren auch schon zwei Jahre seitdem vergangen, und es war viel passiert.

»War es viel?«, fragte ich.

»Ich weiß es nicht mehr.«

»Lief das Konto auf deinen Namen?«

»Ich glaube schon.«

Ich sah Judy nach, die im Bankgebäude verschwand. Sie blieb lange drinnen. Ich machte mir langsam Sorgen. Wahrscheinlich hatte sie das Konto als Mrs Tunnicliffe eröffnet und das vergessen. Vielleicht nahm die Polizei sie gerade auseinander. Nach einer halben Stunde kam sie mit einem strahlenden Lächeln auf dem Gesicht wieder.

»Über zwanzigtausend Pfund.«

Wir verließen die Tessiner Absteige und checkten im Hotel Splendide von Lugano ein. Die Minibar war nach etwa zwanzig Minuten leer. Wir ließen uns vom Zimmerservice einige Flaschen Champagner bringen. Wir waren stockbetrunken und hatten unseren ersten ernsthaften Streit, seit ich entlassen worden war. Am nächsten Morgen konnte sich keiner von uns erinnern, worum er eigentlich ging.

In England nahm ich wieder von der Carlisle Street 18 Besitz, der kleinen Wohnung in Soho, von der die Staatsanwaltschaft angenommen hatte, dass ich sie als Hauptquartier für meine Drogendealereien benutzte. Ich fühlte mich schon wieder wesentlich reicher und zerbrach mir angestrengt den Kopf darüber, welche Banken wohl noch Geld von mir haben könnten. Die Stromrechnung der Carlisle Street lief noch immer auf den Namen Mr Nice. Ich lernte Old Johns Bekannten Major Meschugge kennen. Er war ein angenehmer Mann und kannte sich mit Weinen aus. Er war gut genug, um unser Connaisseur zu werden, aber es war schade, dass er so viel trank.

In der Gegend um das Soho Square gab es einige Sekretariats-Serviceunternehmen. Sie hatten in der Vergangenheit ein Vermögen an mir verdient, da ich für jede Identität eine andere Adresse, eine Telefonnummer und Briefpapier mit entsprechendem Kopf gebraucht hatte. Jetzt, da ich unter eigenem Namen handelte, sollte ich vielleicht selber solch ein Unternehmen gründen und mich von anderen Leuten für das Entgegennehmen von Anrufen und Post und die Anfertigung von Fotokopien bezahlen lassen. Vielleicht könnte ich damit sogar etwas verdienen, abgesehen davon, dass es eine gute Fassade wäre. Es wäre gar nicht mein Paket, das da aus Karatschi käme, sondern das eines meiner Kunden. Ich wollte mit nur einer Sekretärin anfangen. Sie hieß Kathy.

Ich ging wieder zu Stanley Rosenthal. Wir gründeten zwei weitere Firmen: Moontape (das unter dem Namen West End Secreterial Services aktiv war) und Drinkbridge, den Weinimport. Beide hatten ihren Sitz in der Carlisle Street 18 in Soho.

Piers Paul Ried machte einen Rückzieher und wollte meine Biografie doch nicht schreiben. Die Postzug-Räuber hatten ihm schamlos einen Haufen Lügen aufgetischt, und er war darauf hereingefallen, und mittlerweile hatte er so viel über mich gelesen, dass er befürchtete, dasselbe könnte ihm noch einmal passieren. Bernie schlug stattdessen David Leigh vor, Kopf des Nachforschungsteams des *Observer,* der schon über Regierungsgeheimnisse und große Prozesse geschrieben hatte. Er hatte seinen eigenen Agenten, Hilary Rubinstein, der auch die besten Bedingungen aushandeln konnte. Letztendlich bekam er nur 15 000 Pfund von Heinemann (weniger, als Judy auf ihrem Konto gefunden hatte), und die mussten David und ich uns teilen. Aber ich hatte zugestimmt. Wenigstens würde es Spaß machen. Das Geld war hundert Prozent legal, also könnte ich es auch ganz offen ausgeben. Es gab eine Menge, das ich David nicht erzählen konnte, zum Beispiel Ernies Beteiligung am Kolumbiengeschäft, aber damit würde ich mich später befassen. Ich konnte mir immer noch etwas ausdenken.

David und ich fuhren nach Schottland, und ich zeigte ihm die Orte auf Kerrera, in Conaglen und Oban, wo wir die Schiffe entladen und das Haschisch gelagert hatten. Wir besuchten die Falken in Pytchley. Er brauchte einen ruhigen Ort, um mich zu interviewen und um schreiben zu können. Ich nahm ihn mit zu dem Hof in Upper Cwm Twrch und ließ ihn nach ein paar Tagen dort allein. Gelegentlich rief ich ihn an. Die meiste Zeit verbrachte er damit, schön gefärbte Pilze zu sammeln. Er hätte Das *Observer Pilzbuch* schreiben können. Es wäre für uns beide besser gewesen.

Die Verhandlung über die dreißigtausend Pfund, die sich noch im Besitz der Zollbehörden befanden, fand im Herbst 1982 vor Master Bickstall-Smith in den Royal Courts of Justice in London statt. Beide Parteien wurden von denselben Personen wie in der Verhandlung im Old Bailey 1981 vertreten. Es hatte etwas von einem Déjà-vu. Der Anklagevertreter behauptete, dass ich zwar freigesprochen worden sei, dass mein Geld aber trotzdem aus irgendeiner Form von Dopedealereien stamme. Ich sei ein berüchtigter Schmuggler, der nie auf ehrliche Art Geld verdient habe. Der gute Master wollte aber nichts davon wissen. Er schloss den Fall mit einer erstaunlichen Rede: »Mr Marks ist vielleicht der größte Schmogen-Druggler [sic!] der Welt, doch Geld ist Geld, und irgendwo müssen wir eine Grenze setzen. Er ist freigesprochen worden. Das Geld gehört also ihm. Doch bevor wir gehen, lassen Sie mich noch einige Worte zu Cannabis sagen. Letzten Sommer waren meine Frau und ich in Marokko, im Rifgebirge und den Kasbahs. Wir fuhren gerade durch die Kifplantagen, da saß mitten auf der Straße vor uns ein Mann, so dass wir nicht weiter konnten. Meine Frau wies ihn in bestimmtem Tone an, die Fahrbahn freizumachen. Sie drohte ihm sogar mit unserem Gewehr. Und wissen Sie was, er blieb einfach sitzen! Wollte einfach nicht weggehen. Er war stoned. Daran können Sie sehen, wie stark das Zeug ist. Also, viel Glück, Mr Marks. Das Geld gehört Ihnen.«

Die Zollbehörden legten Berufung gegen das Urteil ein, sie drohten, zur Not bis vor das House of Lords zu gehen. Schließlich besannen sie sich aber und gaben zu, dass das Geld mir gehöre – doch wollten sie es nur unter der Bedingung herausrücken, dass es dafür verwendet wurde, meine Steuerschulden zu bezahlen. Sie würden es mir nicht direkt überweisen. Ich würde also keinen Scheck von den Zollbehörden mit meinem Namen darauf erhalten. Schade eigentlich, aber ich betrachtete den Ausgang trotzdem als einen kleinen Triumph.

Ernie hatte sich immer noch nicht gemeldet, seit ich entlassen worden war. Dann rief eines Tages Patrick Lane an, der von Ernies Unterstützung lebte, seit ich 1980 verhaftet worden war. Er sagte, dass Ernie mich in Vancouver treffen wollte. Ob ich kommen würde? Mein Pass war jetzt auf ein ganzes Jahr verlängert worden. Natürlich käme ich nach Vancouver. Ich checkte im Seaporter ein, demselben Hotel, in dem ich vor sechs Jahren Jim McCann wiedergetroffen hatte. Ich lag auf dem Bett und wartete darauf, dass sich Ernie meldete. Das Telefon klingelte. Es war Patrick, er rief aus der Hotelhalle an. Er kam rauf. Es war klasse, ihn zu sehen. Er war schon betrunken, und bald schwelgten wir zusammen in alkoholisierten Träumen.

»Wie geht's Ernie?«, fragte ich.

»Nun, ich sage es nicht gerne, aber er ist ein hoffnungsloser Junkie«, erwiderte Patrick.

»Was?! Das ist doch nicht möglich! Ernie und *H!*«

»Kein *H,* Howard, Demerol. Ist aber genauso schlimm. Er wird hier anrufen. Du wirst sehen, was ich meine.«

Ernie rief wirklich an. Es klang alles eher inkohärent, aber nach dem, was ich verstehen konnte, hatte ihm Tom Sunde gesagt, dass es zu gefährlich für ihn sei, herzukommen, um mich zu treffen. Wenn sich die Wellen gelegt hätten, könnten wir uns sehen. Ich war enttäuscht.

»Was macht denn Tom Sunde dieser Tage so?«, fragte ich Patrick. »Ist er noch immer Ernies Handlanger?«

»Weit gefehlt. Er ist jetzt bei der CIA.«

Es war unglaublich. Ernie ein Junkie und Tom ein Regierungsspitzel.

»Wie denn nun?«, fragte ich verwirrt. »Arbeitet Tom für die andere Seite, oder hat Ernie alle möglichen Spitzel in seinem Dienst?«

»Ich weiß es selber nicht mehr genau«, meinte Patrick. »Außerdem habe ich geschworen, niemandem irgendwas zu sagen. Vergiss nicht, vielleicht verdankst du Tom deinen Freispruch. Ich bin sicher, wenn die Zeit reif ist, wirst du alles erfahren. Das Einzige, woran du jetzt denken solltest, ist, Tom nicht zu trauen und kein Wort zu glauben, was er dir sagt.«

Es war einfach zu bizarr.

»Pat, ich gehe zurück nach England und ziehe mein eigenes Ding durch. Sag Ernie, er kann mich anrufen, wann immer er es für ungefährlich hält.«

»Das ist mit Sicherheit der beste Plan«, meinte Patrick, nur wenig herablassend.

Ich flog zurück nach Heathrow, mit leeren Händen und reichlich verwirrt von Ernie, Tom und Patrick. Es schien, als musste ich ehrlich werden, ob ich wollte oder nicht.

Einige Monate war ich tatsächlich ziemlich straight, und im Sommer 1983 war die Carlisle Street achtzehn ein summender Bienenstock völlig legaler Unternehmen geworden. Es gab mehrere Telefonanschlüsse, einen Computer zur Textverarbeitung für 10 000 Pfund, einen großen Fotokopierer und ein Telex. West End Secreterial Services hatte mehr als fünfzig Kunden, die gutes Geld dafür bezahlten, dass ihre Anrufe und Briefe entgegengenommen wurden. Zu Wucherpreisen wurden Büroräume stundenweise vermietet, das Telex schnatterte pausenlos unverständliches Kauderwelsch aus allen Ecken der Welt, und die Leute standen Schlange, um zu fotokopieren.

Nach einigen Reisen nach Paris und Dieppe, die ich mit Major Meschugge unternahm, importierte Drinkbridge mehrere Tausend Flaschen Wein und Spirituosen. Der Major lagerte sie in einem Keller in Twickenham, und einige Freunde von Jarvis und Old John brachten sie unter die Leute. Unter unseren Kunden befanden sich auch die British Shipbuilders Association und Margaret Thatchers Halsspezialist, Dr. Punt.

Kathy tippte in einem fort Weinlisten und Briefe von Fremden an andere Fremde. Sie kümmerte sich auch um David Leighs Rohfassung meiner Biografie. Heinemann hatte den Vorschuss überwiesen. Ich hatte mir einen Mercedes gekauft. Die Maisonettewohnung in Chelsea war fertiggestellt worden, und wir waren von Brighton dorthin gezogen. Es wurde über alles peinlich genau Buch geführt, und Sozialversicherungsbeiträge, Einkommensteuer, Rentenbeiträge, Körperschaftssteuer und Mehrwertsteuer wurden gewissenhaft auf Heller und Pfennig gezahlt. Ich war sehr beschäftigt und sehr straight.

Außerdem war ich sehr gelangweilt. Nichts von dem, was ich tat, war wirklich aufregend, und mit nichts verdiente ich wirklich Geld. Mein Vorrat zerfloss zwar langsamer als vorher, aber er nahm immer noch ab. Somit war ich auch gar nicht unglücklich darüber, als ich einen Anruf von McCann erhielt, der in seinem üblichen absurden Belfaster Dialekt auf mich einredete.

»Ich will dich in Paris treffen. Sofort. Ich hab was für dich, Kid. Check im George V. ein. Da bist du sicher. Meine Jungs passen auf dich auf. Wir haben eine Amnestie.«

»Kannst du mir das Geld für den Flug schicken, Jim? Ich bin pleite.«

»Fuck off!«

Vierundzwanzig Stunden später trank ich mich quer durch die Minibar und überlegte, was für einen Wahnsinn Jim sich ausgedacht haben mochte. Bei meinem Prozess im Old Bailey hatte ich ihn öffentlich bezichtigt, der größte Drogenschmuggel-Terrorist und Waffenhändler der Welt zu sein. Für die PR schuldete er mir eigentlich noch etwas. Das Telefon klingelte.

»Verlasse dein Zimmer, nimm den Fahrstuhl nach unten, und gehe langsam durch die Halle und zum Haupteingang raus«, flüsterte eine Stimme mit Dubliner Klang. »Dein Mann wird draußen sein.«

Ich tat wie geheißen. Jim parkte draußen in einem großen Mercedes, einem größeren als meinem. Ich setzte mich auf den Beifahrersitz und er ließ den Motor an. Als wir fuhren, lachte er laut los und reichte mir einen Joint. Ich lachte ebenfalls laut los und rauchte ihn.

»Ich hab alles unter Kontrolle, Kid, von den bescheuerten Kamel-Jockeys am Khaiberpass bis zu den dekadenten Faschisten, die dieses versiffte Scheißloch leiten«, tönte er, und zeigte, aus welchem Grund auch immer, auf den Louvre. »Ich kann kriegen, was ich will, wo ich will, wann ich will. Ich bin wieder auf der Überholspur.«

»Klasse, Jim. Dir ist doch klar, dass ich immer noch einigen Leuten Geld schulde wegen der Thai Sticks, die du dir mit einer Ladung Bananen bei Dublin hast abknöpfen lassen.«

»Ich schulde dir gar nichts, du walisischer Drecksack. Du schuldest mir deine Freiheit und dein Leben.«

»Ach nee«, protestierte ich, »und wo wärst du heute, wenn du mir nicht begegnet wärst? Wahrscheinlich würdest du immer noch in Andytown Omas überfallen und Schulbibliotheken anzünden, alles im Namen des Kampfes. Du irischer Schwanz. Du schuldest mir mindestens einen Drink.«

Wir nahmen mehrere Drinks, im Castell's und im Regine's. Jim war mittlerweile in beiden wohlbekannt. Seine Fassade hatte Fortschritte gemacht, er war jetzt Kunsthändler. Wir zogen ins Elysée Matignon weiter, einem Club, in dem

Jean-Paul Belmondo anzutreffen war (es ging das Gerücht, dass er ihm sogar gehörte), der Jim wie einen lange vermissten Freund begrüßte.

»Jean-Paul, lass mich dir Mark Thatcher vorstellen. Er ist gerade aus Saudi-Arabien wiedergekommen. Mark Thatcher, das ist Jean-Paul Belmondo.«

In solchen Momenten hasste ich Jim. Warum glaubten ihm die Leute bloß? Ich tat so, als sei ich Mark Thatcher, der Sohn von Margaret Thatcher. Es war ja nicht für lange. Wir betranken uns. Wir rauchten weitere Joints. Roman Polanski betrat den Raum. McCann stellte mich ihm als Andrew Lloyd Webber vor. Ich ging. Jim folgte mir. Wir gingen zurück zu seinem Mercedes.

»Kannst du noch Dope verkaufen? Ich meine, richtig viel?«

»Natürlich, Jim. Ich bin der Größte, das weißt du doch.«

»Kannst du es in Amsterdam abholen, nach England bringen und da verkaufen?«

»Da könnte ich schon jemanden finden. Es müsste aber auf Kredit sein.«

»Ich weiß, ich weiß. Du walisisches Arschloch. Nächsten Mittwoch werde ich zweihundertfünfzig Kilo für dich haben. Lass ein Auto auf dem Parkplatz vom Marriot Hotel. Leg einen *Playboy* auf den Beifahrersitz. Tu die Schlüssel in den Auspuff. Ich werde das Auto beladen, und irgendwo auf dem Land kannst du das Dope in einen Transporter oder einen Caravan umladen, oder was immer ihr benutzt, um das Zeug über den Kanal zu bringen. Hier, da hast du eine Probe von dem Dope und was zum Lesen. Ich bring dich jetzt zurück in dein Hotel. Lass es mich wissen, wenn du die Ladung verkauft hast. Und keine Rip-offs.«

Das Dope war ein halbes Kilo ausgezeichnetes Haschisch von der afghanisch-pakistanischen Grenze. Das Buch war eine interne Veröffentlichung der DEA. Es enthielt Tipps für Drogenfahnder, worauf sie bei gewerblichen Warensendungen zu achten hatten. Auf mehreren Hundert Seiten wurden Beispiele von Dopeladungen aufgeführt, die entdeckt worden waren, und Erklärungen darüber, was sie verdächtig gemacht hatte. Es war faszinierend. Wo hatte Jim es wohl her? Ich warf alle Vorsicht über Bord und schmuggelte sowohl das Dope als auch das Buch mit nach England.

Wen konnte ich schicken, um die zweihundertfünfzig Kilo abzuholen? Es zu verkaufen, wenn es erst einmal in England wäre, wäre kein Problem. Ich kannte noch immer jede Menge Dealer, aber die hatten alle keine Transporter. Nur größere Londoner Gauner hatten meistens welche. Ich fragte mich, ob Mick Williams wohl schon wieder aus dem Knast heraus war. Der könnte sich darum kümmern. Ich wählte seine Nummer.

»H, alter Junge, Mensch, weiß' du, das is aber schön, von dir zu hören. Lass uns mal treffen, was meinst du?«

Wir trafen uns im Richaux, gegenüber von Harrods. Mick hörte sich mein Angebot an.

»Aber nichts, was ich lieber täte, H. Ich brauch ein Geschäft, und schnell. Mein Kumpel hat 'nen Transporter, der fährt dauernd hin und her. Läuft glatt wie 'n Babypopo. Mein andrer Kumpel hat 'nen BMW. Der hat gerade zehn Jahre gemacht. Jeden einzelnen Tag. Er 's einer von euch. Kopf hoch, H, is alles geregelt.«

Der Transporter fuhr nach Rotterdam. Der BMW wurde von einem von McCanns Handlangern beim Marriot Hotel abgeholt, mit mehr als zweihundertfünfzig Kilo Haschisch vollgestopft, und wieder im Marriot abgestellt. Mick Williams ging hin, um ihn abzuholen, und die niederländische Drogenpolizei stürzte sich auf ihn. Micks Schwester erzählte es mir, sie meinte, Mick sei am Boden zerstört.

Das war ich allerdings auch. Mick war im Gefängnis. Ich hatte das Geld verloren, das ich Mick und seinen Kumpels für ihre Ausgaben vorgestreckt hatte. Ich musste die Kosten für Micks Verteidigung übernehmen. Ich wäre fast gebustet worden. Ich könnte immer noch gebustet werden. Und McCann würde die Sache so sehen, dass ich ihm eine Million Pfund schuldete.

»Dass du dich nie wieder bei meldest, du walisischer Pisskünstler, solang deine Nummer nicht absolut sicher steht, hörst du!«

»Okay, Jim. Danke für den Shit.«

Wenig später wurde Jim in Amsterdam von der niederländischen Polizei festgenommen, nicht wegen Haschisch, sondern aufgrund eines Auslieferungsantrags von den Deutschen wegen der Anklage von 1973, den britischen Armeestützpunkt in Mönchengladbach in die Luft gejagt zu haben. Die Deutschen waren noch immer wütend, dass sich die Franzosen geweigert hatten, McCann auszuliefern, und jetzt wollten sie so lange Druck auf die Niederländer ausüben, bis sie ihn bekämen.

Mickeys Bust war eine eindringliche Lektion. Vielleicht sollte ich wirklich straight bleiben: mich auf mein kleines straightes Geschäftsimperium in Soho konzentrieren und meine Rechnungen mit dem Zoll begleichen.

Die Steuerbehörden ließen jedoch erkennen, dass ich so gesetzt werden konnte, wie ich wollte – sie wären immer hinter mir her. Stanley Rosenthal erläuterte mir die Vorteile eines Wohnsitzes im Ausland. Wenn ich außerhalb des Vereinigten Königreichs lebte und mich nur zwei Monate im Jahr persönlich hier aufhielt, wäre ich nach englischem Recht nicht steuerpflichtig, und die Steuerbehörden müssten mich in Ruhe lassen. Judy wollte nicht zu weit von England entfernt leben.

Die Schweiz kam nicht infrage, viel zu kalt und zu teuer. Wir suchten etwas Neues und Warmes. Unsere Zeit auf Korfu war recht angenehm gewesen, doch das Telefonnetz der Insel war noch eher prähistorisch, und wer wollte schon Griechisch als Fremdsprache lernen? Wir beschränkten unsere Auswahl auf Italien oder Spanien.

Zunächst war Italien der eindeutige Favorit. 1974 hatte ich vier Monate als Flüchtling in Genua verbracht. Drei Jahre lang hatten Judy und ich eine Wohnung in Campione d'Italia gemietet. Wir kamen mit der italienischen Sprache und den Traditionen recht gut klar. Die Mafia faszinierte mich noch immer, obwohl ich inzwischen mit einigen ihrer Methoden vertraut war. Wir wollten uns ein bisschen umschauen und begannen in der Toskana. Wir flogen nach Pisa und mieteten ein Haus in der Nähe von Lucca, der Nachbarstadt. Wir sahen uns Florenz, Siena und Livorno an. In Puccinis Haus besuchten wir eine Open-Air-Oper und tranken Brunello di Montalcino. Die Sinnlichkeit von Land und Leuten fesselte uns wieder, doch gewisse kuriose Sitten der Italiener gingen uns zunehmend auf die Nerven, wie zum Beispiel, horrende Summen zu bezahlen, um an einem Strand sitzen zu dürfen, oder ihre Art, missbilligend Ausländer anzustarren, die keine Gianni-Versace-Socken trugen. Trotzdem, es gab die Autostradas, nach denen man süchtig werden konnte, und so standen wir eines Morgens früh auf und fuhren Richtung Süden.

Bei Castellamare di Stabia verwandelt sich die achtspurige Autostrada aus Rom plötzlich in einen Feldweg. Der Besucher hat vier Möglichkeiten zur Auswahl: nach Neapel fahren und bei einem Überfall umkommen, nach Capri gehen und vor Armut umkommen, sich in Pompeji durch die Lavaasche des Vesuvs schleppen oder in den Autoabgasen an der Küste bei Malfi ersticken. All diese Attraktionen ließen wir links liegen, parkten den Wagen am Flughafen von Neapel und nahmen einen Itavia-Flug nach Palermo auf Sizilien. Meine Koffer erschienen auf dem Gepäckband, gefolgt von drei großen, knurrenden Schäferhunden. Judy war entsetzt.

»Was hast du in dem Koffer, Howard?«

»Gar nichts, Liebling. Mach dir keine Sorgen. Das ist ein Inlandsflug. Die dürfen unser Gepäck nicht durchsuchen. Wir kommen ja nicht aus dem Ausland.«

»Aber, Howard, du hast geschworen, dass du niemals Dope dabeihaben würdest, wenn wir mit den Kindern unterwegs sind. Das waren genau deine Worte.«

Ich hatte hoch und heilig versprochen, kein Hasch aus England mitzunehmen, und hatte das große Opfer erbracht, mich an mein Versprechen zu halten. Irgendwas Seltsames war hier zugange.

»Mit wem willst du dich hier treffen? Ich wusste doch gleich, dass irgendwas dahintersteckt, als du vorgeschlagen hast, herzukommen.«

Judy wusste nichts von dem Zweihundertfünfzig-Kilo-Bust, in dem ich, Mickey Williams und McCann drinsteckten. Aber meine Unruhe während der letzten Wochen hatte ihr Misstrauen geweckt.

»Ich will mich hier mit niemandem treffen. Ich versprech's. Ich hab nicht die leiseste Ahnung, was los ist.«

Das stimmte. Ich hatte wirklich keine Ahnung.

Vier bewaffnete Polizisten ergriffen mich und brachten mich und meinen Koffer in einen leeren Raum. Judy wurde gebeten, zu *aspetti, per favore*. Die sizilianischen Cops nahmen gründlich mein Gepäck auseinander, untersuchten jede Falte und jede Tasche und nahmen sich alle meine Papiere vor. Die Worte des niederländischen Staatsanwalts hallten in meinem Kopf wider: »Für dieses Vergehen, Marks, können

Sie in England, Amerika, Holland, Österreich, Frankreich, Irland und Italien einzeln und nacheinander angeklagt und verurteilt werden.«

In England und in Holland war es schon geschehen. Wollten mich jetzt die Italiener drankriegen, immer noch wegen derselben Sache? Während der Siebziger war ich des Öfteren mit diversen falschen Ausweisen ein- und ausgereist und hatte zahllose Male gegen die strengen Devisenbestimmungen des Landes verstoßen. Wussten sie das alles?

Einer der sizilianischen Bullen kam mit meinen Unterlagen in das Zimmer zurück und schwenkte einen Computerausdruck. Er grinste über beide Ohren und streckte mir seine Hand entgegen.

»Ah! Signore Marks. *Il capo di contrabando. Il spione. Benvenuto a Sicilia.*« Das hatte ich nicht erwartet. Judy und die Kinder wurden höflich hereingebeten. Wir wurden in ein eingerichtetes Zimmer gebracht.

»*Dove restare in Palermo?*«

Ich erklärte, dass wir in der Villa Igiea Zimmer gebucht hatten, dem besten Luxushotel Palermos, in dem schon Lucky Luciano gewohnt hatte. Der Polizist rief beim Hotel an und bestellte einen Chauffeur.

Palermo ist eine Stadt mit sehr hoher Kriminalität. Die Stadtmitte wird vom Gefängnis überschattet. Der Mega-Mafiaprozess mit mehreren Hundert Angeklagten war gerade voll im Gange. Ein frisch gegrabener Tunnel verband das Gefängnis mit dem Gerichtsgebäude. Panzer bewachten die Tore. Die schwer bewaffneten Wachen achteten streng darauf, dass nicht fotografiert wurde. Um die Ecke spielten Kinder sizilianisches Himmel-und-Hölle – sie hüpften über die mit Kreide auf die Straße gezeichneten Umrisse der letzten Mordopfer. Vom Fotografieren wurde abgeraten. Keiner der Taxifahrer fuhr mit Uhr. Die Boutiquen und Friseure waren alle nur für Herren. Überall sah man Bodyguards. Das Telefonsystem war ausgezeichnet, besonders im Vergleich zum Rest Italiens. Die Küche gehörte zu den besten Europas. Es gab nur einen internationalen Flug – einmal wöchentlich nonstop nach New York – vollbesetzt mit Killern und Ganoven, die sich als Olivenöl-Experten ausgaben. Ich langweilte mich keine Sekunde, doch ich musste Judy zustimmen, dass es kein Ort war, um mein legales Geschäftsimperium auszubauen. Bevor wir Sizilien verließen, eröffnete ich ein Konto bei der Banca di Sicilia. Vielleicht gingen Zahlungen schneller vonstatten, wenn man ein offensichtliches Mafiakonto angab.

Einen Tag oder etwas später waren wir in der Abflugslounge in Pisas internationalem Flughafen. Ich stöberte gerade in den Regalen des Duty-free-Shops herum, als ich Neil Kinnock entdeckte. Er rauchte eine Zigarette. Was ich über Kinnock wusste, gefiel mir. Würde er sich als die (zumindest in Wales) sehnsüchtig erwartete Mischung aus König Artus, Owain Glendower und Nye Bevan herausstellen, der die Iron Lady Thatcher endlich absägen und unser neuer Premierminister werden würde?

»Sie sind doch Mr Kinnock, oder?«

»Ja. Aus welcher Gegend von Wales stammen Sie denn?«

Wir stürzten uns in eine sehr angenehme Diskussion über die Geografie und das Wetter in Südwales. Wir beklagten die in letzter Zeit eher schwachen Leistungen des walisischen Rugbyteams.

»Howard. Kommst du mal her«, tönte Judys Stimme von irgendwoher.

»Einen Moment mal, Schatz, ich unterhalte mich gerade mit Mr Kin…«

»Bitte, Howard, komm jetzt sofort her.«

Sie klang verärgert. Warum nur?

Ich entschuldigte mich bei Mr Kinnock. Judy entfernte sich sehr entschlossenen Schrittes mit mir.

»Was ist los, Judy? Was ist denn?«

»Was soll das eigentlich, dich hier mit dieser fiesen Wachtel vom Brixtoner Gefängnis zu unterhalten? Du solltest froh sein, dass du nichts mehr mit solchen Leuten zu tun hast. War er es, mit dem du dich heimlich in Palermo getroffen hast?«

Es war eine Tatsache. Neil Kinnock hatte erstaunliche Ähnlichkeit mit einem Wärter in Brixton, dem Judy öfters begegnet war, wenn sie mich im Gefängnis besucht hatte.

»Judy, das war Neil Kinnock. Es wäre gut gewesen, jemand so straightes zu kennen. Du hast gerade alles vermasselt.«

Judy lief dunkelrot an und verbarg ihr Gesicht an meiner Brust. Wir fingen beide an zu lachen.

Als wir an Bord des Flugzeugs waren, retteten wenigstens die Kinder ein wenig unser Gesicht, indem sie zu Kinnock hingingen und ihn um ein Autogramm baten.

Das niederländische Rechtssystem ist ausgesprochen zivilisiert. Nach einigen Monaten wurde Mickey freigelassen, und die Behörden schienen nicht sonderlich interessiert daran zu sein, noch jemand anderes festzunehmen. Wir trafen uns wieder im Richaux, gegenüber von Harrods.

»Knast in Holland is' richtig gut, H. Leckres Essen un' Wachteln, die auch Spaß verstehn. Könntest zehn Jahre machen un' nich' merken, wie die Zeit vergeht. Un', H, was treibst du so?«

Ich erzählte, dass ich vorhatte, mich im Ausland niederzulassen.

»Schon mal in Palma gewesen, H?«

»Nicht wirklich, Mick.« Ich war ein einziges Mal in Palma

gewesen, bei dem Marokko-Schottland-Geschäft, aber nur für eine Nacht, und die hatte ich auf einem Schiff verbracht.

»Probier's doch mal. Ich hab 'ne Bude da. Kannst jederzeit drin wohnen.«

Wir nahmen Micks freundliches Angebot an, flogen nach Palma de Mallorca und wohnten in Mickeys Wohnung in Magaluf. Die nähere Umgebung erschien uns wie die Erfüllung unserer schlimmsten Alpträume über Pauschalreisen. Schreiende Fußball-Hooligans strömten durch die Straßen. Pubs mit Namen wie ›London Pride‹, ›Rover's Return‹, ›Benny Hill‹ und ›Princess Di‹ spuckten Lagerleichen in eine verwirrende Vielfalt von Discos, Andenkenläden und Fish-and-Chips-Buden aus. Seltsamerweise kam es nur relativ selten zu Schlägereien. Auf einer englischen Straße würde es bei einer ähnlich betrunkenen und ungehemmten Meute innerhalb kürzester Zeit zu einer Massenschlägerei kommen. Die Urlauber sahen glücklich aus. Selbst das Paradies erschien reizlos verglichen mit Sonnengarantie, allgegenwärtigen Ausschweifungen und pausenlosem Besäufnis. Sehr, sehr viel Geld wechselte hier den Besitzer. Es wäre kein Problem, mit minimalen Investitionen welches zu verdienen. Aber konnte man es ertragen, hier zu leben?

»Es kann doch nicht überall so sein«, meinte Judy. »Komm, wir mieten uns ein Auto und schauen uns mal auf der Insel um.«

Sie hatte Recht. Schon nach wenigen Minuten wurde der Gestank von Alk und Erbrochenem von dem süßen Duft von Kirsch- und Mandelblüten verdrängt. Der größte Teil Mallorcas ist wunderbar einsam und ruhig. Der höchste Berg ist höher als jeder auf den Britischen Inseln. Zu seinen Füßen leben Menschen, die noch nie das Meer gesehen haben – obwohl es nur knapp fünfzig Kilometer entfernt ist. An die Hügel klammern sich kleine Dörfchen, in denen einige der berühmtesten Künstler, Musiker und Schriftsteller der Welt eine Heimat gefunden haben. Die Stadt Palma bietet eine wunderschöne Kombination von mittelalterlicher italienischer und maurischer Architektur. Es gibt Telefonzellen im Überfluss, die keinen Vandalismus zu befürchten hatten, und die Leute rauchen ihr Haschisch auf der Straße. Der Flughafen ist einer der belebtesten der ganzen Welt. Das Wetter ist optimal. Wir dachten uns, dass wir es hier schon aushalten könnten. Wir sahen uns nach einem Häuschen um, fanden mehrere verlockende Angebote und flogen zurück nach London, um darüber nachzudenken.

neun
MARKS

Auf dem Anrufbeantworter meines Privatanschlusses fand ich
mehrere Nachrichten von Ernie vor, dass ich ihn zurückrufen
sollte. Ich rief unter der Nummer an, die er hinterlassen hatte,
und benutzte im Gespräch mit ihm den Code, den wir schon
seit zehn Jahren verwendeten. Er fragte in anderen, ebenso
gut geübten Codes nach, ob ich noch immer Kontakt zu Ha-
schischexporteuren in Pakistan hatte, und besonders, ob ich
jemanden kannte, der fünf Tonnen bestes Haschisch per Flugzeug nach New York schicken könnte. Ernie war ganz offensichtlich wieder im Geschäft. Ich sagte, dass ich mich gleich
darum kümmern wollte. Ernie war der einzige Mensch, bei
dem Judy nichts dagegen einwenden konnte, wenn ich mit
ihm Geschäfte machte. Er hatte so viel für uns getan. Ich erwähnte Ernie gegenüber das DEA-Handbuch, das mir Mc-
Cann gegeben hatte. Ernie meinte, dass es in jedem Laden
an der Ecke verkauft wurde und dass ich mich lieber auf Pakistan konzentrieren sollte.

Ich dachte an Salim Malik, den ich an Mohammed Durranis Sterbebett kennengelernt hatte. Möglicherweise erinnerte er sich nicht einmal mehr an mich. Er hatte mich nur
zwei Minuten lang gesehen und dachte, ich hieße Mr Nice.
Ich rief von einer Londoner Telefonzelle aus seine Nummer
an. Er hob ab. Er erinnerte sich zwar überhaupt nicht mehr

an mich, erklärte sich aber einverstanden, sich auf neutralem Boden mit mir zu treffen. Er schlug Hongkong oder Damaskus vor. Wir einigten uns auf Hongkong.

Ich war schon vier Jahre nicht mehr nach Fernost gereist, und ich freute mich darauf. Ich blätterte das *Time Out* durch, auf der Suche nach einem billigen Flug. Eine Gesellschaft des Namens Hong Kong International Travel Centre schien die besten Preise anzubieten, also ging ich zu ihrem Büro in der Beak Street. Einzig ein chinesisches Pärchen kümmerte sich um den ganzen, recht beachtlichen Betrieb – ein junger Mann mit großen Muttermalen, Chi Chuen (Balendo) Lo und seine schöne, ältere Freundin Orca Liew. Er kam aus Hongkong, sie aus Malaysia. Es beeindruckte mich, wie sie das ganze Geschäft in der Hand hatten, und sie waren mir sofort sympathisch. Ich versprach, sie nach meiner Rückkehr aus Hongkong zu besuchen. Sie versicherten mir, sie würden ihre Getränke für Weihnachten und Neujahr bei Drinkbridge kaufen.

Mit British Caledonian flog ich von Gatwick nach Dubai, und von dort nach Hongkong, wo ich am Tag vor meinem Treffen mit Salim Malik vormittags eintraf. Ich checkte im Park Hotel in der Chatham Road in Kowloon ein und beschloss, den Tag als Tourist zu verbringen.

Hongkong hatte sich verändert, seit ich zuletzt da gewesen war – oder vielleicht gab es auch nur einfach viel mehr davon, mit der doppelten Bevölkerungszahl. Große Flächen Bauland waren dem Meer abgerungen worden. Monströse Hochhäuser, in Baugerüste aus Bambus gehüllt, ersetzten in rasendem Tempo Nicht-ganz-so-hoch-Häuser. Aufgrund ihres Respekts für die Pflanzenwelt, der den der meisten westlichen Umweltschützer weit übertrifft, hatten die Hongkonger Städteplaner und Bauingenieure dafür Sorge getragen, dass keine Bäume durch die Bauarbeiten Schaden erlitten.

Als Folge davon war an einigen Stellen ein ungereimtes Nebeneinander von knorrigem Holz und modernen Neonschriften zu sehen. Die Bäume erschienen winzig klein, wie Bonsais in den Kensington Gardens.

Ich schlenderte Kowloons neue Promenade entlang und betrachtete die umwerfende Skyline der Insel Hongkong. Ich fuhr mit der Star Ferry hinüber, der Fähre, die wie immer zwischen Hongkong und Kowloon pendelte, wie immer äußerst billig war und wie immer mit Schildern gepflastert war, die den Chinesen das Spucken verboten. Ich tat, was alle Touristen in Hongkong tun: Ich nahm eine Straßenbahn auf den Victoria Peak, aß einen Tigerpenis in einem Restaurant auf einem Hausboot in Aberdeen, fuhr mit der längsten Rolltreppe der Welt zum Ocean Park, schlürfte in der Jervois Street Schlangenblut und nahm einen Drink in einer Nuttenbar in Wan Chai. Die Zeitungen waren voller Artikel, in denen über das Versprechen der britischen Regierung lamentiert wurde, Hongkong wieder der chinesischen Herrschaft zu überlassen. Die Verteidiger dieser Politik entschuldigten ihre offensichtliche Feigheit damit, dass es sich lediglich um einen hundertjährigen Vertrag handelte, der demnächst auslief. Doch das war schwer irreführend. Der Vertrag bezog sich nämlich nur auf einen Teil der Halbinsel Kowloon und auf die sogenannten New Territories. Den ganzen Rest, also den größten Teil der Halbinsel (Tsim Sha Tsui), die Insel Hongkong und einige Hundert andere Inseln, hatten sich die Engländer einfach so unter den Nagel gerissen und als Teil des Empires erklärt. Die Chinesen hatten kein international anerkanntes Anrecht auf diese Gebiete. Das kümmerte Peking allerdings wenig. Schließlich hätten sich die Chinesen dieses Land seit den Sechzigern jederzeit mittels eines einfachen Anrufes in Westminster zurückholen können.

Margaret Thatcher hätte nicht einfach wie bei den Falkland-inseln vorgehen können. Als Portugal Mitte der Siebziger einen Schwenk nach links machte und Macao, seine Kolonie in China, zurückgeben wollte, lehnte Peking ab. Noch. Die chinesische Regierung würde dann alles zurücknehmen, wann es ihr passte. 1997 wäre ihr recht. Und sie wird alles zurückbekommen. Wer hatte da schließlich das Sagen? Es gab dort fünf Millionen Chinesen, zwanzigtausend Amerikaner und siebzehntausend Briten. Wer verscheißert da wen? Die Chinesen planen auf lange Sicht. Sie brauchten über einhundertfünfzig Jahre, um ihre große Mauer zu bauen. Dagegen mussten sie nur hundert Jahre warten, um sich die größte Handels-, Banken- und Schifffahrtsmetropole der Welt auf einem silbernen Tablett präsentieren zu lassen. Die wissen schon, was sie tun.

Malik und ich hatten verabredet, uns in der Lobby des Peninsula zum Vormittagskaffee zu treffen. Um diese Zeit war es dort voll, und einander völlig fremde Menschen saßen zusammen an den Tischen, plauderten und beschwerten sich, dass das neue Planetarium die Sicht auf das Meer versperrte. Wir würden nicht auffallen. Malik saß alleine an einem Tisch und ließ die Tür nicht aus den Augen. Er nickte mir zu, als er mich erkannte. Ich war erleichtert. Aber er lächelte nicht.

»Stört es Sie, wenn ich mich dazusetze?«, fragte ich, laut und deutlich genug, dass es die Umsitzenden hören konnten, die völlig in ihre eigenen Angelegenheiten vertieft waren.

»Warum nicht? Es ist ein freies Land.«

»Na, da wäre ich mir nicht so sicher«, meinte ich und setzte mich.

»Betrachtete sich Ihr Land vor 1947 als frei, als es noch Teil von Britisch-Indien war?«, flüsterte ich.

Malik lächelte fast.

»Wie ist es Ihnen ergangen, Malik, seit dem traurigen Tag, an dem wir uns kennenlernten?«

»Es geht mir gut. Wie gut haben Sie meinen Freund gekannt?«, fragte er.

»Ich weiß, dass er elf Jahre lang hier Polizist gewesen ist und dass er ein Stoffgeschäft in Dubai besaß. Dass er Johnny Walker Black Label trank und Benson & Hedges rauchte. Ich habe ihn oft in seinem Haus bei Cannes besucht. Und in der Tasche habe ich ein Bild von ihm mit mir und meiner Tochter Amber.«

Plötzlich bohrte sich Maliks Blick in meine Augen. Er schaute sich um und schien beunruhigt. »Geben Sie mir Ihre Telefonnummer im Hotel. Ich werde Sie später anrufen.«

Ich gab ihm eine Karte des Park Hotel und kritzelte meine Zimmernummer darauf.

Als ich zur Tür ging, spürte ich, dass ich beobachtet wurde. Man würde mir folgen. Wer konnte das sein – der britische Zoll, die Steuerbehörden, Leute, die für Malik arbeiteten, McCanns Handlanger oder die DEA, die hinter Ernie her war? Es war ziemlich egal. Hongkong ist einer der besten Orte der Welt, um Verfolger abzuschütteln. Ich rannte aus dem Hotel, bog nach links ab, überquerte die Nathan Road und rannte weiter zu den Chungking Mansions, einem Hochhaus aus den Sechzigern, das eine Vielzahl Läden und Cafés nahöstlicher Besitzer beherbergte. Für die oberen Stockwerke wurden keine Gewerbelizenzen erteilt. An jeder Tür hing dort ein Schild ›Bitte nicht anklopfen. Privatwohnung.‹ Klopfte man trotzdem, wurde die Tür sofort geöffnet, und man betrat ein kleines illegales Restaurant. Wenige Minuten nachdem ich das Peninsula verlassen hatte, genoss ich schon ein Gemüsecurry bei Moslems aus Bombay.

Als ich die Chungking Mansions verließ, schien ich nicht

mehr verfolgt zu werden. Nur um sicherzugehen, ging ich rasch durch ein wahres Labyrinth kleiner Gässchen und tauchte in eine U-Bahn-Station ab. Es war meine erste Erfahrung mit dem neuen Hongkonger Massenverkehrsmittel. Um mich daran zu gewöhnen, fuhr ich einige Haltestellen weit mit einer Bahn. Ich kaufte eine Zeitkarte. Nächstes Mal wäre ich wesentlich schneller. Ich verließ die U-Bahn und ging zum Park Hotel, um mich ein Weilchen hinzulegen.

Ein paar Stunden später rief Malik an.

»Selber Ort um elf«, schlug er vor.

Mir gefiel es nicht, den Verfolgern eine zweite Chance zu geben, doch ich stimmte zu. In der Lobby des Peninsula war es jetzt viel ruhiger, doch machte Malik einen wesentlich relaxteren Eindruck. Seine Augen leuchteten, und er lächelte.

»Sie sind also gar nicht der Mr Nice. Sie sind D. H. Marks, sagte Hotel.«

»Wenn Sie wollen, können Sie mich trotzdem Mr Nice nennen, Malik.«

»Nein. Ich werde Sie D. H. Marks nennen. In Pakistan, wir kennen Ihren guten Ruf.«

»Danke, Malik. Sind Sie an einem Geschäft mit mir interessiert? Wenn ja, dann hätte ich einen Vorschlag, den ich mit Ihnen besprechen möchte, wenn es Ihnen passt.«

»D. H. Marks, ich bin immer glücklich, wenn ich, mit Allahs Hilfe, Geschäfte mit ehrlichen Menschen mache.«

»Können Sie die Ware besorgen?«

»Ja, *inshallah,* aber ich handele nicht mit Teufelsware.«

Ich nahm an, dass er Haschisch nicht gemeint haben konnte, sondern entweder Heroin vom ›Goldenen Halbmond‹ Iran, Pakistan und Afghanistan, oder ›Stinger‹-Raketen vom Schwarzmarkt. Diese hatten die Amerikaner den afghanischen Rebellen für deren Kampf gegen die ehemalige Sowjetunion gegeben, doch waren erschreckende Mengen davon jetzt in den Waffengeschäften Peshawars zu finden, die sie an diverse terroristische Vereinigungen verkauften.

»Malik, ich meine die Ware, die Sie 1965 im Hyde Park verkauft haben.«

Er lächelte noch zufriedener und streckte mir seine Hand hin.

»D. H. Marks, das ist Mutter aller Geschäfte. Ich habe das Beste. Und, *inshallah,* es kann auf vielen Wegen aus dem Land gebracht werden. Aber keine Amerikaner. Heute Morgen schon habe ich DEA hier in Hotel gesehen.«

»Nun, die sind überall, Malik. Und die Ware könnte auch nach Amerika gehen.«

»Wo Ware hingeht und zu wem sie hingeht, ist nicht meine Sache. Ich treffe nur Sie, D. H. Marks. Wie ich Ware liefere, sagen Sie. Wie Sie Geld liefern, sage ich.«

»Okay.«

Wir gaben uns die Hand darauf.

Malik musste an dem Abend wieder abreisen. Wir sprachen ab, wie wir in Zukunft kommunizieren wollten, und verabredeten, dass wir uns wieder in Hongkong treffen würden. Ich würde ihm eine angemessene Summe Geld mitbringen und ihn anweisen, wie die Ladung Haschisch exportiert werden sollte. Wir freuten uns darauf.

Am nächsten Tag eröffnete ich ein Bankkonto. Man weiß nie, wann man nicht mal eins brauchen kann. Ich wählte Crédit Suisse. Die Niederlassung befand sich im zweiunddreißigsten Stock eines riesigen goldfarbenen Wolkenkratzers, dem Far East Financial Centre im Bezirk Admiralty von Hongkong. Man sagte mir, dass ein Herr Stephen Ng mein Ansprechpartner sein würde. Ich zahlte tausend Hongkongdollar ein.

Ich war aufs Neue ernsthaft vom Dealervirus befallen. Bangkok war keine drei Stunden entfernt. Ich dachte an Phil Sparrowhawk. Nachdem wir 1979 die siebenhundertfünfzig Kilo Thai Sticks in McCanns Bananentransporter verloren hatten, hatten wir die Beziehungen abgebrochen und waren nicht mehr allzu gut aufeinander zu sprechen gewesen. Trotzdem hatte er mir eine nette Karte geschickt, als er hörte, dass ich aus dem Gefängnis von Wandsworth entlassen worden war. Er hatte mir seine Telefonnummern in Bangkok gegeben. Ich wollte nicht, dass sie auf meiner Hotelrechnung auftauchten, und ging deshalb zum Telegrafenamt in der Middle Road, von wo aus man anonym Ferngespräche führen konnte.

»Das ist doch wohl ein Witz! Nein, das kann doch gar nicht sein, oder?«

Phil sprach noch genauso wie früher, fast ohne Dialekt, mit nur einem kleinen Hauch von Cockney.

»Ich war am Überlegen, ob ich dich besuchen komme, Phil.«

»Ach ja. Wann?«

»Jetzt. Ich bin gerade in Hongkong.«

»Klasse! Ich lass dir ein Zimmer im Oriental Hotel reservieren. Es ist immer noch das beste Hotel auf der ganzen Welt. Mit welchem Flug kommst du? Ich hole dich vom Flughafen ab.«

Nachdem ich mich im Park Hotel abgemeldet hatte, flog ich mit Cathay Pacific nach Bangkok. Ich hatte ganz vergessen, wie gut asiatische Fluggesellschaften im Vergleich mit europäischen und amerikanischen sind. Die Stewardessen sahen aus wie die lächelnden, glücklichen Siegerinnen eines Schönheitswettbewerbs, im Gegensatz zu den schlampigen Spinatwachteln von Pan American. Die Unterhaltung während des Fluges kam kostenlos über modernste Kopfhörer, die nichts mit den lächerlichen Spielzeugstethoskopen gemein hatten, die man bei anderen Fluggesellschaften mieten konnte. Das Essen war heiß und gut gewürzt, und zu trinken gab es, so viel man nur wollte.

Die Herren vom Zoll und der Passkontrolle am Don Muang International Airport von Bangkok hießen mich freundlich willkommen. Phil stand direkt hinter ihnen. Er war so unauffällig wie eh und je. Man hätte nicht sagen können, ob er völlig blank war oder gerade eine Million gemacht hatte. Wir gingen zum Flughafenparkplatz.

»Also, Albi, ich ... ich denke, ich werde dich jetzt Howard nennen. Worauf hast du zuerst Lust, eine Massage, einen Drink, oder sollen wir erst ins Hotel?«

»Am liebsten erst mal ins Hotel, Phil, aber soll ich dir sagen, was ich am dringendsten brauch? Ein paar kräftige Thaigras-Joints. In Hongkong kann man sich auf den Kopf stellen und findet nichts.«

»Das habe ich mir schon fast gedacht. Im Auto liegen schon ein paar, fertig gebaut.«

»Prima! Du hast aber nicht angefangen zu rauchen, oder?«

»Nein, aber hier ist es ein Kinderspiel, jede beliebige Menge zu besorgen. Und ich meine jede beliebige Menge.«

Wir stiegen in Phils Wagen. Er war wahrscheinlich auch unauffällig. Ich kann mich nicht daran erinnern. Aber er war sauber, und im jungfräulichen Aschenbecher lagen drei fertig gedrehte Joints.

Als ich den zweiten halb geraucht hatte, war ich schon sehr breit. Wie alle anderen Autofahrer in Bangkok standen wir vor ständig roten Ampeln, hörten lauten Thai-Pop und schrien und fluchten über die Horden Kinder, die hartnäckig an die Windschutzscheibe hämmerten und Blumenketten verkaufen wollten. Der Schweiß lief in Bächen an uns herab, und wir erstickten halb an den dichten schwarzen Schwaden von Abgasen. Ein Elefant wälzte sich an uns vorbei. Mönche in orangenen Kutten bettelten mit Pfannen nach Essen. Überdimensionale Werbeplakate zeigten Cartoonfiguren mit Sprechblasen in Sanskrit. Während wir uns dem Oriental näherten, sammelten sich Monsunwolken am Himmel. Phil ließ mich raus und fuhr zum Parkplatz. Rotäugig und wie auf Gummistelzen wankte ich zur Rezeption.

»Einen langen Flug gehabt, Sir?«, erkundigte sich der Hotelangestellte, der mein Breitsein für Symptome von Müdigkeit und Jetlag hielt.

Ich lächelte ihn abwesend an.

»Wir haben VIP-Zimmer für Sie reserviert, Mr Marks, die Joseph-Conrad-Suite. Wenn Sie mir bitte folgen würden.«

Joseph Conrad hatte zur Gründung des Oriental Hotel maßgeblich beigetragen. Andere Autoren, zum Beispiel Somerset Maugham und Evelyn Waugh, hatten ebenfalls dort gewohnt und geschrieben. Es gibt Suiten, die nach ihnen benannt sind. Und überall weiße Korbmöbel, alte Fotografien, Bambus und tropische Pflanzen mit großen Blättern.

Phil kam wenige Minuten, nachdem man mich zu meinem Zimmer gebracht hatte. Wir versicherten uns gegenseitig, wie glücklich wir waren, einander zu sehen, und wie dumm es gewesen war, uns durch McCanns Bananenblödsinn entzweien zu lassen. Phil bedauerte, dass er nicht in England geblieben war, um auch von dem Kolumbiengeschäft zu profitieren, aber ihm war es auch nicht schlechtgegangen. Robert Crimball, Ernies ursprünglicher Lieferant in Bangkok, war bös gebustet worden und saß jetzt eine furchtbare Strafe ab – fünfundvierzig Jahre – aber Phil besuchte ihn regelmäßig im Gefängnis und beschäftigte sich damit, wie er ihn freikaufen könnte. Robert hatte Phil seine Connections weitergegeben, und so hatte er immer noch gute Kontakte zu Thaigraslieferanten. Außerdem hatte er noch Kontakt zu Jack ›dem Schwindler‹ Warren in Australien.

Einige von Phils Ladungen waren durchgekommen, und finanziell gesehen ging es ihm ganz gut – sehr gut sogar. Einen großen Teil seines schwer verdienten Dopegeldes hatte er in eine Vielzahl legaler Geschäfte investiert. Gemeinsam mit einem chinesischen Partner betrieb er einen Lebensmittelexport und mit einem Amerikaner zusammen eine Zeitarbeitsfirma. Beide Firmen hatten ihre Aktivitäten auf die Philippinen ausgeweitet, wo Phil über einige australische Freunde einen britischen Aristokraten und Schmuggler kennengelernt hatte: Lord Moynihan. Phil war froh, dass ich ihn vor all den Jahren nach Bangkok geschickt hatte. Er hatte eine Thailänderin geheiratet, die ihm gerade eine Tochter geboren hatte.

Nach dem Monsun wäre die nächste Marihuanaernte so gut wie fertig, und Phil wollte mehrere Tonnen kaufen. Er konnte beliebige Mengen per Luft oder See exportieren und es einrichten, dass Privatschiffe, die zweihundert Meilen vor der Küste im Südchinesischen Meer warteten, mit unbegrenzten Mengen des feinsten Thaigrases beladen wurden. Außerhalb Thailands hatte er jedoch nur Connections nach Australien. Er brauchte andere, vor allem zu Leuten, die nach England oder Amerika schmuggeln konnten. Ob ich da jemanden kannte?

Ich erzählte Phil von meinen derzeitigen Aktivitäten, erwähnte aber nichts, was mit Pakistan zu tun hatte. Er freute sich darüber, dass Ernie wieder so reges Interesse an Geschäften bekundete, und zeigte sich sehr beeindruckt von meinen Firmen in Soho. Er fragte, ob auch er ›West End Secreterial Services‹ als Londoner Firmenadresse angeben könnte. Ich stimmte zu. Es wäre eine sehr gute Fassade für unsere zukünftigen Deals. Es war offensichtlich, dass es welche geben würde.

Nachdem das Geschäftliche erledigt war, gingen wir in die Stadt, nach Patpong, zwei parallel verlaufende Straßen, in denen es über hundert Bars und Nudelläden gibt und einige Tausend Prostituierte, die tanzen, strippen und sich Colaflaschen, Rasierklingen und Tischtennisbälle in die Scheide stecken. Wir gaben sehr vielen Mädchen sehr viele alkoholfreie Drinks aus und machten uns sehr beliebt.

Die Nutten versuchten herauszufinden, ob wir naiv und reich wären.

»Schmettelling. Du mich nicht mögen. *Fahlang,* gib mil noch einen aus. Du sehl schöne Mann. Wie oft du bist Bangkok gewesen, *fahlang?* Ich dil gefalle? Welches Hotel du wohnst?«

Nach etwa zehn Bars wurde es langsam langweilig. Wir riefen nach einem *Samlor,* einem dreirädrigen Motorroller mit einem überdeckten Sitz über der Hinterachse, von denen Zehntausende Tag und Nacht durch die Straßen Bangkoks kurven. Besser bekannt sind sie unter dem Namen *Tuktuks,* und sie klingen wie epileptische Motorsägen. In unerwartet fließendem Thailändisch fragte Phil den Tuktukfahrer, wo er hinfuhr. Der Tuktukfahrer erwiderte, er wollte gerade zu einem Spätimbiss zum Markt von Pratunam, wo alle Tuktukfahrer essen. Das klang gut. Wir versprachen, dem Tuktukfahrer die Mahlzeit zu bezahlen, wenn er uns mitnahm. Er konnte es kaum glauben, und schon brausten wir mit halsbrecherischer Geschwindigkeit davon.

Der Markt von Pratunam ist ein großer Platz, auf dem sich dicht gedrängte rudimentäre Garküchen und abgewetzte Tische gegenseitig Platz und Kunden streitig machen. Manche Küchen und Tische stehen unter Zelten, andere haben rostige Wellblechdächer. Das ganze Gelände wird von grellen Neonleuchten bestrahlt, und alle tragen Sonnenbrillen. Hunderte von Nutten, von denen manche eigenartigerweise imitierte Thai-Air-Uniformen trugen, konzentrierten sich auf ihr Essen. Hier fanden sie keine Freier. Tuktukfahrer haben kein Geld. Speisekarten gab es nicht. Einige Riesenkrabben und Frösche waren aus den Küchen entkommen und kratzten und hüpften zwischen den Tischen herum. Außer uns nahm niemand auch nur die geringste Notiz davon. Ich hatte Lust auf einen starken Thaijoint. Es war einfach alles zu abgefahren, als dass ich es anders als völlig stoned betrachten wollte. Phil hatte nichts mehr dabei, und sein Haus war zu weit weg. Der Tuktukfahrer hieß Sompop. Er konnte in nur einer halben Minute fertig gedrehte Ganjazigaretten besorgen, zu lächerlichen Preisen. Ich fing an, Sompop zu mögen. Wir aßen ein paar unidentifizierbare Reptilien. Ich wurde stoned. Phil wurde es langweilig. Wir verabredeten uns für den nächsten Morgen. Phil fuhr mit einem anderen *Tuktuk* davon. Sompop brachte mich zurück zum Oriental Hotel. Ich fragte ihn, ob ich ihn bei meinem nächsten Aufenthalt in Bangkok wiedertreffen könnte. Das würde ihn sehr freuen, sagte er, aber er hatte keine Adresse oder Telefonnummer. Ich fragte, ob er sich noch anderswo als im hoffnungslos chaotischen Markt von Pratunam regelmäßig aufhielt. Jeden Freitagabend ginge er zum Erawan-Buddha beim Erawan Hotel zum Beten. Das reichte.

Phil und ich frühstückten zusammen. Wir sprachen alles noch einmal durch und überlegten nebenbei auch, wie man Schiffsladungen Marihuana geruchsversiegeln könnte, und was das kosten würde. Phil brachte mich zum Flughafen. Er hatte noch ein bisschen Thaigras mitgebracht, das ich auf dem Weg zum Flughafenparkplatz kettenrauchte.

Es waren sehr produktive vierundzwanzig Stunden gewesen, und ich fühlte mich voller Energie, als ich an Bord der Thai-Air-Maschine nach Hongkong stieg. Die Stewardessen lächelten verführerisch. Sie waren echt, nicht wie die in Pratunam. Ich nahm eine Ausgabe der *Bangkok Post* und las mit Erstaunen die Überschrift: ›Wasserexporte aus Wales?‹ Es war ein Artikel über den Plan der walisischen Wasserversorgung, einen Teil des unerschöpflichen Süßwasservorrats des Landes zu verkaufen. Wassertanks und die nötige Ausrüstung würden in Milford Haven bereitgestellt werden, Englands größtem natürlichen Hafen, der bis dahin vor allem für den Ölimport genutzt wurde. Öltanker sollten Süßwasser aus den Tanks im Hafen aufnehmen. In vielen Ländern herrschte Wasserknappheit, und diese Lösung, so schloss der Artikel, wäre wesentlich sinnvoller als der erst kürzlich abgebrochene Versuch, Eisberge aus der Arktis in diese Regionen zu schleppen.

Ich hatte große Lust, mich an diesem Projekt zu beteiligen. Ich weiß nicht wieso, und ich hatte keine Ahnung wie. Drinkbridge, der Name unseres Weinimports, wäre ein außerordentlich passender Name für ein solches Geschäft. Einer der Schlüssel zu wirtschaftlichem Erfolg ist, so zu tun, als täte man schon genau das, was man eigentlich gerne tun würde. Die anregende Wirkung des Thaigrases auf mein Hirn hielt noch an. Ich beschloss, mich bei der walisischen Wasserversorgung als der Mann vorzustellen, der ihnen ihre Milliarden Tonnen Wasser abkaufen könnte. Zuvor müsste ich so viel wie möglich über das Thema in Erfahrung bringen. Das wäre nicht schwer: Ich würde Bücher darüber lesen, mit meinem Vater sprechen und einen Experten engagieren. Außerdem wären noch einige Kleinigkeiten zur Unterstützung meiner Glaubwürdigkeit vonnöten: Visitenkarten und Firmenbriefpapier von Drinkbridge, die nicht über und über mit Weintrauben und Flaschen bedruckt wären. In Hongkong könnte ich zum Beispiel ungestört all diese Vorbereitungen treffen.

Der Zoll am Flughafen Kai Tak machte keine Schwierigkeiten. Das kleine Plastiktütchen mit Thaigras in meiner Socke blieb unentdeckt. Ich checkte im Park Hotel ein und ging zum Telegrafenamt, um Ernie anzurufen und ihm mitzuteilen, dass sowohl aus Thailand als auch aus Pakistan Lieferungen möglich wären. Er meinte, wenn ich schon in Hongkong wäre, sollte ich mich bei Bruce Aitken melden, einem Freund von Patrick Lane, der eine Finanzierungsgesellschaft namens First Financial Services leitete. Die Investitionen für das bevorstehende Pakistangeschäft sowie eine großzügige Erstattung meiner Auslagen wollte Ernie vermutlich über ihn schicken. Ich würde das Geld im neuen Jahr in Hongkong bekommen. Patrick sollte seinen Freund gleich anrufen.

Bruce war ein sympathischer Amerikaner, der die Rolle des Investmentmaklers sehr überzeugend spielte. Patrick hatte ihm schon seine Anweisungen gegeben. Ich fragte, ob er einen zuverlässigen Buchhalter für die Gründung einer Gesellschaft wüsste. Er schlug Armando Chung vor, mit dem er gleich für den nächsten Morgen ein Treffen mit mir arrangierte.

Es war Feierabend, und Bruce bot mir an, noch einen trinken zu gehen, bevor er heimfuhr. Wir trennten uns im Erdgeschoss des New World Centre im Osten von Tsim Sha Tsui, in der ›Bar City‹, einem Komplex verschiedener Bars mit unterschiedlichen Mottos. Ich entschied mich für die ›Country Bar‹, in der sechzig Chinesen Jive und Square Dance tanzten und sangen, während eine Band von Philippinos Waylon Jennings spielte.

Ich trank ziemlich viel und ging noch in einige andere Bars, bis ich schließlich im ›Bottoms Up‹ landete, Hongkongs berühmter Oben-ohne-Bar für Yuppies, die kürzlich im James-Bond-Streifen *Der Mann mit dem goldenen Colt* übertrieben verherrlicht worden war. Es war etwa zwei Uhr morgens, und westliche wie japanische Banker, Geschäftsleute und Diplomaten fielen ins Koma, übergaben sich, stritten sich mit ihren Frauen und geierten schamlos nach allem, was kein Oberteil trug. Es gab verschiedene Kategorien afrikanischer und asiatischer Hostessen: laute, aufdringliche, die ihre Brüste den Männern ins Gesicht drückten, von denen sie literweise teures, gefärbtes Wasser spendiert bekamen; ruhigere, die bereit waren, mit einem in das nächste Stundenhotel zu verschwinden; und schöne, reiche, vom Typ Geisha, die schmeichelten und flirteten, in der Hoffnung, ihr Schicksal vielleicht doch noch ändern zu können.

Ich blieb ungefähr zehn Sekunden allein. Zwei Hongkonger Geishas, die behaupteten, sie hießen April und Selena, setzten sich zu mir. Sie waren erschüttert von der Aussicht, dass Hongkong bald von kommunistischen Chinesen regiert werden sollte.

Ich konnte ihre Ängste nicht ganz nachvollziehen, denn so weit mir bekannt war, war China etwa achttausend Jahre lang so kapitalistisch gewesen, wie ein Land nur sein kann, und es gab in allen Ländern der Welt chinesische Gemeinschaften, die es wirtschaftlich zu einigem gebracht hatten. Dagegen war es noch nicht mal hundert Jahre lang kommunistisch. Das würde sich sicher wieder legen. Die Chinesen vom Festland hatten Hongkong schon mit vierzehn riesigen Wolkenkratzersiedlungen umgeben, sogenannten Wirtschaftssonderzonen. Jede davon war ein kleines Hongkong. Das Schlimmste, das Hongkong vielleicht widerfahren würde, dieser Ausgeburt westlicher und chinesischer Skrupellosigkeit, dem Paradebeispiel keynesianischen wirtschaftlichen Erfolgs, war, dass es weiterwachsen könnte.

April und Selena hielten meine Ansichten für recht naiv. Sie wollten weg. Am liebsten hätten sie Yuppiemillionäre aus London geheiratet und wären britisch geworden, doch sie würden sich auch mit weniger zufriedengeben. Sie waren sogar bereit, gutes Geld für Dokumente zu bezahlen, mit deren Hilfe sie die britische Staatsbürgerschaft erlangen könnten. Ich dachte an den Pass von Mr Nice, der noch immer in einem Blumenbeet in Campione d'Italia schlummerte. Ob wohl eine dieser Geishas gerne Mrs Nice wäre? Ich könnte haufenweise falsche Pässe besorgen, zwanzig exotische fernöstliche Nutten heiraten und einiges damit verdienen.

April, Selena und ich gingen zu einem japanischen Sushi-Laden, der die ganze Nacht geöffnet war. Nach vielen Tassen dampfendem Sake gaben wir einander unsere Telefonnummern und Adressen. Ich versprach, Ehemänner für sie und ihre Freundinnen zu finden. Sie versicherten, dass ich alles in Hongkong bekommen könnte, was ich wollte – Unterkunft, die besten Geschäftsverbindungen, Einlass in alle Clubs, Nutten. Ich fragte sie, ob sie mir Marihuana besorgen könnten, einfach ein bisschen zum Rauchen. April lachte. »Marks, ich besorge dir, was immer unter der Sonne du willst. Ist kein Problem«, meinte sie, und zauberte einen Joint hervor, als wir das japanische Restaurant verließen. Sie wies einen Taxifahrer an, uns zu einem Club namens ›1997‹ zu fahren.

Am nächsten Morgen traf ich mich mit Armando Chung, dem Buchhalter, in seinem Büro im Wing-On-Gebäude. Ich ließ ihm etwas Geld da und beauftragte ihn, eine Gesellschaft namens ›Drinkbridge Hong Kong Limited‹ eintragen zu lassen und ein Firmenkonto zu eröffnen. Ich würde im neuen Jahr wieder vorbeikommen. Den Rest des Tages und den Rest meines Geldes verwendete ich darauf, in den Läden Kowloons Weihnachtsgeschenke zu kaufen.

Auf dem Flug zurück nach London konnte ich nicht schlafen. Ständig schwirrten mir Tanker voller Wasser, Flugzeuge voller Haschisch, Koffer voller Geld und Flitterwochen-Suiten voller chinesischer Nutten im Kopf herum.

»Du warst lange weg«, begrüßte mich Judy, als ich durch die Tür stolperte.

»Du hattest gesagt, es würde nicht lange dauern.«

»Es waren doch nur ein paar Tage. Hongkong ist weit weg. Und ich hab viel getan. Ich war sehr beschäftigt.«

»Du bist immer sehr beschäftigt, Howard. Du änderst dich nie. Noch so ein Freund von dir aus dem Gefängnis hat angerufen. Jim Hobbs. Ich nehme an, jetzt wirst du dich mit dem treffen wollen.«

Sie hatte in allen Punkten Recht. Ich schwor mir, dass ich sie, Amber und Francesca auf meiner nächsten Reise nach Hongkong mitnehmen würde. Es würde ihnen gefallen. Hobbs könnte sich als nützlich erweisen. Er war vertrauenswürdig und bereit, hart zu arbeiten. Vielleicht hätte er Interesse daran, eine chinesische Nutte zu heiraten und seinen Lebensunterhalt bei mir zu verdienen.

Über Weihnachten besuchten wir meine Eltern in Wales. Die Büros der Wasserversorgung waren ganz in der Nähe. Ungefähr eine Woche verbrachte ich damit, mich über alles zu informieren, was man über den Transport großer Mengen Wasser wissen muss. Dann traf ich mich mit Roy Webborn, dem stellvertretenden Leiter der Finanzabteilung der Wasserversorgung. Ich erzählte ihm, dass ich einen Zusammenschluss von Geschäftsleuten im Fernen Osten vertrat, die Interesse daran hatten, riesige Tanker voll Wasser zu kaufen und es nach Saudi-Arabien zu verschiffen. Webborn erklärte, dass das walisische Wasser noch nicht im großen Rahmen exportiert werden könne, dass es aber in den Hügeln jede Menge davon gebe und dass Öltanker Milford verließen, die als Ballast nur Meerwasser verwendeten. Wenn ein Unternehmen bereit wäre, die Ausrüstung zum Laden von Süßwasser in Milford Haven zu bezahlen, so würde die Wasserversorgung die Kosten für die Leitungen aus den Hügeln zum Hafen übernehmen und das Wasser billig abgeben. Ich meinte, ich würde sehen, was sich machen ließe. Er gab mir einen Stoß Laborergebnisse mit, und einige beeindruckende, mehrsprachige Broschüren mit bunten Bildern.

Der Januar 1984 war kalt. Die Briten hörten noch immer die Hits vom letzten Jahr: *Karma Chameleon, Red Red Wine* und *Uptown Girl.* Es geschah recht wenig, und so freute ich mich, als Ernie Combs anrief.

»Hi! Wie geht's? Ich hab gute Nachrichten. Frank ist mit dem Vertrag in Frankfurt. Könntest du dich möglichst sofort mit ihm treffen?«

›Frank‹ war unser Codewort für Geld. ›Frankfurt‹ war der Code für Hongkong. Der ›Vertrag‹, das waren die Anweisungen, für welchen Deal sich Ernie entschieden hatte.

»Sicher. Soll ich dich anrufen, wenn ich da bin?«

»Ich hab eine neue Nummer für dich. Es wird sich ›LAPD‹ melden, aber es ist nicht das Los Angeles Police Department, sondern ein Freund von mir, Flash. Er ist ein Elektronikgenie. Frag nach mir, und er wird dich zu jedem Hotel durchstellen, wo ich mich gerade aufhalte. Zurzeit wohne ich in Hotels.«

Diesmal flog ich mit British Airways und kaufte mein Ticket wieder im Hong Kong International Travel Centre. Ich kam frühmorgens an und nahm ein Taxi vom Flughafen Kai

Tak zum Park Hotel. Ich checkte ein und ging zum Telegrafenamt, um Ernie anzurufen. Ich sollte mich bei seinem Freund Bill melden, der im Fünf-Sterne-Luxushotel Mandarin auf der Insel wohnte. Ich fuhr mit der Star Ferry rüber.

Bill war ein schwer gebauter Ex-US-Militär. Er war bei den Spezialeinheiten in Vietnam gewesen und sprach fließend Russisch. Ernie kannte schon seltsame Leute.

»In diesem Koffer sind genau 1 250 000 Dollar. Ich habe sie selbst gezählt. Die soll ich dir geben.«

»Und was soll ich damit tun?«, fragte ich.

»Weiß ich nicht. Soll das heißen, du weißt es auch nicht? Ihr seid echt lustig. Ich kann dir sagen, es ist was ganz anderes, als für die Regierung zu arbeiten.«

»Hat dir Ernie denn gar keine Anweisungen für mich gegeben, Bill?«

»Was für 'n Ernie?«

»Der Typ, der dir den Koffer voll Geld gegeben hat, den du mir geben solltest.«

»Das war kein Ernie. Das war irgend so 'n Japse von 'ner Bank ein paar Blocks die Straße runter. Du bist aber ganz bestimmt der, dem ich das Geld geben soll. Engländer, oder? Und ich will, dass du es jetzt mitnimmst. Ich will mir heut' Nacht ein paar chinesische Miezen besorgen, und ich hab keine Lust, die ganze Kohle mitzuschleppen. Versaut mir den Stil, das Zeug. Ist ganz schön schwer. Ich trag's dir noch runter. Ich wollt eh grad gehen. Kannst ja 'n Taxi nehmen.«

Ich stand draußen vor dem Foyer des Mandarin Hotel. Weit und breit war kein Taxi zu sehen. Plötzlich tauchte eine ganze Schlange rot-weißer Hongkonger Taxis auf, die im Schneckentempo vorbeirollten. Die Fahrer brüllten aus den Fenstern heraus und hatten eine Hand ständig auf der Hupe. Die Taxifahrer streikten, und als Teil ihres Protests hatten sie beschlossen, die Straßen zu blockieren. Kein Auto kam mehr durch. Ich steckte fest. Ich konnte den Koffer kaum anheben, ganz zu schweigen davon, ihn bis zur Fähre zu tragen. Zum Glück gab es an der Ecke die U-Bahn-Station Central. Schwitzend und schnaufend schleppte ich den Koffer die überfüllten Treppen hinunter zu den langen Schlangen an den Fahrkartenschaltern. Ich kriegte ihn nicht durch das Drehkreuz. Bei dem Versuch zerriss ich mir die Hose. Ein paar chinesische Schuljungen halfen mir dabei, ihn in eine eigentlich schon volle U-Bahn zu hieven. An der Haltestelle in Tsim Sha Tsui zerrte ich ihn hinaus und erreichte, einem Zusammenbruch nahe, den Ausgang.

Der Streik war in einen regelrechten Aufstand ausgeartet. Horden schreiender Chinesen rannten durch die Straßen, schlugen Schaufenster ein und fielen über die Auslagen her. Elektrogeräte und billiger Schmuck lagen haufenweise auf dem Gehweg und verschwanden in Massen. Die Leute nahmen mit, was immer sie konnten. Der Inhalt meines Koffers war wertvoller als alles Diebesgut zusammen, soweit ich sehen konnte. Panik stieg in mir hoch. Mein Herz raste; ich war so schwach, dass ich den Koffer nicht mehr von der Stelle bekam. Ich setzte mich darauf und beobachtete die Ausschreitungen. Schließlich hatte ich mich so weit erholt, dass ich ihn wieder anheben konnte, und stolperte ins Park Hotel.

»Ich nehme Ihre Tasche, Mr Marks«, sagte ein winziger chinesischer Träger, hob den Koffer trotz seines enormen Gewichts hoch, nahm ihn auf die Schultern und rannte den Flur entlang zum Aufzug. Ich rannte hinter ihm her. Er setzte den Koffer ab, lächelte breit, als ich ihm hundert Hongkongdollar Trinkgeld gab, und rannte davon.

Völlig erschöpft, den Jetlag in allen Knochen, ließ ich mich aufs Bett fallen. Ich hatte ein paar fertig gebaute Joints von London herübergeschmuggelt. Einer davon ließ mich schnell einschlafen.

Einige Stunden später erwachte ich. Drei Hotelbedienstete standen um mein Bett.

»Ah! Mr Marks, Sie müssen Tür schließen. Vielleicht kommt Dieb. Heute verrückter Tag in Hongkong.«

Es war äußerst leichtsinnig gewesen. Ich war einfach eingeschlafen. Der Koffer mit weit über einer Million Dollar mitten auf dem Fußboden, die Tür sperrangelweit offen, und ich rauche eine dicke Tüte und döse einfach weg. Ich konnte es nicht riskieren, das Zimmer zu verlassen, nicht einmal, um nur nach unten zu gehen. Vom Hotelzimmer aus konnte ich Ernie nicht anrufen. Auch das wäre zu riskant gewesen. In London war es noch Vormittag. Hobbs müsste eigentlich im Büro in Soho sein. Ich hatte ihm einigen Kleinkram für Drinkbridge zu erledigen gegeben. Dort konnte ich vom Hotel aus anrufen.

»Jim, könntest du den nächsten Flug nach Hongkong nehmen? Sag Balendo von Hong Kong International Travel, er soll dir ein Ticket auf meine Rechnung geben.«

»Es gibt nichts, was ich lieber täte, Howard.«

»Bring deine Geburtsurkunde mit, Jim. Du wirst vielleicht heiraten.«

Das Park Hotel war nicht das am besten ausgestattete Hotel Hongkongs. Es gab einen Schwarzweißfernseher und Musik aus der Konserve. Mein Hasch reichte nur für drei Joints. Ich stellte den Koffer in den Schrank, rauchte drei Joints und rief bei April an.

»Ah, Marks. Du wieder in Hongkong. Selena und ich denken, du kommst nie zurück. Gehst du heute Abend ›Bottoms Up‹?«

»Nein, ich muss in meinem Hotel bleiben und auf Anrufe warten.«

»Du willst, Selena und ich komme zu Ihnen. Ist kein Problem. Wo du wohnst?«

»Im Park Hotel.«

»Wo?«

»In der Chatham Road. April, könntest du mir was mitbringen?«

»Ich bringe alles mit, Marks. Bis dann.«

»Ah, Marks, warum du wohnst in dieses Hotel und Zimmer 526? Zahl bringt Unglück«, entrüstete sich Selena.

»*Fenshui* ganz beschissen«, stimmte April zu.

»Was heißt *Fenshui*?«, fragte ich.

»Das ist was *Gwailu*-Professor nennt ›geometrisches Omen‹«, erwiderte April. »Was du siehst, verändert, was dir passiert.«

»Was heißt Gwailu?«

»Du bist *Gwailu,* Marks. Das heißt ›Weißer Teufel‹.«

»Also, wenn die Aussicht Scheiße ist, dann sagt ihr, das *Fenshui* lässt zu wünschen übrig.«

»Nicht nur Aussicht, Marks, auch Himmelsrichtung. Dies Hotel sehr schlecht. Warum du wohnst nicht in Shangri-La? Ist sehr gutes Hotel. Ein Freund arbeitet da, ist zweiter Manager. Ich mache gutes Geschäft für dich. Nicht teurer als hier. Ich mache für dich.«

»Okay. Ich muss nur noch bis morgen hierbleiben, dann kommt mein Freund aus London. Dann werde ich ins Shangri-La umziehen.«

»Wer ist dein Freund, Marks?«, wollte Selena wissen.

»Er heißt Jim Hobbs. Er kommt nach Hongkong, um zu heiraten.«

»Heiratet er *Gwailu* oder Banane?«

»Was heißt das, Banane?«

»Außen gelb, innen weiß. Wie ABC, American Born Chinese – Chinesin, die Amerikanerin ist.«

»Jim heiratet weder eine *Gwailu* noch eine Banane. Er heiratet eine echte Chinesin.«

»Wen?«, fragte Selena.

»Das werdet ihr mir sagen. Vielleicht dich, vielleicht April.«

»Ah, Marks, du bist guter Mann, bringst uns Ehemänner«, meinte April.

»Na ja, erst mal nur einen, und der ist noch nicht mal hier. Aber es werden noch mehr kommen.«

»Ist Hobbs schön?«, erkundigte sich Selena.

»Nein.«

»Ist er reich?«

»Nein.«

»Ist er jung?«

»Nein.«

»Ist er sexy?«

»Weiß ich nicht. Er ist schwul.«

»Ich heirate ihn. Was kostet er?«

Die eineinviertel Millionen Dollar in meinem Schrank versetzten mich in Spendierlaune.

»Selena, den bekommst du umsonst. Und bald, April, werde ich auch für dich einen Ehemann haben, und du wirst auch nicht bezahlen müssen. Um euch von meinen guten Absichten zu überzeugen. Ich würde gerne mit euch ein Unternehmen gründen, wir drei zusammen. Ihr findet Frauen, die für einen Mann zahlen, und ich besorge die Ehemänner, gebe ihnen einen Teil des Geldes, und den Profit teilen wir.«

»Das ist gutes Geschäft, Marks«, meinte Selena, »aber um Gesicht zu wahren, muss ich für Hobbs bezahlen. Was willst du?«

»Kein Geld. Helft mir einfach, wenn ich in Hongkong bin. Zeigt mir die Stadt. Die Orte, wo keine anderen *Gwailus* hinkommen. Verratet mir all ihre Geheimnisse.«

»Bist du Spion, Marks?«, fragte Selena.

»Nein, ich bin Haschischschmuggler.«

»Ich hab's gesagt!«, schrie April, »Ich hab's gewusst. Marks, ich habe schon gesagt, wir können für dich kriegen, was immer du willst, alles unter der Sonne. Willst du Wohnung, Auto, Sex, Dope, oder gehen in Privatclub, kein Problem. Wir können machen. Aber immer, du musst bezahlen, was es kostet, und kleine Kommission. Gleiche für dich. Nehmen Geld von Selena und mir für Ehemann. Nehmen Kommission. Das ist Hongkonger Art von Geschäften. Auch zwischen Freunden.«

»Okay, dann zahlt mir hunderttausend Hongkongdollar pro Ehemann, aber behaltet das Geld und nehmt davon, um zu bezahlen, wenn ich euch um etwas bitte. Dann kann ich auch aus dem Ausland anrufen, wenn ich eure Hilfe brauche.«

»Ja, Marks, das ist guter Plan. Ich habe ein paar Joints. Kein Tabak. Gras von Kambodscha. Wir rauchen?«

Einige Joints und einige Stunden vergingen. Selena und April erzählten mir aus ihrem Privatleben. Selena war die Mätresse einiger japanischer Industriemagnate. April war die Mätresse eines britischen Diplomaten in gehobenem Dienst. Sie waren Edelnutten, die nur Sex hatten, wenn sie dafür bezahlt wurden.

Der Morgen kam. Die Mädchen gingen. Ich schlief ein.

Irgendwann abends kam Hobbs. Ich erklärte ihm das Problem mit dem Geld. Ich sagte ihm auch, wen er heiraten sollte, und warum. Er fand die Idee recht amüsant und war sich sicher, dass er auch andere Männer mit ähnlichen Neigungen finden könnte, die mitmachen würden. Ich bat ihn, im Zimmer zu bleiben und auf das Geld aufzupassen, während ich draußen herumrannte und alles organisierte.

Zunächst ging ich zum Telegrafenamt und wählte die LAPD-Nummer.

»LAPD. Was kann ich für Sie tun?«

»Bist du das, Flash?«

»Aber klar doch, Alter. Willst du unseren Freund sprechen?«

Flash verband mich weiter. Ernie hatte sich Sorgen gemacht und freute sich, dass ich anrief. Ich sollte noch mehr Geld in Hongkong in Empfang nehmen. Bill war noch immer im Mandarin. Er wartete mit 250 000 Dollar auf mich. Steve, der Sohn des Anwalts Richard Shurman, war im Peninsula Hotel. Er hatte 150 000 Dollar dabei. Bruce Aitken hatte ungefähr nochmal so viel in seinem Büro in den Edinburgh Towers. Steve hatte die kompletten und ausführlichen Anweisungen für das Geschäft mitbekommen, doch Ernie, der versehentlich in ein besorgtes junkiemäßiges Nuscheln verfiel, machte deutlich, dass er mit dem Geld zwei Deals machen wollte: zwei Tonnen per Schiff aus Bangkok und zwei Tonnen per Flugzeug aus Karatschi. Ernie wirkte vielleicht ein bisschen inkohärent, aber er wusste, was er wollte.

Ohne jegliches Gepäck checkte ich im Hotel Shangri-La am Ostufer von Tsim Sha Tsui ein. April hatte sie gut auf mich vorbereitet. Ich wurde erwartetet, und statt eines Zimmers bekam ich eine Penthouse-Suite. Die Sicht über den Hongkonger Hafen war berauschend. Ich nehme an, das *Fenshui* war entsprechend.

Das Hotel hielt Safes für die Gäste bereit. Keiner davon war groß genug für das ganze Geld, auf das Hobbs im Park Hotel aufpasste, ganz zu schweigen von dem, das noch da-

Howard Marks
Oxford, 1965

Kenfig Hill
Wales, 1967

Daily Mirror

EUROPE'S BIGGEST DAILY SALE
Thursday, July 4, 1974   No. 21,915

MP demands a probe into the strange case of missing informer

THE LONG SILENCE OF Mr MYSTERY

Oxford man linked with Secret Service

By EDWARD LAXTON

THE mystery of missing Howard Marks—named by detectives as the link man between the Secret Service, I.R.A. gun-runners and a giant drugs syndicate, deepened yesterday.

Marks — who has claimed that he was pressured by the Secret Service to work as an informer — vanished eleven weeks before he was due to face a drug-smuggling charge.

For two-and-a-half years now there has been no trace by spies or the Old Bailey.

The latest demand for an inquiry into the question of Marks's fate came from an M.P.

Protest

...

Edward Carter ...

Daily Mirror

EUROPE'S BIGGEST DAILY SALE
Monday, October 28, 1974   No. 22,011

The Mirror finds man they feared was dead

HE'S ALIVE!

MYSTERY man Howard Marks is alive . . . and living in Italy as a "guest" of the Mafia.

He was smuggled out of England before he was due to face a drugs trial six months ago.

There was fears that he had been murdered or kid-napped.

Mirror Exclusive

By EDWARD LAXTON
in Padua, Italy

Link

...

Contact

...

MARKS—his silence was bought by the Mafia.

Daily Mirror

EUROPE'S BIGGEST DAILY SALE

5p   Saturday, April 19, 1975   No. 22,154

MIRROR PICTURE EXCLUSIVE ON Mr MYSTERY

THE FACE OF A FUGITIVE

DISGUISED: Mystery man Howard Marks on the run in London last week.

By EDWARD LAXTON and TOM MERRIN

THIS is the new face of Howard Marks, the mystery man who has been on the run a year today.

Marks, disguised with a moustache and tinted glasses, was photographed in London last week. The smaller picture, right, shows how he looked when he disappeared.

In London Marks has been living in a luxury rented flat in Park Road, Regent's Park. Neither the other residents nor the caretaker knew the identity of the quiet man in Flat 92.

Yesterday, senior Customs investigators raided the block and found the flat empty. Marks had left last Friday.

Now detectives from three forces have been alerted to step up the search for Marks, who is alleged to have worked for

Swoop on London hide-out

three separate bosses: the Mafia, the IRA and the British Secret Service.

Marks, a 29-year-old Oxford graduate, was arrested in Holland in November 1973. He and five other people were accused of a multi-million pound drug smuggling plot.

Marks, who claimed that he had been pressed by the Secret Service into informing

on the IRA, was allowed bail of £50,000.

But on the eve of his Old Bailey trial he vanished with a man who called at the flat in Leckford Road, Oxford, where he lived with 26-year-old Mrs. Rosemary Lewis and their two-year-old daughter Myfanwy.

Last October Marks turned up in Padua, Italy. The Mafia had agreed to protect him in exchange for his silence about the drug traffic.

About two months ago he returned to Britain on a false passport. A friend said he came back because he could not endure his existence abroad.

For the mysterious Howard Marks the price of freedom has been a life of fear as a fugitive.

Mit Judy, Las Vegas, 1976

Campione, 1977

Mit Judy, Bunratty Castle,
Ennis, Ireland, 1979

The four tons of cannabis taken from Alan Athur Grey's bungalow at Glengarry, Invernessshire.

Oxford graduate cleared of £20m drugs link

By Stewart Tendler, Crime Reporter

Howard Marks, the Oxford graduate charged with being the British mainstay of a £20m cannabis smuggling ring, was acquitted yesterday at the Central Criminal Court of involvement with the drug organization.

In his defence Mr Marks, aged 36, told the court during an eight-week trial that he had worked for MI6 to infiltrate an IRA arms and drug smuggling business, and later for Mexican agents against South American terrorists financed by drugs.

Yesterday the jury, which had been deliberating since Thursday morning, also acquitted a Briton and an American of charges connected with the smuggling ring which brought 15 tons of cannabis from Colombia to Britain. But they found Mr Marks guilty of two offences involving false passports.

Mr Marks may also face proceedings alleging that he absconded from bail in 1974 while awaiting trial on a separate drug charge. Judge Mason, QC, was told yesterday that the Director of Public Prosecutions is considering the earlier charge.

While the jury was out the court began to hear pleas in mitigation by five men who had earlier pleaded guilty to charges connected with the cannabis in Britain. After the verdicts on Mr Marks, Morgan Stewart Prentiss, aged 41, the American, of no settled address, and Hedley Morgan, aged 34, of Potters Bar, Hertfordshire, the judge was asked to make an application preventing details of some of the mitigation pleas for the five from being reported by journalists.

Lord Hutchinson of Lullington, QC, for Mr Marks, of [illegible] Crescent, Chelsea, London, [illegible] nothing should be rep[illegible] from the pleas of mitig[illegible] which might be prejudic[illegible] Mr Marks if the 1974 case [illegible] to trial. The judge refu[illegible] grant the application.

Mr John Rogers, QC, [illegible] ing the case against the [illegible] had earlier told the court that James Goldsack, aged 32, an Oxford graduate from London, had acted as accountant for the cannabis in Britain, was stock taker, and had driven one load down from Scotland to a warehouse at Laindon, Essex.

Martin George Langford, an artist, aged 36, of no settled address, took messages at a flat in London and collected 190lb of cannabis from a stash house at Pytchley, Northamptonshire.

Mr Rogers said Alan Arthur Grey, a farmer, aged 4[illegible], of Glengarry, Invernessshire, took no part in the import of the cannabis to a place on the [illegible] of West Scotland but he stored [illegible]

[illegible] Dunes Farm, Laindon, Mr Cole ran a furniture business and stored more cannabis. Customs men found 2[illegible] tons stored at the farm.

Mr Richard Du Cann, QC, defending Mr Goldsack, said his client had been a drug addict. He had had no direct contact with his colleagues in the ring because that was the way Mr Marks ran the organization.

During the course of Mr Marks's trial Mr Marks told the court that he had been recruited in 1972 by MI6 to spy on Mr James McCann, a leading Provisional IRA activist who used the finances from drug smuggling to finance arms purchases.

[illegible] M[illegible] McCann there [illegible]

Mr Marks said he was introduced to the Mexicans by MI6 and infiltrated a cannabis smuggling ring to get information for them.

Sir Michael Havers, the Attorney General, is to consider allegations that a journalist may have committed contempt of court in talking to a juror after Mr Marks had been acquitted.

The possible contempt, by David Pallister, of *The Guardian*, was reported to Judge Mason. Mr Pallister was placed in custody, but was released after Mr Geoffrey Shaw, appearing for the reporter, told the court that the question of contempt might be disputed. He said the Contempt Act, 1981, did not prohibit conversation with jurors.

[illegible] to send the matter [illegible]

Mit Familie,
Brighton, 1982

Villa Igeia, Palermo, 1983

Mit Amber, Hongkong, 1984

Mit Amber und Francesca,
Hongkong, 1985

nfig Hill-born Howard Marks
s made and lost millions,
twitted police and customs
cials in 14 countries and was
quitted after a trial at the Old
iley. In the second of a two-
rt series based on a book on
arks's life, PAUL REES looks at
arks's recruitment into MI6, his
est, life on the run and re-
est after a headline-making
pe smuggle in the Scottish
ghlands.

C McMILLAN joined MI6 in 1969. By
L Ted Heath had ordered the outfit
Northern Ireland. It was not long
ew Jim McCann came to their notice.
now, Marks and Plinston, who were
ting for a route from Montreal, had
ted to act as independent distributors
he provinces as well as London. They
ded another big deal with McCann.

They met him in Amsterdam. When Marks
ed back in Oxford, McMillan turned up at
shop. They talked about Secret Service
Later, McMillan asked him if he would be
rested in helping. Yes, he said, before reach-
a plane for a prolonged burst of Irish
-ny. "Listen, Howard," said McCann. "The
se have found out about me selling dope in
lin. They are putting a lot of pressure on po-
up them away from Amsterdam. Can you
e have the services of some of your drivers
cy product?" Ho
McCann led on the image of himself as a
runner. His fertile imagination worked
time — he would blab about 'end-user'
dications, RPG-7 rocket launchers and the
apid arms factory, but no one ever saw him
a consignment of weapons. Though the
were not fooled, the Dutch police were. He
ny went about asking for guns and lit his
rs with 100 guilder notes in restaurants.
ish intelligence believed him, too.

KGB spies

While the Mediterranean, California and
rock music industry came into the smug-
g equation, McMillan again popped into
abulloads. Marks was thinking about his
are — Asia, the Middle East, the Med, the
L Zurich bankers, Italy, Amsterdam and
ord.

'Something has come up over which you
not be able to assist," RIGB spies, and a
work woman at the Czech Embassy Marks
invited to a party there, with his penchant
"daman," MI6 hoped he might loosen her
gue. She never showed. "Don't
vard. We will find —

MI6 linked to drugs trial

MARKS IS
JAILED
YEARS

Wh
mys
kno

Buccaneer or public benefactor?

Mrs Judy Marks, left, all smiles after her husband was cleared of drug smuggling. Right, Kenfig-born Howard Marks

was to become his second wife, he was at
Brighton. Christmas Day 1974, saw him ha-
a slap-up meal in the Dorchester Hotel in P
Lane.
He was soon to the money when a boat fr
Morocco docked and £2,000 a month comm
sion flowed from the sales. The Mirror were
the scent again. Marks ended up in a Livery
shots before fleeing across the Atlantic, a
Judy Lane, on false passports via Zurich a
snowy evening in Vancouver in 1977
bumped into McCann whose imagination
been stimulated by the Canadian winter.
had an office floor in the Guinness Tow
bragged about his oil interests in Venez
claimed to be putting finance into the
Alpous and spoke of his friendship with J
Colburn. He was known as Mr Kennedy
Marks claimed he was so rich he did
knew how to spend his money. He said he
working with New York dealers, had a Mic
condo and that he was getting finance
scious. He had a wall safe 'stuffed with doll
Marks had been renowned in Ame
because a 400lb shipment from Damasc
Ecuador had been accidentally routed
London and discovered. Marks could help if
find a new route. He could, says David Levi
High Time (Heinemann, £9.95), a tens
Marks's life, he seen driving around New Y
in an enormous limousine with a chauf
called Harvey — he was frequently seen
Studio 54 and Nicola's restaurant.

The Canadian Mounties caught hol
McCann, but he was bailed and shot out o
country. Marks carried on. In the following
months he visited eight countries, changed
address six times and his identity three ti
He put together nine different smuggling op
tions, made a million dollars and lost a mil
dollars.
Had he been under surveillance
Leigh. 'He could have been spotted in Fre
Switzerland, New York, Italy, Windsor
where he attended the birth of his daug
Amber, before going back to Paris and
York. Then he could have been seen smart-
ing up the Himalayas, then Karachi, Zurich, the
banking heart, and Italy. From there he w
have been sighted in Germany, then Cadiz
Madrid, Frankfurt, New York again and
Francisco.'

Popular sympathy

Two deals remained — one through Irela
with McCann, which have fired when an Iri
Army bomb disposal team blew open the tr
doors to discover 'a clever surprise. Th
chests full of dope. The last one was the big
Just after Mrs Thatcher came back in po
Marks via Scotland, smuggled enough d
into Britain to make 38 million joints.
moved into a luxury flat, near Harrods a
braised himself — he announced his elap
ment at Judy and just as he was enric
himself was arrested —

have a front and unwittingly Mar the ha
would provide M——

Daily Mirror, Tuesday, July 26, 1988

English toff's power rivalled Mafia barons

DRUGS KING OF THE WORLD IS TRAPPED AT LAST

HELD IN SPAIN. Briton Howard Marks

MILLIONAIRE Howard Marks, arrested yesterday as the king of the
drugs world, vanished from Britain after a sensational Old Bailey
trial.

He was cleared of masterminding a
£20 million drug smuggling ring.

Now he stand accused of heading a
MULTI-BILLION POUND international
empire.

By SYLVIA JONES

Police who have tracked him around
the world describe him as one of the
most sophisticated drug barons of al
time with a ruthless organisation mat
ching anything operated by the Mafia or
the feared Colombians.

Marks, arrogant and handsome, lives
the life of an English gentleman.

Verleihung des
GED durch
Richard Webster,
Terre Haute –
Strafanstalt, 1991

Mit T. Bone
Taylor,
Terre Haute
Strafanstalt,
1993

Mit Laurent
Fiocconi
(unten links),
Terre Haute
Strafanstalt,
Sportplatz
1994

Mit Dan
Topolski,
Terre Haute
Strafanstalt,
1994

Mit Big Jim Nolan von den Outlaws, Terre Haute Strafanstalt, 1994

Mit James ›T. Bone‹ Taylor, Veronza ›Daoud‹ Bower, ›Boomerak‹ und anderen Freunden, Terre Haute Strafanstalt, 1994

Avalon Promotions Presents

AN EVENING WITH
HOWARD MARKS

"A folk legend...he sounds like Richard
Burton and looks like a Rolling Stone"
The Daily Mail

"A man most wanted...his one man show
is the biggest draw in town"
James Rampton, The Independent

PLUS

club nice

PSYCHOACTIVE DOPE BEATS

DJs HOWARD MARKS · SPECIAL GUESTS

At the height of his career he was smuggling consignments of up to fifty tons
of marijuana and had contact with organisations as diverse as MI6, the CIA, the
IRA and the Mafia. Following a worldwide operation by the Drugs Enforcement
Agency, he was busted and sentenced to 25 years in America's toughest prison.

Come and meet him. You'll like him.

LIVE AT THE SHEPHERDS BUSH EMPIRE
Fri 10th & 24th April · Fri 22nd May · Fri 12th & 19th June
Doors open at 7pm · Show starts at 8pm
Box Office: 0171 924 9999

Stargreen: 0171 734 8932 · TICKETMASTER 0171 344 4444

Howard vor der Galerie
»transition«, Berlin, 1999

Der Drogenkönig,
Old Bailey London, 1997

zukommen sollte, doch in den größten würde etwa die Hälfte passen. Den nahm ich.

Von einer Telefonzelle aus rief ich Bill im Mandarin an und sagte, dass ich spät am nächsten Morgen vorbeikäme. Ich rief Steve im Peninsula an und verabredete mich mit ihm um Mitternacht im Foyer.

Als ich kam, erwartete mich bereits ein junger, blonder, kalifornischer Surfertyp. Neben ihm stand der Karton eines Panasonic Videorekorders.

»Hi, Mann. Du bist dann wohl Howard. Das Geld ist hier drin. Im Übrigen habe ich das Gefühl, wir stehen auf dünnem Eis.«

»Wie meinst du das, Steve?«

»Ich bin am Flughafen in Hongkong gefilzt worden. Sie haben das Geld gefunden und einen Haufen dummer Fragen gestellt. Ich habe nur gesagt, das Geld wär meins, die ganzen 150 000 Dollar. Alles meins. Ich war hergekommen, um mal so richtig auf den Putz zu hauen. Mein Vater hat gesagt, es wäre völlig legal, Geld herzubringen.«

»Klar, Geld ist schon legal, aber der Hongkonger Zoll wird mit Sicherheit der DEA Bescheid geben. Und es ist auch irgendwie blöd, Videorekorder aus den USA hierher mitzunehmen. Hat der Zoll auch diesen Brief gefunden?«

»Nein. Meine Taschen haben sie nicht durchsucht. Und den Videorekorder hab ich erst heute Morgen hier gekauft.«

»Du hast das Geld einfach so im Zimmer gelassen und bist rausgegangen?«

»Yeah. Ich hab's irgendwie versteckt. Und ich hab das ›Bitte nicht stören‹-Schild an die Tür gehängt.«

»Von wo aus hast du das Zimmer hier gebucht, Steve?«

»Von Los Angeles.«

»Dann können wir also davon ausgehen, dass dein Telefon abgehört wird, dass es in deinem Zimmer eine Wanze gibt und mindestens einer der Typen, die uns hier beobachten, bei der DEA ist. Danke, Steve.«

»Hey, tut mir leid, Mann. Was hätte ich denn sonst tun sollen?«

»Mach dir nichts draus. Es ist nicht deine Schuld. Wenn du ausgetrunken hast, dann nimm den Karton wieder mit in dein Zimmer. Tu das Geld in einen Koffer, und pack den Videorekorder wieder in den Karton. Bleib in deinem Zimmer. Irgendwann morgen Vormittag wird dich ein Mädchen namens Suzy Wong besuchen.«

»Spitze!«

»Was für eine Marke ist dein Koffer, Steve?«

»Von Louis Vuitton. Ist richtig gut.«

»Suzy Wong wird dir einen neuen mitbringen und deinen mit dem Geld mitnehmen. Ein paar Minuten später werde ich dich von hier aus dem Foyer anrufen. Bring mir dann den Videorekorder im Karton und gib ihn mir. Du wirst ihn nicht wiedersehen.«

»Hey, Mann, der hat mich vierhundert Dollar gekostet!«

»Dann gebe ich dir morgen früh fünfhundert Dollar.«

»Das klingt doch ganz in Ordnung.«

Steve ging zurück in sein Zimmer. Es waren nur noch drei Menschen im Foyer: eine Edelnutte, ein Inder und ein Mann mit Bürstenschnitt, der einen westlichen Eindruck machte und in meinen Augen eindeutig ein DEA-Agent war. Ich starrte auf den gründlich gewachsten Fußboden. Eine riesige Kakerlake rannte unter einem Stuhl hervor.

»Meine Güte. Ist es zu glauben? Eine Kakerlake im Peninsula! Vor ein paar Jahren wäre so was nicht passiert. Aber wenn Hongkong an China zurückgeht, wird dergleichen noch häufiger vorkommen. Darf ich mich zu Ihnen gesellen? Ich bin Sam Tailor.«

Ich stand auf und gab ihm die Hand. Ich hatte von diesem Mann gehört. Er war Hongkongs berühmtester Schneider. Zu seinen Kunden zählte er unter anderem Dennis Thatcher, den Ehemann der englischen Premierministerin, und David Bowie.

Wir unterhielten uns. Sam erzählte, dass seine Familie schon seit mehreren Generationen in Hongkong lebte. Sie waren von den Briten hierhergebracht worden. Die Strategie des Empires – teile und herrsche – war nicht aufgegangen: Die Chinesen hielten zusammen, also wurden Inder als Polizisten eingesetzt, um die aufsässigen Hongkonger im Zaum zu halten. Sie waren dort geblieben. Diejenigen, die keine Polizisten oder Sicherheitsbeamten waren, hatten gewöhnlich gut gehende Geschäfte aufgebaut. Die Aussicht auf 1997 bereitete Sam Sorgen. Das kommunistische China würde sich den Indern gegenüber nicht allzu freundlich verhalten. Er reichte mir seine Karte. Ich sagte, ich käme am nächsten Tag vorbei, um ein paar Kleider zu bestellen.

Es war fast zwei Uhr morgens. Ich verließ das Peninsula. Niemand schien mir folgen zu wollen, doch sicherheitshalber schlüpfte ich durch einige enge Gässchen und ging dann ins ›Bottoms Up‹.

Selena und April waren beide noch bei der Arbeit. Wir sprachen ab, dass sich Selena und Hobbs am nächsten Nachmittag am Hongkonger Standesamt treffen sollten und dass April (als Suzy Wong) um elf Uhr morgens das Geld bei Steve abholen und es in ihre Wohnung in Tai Koo Shing auf der Insel bringen würde.

Ein paar Drinks später ging ich zum Park Hotel, erklärte Hobbs den Plan, nahm alles außer dem Koffer voll Geld und begab mich ins Shangri-La.

Ich las Ernies Brief. Die Anweisungen für Pakistan waren,

fünf Tonnen vom besten Haschisch per Luftfracht zum John F. Kennedy Airport in New York zu schicken. Die Ladung musste als ›Telefonteile‹ ausgezeichnet sein, als Absender sollte KAA, die nationale japanische Telekommunikationsfirma, angegeben sein, und als Adressat AT&T, der amerikanische Telefonriese. Der Herkunftsort laut Frachtbrief sollte Tokio sein.

Aus Thailand bestellte Ernie zwei Tonnen bestes Marihuana, das per Schiff nach Long Beach, Kalifornien, geschickt werden sollte. Die Aufschrift hier sollte lauten ›Geräte für Ölförderungsanlagen‹; der Adressat war ›Long Beach Petroil‹. Jeder vernünftige indonesische Absender wäre okay. Der Herkunftsort hatte Djakarta zu sein.

Wieder kam Geld, nochmal 450 000 Dollar. Die Vorabkosten des Pakistangeschäfts musste ich unter eineinhalb Millionen Dollar halten, die des Thaigeschäfts unter 500 000 Dollar. Ernie wollte ich sechzig Prozent des Rohertrags sichern. Wenn mir das gelang, konnte ich 250 000 der 2 250 000 Dollar, die Ernie geschickt hatte, als Vorschuss auf den Gewinn aus beiden Geschäften betrachten. Sollten sie beide schiefgehen, würde ich das Geld trotzdem behalten, als sowieso schon überfälliges Willkommen-draußen-danke-fürs-Klappehalten-Geld.

Wenn alles glattlief, würde ich einige Millionen Dollar verdienen. Wenn nicht, hätte ich immer noch die 250 000. Ich fühlte mich reich und freute mich auf einen ausgefüllten Tag.

Früh am nächsten Morgen nahm ich die Star Ferry und ging zum Wing-On-Gebäude, um mich mit Armando Chung zu treffen. Drinkbridge Hong Kong Limited war eingetragen worden. Adresse, Telefon, Telex und Sekretariat wurden von Armandos Büro gestellt. Entsprechende Notizblöcke und Visitenkarten lagen schon bereit. Bei der Hong Kong & Shanghai Bank war ein Konto eingerichtet worden. Ich sollte mich dort vorstellen. Nach einigen Formalitäten mietete ich den größten Safe, den sie hatten, und fuhr dann mit der Fähre zurück nach Tsim Sha Tsui.

Gleich neben der Anlegestelle der Fähre ist ein Laden, in dem es den besten frisch gepressten Saft der Welt gibt. Ich schlürfte eine Mischung aus Guavensaft und Joghurt und beobachtete den Eingang des Peninsula Hotels. April erschien mit einem Koffer von Louis Vuitton. Niemand folgte ihr. Ich ging in die Lobby und rief in Steves Zimmer an. Er kam mitsamt dem Videorekorder herunter und trank einen Kaffee mit mir.

Sam Tailors Geschäft liegt in der Burlington Arcade, etwa eine halbe Meile vom Peninsula entfernt. Mit dem Videorekorder unter dem Arm rief ich ein Taxi und ließ mich hinfahren in der Hoffnung und im Glauben, dass ich verfolgt wurde. Im Laden waren viele Europäer, deren Kleidermaße genommen wurden. Sam hielt sich hinten auf und widmete sich mir persönlich, als er mich sah. Ich bezahlte mehrere Anzüge und Hemden und fragte, ob ich den Videorekorder dalassen könnte, während ich noch weitere Einkäufe erledigte. Ich verließ schnellen Schrittes die Arkade und lief die Treppe zur U-Bahn-Station von Tsim Sha Tsui hinunter. Über diverse Umwege, wobei ich des Öfteren rasch die Bahn wechselte, fuhr ich zur Central Station und ging ins Mandarin, wo ich mich mit Bill traf. Wenn die Leute von der DEA hinter der Videorekorderschachtel her waren, dann waren sie jetzt sehr verwirrt. Waren sie hinter mir her, dann hatte ich sie abgehängt.

Bill überreichte mir eine große rote Ledertasche, in der sich 250 000 Dollar befanden. Ich brachte sie mit dem Taxi ins Shangri-La und leerte ihren Inhalt in meinen Safe. Ich mietete eine Limousine vom Hotel, fuhr zum Park Hotel und brachte eine Million Dollar zur Hong Kong & Shanghai Bank, wo ich sie in dem neuen Safe unterbrachte. Drei Fahrten waren dazu nötig. Auf dem Rückweg holte ich die 150 000 Dollar bei Bruce Aitken in den Edinburgh Towers ab und deponierte sie im Safe im Shangri-La. Dann fuhr ich zurück zum Park Hotel und holte Hobbs und das restliche Geld aus dem Koffer ab, 250 000 Dollar. Ich bezahlte Hobbs großzügig seine Spesen, beschrieb ihm Selena, setzte ihn am Standesamt ab und fuhr wieder ins Shangri-La. Nachdem ich das Geld eingeschlossen hatte, ging ich zum Telegrafenamt und rief Malik an. Er wollte am nächsten Tag nach Hongkong kommen und im Miramar Hotel absteigen. Ich rief Phil in Bangkok an und kündigte ihm an, dass ich ihn in einer Woche oder zehn Tagen besuchen kommen würde. Ich wählte die LAPD-Nummer. Flash verband mich mit Ernie, der die restlichen 450 000 Dollar überweisen wollte. Der Absender würde keinerlei Verdacht erwecken. Ich gab ihm meine Kontonummer beim Crédit Suisse im Far East Financial Centre in Admiralty, Hongkong. Wieder im Shangri-La, schickte ich ein Telex an Roy Webborn von der walisischen Wasserversorgung und teilte ihm mit, dass die ersten Reaktionen auf seinen Vorschlag durchaus positiv gewesen seien. Auch Fassaden wollen schließlich gepflegt sein. Ich rief April an und bat sie, den Louis-Vuitton-Koffer vorbeizubringen. Im Safe des Shangri-La war noch Platz für weitere 150 000 Dollar. Sam Tailor bat ich, den Videorekorder und die Kleider zum Zimmer im Park Hotel zu bringen, das ich noch für Hobbs bereithalten ließ. Ich legte mich aufs Bett und rauchte einen Joint. Ich hatte alles unter Kontrolle.

Ich dachte an Judy und die Kinder. Jetzt konnte ich es mir ohne Weiteres leisten, sie auch herfliegen zu lassen. Ich rief in Chelsea an und fragte, ob sie Lust auf einen Urlaub im Fernen Osten hätten. Sie brauchten nicht erst lange darüber nachzudenken. Judy besorgte die Tickets bei Balendo, dem es nichts ausmachte, sie unter meinem Namen anzuschreiben. Er erwies sich als immer kooperativer. Vielleicht sollte ich sogar in das Hong Kong International Travel Centre investieren. Oder, was noch besser wäre, ich könnte in die Firma einsteigen und Reiseunternehmer werden. Es würde eine ausgezeichnete Fassade abgeben. Eine gute Ausrede, um in der ganzen Welt herumzureisen.

April rief an. Sie war mit Selena und Hobbs unten in der Lobby. Ich ging runter. Hobbs und Selena kicherten. Die eigentliche Hochzeit würde in ungefähr einem Monat stattfinden. April gab mir den Koffer. Ich stellte ihn in den Safe.

»Du siehst müde aus, Marks, oder vielleicht auch nur stoned.«

»Vielleicht beides, April.«

»Was du brauchst, ist Blut von Gallenblase.«

»Wieso?«

»Sehr gut zu trinken Blut von Gallenblase von Schlange. Kannst du ficken die ganze Nacht, ahhh! Nur ein Witz, Marks, aber es wird dich wach machen.«

»Ich habe schon mal Schlangenblut getrunken.«

»Kann sein, Marks, aber nicht von der Gallenblase. *Gwailu* nehmen das nie.«

»Na gut. Lass uns welches trinken gehen.«

An der Kreuzung der Jervois Street und der Hillier Street auf der Insel Hongkong gibt es einen Laden, der berstend voll ist mit Säcken, Käfigen und Körben voll sich windender Schlangen. Zu viert gingen wir hinein. Wenige Sekunden später schrien sich schon April, Selena und der Schlangenverkäufer lauthals auf kantonesisch an. Ich dachte, sie waren kurz davor, aufeinander loszugehen, doch es stellte sich heraus, dass sie lediglich diskutierten, welche Schlange sich am besten dazu eigne, einen *Gwailu* aufzuwecken. Drei verschiedene Schlangen wurden aus ihren Körben gezogen. Der Schlangenverkäufer tastete die Körper der zischenden Schlangen der Länge nach ab, bis er zur Gallenblase kam. Dann nahm er ein Messer und schnitt die Gallenblase heraus. Die drei so operierten Schlangen steckte er in einen Sack. Die Gallenblasen wurden aufgeschnitten, und dickflüssiges, dunkelgrünes Blut sickerte heraus und floss in ein bereitgestelltes Kognakglas. Hobbs hatte genug gesehen, er verließ den Laden. Der Schlangenverkäufer kippte eine reichliche Menge teuren Branntwein über das grüne Blut und schwenkte das Glas.

»Trinken Sie, *Gwailu.*«

Ich trank. Es schmeckte wie billiger Branntwein. Dafür kostete es dreitausend Hongkongdollar.

Der Schlangenverkäufer ließ den Beutel mit den verstümmelten Schlangen nach nebenan bringen zu einem Schlangenrestaurant. Hobbs weigerte sich standhaft, hineinzugehen und Schlangensuppe zu essen. Wir gingen woandershin. Ich nahm einen Teller Lerchenzungen, gefolgt von einer Schüssel Hähnchenhoden. Mit einem Taxi fuhren wir zu irgendeinem Club in Wan Chai und betranken uns. April und Selena machten sich auf den Weg ins ›Bottoms Up‹. Hobbs und ich gingen in die ›Country Bar‹ in Bar City.

»Jim, was hältst du davon, deinen Ausstand aus dem Junggesellendasein in Bangkok zu feiern, vielleicht so drei Wochen lang?«

»Wann geht mein Flieger? Soll ich wieder heiraten?«

»Nein. Ich hätte gerne, dass du eine Tasche voll Geld rüberbringst. Du kannst morgen fliegen. Buch dein Ticket über

Balendo in London, das sieht besser aus. Nimm ein Zimmer in einem Hotel mit Schließfächern, und amüsiere dich gut, bis ich nachkomme. Gib nicht zu viel aus.«

»Und was soll ich da solange machen, Howard?«

»Was du magst. Ausgehen, Leute kennenlernen. Schau dich einfach mal um.«

Jim kehrte ins Park Hotel zurück. Mich hielt das Schlangenblut wach. Ich ging am Wasser spazieren. Stundenlang. Große rote Leuchtschriften verkündeten ihr Kung Hei Fat Choy. Bald fing das chinesische neue Jahr an, das Jahr der Ratte. Der Sonnenaufgang in seinen unterschiedlichen Rottönen wetteiferte erfolgreich mit der riesigen Neonleuchte Hongkong und ließ die auf den Hügeln ringsum sich erhebenden Wolkenkratzer erkennen. Neben den massigen Ozeandampfern am Ocean Terminal erschienen die Zeitungsstände in der Nähe winzig klein. Seltsam geformte chinesische Dschunken glitten lautlos vorbei, nur knapp die Flottillen klappriger Sampans verfehlend. Gruppen alter Männer und Frauen übten sehr frühmorgendliches Tai Chi in zementierten öffentlichen Parks. Illegale Straßenhändler mit großen, abgedeckten Schubkarren boten dampfende Köstlichkeiten feil, bei derem Duft einem das Wasser im Munde zusammenlief. Hongkong wäre vielleicht auch eine schöne Stadt zum Leben. Ich überlegte, wie es Judy wohl gefallen würde.

So einladend das übergroße Bett auch war, es hatte gar keinen Zweck, mich hineinzulegen. Mein Hirn lief auf vollen Touren. Ich nahm ein doppeltes Frühstück zu mir, schaute eine Weile fern und las dann die Zeitung, ehe ich Jim den Louis-Vuitton-Koffer mit dem Geld brachte. Er war schon ganz aufgeregt und freute sich auf Bangkok. Wir fuhren zusammen zum Flughafen. Balendo hatte es einrichten können, dass Jims Ticket am Cathay-Pacific-Schalter für ihn bereitlag. Der Kerl wurde immer besser.

Malik war im Miramar eingetroffen. Ich suchte ihn in seinem Zimmer auf. Er sah kein Problem für das Fünf-Tonnen-Geschäft.

»D. H. Marks, das können wir tun, *inshallah.*«

»Können Sie es so aussehen lassen, als käme die Ladung aus Tokio?«

»Warum nicht? PIA-Flug von Tokio nach Karatschi und von Karatschi nach New York. Wir können in Karatschi laden und Papiere verändern.«

»Was ist mit all den anderen Angaben, die auf den Frachtbrief müssen?«

»Alles, was auf Schreibmaschine ist, können wir auf Frachtbrief schreiben. In Pakistan ist das so in allen Geschäften, nicht nur in unserem Muttergeschäft.«

»Können Sie dafür sorgen, dass es wirklich geruchsneutral ist? Ich habe einmal in New York eine Ladung wegen einem Drogenhund verloren.«

»Ich weiß. Ich weiß viel über Ihre Vergangenheit. Raoul hat mir erzählt. Er ist nicht Ihr Freund. Er ist auch nicht meiner. Ich weiß, dass Sie an der Universität Oxford waren. Ich hätte gerne, dass mein Sohn Yasser auch dorthin geht. Können Sie vielleicht einrichten? Machen Sie sich keine Sorgen, D. H. Marks. Ich mache geruchsneutral mit Fett und Dosen. Außerdem, Sie werden es nicht glauben, der oberste Hundeführer der Drogenhunde in der Region Sind ist guter Freund von mir. Bevor wir Ladung schicken, geben wir sie ihm und seinen Hunden zum Riechen. Wenn sie nichts riechen, ist Ladung sicher, *inshallah.*«

»Können Sie es für dreihundert Dollar pro Kilo im Voraus und dreißig Prozent des Rohertrags machen?«

»Ich werde etwas mehr vorher brauchen. Der Preis von allem wird teurer. Pakistan ist nicht mehr Dritte Welt.«

»Malik, Sie müssen wissen, dass ich beim Muttergeschäft nicht handele. Ich weiß, was es Sie kostet: nichts. Wenn etwas schiefgeht, haben Sie gewisse Verantwortungen, aber eineinhalb Millionen Dollar sind mehr als genug.«

»Sie haben Recht. Ich werde es tun. Wann werden Sie Anzahlung geben?«

»Wo wollen Sie sie bekommen?«

»Das meiste, sagen wir, eine Million, kann hier in Hongkong sein. Mein Freund arbeitet hier in BCCI Bank. Sie können ihm geben. Wenn die Ladung geschickt wird, ich brauche den Rest bar in Karatschi.«

Ich dachte ein paar Sekunden lang nach.

»Ich werde Ihnen 500 000 hier in Hongkong geben, bevor wir gehen. In ungefähr zehn Tagen werde ich nach Karatschi kommen, um die Ware zu testen und zu sehen, wie es läuft. Wenn alles in Ordnung ist, werde ich Ihrem Freund bei der BCCI weitere 500 000 geben. Wenn die Ladung zum Abschicken bereit ist, bringe ich Ihnen 500 000 bar nach Karatschi.«

»Das ist guter Plan, D. H. Marks. Aber lassen Sie mich wissen, wenn Sie oder einer Ihrer Leute mit großer Menge Geld nach Karatschi fliegt. Ich werde einrichten, dass es keinen Ärger bei Ankunft gibt. Sonst könnte Zoll beschlagnahmen. Ich werde sehr froh sein, Sie in meinem Land zu treffen. Sie sollten in Sheraton Hotel wohnen.«

»Gibt es in Karatschi jetzt ein Sheraton? Früher gab es dort nur das Intercontinental.«

»Intercontinental heißt jetzt Pearl. In Pakistan gibt Sheraton, Hilton und Holiday Inn. Es ist guter Ort zu investieren. Zia war gut für das Land. Wenn Sie kommen, ich zeige Ihnen viele Möglichkeiten, Geld zu verdienen.«

»Ich freue mich darauf, Malik. Sollen wir jetzt etwas essen gehen?«

»Ich würde lieber in Zimmer bleiben und bei pakistanischem Restaurant, ›Gaylord‹, bestellen. Leisten Sie mir doch Gesellschaft, D. H. Marks.«

Ich begann zu spüren, dass ich nicht geschlafen hatte. Im Shangri-La erwartete mich ein Telex von Balendo. Hobbs war im Montien Hotel in Bangkok. Judy und die Kinder wollten am nächsten Tag in Hongkong sein. Erschöpft, doch voller Vorfreude auf ihren Besuch schlief ich ein.

Am nächsten Morgen erklärte ich dem Hotelmanager, dass meine Frau und meine Kinder kamen. Die Penthouse-Suite war mehr als groß genug für uns alle, und es wurden rasch die nötigen zusätzlichen Betten aufgestellt. Ich bat darum, Blumen, Essen und Champagner und Spielzeug für die Kinder in den Zimmern bereitzustellen. In einer gemieteten Limousine mit Chauffeur fuhr ich zum Flughafen.

Der Cathay-Pacific-Flug war pünktlich. Judy wirkte glücklich und müde. Die Kinder waren erschöpft und aufgeregt zugleich. Auf dem Weg zum Shangri-La zauberte der Chauffeur eiskalte Gesichtstücher aus dem Kühlschrank im Handschuhfach hervor. Erstaunen und Begeisterung strahlten aus den Gesichtern von Judy und den Mädchen, als wir die Penthouse-Suite betraten und sie die Aussicht auf den Hafen von Hongkong entdeckten und den reich gedeckten Tisch erblickten. Bald holte sie der Jetlag ein, und sie legten sich schlafen. Ich saß neben ihnen und betrachtete die Gesichter derer, die ich liebte.

Malik und ich gingen zur Hong Kong & Shanghai Bank. Ich gab ihm 500 000 Dollar, die er zur Bank of Credit and Commerce International (BCCI) brachte, bevor er zurück nach Karatschi flog. Er hatte einiges zu erledigen. Ich rief

Stephen Ng beim Crédit Suisse an, gab ihm die Nummer des Shangri-La durch und kündigte eine Überweisung von Übersee an. Ich schaute ins Park Hotel. Der Karton mit dem Videorekorder und die Kleider von Sam Tailor waren dort. Ich zerwühlte das Bett und trank in der Lobby einen Kaffee, ehe ich zur Burlington Arcade ging, um Sam zu bezahlen. Judy und die Kinder waren hellwach, als ich wiederkam. Wir machten eine abendliche Bootstour durch den Hongkonger Hafen.

Am Tag darauf nahmen wir ein Tragflächenboot nach Macao. Nachdem wir uns an den Anblick von Chinesen gewöhnt hatten, die auf den Stufen einer portugiesischen Kathedrale Dim Sum verkauften, fuhren wir mit dem Bus in die Volksrepublik China. Das chinesische Festland hatte erst kürzlich die Tore geöffnet, und die Einwohner schienen alle entweder Bauern zu sein oder Elektronikbauteile herzustellen. Wir waren einander sehr fremd.

Drei Tage verbrachten wir mit Sightseeing und Einkaufen, ehe Stephen Ng sich bei mir meldete. »Mr Marks, wir haben eine Überweisung über 450 000 Dollar auf Ihr Konto erhalten. Ihre Anweisungen, bitte.«

»Lassen Sie es liegen, bis ich es brauche.«

»Mr Marks, müssen Sie extrem kurzfristigen Zugriff auf das Geld haben?«

»Möglich. Ich weiß es noch nicht.«

»Ich könnte es als fiduziarische Termineinlage mit garantiertem Mindestzinssatz von sechs Prozent anlegen, was halten Sie davon?«

»Prima.«

Ich hatte keine Ahnung, was er mir da erzählte. Es wurde Zeit, dass ich mich mit diesem ganzen Bankkram beschäftigte.

Es gab keinen Grund mehr, länger in Hongkong zu bleiben. »Wer hat Lust, mit nach Thailand zu kommen?«, fragte ich.

»Ich!«, riefen Amber und Francesca unisono. »Ich, ich! Ich will mit nach Thailand kommen!« Judy lächelte. Ich rief Balendo an.

Nachdem ich das ganze Geld in der Hong Kong & Shanghai Bank untergebracht hatte, den Videorekorder, die Kleider und die anderen Einkäufe am Flughafen aufgegeben hatte, damit sie nach London geflogen wurden, und sowohl im Park Hotel als auch im Shangri-La ausgecheckt hatte, flogen wir erste Klasse mit Thai International Airlines nach Bangkok. Balendo hatte uns im Oriental Hotel eine VIP-Suite reservieren lassen, und wir wurden von einer der Limousinen des Hotels am Flughafen abgeholt.

»*Sawabdee kap*. Willkommen zurück, Khun Marks, und ein besonderes Willkommen in Thailand Ihrer Frau und Ihren wunderschönen Kindern. Sie haben die VIP-Suite ganz oben im neuen Gebäude. Obstkörbe, Austern auf Eis und Getränke sind bereit. Wir hoffen, Sie genießen Ihren Aufenthalt.«

»Ich muss mal raus, Liebling. Ein paar Leute anrufen. Schauen, ob ich Phil erreichen kann. Ich möchte ihn nicht vom Hotel aus anrufen.«

»Howard, um Himmels willen, wir sind doch gerade erst angekommen.«

»Ich bin hier, um Phil zu treffen.«

»Und ich dachte, wir wären hier, um Urlaub zu machen.«

»Das natürlich auch. Es wird nicht lange dauern.«

»Das hab ich schon mal gehört. Ich weiß doch, was passiert, wenn du und Phil euch trefft. Bis morgen dann.«

Zuerst schaute ich im Montien Hotel bei Hobbs vorbei.

»Howard, ich kann dir gar nicht genug danken, dass du

mich hergeschickt hast. Bangkok ist das Paradies. Und wenn nicht, dann will ich's gar nicht wissen.«

»Was gefällt dir denn so gut, Jim?«

»Die Bars, das Essen, die Leute. Alle sind so glücklich hier. Ich liebe diese Stadt.«

»Ist das Geld sicher untergebracht?«

»O ja. Es liegt unten. Ich habe es kaum angerührt, alles ist hier so billig. Das hier ist schon fast ein Luxushotel, und es ist billiger als jede Absteige in Paddington. Ich kann's gar nicht fassen.«

»Und, hast du irgendwelche netten Kneipen aufgetan?«

»Na ja, nicht viele, die dich interessieren würden, Howard, aber doch eine, wo du bestimmt mal hingehen solltest. Sie heißt ›Superstar‹ und ist gerade die Straße hoch, hier in Patpong. Da sind lauter europäische und amerikanische Dopedealer, die ihre Geschäfte machen, und alles völlig offen. Bestimmt sind ein paar Bekannte von dir dabei.«

Wir liefen durch Patpong und am ›Superstar‹ vorbei. Aus der Tür dröhnte *One Night in Bangkok*. Ich konnte der Versuchung nicht widerstehen und trat ein. Schönheiten aus Chiang Mai und Transvestiten aus dem Viertel tanzten auf den Theken und verdrehten den Gästen die Köpfe, während der Hit von Murray Head ohrenbetäubende Lautstärke erreichte:

One night in Bangkok and the world's your oyster
The bars are temples but the pearls ain't free
You'll find a god in every golden cloister
And if you're lucky then the god's a she
I can feel an angel sliding up to me.

»Ah, *fahlang*. Du so schön. Du magst ›Superstar‹? Wie oft du gewesen Bangkok?«

Mehrere Mädchen schlüpften auf und zwischen uns, als wir uns an einen Tisch setzten. Jim gaffte glücklich die Transvestiten an und ich die schönen Mädchen aus Chiang Mai. Ein Stückchen weiter sah ich Mickey Williams, der mit fünf Mädchen in Bikinis an einem Tisch saß. Seinem Lächeln nach zu urteilen hatte er einen permanenten Orgasmus. Ich ging hinüber.

»H, mein alter Junge. Dachte mir schon, dass ich dich hier treffen würde. Ich schwör dir's, ich hab's gewusst. Komm, setz dich her zu mir und meinen wunderschönen Babys.«

»Schön, dich zu sehen, Mick. Ich hab mich nie richtig bei dir bedankt, dass ich deine Wohnung in Palma benutzen durfte. Es war ganz toll. Es sieht so aus, als würden wir ganz nach Mallorca ziehen.«

»Da nich für, H, da nich für. War mein Vergnügen. Und der Lady geht's gut?«

»Ja, danke. Sie und die Kinder sind auch hier.«

»Geht mich ja nichts an, H, aber wenn ich Frau und Kinder hätte, würd ich sie nich mit nach Bangkok nehmen. Ich glaub nich, dass ihnen die Massagesalons gefallen würden.« Er schaute sich im Raum um. »Hey, H. Da ist doch dieser beschissene Kinderficker, der auch in Brixton war, da drüben an dem Tisch. Wie hieß er? Hobbs, genau. Hobbs. Der miese Arsch.«

»Er ist mit mir hier, Mick.«

»Was?! Seit wann hängst du denn mit Kinderfickern rum, H? Das sieht dir aber gar nicht ähnlich.«

»Er fickt ganz bestimmt keine Kinder, Mick. Er ist nur ein Schwuler, der mehr auf Teenager steht als auf Rentner aus dem Altersheim. Kleine Kinder lässt er in Ruhe. Und außerdem, was meinst du, wie alt das Mädel ist, das gerade versucht, dir einen zu blasen?«

»Yeah, aber hier in Bangkok is das was anderes, H, das weißt du auch, 'ne ganz andere Kultur. Is doch klar. Aber selbst wenn du Recht hast und er ist kein Kinderficker, dann ist er immer noch 'ne Schwuchtel, und ich trau ihm nicht über den Weg. Wenn er schon seinen Arsch nicht zuhalten kann, wie er soll dann 's Maul zuhalten können? Ich seh dich nich gerne mit ihm zusammen. Wem wird er davon erzählen?«

»Weißt du, Mick, er ist wesentlich weniger gefährlich als diese zwei DEA-Typen, die da am Ende der Bar hocken. Außerdem machen wir beide ja im Moment auch gar keine Geschäfte miteinander, oder?«

»Du meinst, das sind Bullen, die zwei? Hab ich auch schon überlegt. Und übrigens würde ich mich tatsächlich gerne ein bisschen geschäftlich mit dir unterhalten, H. Ich hab da diesen Typen an der Hand …«

»Lass uns was essen gehen, Mick.«

»Sollen wir diese paar hübschen Kleinen mitnehmen?«

»Nee. Lass sie hier, und ich lass Hobbs hier.«

»Mir gefällt die Vorstellung nicht, wie er sie angafft, wenn wir draußen sind, H. Der miese Arsch.«

»Er wird sie nicht angaffen, Mick. Ich hab's dir doch gesagt, er ist schwul.«

One night in Bangkok makes a hard man humble
Not much between despair and ecstasy
One night in Bangkok and the tough guys tumble
I can feel the devil walking next to me.

Mickey Williams und ich gingen raus.

»Sorry, dass ich dir das nicht gesagt hab, als wir uns das letzte Mal gesehen haben, H, aber ich wollte alleine einen kleinen Deal auf die Beine stellen. Ich hab im Kittchen in

Amsterdam diesen Typen getroffen, der Schiphol auf der Reihe hatte. Ein Kumpel von ihm schafft bei 'ner Speditionsfirma, die mitten in dem beschissenen Flughafen selber sitzt. Wenn wir ihm eine Kiste Zeug schicken, kann er's blütenweiß in London, Holland oder Kanada auftauchen lassen. Das wird 'n ganz großer Coup, H, das sag ich dir. Jedenfalls hatte dieser selbe Typ, der sitzt noch immer, 'ne Connection hier, die Zeug besorgen konnte. Er hat mir die Telefonnummer und so 'ne Adresse gegeben, aber irgendwie scheint den hier keiner zu kennen. Also wenn du jemand in Bangkok kennst, der uns fünfhundert Kilo schicken kann, und ich weiß, dass du jemand kennst, H, dann wär das ein hübsches kleines Geschäft für dich. Ich hab alle Einzelheiten hier. Ich steck fünfzigtausend Pfund von mir rein. Halbe-halbe, H. Die Hälfte von dem, was rauskommt für dich, die Hälfte für mich. Ich hab das Geld in London. Ich bin absolut sicher, dass es funktioniert. Das ist alles, was ich dazu sagen kann, H.«

»Wenn es angekommen ist, kann ich es dann verkaufen?«

»Wenn's in London oder Kanada rauskommt, dann wär mir das sehr recht, H, aber wenn's in 'Dam rauskommt, hab ich ihm versprochen, dass er's verkaufen darf.«

»Alles klar, Mick. Gib mir die Einzelheiten.«

»Noch was, H. Ich muss Geld wechseln. Ein paar Tausend Pfund. Ich will's nich im Hotel machen, die haben mich schon mal beschissen. Die Banken haben schon zu, und ich kann Banken eh nich leiden, wenn ich sie nich grad überfalle.«

Ich winkte ein *Tuktuk* heran, und wir fuhren damit in die Geldwechsler-Gegend von Bangkoks Chinatown, der größten chinesischen Siedlung außerhalb Chinas. Das *Tuktuk* erinnerte mich an Sompop. Am Freitag würde ich zum Serawan-Buddha gehen und versuchen, ihn zu treffen.

Wir liefen durch die engen, wirren Straßen. Türen führten

zu Opiumhöhlen und allen Arten von Geschäften. Vor den Häusern drängten sich die Nudelküchen. Obwohl es schon spät war, hatten noch einige Geldwechsler geöffnet und verkauften einheimisches Geld wesentlich billiger als die Banken. Nebenbei waren ihre Läden oft auch illegale Wettbüros, in denen man auf so gut wie alles Wetten abschließen konnte. Wir betraten einen solchen Laden. Mick schaute sich hektisch um. Wir fragten, wie viel Baht sie uns für englische Pfund Sterling geben würden. Sie nannten einen ausgezeichneten Wechselkurs. Mick wechselte dreitausend Pfund, und wir verließen das Geschäft.

»H, hast du deren Peter gesehen?«

»Was, bitte?« Ich vergaß langsam mein Cockney.

»Den Peter, H, den beschissenen Safe. Ebenso gut könnten sie ihre Kohle in einem befickten Marmeladenglas aufbewahren. Diese Bank oder das Wettbüro oder was es auch immer ist, die haben keine Sicherheitsschlösser, keine Alarmanlage, gar nichts. Ich hab schon schwerere geknackt, wie ich noch in die Windeln geschissen hab. Es würd' sich lohnen, mal nachts herzukommen, H, wenn die zu haben. So einfach, wie einem Kind den Lolli zu klauen.«

»Sieh dich vor, Mick. Diese Stadt hat eigenartige Sitten.«

Phil war zu Hause, als ich anrief. Wir verabredeten uns in der Lobby des Dusithani Hotel.

»Phil, kannst du mir zwei Tonnen Thai per Container zur Westküste schicken?«

»Ist der Papst katholisch? Wieso fragst du? Klar kann ich.«

»Kannst du die Herkunft der Ladung so verändern, dass es aussieht, als käme sie aus Djakarta in Indonesien?«

»Natürlich.«

»Wie machst du das?«

»Bangkok hat keinen wirklich großen Seehafen, dafür liegt

es zu weit oben am Fluss. Nur ein paar thailändische Schiff-fahrtsunternehmen benutzen ihn, keine ausländischen Linien. Alles, was in die Staaten geht, kommt durch Singapur. In Singapur klatschen wir dem chinesischen Spediteur einen Sack Geld vor die Nase, und er ändert für uns die Papiere.«

»Wird es gutes Gras sein?«

»Vom Feinsten. Die neue Ernte ist gerade erst eingetroffen. Hier in diesem Umschlag ist eine Probe.«

»Kannst du es geruchsneutral machen?«

»Kein Problem. Wir verpacken es unter Vakuum und tauchen die Packen in flüssigen Stickstoff.«

»Kannst du das alles auf Kredit machen?«

»Wie bitte? Ich glaube, ich hab dich falsch verstanden.«

»Kannst du das alles auf Kredit machen?«

»Ausgeschlossen, Howard. Die Tage sind vorbei.«

»Kein Stück, Phil. In Pakistan krieg ich immer noch Kredit, so viel ich will.«

»Dann schick zwei Tonnen pakistanisches Hasch nach Manila. Ich hab da eine Connection, die es nach Australien weiterleiten kann, und da krieg ich dreimal so viel Geld dafür wie in Amerika.«

»Klar, mach ich. Sobald du das Thai geschickt hast.«

»Howard, es ist nicht so, dass ich dir nicht vertraue, aber vergiss nicht, dass ich bei dir in die Lehre gegangen bin. Warum bezahlst du nicht einfach das Thai, das du haben willst, und ich bezahl den Pakistanen, den ich will?«

»Okay. Willst du den Pakistanen zuerst machen?«

»Spinnst du? Du hast doch mit der ganzen Sache angefangen.«

Phil ließ offenbar nicht mit sich reden. Er war ein alter Geizkragen. Ich wusste genau, dass er das Thaigras hundert Prozent auf Kredit bekam. Er brauchte nur die Transportkosten zu bezahlen und musste dem Spediteur in Singapur genug geben, dass er eine Nacht in Patpong rumhuren konnte. Das würde er aber nie zugeben. Ich musste ihm ein Angebot machen.

»Phil, ich weiß, wie die Preise hier sind. Und du weißt, dass ich es weiß. Vierzig Dollar das Kilo sind absolutes Maximum. Und die ganzen Nebenkosten sind billiger als eine Nacht in London. Hunderttausend Dollar werden alles abdecken. Wenn du mir die nicht auf Kredit geben willst, dann bezahle ich dich eben.«

»Wann?«

Wenn er Geld witterte, legte Phil sofort einen anderen Gang ein.

»Ich werde sofort bezahlen, Phil.«

»Was heißt das, sofort?«

»Bald. Wann immer du willst.«

»Und was krieg ich am Schluss raus? Kredit ist eine Sache, aber ich brauch ein Vermögen, einfach damit die Show weitergeht. Ich hab alle möglichen Ausgaben. Viele Leute verlassen sich darauf, dass ich ihnen den Luxus erhalte, an den sie sich gerade erst gewöhnt haben. Wenn ich die jetzt enttäusche, bin ich ein toter Mann. Ich rede von Generälen der thailändischen Armee, Polizeichefs und Bangkoker Gangstern, nicht nur von den Bauern in Khon Khaen. Du weißt doch selbst, wie viel Ladungen gebustet werden oder irgendwie verschwinden. Die Thailänder verstehen das nicht. Die wollen ihr Geld trotzdem sehen.«

»Ich kann dir fünfundzwanzig Prozent vom Rohgewinn geben. Mehr ist einfach nicht drin.«

»Das ist wirklich nicht gerade viel, Howard, aber ich werde wahrscheinlich damit leben können. Hör zu. Gib mir jetzt hunderttausend Dollar. Wenn die zwei Tonnen unterwegs sind zur Westküste und ich dir den Frachtbrief und alle anderen Papiere gegeben hab, dann gibst du mir nochmal hunderttausend.«

»Okay. Jim Hobbs, ein Freund von mir aus dem Knast, ist hier. Er hat das Geld. Treff dich morgen früh um zehn mit ihm in der Lobby vom Montien zum Frühstück. Ich möchte dir übrigens noch ein Geschäft vorschlagen.«

»Ach? Und wie viel wird mich das kosten?«, fragte Phil misstrauisch.

»Genauso viel wie das andere. Gar nichts. Was kostet es, hundert Kilo per Flugzeug nach Amsterdam zu schicken?«

»Nun, das ist dieser Tage wirklich sehr teuer geworden. In Don Muang bauen sie einen neuen Flughafen, und da nehmen sie's mit der Sicherheit sehr genau. Ich muss die Bullen kaufen, die Armee, den Zoll, die Spediteure und die Fluggesellschaft. Bei denen ist Kredit völlig ausgeschlossen.«

Phil log, das war mir klar. Kredit bekam man bei Luftfracht wesentlich leichter als bei Seefracht, weil alles wesentlich schneller ging: Eine Ladung brauchte Tage statt Wochen. Die Zeit, in der etwas schiefgehen konnte, war einfach wesentlich kürzer. Aber so war Phil. Da ich zu diesem Deal gekommen war wie die Jungfrau zum Kind, hatte ich keine Ahnung, wie gut die Chancen waren, dass er klappte. Ich hoffte einfach auf zehn Prozent und wollte durch den Verkauf noch etwas verdienen, in London, Amsterdam oder wo auch immer Mickeys Freund die Ladung schließlich hinschaffte.

»Du lässt nach, Phil. Sag mir trotzdem wie viel.«

»Wenn alles vorbei ist, brauche ich mindestens fünfzig Prozent des Rohgewinns. Und da kann ich wirklich nicht mit mir handeln lassen. Und ich brauche hunderttausend Dollar vorneweg.«

»Ich handele nicht, wie du weißt, Phil, aber …«

374

»Du handelst wohl, Howard, du nennst es bloß anders.«

»Phil, ich kann dir unmöglich mehr als etwa 75 000 Dollar vorher geben, genau genommen, 50 000 Pfund, und du wirst dich mit vierzig Prozent zufriedengeben müssen.«

»Wann würde ich die fünfzigtausend bekommen?«

»In einer Woche oder zehn Tagen. Sie liegen in London.«

»Da bringt es mir nichts, Howard. Ich brauche es hier oder in Hongkong.«

»Ich bringe es nach Hongkong.«

»Okay.«

Ich gab Phil die Anweisungen für beide Geschäfte. Wir unterhielten uns über andere Themen. Ich erzählte ihm von meinen Fortschritten im Wissen über den Tankertransport von Wasser. Er sagte, er finanziere Forschungen zur Papierherstellung aus Reishülsen und habe das Projekt erst kürzlich einem thailändisch-saudiarabischen Konsortium angeboten, dessen Vorsitzender der Scheich Abdularaman A. Alraji war, laut dem *Guinnessbuch der Rekorde* der reichste Mann der Welt. Wenn dem Komitee das Angebot zusagte, würden die Araber eine Reishülsenpapiermühle in Thailand bauen, und Phil würde völlig legal ein reicher Mann werden. Er bot mir an, das walisische Wasserprojekt ebenfalls vorzustellen, wenn ich alle nötigen Unterlagen sofort zusammenbekäme.

Die Idee gefiel mir. Ich hatte alle Dokumente in Bangkok. Sie waren in meiner Aktentasche und warteten nur darauf, gelesen zu werden und jeden Leser zu beeindrucken. Wenn ich mir ein bisschen Mühe gab, konnte ich noch schnell einige Prognosen tippen. Ich war genügend mit dem Material vertraut. Ich wollte ins Oriental zurück und gleich anfangen. Schließlich war das Hotel für seine Schriftsteller berühmt.

Am nächsten Tag, während Judy mit den Kindern den schwimmenden Markt besuchte, gab Hobbs Phil hunderttausend Dollar, und ich machte mich daran, eine Prognose für den reichsten Mann der Welt zu schreiben. Im Wesentlichen handelte es sich um denselben Schmus, den die walisische Wasserversorgung geschrieben hatte, nur mit einigen Zusätzen und auf Papierbögen von ›Drinkbridge Hong Kong Limited‹. Der Sekretariatsservice des Oriental Hotel sorgte dafür, dass der Bericht präsentabel aussah, und innerhalb von zwei Tagen war er fertig und wurde gemeinsam mit Phils Reishülsenprojekt offiziell vorgestellt.

Es war Freitagabend. Ich ging zum Erawan-Buddha beim Erawan Hotel. Es war ein kleines, schönes Hotel, das früher bei ausländischen Diplomaten recht beliebt gewesen war. Bei seiner Erbauung sollen viele Arbeiter umgekommen sein. An einer Ecke der Baustelle wurde eine kleine Buddhastatue aufgestellt, und daraufhin kam niemand mehr um, und den Arbeitern wurde viel Glück zuteil. Sie verdienten viel Geld und wurden reich.

Der Buddha steht heute noch dort. Er ist zu einem Gebetsort für diejenigen geworden, die um sozialen Aufstieg bitten. Seltsam geformte Instrumente geben heilige Dissonanzen von sich, und Tänzerinnen in traditionellen thailändischen Kostümen vollführen erotische Tänze um den Buddha herum, während die auf Reichtum hoffenden ihre Opfer darbringen oder versprechen, was immer sie sich leisten können. Massen von Straßenhändlern verkaufen Blattgold zum Schmücken des Buddhas und Vögel in Käfigen, die man freilässt, wenn man sich etwas wünscht.

Sompop kniete auf dem Boden, verbrannte Räucherstäbchen und sang. Als er seine Gebete beendet hatte, sah er mich. Er sah aus, als hätte ich sie ihm erfüllt.

»Du kommen zurück nach Bangkok! Wollen Ganja? Ich beten um Geld und Glück. Ich dich sehen. Ich bin sehr glücklicher Mann.«

»Ich verlasse Bangkok morgen wieder, Sompop. Hier ist etwas Geld für dich. Ich werde in ungefähr einer Woche wiederkommen.«

Ich hatte ihm etwa tausend Dollar in Baht gegeben, das Einkommen von mehreren Monaten. Ich ging und ließ ihn dort, auf dem Boden kniend, den Kopf auf das Pflaster gepresst, mit zitternden Händen das Geld umklammernd.

zehn
MR DENNIS

Judy und die Kinder ließ ich in Bangkok. Ich nahm eine Maschine von Air India nach Bombay, dann eine von Pakistan International Airlines nach Karatschi. Ich checkte im Sheraton ein, suchte stundenlang erfolglos nach einer Telefonzelle. Schließlich ging ich ins Pearl Hotel und fragte dort, ob ich das Telefon benutzen könnte. Ich rief Malik an. Er war unterwegs zum Sheraton.

Malik trug traditionelle pakistanische Kleider. Er hatte einen ähnlich gekleideten, aber wesentlich jüngeren Mann dabei.

»D. H. Marks, willkommen in Pakistan. Dies ist mein Neffe Aftab. Sein Beruf ist, in Duty-free-Shop am Flughafen Waren zu stehlen und in Bhoti Basar zu verkaufen. Er ist mein Geschäftspartner.«

»Willkommen in Pakistan, D. H. Marks.«

»Zuerst, D. H. Marks, das Muttergeschäft. Die Ware ist bereit, Sie können sie prüfen. Ich habe sie in Sicherheit in Lagerhaus in Baluchistan. Wir können jederzeit dorthinfahren. Diese Minute, wenn Sie wünschen. Wir haben draußen Auto zu unserer Verfügung. Hier ist kleine Probe. Hier ist auch PIA-Abflugsplan. Sie werden sehen, dass mehrere Flüge sind möglich. Wir werden Flug für diese ziemlich große Ladung mindestens achtundvierzig Stunden im Voraus buchen müssen.« Ich nahm die weiche, klebrige Platte schwarzes Haschisch in die Hand und hielt mein Feuerzeug an eine Ecke. Die Flamme wurde vom Hasch angezogen – immer ein gutes Zeichen. Kleine blaue Rauchwölkchen stiegen auf, von meinem Lieblingsduft begleitet. Ich schnüffelte an dem Rauch, und von dem Geruch bekam ich Lust, meine Lungen damit zu füllen. Ich spürte einen Puls in der Nase. Das Haschisch war ausgezeichnet, der beste Pakistane, den ich je probiert hatte.

Die Haschproduktion im benachbarten Afghanistan war fast zum Erliegen gekommen, als die Russen 1980 mit ihren Panzern nach Kabul gerollt waren. Die Invasion hatte mehr als fünf Millionen Afghanen zur Flucht nach Pakistan getrieben. Die Provinz Pakistans, die an Afghanistan grenzte, war die berüchtigte, gesetzlose *North West Frontier Province* (NWFP). Auf beiden Seiten der Grenze besteht die Bevölkerung im Wesentlichen aus Pathanenstämmen, und der ganze Landstrich des NWFP wurde offiziell und absolut von den pathanischen Stammesführern regiert. Das pakistanische Militär musste sich ebenso wie die Polizei an Gesetze halten, die besagten, dass sie zwischen Ortschaften die Straßen nicht verlassen durften, selbst wenn sie einen Mörder, Entführer oder Vergewaltiger verfolgten. Sie durften mit dem Vertreter des Stammes verhandeln. Sonst nichts.

Die NWFP wurde das Hauptquartier, das Planungszentrum und das Trainingsgelände der Mudschaheddin, einer Organisation von Freiheitskämpfern, denen das Konzept ›sich ergeben‹ völlig fremd war. Entweder verließen die Russen Afghanistan, oder die Mudschaheddin würden alle sterben. Ein Kompromiss war ausgeschlossen.

Waffen und Vorräte, viele von Regierungen geschickt, die mit dem Kampf der Mudschaheddin gegen den Kommunismus sympathisierten, wurden in abgelegenen Siedlungen in der NWFP gehortet. Es war nicht weiter verwunderlich, dass einiges davon im Basar von Peshawar auftauchte, der wichtigsten Handelsstadt der NWFP am Fuße des Khaiberpasses.

Die Region, die jetzt als NWFP bekannt ist, war schon immer eine optimale Gegend für den Anbau von Cannabis gewesen. Durch die hohe Lage im Himalaja und die klare, reine Luft kann die Leben spendende tropische Sonne die Pflanzen fast direkt berühren, die sich daraufhin mit ihrem Harz vollpumpen, dem Haschisch. Afghanistan, auf der anderen Seite des Himalaja gelegen, war genauso ideal, und die heilige Stadt Mazar-el-Sharif war als Herkunftsort des besten Haschischs der Welt berühmt. Einige der Flüchtlinge, die in die NWFP kamen, waren erfahrene Haschischanbauer und -züchter. Sie brauchten Geld zum Überleben. Die Mudschaheddin brauchten auch Geld. Über Jahrhunderte hinweg waren die afghanischen Techniken des Haschischanbaus nicht über die Grenzen des Landes hinaus verbreitet worden. Jetzt hatten sie auch in Pakistan Fuß gefasst, und es wurden grenzenlose Mengen hochqualitatives kommerzielles Haschisch hergestellt.

»Wollen Sie jetzt ganze Ladung sehen, D. H. Marks?«, fragte Malik.

Ein Ausflug nach Baluchistan wäre zwar vielleicht ganz lustig gewesen, hätte aber nichts gebracht. Wenn mich Malik bescheißen wollte, könnte er das genauso gut tun, nachdem ich die Ladung gesehen hätte, wie vorher. Es schien mir sinnvoller, vollkommenes Vertrauen zu zeigen.

»Malik, wenn Sie mir sagen, dass Sie fünf Tonnen hiervon haben, dann glaube ich Ihnen das. Ich habe keinen Grund, Ihnen zu misstrauen.«

»Wie Sie wünschen. Wir werden die Ladung jetzt nach

Karatschi bringen, zum Verpacken und um geruchsneutral zu machen.«

»Wissen Sie etwas über Papiermühlengeschäft, D. H. Marks? Ich möchte gebrauchte Anlage von ehemaliger Firma in Großbritannien kaufen. Papiermühlen werden ganz wunderbares Geschäft hier in Pakistan sein.«

»Ich werde mich umhören, wenn ich wieder in London bin. Sagen Sie mir nur, was Sie genau wollen. Brauchen Sie sonst noch etwas aus England?«

»Ja, Informationen über gute britische Schulen für meine Kinder.«

»Es wird mir ein Vergnügen sein, Malik. Ich bleibe nicht lange hier. Ich muss nach Hongkong. Ich werde Ihrem Mann bei der BCCI 500 000 Dollar geben und herausfinden, welches der beste Tag für das Verschicken der Ladung ist. Einige Tage vor dem Termin werde ich von Hongkong wieder hierher nach Karatschi kommen, mit 500 000 Dollar in bar. Sie geben mir den Frachtbrief, ich gebe Ihnen das Geld.«

»In Ordnung. Das ist gut. Aber vergessen Sie nicht, mir zu sagen, mit welchem Flug Sie kommen. Oh, da fällt mir wieder ein, D. H. Marks. Telefone in Pakistan sind nicht sicher. Ich habe meine eigene Vermittlung, meinen Cousin. Wenn er hat Dienst, ich weiß, dass Telefon wird nicht abgehört. Ansonsten wird vielleicht abgehört. Wenn Sie anrufen, er hat vielleicht nicht Dienst. Haben Sie legales Geschäft mit Telex in London?«

»Ja, natürlich. Sollen wir in Zukunft per Telex Kontakt halten?«

»Es wäre mir lieber. Ich habe großes Reisebüro im Zentrum von Karatschi, neben Gebäude von American Express. Ich werde Ihnen Telexnummer geben. Schreiben Sie Telex-Nachricht immer in Worten von legalem Geschäft. Und,

D. H. Marks, denken Sie nach über legales Geschäft in Pakistan, wie zum Beispiel Papiermühlen. Wir sollten zusammen legales Geschäft haben.«

»Malik, können Sie über Ihr Reisebüro billiger an PIA-Tickets kommen als andere Anbieter?«

»Natürlich. Alle Zollbeamten und Politiker nehmen meine Gesellschaft, Travel International. Mein Cousin hat sehr hohen Posten bei PIA. Es ist schwarzer Preis, nicht offiziell. Aber PIA fliegt nicht nach Hongkong. Ich werde Ihnen Freiticket für erste Klasse nach Hongkong bei Lufthansa besorgen. Es ist einzige Gesellschaft, die direkt zwischen Karatschi und Hongkong fliegt.«

»Vielen Dank, Malik. Der Grund, aus dem ich frage, ist jedoch, dass ein Freund von mir, ein Chinese, in London ein Reisebüro hat. Er verkauft größtenteils an Leute, die in den Fernen Osten reisen. Da PIA von Pakistan sowohl nach London als auch nach China fliegt, dachte ich, er könnte vielleicht bessere Preise anbieten als seine Konkurrenten, wenn er seine Kunden über Karatschi fliegen lässt. Ich weiß es nicht. Es war nur so eine Idee.«

»Ich finde es ausgezeichnete Idee, D. H. Marks. Chinesen sind sehr gute Menschen. Beziehungen zwischen Pakistan und China sind erstklassig. Wir sind allerbeste Nachbarn. Wussten Sie, dass PIA erste ausländische Fluggesellschaft war, die jemals nach kommunistisches China geflogen ist? Es ist kein Geheimnis, dass China unsere Atombomben testet. Es sollte nicht schwer sein, Reisen nach China über Pakistan einzurichten. Ich werde mit meiner Familie darüber reden.«

Drei Tage später war ich wieder im Shangri-La in Hongkong. Vom Telegrafenamt aus rief ich bei Ernie an, wieder über Flash und die LAPD-Nummer, und berichtete ihm den

Stand der Dinge. Er sagte, wir sollten die Ladung aus Karatschi so bald wie möglich schicken. Jeder Tag wäre okay.

Für den nächsten Tag buchte ich ein Lufthansaticket nach Karatschi. Mit einem öffentlichen Telexdienst schickte ich Malik die Botschaft: ›Komme morgen mit deutscher Gesellschaft – UK-Papiermühlenexperte.‹ 500 000 Dollar in bar brachte ich von der Hong Kong & Shanghai Bank zu Maliks Freund bei BCCI und weitere 500 000 nahm ich mit in mein Hotelzimmer. Es war eine ziemlich große Menge, um sie einfach so im Gepäck zu verstecken. Eigentlich gab es keinen Grund zur Sorge. Ich würde es einfach am Flughafen von Hongkong aufgeben, und Malik würde dafür sorgen, dass ich bei der Ankunft in Karatschi nicht durchsucht oder belästigt werden würde. Trotzdem, aus irgendeinem Grund könnte der Flug umgeleitet werden, und ich hatte keine Lust, mich sonst wo wiederzufinden und unangenehme Erklärungen abgeben zu müssen. Es wäre kein Fehler, das Geld etwas besser zu verbergen.

Ich rief April an und bat sie, mir drei große, teure, gleich aussehende Koffer zu besorgen, außerdem Bücher über Bildung und Schulen in England und über die Papierindustrie, und alles ins Shangri-La liefern zu lassen. Ich rief Sam Tailor an und erzählte, dass ich begeistert war von seinen Kleidern und dass ich auf dem Weg zurück nach England sei, und bot ihm an, alles in meiner Macht Stehende zu tun, mithilfe meiner Bekanntschaften in London Werbung für sein Geschäft zu machen. Ob er irgendwelches Werbematerial hätte, dass ich mitnehmen könnte? Sam schickte mir einen Karton voll Stoffproben, Broschüren, Mustern und Verkaufsunterlagen. Ich rief erneut bei April an und bestellte mehrere Bahnen verschiedener Stoffe ins Hotel.

Das Geld wickelte ich in verschiedene Voile- und Seidenstoffe und packte die Koffer so, dass die oberste Schicht aus diversem Papierkram und Werbeheften bestand, unter denen die Stoffproben sichtbar waren. Ich blieb im Hotel.

Vierundzwanzig Stunden später stand ich an der Gepäckausgabe im Flughafen in Karatschi. Das passierte mir nicht oft. Wenn ich allein reiste, hatte ich meistens nur Handgepäck dabei. Koffer fand ich auf Flugreisen sehr lästig, sowohl von der Warterei als auch von der Schlepperei her. Die drei gleichen Koffer erschienen zuerst auf dem Band. Das war der Vorteil der ersten Klasse: Das Gepäck unterlag keinen lächerlichen Gewichtsbegrenzungen und wurde immer zuerst entladen. Ich hatte mir schon einen Träger besorgt und ihm eine Handvoll pakistanischer Rupien gegeben. Wir schlenderten in Richtung des Zolls. Am Flughafen von Karatschi gibt es keinen Extradurchgang für ›Nichts zu verzollen‹.

»Warum besuchen Sie unser Land? Geschäftlich, zum Vergnügen oder offiziell?«

»Geschäftlich.«

»Könnte ich bitte Ihren Ausweis sehen?«

Diese Frage hatte ich erwartet. Wie sonst hätte er wissen sollen, dass er mich nicht zu durchsuchen hatte? Malik hatte ihm meinen Namen sagen müssen. Ich gab dem Zollbeamten meinen Ausweis.

»Ich sehe, Sie haben unser Land schon vor wenigen Tagen besucht. Was ist Ihr Geschäft, Sir?«

Das kam überraschend. Malik hatte mir versichert, dass es nicht zu dergleichen Fragen kommen würde.

»Ich bin in mehreren Geschäften tätig. Diese Reise betrifft Papiermühlen.«

»Mit wem werden Sie sich in unserem Land treffen?«

»Mit möglichen Käufern von gebrauchten Maschinen aus

Papiermühlen. Ich vertrete eine britische Firma, die geschlossene Papiermühlen ausschlachtet und die Geräte verkauft.«

»Haben Sie eine Geschäftskarte, Sir?«

»Ja.«

Hätte ich Nein gesagt, hätten sie mich auf jeden Fall durchsucht. In meiner Brieftasche hatte ich drei verschiedene geschäftliche Visitenkarten: Entweder war ich der Chef von West End Secreterial Services in London, oder Vorstandsmitglied von Drinkbridge Hong Kong Limited, die Massentransporte von Wasser anboten, oder aber ein Experte von Drinkbridge (UK) Limited, einem Weinimporteur. Für einen Händler mit gebrauchter Papiermühlenausrüstung boten sich alle drei Möglichkeiten nicht unmittelbar an. Ich zog blind eine heraus.

»Hier steht, Sie handeln mit Alkohol. Wissen Sie, dass Alkohol in Pakistan illegal ist? Was hat dies mit Papiermühlen zu tun? Öffnen Sie bitte diesen Koffer, Sir.«

Verdammter Malik! Was sollte das, warum tat er mir das an? Ich öffnete den Koffer, auf den der Zollbeamte zeigte. Einige Bücher über britische Privatschulen fielen heraus.

»Sind Sie außerdem noch im Buchhandel tätig? Bitte, Sir, öffnen Sie auch diesen Koffer.«

Es wurde brenzlig.

»Drinkbridge ist ein britisches Familienunternehmen, und zwar schon seit Generationen. Es umfasst verschiedene Geschäfte, darunter Transport, Immobilien und Produktionsmaschinen. Wir verkaufen Wein in der ganzen Welt. Ein großer Prozentsatz des Profits, den wir in Übersee machen, investieren wir in dem jeweiligen Land; er kommt dem Bildungswesen und der Kulturförderung zugute. Wir planen, in Pakistan sowohl Papiermühlen als auch Schulen zu finanzieren.«

Ich öffnete den zweiten Koffer. Er enthielt diverse Literatur zur Papierherstellung.

»Passieren Sie bitte, Mr Marks. Willkommen in Pakistan.«

Das war knapp. Und er hatte noch meine Karte. Wo steckte Malik bloß?

Der Träger schob meine Koffer nach draußen. Weit und breit war nichts von Malik oder seinem Helfer Aftab zu sehen. Nicht nur, dass mich Malik nicht vor einer möglichen Entdeckung geschützt hatte, er ließ mich hier auch einfach mit 500 000 Dollar stehen. Ich hatte keine Ahnung, was ich tun sollte.

Der Flughafen ist einer der wenigen Orte in Pakistan, an denen es öffentliche Telefone gibt. Ich wählte Maliks Nummer. Aftab hob ab.

»D. H. Marks, wie geht es Ihnen? Onkel ist nicht da im Moment. Er war einige Tage in Baluchistan, muss jetzt aber jeden Moment zurückkommen. Wann kommen Sie nach Pakistan?«

»Ich bin schon hier. Haben Sie mein Telex gestern nicht bekommen?«

»Nein. Ich war an Telexmaschine, seit Onkel weggegangen ist. Es kam nichts von Ihnen.«

»Ich habe ein Telex geschickt, dass ich heute mit der deutschen Gesellschaft komme. Das haben Sie nicht bekommen? Das ist unmöglich. Ich habe die Empfangsbestätigung von Ihrer Maschine erhalten.«

»Nein, das Telex habe ich bekommen, aber woher sollte ich wissen, dass es von Ihnen war? Es war nicht mit D. H. Marks unterschrieben, es war aus Hongkong und nicht aus London, und wir machen keine Geschäfte mit deutscher Gesellschaft.«

»Aftab, die deutsche Gesellschaft war die Lufthansa, mit der bin ich gekommen. Na, macht nichts. Ich nehme jetzt ein Taxi ins Sheraton. Sagen Sie Onkel Malik, er soll hinkommen, wenn er zurück ist.«

Ich hängte auf.

»Mr Marks! Mr Marks!«

Ein Uniformierter rannte auf mich zu. Ich machte mich darauf gefasst, dass er mich festhalten, mitnehmen und gründlich durchsuchen würde. Ich überlegte, wie pakistanische Gefängnisse wohl so waren.

»Mr Marks, ich bin der Chef der Putzkolonne von Lufthansa. Sie haben Ihre Duty-free Parfüms im Flugzeug vergessen. Hier, bitte sehr.«

Ich bestieg den Bus vom Sheraton. Es kam mir sicherer vor, als ein Taxi zu nehmen.

»D. H. Marks, es tut mir so leid. Bitte glauben Sie mir. Ich bin so wütend auf Aftab, dass er einfaches Telex nicht versteht. Was ist los mit ihm, ich weiß es nicht. Ich versichere Ihnen, es wird nicht wieder vorkommen, *inshallah.*«

»Ich werde es nicht darauf ankommen lassen, Malik. Aber keine Sorge. Ich bin hier, und das Geld ist auch hier. Das einzig Dumme ist, dass der Zollbeamte offensichtlich Verdacht geschöpft hat, und er hat meine Visitenkarte behalten.«

Wir waren in meinem Zimmer im Sheraton in Karatschi. Sobald er in Karatschi angekommen war und von dem Missgeschick gehört hatte, war Malik zu mir gekommen.

»Ist mit der Ladung alles in Ordnung?«

»Natürlich, D. H. Marks. Sie befindet sich jetzt in meinem Lagerhaus in der Stadt. Sie wird verpackt und geruchsneutral gemacht. Es wird nicht lange dauern. Morgen sind wir fertig. Wissen Sie, wann wir schicken sollen?«

»Ja. So bald wie möglich. Der Tag ist egal. Die 500 000 Dollar habe ich Ihrem Mann bei der BCCI gegeben.«

»Ich weiß, D. H. Marks, man hat mir mitgeteilt.«

»Und Sie wissen sicherlich auch, Malik, dass ich weitere 500 000 Dollar in bar hier bei mir habe.«

»Das will ich nicht, bevor Sie Ladung gesehen und Papiere bekommen haben. Ich bin sicher, wir können am Montag schicken, dem sechsten Februar, in drei Tagen. Bitte kommen Sie übermorgen, um zu sehen. Und bitte, D. H. Marks, bleiben Sie in Hotelzimmer bis dahin. Karatschi ist gefährlicher Ort. Unerwartetes kann geschehen. Wir müssen immer Unvorhergesehenes erwarten. Amerikanische und europäische Botschaften haben alle Drogenpolizei dabei. Sie gehen durch Stadt und versuchen, Dinge herauszufinden.«

»Gibt es hier auch Agenten von der DEA, Malik?«

»Nur einen. Harlan Lee Bowe.«

An den Namen konnte ich mich noch von der Anklageschrift wegen des Rockgruppengeschäfts von 1973 erinnern.

»Gibt es britische Zollbeamte?«

»Auch nur einen. Michael John Stephenson.«

Stephenson! Wegen mir war er bei dem Prozess im Old Bailey in eine sehr unangenehme Situation geraten. Himmel, nichts würde ihm mehr Freude bereiten, als mich hier draußen zu erwischen.

»Ich werde im Zimmer bleiben, Malik. Ich werde fernsehen und lesen. Kommen Sie mich dann abholen, wenn alles bereit ist. Ich werde es aushalten. Ich habe übrigens ein paar Bücher über englische Schulen und Universitäten für Sie dabei.«

»Hier ist kleines Stück von Ihrem Haschisch für Sie, D. H. Marks. Ich weiß, Sie möchten gerne rauchen. Ich rauche auch, manchmal.«

Ich las das Material über die Papierherstellung. Es war nicht gerade aufregend, doch ich prägte mir den Fachjargon ein. Im Hotelfernseher gab es einen Videokanal. Gezeigt wurden westliche Filme mit Untertiteln in Urdu. Sämtliche Kussszenen und Darstellungen des weiblichen Körpers waren brutal zensiert worden. Damit es sich auch lohnte, waren vor und nach jeder anstößigen Stelle noch ein paar Minuten zusätzlich herausgeschnitten worden, und es war unmöglich, herauszufinden, was eigentlich in dem Film passierte. Ich rauchte das Stück Haschisch weg, das Malik dagelassen hatte. Danach war es wesentlich einfacher, der Handlung zu folgen.

Nach völlig ereignislosen achtundvierzig Stunden erschienen Malik und Aftab. Ihr Auto stand draußen. Aftab trug meinen Koffer mit dem Geld, und wir fuhren in die Slums von Karatschi. Wir kamen vor ein großes, aus Stein gebautes Lagerhaus, dessen zweifache Tore von zwei grimmig dreinblickenden Wächtern geöffnet wurden. Drinnen gab es einen Mittelbereich, der von einigen abgetrennten Räumen umgeben war. Es ging ruhig, aber geschäftig zu. Circa zwanzig Leute, die alle aussahen wie eine Kreuzung aus Yassir Arafat und Dschingis-Khan, karrten große Metallcontainer, Eimer voll Fett, Kannen mit Benzin und Schweißgeräte durch die Gegend. Manche saßen nur da und schauten zu. In einer Ecke standen vier große Stapel Pappkartons. Die Kartons waren alle professionell geschlossen und mit der Adresse von AT&T in New York bedruckt worden. Auf jedem klebte ein Etikett, auf dem auf Japanisch und auf Englisch Tokio als Herkunftsort stand. Malik hatte ganze Arbeit geleistet. Er erklärte mir den ganzen Vorgang.

Jede rechteckige Fünfhundert-Gramm-Platte wurde in eine Plastiktüte eingeschweißt. Die Tüten wurden in einen anderen Raum gebracht, mit Benzin abgewaschen und ein paar Stunden liegen gelassen. Andere Arbeiter, die kein Haschisch mit den Händen berührt hatten, brachten sie in wiederum einen anderen Raum und packten sie in Metalldosen. Die Dosen wurden zugeschweißt, in einen anderen Raum gebracht und wieder mit Benzin abgewaschen. Im nächsten Raum waren etwas größere Dosen mit angewärmtem Fett vorbereitet. Die kleineren, geschlossenen Dosen wurden in die Größeren Dosen gepackt, die dann bis zum Rand mit Fett vollgefüllt wurden. Die größeren Dosen wurden zugeschweißt und in die Pappkartons verpackt. Die Ladung konnte jetzt zum Lager im Flughafen gebracht werden, wo Maliks Hundeführer prüfen würde, ob sie wirklich geruchsneutral war.

»D. H. Marks, hier ist Ihre Kopie von Frachtbrief.«

»Es ist wirklich toll, Malik. Vielen Dank.«

»Es war meine Pflicht.«

Als ich wieder im Sheraton war, lernte ich die Nummer des Frachtbriefs auswendig und zerstörte den Zettel. Malik hatte mir ein Ticket für einen Erste-Klasse-Flug mit Swissair nach Zürich gegeben. Nach dem PIA-Flug, der unser Haschisch an Bord hatte, war es der nächste, der von Karatschi nach Europa ging. Sobald mich Malik anrief und sagte, dass die Ladung unterwegs sei, würde ich auschecken und zum Flughafen fahren. Von Zürich aus würde ich über LAPD bei Ernie anrufen. Sobald die Ladung bei Ernie wäre, würde ich Malik ein Telex schicken, dass gute Papiermühlenmaschinen vorhanden seien.

An den Flughäfen von Karatschi und Zürich ging alles glatt. Am Schalter für Hotelinformationen buchte ich ein Zimmer im Carlton-Elite, in der Nähe der Bahnhof Straße. Vom PTT-Amt in der Ankunftshalle aus rief ich Ernie an und gab ihm die Nummer des Frachtbriefs und die Telefonnummer des Carlton-Elite durch. Ich rief Phil in Bangkok an. Er sagte, Judy und die Kinder seien gerade abgereist und auf dem Weg nach London, und die Vorbereitung der Seefracht würde etwa einen Monat dauern.

Ich checkte im Hotel ein. Wieder gab es einen Videokanal, diesmal unzensiert. Ich schaute mir ein paar Filme an. Danach spazierte ich durch die Straßen Zürichs, kam aber alle zwei Stunden ins Hotel zurück. Ich war unruhig und ungeduldig – ich wollte wissen, ob das Fünf-Tonnen-Geschäft per Luft aus Pakistan funktioniert hatte. Ich wartete und wartete, dass Ernie anrief. Schließlich klingelte das Telefon.

»Mach den Champagner auf. Wir haben es. Alles da.«

Ich legte mich auf das Bett und schlief ein. Ich war völlig entspannt. Das Geschäft hatte geklappt. Ich hatte viel Geld verdient.

Dachte ich zumindest.

Nachdem ich Malik ein Telex mit der guten Nachricht geschickt hatte, flog ich spät am nächsten Tag heim nach London. Judy war schon seit einem Tag wieder dort.

»Hey, Schatz, wir sind wieder reich«, sagte ich.

»Ich glaube, es hat da ein Problem gegeben, Howard. Ernie hat angerufen. Er klang nicht so glücklich.«

Ich ging zur Telefonzelle in der Fulham Road und rief bei LAPD an.

»Bist du's, Alter?«, fragte Flash.

»Yeah, Flash. Kann ich mal mit unserem Freund sprechen?«

»Na ja, Alter, besser du sprichst mit ihm als ich. Ich stell dich durch.«

Ernie hörte sich an, als sei er schon tot. Seine Stimme war nur noch ein kaum hörbares Flüstern.

»Es ist nicht durchgekommen.«

»Was soll das heißen! Du hast doch gesagt, du hättest es! Ich habe allen gesagt, es wäre angekommen.«

»Ist es aber nicht. Tom hat gesagt, es wäre wahrscheinlich gar nicht geschickt worden.«

»Steckt Tom hinter dem Geschäft, Ernie?«

»Na ja, eigentlich war es Carls Connection.«

»Wer ist Carl?«

»Toms Boss.«

»Ich dachte, du wärst Toms Boss, Ernie.«

»Yeah, bin ich auch. Gott, bin ich müde. Ich geb dir mal Carl.«

Eine kalte Stimme mit deutschem Akzent drang durch die Leitung.

»Howard, du kennst mich nicht, aber ich hab dir einen riesengroßen Gefallen getan, als du in London im Bau gesessen hast. Ich hab dich da rausgeholt. Du bist mir was schuldig.«

»Danke, Carl. Ich nehme an, du hast deine Bezahlung dafür bekommen.«

»Das ist irrelevant. Howard, hast du mit eigenen Augen gesehen, wie die Ladung an Bord des Flugzeugs gebracht worden ist? Hast du beim Beladen zugeschaut?«

»Nein. Hast du beim Entladen zugeschaut?«

»Das ist irrelevant. Meine Leute sind hundertprozentig. Dein Typ in Pakistan schuldet uns anderthalb Millionen Dollar. Und wir hatten auch einige Ausgaben. Gib mir den Namen und die Adresse von dem Typen. Ich hol die Kohle zurück.«

»Carl, gib mir nochmal Ernie.«

»Der schläft.«

»Dann ruf ich später nochmal an.«

Was zum Teufel sollte ich Malik bloß sagen? Ich hatte nicht den leisesten Zweifel, dass es keinesfalls Maliks Schuld gewesen war, was auch immer schiefgelaufen war. Die Ladung war in New York abgezockt worden. Entweder beschiss Carl, oder er wurde von seinen hundertprozentigen Leuten beschissen.

Ich musste Malik sofort Bescheid sagen. Mit ihm zu sprechen war wirklich das Letzte, was ich jetzt tun wollte, aber per Telex und mit dem Papiermühlenjargon kamen wir hier nicht weiter. Ich stellte mir Aftab vor, wie er verständnislos auf ein Telex starrte, in dem stand, dass die gebrauchten Maschinen verschwunden seien. Ich musste anrufen. Es war ein Notfall.

»Malik, wann kann ich Sie am besten nochmal anrufen? Ich muss mit Ihnen sprechen.«

»Jetzt ist gute Zeit.«

»Die Ladung ist verlorengegangen.«

»So sei es. Diese Dinge liegen in den Händen Allahs. Wir können nur unser Bestes tun.«

»Die Amerikaner sagen, Sie hätten sie nie losgeschickt.«

»D. H. Marks, mir ist egal, was amerikanische Schweine sagen. Wenn Sie denken, dass es auf meiner Seite krumme Touren gab, dann überprüfen Sie selbst. Wenn Sie zu Schluss kommen, dass es war meine Schuld, dann ich gebe Ihnen Geld zurück und Pistole mit Patrone, um mich zu erschießen. Hier in Pakistan sind Sie noch immer mein Gast, wann immer Sie kommen wollen.«

Es war wesentlich leichter, Malik die schlechten Nachrichten zu überbringen, als ich erwartet hatte.

Ernie rief an. Er klang ein wenig besser. Ich rief ihn von einem Kartentelefon aus zurück.

»Weißt du, was man macht, wenn man vom Fahrrad fällt?«

»Keine Ahnung. Ich bin noch nie mit einem gefahren«, antwortete ich.

»Du steigst sofort wieder auf. Lass es uns nochmal mit Malik probieren.«

»Du glaubst nicht, dass er dich abgezockt hat?«

»Ich bin mir ziemlich sicher, dass er es nicht war. Ob Tom und Carl es waren, keine Ahnung, aber mit diesem Geschäft werden sie nichts zu tun haben. Dieses ist mit Bill, weißt du, der Typ, den du im Mandarin getroffen hast.«

Ernie erklärte, dass der nächste Deal einfach sein sollte. Die Anweisungen und das Geld würde Bill persönlich in einem Monat nach Karatschi bringen, vorausgesetzt, Malik könnte dafür sorgen, dass er beim Betreten des Landes nicht aufgehalten wurde.

Ich musste mich um Angelegenheiten in England kümmern. Ich traf mich mit Mickey Williams. Er gab mir 50 000 Pfund, die ich behielt. Ich brauchte Geld in London. Phil würde ich von meinem eigenen Geld in Hongkong für das Hollandgeschäft bezahlen. Der Weinimport Drinkbridge gedeihte unter der Fürsorge von John Denbigh, Jarvis und Major ›Meschugge‹ Pocock, und West End Secreterial Services bekam mehr und mehr Kunden. Außerdem schleuste ich massenweise Bargeld durch beide Unternehmen und bezahlte professionelle Leute dafür, dass sie mir eine ganze Bibliothek an Material über Papiermühlen, gebrauchte Produktionsmaschinen, Pakistan, Wasser und Tanker zusammentrugen.

Beim Hongkong International Travel Centre zahlte ich Balendo und Orca die paar Tausend Pfund, die ich ihnen schuldete. Ich erzählte ihnen von der Möglichkeit, billig an PIA-Tickets zu kommen und von der Unterstützung, die sie in Pakistan finden könnten, und bot ihnen an, mich auf meinen Reisen für ihre Agentur umzuhören, ob weitere Deals wie dieser mit PIA möglich wären. Ich würde Werbung für sie machen und zusehen, dass so viele Leute wie möglich ihre Flüge bei ihnen buchten. Balendo meinte, er würde mich gerne zum offiziellen Vertreter von Hong Kong International im Fernen Osten machen. Ich bekäme eine Provision für jeden Verkauf, den ich ihnen vermittelte, und ich könnte eine unbegrenzte Anzahl Tickets auf Kredit bekommen, sei es für mich oder für andere Personen. Er würde mir geschäftliche

Visitenkarten drucken lassen. Damit hatte ich die Fassade, die ich brauchte.

David Leigh war mit seinem Buch über mich fast fertig. Ich las durch, was er geschrieben hatte. Offensichtlich ging ihm die Puste aus – und der Platz, und die Zeit. Die ersten dreißig Jahre meines Lebens waren viel zu detailliert beschrieben worden, und die ständigen, geschickt gefälschten Dialoge gingen mir auf die Nerven. Der letzte, und, wie ich fand, interessanteste Teil meines Lebens wurde nur oberflächlich abgehandelt. Als Titel hätte ich gerne *Thank You for Smoking* gehabt. Aber David gefiel das nicht. Es sollte *High Time* heißen.

Teils als Werbung für das Buch, teils weil mir die Publicity sowieso Spaß machte, gab ich mein allererstes Presseinterview. David Jenkins, mein alter Freund aus Oxford, leitete das Interview, das die Grundlage eines Stückes darstellen sollte, das er im März 1984 im Hochglanzmagazin *Tatler* veröffentlichte. David und ich mochten uns gerne; wir waren beide begeisterte Fans vom walisischen Rugby, von den Rolling Stones und von gutem Hasch. Der Artikel stellte mich als sympathisch-frechen, rauch- und trinkfesten Kiffer mit Köpfchen dar. Auch meine Absicht, walisisches Wasser per Tanker zu exportieren, und die Ansicht der Steuerbehörden, dass ich ihnen 1 500 000 Pfund schuldete, wurden erwähnt.

Obgleich Stanley Rosenthal mir die Steuerbeamten nach wie vor geschickt vom Leibe hielt, waren sie immer noch überzeugt, dass ich weit davon entfernt war, pleite zu sein, und noch irgendwo tonnenweise Geld versteckt hielt. Bei ihrer ursprünglichen Forderung von 1 500 000 Pfund wollten sie offenbar nicht bleiben, aber mit einem Teil der 30 000 Pfund, die ich dem Zoll abgeluchst hatte, würden sie sich auch nicht zufriedengeben. Letzten Endes nahmen sie mir ab, dass ich kein Geld durch Drogenschmuggel verdient hatte, und legten sich auf eine Forderung von 40 000 Pfund fest, zahlbar bis zum Ende des Jahres. In Cash oder in Hasch konnte ich sie nicht bezahlen. Ich würde auf die Wohnung in Chelsea eine Hypothek aufnehmen müssen.

Im März war ich wieder in Hongkong, auf der Hochzeit von Hobbs und Selena. Ich war Trauzeuge. Einer von Hobbs' Freunden hatte sich bereiterklärt, April zu heiraten. Die Flitterwochen verbrachte Hobbs in Bangkok, während seine frisch Angetraute schon wieder im ›Bottoms Up‹ bei der Arbeit war.

Phil brachte die Papiere von der Schiffsladung nach Long Beach. Der Container war von Singapur unterwegs. Beim Crédit Suisse und der Hong Kong & Shanghai Bank hob ich das nötige Geld ab und gab ihm seine versprochenen 100 000, sowie weitere 75 000 Dollar für Mickeys Luftfrachtladung. Diese sollte in einer Woche losgeschickt werden. Den Frachtbrief würde ich in Bangkok abholen.

Bill wollte in zwei Tagen nach Karatschi kommen. Ich musste vor ihm dort sein.

Es gab die üblichen Litaneien über die verschwundenen fünf Tonnen von der PIA-Ladung, als ich von Hongkong in Karatschi ankam, aber Malik zeigte sich nach wie vor verständnisvoll. Ich überreichte ihm lange Listen gebrauchter Maschinen von Papiermühlen, die in England zum Verkauf standen. Außerdem sagte ich ihm, mit welchem Flug Bill kommen wollte. Malik würde dafür sorgen, dass er bei der Ankunft in Ruhe gelassen wurde.

In einem Auto mit Chauffeur vom Sheraton holte ich Bill vom Flughafen ab.

»Ich muss schon sagen, alter Freund, den Flughafen hier habt ihr gut auf der Reihe. Ich war der Einzige, den der Zoll nicht auseinandergenommen hat. Also, hör zu. Hier in dieser Tasche …«

»Warte, bis wir alleine sind, Bill«, flüsterte ich.

»Willst du damit andeuten, dieser Teppichhändler da kann Englisch?«

»Die meisten Pakistanis können Englisch, Bill.«

»Das ist mir neu. Ich dachte immer, die sprächen so 'ne Art Indisch oder so. Ich nehme an, wir fahren ins Sheraton?«

»Ich wohne dort, Bill, also möchtest du vielleicht lieber ins Hilton.«

»Nein, wenn ich wegen dieser Art Geschäfte hier bin, dann muss ich im Sheraton wohnen. Ich erklär dir später, warum.«

In seinem Zimmer im Sheraton holte Bill eine Flasche geschmuggelten Jack Daniels heraus und erklärte weiter, was er im Auto angefangen hatte.

»In dieser Tasche habe ich 300 000 Dollar. Wie viel Dope bekomme ich dafür?«

»Das kommt ganz darauf an, was damit geschehen soll, Bill, ob es per Schiff verschickt oder in Koffer verpackt werden soll, oder was auch immer.«

»Ich brauche niemanden zum Verschicken. Ich schicke es selbst über die Botschaft der Vereinigten Staaten in Islamabad. Es handelt sich hierbei um Angelegenheiten der US-Regierung, musst du wissen.«

»Du willst also nur das Dope? Um alles Weitere kümmerst du dich?«

»Na ja, ein bisschen Hilfe werde ich schon brauchen, weil ich nicht da sein werde, um alles selbst zu erledigen. Aber die ganze Organisation ist meine Sache.«

»Was genau ist zu tun?«

»Das Dope muss in speziell angefertigte Holzkisten verpackt werden. Die Maße habe ich hier. Die Kisten müssen bei der Schifffahrtslinie American President Lines im Hafen von Karatschi abgegeben werden. Die Regierung der Vereinigten Staaten wird sich um den Transport zum Flottenstützpunkt Alameda in Kalifornien kümmern. Du musst die Kisten persönlich bei den American President Lines abliefern. Wir können schließlich nicht zulassen, dass diese dopedealenden Teppichhändler Wind von der Sache bekommen.«

»Okay.«

»Howard, dir ist doch klar, dass ich bei der CIA bin, oder?«

»Ich hatte mir so etwas schon fast gedacht.«

»Die Regierung der Vereinigten Staaten hat in ganz Pakistan verstreut geheime Stützpunkte, Ausrüstung und ein Spionagenetz. Gelegentlich müssen wir Ausrüstungsteile geheim in die Staaten zurückschicken, ohne dass irgendwer einen Schimmer hat, was wir eigentlich gerade tun. Ich habe freie Hand, Teile von Aufklärungshubschraubern per Schiff mit den American President Lines zurückzuschicken. Ich habe viel Handlungsspielraum. Niemand außer mir darf die Kisten in Alameda in Empfang nehmen oder öffnen. Manchmal schummele ich ein bisschen. So wie jetzt. Ich habe Freunde in Washington, die mit jedem dieser Teppichhändler sympathisieren, wenn er nur antikommunistisch ist. Es macht ihnen nichts aus, wenn ich Dope kaufe und die Teppichhändler dadurch zu ein bisschen Geld kommen. Die American President Line gehört der CIA. Sobald das Dope an Bord ist, kann gar nichts mehr schiefgehen.«

»Also, ich gebe bei der American President Line ein paar Kisten ab, sage dir Bescheid, und der Rest ist deine Sache.«

»So in etwa, ja, aber ich werde nicht da sein. Also, hör zu. Du wirst zwar Howard gerufen, aber dein erster Vorname ist doch Dennis, oder?«

»Ja.«

»Mir ist bei diesen Teppichhändlern nämlich aufgefallen, dass die ihren Nachnamen so benutzen, wie wir unseren Vornamen. Also, wenn du bei der US-Botschaft in Islamabad anrufst, dann melde dich sicherheitshalber als Mr Dennis von der Sondereinheit.«

»Ich soll bei der amerikanischen Botschaft anrufen?!«

»Klar. Ruf sie von hier aus an. Das Sheraton gehört auch der CIA. Deshalb wohne ich auch hier. Die Botschaft wird auf deinen Anruf vorbereitet sein. Wenn du das Dope verpackt hast, dann ruf an. Sag ihnen, die Ladung für Fred Hilliard wäre bereit, und frag, wann sie sie bei der American President Line haben wollen. Bring sie dann an dem Tag hin. Das ist alles. Also, wie viel Dope kriegst du für 300 000 Dollar?«

»Es werden noch andere Kosten dazukommen, für den Transport innerhalb von Karatschi und das Verpacken. Wer in dieser Stadt mit Dope hantiert, lässt sich gut bezahlen. Ich werde dir morgen Bescheid geben. Bist du Fred Hilliard?«

»Nein, er ist mein Partner in Washington. Er kümmert sich um den Stützpunkt in Alameda. Er hat solche Dinger schon x-mal gemacht.«

»Hat Ernie dir gesagt, wer wie viel rausbekommen soll?«

»Du kriegst fünfzehn Prozent, Howard, und Malik bekommt fünfundzwanzig Prozent. Alle vorherigen Kosten werden aus den 300 000 Dollar bezahlt. Nimm das Geld mit auf dein Zimmer.«

»Das ist einfache Arbeit, D. H. Marks, Wir werden tun, *inshallah.* Aber was soll dieser Blödsinn mit Spionflugzeug? Diese Amerikaner sind verrückte Leute.«

»Wie viel können Sie für das Geld schicken, Malik?«, fragte ich.

»Inshallah, ich werde schicken zweitausend Kilo. Geben

Sie mir Anweisungen für Kisten. Wir werden alles in ein paar Tagen fertig haben.«

»Okay. In der Zwischenzeit muss ich kurz nach Bangkok.«

»Ich werde Ihnen Erste-Klasse-Ticket hin und zurück mit Thai International Airlines besorgen.«

Ich ließ Bill in Karatschi und flog nach Bangkok, um den Frachtbrief der Ladung für Mickey Williams' Freunde in Holland abzuholen. Mickey brauchte den Brief selbst, nicht nur die Nummer. Ich gab ihn Hobbs, der ihn mit zurück nach London nehmen und Mickey geben sollte. Ich überlegte, wie der wohl darauf reagieren würde, dass er ein so wichtiges Papier bei einem sogenannten Kinderficker abholen sollte.

Bill war plötzlich und ohne Erklärung aus Karatschi abgereist. Malik hatte zweitausend Kilo des guten pakistanischen Haschischs, das ich schon kannte, in die seltsam geformten Kisten verpackt. Ein kleiner Lieferwagen war gekauft und mit den Kisten beladen worden. Alles war bereit.

Ich rief bei der US-Botschaft in Islamabad an. Sie erwarteten keinen Anruf von Mr Dennis von der Sondereinheit. Sie hatten auch noch nie von Fred Hilliard gehört. Kurz, sie hatten nicht die leiseste Ahnung, wovon ich sprach. Am nächsten Tag versuchte ich es wieder, mit demselben Ergebnis.

Ich war aufgeschmissen. Von Orten wie Karatschi oder Bangkok aus telefonierten Ernie und ich nie miteinander. Das war eine heilige Regel. Ich musste raus aus der Stadt.

Ich wies Malik an, nichts zu tun, bis ich wieder da wäre, und nahm den nächstbesten Flug von Karatschi. Es war eine Maschine von Alitalia nach Rom. Ich rief Ernie an. Er hatte keine Ahnung, was mit Bill los war. Er wollte versuchen, es herauszufinden. Bei Mickey Williams hob niemand ab. Ich rief bei einigen anderen Leuten an. Judy und die Kinder waren auf Mallorca auf der Suche nach einem Haus. Ich nahm einen Flieger von Iberia von Rom nach Palma.

Judy hatte ein billiges, schönes altes Haus in La Vileta aufgetrieben, einem Dorf, das schon fast zu Palma gehörte. Es gab viel daran zu tun, doch wir beschlossen, es zu kaufen. Zwischenzeitlich hatte Judy eine kleine möblierte Wohnung in Bonanova in Palma gemietet. Es hatte kein Telefon, doch das sollte bald geändert werden. Ich rief Mickey Williams an.

»Ging glatt wie 'n Babypopo, H, alter Junge. Ist alles da. In ein paar Tagen kannst du anfangen, es in London zu verchecken.«

Endlich, endlich hatte wieder ein Deal geklappt!

Mit Air Europe flog ich nach Gatwick und traf mich im Warwick Castle in Maida Vale mit Mickey Williams.

»Die Hälfte ist draußen im Auto, H. Hier sind die Schlüssel. Wenn was schiefgeht, ist es dein Auto. Wenn du's nicht mehr brauchst, dann stell's hier in der Nähe wieder ab. Ruf mich an, wenn du mein Geld hast, und ich geb dir die zweite Hälfte.«

Ich rief Jarvis an. Er kam vorbei und nahm das Auto mit.

Ich rief bei Phil in Bangkok an und meldete, dass alles klar war.

Zwei Tage später brachte mir Jarvis das Geld vom Verkauf des Thaigrases. Das meiste davon gab ich Mickey und holte dann die zweite Ladung Gras ab.

Ich rief Ernie an. Bill war zurück in Karatschi. Alles war geregelt worden. Ich sollte sofort zurückkommen.

Ich hatte die Passkontrolle an Heathrows Terminal drei passiert und wollte gerade den Warteraum für den PIA-Flug nach Karatschi betreten, als mich ein Polizist in Zivil aufhielt.

»Wir haben nur einige Fragen an Reisende in den Osten, Sir. Ist Ihr Reiseziel Karatschi oder ein anderer Ort in Pakistan?«

»Ich habe eine Verabredung in Karatschi.«

»Eine geschäftliche Verabredung, Sir?«

»Ja.«

»Darf ich fragen, in welcher Branche Sie tätig sind, Sir?«

»Ich verkaufe Wasser.«

»Wasser?«

»Wasser, richtig. Walisisches Wasser, um genau zu sein.«

»Gibt es dafür in Pakistan eine große Nachfrage, Sir?«

»Nicht, dass ich wüsste. Aber dort in der Nähe, in Saudi-Arabien, sind sie daran interessiert, und ich treffe mich im Sheraton in Karatschi mit Scheich Abdularaman A. Alraji. Der Scheich hat mehrere Geschäfte in Pakistan. Ich treffe mich meistens dort mit ihm.«

»Dürfte ich Ihren Pass sehen, Sir? Mr Marks, ich sehe, Sie waren in den letzten Wochen recht häufig in Karatschi. In Bangkok ebenfalls. Trifft sich der Scheich auch dort gerne mit Ihnen?«

»Die Firma, für die ich arbeite, hat ihren Hauptsitz in Hongkong. Die meisten Flüge von Hongkong nach Karatschi gehen über Bangkok, und ich nutze oft die Gelegenheit, ein paar Tage in Thailand zu verbringen.«

»Vielen Dank, Mr Marks. Einen angenehmen Flug. Verkaufen Sie recht viel Wasser.«

Es war mir damals nicht bewusst, aber es war ein Beamter der Sonderermittlungseinheit der Zollbehörden, der mich erkannt und ausgefragt hatte. Er setzte sich mit Michael Stephenson in Verbindung, ihrem Mann in Pakistan. Stephenson berichtete Harlan Lee Bowe, dem DEA-Agenten in Pakistan, dass ein bekannter britischer Dopedealer demnächst in Karatschi eintreffen würde. Bowe erinnerte sich noch vom

Lautsprecherdeal 1973 an mich. Ohne dass ich es merkte, beobachteten sie, wie ich am Flughafen von Karatschi ankam. Stephenson wollte meinen Kopf. Bowe machte es nichts aus, ihm zu helfen.

Ich checkte im Sheraton von Karatschi ein. Bill war wieder verschwunden. Ich rief bei der US-Botschaft in Islamabad an.

»Guten Morgen, hier ist Mr Dennis von der Sondereinheit«, meldete ich mich sehr überzeugend.

»Guten Tag, Mr Dennis. Wir haben Ihren Anruf erwartet. Ich werde Sie zu der betreffenden Abteilung durchstellen.«

Bill hatte sich offenbar gekümmert. Gut.

Eine raue Stimme meldete sich am anderen Ende der Leitung.

»Mr Dennis, wir sind noch dabei, die Papiere vorzubereiten. Ich brauche ja nicht zu erwähnen, dass es sich um eine heikle Angelegenheit handelt. Würden Sie sich bitte wöchentlich bei uns melden, bis alles bereit ist?«

»Sicher.«

In London lockte das Geld vom Verkauf des Thaigrases. Ich konnte ebenso gut gleich zurückfliegen. Von Malik bekam ich einen kleinen grauen Koffer mit Informationen über die Papierherstellung in Pakistan und ein Erste-Klasse-Ticket von Pan American Airlines nach London. Im Flugzeug saß ich neben Elizabeth Taylor. Wir unterhielten uns über Wales. Sie stieg in Frankfurt aus.

In Heathrow erschien mein Koffer nicht auf dem Gepäckband. Das Personal von Pan Am entschuldigte sich und versicherte, sie würden ihn an meine Adresse schicken, sobald sie ihn gefunden hätten. Obwohl ich nicht wusste, dass mich Stephenson und Bowe in Karatschi überwacht hatten, war mir jetzt klar, dass man mich beobachtete. Die Befragung beim Abflug in Verbindung mit dem verschwundenen Koffer bei der Landung konnte nichts anderes bedeuten. Gepäck von Passagieren der ersten Klasse geht auf direkten Flügen nicht einfach verloren. Es befand sich nichts Kompromittierendes in dem Koffer, nur Kram über Papiermühlen, doch die Jäger waren mir offenbar auf den Fersen. Ich musste mich vorsehen.

Wenn ein Geschäft funktioniert hat, sollte man es wiederholen. Mickey Williams, Phil und ich wiederholten das Luftfrachtgeschäft von Bangkok nach Amsterdam noch einige Male, bis Mickeys Connection in Amsterdam meinte, uns nicht mehr zu brauchen. Vielleicht hatte er genug verdient, oder er bekam von anderswo billiger Haschisch zugeschickt. Große Mengen Geld flossen in meine Tresore in Europa. Während der Wiederholungen flog ich einige Male nach Bangkok und Hongkong, um mich um Frachtbriefe und Geldübergaben zu kümmern. Hobbs hatte noch einige willige Ehemänner aufgetrieben. Selena und April organisierten die Bräute dazu. Gutes Taschengeld für meine Schließfächer in Hongkong.

Die Ladung per Schiff von Bangkok nach Long Beach kam sicher an. Ansehnliche Überweisungen wurden auf mein Konto beim Crédit Suisse in Hongkong gutgeschrieben. Einige Boten von Ernie brachten mir Bargeld nach Hongkong und in die Schweiz. Ich eröffnete in Genf ein Konto und ein Schließfach. Dieser Deal konnte leider nicht wiederholt werden, da einer der Kerle in Long Beach im Zusammenhang mit einer anderen Ladung aufgeflogen war.

Einmal die Woche rief ich bei der amerikanischen Botschaft in Islamabad an. Schließlich meinte der Beamte, die Ladung solle am Sonntag, dem zehnten Juni, bei der Spedition der American President Line, Forbes, Forbes & Campbell, im Hafen von Karatschi aufgegeben werden.

Am vierten Juni kam ich in Karatschi an. Ich würde mit dem Lieferwagen etwa zwei Meilen weit fahren müssen, von Maliks Lagerhaus zum Hafen. Malik würde vorfahren, aber nicht bei Forbes, Forbes & Campbell halten, sondern sofort zur Lagerhalle zurückfahren. Bill würde es nicht gefallen, dass Malik von der American President Line wusste, aber ich hatte absolut keinen Grund, ihm zu misstrauen. Nach dem Entladen würde ich den Lieferwagen irgendwo in der Nähe des Hafens abstellen. Ich fuhr die Strecke ein paarmal mit Maliks Auto.

In Karatschi Auto zu fahren ist keine leichte Übung. Die meisten Straßen ähneln belebten Müllhalden. Die meisten Autos sehen aus wie große Baukastenmodelle, nur funktionieren sie nicht so gut. Die Lkws sind mit seltsamen Gesichtern und Landschaften in schreienden Farben verziert. Kilometerlange Staus bilden sich hinter Kamelen. Zwischen den Autos hindurch tanzen Handkarren, motorisierte Rikschas, Motorroller, Motorräder und Fahrräder einen irrsinnigen Reigen. Bettler ohne Beine schieben sich auf kleinen Wägelchen von Auto zu Auto. Die einzige Verkehrsregel in dieser Stadt ist, so schnell wie möglich nach vorne zu kommen, und dabei ist jedes Mittel erlaubt. Bei Unfällen einigt man sich ohne Polizei – mit einer Prügelei oder mit Bargeld. Ein Europäer wurde einmal gelyncht, weil er ein pakistanisches Schulmädchen überfahren hatte. Dies war der unangenehmste Teil des Geschäfts.

Am Morgen des zehnten Juni rief ich noch einmal bei der amerikanischen Botschaft an, um sicherzugehen, dass sich am Plan nichts geändert hatte. Es hatte sich etwas geändert: Die Ladung sollte erst am zweiundzwanzigsten Juni abgeliefert werden.

Bis zum fünfzehnten Juni musste ich meinen vorläufigen

Pass beim Passamt in London abgegeben haben, um einen neuen zu bekommen. Um rechtzeitig zurück sein zu können, musste ich Karatschi sofort wieder verlassen.

Innerhalb von vierundzwanzig Stunden war ich wieder in London. Das Passamt hatte befunden, dass man mir nun einen voll gültigen Pass für zehn Jahre ausstellen könnte. Es würde drei Wochen dauern. Jarvis erklärte sich einverstanden, für mich nach Karatschi zu fliegen und die Rolle des Mr Dennis zu übernehmen. Eine Woche später war er wieder da und erklärte, dass er den Lieferwagen zur American President Line gebracht hatte, dass dort aber niemand etwas davon gewusst habe. Die Ladung war nicht aufgenommen worden. Da er nicht wusste, was er sonst hätte tun sollen, ließ er den Wagen samt Kisten außerhalb der Spedition stehen, gab die Schlüssel dem Spediteur und sagte ihm, die amerikanische Botschaft würde sich bei ihm melden. Dann hatte er als Mr Dennis bei der Botschaft angerufen und ihnen die Situation erklärt. Sie versprachen, sich darum zu kümmern. Kurz bevor Jarvis zurück nach London geflogen war, hatte er Malik getroffen, der ihm versicherte, dass er sich völlig richtig verhalten habe.

Ich klärte Ernie über LAPD über den Stand der Dinge auf. Er stöhnte.

Der nagelneue Lieferwagen mit seiner wertvollen Ladung, die angeblich aus Einzelteilen von geheimer Spionageausrüstung bestand, blieb vor dem Büro von Forbes, Forbes & Campbell stehen – drei Monate lang. Malik erzählte, dass er sich zu einer regelrechten Sehenswürdigkeit in Karatschi entwickelte, da die seltsam geformten Kisten die Neugier der Hafenbesucher weckten. Doch plötzlich, ohne Vorwarnung, waren der Wagen und die Kisten wie vom Erdboden verschluckt. Ernie rief an. Die Ladung war unterwegs nach

Alameda. In ein paar Wochen hätten wir wieder Grund, mit Champagner anzustoßen.

Eine Weile lang lief alles viel ruhiger. Judy und ich besahen unser neues Haus in Spanien, das weit davon entfernt war, bewohnbar zu sein.

Im fünfzehnten Jahrhundert war eine kleine mallorquinische Siedlung namens Es Vinyet wegen ihres Weinanbaus berühmt geworden. Doch die Reben wurden durch Schädlinge vernichtet, und Es Vinyet starb für mehrere Hundert Jahre aus, bis einige Bauern am Anfang des letzten Jahrhunderts wieder dorthinzogen und ihm einen neuen Namen gaben: La Vileta. Da es so nah an den Stadtmauern Palmas stand wie irgend möglich, zog La Vileta Mallorquiner an, die in der Stadt Arbeit suchen wollten. Von einem ländlichen Dorf entwickelte es sich zu einer Schlafstadt für die Zimmerleute und Steinmetze von Palma. Ihr großes handwerkliches Geschick wendeten diese Leute auch auf die Gestaltung ihrer eigenen Wohnhäuser und öffentlichen Gebäude an: La Viletas Architektur ist alles andere als eintönig, und es gibt dort viele auffällige Häuser. Unseres war eines davon, ein dreistöckiges, hundertfünfzig Jahre altes Haus, dessen Steinmauern mehrere Fuß dick waren und in dessen kleinem Garten sich fünf riesige Palmen zusammendrängten. La Vileta hat jede Menge Bars, und wie in den meisten Bars in Spanien bekommt man dort durchaus akzeptables Essen serviert. Es gibt aber nur ein richtiges Restaurant. Dieses läuft dafür recht gut, und es trägt den treffenden Namen ›Restaurante La Vileta‹. Besitzer ist Bob Edwardes, ein Waliser, der ganz aus der Nähe meines Geburtsortes Kenfig Hill stammt. Wie nicht anders zu erwarten war, wurden wir bald sehr gute Freunde.

Es war eine sehr entspannte, gewissermaßen spanische

Zeit, während der Judy und ich versuchten, dem Haus seinen früheren Glanz zurückzugeben. Wir nahmen uns auch viel Zeit, die Insel zu erforschen.

Mehr als drei Wochen vergingen. Ich rief regelmäßig bei LAPD an, und jedes Mal sagte mir Flash, dass Ernie keine Neuigkeiten für mich hätte. Dann, eines Tages, stellte er mich zu Ernies Hotelzimmer durch.

»Scheiße, du wirst mir das jetzt nicht glauben.«

»Ich fürchte, ich habe gar keine Wahl, Ernie. Was ist los?«

»Hat Bill dir gegenüber jemals einen Typen namens Fred erwähnt?«

»Hat er, ja.«

»Nun, Fred ist gestorben, und unsere Ladung auch.«

Während die Holzkisten voll Dope schon mit der American President Line auf dem Weg nach Alameda gewesen waren, war Fred Hilliard an einem Herzanfall gestorben. Fred war der Einzige gewesen, der die Ladung entgegennehmen durfte, die jetzt sicher bald entdeckt werden würde und einen Heidenskandal auslösen würde. Die amerikanische Marine sollte eigentlich kein erstklassiges Haschisch über ihre Häfen schmuggeln. Es würde Fragen geben. Möglicherweise konnte es Regierungen den Kopf kosten. Bill war geflohen, als er von Freds Tod gehört hatte. Er war irgendwo im brasilianischen Urwald. Ernie hatte Leute ausgeschickt, die ihn suchen sollten. Wenn Bill unauffindbar blieb, wollte Ernie Tom und Carl auf den Fall ansetzen. Langsam gingen ihm die verlässlichen Regierungsbeamten aus. Wenn die Sache erst ausgestanden war, wollte er einen langen Urlaub nehmen.

Wieder war Malik unglaublich verständnisvoll. Er schlug vor, dass wir das Muttergeschäft eine Weile ruhen lassen und uns stattdessen auf Papiermühlen und andere legale Geschäfte in Pakistan konzentrieren sollten.

Ich dachte an Maliks Rat, während Judy und ich auf der Hochzeit ihres Bruders George mit Assumpta O'Brian waren. Sie fand in Belfast statt. Die vielen Gäste klangen alle wie Jim McCann. Ich fragte mich, wie es ihm wohl ging. Ich hatte schon ewig nichts mehr von ihm gehört.

George und Assumpta hatten die letzten Jahre in Beirut verbracht, wo sie im Auftrag des britischen Rates Englisch unterrichtet hatten. 1984 war ein ereignisreiches Jahr für den Libanon. Die US Marines hatten endlich aufgegeben und das Land sich selbst überlassen. Die darauffolgende Schlacht um die Herrschaft in Beirut war blutig und sehr komplex. Bomben explodierten in Gebäuden, Menschen wurden entführt und ermordet. Verwirrte westliche Zeitungsleser bemühten sich, Schiiten, PLO, Drusen und Maroniten auseinanderzuhalten. Alle, die es sich leisten konnten, verließen Beirut auf dem schnellsten Wege. George und Assumpta waren traurig, dass sie hatten gehen müssen. Sie liebten den Nahen Osten, und sie unterrichteten gerne. Jetzt hingen sie in der Luft. Wenn ich ihnen das Geld gäbe, in Pakistan eine Schule einzurichten, würden sie es tun wollen? Natürlich wollten sie.

So entstand das International Language Centre, Karatschi (ILCK). Schon nach wenigen Wochen hatten sie Beeindruckendes geleistet. Das ehemalige amerikanische Konsulat in Karatschi war zu vermieten. Wir verwandelten es in eine Schule. Hobbs bekam Urlaub von seiner Ehevermittlung in Hongkong und flog nach Karatschi, um Hausmeister der Schule zu werden. In London wurden mehrere Englischlehrer interviewt, und einigen wurde die Ehre einer Stelle in Karatschi zuteil.

Richtiges Englisch, das von richtigen Engländern unterrichtet wurde, kam in Pakistan gut an. Der Erfolg war absehbar. Malik war sehr zufrieden. Ich nahm ihn in den Vorstand der Schule auf. Dafür gab er mir einen Posten im Vorstand von Mehar Paper Mills, einem seiner Unternehmen in Karatschi.

Japan und alles Japanische hatte mich schon seit meiner Kindheit fasziniert. Das Nationalspiel, Go, spielte ich jetzt seit über fünfzehn Jahren, ich liebte rohen Fisch, und ich kaufte ständig zum Spaß optische und elektronische Geräte aus Japan. Die Geschichten von den Samurai fesselten mich, und besonders beeindruckt war ich von der Philosophie, das Leben zu beenden, wenn der Höhepunkt erreicht ist. Ich war nicht selbstmordgefährdet: Ich hatte den Höhepunkt schon überschritten, also betraf mich die Regel nicht mehr. Dennoch hatte die Vorstellung eines sich ständig verbessernden Lebens ohne die Sorgen des Alters eine seltsame Anziehungskraft. Es frustrierte mich, dass ich so oft in Hongkong war, nur wenige Stunden von Japan entfernt, und doch nie dazu kam, einen Flug nach Tokio zu nehmen.

»Hast du Lust, nach Tokio zu fliegen, Schatz?«

Judy lächelte.

»Da fragst du noch? Klar! Die Kinder werden begeistert sein. Es gibt da ein Disneyland.«

Das Nachtleben Tokios spielt sich in mehreren Gegenden ab. Eine davon heißt Roppongi und ist eine Stadt aus lauter Discos. Um sechs Uhr abends strömen Horden korrekt gekleideter Geschäftsleute mittleren Alters aus den Büros, lassen ihre Aktentaschen an der Garderobe und hotten auf den Tanzflächen ab, wobei sie in den Spiegeln an der Wand ihre Bewegungen beobachten. Judy und ich tourten durch die Clubs. Wir entdeckten ein zwölfstöckiges Hochhaus, in dem auf jedem Stockwerk eine Disco war, jede mit einem anderen Motto. Reggae, Country and Western, Doo-Wop und andere Stile wurden unten angekündigt. Im fünften Stock war ein

Club mit Namen ›Cavern‹. Neben der Tür hing ein Bild von John und Yoko. Wir zahlten und gingen hinein.

Die Räume waren so hergerichtet worden, dass sie genau so aussahen wie das Original, das ›Cavern‹ in Liverpool, ein Club, in dem ich vor über zwanzig Jahren einmal gewesen war. Auf der Bühne standen vier Japaner, die Beatles-Anzüge trugen. Sie sahen auch aus wie die Beatles. Entweder trug jeder eine entsprechende High-Tech-Hautmaske oder sie hatten sich operieren lassen, anders war eine solche Ähnlichkeit nicht möglich. Sie spielten ausschließlich Lieder von den Beatles, Wort für Wort und Note für Note perfekt. Sie waren einfach die Beatles. Es war unheimlich.

In unserem Hotel, dem Keo Plaza, erwartete mich eine Nachricht, dass ich mich bei Stanley Rosenthal melden sollte. *High Time* war herausgekommen. Die Kritiken waren vernichtend. Die Steuerbehörden hatten es gelesen und waren explodiert. Man brauchte nicht erwarten, dass sie mich nicht wie einen Dopeschmuggler behandelten, wenn ich öffentlich zugab, einer zu sein. Sie hatten ihr Angebot der Begleichung meiner Schulden zurückgenommen und wollten mich so bald wie möglich sehen. Ich flog nach London zurück und ging mit Stanley zu ihnen. Der englische Arsch Spencer war nicht mehr mit der Angelegenheit betraut, stattdessen trafen wir uns mit Price, dem höflichen Waliser. Ich erklärte ihm, dass das meiste, was ich Leigh erzählt hatte, reine Angeberei gewesen war, hinter der kein Funken Wahrheit steckte. Diese Lügen und Übertreibungen waren nur in das Buch aufgenommen worden, damit es sich besser verkaufte. Ich war mir im Klaren darüber gewesen, dass es möglicherweise Folgen haben könnte, sagte ich, und hatte deshalb meine Gespräche mit Leigh aufgenommen. Ich bot Mr Price an, dass er gerne die Aufzeichnungen anhören könne, wenn David Leigh und Heinemann nichts dagegen hätten. Mr Price schluckte den Köder und kam auf das ursprüngliche Angebot zurück, 40 000 Pfund, zahlbar bis Ende des Jahres. Ich nahm eine Hypothek auf die Wohnung in Chelsea auf und zahlte ihn.

Ein Schmuggler zu sein machte mir zwar immer noch am meisten Spaß, doch fand ich es auch weitaus lustiger, Handelsvertreter einer Reisegesellschaft zu sein als ein Weinimporteur, ein Händler mit gebrauchten Maschinen von Papiermühlen, ein Wasserspediteur oder Chef eines Sekretariats-Dienstleistungsunternehmens. Ich bekam Hotelzimmer mit der luxuriösesten Ausstattung, und das Flugpersonal überschlug sich vor Höflichkeit.

Eine sorgfältige Untersuchung meiner diversen Unternehmen brachte zutage, dass sie mehr Geld verbrauchten, als sie einbrachten. Die Bücher sahen gut aus, dank häufiger Geldwäsche, und gelegentlich hatten mir die Geschäfte auch als Tarnung gute Dienste geleistet, doch ich wollte endlich eine Firma haben, die selber Profit erwirtschaftete, anstatt nur meine Gewinne vom Marihuana zu dezimieren. Meine einzigen legalen Einnahmen zu dieser Zeit bestanden in den Provisionen, die ich von Balendo bekam, wenn gelegentlich ein Kunde von mir zu ihm kam.

Aufgrund der unübersichtlichen Regelungen für den Verkauf von Tickets für Linienflüge und der systematischen Übertretungen dieser Regelungen gab es für Londoner Reisebüros verschiedene Wege, Geld zu verdienen. Die Fluggesellschaften mussten ihre Tickets für Linienflüge zu einem bestimmten Mindestpreis an eingetragene Reisebüros verkaufen, d. h. solche, die bei der IATA (International Airline Transport Association) gemeldet waren. Das Reisebüro würde beim Weiterverkauf einen gewissen Prozentsatz, etwa zehn Prozent, auf den Mindestpreis aufschlagen.

Für die Fluggesellschaften war es aber vorteilhafter, Tickets unter dem Mindestpreis zu verkaufen, als mit fast leeren Maschinen zu fliegen. Daher kam es zu unerlaubten Deals zwischen den Fluggesellschaften und nicht eingetragenen Reisebüros, die billigere Tickets anbieten und trotzdem fünfundzwanzig bis dreißig Prozent Profit machen konnten, je nachdem, wie gut ihr Verhältnis zu den Fluggesellschaften war.

Wenn ein Reisebüro gut mit ihnen zusammenarbeitete, gewährten die Fluggesellschaften ihm oft beachtlichen Kredit, manchmal bis zu drei Monaten. Das Reisebüro bekam sein Geld von den Kunden oft lange, bevor es die Fluggesellschaft bezahlen musste. Somit war Kapital für kurzfristige Investitionen vorhanden, wodurch das Reisebüro noch zusätzlichen Profit machen konnte.

Dank der Knochenarbeit von Balendo und Orca hatte das Hong Kong International Travel Centre erstklassige Beziehungen mit verschiedenen fernöstlichen Fluggesellschaften aufgebaut. Beim Verkauf von Tickets sprangen gute Profite heraus. Der Gesamtumsatz war aber nicht berauschend, vor allem wegen der ungünstigen Lage des Büros, und somit konnte das Unternehmen den Kredit der Fluggesellschaften nicht wirklich nutzen.

Balendo und Orca hatten des Öfteren erwähnt, dass sie planten, wenn sie genug Kapital hätten, ein zentraler gelegenes Büro zu eröffnen und sich den gesamten Markt für Reisen nach Fernost zu sichern, indem sie billigere Flüge als alle anderen Büros anboten. Die Einnahmen wollten sie dann an der Hongkonger Börse investieren, zu der Balendos Familie die richtigen Connections hatte.

Ich bot ihnen an, 100000 Pfund in ihr Geschäft zu investieren, wenn sie mich einsteigen ließen. Ich wollte mich aktiv beteiligen, versprach aber, ihnen nicht in die Quere zu kommen.

Sie nahmen das Angebot an. Ich löste die Firmen in der Carlisle Street 18 in Soho auf und zog aus. Hong Kong International mietete ein großzügig geschnittenes Büro mit großem Fenster in der Denham Street beim Piccadilly Circus und zog ein. Wann immer ich in London war, was immer seltener vorkam, je mehr ich mich an Palma gewöhnte, verbrachte ich den größten Teil des Tages dort.

Hong Kong International kaufte gelegentlich Tickets von CAAC, der staatlichen chinesischen Fluggesellschaft. Balendo war überzeugt davon, dass er bessere Angebote bekäme, wenn er selber einmal nach Peking reiste. Er fragte, ob ich mitkommen wollte.

Im Frühjahr 1985 waren Reisende aus westlichen Ländern in China noch die Ausnahme, selbst in Peking. China hatte seine Tore geöffnet, sonst aber nichts getan, um Besucher anzulocken. Peking war ein völlig abgefahrener Ort. Überall waren Fahrräder. Man sah keine Vögel in der Luft, keine Hunde auf den Straßen. Es gab keine Taxis. Wo immer möglich, wurden Ausländer von Chinesen getrennt. Sie mussten in anderen Geschäften einkaufen und spezielles Monopolygeld verwenden, sogenannte Foreign Exchange Certificates, die Chinesen nicht bekommen konnten. Entsprechend hoch waren die Wechselkurse auf dem Schwarzmarkt.

Als Gäste der CAAC durften Balendo und ich die Verbotene Stadt und den Tianamenplatz besichtigen. Als Gäste der Chinesischen Eisenbahn wurden wir zu den Gräbern der Ming und zur Chinesischen Mauer gebracht, über die wir in die Äußere Mongolei kletterten.

In den Büros der CAAC gab es mehrere Treffen, die in absolut unverständlichen Sprachen abgehalten wurden. Ich verstand sehr wenig, doch aus dem letzten Treffen kam Balendo mit einem sehr breiten Grinsen heraus. Die CAAC hatte sich bereiterklärt, uns Tickets zu äußerst niedrigen Preisen zu verkaufen. Außerdem durften wir als Einzige in Großbritannien chinesische Visa ausgeben – und uns dafür bezahlen lassen –, und wir waren das erste Reisebüro, das außerhalb Chinas Tickets für chinesische Inlandsflüge verkaufen durfte. Balendo wollte nicht mit der Sprache herausrücken, wie er das alles erreicht hatte. War das etwa irgendein krummer chinesischer Gangsterdeal? Ich hoffte es. Wahrscheinlicher war allerdings, dass Geld gezahlt worden war oder werden würde, vermutlich ein Teil meiner 100000 Pfund.

Auf dem Rückweg von Peking legte ich einen Zwischenstopp in Bangkok ein. Phil schlug mir ein neues Geschäft vor. Er wollte mit mir einen Massagesalon eröffnen. Keine sehr originelle Idee in Bangkok. Die halbe Stadt besteht aus Massagesalons: an Straßenecken, in Hotels oder neben öffentlichen Parkplätzen. Manche waren auf Oralsexorgien spezialisiert. In anderen konnte man sich tatsächlich massieren lassen. Die beliebtesten waren die, in denen man Ganzkörpermassagen bekommen konnte, bei denen der Kunde auf eine Luftmatratze gelegt und mit warmem Öl oder Seifenwasser übergossen wird. Dann wird er abgeschrubbt – nicht mit einer Wurzelbürste, sondern mit einer Muschi. Extras waren möglich, mussten aber gesondert bezahlt werden. In Erste-Klasse-Hotels bekam man nur ganz normale (fast ganz normale) Massagen. Sie ließen sich eine Menge Geld dadurch entgehen, dass sie keine Ganzkörpermassagen anboten.

Der größte Einkaufs-/Hotelkomplex in Asien ist der, in dem sich das Hyatt Central Plaza befindet, genau zwischen dem Stadtzentrum von Bangkok und dem Don Muang International Airport. Das Hyatt ist ein Fünf-Sterne-Luxushotel, das erste auf dem Weg vom Flughafen nach Bangkok. Seine Kundschaft bestand im Wesentlichen aus Piloten, die sich zwischen zwei Flügen ausruhten, und Geschäftsleuten, die nur kurz blieben. Es gab keinen Grund für die Gäste, in die Stadt zu fahren, insbesondere, da das manchmal sehr lange dauern konnte. Das Hotel bot ausgezeichnete Restaurants, Sportanlagen, endlose Einkaufspassagen, nagelneu und spiegelblank, Aufzüge und Springbrunnen, wohin man blickte. Man konnte hier einfach alles bekommen. Alles, außer Ganzkörpermassagen. Das Hyatt hatte Phil gestattet, im Untergeschoss einen Massagesalon zu eröffnen. Damit es nicht zu auffällig wäre, sollten auch normale Massagen, Haareschneiden und Maniküre zum Service gehören. Etwa dreißig professionelle Masseusen sollten Vollzeit angestellt werden. Ihre Dienste könnten die Gäste einfach auf ihre Hotelrechnung setzen lassen. Das Hotel würde dann Phil bezahlen. Das Wort ›Ganzkörpermassage‹ würde natürlich nie auf einer Rechnung erscheinen. Und statt ›Blasen‹ hieße es ›Fönen‹. Manche Ehefrauen und knickrige Firmenbosse würden sich vielleicht über die Häufigkeit von Friseurbesuchen und Zehennägelschneiden wundern, aber im Großen und Ganzen dürfte es nicht weiter auffallen. Der Kunde könnte die Masseuse sogar auf sein Zimmer bestellen. Das Hyatt wäre das erste Luxushotel Bangkoks mit eigenem Bordell, und dessen Zimmerservice auch Nutten beinhaltete. Phil wollte, dass ich mich mit fünfzig Prozent beteiligte.

Eigentlich hatte ich nie das Bedürfnis verspürt, so etwas wie ein besserer Zuhälter zu werden, aber ich konnte einfach nicht widerstehen. Den Leuten erzählen zu können, dass ich Vertreter eines Reisebüros war, war nützlich und gab mir Sicherheit. Aber zu erzählen, dass ich einen Massagesalon in Bangkok besaß, würde wesentlich mehr Spaß machen. Wenn ich jemanden beeindrucken wollte, brauchte ich ihm nur einen Mitgliedsausweis für kostenlose Ganzkörpermassagen in die Hand zu drücken.

»Ich mach mit. Wie hast du das hingekriegt, Phil?«

»Über diesen Typen, von dem ich dir erzählt habe, Lord Moynihan. Er besitzt Massagesalons in jeder Menge Hotels auf den Philippinen, unter anderem in allen Hyatts. Ich würde ihm zutrauen, seine eigene Großmutter zu verkaufen, aber er ist nützlich und hat ein paar ganz erstaunliche Connections. Von Marcos abwärts kennt er jeden auf den Philippinen. Und am Flughafen von Manila kann er machen, was er will.«

»Wie hast du ihn kennengelernt?«

»Über Jakob den Lügner, Jack ›den Schwindler‹ Warren. Kannst du dich noch an seinen Sohn erinnern, Barrie, der 1979 gestorben ist?«

»Ist Moynihan ein echter Lord?«

»Auf jeden Fall. Ich hab ihn überprüfen lassen. Er ist Lord Moynihan of Leeds. Colin Moynihan, der britische Sportminister, ist sein Halbbruder. Er war ein ziemlich unbequemes Mitglied des Oberhauses, bei der Sache mit Gibraltar war er für Spanien. Er ist bei irgendeiner kleinen Betrügerei erwischt worden, und auf einmal hieß es irgendwas mit Mord, also hat er sich ganz schnell nach Spanien verdrückt. Franco hat ihn aufgenommen, und hat ihn zu 'nem spanischen Ritter gemacht oder so was. Dann hat er sich auf den Philippinen niedergelassen. Korrupter als der kann man gar nicht sein. Ging zur selben Uni wie du, Oxford, ist aber ein gutes bisschen älter als du. Ich hab ihm von dir erzählt, nur, dass ich einen anderen Ganoven aus Oxford kennen würde, und er will dich kennenlernen. Wir sollten mal nach Manila fliegen. Es würde dir gefallen.«

Phil und ich nahmen einen Flug von Philippine Airlines

von Bangkok nach Manila. Die Türen des Flugzeugs wurden geöffnet, und Jack der Schwindler und Lord Moynihan kamen an Bord. Ich war beeindruckt. Jack und ich umarmten uns.

»Tut mir leid wegen Barrie, Jack.«

»Vergeht kein Tag, wo ich nicht dran denke, Howard. Gut siehst du aus.«

Phil stellte mich Moynihan vor.

»Sag doch Tony zu mir. Sehr erfreut, dich kennenzulernen, alter Junge. Wir sollten jetzt wohl aussteigen. Habt ihr viel Gepäck?«

»Gar keins, Tony, nur unsere Taschen hier.«

»Oh, dann hätte ich meinen Träger zu Hause lassen können. Na, macht nichts. Soll ich eure Ausweise nehmen?«

Wir folgten Moynihan aus dem Flugzeug und an den langen Schlangen bei der Zollabfertigung vorbei. Er gab unsere Ausweise einem Beamten, der sie lächelnd abstempelte. Direkt vor der Tür, von einigen Bewaffneten umgeben, stand Moynihans Cadillac-Limousine. Wir stiegen ein.

»Ihr seid natürlich herzlich eingeladen, bei uns zu wohnen, wir haben allerdings im Moment deutlich mehr Hausgäste als gewöhnlich. Deshalb habe ich vorsichtshalber VIP-Zimmer im Manila Mandarin in Makati gebucht. Phil und Howard, bitte kommt doch morgen, Sonntagmittag, zum Essen zu mir. Ich schicke euch um ein Uhr diesen Wagen vorbei. Soweit ich weiß, Jack, hast du ja für morgen schon andere Pläne.«

Jack gehörte nicht zu Moynihans Hausgästen. Er wohnte auch im Manila Mandarin. Phil ging los, um eine Freundin in Manila zu treffen. Jack und ich gingen was trinken.

Jack ging schon auf die siebzig zu und litt sehr unter dem Tod seines Sohnes, der in Bangkok auf der Straße an einer Überdosis Heroin gestorben war, aber dennoch konnte er einen durch seinen australischen Humor und seine immer neuen Einfällen nach wie vor dazu bringen, dass man sich den Bauch halten musste vor Lachen. Er hatte immer was zu erzählen. In den Sechzigern hatte er mit Mick Jagger eine Gefängniszelle geteilt. Die meisten der teuersten Juweliergeschäfte der Welt waren schon von ihm bestohlen worden. Zuerst gingen wir nach Del Pilar, wo sich das meiste Nachtleben abspielte. Es ähnelte Bangkoks Patpong – Mädchen in Bikinis, die auf Tischen und Bars tanzten –, aber es war deutlich billiger, und die Musik war wesentlich besser. Gegen einen lächerlichen Preis, den man an den (meist amerikanischen oder australischen) Besitzer der Bar zahlte, konnte man sich von den Tänzerinnen Gesellschaft leisten lassen. Die Hotels nahmen immer noch Gäste auf. Einige der Bars waren völlig abgedreht, insbesondere eine, die ›Blow Job on the Rocks‹ hieß, in der man, wenn einem danach war, seinen Schwanz in einen Mund voll gecrushtem Eis stecken konnte.

Wo immer er hinging, sammelte sich um Jack eine Horde bettelnder Kinder. Er gab ihnen eine ganze Menge Geld. Fünf junge Bettler umringten ihn, als er vorschlug, woanders hinzugehen. Wir quetschten uns alle zusammen in einen Jeepney, das am weitesten verbreitete Transportmittel für kurze Strecken auf den Philippinen. Jeepneys werden aus Teilen von Panzern zusammengebaut, die die Amerikaner nach dem Zweiten Weltkrieg auf den Philippinen zurückgelassen haben. Außen sind sie bunt bemalt und mit Hunderten Spiegelchen und kleinen Pferdefiguren geschmückt. Innen wirken sie wie Aladins Höhle, voller römisch-katholischem Kitsch und mit dröhnender Musikanlage.

Unser Jeepney hielt vor der Bar ›The Pearly Gates‹, deren wesentlicher Unterschied zu anderen Bars in Manila in ihrer Bedienung bestand: Alle Angestellten waren Nonnen.

Nonnen brachten die Gäste zu einem freien Tisch, Nonnen nahmen die Bestellungen auf, Nonnen servierten die Drinks. Nonnen sagten auch die äußerst freizügigen Darbietungen an. Jack und ich tranken Bier. Die Bettler tranken Coca-Cola.

Die Nonnen sagten eine Tanzrunde mit Abklatschen für die Damen an. Einige Paare begaben sich auf die Tanzfläche. Ein paar Nonnen drängten sich zwischen den Paaren hindurch, klatschten ab und tanzten mit den belustigten Herren. Jack ging zu einem tanzenden amerikanischen Paar, tippte der Dame auf die Schulter und versuchte, mit ihrem Partner zu tanzen. Der fand das gar nicht komisch. Er schien es auf eine Rauferei ankommen lassen zu wollen. Einige der Bettler zogen ihre Messer. Wenn sie für irgendwen töten würden, dann für Jack. Man beruhigte sich wieder.

»Sind das eigentlich echte Nonnen, Jack?«

»Hab ich mich auch schon oft gefragt. Gibt wohl nur einen Weg, es rauszufinden.«

»Und wie?«

»Probieren, ob man ein paar davon für den Abend kaufen kann. Ich geh mal die Schwester Oberin dort hinter der Theke fragen.«

Jack und die Äbtissin diskutierten an der Bar etwas aus. Jack drückte ihr etwas Geld in die Hand und kam zu mir zurück, bis über beide Ohren grinsend.

»Wir haben zwei, bis Mitternacht.«

Im Jeepney benahmen sich die zwei Nonnen tatsächlich wie Nonnen und beantworteten alle Fragen, als wären sie Nonnen. Sie waren aber nicht im Geringsten scheu und zuckten nicht mal mit der Wimper, als ich einen Joint mit Thaigras anzündete, den ich aus Bangkok herübergeschmuggelt hatte.

Wir hielten vor einer Bar namens ›The Hobbit House‹. Zu neunt drängten wir uns die enge Treppe hinunter und wurden von einer ganzen Schar Zwerge herzlich begrüßt. Keiner der Angestellten und Tänzer war größer als ein Meter fünfzig.

»Na, magst du nicht auch ein paar von denen hier kaufen, Jack?«, fragte ich im Scherz.

»Gute Idee. Ich nehm sieben davon mit. Sieben verfickte Zwerge. Und bevor die Nacht ’rum ist, krall ich mir noch ’n Schneewittchen dazu.«

Nach einigen weiteren Drinks in bizarren Bars purzelten fünf philippinische Straßenbettler, sieben Zwerge, zwei Nonnen, Jack der Schwindler und ich vor dem Manila Mandarin aus dem Jeepney. Jack ging zur Rezeption und bat um einen Tisch für sechzehn Personen im Gourmetrestaurant des Hotels.

Die Hotelangestellten waren Jacks ausgefallene Wünsche gewohnt. Er gab ihnen Unsummen an Trinkgeldern, und von daher kamen sie ihnen auch stets nach. Zwar waren sie nicht gerade begeistert von dem seltsamen Trupp, der durch ihre Plüschlobby schlurfte, aber sie hüteten sich, etwas zu sagen.

Jack bestellte zu viel von allem: Hummer, Austern, Braten und Geflügel und den gesamten Desserttisch. Die Nonnen und die Zwerge langten kräftig zu. Die Betteljungen aßen nichts, steckten aber alle Reste in Plastiktüten und nahmen sie mit. Jack bezahlte die schwindelerregende Rechnung, gab allen Kellnern fürstliche Trinkgelder, begleitete die Nonnen, Zwerge und Bettler zu dem noch immer wartenden Jeepney und wünschte allen eine gute Nacht.

Ein Uhr mittags am nächsten Tag wartete Lord Moynihans Limousine vor dem Manila Mandarin. Der Chauffeur brachte Phil und mich über die Grenzen der City hinaus in eine noble, teure Wohngegend. Wir fuhren die Einfahrt eines großen Hauses hinauf, das einst dem peruanischen Botschafter gehört hatte. Moynihan begrüßte uns und stellte uns Editha vor, seine schöne philippinische Gattin, sowie seine drei Hausgäste: Jimmy Newton, ein Londoner Anwalt, seine Frau Helen, eine Australierin und eine Australier namens Joe Smith. Joe sah aus wie eine Mischung aus Crocodile Dundee und Kirk Douglas. Er hatte Tattoos auf den Armen und lachende Augen. Einige Bedienstete brachten uns erfrischende Cocktails. Moynihan ging mit mir in sein Arbeitszimmer. Wir setzten uns an den Schreibtisch.

»Howard, was wir in diesem Raum miteinander besprechen, bleibt unter uns, verstehst du. Ich weiß, Phil ist ein guter Freund von dir, zumindest behauptet er das, oder? Aber es wäre mir lieber, wenn er nicht die Einzelheiten aller Gespräche erfahren würde, die wir vielleicht miteinander führen. Ist das klar? Ich habe gehört, dass ein Buch über dich geschrieben worden ist. Ich würde es zu gerne lesen. Hast du es vielleicht dabei?«

Ich hatte meistens ein paar davon einstecken, um sie leicht zu beeindruckenden Fremden vor die Nase zu halten.

»Ja, Tony, ich habe eins im Manila Mandarin. Ich werde es dir bei Gelegenheit geben. Wer hat dir denn davon erzählt?«

»Dein Freund, Phil. Siehst du, das ist es, weshalb ich ihm nicht so ganz vertraue. Er ist ein wenig indiskret. Aber du wirst mir eines zukommen lassen?«

»Sicher.«

»Mit Unterschrift?«

»Wenn du willst.«

»Ausgezeichnet. Jimmy, den du gerade kennengelernt hast, ist mein allerbester Freund. Wir waren zusammen in Stowe und in Oxford. Auf welcher Schule warst du übrigens? Phil war ein wenig ausweichend, als ich ihn danach fragte. Er sagte, du wärst in Oxford gewesen, wusste aber nichts Weiteres.«

»Ich war auf einem gemischten Gymnasium in Südwales.«

»In diesem Fall, Howard, gehe ich wohl recht in der Annahme, dass du das Jesus College in Oxford besucht hast, die Heimat vieler hervorragender walisischer Geister?«

»Nein. Ich war in Balliol.«

»Tatsächlich! Es ist lange her, dass ich die Ehre hatte, einen Graduierten von Balliol bewirten zu dürfen. Wie dem auch sei, zurück zum Thema. Ich werde mir lange Umschweife ersparen, Howard. Ich weiß, du bist ein Mann mit Charme und Intelligenz, du bist reich, und du hast Erfahrung in gewissen, sagen wir, unorthodoxen Handelsmethoden. Meine Intuition sagt mir, und ich verlasse mich auf sie, dass wir einander von Nutzen sein könnten. Entschuldige, dass ich so unverblümt rede, aber du brauchst doch gelegentlich einen falschen Pass, oder?«

Ich lächelte.

»Nun, Jimmy kann die allerechtesten falschen Pässe besorgen, britische, versteht sich. Etwas anderes wollte man ja heutzutage gar nicht mehr sein. Wenn du einen benötigst, wäre es die einfachste Sache der Welt, einen zu organisieren. Soll ich ihm sagen, dass du möglicherweise sein Kunde werden willst?«

Seit ich Mr Nice gewesen war, hatte ich keinen falschen Pass mehr benutzt, und ich hatte auch eigentlich nicht das Gefühl, dass ich zurzeit einen brauchte. Aber man weiß ja nie.

»Ja, bitte, Tony. Danke. Und Joe, verkauft der auch falsche Ausweise?«

Moynihan brach in sein charakteristisches, übertrieben lautes Lachen aus.

»Nein, nein, nein. Ich dachte mir schon, dass du als Nächstes nach ihm fragen würdest. Nein, Joe Smith war der Erste, der jemals Marihuana nach Australien geschmuggelt hat. Wie du siehst, kenne ich einige interessante Leute, nicht wahr! Ich nehme an, Joe schmuggelt immer noch Marihuana nach Australien. Außerdem baut er es hier auf den Philippinen an; ich glaube, er benutzt thailändische Samen. Macht das irgendwie Sinn?«

Ich fand, das ergab durchaus einen Sinn. Joe interessierte mich.

»Nun, Howard, er wollte dich schon lange einmal treffen. Wir waren beide begeistert, als Phil uns berichtete, er hätte dich überredet zu kommen. Ihr seid einander vorgestellt worden. Es steht euch völlig frei, miteinander Geschäfte zu machen. Ich wäre natürlich dankbar für eine Art Provision, doch deren Umfang überlasse ich ganz euch.

Howard, ich werde abermals direkt sein. Ich lebe seit siebzehn Jahren hier und kenne jeden, der auf den Philippinen jemand ist. Elizabeth Marcos ist eine sehr gute Freundin von mir, ebenso wie viele andere Mächtige. Was immer deine Pläne hier auf den Inseln sind, und das darfst du wörtlich nehmen, du kannst sicher sein, dass ich dir besser als jeder andere helfen kann, sie zu verwirklichen. Zum Beispiel konnte ich für Joe ein großes Stück Land in der Mountain Province für seine landwirtschaftlichen Tätigkeiten organisieren. Er sagt, es sei ideal für seine Zwecke. Es war eigentlich gar kein Problem, da ich mein Sommerhaus in Baguio habe, ganz am Rande der Mountain Province. In Manila ist es im Sommer viel zu heiß. Wenn ich irgendetwas für dich tun kann, dann zögere bitte nicht, zu fragen.«

»Tony, hast du irgendeine Verbindung zu den Philippine Airlines?«

»Natürlich, warum?«

»Gelegentlich bin ich Vertreter eines Reisebüros. Meine Firma ist auf China spezialisiert, ich komme gerade aus Peking. Ich bin aus Bangkok mit Philippine Airlines hergeflogen, und dabei ist mir aufgefallen, dass gerade ein Flug zwischen Manila und Peking eingerichtet worden ist. Da die Philippine Airlines auch zwischen Manila und London fliegen, könnten wir unseren Kunden eine Alternativroute von London nach China anbieten, eventuell mit einigen Tagen Zwischenstopp auf den Philippinen.«

»Howard, ich muss schon sagen, das ist nicht ganz, was ich erwartet hatte. Aber trotzdem, Ramón Cruz, der die Philippine Airlines leitet, ist schon seit Jahren mit mir befreundet. Ich hätte ihn ohne Weiteres ebenfalls heute zum Essen einladen können. Er wäre auf jeden Fall gekommen. Lass mich wissen, wann du ihn treffen willst. Soll ich dir Joe hereinschicken? Ich werde mal nachsehen, wie es mit dem Essen vorangeht. Es gibt Lamm.«

Moynihan ließ mich in seinem Arbeitszimmer allein. Ich schaute die Bücher auf den Regalen an: *Burke's Peerage, Who's Who, The Oxford Dictionary of Quotations, History of the English-Speaking People.* Dazwischen, unauffällig wie ein Leuchtturm, David Leighs *High Time.* Moynihan war ein sehr nachlässiger Lügner. Aber warum die Frage nach dem Jesus College? Vielleicht hatte er das Buch nicht gelesen. Vielleicht sammelte er Bücher mit Autogramm.

Joe Smith kam herein.

»Prima, dich endlich kennenzulernen, Mann. Ich sag dir wahrscheinlich nichts Neues, aber trau diesem Arsch von Moynihan nicht. Ich geh jede Wette ein, der Arsch hat dir alles über mich erzählt.«

Ich grinste und nickte. Ich mochte Joe.

»Na ja, machen wir das Beste draus. Was ich brauche, ist eine gute Connection in Pakistan. In Bangkok hab ich einen Typen, der mir erstklassiges Zeug liefert. Phil kennt ihn. Hier hab ich auch, was ich brauche. Ich hab mein ganzes Leben lang Dope nach Australien geschafft. Ich brauche jemanden, der mir Shit aus Pakistan besorgen kann. Da gibt's daheim eine riesige Nachfrage für. Kredit brauch ich nicht. Alle vorherigen Kosten kann ich bezahlen. Ich bin aber noch nicht so weit. Ich wollte nur wissen, ob ich auf dich zurückkommen kann, wenn die Zeit dafür reif ist. Aber komm doch erst mal vorbei und schau dir an, was ich in Sydney so habe.«

»Du kannst mich jederzeit anrufen, Joe.«

Wir gaben uns die Hand, tauschten unsere Telefonnummern aus und gingen dann zu den anderen, die schon bei Tisch saßen. Moynihan erzählte und erzählte.

»Die Philippinen sind ein ganz außergewöhnliches Land: achttausend Inseln, die über ein immenses Gebiet des Pazifischen Ozeans verstreut sind. Wusstet ihr, dass es hier mehr als achtundfünfzig verschiedene Stämme und Sprachen gibt, von denen keine der anderen in geringster Weise ähnelt? Der spanische König Philip hat sie einfach alle zusammengenommen und ihnen seinen Namen aufgedrückt. Die Spanier regierten von Mexiko aus über ihre primitiven Untertanen, gaben ihnen spanische Namen und machten sie zu Katholiken. Die Priester meinten, ja, es ist schon in Ordnung, durch die Straßen zu tanzen und zu singen, aber denkt bitte daran, dass es St. Stephen's Day ist, und nicht Pisangpisang oder so ähnlich. Dann haben ihnen die Priester die Story von der Kreuzigung erzählt, mit Blut und Nägeln und was nicht allem, und die Eingeborenen fanden das natürlich ganz irre. Die haben's gefressen. Und ein paar Jahrhunderte später kamen die Amerikaner einmarschiert und machten sie zu ihrer einzigen Kolonie. Vor dem spanisch-amerikanischen Krieg hatte es nie eine amerikanische Kolonie gegeben und seitdem auch nie wieder.«

Jimmy Newton meldete sich zu Wort.

»Dieser Anfall von Imperialismus muss die Briten ja amüsiert haben, vor allem damals, als das Empire gerade auf seinem Höhepunkt war.«

»Oh, allerdings, Jimmy, das tat es. Du kennst doch sicherlich *The White Man's Burden* von Kipling, oder?«

»Ich kann mich gerade nicht so genau erinnern, Tony.«

Moynihan gab einen übertrieben dramatischen Vortrag des Gedichts zum Besten.

Take up the White Man's burden –
Send forth the best ye breed –
Go, bind your sons to exile
To serve your captives' need;
To wait in heavy harness
On fluttered folk and wild –
Your new-caught, sullen peoples,
Half-devil and half-child.

»Man kann sich schon denken, was gemeint ist, wenn es heißt, die Philippinen haben zweihundert Jahre in einem Kloster und fünfzig Jahre in Hollywood verbracht«, war Jimmy Newtons Kommentar.

Moynihan lief zu Hochform auf.

»In der Tat, das kann man, und als Ergebnis davon wollen jetzt alle Filipinos entweder in den Himmel oder nach Los Angeles kommen. Letzteres scheint ihnen aber noch lieber zu sein. Doch von dieser krankhaften Sehnsucht nach den Vereinigten Staaten einmal abgesehen, gibt es nichts, was sie verbindet, keine gemeinsame Kultur, kein Nationalstolz. Genaugenommen sind die Philippinen meines Wissens nach das einzige Land, in denen Mischlinge höher angesehen werden als die Eingeborenen selbst. Ganz erstaunlich! Trotzdem, es sind so wunderbare Leute. Ich liebe Kiplings Beschreibung von ihnen – ›Halb Teufel und halb Kind‹.«

Lady Editha servierte den Kaviar.

»Sind das die Fischeier, die du von den Philippine Airlines geklaut hast, Tony?«, fragte Joe.

»Nun ja, das Personal der ersten Klasse war bei ihrer Beschaffung in der Tat sehr hilfreich, doch ich denke, ›geklaut‹ ist nicht der richtige Ausdruck. Im Gegenteil, ich würde annehmen, dass sie sich reichlich belohnt fühlen. Das ist das Einzige, mit dem ich mich auf den Philippinen nie habe anfreunden können: das Essen. Selbst in den teuersten Restaurants kommt man zu dem Schluss, dass sie sich nur das Schlimmste aus der spanischen und der chinesischen Küche angeeignet haben; und der Brei, der sich aus der Kombination ergibt, ist schier ungenießbar. Dementsprechend muss ich mir Grundnahrungsmittel wie Foie Gras und Kaviar auf eigenen Wegen beschaffen. Sogar anständige Christmas Puddings und Colman's Senf müssen extra importiert werden.«

»Das ist sicherlich hart, Tony«, meinte Joe.

»Ehrlich gesagt, ja, das ist es. Ich will doch bloß essen, was ich gewohnt bin. Ich bin zufrieden, dafür zu zahlen, und wenn ich es vom Chefsteward der Philippine Airlines kaufen muss, dann tu ich das.«

»Schmeckt dir denn gar nichts von der philippinischen Küche, Tony?«, fragte ich.

»Eine Spezialität haben sie schon, die mir zusagt, und zwar den Kieferknochen vom Thunfisch, auf ganz eigene Art zubereitet. Das gibt es nur in einem einzigen Restaurant auf der ganzen Welt, gleich bei Davao auf Mindanao. Ich war gerade erst dort. Wir könnten da mal hingehen, Howard. Du wirst die Philippinen doch sicher bald einmal wieder besuchen.«

Auf Belugakaviar und Vodka Stolichnaya folgte gebratenes Lamm, mit reichlich Château Palmer zum Nachspülen. Der Nachtisch bestand aus *Crème Brûlée,* dazu ein Château d' Yquem. Zum Kaffee setzten wir uns auseinander. Phil saß bei Moynihan und Joe. Ich saß neben Jimmy Newton.

»Jimmy, ich hätte Interesse daran, eines deiner Bücher zu kaufen. Wie sind denn deine Bedingungen?«

»Oh, das freut mich. Ich brauchte zwei Fotos und eine Anzahlung von fünfhundert Pfund. Wenn du mit dem fertigen Pass zufrieden bist, nochmal zweitausend Pfund.«

»Sind es echte, wirklich vom Amt ausgestellte?«

»Ich nehme nur Personen, die es wirklich gibt und die aus irgendeinem Grund nicht reisen wollen. Normalerweise Londoner Obdachlose. Ich bekomme ihre Geburtsurkunden, den Rest übernehme ich.«

»Wunderbar. Wir sind im Geschäft.«

»Ausgezeichnet. Wenn du andere Leute weißt, Howard, die ebenfalls Interesse hätten, zahle ich gerne eine Provision.«

Ich dachte an Hobbs und seine zweifelhaften Freunde. Wenn man ihnen falsche Ausweise verschaffte, konnten sie noch mehr Hongkonger Mädchen heiraten und mehr Geld verdienen. Die Idee barg ein gewisses Potenzial.

»Ich werde dir Bescheid geben, Jimmy.«

Jimmy Newton gab mir seine Adresse in Knightsbridge und seine Telefonnummer.

Am nächsten Tag flog ich mit Phil zurück nach Bangkok. Moynihan hatte ihm erzählt, dass ich um Hilfe für ein Geschäft mit Philippine Airlines gebeten hatte. Ich erklärte Phil ausführlich die Entwicklung des Hong Kong International Travel Centre und seine Expansion nach China. Phil hörte aufmerksam zu und erbot sich, in Bangkok eine Filiale für Hong Kong International Travel zu eröffnen und zu finanzieren. Ich war einverstanden.

Nach nur einer Nacht in Bangkok flog ich weiter nach Palma, wo Judy damit beschäftigt war, den Umbau unseres neuen Heims zu organisieren. Ich rief bei LAPD an. Flash hob ab.

»Bist du's, Alter? Bin ich froh, dass du anrufst. Schlechte Neuigkeiten – sie haben Ernie. Er sitzt schon seit über einer Woche im Bau.«

Ernie sollte eigentlich nicht gebustet werden. Dafür bezahlte er Spitzenanwälte, Polizisten, Politiker, Leute von der CIA, wichtige Leute von der Mafia und den Hell's Angels, um nur ein paar zu nennen. Sie suchten ihn jetzt schon seit über zwölf Jahren. Was war bloß schiefgelaufen?

Als ich mich das nächste Mal bei LAPD meldete, war Ernie wieder auf freiem Fuß. Die Bullen hatten herausgefunden, wer er war, ihn für das Rockbandgeschäft von 1973 gebustet und ihn auf Kaution freigelassen. Er wollte noch nicht wieder mit mir telefonieren, aber wenn Judy und die Kinder nach Kalifornien kämen, wollte er dafür sorgen, dass sie eine Menge Spaß hätten, und ihnen einige Nachrichten für mich mitgeben. Er nahm zu Recht an, dass ich kein Visum für die Staaten bekäme.

Joe Smith rief an. Es war ihm nicht klar gewesen, dass ich für ein Reisebüro arbeitete, bis es ihm Moynihan erzählt hatte, aber erst, nachdem ich schon aus Manila abgereist war. Auch er hatte ein Reiseunternehmen, mit Büros in mehreren australischen Städten. Ob ich innerhalb des nächsten Monats nach Sydney kommen könnte?

Phil rief auch an. Die Zweigstelle des Hongkong International Travel Centre in Bangkok sollte demnächst eröffnet werden. Ich sollte dabei sein. Die Arbeit am Massagesalon ging gut voran. Ich sollte ihn mir ansehen.

Moynihan rief an. Er hatte sich mit Ramón Cruz von den

Philippine Airlines unterhalten. Es sah vielversprechend aus. Ich sollte bald kommen, um mich mit ihm zu treffen.

Auch Balendo rief an. Der chinesische Botschafter in London hatte zugestimmt, die neuen Büros des Hong Kong International Travel Centre am Piccadilly Circus offiziell zu eröffnen. Ich musste unbedingt zur Eröffnung nach London kommen.

Von Malik kam ein Telex. Mehar Paper Mills, das Unternehmen, in dem ich Vorstandsmitglied war, hatte Verhandlungen mit der pakistanischen Regierung über einen Kredit über mehrere Millionen Dollar erfolgreich abgeschlossen. In Karatschi würden sehr wichtige Geschäftsbesprechungen stattfinden. Wenn möglich, sollte ich doch bitte kommen.

Langsam wurden die legalen Geschäfte ebenso stressig wie das Muttergeschäft.

Patrick Lane rief an und schlug vor, dass Judy und die Kinder bei ihm wohnen könnten, wenn sie Ernie in Kalifornien besuchten.

»Judy, Liebling, hast du Lust, mal wieder zu verreisen?«

»Wohin denn?«

»Nach Kalifornien, Patrick besuchen.«

»Klar. Die Kinder würden bestimmt gerne mal ihre Cousins treffen. Und ich nehme an, du gehst solange nach Bangkok und schaust dir deinen Massagesalon an.«

»Vielleicht schau ich da auch vorbei, aber vor allem muss ich wegen des Reisebüros nach Australien.«

»Du Glückspilz. Da wollte ich schon immer mal hin.«

»Komm doch nach, nachdem du Patrick besucht hast.«

»Das ist wirklich eine Spitzenidee, Howard.«

Wir flogen von Palma nach London. Judy und die Kinder

bekamen Tickets für einmal um die Welt, über Amerika und Australien. Ich blieb in London im Reisebüro. Etwa eine Woche später ging ich zum Australia House, um ein australisches Visum zu beantragen. Ich musste meinen Pass über Nacht dort lassen. Als ich ihn am nächsten Tag abholen wollte, teilten sie mir mit, dass ich kein Visum für Australien bekommen könnte, da ich eines schweren Verbrechens für schuldig befunden worden war. Vor hundert Jahren hätten sie mich dafür auch gegen meinen Willen nach Australien geschickt – heute ließen sie mich eben deswegen nicht hin.

Ich rief Joe an und sagte ihm, dass ich nicht nach Sydney kommen konnte, ihn aber auf den Philippinen treffen wollte. Mit Judy verabredete ich, sie und die Kinder in Hongkong zu treffen.

Ich flog nach Bangkok. Der Massagesalon war fast fertig. Er hieß ›Panache‹. Einige umwerfend schöne Mädchen waren schon eingestellt worden. Das Reisebüro in Bangkoks Innenstadt war bereit. Wir gaben ein rauschendes Fest. Alle großen Fluggesellschaften und Reiseveranstalter schickten einen Vertreter.

Ich flog nach Manila und traf mich mit Ramón Cruz. Er sagte, die Philippine Airlines wollten demnächst ein Büro in London eröffnen, und er war hocherfreut, den Miteigentümer eines nicht beim IATA gemeldeten Reisebüros kennenzulernen, mit dem sich seine Gesellschaft zusammentun könnte. Er zweifelte nicht daran, dass wir in Zukunft miteinander Geschäfte machen würden.

Präsident Marcos kam ursprünglich aus einem Dorf in der Nähe von Laog, der größten Stadt auf Ilocos Norte. Nachdem er an die Macht gekommen war, hatte er dafür gesorgt, dass sein Sohn Bombol zum Gouverneur von Ilocos Norte ernannt wurde. Moynihan war zu Bombols Geburtstagsfeier eingeladen worden und erweiterte die Einladung auf mich.

Früh an einem Samstagmorgen flogen wir auf Kosten der philippinischen Regierung in einem kleinen Privatflugzeug von Manila nach Laog. Champagner (Bollinger) und Räucherlachssandwiches waren unser Reiseproviant. Eine Limousine mit Chauffeur brachte uns vom Flugplatz zur Residenz des Gouverneurs. Im Garten stand ein riesiger Grill.

Die Feier war eine sehr großartige Angelegenheit mit Orchester im Freien. Mehrere Minister der Regierung waren anwesend. Ich wurde Bombol vorgestellt, der grinste, aber nichts sagte. Außerdem lernte ich einige philippinische Würdenträger kennen und ergriff die Gelegenheit beim Schöpfe, viele Visitenkarten zu sammeln und viele von meinen zu verteilen. Ich fand Visitenkarten klasse. Einige Filipinos begleiteten uns zum Flugplatz, als wir zurück nach Manila flogen. Ich war dort jederzeit wieder willkommen.

Nach ein, zwei Tagen in Manila flog ich nach Hongkong, wo ich kurz vor Judy und den Kindern ankam. Wir checkten im Shangri-La ein. Ernie hatte ihr neue Telefonnummern für mich mitgegeben. LAPD war nicht mehr sicher. Ernie betonte, dass schärfere Sicherheitsmaßnahmen nötig waren, vor allem, was die Kommunikation betraf. Ein Freund von Ernie wollte am nächsten Tag nach Hongkong kommen, um mich zu sprechen. Er würde im Regal Meridien wohnen. Sein Name war Gerry Wills.

D. H. Marks

Gerry war groß, blond und liebenswürdig. Er hatte seine recht lebhafte Frau dabei, Wyvonna, die mir die Tür des Hotelzimmers öffnete und sich dann entschuldigte und ging. Es schien Gerry ein wenig peinlich zu sein, dass ich ihn dabei erwischte, wie er einen kleinen Joint mit ausgezeichnet riechendem Gras rauchte. Er drückte ihn aus und reichte mir die Hand.

»Hi. Wie geht's? Mensch, bin ich froh, dich kennenzulernen. Nach dem zu urteilen, was mir Ernie und Flash erzählt haben, könntest du die Erfüllung all meiner Gebete sein.«

»Tag, Gerry. Du könntest eins meiner Gebete sofort erfüllen und den Joint wieder anzünden.«

»Hey, magst du das Zeug, Howard? Es ist der beste kalifornische Skunk, den ich je in meinem Leben geraucht hab. Stinkt aber. Ich werd ganz paranoid, wenn's in meinem Hotelzimmer so riecht.«

»Sie haben sich hier ein bisschen komisch mit Dope, Gerry«, sagte ich. »Nicht, dass sie einen fürs Dealen jahrelang hinter Gitter bringen würden, aber sogar für einen Joint kann man schon ein paar Wochen bekommen.«

»Das ist ja strange. Bei uns in den Staaten ist es genau umgekehrt. Du kannst einen Joint rauchen, und kein Hahn kräht danach, aber bring ein paar Kilo ins Land, und sie sperren dich für alle Ewigkeit ein.«

»Die Leute hier rauchen aber auch größtenteils Gras aus Kambodscha.«

»Eeey! Kambodschanisches Gras! Das ist bestimmt gut. Howard, kann man sich in diesen Hotelzimmern sicher unterhalten?«

»Wahrscheinlich nicht, aber ich tu's meistens trotzdem.«

»Also, keiner weiß, dass ich hier bin. Da bin ich mir ganz sicher. Und ich will dieses Zimmer nicht unbedingt verlassen. Ich hab einen ganzen Stapel Geld unter dem Bett. Ernie hat gesagt, man könnte jede beliebige Menge Geld nach Hongkong einführen. Hat mich überrascht.«

»Haben sie dich am Flughafen durchsucht?«

»Gott, nein. Ich habe nicht mal einen Zollbeamten gesehen. Ich hab mir gedacht, sie haben vielleicht gar keine. Ich meine, wenn hier alles zollfrei ist, brauchen sie ja auch keine.«

»Oh, also Zollbeamte gibt es hier schon, Gerry. Und sie bemerken alles, auch wenn sie nichts finden, wofür sie dich busten könnten. Aber sie werden dich nie daran hindern, Geld einzuführen. Das finden die gut.«

»Und was ist, wenn sie wissen oder vermuten, dass es Dopegeld ist?«

»Das würde auch nichts ausmachen. Hongkong wurde mit Dopegeld aufgebaut, während des Opiumkrieges. Wenn es den Chinesen nicht so gut gefallen hätte, sich mit Opium zuzudröhnen, und die Engländer nicht solche skrupellosen Ausbeuter gewesen wären, wäre Hongkong heute noch ein kleines Fischerdörfchen. Alte Gewohnheiten sind nicht leicht zu brechen. Die Kolonie freut sich immer noch über jedes Geld, das hineinkommt und die Wirtschaft ankurbelt.«

»Das ist cool. Echt cool. Was ich dich also fragen wollte: Könntest du mir helfen, eine Ladung in Pakistan zusammenzubekommen? Ich denk mir das so. Meine Kumpels und ich, wir haben drei Millionen Dollar, mit denen wir zehn Tonnen bestes Hasch nach Los Angeles importieren wollen. Ich werde ein Schiff kaufen, es präparieren, damit nach Pakistan fahren, zehn Tonnen vom besten Dope kaufen, und damit über den Pazifik zurückfahren. Das Schiff und die Ausrüstung werden etwa eine Million kosten. Kriege ich für zwei Millionen zehn Tonnen vom Besten, was Pakistan zu bieten hat?«

»Im Prinzip schon, ja. Es kommt darauf an, wie viel du den Pakistanis zahlen willst, wenn alles klappt, und wohin und wie du das Dope geliefert bekommen willst. Soll es auf irgendeinen verlassenen Strand gebracht werden oder aufs Meer hinaus zum Schiff?«

»Wir nehmen an, dass wir das Hasch für mindestens 2500 Dollar das Kilo verkaufen können. Das wären dann insgesamt fünfundzwanzig Millionen. Ich denke, eure Seite, die pakistanische Seite, wäre mit etwa zehn Millionen dabei. Ob es besser ist, das Zeug an einem Strand abzuholen oder es zum Schiff bringen zu lassen, weiß ich noch nicht, das hängt davon ab, was für ein Schiff ich kriege. Aber es muss wirklich das allerbeste Dope sein. Ich will meinen Stempel drauftun. Und ich meine das wörtlich. Kannst du das machen?«

»Du willst ›Gerry‹ auf jede Platte drucken?«

»Na ja, nee, das wäre ein bisschen blöd. Aber der Stempel soll deutlich sein, und es soll draufstehen, dass das Hasch von den afghanischen Freiheitskämpfern kommt und dass das Geld, das dafür bezahlt wird, dem Kampf gegen den Kommunismus zugutekommt.«

»Ziemlich genau so ist es ja auch«, meinte ich.

»Ja, aber dem Durchschnittskiffer in den Staaten ist das nicht so klar. Aber wenn es auf einem Stempel steht, dann werden sie's glauben.«

»Und weißt du schon, wie der Stempel aussehen soll?«

»Ich hab da lange drüber nachgedacht. Es soll ein Bild von kommunistischen A-47er Kalaschnikows sein, die in einer Wolke Haschischrauch verschwinden, und darunter ein Schriftzug ›Befreit Afghanistan – Raucht die Russen raus‹. Meinst du, das würde gehen?«

»Sicher. Wann willst du anfangen?«

»Ich dachte, ich hätte schon angefangen. Ich habe 400 000 Dollar Anzahlung für dich dabei. In einem Koffer, lauter kleine Scheine. Ganz schöne Schlepperei. In einer Woche werde ich noch mehr herbringen lassen. Ich bin vor meinen Leuten verantwortlich, deshalb muss ich die ganze Ladung in Pakistan sehen. Wenn ich zum Anschauen herkomme, bringe ich noch was mit, so dass du dann zwei Millionen Dollar bekommen hast.«

Ich hatte weder Lust, die Erfahrung zu wiederholen, einen schweren Geldkoffer durch die Straßen Hongkongs zu schleppen, noch wollte ich x-mal hin- und herfahren, um Taschen mit kleineren Beträgen zu Schließfächern in Banken und Hotels zu bringen. Es wurde Zeit, dass sich Stephen Ng vom Crédit Suisse einmal richtig nützlich machte. So weit waren alle Beträge, die über dieses Konto gelaufen waren, als Überweisungen gekommen. Stephen Ng hatte sich noch nicht um größere Mengen Bargeld kümmern müssen. Früh am nächsten Morgen rief ich beim Crédit Suisse an.

»Guten Morgen, Mr Marks. Was kann ich für Sie tun?«

»Stephen, ich erwarte eine größere Zahlung in bar. Der Gedanke, es durch die Stadt zur Bank zu bringen, macht mich etwas nervös, selbst wenn ich es mit einem Taxi täte. Was ist der sicherste Weg, das Geld zu Ihnen zu bekommen?«

»Wie viel Bargeld erwarten Sie denn, Mr Marks?«

»400 000 Dollar.«

»US- oder Hongkongdollar?«

»US-Dollar.«

»Hm, eine beträchtliche Summe. Wenn Sie das Geld haben, dann rufen Sie mich an, und ich schicke Ihnen zwei Sicherheitsbeamte, die es abholen werden. Ich werde es auf Ihrem Konto gutschreiben. Die Gebühren werden ein Prozent der Summe betragen.«

»Vielen Dank, Stephen.«

»Nichts zu danken, Mr Marks.«

Ich behielt das Zimmer im Shangri-La und checkte im Regal Meridien ein. Gerry brachte den Koffer herunter, und ich bat ihn, darauf aufzupassen. Ich rief Stephen Ng an. Eine halbe Stunde später erschienen zwei chinesische Herren. Ohne hineinzuschauen, nahmen sie den Koffer, gaben mir ein briefmarkengroßes Stück Papier mit einem chinesischen Schriftzeichen darauf und gingen wieder.

»Waren das Freunde von dir?«, wollte Gerry wissen.

»Ich hab sie noch nie im Leben gesehen.«

»Eey, Mann, Alter, du bist ja drauf. Lässt zwei Typen, die du nicht mal kennst, das ganze Geld mitnehmen, ohne es vorher zu zählen, und lässt dir dafür 'nen Papierschnipsel mit 'ner Hieroglyphe drauf geben. Ernie hat ja schon gesagt, dass du ein bisschen unkonventionell arbeitest, aber das geht dann doch ein bisschen weit.«

Ich zeigte Gerry das Nachtleben Hongkongs. Er verliebte sich in die Stadt und in jede Nutte, die wir trafen. Judy zeigte Wyvonna die Einkaufspassagen. Dann flogen Gerry und Wyvonna nach Los Angeles, und Judy, ich und die Kinder nach Karatschi. George und Assumpta holten uns ab. Sie fuhren ein gelbes Auto mit einem großen rot-weiß-blauen Logo der International Language School Karatschi. Wir wohnten in einem Haus, das sie gemietet hatten. Ich traf mich mit Malik.

»D. H. Marks, warum geben Sie sich wieder mit Amerikanern ab? Sie sind verrückte Menschen. Wir können mit Papiermühlengeschäft Millionäre werden, *inshallah.* Die Regierung von Pakistan hat schon zugestimmt, Mehar Paper Mills zu finanzieren. Es ist auch möglich, dass Hyundai aus Korea einsteigen. Wir können große Provisionen bekommen. Wenn wir Muttergeschäft machen, dann lassen Sie uns doch mit Engländern machen oder mit Australier, von dem Sie gesprochen haben, nicht mit verrückten Leuten mit Spionflugzeugen, die an Herzattacken sterben.«

»Ich nehme an, Sie halten die Sache mit dem Stempel für eine verrückte Idee.«

»Nein, D. H. Marks, ich finde Idee mit Stempel gut. Es ist gut für Afghanistan und gut für Muttergeschäft. Und Privatschiff ist Kinderspiel hier in Pakistan. Es wird jeden Tag gemacht.«

»Also werden Sie es tun?«

»Wenn es Ihr Wunsch ist, D. H. Marks, ich werde, *inshallah.*«

»Würde es Ihnen etwas ausmachen, wenn ein Amerikaner herkommt, um die Ladung zu prüfen, bevor sie losgeschickt wird?«

»Das hängt von Ihnen ab. Meine Verpflichtung ist Ihnen gegenüber, nicht gegenüber Amerikaner. Sie sind sehr willkommen, mit mir nach NWFP zu kommen und Haschfabrik meines Stammes in der Nähe von Peshawar am Khaiberpass zu besichtigen. Sie können Qualität aussuchen. Sie können überprüfen. Aber kein Amerikaner kann dorthingehen. Sogar Sie müssen so tun, als wären Sie Pakistani. Ich werde organisieren. Wenn Sie sind zufrieden, ich werde Haschisch nach Karatschi in Lagerhaus bringen. Dann, wenn Sie wollen, Sie können Amerikaner zeigen. Das ist Ihre Sache.«

»Können Sie dafür sorgen, dass es die absolut beste Qualität wird?«

»D. H. Marks, allerbeste Qualität ist zu teuer, sogar in Khaiberpass. Werden Sie nie außerhalb von NWFP sehen. Ich werde Ihnen erklären. Wenn Pflanze erste Blüten hat, Spitze wird geschnitten und klein gehackt und in weißer Ziegenhaut vergraben. Das ist beste Qualität, aber Menge ist sehr klein. Zweite Blüten werden geschnitten und in braune Ziegenhaut getan. Das ist zweite Qualität, und Menge ist viel größer. Dritte Blüten kommen in schwarze Ziegenhaut. Das ist dritte Qualität, sehr große Menge. Wenn wir machen Haschisch, wir benutzen viele Säcke dritte Qualität, einige zweite und einen oder zwei beste Qualität. Erste Qualität kostet etwa hundertmal so viel wie dritte. Bei zwei Millionen Dollar für zehn Tonnen können wir vielleicht fünf Prozent beste Qualität nehmen, zwanzig Prozent zweite und fünfundsiebzig Prozent dritte. Gewöhnlich sind nur drei Prozent beste Qualität, also werden Sie haben ausgezeichnetes Produkt. Aber Sie werden probieren, Sie werden merken.

Außerdem, D. H. Marks, Amerikaner dürfen Schiff nicht nach Pakistan bringen. Sie werden verrückte Dinge tun und geschnappt werden. Meine Leute werden ihnen bringen. Sie müssen auf dem Meer warten. Für sie, es wird leicht sein.«

»Wann gehen wir zum Khaiberpass?«

»Ich werde sofort gehen. Es wird mir eine Ehre sein, wenn Sie uns in einer oder zwei Wochen besuchen. Bitte geben Sie meinem Freund bei BCCI Geld. Wie viel, sagen Sie. Und bevor Sie gehen, bitte geben Sie mir Passbild. Tragen Sie einfaches Hemd, ohne Kragen. Keine Jacke oder Krawatte. Sie werden jetzt Mitglied meines Stammes sein, Afridi. Das wird in Pass stehen.«

Hobbs konnte Karatschi nicht ausstehen, und es machte

ihm gar keinen Spaß, Hausmeister einer Schule zu sein. Seine Augen funkelten zwar, als ich ihm vorschlug, für ihn und seine Freunde falsche Ausweise zu besorgen, so dass sie weitere Hongkonger Nutten heiraten konnten, aber er wollte trotzdem lieber zurück nach Europa.

Ernies Telefonsystem über LAPD hatte mich schwer beeindruckt. Schade, dass es nicht mehr sicher war. Ich wollte auch etwas in der Richtung. Es war völlig egal, wo in der Welt es sich befand, solange es in dem Land ein halbwegs vernünftiges Telefonnetz gab. Ich könnte allen meinen Bekannten dieselbe Nummer geben. Jemand Vertrauenswürdiges wie zum Beispiel Hobbs würde die Anrufe entgegennehmen und sie, wenn ich ihm die Anweisung gab, zu mir weiterleiten, wo auch immer ich mich gerade befand. Jeder und jede könnte mich erreichen, wenn ich es wollte, aber niemand außer Hobbs würde wissen, wo ich mich aufhielt. Ich könnte besser kontrollieren, wer mich anrief, und die Wahrscheinlichkeit, gebustet zu werden, wäre geringer.

Ich fragte Hobbs, wo auf der Welt er am liebsten wäre. Er meinte, in Amsterdam. Innerhalb einer Woche hatte Hobbs eine Wohnung mit zwei getrennten Telefonanschlüssen und die entsprechenden Geräte besorgt. Innerhalb von zwei Wochen hatte die niederländische Polizei eine Abhöranlage installiert, aber das wussten wir nicht. Etwas spät lernte ich daraus, dass es ausgesprochen dämlich ist, alle geheimen Telefonate über ein und dieselbe Leitung gehen zu lassen. Wenn die Bullen das mitbekommen, kriegen sie wirklich eine Menge Informationen.

Ich flog nach Hongkong, holte etwas Geld von Wyvonna ab, gab es Maliks Freund beim BCCI und flog zurück nach Karatschi. Malik gab mir einen pakistanischen Pass mit unaussprechlichem Namen und meinem Bild darauf. Mit PIA

flogen wir nach Islamabad. Wir wurden mit einem Auto abgeholt und ins Flashman's Hotel in Rawalpindi gebracht. Auf
der Toilette schlüpfte ich in die typische Kleidung der Afridi
und rauchte schnell einen starken Joint. Die Einwohner der
NWFP sind alle sehr unterschiedlich, was Hautfarbe, Größe
und Statur angeht. Selbst blaue Augen und blonde Haare sind
nichts wirklich Ungewöhnliches. Man braucht nur die richtigen Kleider anzuziehen und ein bisschen mitgenommen und
stoned auszusehen, und man kann als Einheimischer durch-
gehen. Man darf aber natürlich nicht reden. Ein anderer Fahrer kam mit einem anderen Auto und holte uns ab. Mehrere
Stunden lang fuhren wir durch die NWFP nach Peshawar,
wo wir mitten in einem Waffenbasar, der auch auf die Repa-
ratur von Ghettoblastern und Klimaanlagen spezialisiert war,
eine Tasse Tee tranken. Einige der Händler kamen zu uns und
gaben Malik die Hand. Auf dem Weg nach Nordwesten, in
Richtung des Khaiberpasses, kamen wir durch Landi Kotal
und bogen von der sogenannten Schnellstraße auf eine kleine
Seitenstraße ab. An einem primitiven Grenzposten hielt uns
ein pakistanischer Polizist an und untersuchte unsere Ausweise. Kein Wort wurde gewechselt. Hundert Meter weiter gab
es wieder einen Grenzposten. Dieser wurde von grimmigen,
schwer bewaffneten Afridi überwacht. Alle kannten Malik.
Wir stiegen in einen Jeep um, der in rasendem Tempo einen
Bergpfad hochfuhr.

»Sind wir jetzt in Afghanistan?«, fragte ich Malik.

»Wenn Sie in Londoner Buchladen in Atlas schauen,
D. H. Marks, wird er sagen, wir sind in Afghanistan. Aber
eigentlich gibt es keine Grenze. Nur in westlichen Köpfen
gibt es Grenze. Afridi leben seit Jahrhunderten hier in Bergen. Es sind ihre Berge. Sie wissen nichts von Ländern und
Grenzen. Sie haben viele verschiedene Namen von den Men-

schen aus dem Westen bekommen: Inder, Afghanen, Pakistanis, sogar Briten. Aber das interessiert sie nicht. Sie waren immer Afridi. Wir sind Afridi, auf beiden Seiten der Berge, die Sie Grenze zwischen Afghanistan und Pakistan nennen.«

Schließlich gelangten wir zu einem großen hölzernen Fort, in dem Haschisch hergestellt wurde. Überall waren Ziegenhäute gestapelt. Ich fragte mich, welche Qualität wohl in die Häute kam, die schwarz-weiß gefleckt waren. In der Mitte des Forts stand eine Reihe von Holzgerüsten, die wie doppelte Galgen aussahen. Ein sehr alter, weißbärtiger Mann war neben uns hergelaufen, als wir hineinfuhren. Wir hielten neben den Galgen. Der alte Mann umarmte Malik. Beide weinten ganz offen.

Bei den Galgen handelte es sich um sehr einfache Hebevorrichtungen von knapp zwei Metern Höhe. Am einen Ende des Querbalkens war ein großer, fast kugelförmiger Felsen befestigt, der von zwei Afridi, die das andere Ende des Balkens nach unten drückten, etwa drei Meter über den Boden gehoben wurde. Direkt unter dem bedrohlichen Felsen war ein großes Loch in der Erde, in dem ein Feuer loderte. Fast das ganze Loch wurde von einer riesigen Bratpfanne bedeckt, in der man Paella für ein ganzes Dorf hätte zubereiten können. Die Pfanne war mit dem Inhalt der Ziegenhäute gefüllt. Alle zehn Sekunden ließen die Afridi ihr Ende des Balkens los und der Felsen krachte auf die Pfanne herunter und zermalmte die harzhaltigen Pflanzenspitzen. Sofort wurde er wieder in seine luftige Ausgangsposition zurückgebracht. Langsam aber sicher füllte sich die Pfanne mit einer heißen, dunkelbraunen, klebrigen Masse. Durch diese Veränderung ihrer Molekularstruktur konnte das ganze psychoaktive Potenzial der Pflanze nutzbar gemacht werden. Wenn man das Zeug direkt aus der Ziegenhaut nahm und rauchte, passierte gar nichts. Als die

Masse dünnflüssig genug war, wurde sie in Holzformen ge-
gossen, von denen jede etwa ein halbes Kilo Haschisch fasste.
Als sie ein wenig fester geworden war, wurde auf jede Platte
Gerrys Designerstempel aufgedrückt. Die Platten schrumpf-
ten, während sie abkühlten, so dass sie fast von selbst aus den
Formen sprangen. Achttausend Platten waren schon hergestellt worden. Zwölftausend sollten noch kommen.

Die Quartiere der Arbeiter befanden sich längs der Innen-
mauern des Forts. Der alte Mann nahm uns mit in seine Hüt-
te. Sie war sehr bescheiden. Das Einzige, das darauf hinwies,
dass wir uns im zwanzigsten Jahrhundert befanden, war eine
recht laute Klimaanlage, die an einen Generator angeschlossen war. Aus dem kleineren der zwei Räume drang der herrliche, warme Duft von achttausend Platten Haschisch. Sie
kühlten dort ab. Eine Wasserpfeife war mit einer Probe gefüllt worden und wurde mir jetzt mit großem Zeremoniell
überreicht.

Es war eine ziemlich zwecklose Übung. Durch den Joint in
Rawalpindi, die überwältigenden Berge, die Höhe, den Kul-
turschock und den ›umgekehrten Clinton-Effekt‹ (das Einatmen der Haschischdämpfe, die von der Paellapfanne aufstie-
gen, ohne zu rauchen) war ich sowieso schon stoned. Aber
was soll's, dachte ich mir, vielleicht würde ich ja noch breiter
werden, und am Geschmack kann man auch einiges beurteilen. Ich nahm einige Züge. Ich wurde noch breiter und ich
mochte den Geschmack. Alle Blicke ruhten auf mir. Sollte
ich sagen, dass es fantastisch war, oder dass es nicht schlecht
war? Dass es jeden Penny der zwei Millionen wert war oder
dass es schmeckte wie Kamelscheiße und sie besser etwas
Gescheites auffahren sollten? Ich holte ein Päckchen Papers
aus der Tasche und fragte, ob ich ein wenig haben könnte, um
einen Joint zu bauen. Ich erklärte, dass ich es in dieser Form

gewohnter war und so die Qualität besser beurteilen könne. Ich rauchte den Joint und streckte Malik die Hand hin.

»Sie sind zufrieden, Mr Marks?«

»Sehr zufrieden.«

Ein Lamm war mir zu Ehren geschlachtet worden. Es gab drei Gänge. Der erste bestand aus Nierenstückchen vom Lamm, die in knusprige Fettstreifen gewickelt waren. Der zweite war Lammbraten. Und der dritte ein Teller Lammfett. Dazu gab es pakistanische Coca-Cola.

Auf der Rückfahrt nach Landi Kotal fragte ich Malik, ob die Leute in der Haschischfabrik wussten, dass Haschisch im Westen verboten war.

»Sie würden Ihre Frage nicht verstehen. Sie betreiben ehrliches Geschäft. Hier ist natürliches Gesetz einziges Gesetz, nicht Gesetz von reichen Männern. Mit natürliches Gesetz, ich meine nicht Gesetz der Dschungel, eher wie Ihre Zehn Gebote.«

»Was wäre, wenn Philip Morris oder John Player herkäme und sagte, Sie müssten ab sofort nur noch an ihn verkaufen?«

»Sie würden nicht an Tor mit Polizist vorbeikommen. Glauben Sie mir, D. H. Marks, Sie sind erster Mann, der nicht Afridi ist, der diese Haschischfabrik gesehen hat. Afridi machen nur Geschäfte mit Menschen, die sie kennen. Sie werden an D. H. Marks verkaufen, nicht an John Player oder Philip Morris.«

Ich versank für ein Weilchen in fantastischen und größenwahnsinnigen Träumereien.

Judy hatte genug von Karatschi. Die Stadt war dreckig, Francesca war schwer krank gewesen, und es gab wenig zu tun. Sie reisten nach London ab. Ich blieb noch etwa eine Woche, kümmerte mich um die Sprachschule und erschien gelegentlich zu den Treffen von Mehar Paper Mills, bei denen ich völlig überflüssig war. Die Schule kam sehr gut an, nicht nur bei den Pakistanis, sondern auch bei den Angestellten der ausländischen Botschaften und deren Familienangehörigen. Nicht nur bei der amerikanischen und der britischen Botschaft in Karatschi gab es einen Drogenbeauftragten. Auch die Niederländer hatten einen. Dessen Frau lernte bei George und Assumpta Englisch. Ich fand das lustig. Es gab hier sicherlich nicht viele Ausländer. Ich fragte Assumpta, ob sie einen Michael Stephenson kannte. Sie hatte ihn ein- oder zweimal getroffen, aber seine Frau kannte sie recht gut. Sie trafen sich des Öfteren. Ich fragte sie auch, ob sie Harlan Lee Bowe kannte.

Anscheinend verbrachte er seine Abende meistens im American Club, einem der wenigen Orte in Pakistan, wo Alkohol ausgeschenkt werden durfte. Dort saß er alleine an einem Tisch in der Ecke, trank und schaute finster drein. Assumpta und George hatten ihn häufig dort gesehen. Sie gingen recht oft in den Club, da der Sohn des Geschäftsführers ihre Schule besuchte.

Zu dritt betraten wir den American Club. Alle Tische waren leer. Der Barman begrüßte uns übertrieben herzlich und gab uns eine Runde aus. Harlan Lee Bowe, Agent der DEA, kam herein, setzte sich an seinen Tisch in der Ecke, nahm einen Schluck von seinem Drink und schaute uns finster an. Er sah aus wie der typische DEA-Agent: übergewichtig und schnurrbärtig. Wir begannen, laut antiamerikanische Sprüche zu klopfen. Er rief den Kellner an seinen Tisch und sie flüsterten miteinander. Danach kam der Kellner zu uns herüber. Bowe hatte sich beschwert, weil wir nicht mal Amerikaner waren, geschweige denn Mitglieder des Clubs. Der Kellner hatte erwidert, wir seien Gäste des Geschäftsführers. Wir lachten laut los. Bowe verließ wutschnaubend das Lokal.

Ich musste zurück nach Hongkong, um wieder Geld von Gerry abzuholen, und übernachtete in Bangkok. Es gab schlimmere Schicksale. Phil war nicht im Lande, also checkte ich im Bangkok Peninsula ein, von dem aus man zum Erawan-Buddha laufen kann. Es war Freitag. Sompop war dort.

»*Sawabdee,* Kuhn Marks, *sawabdee,* Kuhn Marks. Ich habe Buddha für dich. Bitte, immer tragen.«

Er drückte mir etwas in die Hand, das wie eine antike Kupfermünze aussah, aber offensichtlich kein Geld war.

»Immer tragen, Kuhn Marks, außer wenn mit Frau oder in Bad, *mai dee.* Tragen in Meer oder in See ist okay, *dee mak mak.* Geschieht dir kein Unglück, Kuhn Marks. Du haben nur Glück. Buddha passen auf dich auf. Morgen, du kaufen goldene Kette für Buddha. Immer tragen, Kuhn Marks.«

»*Ka poon kap,* Sompop, danke. Was macht das *Tuktuk?*«

»Ah, Kuhn Marks, Sompop nicht mehr haben *Tuktuk.* Du geben Geld. Ich gekauft Blumengeschäft. Du bester Mensch von ganze Welt, Kuhn Marks.«

Sompop beschäftigte jetzt eine Gruppe von Blumenverkäufern, die ihre Waren an spendable Geschäftsleute verhökerten, die die Nacht in Patpong durchzechen und durchhuren wollten. Sie könnten besser als jeder Geheimdienst sein. Ich probierte es.

»Sompop, hast du vielleicht meinen Freund gesehen, den, der dabei war, als ich dich kennengelernt habe?«

»Sie meinen Kuhn Phil. Ich ihn kennen, aber er mich nicht kennen. Vor zwei Nacht, er trinken in King's Castle mit großer schwarzer *Fahlang* und *Fahlang* aus Amsterdam. Letzte Nacht er gehen nach Australien.«

Mickey Williams hatte also irgendwie Kontakt mit Phil aufgenommen, und wahrscheinlich hatten sie das Luftfrachtgeschäft nach Amsterdam wieder aufgenommen, diesmal ohne mich. Eigentlich konnte ich mich nicht beklagen. Phil gehörte mir schließlich nicht, und ich hatte ihn Mickey nicht vorgestellt. Trotzdem war ich gerne auf dem Laufenden. Sompop erwies sich als äußerst nützlich.

Bei einem Bangkoker Juwelier erwarb ich eine Goldkette und ließ den Buddha auch in Gold fassen. Ich hängte ihn mir um. Ich wollte mich an seine Regeln halten.

In Hongkong traf ich Daniel, Gerrys Skipper, einen sehr kräftig gebauten Mann. Sie hatten einen Krabbenkutter aus Alaska gekauft. Er wurde gerade für seinen zukünftigen Zweck hergerichtet. Daniel gab mir mehrere Hunderttausend Dollar, die ich an Maliks Freund beim BCCI weiterreichte. Außerdem bekam ich einen Ghettoblaster, der zu einem Kurzwellensender und -empfänger umgebaut worden war. Man konnte damit am Strand sitzen und mit dem Schiff sprechen, ohne dass es auffiel. Daniel wollte, dass ich das Gerät mit nach Karatschi nahm. Er sagte noch, Gerry sei unterwegs nach London, um sich mit mir zu treffen.

Ich verbrachte eine Nacht in Hongkong, trinkenderweise im ›Bottoms Up‹, eine Nacht in Bangkok und einen Tag in Karatschi. Den Ghettoblaster von Dan stellte ich in dem Zimmer in Georges und Assumptas Haus unter, das sie für mich freihielten.

Ich flog nach Zürich, um mich mit Hobbs zu treffen. Nach Amsterdam traute ich mich noch nicht wieder. Die schuldeten mir sieben Monate meines Lebens. Hobbs sagte, er hätte den Verdacht, dass unsere Amsterdamer Telefonzentrale, über die wir Reisen, Treffen und Banktransaktionen der letzten Monate besprochen hatten, nicht mehr sicher wäre. Er konnte nicht genau sagen, warum. Es war nur sein Gefühl. Aber er sah sehr besorgt aus. Ich sagte, er solle die Zentrale in Amsterdam schließen, mir einige Passfotos geben und Urlaub in Bangkok machen. Ich erzählte ihm, wo er Sompop treffen könne.

Gerry Wills und Ron Allen, ein Freund von Gerry, waren vor mir in London. Sie hatten Geld mitgebracht. Ich bat John Denbigh und Jarvis, es ihnen abzunehmen und sich um sie zu kümmern, bis ich da wäre. Sowohl John als auch Jarvis hatten das Gefühl, dass sie bei ihren Treffen mit Gerry und Ron beobachtet worden waren. Noch ein Problem.

Ron Allen kam aus Chicago; er war einer der größten Marihuanadealer des Mittleren Westens und Kanadas. Gerry wollte, dass er die Qualität des Haschischs in Karatschi überprüfen sollte. Dabei sah ich kein Problem.

Jimmy Newton hatte mir einen falschen Pass auf den Namen William Tetley besorgt. Ich gab ihm Geld, Bestellungen für drei weitere Pässe und sechs Fotos von Hobbs.

Das Büro am Piccadilly Circus des Hong Kong International Travel Center wurde offiziell von seiner Exzellenz Hu Ding-Yi, dem Botschafter der Volksrepublik China, und seiner Frau Madame Xie Heng eröffnet. Vorgestellt wurde der Botschafter von Peter Brooke, dem Parlamentsabgeordneten der Gegend. Unter den Gästen waren der ehrenwerte Lord Bethell, Abgeordneter am Europaparlament, hohe Beamte ausländischer Botschaften und Regierungsvertreter aus Hongkong. Über hundert Vertreter anderer Reiseunternehmen waren anwesend. Ich hatte meine gesamte Familie und meine Freunde eingeladen. Mein legaler geschäftlicher Erfolg sollte sie beeindrucken und beruhigen. Wir waren das zehntgrößte Reisebüro im Vereinigten Königreich, und wir verkauften die meisten Flüge nach Hongkong und China. Meine Tochter Francesca überreichte der Gattin des Botschafters einen Blumenstrauß.

Balendo war versessen darauf, Maliks Beziehung zu Pakistan International Airlines auszunutzen, um billige Flüge nach China anbieten zu können. Er wollte nach Pakistan fliegen und sich selber umhören. Ich war dafür, dass er sich sofort auf den Weg machte. Wenn die Firma Verbindungen nach Pakistan hätte, wäre das für meine Fassade nur von Vorteil. Wenn man mit zwei bekannten amerikanischen Dopedealern nach Karatschi reist, kann man gar nicht genug Deckung haben.

Balendo, Gerry, Ron und ich flogen getrennt nach Karatschi. Ich ging als Erster. Während des Fluges betrank ich mich und stolperte dann durch den Flughafen von Karatschi, auf der Suche nach George und Assumpta, die ich gebeten hatte, mich abzuholen. Sie waren unauffindbar. Ich dachte, dass sie vielleicht draußen im Auto warteten, und ging hinaus auf den Parkplatz. Das gelbe Auto vom ILCK stand in etwa zwanzig Metern Entfernung. George und Assumpta standen daneben und winkten. Zu meiner Linken parkte ein weißes Auto, in dem drei Weiße saßen. Der Fahrer hatte Ähnlichkeit mit Harlan Lee Bowe. Ich wankte auf den Wagen zu. Es war Bowe.

»Warten Sie auf mich?«, lallte ich.

Die drei starrten mich in betretenem Schweigen an.

»Na los, geben Sie's schon zu. Sie warten doch auf mich, oder?«

»Warum glauben Sie, dass wir auf Sie warten?«, fragte einer der anderen Männer mit starkem niederländischen Akzent. Ich nahm an, er war der niederländische Drogenbeauftragte in Pakistan.

»Ich sollte abgeholt werden. Und Sie warten doch offensichtlich auf jemanden, oder? Sind Sie sicher, dass es nicht ich bin? Auf wen warten Sie denn? Was machen Sie hier?«

»Also hören Sie mal zu«, sagte Bowe, sichtlich genervt, »wir warten nicht auf Sie, okay? Wen wollten Sie denn hier treffen?«

»Jemand, auf dessen Beschreibung Sie passen.«

»Sein Name?«, fragte Bowe.

Was tat ich eigentlich gerade? Ich war völlig besoffen und flirtete mit einem amerikanischen und einem niederländischen Drogenfahnder, während ich mitten im größten Deal steckte, den ich je von Pakistan aus gemacht hatte. Das war nicht gut, gar nicht gut war das. Ich wand mich heraus.

»Oh, da ist ja der Kerl, der mich abholen sollte. Verzeihen Sie.«

Ich ging zum Wagen des ILCK und stieg ein.

Balendo kam am Tag darauf. Irgendwie befriedigte es mich, in der Ankunftshalle Michael Stephenson vom britischen Zoll zu sehen, der unauffällig durch die Gegend schlich und den pakistanischen Beamten etwas zuflüsterte. Sollte er mich doch mit Balendo zusammen sehen. Ich hatte einen einwandfreien, straighten Grund, hier zu sein. Ich freute mich, es ihm demonstrieren zu können.

Balendo erschien nicht. Stephenson war verschwunden. Ich wartete noch eine Stunde und fragte dann einen Beamten von der Passkontrolle, ob irgendwelche Passagiere aus London noch nicht herausgekommen waren. Er erwiderte, es käme immer mal wieder zu Verzögerungen. Ich rief Malik an. Etwa vierzig Minuten später war er da, mit Aftab. Er las die Liste der Passagiere durch. Balendo stand darauf. Er rief bei der Einwanderung an. Balendo wurde festgehalten. Keine weiteren Informationen.

Es fiel mir schwer, das zu akzeptieren. Warum ließen sie Balendo nicht gehen? Wenn das schon dem ehrlichsten meiner Bekannten passierte, was würden sie dann mit Gerry und

Ron machen, die am nächsten Tag kommen wollten? Sollte ich sie warnen, dass sie mir nicht folgen sollten?

Malik ging zum Büro der Einreise am Flughafen. Er hatte sicher einen Freund oder einen Cousin, der dort arbeitete. Nach einer Weile erschien er mit drei pakistanischen Beamten und Balendo. Die Beamten behaupteten, dass mit Balendos Pass etwas nicht in Ordnung sei. Es war ein britischer Pass aus Hongkong, der dem Träger in der Tat nicht ganz so viele Rechte verschaffte wie ein normaler britischer Pass. Da Malik sich jedoch für Balendo eingesetzt hatte, durfte er wie beabsichtigt ein paar Tage in Pakistan bleiben. Malik schien mit der Erklärung zufrieden zu sein. Ich nicht. Vielleicht nur, weil ich vorher Stephenson gesehen hatte.

George und Assumpta hatten für die Schule eine Sekretärin eingestellt. Sie war Chinesin, eine Seltenheit in Pakistan. Ihre Mutter, Ellie, hatte ein illegales chinesisches Restaurant, das sich bei den Europäern in Karatschi großer Beliebtheit erfreute; es war fast wie ein zweites Zuhause.

Balendo wohnte bei uns in Georges Haus. Wir dachten, es wäre nett, mit ihm essen zu gehen. Vielleicht würde ihm ja ein Teller kantonesische Nudeln über den Schock bei der Einreise hinweghelfen. Wir nahmen einige Flaschen Wein mit und liefen bei Ellie ein. An einem der Tische saßen Bowe, der niederländische Bulle und noch ein paar andere Männer. Über ihren Köpfen hing ein großes Plakat an der Wand, das für die International Language School, Karatschi warb. Sie schienen erstaunt, Balendo zu sehen. Sie standen auf und gingen. Wir aßen. Es war köstlich.

Malik und Aftab warteten vor dem Haus auf uns. Die Einreisebehörde hatte bei Malik angerufen. Balendo sollte wieder in Gewahrsam genommen werden. Malik hatte aushandeln können, dass er im Flughafenhotel ›festgehalten‹ werden würde, aber mehr konnte er nicht tun. Wir fuhren Balendo zum Hotel. Scheinbar hatte Balendo Ähnlichkeit mit einem gesuchten chinesischen Heroindealer, und deshalb konnte ihm die Einreise nicht offiziell gestattet werden, ehe nicht ausführliche Untersuchungen angestellt worden wären.

Irgendetwas stimmte offenbar nicht. Balendo hat ein riesiges, himbeerförmiges Muttermal auf einer Seite des Gesichts. Ein solches Muttermal gibt es nicht noch einmal auf der Welt.

Das Hotel war recht komfortabel, aber Balendo hatte genug von Karatschi. Er meinte, er könne es nicht als Zwischenstopp auf dem Weg nach China empfehlen. Er wollte nach Hause. Malik kümmerte sich darum.

George und Assumpta hatten eine Menge Freunde in Karatschi kennengelernt. Einer von ihnen war Eddie, ein Amerikaner, der im Aga-Khan-Krankenhaus Unterarzt war. Er war gerade für eine Woche fort und hatte sein Auto bei George untergestellt. Am Nachmittag nach Balendos Ankunft zog ich mein Afridi-Kostüm an und fuhr mit Eddies Auto zum Flughafen. Gerry und Ron kamen aus London an. Sie waren über Amsterdam geflogen. Ich mischte mich unter die Pakistanis, die herumstanden und auf ihre Freunde oder Verwandten warteten. Bowe und Stephenson, die beide Sonnenbrillen trugen, fuhren in dem weißen Auto vor und rannten in den Flughafen. Sie kehrten sehr bald zurück, stiegen in ein anderes Auto, ein dunkelblaues diesmal, und fuhren davon.

Gerry und Ron kamen ohne Zwischenfälle an der Passkontrolle und der Einreise vorbei und lachten sich über meine Verkleidung kaputt, als wir in Eddies Auto einstiegen. Ich gönnte jedem von uns einen schon vorher gebauten Joint aus unserem frisch gefertigten Haschisch. Blauer Rauch füllte das Auto. Ich fuhr in Richtung der Stadtmitte los.

Es dauerte nicht lange, und das dunkelblaue Auto tauchte im Rückspiegel auf. Wenn ich zu Fuß bin, habe ich keine Probleme damit, Verfolger abzuschütteln. Im Auto schon, vor allem, wenn ich stoned bin. Mir fiel einfach nichts ein, wo ich hätte hinfahren können. Bowe und Stephenson wussten nicht, dass ich fuhr. Sie waren hinter Gerry und Ron her, nicht hinter mir. Es gab keinen Grund, weshalb sie annehmen sollten, dass wir zusammen Geschäfte machten. Ich sollte nirgendwohin fahren, wo man mich kannte. Aber ich wusste nur Straßen, die an Orte führten, wo man mich kannte. Gott, war ich breit.

Ich durfte Bowe und Stephenson keine Informationen geben, die sie nicht schon hatten. Das war der Knackpunkt. Ich fuhr zum Aga-Khan-Krankenhaus und parkte Eddies Auto auf dem Parkplatz. Ron stellte das Radio leiser.

»Eey, Alter, das ist mal Haschisch. Was hältst du davon, Ron? Schließlich musst du es verkaufen«, sagte Gerry.

»Ich bin richtig schön stoned, Jungs, aber ich würde gerne welches ohne Tabak rauchen, und ohne diese Scheißmusik. Mann, ist das hier alles primitiv. Wie in Mexiko. Howard, warum halten wir hier vor dem Krankenhaus? Hast du eine Verabredung hier oder bist du urplötzlich krank geworden? Erzähl mir nicht, dass das hier das Dopelager ist.«

»Hey, das ist doch cool«, meinte Gerry, »das Dope im Krankenhaus lagern. Ich hab's dir gesagt, Ron, unser Howard hier ist echt drauf. Hast du noch 'nen Joint, Alter? Der hier ist irgendwie zu Ende. Mann, ist das gutes Zeug.«

»Die DEA hat am Flughafen auf euch gewartet.«

»Scheiße, na und?«, war Rons Kommentar. »Die Penner warten doch überall auf uns. In Mexiko waren sie uns dauernd auf den Fersen. Die wissen doch gar nicht, was wir hier vorhaben. Sie wissen noch nicht mal, wo wir jetzt gerade sind.«

»Yeah, wär schon Kacke, wenn die wüssten, wo unser Lager ist«, meinte Gerry.

»Sie sind uns vom Flughafen aus gefolgt. Wahrscheinlich warten sie draußen, dass wir weiterfahren. Das Lager ist ganz woanders.«

»Scheiße, was machen wir dann überhaupt hier?«, fragte Ron. »Lass uns weiterfahren, die Deppen abschütteln und dann nichts wie zum Lager.«

»Dieser Wagen gehört jemandem, der in diesem Krankenhaus arbeitet. Deshalb sind wir hier.«

»Ach so, du bringst ihm das Auto zurück«, schloss Gerry.

»Nein, er ist für eine Woche weg.«

»Scheiße, was machen wir dann überhaupt hier?«, fragte Ron wieder. »Gerry, stell diese Scheißmusik aus.«

»Hey, Mann, einiges davon ist echt abgefahren. Die sind gar nicht übel. Wie ist denn das Nachtleben hier so, Howard? So cool wie in Hongkong? Ich fand Amsterdam schon gar nicht verkehrt, mit den Nutten in den Schaufenstern und den Cafés, wo man Joints bekommt. Da gibt's doch bestimmt jede Menge von hier.«

»Gerry, hier gibt's gar nichts. Keine Bars, keine Nutten, keine Nachtclubs, und in der Öffentlichkeit kiffen geht auch nicht. Ist alles verboten.«

»Ach hör doch auf. Ich dachte, hier war die Hölle los. Hast du nicht gesagt, du hättest hier einen Massagesalon oder so was?«

»Der ist in Bangkok. Wenn du willst, können wir mal hingehen.«

»Bangkok, genau. Das war's. Da gibt's die Nutten, ja? Yeah, lass uns da hinmachen, wenn Ron die Ware gesehen hat. Wie sind die Mädchen so in Bangkok?«

»Jetzt kommt mal wieder runter, Jungs, lasst uns erledigen, weshalb wir gekommen sind. Howard, du hast mir immer noch nicht gesagt, wieso wir Scheiße nochmal auf

diesem Parkplatz stehen. Könnten wir vielleicht mal weiterfahren?«

Meine Bemühungen um Sicherheit konnte Ron offensichtlich nicht nachvollziehen. Zum Glück wurde es langsam dunkel. Ich gab noch eine Runde Joints aus, ließ das Auto an und
fuhr wie der Henker. Es folgte uns niemand mehr.

Wir kamen zu Georges Haus. Er lud Gerry und Ron zu einem Drink ein. Gerry wollte einen Jack Daniels on the Rocks,
Ron ein Heineken. Sie gaben sich schließlich mit selbstge-
branntem Wodka und Londoner Lager zufrieden, abgefüllt in
Murray Hill Station in Pakistan.

Malik holte Gerry, Ron und mich ab und fuhr mit uns zu
seiner Lagerhalle, in der jetzt die gesamten zwanzigtausend
Kilo auf ihren Abtransport warteten. Ron war zufrieden. Wir
flogen nach Bangkok und checkten im Hyatt ein. Im Massagesalon Panache ging es zu wie in einem Bienenstock. Phil
kam vorbei. Er begriff schnell, dass Gerry und Ron Dealer
waren und zeigte sich von seiner gastfreundlichsten Seite.
Sie bekamen vom besten Thaigras, das zu kriegen war, und
vögelten, bis sie nicht mehr konnten. Am liebsten wären sie
gleich ganz nach Bangkok gezogen. Sobald die Ladung aus
Pakistan durch wäre, wollten sie umkehren und eine Ladung
Thai holen, eine richtig große. Es war ihnen todernst damit.

Hobbs war noch immer in Bangkok. Er hatte noch ein Dutzend europäische Schwule aufgetrieben, die bereit waren, gegen eine kleine Entschädigung mit unbekannten Hongkonger Nutten den heiligen Bund der Ehe einzugehen. Er hatte
Passfotos von ihnen. Ich erklärte ihm, dass ich neue Telefonzentralen brauchte, da wir gerade eine Ladung aus Pakistan
verschickten. Die Idee mit den Telefonzentralen fand ich immer noch gut, beschloss aber, mehrere einzurichten und jede
nur für einige wenige Anrufe zu verwenden. Mithilfe seiner

frischgebackenen Frau wollte er in Hongkong eine Anlage installieren. Außerdem hatte er einen Freund auf den Philippinen, Ronnie Robb, der bei sich zu Hause eine übernehmen würde.

Gerry wollte wissen, ob es irgendwo im Fernen Osten noch einen Ort wie Bangkok gebe. Wir ließen Ron in einem Massagesalon bei der großen Liebe seines Lebens zurück, flogen getrennt voneinander nach Manila und checkten im Manila Mandarin ein. Gerry zog durch die Bordelle und verliebte sich in eine philippinische Nutte. Sie war mehr als bereit, mir gegen eine kleine Gebühr ihr Telefon zur Verfügung zu stellen. Ich traf mich mit Ronnie Robb und sprach mit ihm ab, dass ich sein Telefon benutzen konnte. Ein paarmal aß ich mit Moynihan und versicherte ihm, wie leid es mir täte, dass ich nicht die Zeit hatte, mit ihm nach Davao zu fliegen, um einen Thunfischkiefer zu verspeisen. Joe Smith und Jack der Schwindler waren beide in Australien. Gerry und mir ging das Dope aus, das wir von Bangkok herübergeschmuggelt hatten, und da wir in Manila keines auftreiben konnten, flogen wir nach Hongkong.

April versorgte uns mit Dope, versprach, eine Telefonzentrale einzurichten, und führte Gerry eine endlose Reihe Nutten zu. Wieder kamen Kuriere von Gerry mit Geld, das ich an Maliks Mann beim BCCI weitergab. Inzwischen hatte er zwei Millionen bekommen. Auch in Singapur wurde eine Telefonanlage installiert, von Daniel und einem anderen Mitarbeiter von Gerry, außerdem zwei weitere in London, von Jarvis und John Denbigh. Flash hatte in den Staaten einige neue eingerichtet, die als AIDS-Hotlines getarnt waren.

Im Dezember 1985 lag Gerrys Schiff im Arabischen Meer und wartete auf die Ladung. Zu Maliks größtem Erstaunen hielten sich Gerry und sein Freund Brian die ganze Zeit in

Georges Garten auf und hielten über die präparierten Ghettoblaster ständig den Funkkontakt zum Schiff aufrecht. Der Zeitpunkt zum Beladen kam. In einem ruhigen kleinen Hafen abseits des Haupthafens von Karatschi lag ein gut bemanntes Boot, eine Dau, mit unserem Hasch. Brian ging an Bord. Das Boot verschwand in der kühlen Nacht. Zwei motorisierte Barkassen vom pakistanischen Zoll begleiteten es ein Stück weit und kamen dann zurück. Alles war ruhig. Keine Botschaft kam über Gerrys Funkgerät. Scheinbar eine Ewigkeit später – wahrscheinlich nach etwa acht Stunden – fuhren die Motorboote wieder hinaus auf das Arabische Meer. Bei Morgengrauen kamen sie zurück, zwischen sich das kleinere Boot. Ein mürrisch dreinblickender Pakistani kam an Land. Er trug eine Kiste Champagner und überreichte sie sichtlich angewidert an Gerry. Gerry reichte sie an mich weiter.

»Ernie hat mir erzählt, dass ›Champagner‹ euer Code für Erfolg ist. Alter, wir haben's geschafft.«

Gerry und ich flogen nach Bangkok, um ein bisschen zu feiern. Gerry blieb dort, und ich flog weiter nach Hongkong, wo ich einige Koffer voll Weihnachtsgeschenke kaufte, bevor ich mich auf den Heimweg nach London machte.

»Ach, du willst Weihnachten tatsächlich zu Hause verbringen? Welche Ehre.«

»Entschuldige, Liebling, es wurde alles etwas kompliziert da drüben. Aber jetzt ist alles wieder okay. Die nächsten paar Monate kann ich es langsam angehen lassen.«

Weihnachten 1985 verlief fast ohne geschäftliche Unterbrechungen. Ich holte die falschen Pässe, die Hobbs den Weg in die Bigamie ebnen sollten, bei Jimmy Newton ab und schickte sie nach Hongkong. Mit den Fotos von Hobbs' Freunden bestellte ich einige weitere.

Das Haus auf Mallorca war mittlerweile bewohnbar geworden, sehr gut bewohnbar sogar, mit Swimmingpool und diversen anderen Notwendigkeiten/Annehmlichkeiten wie drei Telefonanschlüssen, einem Funktelefon und Fernsehen über Satellit. Kurz nach Silvester flogen wir hin, um uns dort endgültig niederzulassen. Wir gewöhnten uns an das Leben fern der Heimat und meldeten die Kinder am Queen's College an, einer englischsprachigen Schule in der Nähe. Durch Elternabende und diverse schulische Veranstaltungen freundeten wir uns mit einigen anderen dort lebenden Engländern an, insbesondere mit David Embley, einem Geschäftsmann im Ruhestand aus Birmingham, und mit Geoffrey Kenion, einem ehemaligen Theater- und Filmschauspieler, der in Agatha Christies *Die Mausefalle* eine Hauptrolle gespielt hatte.

Ich nahm Spanischunterricht, ich spielte Tennis. Jeden Morgen fuhr ich die Kinder zur Schule. Ich lungerte im Haus herum und spielte mit der Stereoanlage und dem Videorekorder. Gerade kamen CDs in Mode, und ich nutzte das aus und beschäftigte mich endlich einmal auch mit klassischer Musik. Im Großen und Ganzen tat ich nichts, was irgendwie erwähnenswert gewesen wäre. Ich war einfach ein straighter Brite, der genug verdient hatte, dass er sich ein Leben in der Sonne leisten konnte. Ich besuchte die Kneipen im Ort.

Judy wurde wieder schwanger. Bekämen wir diesmal vielleicht einen Sohn?

Das Marcos-Regime auf den Philippinen wurde durch einen unblutigen Putsch gestürzt. Marcos floh nach Hawaii. Cory Aquino war jetzt an der Macht. Sie schwor, gründlich im Land aufzuräumen. Moynihan rief einige Male an, um mir zu versichern, dass er auch unter dem Aquino-Regime noch arbeiten könne. Er sagte, Joe Smith sei wieder aufgetaucht.

Er hätte wieder hervorragendes Marihuana aus Thaisamen gezogen und sei auf Geschäfte aus.

»Es gibt Champagner in Mozambique.«

Ernie war dran. Unser Hasch war in Mexiko angekommen. Statt die Ladung direkt von Pakistan nach Kalifornien zu bringen, war beschlossen worden, dass sie in Mexiko an Land gebracht werden sollte. Ron Allen hatte dort ausgezeichnete Connections. Seit meinem Prozess im Old Bailey war ›Mozambique‹ unser Code für ›Mexiko‹ gewesen. Von dort aus würden handlichere Mengen, vielleicht jeweils eine Tonne, mit Privatflugzeugen über die Grenze nach Texas gebracht werden, je nachdem, wie viel gerade gebraucht wurde. Dann würde es auf dem Landweg zu Ernies Lager in Kalifornien transportiert werden und von da aus an Großdealer weiterverkauft. Es war noch lange nicht alles vorbei, doch ein wichtiger Schritt, die Überquerung des Pazifiks, war vollbracht. Die Telefonzentrale auf den Philippinen, die nur für diesen einen Anruf bestimmt war, wurde geschlossen.

Nachdem er noch einige Hongkonger Nutten geehelicht hatte, war Jim Hobbs nach Portugal gegangen, um dort eine weitere Telefonstation einzurichten. Bevor er dazu kam, wurde er aber in einer finsteren Gasse in Lissabon gebustet, die Arme um einen schwulen Strichjungen geschlungen. Diverse Hongkonger Huren hätten jetzt einen Grund gehabt, die Scheidung einzureichen. Ich gab einem Freund von Hobbs etwas Geld, damit er ihm einen Anwalt besorgen und sich um ihn kümmern konnte.

»Ich hab Champagner in meinem Zimmer.«

Das Hasch war in Los Angeles eingetroffen. Ernie wollte sich Zeit lassen mit dem Verkauf, um einen guten Preis zu erzielen. Ich sollte also weiterleben wie bisher, da es noch eine ganze Weile dauern würde, bis ich mein Geld bekäme. Es gehört sich so, dass die Schiffsbesatzung zuerst ausbezahlt wird. Danach geht es meistens etwas drunter und drüber, doch Ernie hatte immer dafür gesorgt, dass ich meinen Anteil ziemlich schnell bekam.

Einige sehr angenehme Wochen verstrichen – normales Leben, mit einer guten Portion Vorfreude durchsetzt. Einmal die Woche rief Ernie an und berichtete über den Stand der Dinge. Ich genoss das ruhige Familienleben. Dann rief eines Tages Gerry Wills an, mit der erschütternden Mitteilung, dass Ernie und seine Freundin Patty in ihrem Hotelzimmer in Los Angeles verhaftet worden waren. Sie waren unter falschem Namen angemeldet gewesen. Gerry wusste nicht, wie ernst die Lage genau war, aber es ging das Gerücht um, dass Geld und Dope in ihrem Zimmer gefunden worden war. Ernie hatte gegen die Bewährungsauflagen verstoßen, doch da der Großteil der Ladung noch in Mexiko war, konnte es eigentlich keinen großen finanziellen Verlust bedeuten. Das Beste wäre, abzuwarten, bis sich alles etwas beruhigt hatte, und kein Hasch mehr zu verkaufen, bis wir wussten, was los war.

Ich hatte keine Probleme damit. Ich hatte Geld genug und konnte weiterhin meine Zeit mit meiner Familie verbringen. Ernies Verhaftung klang nicht sehr ernst. Er wäre schnell wieder draußen. Letztes Mal hatte es auch nicht lange gedauert.

Es nahmen aber nicht alle so auf die leichte Schulter. Daniel, der das Schiff jetzt nach Australien gebracht hatte, musste die Mannschaft bezahlen. Malik klagte, dass ihm die Mudschaheddin jeden Tag zu Leibe rückten und ihren Anteil forderten. Viele Leute wollten bezahlt werden.

Patty wurde auf Kaution freigelassen. Sie meinte, die DEA wüsste nichts von einer Ladung von zehn Tonnen. Sie hatten

Ernie und sie wegen eines Pfundes Hasch gebustet, auf dem Gerrys Logo prangte, und wegen der fünfzigtausend Dollar, die sie in ihrem Zimmer gefunden hatten. Weiter war nichts. Trotzdem hatte Ernie darauf bestanden, dass nichts mehr verkauft wurde, bis er wieder frei war.

Die Dealer, denen Ernie vor seiner Verhaftung Hasch auf Kredit gegeben hatte, zogen Patty über den Tisch. Hunderttausende Dollar verschwanden einfach. Gerry konnte seine Gläubiger nicht länger vertrösten. Ich stimmte zu, dass er sich um den weiteren Verkauf kümmern sollte. Er erklärte, dass er nicht wie Ernie größere Summen über Banken aus den Vereinigten Staaten herausschaffen konnte. Und seine Helfer waren zu sehr mit dem Verkauf beschäftigt, als dass er einen von ihnen als Kurier hätte schicken können. Deshalb würde ich mich darum kümmern müssen, wie ich an das Geld kam, das mir und Malik zustand.

Ich rief Patrick Lane an, der nach Miami gezogen war, und bat ihn, seine Kontakte mit den Geldwäschern aufzufrischen, die ihm während der Kolumbiengeschäfte 1980 geholfen hatten. Er wollte sich auch an Bruce Aitken in Hongkong wenden. Er freute sich, wieder im Geschäft zu sein.

John Denbigh war einverstanden, in die USA zu fliegen und persönlich das Geld von Gerry abzuholen, darauf aufzupassen und es nach und nach an Patrick weiterzureichen, der es auf mein Konto beim Crédit Suisse in Hongkong überweisen sollte.

Einige meiner neuen Freunde auf Mallorca erfuhren von meiner schurkischen Vergangenheit. Ich machte auch kein Geheimnis daraus. Irgendwie hatte ich das Gefühl, als hätte Geoffrey Kenion, der sich gerade auf ein neues Geschäft einließ, nichts gegen ein paar zusätzliche Einnahmen. Ich fragte ihn, ob er gegen zehn Prozent Beteiligung bereit wäre, Geld aus den Vereinigten Staaten herüberzubringen. Er war mehr als bereit.

Mein Gefühl sagte mir außerdem, dass sich David Embley nicht minder begeistert zeigen würde. Ich täuschte mich. Er hatte einen Namen bei Lloyd's. Er litt nicht unter Geldmangel und hatte keine Lust, ein solches Risiko einzugehen. Wenn er mir aber sonst wie helfen könnte, sollte ich es ihn wissen lassen.

John Denbigh war noch nicht lange in Amerika, als er anrief und mir etwas sehr Unangenehmes mitteilte.

»Dein Hund ist krank.«

Ich bin nicht sehr gut bewandert im Cockney-Slang, aber das konnte nur eines heißen: dass mein Telefon abgehört wurde. Und wer immer gerade mithörte, er wusste jetzt, dass ich es wusste. Es schien keinen großen Sinn zu haben, zu fragen: »Welcher, Bonzo oder Rover?«

John erklärte, dass die Staatsanwaltschaft bei Ernies Verhören und den Verhandlungen unvorsichtigerweise erwähnt hatte, dass die DEA und die spanische Polizei im Dezember letzten Jahres Abhöranlagen an mein Telefon in Palma angeschlossen hatten.

Internationale Dopeschmuggler müssen ständig telefonieren. Viele behaupten, sie täten es nicht, weil Telefone zu unsicher seien. Entweder lügen sie, oder sie machen keine Geschäfte. Beim Drogenschmuggel stößt man immer wieder auf unerwartete Hindernisse. Auftretende Probleme müssen schnell gelöst werden. Da die Beteiligten aus den unterschiedlichsten Ländern und Kulturkreisen stammen, gibt es kaum eine Möglichkeit, den Inhalt eines Gesprächs sinnvoll und verständlich zu vertuschen. Alle Dealer benutzen einfache, relativ leicht durchschaubare Codes. Jeder Versuch, einen komplizierteren Code zu verwenden, endet bald mit fol-

genschweren Missverständnissen. Ich habe nie einen Anruf
wegen eines Dopegeschäfts gemacht oder erhalten, der nicht
ganz offensichtlich ein solcher war. Die Bemühungen, den Inhalt zu codieren, sind im Wesentlichen Zeitverschwendung.
Aber man gewöhnt sich dran, und es macht einfach riesigen
Spaß. Außerdem dienen sie zumindest dazu, den Zuhörer zu
verwirren. Die Namen von Leuten und Orten werden oft und
schnell gewechselt. Verschiedene Leute benutzen verschiedene Spitznamen für dieselben Personen. Es kann sich für einen
Dritten als unmöglich erweisen, eine Nachricht zu verstehen,
wenn er nicht über das Verhältnis zwischen den Gesprächs-
partnern bestens im Bilde ist. Jedenfalls sind solche Codes
effektiver als alle moderne Technik. Der Versuch, neumodi-
sche Codiergeräte zu verwenden, endet nur damit, dass haufenweise nutzlose Kabel und Geräte auf Berggipfeln im Himalaja und in den untersten Schubladen westlicher Dealer
vermodern.

Also musste ich weiterhin von zu Hause aus Leute anrufen
und Telefonate entgegennehmen, obwohl sicher war, dass die
DEA mithörte. Doch das Ziel der Übung war nicht, die DEA
zu überzeugen, dass John Denbigh, Gerry Wills und ich nur
harmlose Vertreter von Reisebüros waren, sondern dafür zu
sorgen, dass sie keine Möglichkeit bekamen, uns oder unser
Geld in die Finger zu bekommen. Im Vergleich zu zehntausend Kilo war ein halbes Kilo nicht viel, und fünfzigtausend
Dollar waren im Vergleich zu fünfundzwanzig Millionen fast
zu vernachlässigen, aber es war ein böses Omen gewesen.

Wirklich wichtige Anrufe, in denen es um die Übergabe
von Dope oder Geld ging, mussten natürlich über Leitungen
gemacht werden, die nicht abgehört wurden. Am besten sind
Telefonzellen, aber in manchen Ländern kann man sich in Telefonzellen nicht anrufen lassen – zum Beispiel in Spanien.

Das ist der einzige Grund, aber ein guter, weshalb Spanien nicht als Wohnsitz für Dopedealer geeignet ist. Komplizierte Absprachen sind notwendig. Da ich jetzt nach Ernies Verhaftung wieder mehr tun musste und mein Telefon zu Hause abgehört wurde, brauchte ich frische Telefonnummern. Ich fragte David Embley, ob er eine Wohnung mit Telefon mieten könnte, das ich inoffiziell benutzen durfte. Er war einverstanden. Um die Renovierung unseres Hauses in La Vileta hatte sich ein Mallorquiner namens Justo gekümmert. Wir hatten ein gutes Verhältnis zueinander und trafen uns manchmal auch privat. Er besaß auch ein Reisebüro in Palma. Ich erzählte ihm, dass ich gelegentlich Anrufe an Orten empfangen können musste, die nicht direkt mit mir in Verbindung gebracht werden würden. Freundlicherweise gestattete er mir, mich zu diesem Zweck seines Büros zu bedienen, wann immer es nötig wäre. Außerdem stellte er mich mehreren mallorquinischen Kneipenbesitzern vor, die nichts dagegen hatten, wenn ich mich in ihrem Lokal anrufen ließ.

Einige Restaurantbesitzer, bei denen Judy und ich als Stammgäste bekannt waren, zeigten sich sehr entgegenkommend. Wenn ich bei ihnen zum Essen saß, war ich erreichbar. Das Pavan's, ein thailändisches Restaurant in Santa Ponsa, war ideal für Anrufe aus Bangkok. Das ›Taj Mahal‹ in Magaluf war perfekt für Gespräche aus Pakistan.

Auch im Tennisklub, in Bobs Restaurante La Vileta und bei diversen Bekannten konnte ich Anrufe empfangen. Es war nur eine Frage des Timings: da zu sein, wenn das Telefon klingelte.

Es funktionierte hervorragend. Geoffrey Kenion brachte mir einige Hunderttausend Dollar. Mithilfe seiner Provision konnte er das Wellies eröffnen, ein Restaurant mit Bar am Hafen von Puerto Portals. Patrick überwies mehrere Hunderttausend auf mein Konto beim Crédit Suisse in Hongkong. John Denbigh kannte auch jemanden in den Staaten, der Geld außer Landes schaffen konnte. In Hongkong stapelten sich die Dollarnoten.

Malik musste sein Geld bekommen, und er wollte sich mit mir treffen. Er verdiente eine ausführliche Erklärung. Ich sollte auch bald mal wieder in Hongkong bei meiner Bank vorbeischauen. Moynihan und Joe Smith wollten in Manila etwas von mir. Phil erwartete mich in Bangkok. Ich bereitete mich auf die Abreise vor. David Embley, dem schon immer das Wasser im Mund zusammengelaufen war, wenn ich meinen Massagesalon erwähnte, fragte mich, ob er mich begleiten und sich dort auf eigene Kosten einmal umsehen könne. Ich freute mich und stimmte gerne zu. Es würde denen, die hinter mir her waren, zu denken geben, wenn ich mit David zusammen reiste. Je mehr ich sie verwirren konnte, desto besser.

Zunächst flog ich nach Zürich, wo ich kein Geld liegen hatte, und ging in mehrere Banken, in denen ich keine Konten hatte. Als ich Zürich in Richtung Bangkok (wo ich kein Dope hatte) verlassen wollte, wurde ich am Flughafen gründlich durchsucht. In Zürich war mir das noch nie passiert. In Bangkok traf ich mich mit Phil. Er war nervös. Er gab zu, an dem wieder aufgenommenen Luftfrachtgeschäft mit Amsterdam beteiligt zu sein. Sie hatten mit Air Canada gearbeitet, und eine Ladung war gerade in Heathrow hochgegangen. Mehrere Leute waren verhaftet worden. Ich suchte Sompop auf.

»*Sawabdee,* Kuhn Marks. Ich habe noch zwei für dich. Du müssen jetzt drei tragen für Glück.«

Er gab mir noch zwei Buddhas. Ich steckte die Hand in die Tasche und wollte etwas Geld herausholen, aber er hinderte mich daran.

»Nein, nein, Kuhn Marks. Kein Geld für Sompop. Bitte armen Kindern geben.«

»Okay, Sompop. Sag du mir, wem ich es geben soll.«

Sompop führte mich in die Rajavithi Road zu Bangkoks Stiftung für körperlich Behinderte. Ich überreichte ihnen dreitausend Dollar. Sie setzten meinen Namen auf eine Marmortafel.

Ich ging zu einem Juwelier, ließ auch die zwei neuen Buddhas in Gold fassen und hängte alle drei an eine lange goldene Kette.

Von Bangkok flog ich nach Manila, checkte im Mandarin ein und ging aus, einen trinken. Die Firehouse Bar in Del Pilar war für Musik und Tanz bekannt. Es waren zehnmal so viele Frauen wie Männer anwesend. Das Lokal war rappelvoll, kochte und pulsierte im Rhythmus der tropischen Hitze einer Nacht in Manila. Ich ging zu den Toiletten und ließ mir mehr oder weniger kühles Wasser über das Gesicht laufen. Mein Hemd trug ich offen, und das glänzende Gold der Buddhas war deutlich zu sehen. Die Tür wurde geöffnet. Ein starker junger Filipino kam herein. Er starrte auf die Reichtümer, die ich um den Hals hängen hatte, sah sich schnell um und zog sein Messer. Ein Grinsen huschte über sein Gesicht, während er sich in eine der Gestalten verwandelte, über die ich als Kind in Piratenbüchern gelesen hatte. Er kam auf mich zu. Ich bekam Angst.

Auf einmal bebte die Erde. Der Boden wackelte heftig, Gegenstände fielen aus Regalen, und eine Menschenmasse strömte durch die Toilette, auf der Suche nach dem Notausgang. Die Menge riss mich mit, hinaus auf die Straße, in Sicherheit. Mit diesen Buddhas war wahrlich nicht zu scherzen.

Scheinbar gibt es auf den Philippinen recht häufig Erdbeben, und innerhalb weniger Stunden verlief alles wieder in geordneten Bahnen. Ich blieb im Hotel bis David Embley kam. Wir gingen aus.

Malik kam nach Manila. Wie ich erwartet hatte, war er sehr verständnisvoll, was die Zwischenfälle in den Staaten betraf. Er brauchte zwar dringend Geld, war aber bereit, zu warten und sich in den Willen Allahs zu fügen. Es konnte keinen Zweifel daran geben, dass Malik und ich beobachtet wurden. Wo immer wir auch hingingen, immer sahen wir dieselben undurchsichtigen amerikanischen Gestalten, die sich in unserer Nähe herumdrückten. Es war mir ziemlich egal, und Malik störte sich nicht im Geringsten daran.

»Lasst amerikanische Schweine uns folgen. Sie sind im Osten nicht mehr wichtig. Dieses Jahr haben sie Marcos von Philippinen und Baby Doc von Haiti verloren. Beide waren gute Freunde von Amerika. Letzten Monat, amerikanische Schweine haben Libyen bombardiert und Familie Gaddafi umgebracht, und Ihr Land, D. H. Marks, haben sie benutzt für Flugzeugträger. Viele Jahre lang haben Amerikaner Beirut und arabische Welt wegen jüdischen Menschen zerstört. Im Osten, sie sind Teufel. Lasst sie in ihrem eigenen Saft kochen und ihre eigene Suppe auslöffeln. In zwei Tagen gehe ich nach Damaskus, um Freund zu treffen, der Politiker ist. Danach gehe ich nach Islamabad, um Finanzier von pakistanischer Regierung zu treffen, wegen Geschäft mit Papiermühlen. Lasst amerikanische Schweine uns folgen.«

»Aber warum lassen Sie dann Leute wie Harlan Lee Bowe in Ihrem Land bleiben, Malik?«

»Harlan Lee Bowe und alle anderen von DEA haben in Pakistan Schutz durch Diplomatenstatus. Bis jetzt durften amerikanische Diplomaten in Pakistan sein. Vergessen Sie nicht, D. H. Marks, dass Amerika und Pakistan im Kaschmirkonflikt Seite an Seite gegen Indien stehen und beide gegen russische

Invasion in Afghanistan sind. Doch nach Massaker in Libyen wird Pakistan vielleicht amerikanische Botschafter ausweisen. Dann wird es keine DEA mehr in Pakistan geben.«

»Aber Bowe scheint doch völlig abgedreht zu sein, Malik, viel schlimmer als die meisten Leute der DEA.«

»Sie sind alle gleich. Alle von DEA sind gleich. Sie kommen nach Pakistan. Pakistanische Regierung gibt ihnen großes Haus mit Dienern. DEA mag diesen Luxus: ein Diener, um die Garage zu öffnen, zwei Diener, um Essen hereinzutragen, viele Köche und Leute zum Putzen, Chauffeur, und viele mehr. Sie wissen nicht, dass alle Diener jeden Tag Leuten von Muttergeschäft Bericht erstatten. Ich habe einen Freund, er ist Afridi, er räumt jeden Morgen den Schreibtisch von Harlan Lee Bowe auf. Am Nachmittag kommt er zu mir und erzählt mir alles. Wenn wir wollen, ist es leicht, Harlan Lee Bowe loszuwerden. Aber warum? Er würde von anderem amerikanischen Schwein ersetzt werden, der vielleicht keine Pakistanis als Diener will. Es ist besser, ihn zu behalten. Wir kennen ihn. Wir kennen diesen Teufel.«

Am nächsten Tag, einem Sonntag, ging ich wieder zum Mittagessen zu Lord Moynihan. Joe Smith war auch dort. Ich nahm Malik mit, um ein bisschen Eindruck zu schinden. Moynihan war Freimaurer. David Embley ebenfalls. Ich nahm David mit, um Moynihan zu verwirren. Durch Marcos Verbannung schien Moynihan eher mehr denn weniger Macht bekommen zu haben. Drei Sequester der neuen Aquino-Regierung aßen mit uns. Sie reisten durch das Land, auf der Suche nach Grundstücken, die Marcos seinen Gefolgsleuten vermacht hatte. Gerade hatten sie Imelda Marcos' extravaganten Sommerpalast in Leite beschlagnahmt. Moynihan verkündete, dass er daran dachte, ihn zu einem Hotel umzufunktionieren. Er wendete sich an die ganze Versammlung.

»Meine Herren, ich hoffe, es hat Ihnen geschmeckt. Mr Malik, ich muss mich dafür entschuldigen, dass ich Sie in einem Land empfange, das Ihnen nach dem kürzlichen unblutigen Putsch als rückgratlos erscheinen muss. Ich kann mir nicht vorstellen, dass die pakistanische Armee sich von einer Handvoll Nonnen, die Fahnen schwenken, aufhalten ließe.«

»Das war unter dem Marcos-Regime«, meinte einer der Sequestoren. »Die Armee war demoralisiert. Unter Aquino wird sich das schnell wieder ändern.«

»Ich versichere Ihnen, dass ich voll hinter Ihnen stehe. Eine starke Armee ist überaus wichtig. Und ich muss sagen, ich bin sehr beeindruckt von der Art und Weise, wie Sie mit den unrechtmäßig erworbenen Gütern der vorherigen Regierung verfahren. Meine Gäste hier sind ausländische Investoren mit einem Riecher wie keine anderen, und sie rechnen den Philippinen nun gute Chancen aus.«

»Hätten Ihre verehrten Gäste vielleicht Interesse daran, Mrs Marcos' ehemaligen Sommerpalast in Leite zu besichtigen? Ihre Schuhsammlung befindet sich noch dort.«

Moynihan sah uns erwartungsvoll an. Wir nickten, mäßig begeistert. Moynihan sprach weiter. »Dann schlage ich Folgendes vor: Joe hat sein Privatflugzeug am Flughafen von Manila. Fliegen wir doch alle zusammen nach Davao, übernachten dort, essen am nächsten Tag einen Thunfischkiefer zu Mittag, fliegen dann weiter nach Leite, sehen uns den Sommerpalast von Lady Imelda an, ich meine von Mrs Marcos, und fliegen dann zurück. Das wäre bestimmt lustig. Howard und ich könnten im Flieger Trivial Pursuit spielen. Was halten Sie davon?«

»Willst du damit sagen, ich soll mein Flugzeug auftanken, Piloten anheuern und quer übers ganze Land fliegen, nur um ein paar abgefuckte Fischköpfe zu essen und mir Damenschuhe anzuschauen?«

»So kannst du das nicht sagen, Joe, wirklich nicht«, protestierte Moynihan.

»Ach, meinetwegen«, meinte Joe. »Ich fahr zum Flughafen und kümmere mich drum.«

Er ging und warf mir im Vorbeigehen einen kleinen Beutel von seinem selbst gezogenen philippinischen Thaigras zu.

Am nächsten Morgen ließen Moynihan, Joe, Embley und ich uns von zwei Piloten in Joes Turbo-Propellermaschine nach Davao fliegen. Malik hatte nach Pakistan zurückkehren müssen und konnte uns deshalb nicht begleiten. Ich griff nach meinen Buddhas, als wir bei der Landung fast einen Hund erwischten. In der Nähe der Rollbahn, zwischen dem Urwald und dem Strand, stand ein Hotel des Namens Intercontinental. Es sah nicht aus wie ein Intercontinental. Die Post wurde von einem Windsurfer gebracht. Leute, die aus anthropologischen Dokumentarfilmen entsprungen zu sein schienen, kletterten auf Palmen und tauchten mit riesigen Hummern aus dem Meer auf. In der Bar spielten sie Musik von Noël Coward. Joe und ich gingen ein Stück in den Dschungel hinein und rauchten von seinem Gras. Hübsche Mädchen, die so taten, als wären sie Wilde, umtanzten uns.

Nach einer feuchtfröhlichen Nacht fuhren wir eine lange Strecke durch Mindanao, einem Hauptsitz der Rebellen. Entführungen und Raubüberfälle waren in dieser Gegend an der Tagesordnung. Doch ich hatte meine Buddhas. Am Ende einer Bucht befand sich eine Ansammlung von Hütten, die auf Pfählen gebaut waren. Ein Floß brachte uns zu einer dieser Hütten. Es handelte sich um ein Café, das ausschließlich die Kieferknochen von Thunfischen servierte, und es war der einzige Ort auf der Welt, wo man sie bekam. Ich erinnere mich nicht mehr, wie sie schmeckten.

Wir flogen nach Leite weiter. Ich schlug Moynihan in Trivial Pursuit. Er schob es darauf, dass zu viele wissenschaftliche Fragen vorgekommen waren. David wurde schlecht, und er schob die Schuld auf den Thunfischkiefer. Joe schlief.

Die Regierungsbeamten holten uns am Privatflugplatz ab und fuhren mit uns zum Sommerpalast. Der Garten zeugte von den ausgefallensten Versuchen, sich mit möglichst großer Sicherheit eine gute Position im Leben nach dem Tod zu sichern. Statuen von ägyptischen und Hindu-Gottheiten lugten hinter einer privaten römisch-katholischen Kapelle hervor. Goldene Buddhas waren vor einer Moschee aufgereiht. Das Innere des Palastes hingegen bot alles, um den Beginn des Lebens nach dem Tod so lange wie möglich hinauszuzögern: einen privaten Schönheitssalon, einen Raum, der der Homöopathie gewidmet war, eine Turnhalle. Und überall mehr Schuhe, als man in neun Menschenleben hätte anprobieren können.

Als wir den Palast schließlich verließen, deutete Moynihan auf ein Stück Land in der Nähe.

»Gehört das auch zum Grundstück?«, fragte er einen der Beamten.

»Nein, Lord Moynihan, das muss jemand anderem gehören.«

»Wie schade. Man hätte einen ausgezeichneten Golfplatz daraus machen können.«

»Wir könnten es trotzdem beschlagnahmen.«

Die Korruption würde sich offenbar so bald nicht von den Philippinen verabschieden.

David Embley und ich hingegen schon. Wir nahmen den Cathay Pacific Flug nach Hongkong. Da es Davids Magen wieder besserging, hatte er eine Menge Spaß. Lord Moynihan und die Philippinen hatten ihm gefallen, und jetzt freute er sich auf Hongkong. Er war nicht mehr dort gewesen, seit er aus der Armee ausgetreten war, und fragte sich, wie sehr sich Wan Chai verändert haben mochte.

Während wir vor der Passkontrolle in der Schlange standen, hatte ich eine dieser Vorahnungen. Ich hatte am Flughafen Kai Tak noch nie Ärger bekommen, aber ich wusste, dass irgendetwas Unangenehmes passieren würde.

»David, ich glaube, sie werden mich hier festhalten. Wenn ich bis morgen Abend nicht draußen bin, dann sag Judy Bescheid. Lass mich zuerst gehen, damit du siehst, was Sache ist.«

David sah entsetzt aus. Ich ging auf die Beamten zu. Eine Beamtin suchte in ihrem dicken schwarzen Ordner nach meinem Namen und verglich sorgfältig ihre Angaben mit denen auf meinem Pass.

»Einen Augenblick, bitte.«

Sie verschwand mitsamt meinem Pass. Drei Polizisten näherten sich mir. Die Beamtin kehrte mit einem Kollegen zurück, ebenfalls ein Chinese, aber älter und offenbar höhergestellt.

»Mr Marks, kommen Sie bitte mit zur Gepäckausgabe.«

»Ich habe kein Gepäck.«

»Sie reisen ohne Gepäck nach Hongkong?«

»Ich habe nur Handgepäck.«

»Dürfte ich bitte Ihr Ticket sehen? Reisen Sie alleine?«

»Ja.«

»Kommen Sie bitte mit in mein Büro.«

»Warum?«

»Nur eine routinemäßige Stichprobe, Mr Marks, kein Grund zur Beunruhigung.«

Er führte mich in ein Büro und bat mich, dort zu warten. Ein Fernseher plärrte auf kantonesisch. Eine Sekretärin hämmerte auf einen Computer ein. Beamte der Einreise betraten und verließen den Raum, nahmen aber keine Notiz von mir. Ich rauchte eine nach der anderen.

»Mr Marks, ich bin Detective Pritchard.«

»Ah, ein Waliser kommt mir zur Hilfe. Was zum Teufel geht hier eigentlich vor sich? Holt mich meine Vergangenheit gerade ein, oder was?«

»Wieso? Sind Sie in Hongkong vorbestraft?«

»O, nein. Aber als ich jünger war, bin ich in England mit Marihuana erwischt worden.«

»Nun, das interessiert uns hier nicht. Um ganz ehrlich zu sein, ich habe keine Ahnung, was vor sich geht. Meistens sagen sie mir gar nichts. Sie machen eben gelegentlich Stichproben bei Einreisenden, und wenn es zufällig einen Briten erwischt, dann sorge ich dafür, dass alles mit rechten Dingen zugeht. Kommen Sie doch mit in mein Büro, dort ist es etwas ruhiger.«

In Pritchards Büro war es in der Tat wesentlich ruhiger. Es sah aus wie eine Gefängniszelle. Pritchard und ich saßen mehrere Stunden lang an dem einzigen Tisch und unterhielten uns über Katastrophen: den geschmolzenen Reaktor in Tschernobyl und die mäßigen Leistungen der walisischen Rugbymannschaft bei den internationalen Heimspielen der letzten Saison (zwei gewonnen, zwei verloren). Wir warteten darauf, dass der Zoll käme, um mich zu durchsuchen.

»Es tut mir sehr leid, Mr Marks, aber die vom Zoll haben heute wohl sehr viel zu tun.«

»Wahrscheinlich sehr viele Stichproben, Mr Pritchard.«

»Es scheint so, ja. Aber es kann eigentlich nicht mehr lange dauern.«

Schließlich kamen sie doch, durchsuchten mich sehr oberflächlich und nahmen mir die Brieftasche ab.

Pritchard ging mit ihnen hinaus und überließ mich der

Obhut eines wie versteinert wirkenden Chinesen. Wieder einige Stunden später kam Pritchard mit meiner Brieftasche zurück.

»Es tut mir leid, Mr Marks, es hat doch länger gedauert, als ich angenommen hatte.«

»Es gab ziemlich viel zu fotokopieren, nicht wahr, Mr Pritchard?«

Pritchard wurde rot.

»Mr Marks, Sie dürfen jetzt gehen.«

Drei Jahre später fand ich heraus, dass meine Dokumente und Zettel tatsächlich fotokopiert worden waren. Nicht, dass es mir viel ausgemacht hätte. Ich bewahrte immer nur solche Unterlagen in meiner Brieftasche auf, die von jedermann gesehen werden durften und sollten.

Ich checkte im Shangri-La ein, sehr zur Erleichterung von David Embley, der sich große Sorgen gemacht hatte. Ich schaufelte große Summen von meinem Konto beim Crédit Suisse zu Maliks Mann beim BCCI. Ich nahm David mit zum ›Bottoms Up‹ und anderen Hongkonger Nachtclubs.

Wir flogen nach Bangkok. Der Zoll nahm mich völlig auseinander. Wir flogen nach Rom. Das gleiche Spielchen. Wir flogen nach Palma. Kein Problem. Ich blieb mehrere Monate lang in Palma. Vom Reisen hatte ich erst mal genug.

Während dieses Sommers, 1986, wurde der Rest der zehn Tonnen Pakistanen ohne Zwischenfälle verkauft. John Denbigh hatte das ganze Geld eingesammelt und alle bezahlt, die noch etwas zu kriegen hatten. Wir waren sehr reich. Obwohl es ein erfolgreiches Geschäft gewesen war, blieben die üblichen Gefühle der Euphorie aus, als es vorbei war. Es hatte sich so lange hingezogen, Ernie saß noch immer im Gefängnis, und es hatte so viele Probleme gegeben. Abgesehen davon wollten wir natürlich trotzdem noch reicher werden und einen weiteren guten Deal durchziehen.

Gerry Wills, Ron Allen, Flash und ein Freund von ihnen, Roger Reaves, kamen nach Palma. Sie flogen mit einem Privatflugzeug von der französischen Riviera herüber, wo sich Roger derzeit versteckte. Er war ein wahrer Künstler im Ausbrechen, war vor der amerikanischen Justiz geflohen, ein ehemaliger Kokainpilot und Marihuana-Anbauer. Sie wohnten in Mallorcas Luxushotels und gaben ganze Vermögen aus. Sie wollten wieder eine Ladung aus Pakistan holen, diesmal zwanzig Tonnen. Ob Malik wohl mitspielen würde?

Ich traf mich in Seoul mit ihm. Hyundai, das größte Unternehmen Koreas, beabsichtigte, mehrere Millionen Dollar in Mehar Paper Mills zu investieren. Jeder durfte uns in Seoul zusammen sehen. Es machte gar nichts. Wir hatten eine ausgezeichnete Tarnung. Wir beantworteten Fragen zu Maliks Papiermühle in Lahore. Die Leiter von Hyundai schienen beeindruckt. Malik erwähnte, dass eine inoffizielle Zahlung nötig sei, um Hyundais Investition zu vereinfachen. Die Verantwortlichen erwiderten, das sei völlig in Ordnung. Am Abend wurden wir von Hyundais firmeneigenen Geishas ausgezeichnet unterhalten.

Malik hatte nichts gegen eine Ladung von zwanzig Tonnen einzuwenden, vorausgesetzt, ich eröffnete in London in der City ein Büro für Mehar Paper Mills. Ich schlug ein.

Nach weiteren hektischen Reisen rund um den Erdball und verschiedenen Geldschiebereien war Gerrys Schiff so weit, dass es in Australien ablegen konnte, und Malik war mit der Herstellung der zwanzig Tonnen schon ziemlich weit gekommen. Diesmal hatte sich Gerry für das Logo ›Zerkrümelt den Kremlin‹ entschieden.

Judy und die Kinder waren zurück nach London gezogen.

Eine Ultraschalluntersuchung hatte ergeben, dass sie einen Sohn bekommen würde, und sie wollte, dass er in England zur Welt kam. Am sechzehnten November hieß ihn die Welt willkommen. Ich war der Erste, der ihn in völliger Harmonie mit dem Universum einatmen sah. Wir nannten ihn Patrick, sowohl nach meinem Ururgroßvater als auch nach Judys Bruder.

Zwei Wochen nach seiner Geburt klingelte es in unserer Wohnung in Chelsea an der Tür. Ich öffnete. Tom Sunde stand draußen. Ich hatte ihn seit 1980 nicht mehr gesehen und nicht mehr mit ihm gesprochen, seit ich wusste, dass er eine Art Spitzel war. Er trug einen ganzen Stoß Papiere. Ohne Umschweife kam er zur Sache.

»Schau her. Das hier ist eine Liste der Namen von den Leuten, die auf eurem Boot in Australien sind, der *Axel-D*. Kannst du überprüfen. Während der ersten acht Monate dieses Jahres wurden deine Anschlüsse in Palma abgehört, auch die deiner Freunde und die in den Bars, in denen du warst. Ein DEA-Agent namens Craig Lovato ist mit einem ganzen Koffer voll Kassetten in die Staaten zurückgekehrt. Sie wissen, dass du gerade eine Ladung aus Pakistan reingebracht hast. Sie wissen, dass du bei der Sache mit Alameda dabei warst. Sie werden dich anklagen. Howard, du weißt, ich bin dein Freund. Ich habe damals in Schottland mit dir am Strand gewartet. Vergiss das nicht. Ich verscheißer dich nicht.«

»Komm rein, Tom. Also. Nochmal von vorne.«

»Ernie erzählt der DEA alles, was er weiß. Außerdem bezahlen sie noch ein paar andere Leute in deiner Nähe. Sie wissen schon von John Denbigh, einem Typen namens Jim Hobbs und von Malik in Pakistan. Im Übrigen war er es, der damals die fünf Tonnen aus Karatschi geklaut hatte, nicht Carl und ich.«

»Und woher weißt du das alles, Tom?«

»Von Carl.«

»Und woher weiß der es?«

»Frag nicht. Aber er kommt an alles dran, wenn er will. Ganz erstaunlich. Er hat mein Leben gerettet.«

»Was soll ich also tun?«

»Wenn ich du wäre, Howard, würde ich sofort verschwinden. Aber richtig verschwinden. Aber ich weiß ja, so bist du nicht drauf. Carl hat wirklich schon einiges für dich getan. Er kann auch nochmal deinen Arsch retten.«

»Und wie?«

»Genauso wie letztes Mal. Was getan werden muss, wird er tun.«

»Wird er es um der guten alten Zeiten willen tun, oder muss ich blechen?«

»Geld ist der einzige Grund, weswegen er das macht. Aber er ist ein echter Freund.«

»Und wie viel wird es kosten, die DEA davon abzuhalten, mich zu busten?«

»So funktioniert das nicht, Howard. Du gibst, was du kannst. Und wir tun, was wir können, damit sie dich nicht kriegen, und halten dich auf dem Laufenden, was die DEA über dich hat. Im Moment braucht Carl aber ganz dringend fünfzigtausend Dollar, und dafür hat er wirklich heiße Infos.«

»Und die wären?«

»Keine Sorge, ich sag's dir schon, egal, ob du zahlst oder nicht. Also: Die DEA hat einen Funksender an Bord der *Axel-D* versteckt. Der ist jetzt, in diesem Moment gerade, in Betrieb. Das Schiff ist in Australien losgefahren und auf dem Weg nach Pakistan. Die Ladung wird die DEA sich schnappen, Howard. Die sind so stinkig auf dich, dass man's schon gar nicht mehr in Worte fassen kann. Die letzte Ladung habt ihr ihnen echt unter der Nase durchgeschmuggelt, obwohl sie jeden einzelnen deiner Schritte beobachtet haben. Scheiße, die sind echt wütend. Und Alameda hat sie umgehauen, weil das über die Regierung ging. Diesmal wird's nicht gutgehen, Howard. Blas die ganze Sache ab.«

Das war doch mal eine Herausforderung.

»Wo ist denn dieser Funksender?«

»Ganz oben in den Hauptmast eingelassen. Und kriege ich die fünfzigtausend Dollar?«

Ich gab sie ihm.

Ich teilte Gerry mit, dass ich ihn so schnell wie möglich auf neutralem Boden treffen müsste. Wir trafen uns in Kopenhagen. Er kontaktierte Daniel auf dem Schiff, der den Kurs änderte und auf Mauritius zusteuerte. Flash, das Elektronikgenie, flog runter. Sie fanden die Wanze. Es wäre blöd gewesen, sie zu zerstören und der DEA damit zu zeigen, dass wir wussten, was sie taten. Wir würden die Wanze erst entfernen, wenn es nötig war.

Gerry meinte, dass zu viel passiert war, um nochmal eine Ladung von Pakistan nach Mexiko zu verschiffen. Er wollte keineswegs aufgeben, noch wollte er das Schiff verkaufen. Wenn die Wanze erst entfernt worden wäre, wollte er eine Ladung Thaigras aus Thailand besorgen. Damit würde niemand rechnen, da es so etwas noch nie gegeben hatte. Er wusste noch nicht genau, wo er es an Land bringen wollte. Vielleicht wieder in Mexiko, wenn ihm nichts Besseres einfiel.

Ich ließ die Bestellung der zwanzig Tonnen aus Pakistan erst mal auf Eis legen. Wir hatten eine Anzahlung von einer Million Dollar geleistet, die nicht zurückgezahlt wurde. Dafür hatten wir Tonnen über Tonnen feinstes Haschisch im Lagerhaus in Karatschi. Irgendwann könnte man das sicherlich nochmal brauchen.

Es war nicht weiter schwierig, Phil zu überreden, Gerrys

Schiff mit einer großen Menge Thaigras zu beladen. Die Details wurden in zwielichtigen Bangkoker Bars ausgehandelt. Wir beschlossen, dreißig Tonnen zu wagen. Es würde der größte Deal werden, auf den ich mich jemals eingelassen hatte.

Wieder begann eine Reihe Erdumrundungen in dreißigtausend Fuß Höhe. In diversen Städten Europas und Asiens floss mir Geld in die Hände, nur um weitergeleitet zu werden und mich wieder zu verlassen. Überweisungen in Höhe von jeweils mehreren Hunderttausend Dollar trafen beim Crédit Suisse in Hongkong ein. Wir waren alle ständig unterwegs. Wir trafen uns in neuen, fremden Städten und besprachen, wie es weitergehen sollte. Die DEA hatte keine Chance, herauszufinden, was wir vorhatten. Zwischen Ende 1986 und Mitte 1987 wohnte ich abwechselnd in London und in Palma und reiste nach Bangkok, Karatschi, Hongkong, Kenia, Dänemark, Tanger, Belgien, Frankreich, Kanada, in die Schweiz und auf die Philippinen.

Es kam zu einem Zwischenfall: Mickey Williams wurde in der Nähe von Bristol bei dem Versuch gebustet, Heroin zu importieren. Es tat mir leid, dass er geschnappt worden war, andererseits war ich aber auch schockiert, dass er H schmuggelte.

Ich hatte einen besonderen Grund, nach Kanada zu fliegen. Jarvis stellte mir einen seiner Freunde vor, einen Amerikaner namens Bob Light. Vor einiger Zeit hatte Bob jamaikanisches Marihuana nach England gebracht. Jarvis hatte es verkauft. Bob hatte ein einfaches Problem: Er hatte eine Quelle in Vietnam. Das Gras von dort glich Thaigras in jeder Hinsicht. Es war sogar genauso verpackt. Er konnte es aufs Meer hinausbringen und auf ein Schiff verladen lassen. Einen idealen Anlegeplatz hatte er auch, im Nordwesten Kanadas, in der Nähe der Queen Charlotte Islands. Das Einzige, was ihm fehlte, war ein geeignetes Schiff samt Besatzung, um den Pazifik zu überqueren.

Etwa zur selben Zeit lernte ich auf Mallorca zwei weitere Persönlichkeiten kennen. Einer war ein niederländischer Graf, Frederick, eine Hälfte des bekannten Popduos Nina and Frederick. Mit dem Singen hatte er vor längerer Zeit schon aufgehört und sich darauf spezialisiert, haschischbeladene Schiffe zu steuern. Er hatte aber weder einen Verkäufer noch kannte er gute Anlegestellen. Dafür hatte er ein voll ausgerüstetes Schiff.

Meine andere neue Bekanntschaft war Rafael Llofriu, Hauptkommissar bei Palmas Policia Nacional und Chef des Sicherheitsdienstes an Palmas Flughafen San Juan. Ich lernte ihn im ›Wellies‹ kennen, Geoffrey Kenions Kneipe, die sich zur Trendbar der Hippen und Coolen gemausert hatte. Er hatte von den Stammgästen dort gehört, dass ich eine Art erfolgreicher Unternehmer war, und machte deutlich, dass ich mich an ihn wenden sollte, wenn ich in Projekte auf Mallorca investieren wollte. Mit seiner Unterstützung wäre das einfacher. Rafael meinte damit keine illegalen Aktivitäten, daran ließ er keinen Zweifel. Er war nur daran interessiert, geschäftliche Kontakte zu erleichtern, um der Insel zu mehr Wohlstand zu verhelfen.

Ich misstraute ihm nicht einen Augenblick und war mir sicher, dass sich jeder Eigennutz bei ihm darauf beschränkte, dass seine Familie oder seine Freunde von möglichen Geschäften vielleicht profitierten. Ich mochte ihn und war gerne mit ihm zusammen. Es wäre lustig, auf Mallorca mit der Unterstützung der Polizei Geschäfte zu machen. Wenn sich die DEA nach mir erkundigte, würde er es mich vielleicht wissen lassen.

Bobs Möglichkeiten mit Fredericks Schiff zu kombinieren

wäre ein Kinderspiel. Bob brauchte nur einen seiner Männer, die wussten, wo be- und entladen werden sollte, an Bord von Fredericks Schiff zu setzen. Ich musste nur stillsitzen und auf mein Geld warten. Darin hatte ich so viel Übung, das konnte ich mit geschlossenen Augen. Und tat es.

Ich fragte mich, ob Bobs kanadische Anlegestelle Gerry vielleicht besser zusagen würde als Rons Stelle in Mexiko, die wir schon mal benutzt hatten. Wir berieten uns in zweifelhaften Kneipen in Vancouver.

An einem der seltenen Abende, die ich ruhig daheim in La Vileta verbrachte, klingelte das Telefon.

»Hab ich dich endlich gefunden, du scheiß-walisischer Arsch. Dachtest du etwa, ›the Kid‹ wäre irgend so ein beschissener dämlicher Paddy, vor dem man sich einfach so verstecken könnte?«

»Da antworte ich jetzt nicht drauf, Jim. Mein Name steht im Telefonbuch, sowohl hier als auch in London.«

»Scheiße, das ist doch dämlich. Hast echt gar nichts kapiert, was ich dir über Sicherheit beigebracht hab. Meine Scheißnummer wirste jedenfalls in keinem Telefonbuch finden.«

»Dich will ja eh keiner anrufen, Jim.«

»Immer noch derselbe walisische Schleimbeutel. Hör zu. Ich muss dich sehen. Ich hab was für dich. Es ist echt wichtig.«

Jim McCann und ich trafen uns in Südfrankreich. Er behauptete, im Besitz von einer Tonne bestem marokkanischem Hasch zu sein, sagte aber nicht, woher er es hatte. Er brauchte jemand, der es von einem abgelegenen Strand in Marokko abholte, es irgendwo hinbrachte und verkaufte. Leider kannte er niemand außer mir, den er hätte fragen können. Er hatte gehört, dass es mir ganz gut ging.

zwölf

MR TETLEY
(eigentlich nicht)

Gerrys Schiff fuhr von Mauritius in den nördlichen Teil des Arabischen Meeres. Wenige Hundert Meilen vor der Küste kletterte einer der Matrosen zur Spitze des Mastes, entfernte den Funksender von der DEA, den Flash sorgfältig wieder zurückgetan hatte, und schleuderte ihn nicht ohne ein gewisses Zeremoniell ins Meer. Flash hatte ihn so verpackt, dass er nicht unterging. Er dümpelte im Wasser. Die DEA würde damit rechnen, dass sich das Schiff eine Weile lang nicht bewegte, während es vor der Küste auf die Haschischladung von den Pakistanis wartete. Zu spät erst würde ihnen auffallen, dass wir den Sender gefunden hatten.

Gerrys Freund, Roger Reaves, der Flüchtling und Hauptinvestor in das Thailand-Kanada-Geschäft, beschloss, dass er auch gerne auf Mallorca leben wollte. Wenn er sprach, merkte man deutlich, dass er aus dem Süden Georgias stammte.

»Howard, alter Junge, ich muss schon sagen, du hast Europa und Asien echt gut auf der Reihe. Und der Herr steh mir bei, ich habe tonnenweise Koks und Aberhundert Tonnen Gras von Kolumbien in die US gebracht. Ich möchte hier gerne dasselbe machen. Hör zu. Ich haue niemanden übers Ohr und lasse niemanden fallen. Im Leben nicht. Aber ich muss die Leute kennen, mit denen ich zu tun habe. Wenn ich dir Zeug von Pakistan nach England schaffen soll, dann müsste ich diesen Malik und den Typen, der mir in England die Ware abnimmt, vorher treffen. So mache ich meine Geschäfte. Wenn ich mit irgendwem einen Deal mache, den ich über dich kennengelernt habe, dann kriegst du einen Anteil, selbst wenn du nicht die leiseste Ahnung von gar nichts hast.«

»Roger, ich habe nichts dagegen, wenn irgendwer irgendwen kennenlernt. Aber Malik wäre zum Beispiel nicht einverstanden, einen Amerikaner zu treffen. Er kann Amerikaner einfach nicht leiden.«

»Na, fuck him. Und was ist mit diesem Lord in Bangkok?«

»Den könntest du jederzeit kennenlernen. Aber er wohnt auf den Philippinen, nicht in Bangkok.«

»Auf diesen Philippinen, bauen sie da Hasch an?«

»Ja, Roger, aber es fängt gerade erst an, kommerziell zu werden. Ein Freund von mir hat letztes Jahr echt gutes Zeug gezüchtet.«

»Da könnte ich zum Beispiel helfen. Und dein anderer Freund, dieser IRA-Terrorist, von dem immer in den Zeitungsartikeln über dich die Rede ist? Den würd ich echt gerne mal treffen.«

»Der hat gerade eine Tonne Marokkaner und weiß nicht, wohin damit. Wenn du Geld hast und ihn ihm abnehmen kannst, wird er begeistert sein, dich kennenzulernen.«

»Unbedingt. Kennst du irgendwelche guten Anlegeplätze an der europäischen Küste?«

»Nur in England, Roger.«

»Würdest du sie mir zeigen?«

»Aber klar. Ich werde dich einem Freund von mir aus England vorstellen, Johnny Martin. Er wird sie dir zeigen, wenn du willst. Wenn du tatsächlich was nach England bringen solltest, würde ich ihn auch zum Verkaufen vorschlagen.«

»Kennst du jemanden, der Schiffe verkauft?«

»Da kann ich dir leider nicht helfen, nein.«

»Ich würde diese drei Freunde von dir wirklich gerne einmal kennenlernen, am meisten den Lord. Könnten wir den möglichst bald besuchen?«

Ich traf zwei Tage vor Roger in Manila ein. Ich weiß nicht mehr wieso, aber ich hatte Lord Moynihan versprochen, mit ihm den Gedenkgottesdienst für Elizabeth Marcos zu besuchen, die kürzlich verstorbene Schwester von Expräsident Marcos. Wir gingen hin.

Moynihan hatte in Manilas Stadtteil Ermita ein Hotel eröffnet. Er hatte vor einiger Zeit angefragt, ob ich fünfzigtausend Dollar beisteuern könnte. Ich zahlte sie unter der Bedingung, dass ich und jeder, den ich anmeldete, umsonst dort wohnen durfte, und dass er mir einen philippinischen Pass besorgte. Mit meinem Geld und beträchtlich größeren Summen von anderen Leuten hatte Moynihan aus dem Empire Hotel das McArthur Hotel (Motto: ›Sie werden wiederkommen‹) gemacht. Im Erdgeschoss hatte es einen Massagesalon mit allem Drum und Dran, der den klangvollen Namen ›The Dawn of Life‹ trug, und es gab eine traumhafte Luxussuite. Sie hieß ›Howard Marks Suite‹. Moynihan kannte meine Schwächen.

Ich erzählte ihm von Roger und seiner Suche nach einem ruhigen Fleckchen Erde für den Anbau von Marihuana. Moynihan war so glücklich darüber, dass er mir endlich etwas Geld hatte entlocken können, dass er sofort einen Flieger charterte und mit uns über einige Inselchen flog, von denen er annahm, dass er die Regierung überreden könnte, sie zu beschlagnahmen und ihm zu übergeben. Roger war begeistert von diesem Empfang.

Wir flogen zu der Insel Fuga im Norden der Philippinen. Siebzehn Menschen wohnten dort, es gab kein Süßwasser und die Insel war völlig flach. Für den Marihuana-Anbau gänzlich ungeeignet. Wir spazierten ein wenig herum. Die Einheimischen schlachteten eine Kuh, die wir verspeisten. Kurz bevor das Flugzeug abhob, sprang Roger heraus und hob eine Handvoll Erde auf.

»Ich lass die analysieren«, meinte er.

In der Howard Marks Suite fragte ich Roger, ob er ernsthaft daran dachte, auf Fuga anbauen zu wollen. Es schien nicht gerade ein günstiger Ort dafür.

»Nein, Junge, das mit der Erde war nur Show für den Lord. Ich werde irgendwo anders hier Gras anbauen, in irgendwelchen Bergen, von denen er nichts weiß. Vom Flugzeug aus hab ich ein paar nette Flecken gesehen. Aber ich will diese Insel. Ich will da leben. Sie liegt genau auf den Schifffahrtslinien, und kein Mensch würde dort nach mir suchen. Wenn der Herr Lord denkt, ich würde da Marihuana anbauen, wird er dafür sorgen, dass keiner weiß, dass ich da bin. Und wenn der Herr im Himmel mir beisteht, hab ich ausgesorgt. Kennt dieser Lord jemanden, der Schiffe verkauft?«

Über Umwege mit Übernachtungen in diversen Metropolen Asiens flog ich zurück nach London, um mich um Angelegenheiten vom Hong Kong International Travel Centre und um die Londoner Niederlassung von Mehar Paper Mills zu kümmern.

Balendo und Orca hatten das Reisebüro wunderbar im Griff, doch obwohl die Zahlen im Allgemeinen besser und besser wurden, hatte es in den letzten Wochen eine Flaute gegeben. Während dieser Zeit waren auch alle Goldfische im Springbrunnen vorne im Laden gestorben.

»Das ist ein schlechtes Zeichen«, meinte Balendo.

»Inwiefern?«, fragte ich.

»Ich weiß nicht.«

»Wozu haben wir überhaupt diesen blöden Springbrunnen

hier drin? Er macht Lärm, die Fenster beschlagen und die Goldfische sterben.«

»Chinesen haben immer Springbrunnen.«

»Aber wieso?«

»Für gutes Geschäft.«

»Aber was hat ein Springbrunnen mit guten Geschäften zu tun?«

»Chinesisches Wort für Wasser ist dasselbe wie chinesisches Wort für Geld.«

»Wie heißt das?«

»Soy.«

»Was, Soy wie in *soy sauce?*«

»Wie in Sojasoße. Mein Onkel aus Kanton wird heute kommen und nachsehen, wo Problem ist.«

Balendos Onkel erkannte das Problem sofort. Er warf nur einen Blick auf den Springbrunnen und meinte: »*Fenshui.*«

»*Fenshui?*«, wiederholte Balendo. »Ah!«

Ich lächelte wissend.

»Das erscheint dir vielleicht seltsam, Howard?«, fragte Orca.

»O nein. Ich weiß, dass *Fenshui* ›geometrisches Omen‹ heißt. Wir müssen entweder umziehen oder den dämlichen Springbrunnen umdrehen.«

Zum Glück reichte Letzteres. Unter großem finanziellen Aufwand wurde der gut dreieinhalb Meter hohe Steinbrunnen auseinandergenommen, umgedreht und wieder zusammengesetzt. Er war jetzt nicht mehr nach draußen gerichtet, sondern nach innen. So würde auch das Geld in das Büro fließen anstatt heraus. Das klang absolut sinnvoll. Trotzdem hatte ich das Gefühl, irgendwie nicht mehr mitzukommen.

Die Büros von Mehar Paper Mills befanden sich in der Nähe von Hyde Park Corner. Über ein Headhunter-Unterneh-

men fand ich eine gut aussehende und intelligente Pakista-
nerin, die ich als Sekretärin einstellte. Ich wusste nicht, was
ich noch tun sollte. Sie wusste nicht einmal, wer ich eigentlich war. Ich gab ihr Maliks und Malik ihre Telefonnummer
und überließ die beiden ihren Geschäften. Regelmäßig trafen
große Ladungen aller möglichen Waren von Damenunterwä-
sche bis Lederkoffern ein. Malik schien aber nicht daran interessiert, sie zu verkaufen, also wurde alles einfach gelagert.
Bei einer Reise nach Pakistan fragte ich ihn einmal, was das
eigentlich sollte.

»D. H. Marks, es ist Geschäft mit Vergütung für Export.
Wir können Vermögen machen. Ich erkläre Ihnen. Pakistanische Regierung muss Export unterstützen. Deshalb zahlen
sie Exporteur Anteil des Preises für seine Ware. Regierung
schaut nicht, wie viel Geld tatsächlich für Ware bezahlt wurde. Dann wäre zu einfach zu betrügen. Sie schicken Beamten, der Wert von Ware schätzt und Exportpreis bestimmt.
Wie in Ihrem Land, D. H. Marks, Zoll bestimmt Wert von jeder Ware. Ich habe viele Freunde, Afridi, bei pakistanischem
Zoll. Das wissen Sie. Sie kommen und sagen, Ware hat sehr
großen Wert. Wir bekommen großen Anteil von Regierung.
Zum Beispiel, letzte Woche habe ich noch zwei Container
Damenunterhosen gekauft. In Karatschi, Stück kostet vielleicht zehn Rupien. Ich zeige Afridi-Zollbeamten, dass ich
Bestellung aus Saudi-Arabien habe für Damenwäsche. Er un-
terschreibt Formular, dass Stück kostet Hundert Rupien. Liste
von Regierung sagt, Anteil bei Damenwäsche ist dreißig Prozent von Exportpreis. Regierung zahlt mir dreißig Rupien für
jedes Stück Damenwäsche.«

»Sie haben also einen guten Profit gemacht, ohne überhaupt etwas zu verkaufen. Malik, das ist ausgezeichnet.«

»Ich sagte Ihnen ja schon. Deshalb sind im Londoner Büro

von Mehar Paper Mills so viele Kisten Damenwäsche und andere Textilwaren. In Dschibuti, wo ich Scheingeschäft habe, ich habe zehn Container Damenwäsche. Keiner will sie.«

Gerrys Schiff bewegte sich ohne jegliche Überwachung durch die DEA weg vom Arabischen Meer, über den Indischen Ozean und durch die Malakkastraße ins Südchinesische Meer.

Moynihan rief mich in London an. Er war gerade mehrere Stunden lang von den philippinischen Einreisebehörden verhört worden – eine völlig neue Erfahrung für ihn. Scotland Yard versuchte, die Philippinen dazu zu bewegen, ihn auszuweisen, damit sie ihn sich wegen seiner Betrügereien in England schnappen konnten. Er hatte die Angelegenheit in seinem Sinne regeln können, hatte dabei aber zufällig herausgefunden, dass ich mich schnellstens in Sicherheit bringen sollte. Er meinte, zu meinem eigenen Besten sollte ich sofort nach Manila kommen. Das klang gar nicht gut.

Tom Sunde kam vorbei, um Geld abzuholen. Er hatte nach wie vor gelegentlich interessante Informationen über meine ehemaligen und derzeitigen Mitarbeiter. Er erwähnte Lord Moynihan. Carl sei sehr an Moynihan interessiert, meinte er, weil Moynihan so engen Kontakt zur Familie Marcos gehabt hatte und Carl versuchte, für die CIA an das Vermögen der Marcos heranzukommen. Ich erzählte von der Warnung, die mir Moynihan hatte zukommen lassen. Er bot an, er könnte nach Manila fliegen, sich mit Moynihan treffen, herausfinden, was los war, und es mir dann sagen.

Toms Bericht sah so aus, dass Moynihan von einem in Manila stationierten DEA-Agenten angesprochen worden war, einem gewissen Art Scalzo, dass er ihm helfen sollte, mich in eine Falle zu locken. Moynihan sah keine andere Möglichkeit, als mitzuspielen. Ich sollte mir aber keine Sorgen machen. Er würde das Kind schon schaukeln, ohne irgendwen in Gefahr zu bringen. Mein philippinischer Pass war fertig, er würde ihn bald nach Europa bringen.

Tom warnte, ich sollte Moynihan nicht trauen. Das hatte ich sowieso noch nie getan. Es hatte auch noch keine Notwendigkeit dazu bestanden.

Gerrys Schiff lag im südlichsten Teil des Golfs von Thailand. Einige Fischerboote mit dreißig Tonnen ausgezeichnetem Thaigras verließen einen kleinen Hafen in der Nähe von Rayong. Die voluminöse Ladung wurde in den Frachtraum in Gerrys Schiff umgeladen, das durch die Luzonstraße zwischen Taiwan und den Philippinen auf den Pazifik hinausfuhr. Eine Weile lang folgte es dem Wendekreis des Krebses und nahm dann Kurs auf das Beringmeer und die Eiswüsten Nordkanadas.

Einige Wochen darauf befanden sich dieselben dreißig Tonnen in einem Lagerhaus auf Vancouver Island, und das Schiff lag im Hafen von Lima in Peru. Der Deal, der größte, den ich und viele andere je gewagt hatten, hatte ohne jegliche Zwischenfälle geklappt. Die DEA war entweder damit beschäftigt, im Arabischen Meer nach Gerrys Schiff zu suchen, oder in Kalifornien nach zehn Tonnen Haschisch zu forschen. Wir hatten sie wieder einmal überlistet.

Frederick, der Haschisch schmuggelnde niederländische Graf, hielt sein Schiff zweihundert Meilen westlich des vietnamesischen Hafens Da Nang. Ein vietnamesisches Schmugglerschiff verließ Triton, eine kleine, gesetzlose Insel, die sowohl den Chinesen als auch den Vietnamesen unterstand und als sicherer Ort für alle Piraten der Welt und ihre Waren bekannt war. Die zwei Schiffe trafen sich. Siebeneinhalb Tonnen vietnamesisches Gras, das als Thaigras getarnt war, wurden schnell umgeladen. Frederick setzte die Segel und nahm Kurs auf Kanada.

Wenig später flog ich nach Vancouver, um das erste Geld von dem Verkauf des Thaigrases abzuholen. Bevor ich ging, holte ich bei Balendo mein Ticket ab.

»Vancouver wird mal eine Abwechslung für dich sein. Nicht immer der Ferne Osten«, meinte Balendo.

Mein Name hatte ihm zwar nie etwas gesagt, doch langsam war es Balendo gedämmert, dass ich Dope schmuggelte. Es war nie ausgesprochen worden, aber es gab einfach keine andere Erklärung für die Koffer voll Geld, die gelegentlich durch seine Hände gegangen waren.

»Ich habe gute Gründe, Balendo. Ich muss dort Geld abholen.«

»Ah! Danach gehst du nach Hongkong?«

»Nein, ich trage nicht gerne große Mengen Bargeld über Grenzen. Mein Gesicht ist zu bekannt. Ich gebe es jemandem, der es zur Bank trägt. Die überweisen es an mein Konto in Hongkong. Das kostet mich zehn Prozent.«

»Zu teuer für den Dienst. Sollte unter fünf Prozent sein.«

»Aber wer würde es zu dem Preis machen?«

»Triade. Vancouver hat die zweitgrößte chinesische Gemeinschaft im Westen. San Francisco die größte.«

»Ich kenne niemanden von der Triade.«

»Alle Chinesen sind Triade.«

Balendo wartete in der Lobby des Sheraton Hotel in Vancouver auf mich, als ich mit dem Koffer mit 300 000 kanadischen Dollar zurückkehrte, den ich bei Bob Light abgeholt hatte. Bob und Ron Allen kümmerten sich gemeinsam um den Verkauf. Innerhalb einer halben Stunde hatte Balendo den Koffer weggebracht und war wieder zurück.

»Das ging aber schnell, Balendo.«

»Das Geld wird morgen auf deinem Konto in Hongkong sein.«

»Was kostet es?«

»Nichts.«

»Kannst du das von überall nach überall hinkriegen, Balendo?«

»Wenn es chinesische Gemeinschaft gibt, ja.«

Mir wurde klar, wie ungeschickt ich bisher den Geldtransfer geregelt hatte. Die Millionen Flugkilometer, die monströsen Hotelrechnungen, der Stress an den Grenzen, die ständige Angst, überfallen und beraubt zu werden, hätte ich mir sparen können. Wenn mir jemand Geld schicken wollte, brauchte er es nur zum nächsten Chinarestaurant zu tragen und den Wirt zu bitten, auf einen Anruf von Balendo zu warten, der nun schon seit Jahren mein Freund und Geschäftspartner war. Ich hätte wahnsinnig werden können.

»Balendo, könntest du hierbleiben und in den nächsten Monaten weiter Geld für mich verschicken?«

»Ist nicht möglich mit Reisebüro in London. Ich könnte jeden Monat herkommen und für dich abholen.«

Es würde wesentlich einfacher werden, bei dieser und der nächsten Ladung in Vancouver das Finanzielle zu regeln. Ich brauchte nicht einmal selbst in Vancouver zu sein. Ich würde John Denbigh bitten, herzukommen und das Geld bei Gelegenheit von Bob oder Ron abzuholen. Wenn es sich lohnte, sollte er es Balendo geben, der seinen chinesischen Zaubertrick damit machen würde.

John flog nach Vancouver. Ich stellte ihn Bob Light vor. Ron und Gerry kannte er schon von dem Pakistangeschäft. Ich überließ ihm die volle Verantwortung.

Über London flog ich nach Palma. In Heathrow wurde ich kurz befragt, aber nicht durchsucht. Hauptkommissar Rafael

Llofriu nahm mich am Flughafen in Empfang und schleuste mich durch den Zoll und die Passkontrolle. Er hatte ein kleines Problem. Er brauchte Geld. Er hatte eine Wohnung am Hafen in Palma Nova, die er verkaufen wollte. Ob ich jemanden kannte, der Interesse hätte? Ich kaufte sie ihm ab.

Seit Patricks Geburt hatten Judy und ich uns kaum gesehen. Wir waren schon Ewigkeiten nicht mehr zusammen fort gewesen.

»Howard, wenn du nicht aufhörst, um die Welt zu düsen und mal ein bisschen Zeit mit mir und den Kindern verbringst, dann dreh ich durch. Ich habe uns allen zusammen zwei Wochen Urlaub auf Sizilien gebucht. Weißt du noch, wie schön das war? Ich dachte, wir könnten zuerst nach Campione d'Italia gehen, mit dem Zug von Mailand nach Rom fahren und von dort nach Palermo fliegen. Würde dir das gefallen? Die Kinder fänden es bestimmt ganz toll. Masha könnte mitkommen und abends babysitten. Du könntest deinen Sohn mal kennenlernen.«

»Klingt wunderbar, Liebling. Ich könnte mir nichts Schöneres vorstellen.«

Das war die Wahrheit. Ich konnte es wirklich nicht.

In Campione d'Italia schwelgten wir eine Weile in Erinnerungen, dann reisten wir weiter nach Sizilien, wo wir im Santa Domenico in Taormina wohnten, im Schatten des erschreckend aktiven Ätna. Wir besichtigten griechische Amphitheater und römische Städte, und mir zuliebe aßen wir einmal in Corleone zu Mittag, wo sich Mario Puzo zu seinem Roman *Der Pate* hatte inspirieren lassen. In Palermo schaute ich bei der Banca di Sicilia vorbei, um nach meinem Konto zu sehen. Es hatte noch immer keine Einzahlungen darauf gegeben.

Ich blieb von Telefonen weg. Niemand wusste, wo ich zu

erreichen war, und es machte mir wirklich Spaß, mit meiner Familie zusammen zu sein. Die ganze Reiserei und Geschäftemacherei hatte ihre gute Seiten – Geld und ein aufregendes Leben –, aber ich hatte es übertrieben. Ich musste ein paar Gänge runterschalten, bevor ich ganz vergaß, dass ich auch Ehemann und Vater war. Dieser Vorsatz begleitete mich die ganze Zeit, bis wir wieder zu Hause waren.

In Palma erwarteten mich kiloweise Nachrichten. John Denbigh hatte gewaltige Geldmengen in Vancouver angesammelt und wollte, dass sie innerhalb einer Woche jemand abholte. McCann war im Sofia Hotel in Barcelona. Wenn ich nicht sofort hinkäme, würde er zu mir nach Hause kommen. Es war dringend. Moynihan war im Orient Hotel in Barcelona. Er hatte meinen philippinischen Pass dabei. Ob ich den abholen könnte? Malik war in London und wollte etwas Geschäftliches mit mir besprechen, nicht Muttergeschäft. Tom Sunde war in Düsseldorf und brauchte Geld. Frederick war noch auf hoher See, würde aber demnächst seine Ladung in Kanada an Land bringen.

Ich rief bei Phil in Bangkok an und fragte, ob er nach Kanada fliegen könnte. Ein Teil des Vermögens, auf dem John Denbigh saß, war für ihn bestimmt. Ich buchte einen Hin- und Rückflug von Palma nach Barcelona. Malik bestellte ich nach Palma. Ich rief Tom Sunde im Düsseldorfer Hilton an. Auch er würde nach Palma kommen, vorausgesetzt, ich zahlte sein Ticket. Auf dem Flug nach Barcelona spielte ich mit dem Gedanken, McCann und Moynihan einander vorzustellen. Ein Dinner mit einem englischen Lord und einem IRA-Terroristen wäre sicherlich unterhaltsam.

»Was hat denn so ein beschissener englischer Lord mit diesem walisischen Arsch zu tun?«, fragte McCann, während er Moynihan die Hand schüttelte.

»Nun, dasselbe könnte ich dich auch fragen. Allein die Vorsicht hält mich zurück«, erwiderte Moynihan.

»Ich bin kein beschissener Lord«, beeilte sich McCann zu sagen.

»Ich meinte auch eher, was du wohl mit Howard zu tun hast.«

»Scheiße, Howard arbeitet für mich. Arbeiten Sie für ihn? Weil, wenn die Scheiße so liegt, dann arbeiten Sie für mich.«

Jim lachte über seinen eigenen Esprit.

»Ohne jemand zu nahe treten zu wollen – nein, ich würde mich nicht als Howards Angestellten betrachten. Doch erfreuen wir uns eines guten geschäftlichen und auch persönlichen Verhältnisses. Wir waren beide in Oxford und haben eine Reihe gemeinsamer Interessen. Beide mögen wir gutes Essen und guten Wein. Ist es nicht so, Howard?«

Bevor ich noch dazu kam, zu antworten, schaltete sich Jim dazwischen.

»Es ist Ihnen doch klar, dass wir Krieg haben, Lord Moynihan.«

»Nenn mich doch bitte Tony. Wer hat Krieg?«

»Scheiße, du und ich natürlich.«

»Ich fürchte, ich verstehe nicht ganz.«

»England und Irland.«

»Mein lieber Jim ...«, setzte Moynihan an.

»Scheiße, ich bin nicht dein ›lieber‹. Spar dir deinen beschissenen Oxford-Akademiker-Slang.«

»Jim, Moynihan ist vermutlich einer der irischsten Namen überhaupt auf der Welt. Ich betrachte mich selbst als Iren. Einer meiner Vornamen ist Patrick. Senator Moynihan ist ein Cousin von mir.«

»Aber du bist Protestant«, warf McCann ein.

»Im Krieg geht es um Macht, nicht um Religion. Ich bin vermutlich irischer als du, Jim.«

»Mich wird man schon mal nicht im beschissenen House of Lords erwischen, das steht fest.«

»Mich wirst du dort auch nicht mehr antreffen. Ich habe denen viel mehr zu schaffen gemacht als du. Und bedenke bitte auch, dass ich den größten Teil meines Erwachsenenlebens in überwiegend katholischen Ländern verbracht habe. Das ist kein Zufall. Ich bin ein überzeugter Verfechter der Unabhängigkeit eines vereinten Irlands.«

»So? Wie viele britische Soldaten hast du erschossen? Wie viele Armeestützpunkte hast du in die Luft gejagt?«

Und so ging die Unterhaltung weiter. Jeder versuchte, den andern davon zu überzeugen, dass er ein aufrechter irischer Republikaner mit den höchsten patriotischen Idealen war.

Moynihan erzählte mir, dass er mit einigen von Marcos' Millionen betraut worden war. Scheinbar war Carl auf der richtigen Fährte. Ob ich ihm mit meinen Connections zu Geldwäschern helfen könnte? Ich sagte zu. Moynihan gab mir den gefälschten philippinischen Pass. Er hatte noch einen dabei, der für jemand anderen in Palma bestimmt war. Erst hatte er mich bitten wollen, ihn mitzunehmen, doch er hatte seine Pläne geändert und wollte jetzt selber mit Lady Editha Palma besuchen. Sie fragten, ob ich eine Übernachtungsmöglichkeit für sie wüsste. Ich bot ihnen die Wohnung in Palma Nova an. Ich hatte sie noch nicht endgültig von Rafael Llofriu übernommen. Sie lief noch unter seinem Namen, doch die Schlüssel hatte ich schon.

McCann hatte nur vorgehabt, von mir zu erfahren, wie er Roger Reaves erreichen konnte. Roger hatte Jim die verlangten fünfzigtausend Pfund gegeben, und Jim war bereit zu liefern. Es passte mir nicht so recht, dass die zwei jetzt einfach so taten, als existierte ich gar nicht, aber ich wollte ihnen auch nicht im Wege stehen. Ich erzählte Jim, dass Roger samt seiner Frau und seinen Kindern nach Mallorca gezogen war. Jim beschloss, nun doch nach Palma zu fliegen.

Ich landete zuerst in Palma. Malik rief vom Flughafen Heathrow an. Iberia weigerten sich, ihn an Bord zu lassen, da er kein spanisches Visum hatte.

Ich telefonierte mit Rafael und erklärte ihm, dass ein reicher Freund von mir, ein Investor aus Pakistan, Schwierigkeiten habe, nach Spanien zu reisen. Rafael meinte, ich solle ihn machen lassen. Keine zwanzig Minuten später rief er zurück, um zu sagen, dass Malik unterwegs sei. Er hatte es geregelt. Rafael erwies sich als äußerst hilfsbereit und nützlich.

Ich ging zu Rafaels Büro in der Polizeistation des Flughafens. Das Büro hatte zwei Eingänge: einen von der Ankunftshalle und einen vom jedermann zugänglichen Teil des Flughafens. Rafael versprach, Malik gleich bei der Ankunft abzufangen und ihn direkt zu seinem Büro zu bringen, damit er nicht vom Zoll oder den Einreisebeamten aufgehalten wurde. Ich wartete dort. Wenige Minuten später wurde ein äußerst verängstigter Salim Malik von einem sehr forschen Hauptkommissar Rafael Llofriu hereingeleitet. Malik dachte, dass er gebustet wurde. Seine Erleichterung, als er mich sah, war fast greifbar.

»Scheiße, D. H. Marks, Sie sind mein Tod«, mehr sagte er nicht.

Malik wohnte bei uns. Rafael mochte ihn. Am nächsten Tag stellte er Malik und mich Michel Khadri vor, einem reichen Algerier, der auf der Insel lebte. Es wurde angeregt über die verschiedensten Geschäfte diskutiert, von Möbeln aus Bangladesch bis zu Luxushotels in Marokko, aber aus keinem ist je irgendwas geworden.

Der Vorschlag, den Malik mir machen wollte, betraf die Herstellung von Zahnpasta aus der Rinde einer bestimmten pakistanischen Baumart. Das regelmäßige Kauen dieser Rinde hatte angeblich mehrere Generationen eines Stammes im Himalaja vor Verfallserscheinungen der Zähne bewahrt. Außerdem wurde Malik langsam ungeduldig, was er mit dem Haschischvorrat tun sollte, den er noch immer in Karatschi für mich aufbewahrte. Ich meinte, ich würde mir über Letzteres Gedanken machen und mich zu Ersterem umhören.

McCann kam als Nächster. Ich brachte ihn in Hobbs' Wohnung am Placa del Banc de Loli in der Altstadt Palmas unter. Dann traf Sunde ein. Er sagte, die DEA wäre wieder in Palma. Nur so zum Spaß quartierte ich auch ihn in Hobbs' Wohnung ein. Ich machte Tom sehr glücklich mit den Neuigkeiten, dass Moynihan Zugang zu Marcos' verschwundenen Millionen hatte. Schließlich kamen auch Moynihan und Editha an. Sie kamen in Rafaels Wohnung in Palma Nova unter. Ich erzählte Tom, wo sie wohnten.

Es war unfassbar, was sich auf einem Quadratkilometer dieser kleinen Insel abspielte. Ein Mitglied des englischen House of Lords, Besitzer eines Freudenhauses auf den Philippinen, bewohnte die Wohnung eines spanischen Polizeihauptkommissars. Der Lord wurde von einem amerikanischen CIA-Agenten überwacht, der im Hause eines überführten englischen Sexualverbrechers wohnte. Der CIA-Agent teilte sich eine Wohnung mit einem IRA-Terroristen. Der IRA-Terrorist besprach einen Haschdeal in Marokko mit einem Piloten des kolumbianischen Medellín-Kartells, der aus Georgia stammte. Die Fäden all dieser Treffen liefen bei einem ehemaligen Agenten des MI6 zusammen, der nebenher den Verkauf von dreißig Tonnen Thaigras in Kanada regelte und der den größten Haschischlieferanten Pakistans zu Besuch hatte.

Ein einziger, einsamer DEA-Agent bemühte sich, all diese Szenarien zu durchschauen. Die Bühne war bereit. Irgendetwas musste jetzt einfach geschehen.

Es geschah auch etwas – eine Katastrophe. Es begann damit, dass Phil Anfang September 1987 aus Vancouver anrief. John Denbigh, Gerry Wills, Ron Allen, Bob Light und viele andere waren von der Royal Canadian Mounted Police gebustet worden. Mehrere Tonnen Marihuana und einige Millionen Dollar waren konfisziert worden. Das Marihuana stammte von einem Segelboot, das in Vancouver hatte anlegen wollen. Auf diesem Wege brachte Bob meistens das Thaigras von seinem Lagerhaus auf Vancouver Island in die Stadt.

Der Verlust des Geldes und des Thaigrases ließ mich völlig kalt – so was kann mal passieren –, aber die Verhaftung meines lieben Freundes John Denbigh traf mich schwer. Man vergisst so leicht, dass auch das mal passieren kann.

Und was war mit Frederick? Segelte er gerade blindlings in eine Falle? War irgendjemand übrig, um sein Schiff in Empfang zu nehmen? Oder war es Fredericks vietnamesisches Dope, das die Mounties sich unter den Nagel gerissen hatten?

So war es. Die Mannschaft, die sie gebustet hatten, hatte eben die Ladung von Fredericks Schiff abgeholt und wollte sie gerade an Land bringen, als die Mounties an Bord kamen. Frederick war nichts ahnend davongesegelt. John Denbigh, Bob Light und einige andere waren wichtige Leute in Fredericks Vietnamesengeschäft, doch Gerry Wills und Ron Allen hatten nichts damit zu tun, sie wussten nicht einmal davon. Zu viele waren sowohl an dem Vietnamesen- als auch dem Thaigrasgeschäft beteiligt, so dass Gerry und Ron für einen Deal verhaftet worden waren, von dem sie bei der Anklage das erste Mal hörten. Sie konnten den Mounties schließlich schlecht erzählen, dass die Millionen, die sie konfisziert

hatten, aus einem vorangegangenen Thaigras-Import stammten, und nicht aus dem Vietnamesendeal. Ich konnte es ihnen
nicht übel nehmen, wenn Ron und Gerry sauer auf mich waren. Es war meine Schuld.

An dem Tag, an dem ich diese tragischen Neuigkeiten hörte, besuchte ich Moynihan in der Wohnung in Palma Nova.
Er war unruhig, nervös, und er konnte mir nicht in die Augen
sehen. Ich wusste, er hatte ein Tonbandgerät laufen und nahm
unser Gespräch auf. Ich war versucht, ihn darauf anzuspre-
chen, ließ es aber doch bleiben. Stattdessen versuchte ich, die
Situation zu meinem Vorteil auszunutzen.

»Du siehst besorgt aus, Howard, mein Junge. Ist etwas
nicht in Ordnung?«

»Yeah, ein paar Freunde von mir sind mit einer Ladung
Dope in Vancouver hochgegangen.«

»Oje! Das tut mir leid. War es eine von deinen Sendungen?«

»Nein. Ich hatte nichts damit zu tun. Absolut gar nichts. Ich
wusste nicht einmal davon.«

»Wer denn? War es jemand, den ich kannte?«

»Gerry Wills. Ich glaube, ich habe ihn dir einmal in Manila oder Bangkok vorgestellt.«

»Oh, natürlich, ich erinnere mich. Ein sehr angenehmer
Mensch. Sonst noch jemand, den ich kennen könnte?«

»Nein.«

»Wenn wir schon bei dem Thema sind, würde es dir etwas
ausmachen, wenn ich dir ein paar Fragen zu deinen Geschäften stellen würde? Zu den Drogengeschäften, meine ich.«

Moynihan versuchte nicht einmal, unauffällig zu sein.

»Nur zu, Tony.«

Tony stellte mir alle möglichen blöden Fragen über das
Dealen. Ich beantwortete sie auch, wobei ich achtgab, dass

ich nichts verriet, was nicht sowieso über mich bekannt war. Er verschwand im Badezimmer und schien in zweifacher Hinsicht erleichtert, als er zurückkam. Er fragte, ob ich Geld für ihn waschen könnte. Es handelte sich um viel Geld – mehrere Millionen, die sich zurzeit in Miami befanden. Ich sagte, ich würde Patrick Lane, meinen Schwager, danach fragen. Er lebte in Miami.

Ich rief Patrick an und erzählte, was ich über Moynihan wusste. Er war ein Betrüger. Man durfte ihm nicht vertrauen, er kannte keine Treue. Er war aber kein Dealer. Er war ein englischer Lord. Er behauptete, sehr viel Geld zu haben, das gewaschen werden musste, und es gab Gründe, ihm das zu glauben. Patrick meinte, ich sollte Moynihan seine Telefonnummer geben.

Malik flog nach London, dann nach Karatschi. McCann ging nach Paris. Roger nach Amsterdam. Sunde, seine Geldmittel entsprechend aufgefrischt, machte sich auf den Weg zurück nach Düsseldorf. Er versprach, Carl zu fragen, ob man irgendwas tun könne, um John Denbigh aus dem Knast zu bekommen. Ich blieb in Palma und leistete einen Schwur, dem ich bis auf den heutigen Tag treu geblieben bin: mich nie wieder auf Dopedeals einzulassen.

Das lag nicht etwa daran, dass ich eine plötzliche Erleuchtung gehabt hätte und eingesehen hätte, dass Dopedealen ein gemeines, antisoziales Verbrechen ist. Es machte mir einfach keinen Spaß mehr. Die meisten meiner engeren Partner saßen im Gefängnis. Manche gaben verständlicherweise mir die Schuld daran. Andere warfen mir vor, ebenfalls völlig zurecht, die Geschäfte dadurch zu gefährden, dass ich zu viele gleichzeitig am Laufen hatte. Ich wurde kritisiert und verspottet, weil ich nicht bereit war, mit Kokain zu dealen. Einige meiner Partner versuchten, mich hochgehen zu lassen.

Andere schlossen mich absichtlich aus Deals aus, die ohne mich nie zustande gekommen wären. Ich wurde überwacht. Ich zahlte der CIA ein Vermögen, damit sie mir die DEA vom Hals hielt. Ich verdiente nichts mehr. Ich sah meine Familie kaum noch. Ich gab Roger Reaves, McCann, Phil, Malik und Joe Smith, der sich zufällig gerade auf Mallorca aufhielt, meinen Rücktritt bekannt. Sie waren skeptisch.

Als sich Frederick schließlich meldete, erzählte ich ihm, was mit seiner Ladung geschehen war, und dass ich mich nicht mehr an Geschäften beteiligen wollte. Er steckte die Neuigkeiten recht gut weg, bat mich aber, ihm noch einen falschen Pass zu besorgen. Auch Roger Reaves wollte einen. Das konnte ich ihnen nicht abschlagen und bestellte die zwei Pässe bei Jimmy Newton.

Ich wusste nicht, was mit der Sprachschule in Karatschi geschehen sollte. Sie war zwar ein legales Geschäft mit großem Potenzial, hatte sich aber doch als recht teuer erwiesen und machte im Moment größere Schulden. Ich flog nach Karatschi. Die Schule wurde geschlossen, und George und Assumpta wurden ausbezahlt, damit sie ihre Sachen packen und Pakistan verlassen konnten.

Malik meinte, er würde sehen, was er für das Hasch bekommen könne, das er noch für mich lagerte. Wir einigten uns, in Zukunft nur noch legale Geschäfte miteinander zu machen: Papiermühlen, Import-Export und Zahnpasta.

Nachdem in Vancouver das Thaigras gebustet worden war, traute ich mich nicht mehr, nach Bangkok zu reisen. Der Massagesalon, der zwar straight war und ein recht einträgliches Geschäft, hatte seinen Neuheitswert verloren. Außerdem hatte ich gehört, dass die Väter der Mädchen, bevor sie sie an Massagesalons verkauften, oft darauf bestanden, als Erste mit ihren noch jungfräulichen Töchtern zu schlafen. Es tat meinem Karma bestimmt nicht gut, dachte ich, solche Praktiken auch nur indirekt zu unterstützen. Ich sagte Phil, dass ich aussteigen wollte. Er wollte auch nicht mehr. Wir verkauften den Massagesalon, behielten aber die Bangkoker Niederlassung des Hongkong International Travel Centre.

Ich rief in Miami bei Patrick Lane an. Er sagte, er vertrug sich gut mit Moynihan, aber es sei noch zu keinem Geschäft gekommen, und er zweifelte, ob es das jemals täte.

Gerry Wills, Ron Allen und John Denbigh wurden auf Kaution entlassen. Gerry und Ron tauchten prompt unter. John blieb. Er konnte kein Versprechen brechen, nicht einmal eines, das er einem Polizisten gegeben hatte. Gerry und Ron bezahlten Johns ausgezeichneten Anwalt, Ian Donaldson.

Mein Leben war auf einmal sehr unkompliziert. Ich hatte ein Reisebüro und einige kleine legale Geschäfte nebenbei. Nichts Ungewöhnliches an sich, aber es gab nichts für mich zu tun. Die Geschäfte liefen auch ohne mich. Ich wurde ungeduldig.

»Balendo, wenn ich dir völlig zur Verfügung stünde, überall hingehen könnte, alles bezahlen könnte, was würdest du mir sagen, was ich tun soll?«

»Taiwan«, kam die Antwort, wie aus der Pistole geschossen.

»Warum? Was ist da los?«

»Wirtschaftswunder. Wie Hongkong und Japan, nur größer. Westliche Unternehmen haben noch nicht Fuß fassen können. Reisegeschäft wäre sehr gut. Meiste staatliche Fluggesellschaften fliegen nicht nach Taiwan wegen politischen Gründen. Angst vor China. Gut, sich dort umzuschauen. Ausnahmezustand zu Ende. Dein Charme gut für Taiwan.«

Ich las ein bisschen über Taiwan.

Die wirtschaftliche Karriere des Landes hatte mit der Mas-

senproduktion von billigem, schnell zerbrechendem Plastik-
spielzeug begonnen, dann hatte es mit hochwertigen elektro-
nischen Geräten und Nuklearforschung den Markt erstürmt.
Sein Exportvolumen wurde als größer als das Chinas einge-
schätzt. Trotz des hohen technischen Standards waren das
Bankwesen und das Telekommunikationsnetz Taiwans erstaunlich primitiv. Die Tourismusindustrie steckte noch in
den Kinderschuhen. Das Land schien nicht auf Fremde eingestellt zu sein.

Ohne mir eine Geschäfsstrategie zurechtgelegt zu haben oder viel darüber nachzudenken, flog ich nach Taipeh
und checkte im Fortuna Hotel in der Chungshan Road ein.
Nach einem erfrischenden Bad im Whirlpool sah ich mich in
der Gegend um das Hotel ein wenig um. Sie bot gemäßigtes
Nachtleben mit vielen hell erleuchteten Bars und Cafés. Ich
betrat eines, bestellte etwas zu trinken und begann eine Unterhaltung mit dem Besitzer, einem Filipino namens Nesty.
Seine Frau arbeitete in einem Reisebüro. Seine Schwester arbeitete in der Bar ›Hsaling‹, die sich bei den wenigen westlichen Touristen großer Beliebtheit erfreute. Er schlug vor,
dass wir uns mit seiner Frau am nächsten Abend dort treffen
könnten. Ich ging früh zu Bett und schlief sehr entspannt ein.
Niemand wusste, wo ich war, außer einem Filipino, den ich
eben erst kennengelernt hatte. Ich hatte nichts vor, was den
Gesetzen des Landes zuwiderlief.

Früh am nächsten Morgen klingelte das Telefon.

»Guten Morgen, Mr Marks. Willkommen in Taipeh«, sagte eine weibliche chinesische Stimme.

»Wer ist denn da, bitte?«, fragte ich.

»Mein Name ist Joyce Lee, vom Overseas Buyers Centre.
Wir haben gehört, dass Sie Taiwan aus geschäftlichen Gründen besuchen, und wir wären glücklich, wenn wir Ihnen be-

hilflich sein könnten. Würden Sie vielleicht zu unseren Büros kommen und uns mitteilen, welches Ihre Interessen sind, Mr Marks?«

»Gerne. Wann?«

»Wie wäre es, wenn ich Sie um halb elf in Ihrem Hotel abholen käme, Mr Marks?«

»Ausgezeichnet.«

Joyce Lee war jung und attraktiv. Wir fuhren in einer Limousine zu ihrem Büro. Ich erklärte, dass der wesentliche Grund für meinen Besuch in Taiwan der war, dass ich auf Angebote für mein Reisebüro aus war. Innerhalb kürzester Zeit hatte sie Treffen mit den Leitern der staatlichen taiwanischen Fluggesellschaft China Airlines und mehrerer großer Reisebüros für mich vereinbart. Sie war enttäuscht, dass ich keine Bestellungen europäischer Unternehmen für taiwanische Güter für sie hatte. Ich meinte, vielleicht nächstes Mal.

Am Abend traf ich mich mit Nesty und seiner Frau Maria im Hsaling. Sie klärte mich über den Zustand des Reisemarktes in Taiwan auf und über die Preise, die die verschiedenen Fluglinien und Reisebüros verlangten.

Sie verließen die Bar, und drei Neuseeländer quetschten sich auf die zwei frei gewordenen Plätze neben mir. Ich trank Whisky und Wasser aus getrennten Gläsern. Durch eine ungeschickte Bewegung stieß ich das Wasserglas um, und der Inhalt ergoss sich über die Hose meines Nachbarn. Ich entschuldigte mich vielmals.

»Du bist Waliser?«, fragte er, während er sich das Wasser von der Hose strich.

»Ja.«

»*Ydch chi siarad Cymraeg?*«

»*Odw.*«

»Roy Richards. Nett, dich kennenzulernen.«

»Howard Marks. Tut mir leid wegen des Wassers.«

»Macht ja nichts. Zum Glück war es ja nur Wasser. Ist aber nicht zufällig walisisches Wasser, oder?«

»Ich glaube kaum, Roy. Obwohl, vor ein paar Jahren habe ich ja noch versucht, das Zeug selber von Wales in den Osten zu verschiffen. Vielleicht hat jemand meine Idee geklaut.«

»Das machst du also, Howard? Wasser verkaufen?«

»Nein, heutzutage bin ich nur bescheidener Reiseunternehmer, aber früher habe ich in allen möglichen Geschäften mein Glück versucht. Und du? Sag nicht, du bist im Wassergeschäft.«

»Auf gar keinen Fall. Ich bin von Wales weg und nach Neuseeland gegangen, um von dem vielen Wasser wegzukommen. Im Moment arbeite ich für die neuseeländische Regierung. Klingt toll, aber alles, was meine zwei Freunde und ich zurzeit tun, ist, Taiwaner zu interviewen, die nach Neuseeland auswandern wollen.«

»Beeindruckend. Du entscheidest also, wer reinkommt und wer nicht?«

»Das nun auch wieder nicht. Die letztendliche Entscheidung liegt nicht bei uns.«

»Aber immerhin die erste. Du kannst zwar nicht dafür sorgen, dass jemand reinkommt, aber schon dafür, dass jemand draußen bleibt.«

»So etwa, ja. So hab ich das noch nie betrachtet.«

»Warum wollen Leute denn von hier weg, Roy? Es macht doch einen ganz netten Eindruck, und der Wirtschaft geht es ausgezeichnet.«

»Die Taiwaner haben eine Heidenangst vor China, insbesondere seit ihr versprochen habt, 1997 Hongkong den Chinesen zurückzugeben. Sie glauben, es wäre nur eine Frage der Zeit, bis China hier einmarschiert. Persönlich halte ich das für völlig ausgeschlossen. Aber viele wollen jedenfalls auswandern. Und wenn sie uns gefallen, bereiten wir ihnen in Neuseeland einen warmen Empfang.«

»Wie müssen sie denn so sein?«

»Stinkreich, vor allem. Aber das sind hier viele verschiedene Leute. Wir haben schon Universitätsprofessoren eingelassen, aber auch Physiker aus der Kernforschung und Industriebonzen. Jeden Monat ein paar Dutzend. Das macht ziemlich viele Interviews, aber der Job ist gut bezahlt. Außerdem gibt's jede Menge Möglichkeiten für kleine Nebenverdienste.«

»Zum Beispiel?«

»Na ja, die Leute, die Neuseeländer werden wollen, behandeln uns hier wie die Götter. Wir können ihnen sagen, was immer wir wollen, und sie tun's. Wir können ihnen vorgeben, wo sie in Neuseeland investieren sollen, wo sie leben sollen und was für Geschäfte sie eröffnen sollen. Sie können sich vorstellen, dass es einen Haufen Neuseeländer gibt, die da so ihre eigenen Vorstellungen haben. Man braucht nur einen von ihnen vorzuschlagen, und ich kann dir sagen, es wird verdammt gut belohnt. Wir können sogar vorgeben, in welchen Hotels sie wohnen sollen, bevor sie sich irgendwo niederlassen, und wie sie reisen sollen. Das liegt alles nur bei uns.«

»Und, habt ihr ein gutes Reiseunternehmen?«

»Warum willst du das bloß wissen, Howard. Nein, eigentlich haben wir kein festes Reisebüro. Wenn deine Preise mithalten können, täte ich nichts lieber, als einem Waliser die Sache zu übergeben. Sollen wir weiterziehen? Warst du schon bei MTV?«

1988 waren die Straßen Taipehs mit MTV-Kinos aller Größen und Ausführungen gesäumt. Sie waren mir aufgefallen, hatten mich aber nicht so sehr interessiert, als dass ich hineingegangen wäre. Ich folgte Roy in eines, das bestimmt eines der größten war. Nachdem wir einen geringen Eintrittspreis gezahlt hatten, wurden wir in einen Raum geführt, in dem sich die größte Sammlung Musikvideos und Laserdiscs befand, die ich je gesehen hatte. Wir sollten uns jeweils eines aussuchen und dann einen Raum wählen. Die meisten Schilder in Taipeh sind in Mandarin. Nur gelegentlich sieht man englischsprachige Schilder. In diesem MTV-Kino gab es zwei: Eines führte zu den Räumen ›Sex‹, eines zu ›No Sex‹. Bei ›Sex‹ kamen einige völlig erschöpfte Pärchen herausgewankt. Roy und ich gingen durch die Tür ›No Sex‹ und betraten dann einen der vielen außerordentlich bequemen privaten Vorführräume. Er war mit Audio- und Videoanlagen ausgestattet, die so modern waren, dass man kaum glauben konnte, dass sie schon erfunden worden waren. Wir setzten uns auf eine Couch und schauten den Laserdisc mit Joe Cocker in *Mad Dogs and Englishmen.* Ein Kellner brachte uns Bier. Roy nahm einen kleinen Joint heraus und zündete ihn an.

»Ich könnte mir vorstellen, dass du auch gelegentlich …?«, meinte er, halb Frage, halb Feststellung.

»Ist es so offensichtlich?«

»Ich muss gestehen, Howard, ich hatte kaum Zweifel.«

Im Joint war hervorragendes Thaigras.

»Roy, würden diese Taiwaner auch nach Wales oder nach Mallorca auswandern wollen?«

»Die würden fast überall hingehen und eine Menge Geld mitbringen. Aber sie wollen auch die Staatsbürgerschaft des Landes. Wenn Wales unabhängig wird, gäbe es vielleicht eine Chance, aber England ist zurzeit nicht gerade nett zu Einwanderern. Mit Spanien weiß ich nicht Bescheid. Wenn die richtigen Leute ankommen, gibt ihnen jedes Land die Staatsbürgerschaft. Es kommt ganz darauf an, wen man so kennt.«

Ich überlegte, ob Rafael Interesse daran haben könnte, ein

paar taiwanische Milliardäre durch den Flughafen von Palma zu schleusen und sie Vermögen investieren zu lassen, wo immer er dachte, dass es am besten für Mallorca wäre.

»Yeah, das würde mir gefallen, wenn Wales unabhängig würde. Das könnte einige wichtige Veränderungen geben.«

»Was würdest du tun, wenn du Regierungschef von Wales wärst, Howard?«

»Ich würde ein Gesetz erlassen, dass keine Neuseeländer mehr nach Wales einreisen dürfen, bis eine offizielle Regierungserklärung von Neuseeland vorliegt, dass die All Blacks 1972 nur deshalb Wales im Cardiff Arms Park schlagen konnten, weil sie geschummelt haben.«

»Tja, ich fürchte, die Tage des walisischen Rugbys sind vorbei, Howard. Das wirst du schon noch merken, diesen Sommer, wenn Wales durch Neuseeland tourt. Aber im Ernst. Was würdest du tun, wenn du in Wales das Sagen hättest?«

»Als Allererstes würde ich Marihuana legalisieren. Innerhalb der Landesgrenzen dürfte jeder rauchen, und der Anbau würde unterstützt werden. Der Import von Marihuana nach Wales wäre legal.«

»Da wären bestimmt viele Leute begeistert, mich eingeschlossen. Aber was ist mit Drogen wie Heroin? Wären die weiterhin verboten?«

»Nein. Ich würde alle legalisieren. Aber aus unterschiedlichen Gründen. Marihuana soll angebaut und verkauft werden als das, was es ist: ein wohltuendes Kraut ohne schädliche Nebenwirkungen. Substanzen, die süchtig machen, die giftig oder sonst wie schädlich sind, sollten frei erhältlich sein, aber nur zusammen mit ausführlichen Informationen über sämtliche Wirkungen der jeweiligen Droge ausgegeben werden. Wenn die Leute wirklich so durchs Leben gehen wollen, krank und völlig drauf, dann ist das okay, solange sie sich absolut darüber im Klaren sind, was sie sich geben. Die Gesellschaft kann es sich leisten, die paar zu finanzieren, die leider meinen, es gebe keinen anderen Weg für sie.«

»Und sonst? Oder würde sich alles andere automatisch erledigen, wenn Dope legal wäre?«

»Alles nicht, aber vieles würde sich erledigen. Auf jeden Fall würde ich die Kernkraftwerke und die Armee abschaffen und das ganze Geld freisetzen, das jetzt in der Verteidigung steckt. Es gäbe keine sehr reichen oder sehr armen Leute mehr und Arbeit für alle. Du weißt schon, lauter so was.«

»In Neuseeland würdest du gut ankommen, Howard. Warum versuchst du nicht, ein paar Taiwaner zu überreden, ein, zwei Fabriken in Wales hinzustellen? Das gäbe der Gegend schon mal wieder Arbeitsplätze.«

»Sagtest du nicht, die Taiwaner wären an Wales nicht interessiert, weil sie keine Waliser werden könnten?«

»Schon, Howard, aber das ist was anderes. Schau doch mal, wie viele japanische Fabriken in Wales stehen. Die wollen auch keine Waliser werden. Die Taiwaner sind die neuen Japaner, sie wollen überallhin, wo sie Geld machen können.«

»Warum sind sie dann nicht schon in Wales?«

»Weil noch kein Waliser ihnen ein attraktives Angebot gemacht hat: Steuervergünstigungen, Aufenthaltsgenehmigung, und auf lange Sicht Einbürgerung. Sei doch einfach der Erste, der Wales zu taiwanischen Fabriken verhilft.«

»Und wie komme ich an Leute heran, die möglicherweise Interesse haben könnten?«

»Ich treffe jeden Tag etwa zwanzig davon.«

Die nächste Woche verbrachte ich mit Geschäftsessen und sonstigen Treffen mit den Leitern von Industrieorganisationen und Reisebüros aus Taipeh.

Mit mehreren dicken Ordnern voll Informationen über tai-

510

wanische Geschäftsstatute und einer Menge Bekanntschaften in der Machtelite Taiwans flog ich zurück nach London. Balendo war begeistert, was ich alles vollbracht und herausgefunden hatte. Er konnte alle Preise unterbieten, die die neuseeländische Regierung und andere Reisende nach Taiwan bisher gezahlt hatten. Telexe kamen und gingen zwischen Taipeh und London und Neuseeland und London. Schon nach wenigen Wochen war das Hongkong International Travel Centre der wichtigste Verkäufer von Tickets der China Airline in England und bekam alle Aufträge für Flugtickets von Evergreen, dem größten Container-Transportunternehmen der Welt.

In London beauftragte ich einen Feldforscher damit, herauszufinden, welche Subventionen für das Eröffnen von Fabriken in Südwales geboten wurden. Das Ergebnis der Untersuchung fasste ich zusammen und brachte es in präsentable Form.

Während dieser Nachforschungen lernte ich einen amerikanischen Go-Spieler namens Michael Katz kennen. Er war sowohl in den USA als auch in England als Anwalt zugelassen und wusste ein bisschen was aus meiner Vergangenheit als Schmuggler. Über zahllose Spiele Go freundeten wir uns miteinander an.

Seit mir Tom Sunde erzählt hatte, dass die DEA auf mich angesetzt worden war, hatte ich vorgehabt, in Erfahrung zu bringen, wie groß die Wahrscheinlichkeit war, dass die Vereinigten Staaten meine Auslieferung beantragten und Erfolg damit hätten. Ich war aber noch nicht dazu gekommen. Ich sprach Katz daraufhin an. Er meinte, er würde nach Amerika fliegen, die entsprechenden Gesetze heraussuchen, sich mit verschiedenen Rechtsanwälten und Behörden in Verbindung setzen und alle verfügbaren Akten durchforsten, die etwas mit meinem Fall zu tun haben könnten.

Wieder in Palma fragte ich Rafael, ob es eine Möglichkeit gebe, die Bereitschaft der taiwanischen Wirtschaftsmagnate auszunutzen, nach Mallorca zu kommen und Wohnanlagen und Fabriken zu bauen. Er versicherte mir, dass das möglich sei. Er hatte zwar nicht vor, gegen die spanischen Einwanderungsgesetze zu verstoßen, aber er könnte besser behilflich sein als jeder andere. Er stellte mich Luis Pina vor, dem *Gerente* der Universität de Les Illes Balears in Palma, der mir einen umfangreichen Bericht über die wirtschaftliche Situation Mallorcas zusammenstellte, und auch mit Mallorcas Minister für Tourismus machte er mich bekannt, der mir haufenweise spanische Werbeprospekte verschaffte.

Im Juni 1988 war ich absolut straight und hatte mich gut mit diesem Leben abgefunden – sieht man einmal davon ab, dass ich immer noch etwa zwanzig Joints am Tag rauchte. Ich war zwar in Taiwan und London gewesen, aber ich verbrachte alles in allem mehr Zeit zu Hause als je zuvor, und es bereitete mir viel Freude. Ich begann, mich in meinen Plänen für legale Geschäfte auf Palma zu konzentrieren. Warum sollte ich für jedes Treffen und für jede Zahlung halb um den Globus fliegen. Ich spielte mit dem Gedanken, allein durch legale Geschäfte unglaublich reich zu werden, ließ ihn aber bald wieder fallen. Die Leute, denen das gelungen war, waren irgendwie alle entweder unglücklich oder ganz widerwärtig. Die einzigen intelligenten und glücklichen reichen Menschen, die ich kannte, waren meist entweder Dealer oder hohe Akademiker. Von Ersteren kannte ich eine ganze Reihe, Letztere waren aber seit meinen Studententagen in Oxford fast ganz aus meinem Leben verschwunden. Es war ziemlich dumm von mir gewesen, den Kontakt mit ihnen nicht aufrechtzuerhalten.

Alle sieben Jahre werden die Ehemaligen von Balliol zu einem Treffen ihres Semesters eingeladen. Ich hatte 1967 meinen Abschluss gemacht und die Einladungen 1974 und 1981 ignoriert. 1988 nahm ich sie an und flog von Palma nach London. Julian Peto holte mich in Heathrow ab, und wir fuhren zusammen nach Oxford.

Es war seltsam, wieder über den vorderen Hof von Balliol zu laufen. Meine damaligen Kommilitonen hatten sich in den zwanzig Jahren recht wenig verändert, und alte Freundschaften und Bekanntschaften wurden bald wieder aufgefrischt. Niemand schien mir meinen Erfolg im Haschischgeschäft übelzunehmen, er rief nur Neugier oder höfliches Interesse hervor. Namen und Telefonnummern wurden ausgetauscht und lockere Verabredungen getroffen. Mac war leider nicht dort, aber nach dem, was ich hörte, war er in London und trug mir anscheinend nichts nach.

Einer meiner ehemaligen Kommilitonen, ein Waliser namens Peter Gibbins, war ein erfolgreicher Akademiker geworden. Während des Semesters hielt er Vorlesungen, und während der Ferien gab er Seminare über Informationstechnologie für Manager aus aller Welt. Wir unterhielten uns über Taiwan und das dort herrschende Interesse für europäische Geschäftspraktiken. Peter fragte, ob ich in Taiwan Teilnehmer für eine Seminarreihe werben könnte, die er organisierte, in der renommierte Akademiker sprechen sollten. Möglicherweise könnte man den taiwanischen Vertretern sogar Studentenräume in Balliol als Unterkunft anbieten. Ich versprach, so viele wie möglich nach England zu holen.

In Palma stellte ich fest, dass Roger Reaves mehrfach versucht hatte, mich zu erreichen. Wir trafen uns in einem Café in Santa Ponsa, einem kleinen Küstenort auf halbem Wege zwischen La Vileta und seinem Haus in Andratx.

»Howard, Junge, dieser Pass, den du mir beschafft hast, taugt nicht.«

»Wie meinst du das, er taugt nicht? Er kommt direkt vom britischen Passamt.«

»Ist mir ganz egal, wo das Scheißding herkommt, er taugt nicht. Letzte Woche bin ich nach Amsterdam geflogen. Die von der Einreise haben nur einen Blick auf den Pass geworfen und wollten mich sofort mit in ein Büro nehmen, um mir ein paar Fragen zu stellen. Ich sag dir, der ist wertlos.«

»Aber Roger, dafür kann es doch alle möglichen Erklärungen geben. Vielleicht sind sie wegen irgendwas misstrauisch geworden.«

»Teufel nochmal, ich hab mich nur nach ein paar Schiffen umgeschaut. Deshalb wird doch noch keiner misstrauisch.«

»Unter Umständen schon, Roger. Was wollten denn die holländischen Bullen von dir?«

»Ich bin nicht lange genug geblieben, um's rauszufinden. O nein. Ich hab mich bekreuzigt und bin gerannt, was ich konnte.«

»Was! Und sind sie dir gefolgt?«

»Und wie die mir gefolgt sind! Ich musste über ein Rollfeld rennen und über zwei richtig hohe Stacheldrahtzäune hüpfen, die da um den Flughafen rum sind. War ich zerfetzt. Ich mein, okay, vielleicht war's auch nicht der Pass. Aber kannst du mir garantieren, dass der clean ist?«

»Garantieren kann ich es nicht, nein.«

»Okay, dann besorg mir einen neuen.«

Ein paar Stunden später rief Roger bei mir zu Hause an.

»Howard, entweder sind sie dir so dicht auf den Fersen, dass du schon ihren Atem im Nacken spüren müsstest, oder du bist ein Bulle.«

»Was?«

»Sobald du von diesem Café in Santa Posa losgefahren warst, sind vier Zivilbullen aus 'nem Auto gestiegen und haben versucht, mich festzunehmen. Haben mir irgendeinen Scheiß über mein Auto erzählt, und dass sie meine Papiere anschauen müssten. Ich hab sie weggeschubst und bin durch eine Bäckerei abgehauen. Wenn mir der Herr nicht beigestanden hätte, säße ich jetzt im Kittchen. Sie sind hinter dir her, Junge.«

»Warum haben sie mich dann nicht festgenommen, Roger?«

»Um ehrlich zu sein, Howard, genau das hab ich mich auch gefragt. Ich werde mich wohl eine Weile nicht mehr bei dir melden.«

»Roger, du denkst doch nicht wirklich, dass ich Bulle bin, oder?«

»Nein. Kein Stück. Aber ich spüre Gefahr hier. Große Gefahr.«

Am selben Tag rief mich noch Tom Sunde an. Er wollte wieder Schutzgeld von mir. Ich klärte ihn auf, dass ich noch immer straight und deshalb pleite war. Außerdem meinte ich, dass mich die DEA längst verhaftet hätte, wenn sie das gewollt hätte. Er sagte, eine Grand Jury, was auch immer das sein mochte, sei gerade dabei, über eine Anklage gegen mich abzustimmen. Für 250 000 Dollar würde er mir alle Unterlagen zukommen lassen. Ich glaubte ihm nicht. Er meinte, wenn er die Möglichkeit dazu hätte, würde er mir aus reiner Freundschaft trotzdem Bescheid geben, wenn ich verhaftet werden sollte.

Am Nachmittag des nächsten Tages kam Marie, Rogers Frau, zu uns nach Hause. Kurz nachdem ich zuletzt mit Roger gesprochen hatte, waren sie losgefahren, um ihren Sohn von seiner Schule am Stadtrand Palmas abzuholen. Mehrere bewaffnete Polizisten hatten das Auto umzingelt und Roger festgenommen. Nach einer Nacht auf Palmas Polizeiwache war er zum Palacio de Justitia vor den Magistrado gebracht worden, dessen Büro im zweiten Stock lag. Trotz seiner

Handschellen war Roger über den Schreibtisch und aus dem Fenster auf das Dach eines parkenden Autos gesprungen, das er dabei schwer verbeulte. Er rannte die Hauptstraße herunter, dicht verfolgt von einer Horde Polizisten. Sie fingen ihn, und jetzt saß er im Gefängnis von Palma. Es lag ein Auslieferungsantrag für ihn vor, aber nicht von den Amerikanern, sondern von den Deutschen.

Ich musste Marie viele Fragen stellen, bevor alles langsam einen Sinn ergab. Scheinbar hatte McCann Roger eine Ladung Marokkaner verschafft. Roger hatte ein deutsches Boot mit deutscher Besatzung gemietet, um das Hasch nach England zu bringen. Die deutsche Mannschaft war später gebustet worden, als das leere Boot in einem deutschen Hafen anlegen wollte. Sie erzählten den Behörden recht schnell alles, was sie wussten, und darunter war auch einiges über Roger. Nach deutschem Recht ist es verboten, mit einem deutschen Schiff Hasch zu transportieren, egal von wo nach wo. Roger war in Lübeck angeklagt, und er nahm an, dass sie auch mich anklagen würden.

Ich nahm den nächsten Flug von Palma weg. Es war offensichtlich kein guter Aufenthaltsort für mich. Ich hatte eine Reisetasche voller Papiere dabei – Material über die Möglichkeiten der Immigration von Taiwanern nach Palma, über Informationstechnologie-Seminare und über das Errichten von Fabriken in Südwales. In Taipeh checkte ich im Fortuna Hotel ein. Ich hatte zwar meinen falschen Pass auf den Namen William Tetley dabei, im Einband eines Buches versteckt, benutzte aber meinen richtigen. Ich wollte mich nicht verstecken. Ich betrachtete mich nicht als auf der Flucht. In Taiwan fühlte ich mich sicher. Hier gab es nicht mal eine amerikanische Botschaft.

Während ich in Europa gewesen war, war Roy Richards für

ein paar Wochen zurück nach Neuseeland gegangen. Er hatte einigen seiner Freunde in Wellington von mir erzählt. Einer von ihnen hatte David Leighs *High Time* gelesen. Roy hatte das Buch dabei; ich sollte es signieren.

Mit Roys Hilfe erlangte ich die zögernde Zustimmung von China Metal, in Südwales eine Fabrik zu bauen, und eine lange Liste mit Namen von taiwanischen Millionären, die auf Mallorca investieren und leben wollten. Mehrere führende Industrielle bekundeten ihr Interesse, Seminare in Oxford zu besuchen. Um die Geschäfte mit Malik nicht einschlafen zu lassen, verhandelte ich über den Kauf von leeren Zahnpastatuben. Alles lief ausgezeichnet.

Gerry Wills hatte von Balendo meine Telefonnummer im Hotel in Taiwan bekommen. Ich hatte seit fast einem Jahr nichts mehr von Gerry gehört. Er sagte, er hätte einen Anwalt mit Beziehungen zur DEA. Dieser hatte ihm mitgeteilt, dass er, ich und einige andere vor der Grand Jury in Miami angeklagt waren. Ich war angeblich der Anführer. Die Amerikaner bereiteten den Auslieferungsantrag vor.

Es war Nacht. Ich spazierte über den Campus der University of Taiwan. Sollte ich wieder untertauchen und meinen Tetley-Ausweis benutzen? Könnte ich es ertragen, meine Frau, meine Eltern und meine Kinder nur selten, kurz und heimlich zu treffen? Sollte ich in Taiwan bleiben? Schließlich war es eines der wenigen Länder der Welt, die keinen Auslieferungsvertrag mit den Vereinigten Staaten hatten, und ich kam hier recht gut zurecht. Wenigstens könnte meine Familie mich für längere Zeit besuchen kommen.

Ich ging zu Nestys Bar und trank etwas mit ihm. Die Kneipe war ungewöhnlich leer.

»Wo ist Maria?«, fragte ich, als ich ihre Abwesenheit bemerkte.

»Ach, sie ist mit ihrem Onkel zum Hundetempel gefahren.«

»Was zum Teufel ist denn ein Hundetempel?«

»Es gibt nur einen Hundetempel, Howard. Er ist am Strand in der Nähe von Tanshui, eine oder zwei Stunden Fahrt von hier. Vor dreißig Jahren ist ein Sampan, ein Fischerboot, in einen Sturm geraten, und alle dreiunddreißig Menschen an Bord sind umgekommen. Sie wurden alle im selben Grab begraben. Der Hund von einem der Fischer ist in die Grube gesprungen und wollte nicht mehr herauskommen. Er ist mit begraben worden. Der Hund ist jetzt der Gott der Treue und liegt in einem Tempel, der am Strand gebaut worden ist. Treue ist sehr wichtig für Verbrecher. Jetzt beten alle Verbrecher dort um die Lösung ihrer Probleme.«

Ich bat Nesty um eine Wegbeschreibung zum Hundetempel und fuhr mit einem Taxi hin. In den frühen Morgenstunden kamen wir an. Der Tempel hatte einen eigenen Parkplatz. Alle möglichen Fahrzeuge, vom Motorroller bis hin zum Mercedes, kamen ständig an oder fuhren weg. Tausend Bettler, Gangster und Nutten strömten vom Parkplatz zum Tempel und zurück. Innen im Tempel stand eine zweieinhalb Meter hohe Statue aus schwarzem Stein. Menschen knieten davor und beteten zu dem Hund. Andere klebten kleine Stückchen Blattgold darauf. Ich sprach ein einfaches Gebet: »Lass mich bei meiner Frau und meinen Kindern sein.« Schon beim Gedanken an meine Kinder hätte ich weinen mögen. Myfanwy wollte kommen, um den Sommer mit uns zu verbringen. Ich hatte so selten die Gelegenheit, mit allen vieren meiner Kinder gleichzeitig zusammenzusein. In wenigen Tagen war mein Hochzeitstag. Ich wollte bei der Frau sein, die ich liebte.

Michael Katz kam aus Los Angeles herübergeflogen, um mich in Taipeh zu besuchen. Er hatte einen ganzen Stapel Material über Auslieferungsrecht dabei und jede Menge Unterlagen über Ernie Combs, die bestätigten, dass mein Telefon in Spanien abgehört worden war. Seiner Ansicht nach lag keine Anklage gegen mich vor, und meine Auslieferung war nicht beantragt worden. Ich fasste seine Worte als Antwort auf mein Gebet an den Hund auf. Es sprach nichts mehr dagegen, nach Palma zurückzukehren, und das war der Ort, wo ich hingehörte.

Ich brachte meine Angelegenheiten in Taipeh so gut es ging zu einem Abschluss und flog über Wien nach Zürich. Vom Züricher Flughafen aus rief ich Tom Sunde an. Er riet mir, mich nicht länger als achtundvierzig Stunden in Palma aufzuhalten. Dann rief ich Rafael an, der mich am Flughafen in Palma abholte und mich am Zoll und der Passkontrolle vorbeibrachte. Er fuhr mich auch nach Hause. Ich überschüttete meine Kinder mit Geschenken aus Taiwan und führte dann Judy aus, zu einem Hochzeitstagsessen bei Tristan in Puerto Portals, gefolgt von ein paar Drinks mit Geoffrey Kenion im Wellies. Das Wochenende verbrachte ich im Schoß meiner wunderbaren Familie.

dreizehn
DENNIS HOWARD MARKS

Amber rief vom Rücksitz: »Papi, Papi, fahr langsam. Bitte, Papi, fahr nicht so schnell. Ich habe Angst!«

Es war fast schon ein Uhr an einem Montagmorgen, und wir waren auf dem Rückweg von einem ausgiebigen Essen (und Trinken) im Taj Mahal und Taffy's Bar in Magaluf. Ich fuhr gar nicht schnell. Amber hatte gewöhnlich Spaß an hohen Geschwindigkeiten, deshalb erstaunte mich ihre Mahnung zur Vorsicht umso mehr. Ich blickte zurück und sah die Angst in ihren wunderschönen blauen Augen. Wovor fürchtete sie sich? Was wusste ihr Unterbewusstsein, von dem ich nichts ahnte? Sah sie eine Katastrophe voraus, wie sie nur der Geist eines Kindes, unverfälscht von Erfahrungen und Vorurteilen, spüren konnte? Ich bremste, fuhr langsamer und wechselte die CD, Modern Talking statt Simply Red. Niemand sprach, bis wir zu Hause waren. Die Kinder gingen ruhig zu Bett. Amber sah noch immer verstört aus.

Ich hatte fast kein Hasch mehr. Judys Schwester Masha und Nigel, ihr Freund, waren für ein paar Tage zu Besuch. Sie waren losgegangen, um an der Plaza Gomila etwas Hasch zu kaufen, waren aber noch nicht zurückgekehrt. Ich würde mich mit einem kleinen Gute-Nacht-Joint zufriedengeben müssen. Judy und ich schliefen zärtlich miteinander und schlummerten friedlich umschlungen ein.

Um halb neun klingelte das Telefon. David Embley wollte Tennis spielen gehen. Er sagte, er käme in einer Stunde oder so vorbei. Ich stand auf. Francesca war auch schon auf den Beinen, also machte ich uns beiden ein leichtes Frühstück. Ich schaute in meine Dope-Schachtel. Sie war nicht mehr leer. Danke, Masha. Sie hatte einen Zettel dagelassen, dass sie und Nigel zum Club de Mar gegangen waren, um dort nach Arbeit auf den Schiffen zu fragen.

Wieder klingelte das Telefon. McCann war dran.

»Besorg mir mein beschissenes Dope und mein beschissenes Geld. Meine Frau und meine Kinder sind bedroht worden. Es ist ernst, Mann, und es ist deine beschissene Schuld, dass sie uns allen auf den Fersen sind.«

»Ich kann weder was dafür, dass du und Roger ohne mich weitergemacht habt, noch dass Roger im Knast sitzt«, wehrte ich mich.

»Jedenfalls, find heraus, wo alles ist. Schick halt wen in den Knast, ums rauszukriegen. Ist doch direkt bei dir vor der Tür, du Arschloch!«

Zufällig, oder vielleicht auch nicht, rief Marie als Nächstes an, Rogers Frau. Sie wollte vorbeikommen. Sie war gerade bei Roger gewesen und hatte wichtige Neuigkeiten.

Kaum hatten wir aufgehängt, klingelte das Telefon wieder. Dem Rauschen nach zu urteilen ein Ferngespräch. Niemand meldete sich. Wieder klingelte es. Diesmal war es Tom Sunde. Er redete eine Minute oder so über Kleinigkeiten und hängte dann wieder auf.

Tom und ich hatten einen Code vereinbart. Wenn er eine Unterhaltung mit ›wie die Dinge so liegen‹ begann, dann hieß das, dass ich mich in großer Gefahr befand. Ich ging unser Gespräch in Gedanken noch einmal durch. Ich konnte mich nicht daran erinnern, wie er begonnen hatte. Aber das machte nichts. Mitten am Montagmorgen wurde nie jemand festgenommen. Meistens eher am Freitagabend, wenn für die nächsten sechzig Stunden kein Rechtsanwalt zu kriegen war, oder im Morgengrauen, wenn das Opfer unausgeschlafen und unvorbereitet war.

Ich beschloss, eine Runde zu schwimmen. Nachdenklich betrachtete ich die drei thailändischen Buddhas an der Kette um meinen Hals. Ich hörte wieder Sompops Worte: »Tragen in See, aber nicht in Bad.«

Was war nun unser Swimmingpool? Ein kleiner See oder eine große Badewanne? Er war unter freiem Himmel wie das Meer, aber eingefasst wie eine Wanne. Ich hatte mich nie für die eine oder andere Antwort entschließen können. Manchmal trug ich die Buddhas, wenn ich draußen in einem Pool badete, manchmal nicht. An diesem Tag legte ich sie ab.

Als ich auftauchte, klingelte es am Tor. Ich fragte fast nie nach, wer draußen stand. Ich drückte auf den Türöffner, und Marie kam herein. Sie trank einen Kaffee und unterhielt sich mit Francesca, während ich in ein Paar Shorts und ein T-Shirt schlüpfte.

Wieder klingelte es am Tor, und ich ließ David Embley herein, in Tenniskleidung. Zehn Minuten später ging er nochmal, versprach aber, innerhalb einer Stunde wieder da zu sein.

Es klingelte abermals. Ich nahm an, David hätte etwas vergessen und kam, es zu holen. Stattdessen spazierten drei übergewichtige, lässig gekleidete Männer mittleren Alters in den Hof und blickten zu den Spitzen der Palmen hinauf. Am Abend zuvor hatte Judy erwähnt, dass drei Spanier kommen wollten, um unsere Palmen zu stutzen. Das mussten sie wohl sein. Ich ging zu ihnen hinaus, um sie zu begrüßen.

Plötzlich zog einer von ihnen einen Revolver und drückte ihn mir in den Bauch. Seine Lippen zitterten, seine Brille war beschlagen und sein Atem stank nach Pfefferminz. Zwanzig Jahre Knast tauchten vor meinem inneren Auge auf. Francesca schrie; ein Schrei, den ich noch heute jeden Tag höre. Diese Kerle wollten ihren Papa umbringen. Instinktiv hob ich die Hände und sagte, »*Tranquilo! Tranquilo!*«

Sie fesselten mir die Hände mit Handschellen auf den Rücken und stießen mich auf das Küchensofa. Francesca, die vor Angst zitterte, kam zu mir gerannt und küsste mich und klammerte sich an mich. Einer der Männer zog sie weg. In ihrer Panik stürzte sie die Treppe hoch und wollte zu Judy, die noch immer schlief. Noch einige Männer drangen in die Küche ein und liefen ihr nach, als verfolgten sie eine ausgebrochene Geisteskranke. Marie erstarrte wie zu Stein, als einer der Männer nach ihrer Handtasche griff und ihren Inhalt auf den Küchentisch kippte. Einer der drei dicken Eindringlinge machte es sich auf einem Küchenstuhl bequem. In seinen Augen war der Sadismus deutlich zu sehen, und sein Lächeln deutete auf einen ruhigen Orgasmus hin. Mit seinem offenen weißen Hemd und dem Zapata-Schnurrbart sah er schon so ziemlich wie ein Spanier aus, aber seine Ausstrahlung war unverwechselbar die eines DEA-Agenten. War das etwa Craig Lovato?

»*Es Policia National!*«, fragte ich.

»*Sí*«, antwortete er, nicht sehr überzeugend.

Dann wurde David Embley von zwei Polizisten von draußen hereingeführt. Auch er trug Handschellen. Er sah mich nicht an. Die Bullen schickten sich an, uns wegzubringen. Ich fragte, ob ich mir vielleicht etwas angemessenere Kleider anziehen könnte. Nein. Wenigstens wollte ich mich von meiner Frau und meinen Kindern verabschieden. Nein. Embley und ich wurden zu den Polizeiautos geführt, die draußen warteten. Als ich durch das Tor ging, sah ich hoch zum Schlafzimmerfenster. Vielleicht würde ich dieses Haus nie wiedersehen. Ich hörte Judy schreien, als die Autotür zugeschlagen wurde. In ein paar Tagen wird sie sich an den Gedanken gewöhnt haben, dachte ich. Sie würde mich so oft wie möglich mit den Kindern besuchen. Wir hatten auch noch Geld. Ich wäre vielleicht für einige Jahre fort, doch wir hatten ähnliche Probleme in der Vergangenheit auch schon überwunden. Und ich wusste, dass sie keine Beweise hatten. Die Spanier würden mich den Yanks sowieso nicht ausliefern. Sie legten zu viel Wert auf ihre Unabhängigkeit, als dass sie sich den Amis in ihrem scheinheiligen Krieg gegen die Drogen zur Seite stellen würden. Hier durfte man auf offener Straße Hasch rauchen. Ich würde eben eine Weile in einem spanischen Gefängnis rumhängen. Das wäre schon zu schaffen. Außerdem bot es eine gute Gelegenheit, mein Spanisch ein bisschen zu verbessern.

Auf der Polizeistation von Palma sagte man mir, ich sei wegen eines Drogendelikts festgenommen worden.

Das überraschte mich nicht weiter. Ich bat um weitere Details, doch die durften sie mir noch nicht geben. Ich sollte ein Formular ausfüllen. Sollte irgendjemand von meiner Verhaftung in Kenntnis gesetzt werden? Ich trug Rafaels Namen ein. Er wäre vermutlich erschüttert, dass ich ein überführter Drogenschmuggler war, aber wir waren gut miteinander ausgekommen, und er konnte bestimmt etwas dafür tun, dass meine Situation angenehmer wurde. Immerhin war er Polizeihauptkommissar. Hatte ich einen Anwalt? Ich schrieb Julio Morell hin, Rafaels Anwalt. Sollte der britische Konsul informiert werden? Ja.

Ohne weitere Umstände wurden David und mir alle persönlichen Gegenstände abgenommen, dann wurden wir in zwei getrennten Zellen im Untergeschoss eingeschlossen. In meiner befanden sich schon zwei Personen: ein Betrunkener im Koma und ein junger Peruaner, der behauptete, Mitglied des Sendero Luminoso zu sein. Er wartete dort schon seit dreißig Tagen auf seine Abschiebung. Es war sehr ungemütlich, aber er versicherte mir, dass ich morgen nach meinem ersten Termin vor Gericht ins *Centro Penitenciario de Palma* kommen würde. Er hatte während des letzten Monats mitbekommen, was mit den Gefangenen geschah. Das Gefängnis von Palma würde mir gefallen, meinte er: viel freie Zeit, jede Menge Dope, und Besuche des Ehepartners waren gestattet. Ich legte mich auf dem Betonfußboden hin. Es gab keine Möbel, kein Wasser, keine Zigaretten.

Ich dachte darüber nach, was die Polizei bei mir zu Hause finden könnte: das Haschisch, das Masha besorgt hatte, eine halbe Million Peseten und mein elektronisches Notizbuch, in dem ich die Telefonnummern gespeichert hatte, die ich nicht auswendig konnte. Kein Grund zu übermäßiger Sorge. Selbst wenn die britischen Behörden die Wohnung in Chelsea durchsucht haben sollten, dort lagen auch keine Rechnungsbücher von Dopedeals oder andere belastende Dokumente herum.

Ich überlegte, ob es irgendeinen Zusammenhang zwischen meiner Verhaftung und dem chaotischen Marokkanergeschäft von Roger und McCann geben könnte. Ich ging aber davon aus, dass mich die Deutschen gleichzeitig mit Roger festgenommen hätten, wenn sie gedacht hätten, dass ich etwas damit zu tun hatte. Andererseits konnte es natürlich auch sein, dass Roger plötzlich beschlossen hatte, mir alles in die Schuhe zu schieben in der Hoffnung, seinen eigenen Arsch zu retten. Eine weitere Möglichkeit wäre gewesen, dass ich mit dem gebusteten Thaigras in Vancouver in Verbindung gebracht worden war, aber es sah den Kanadiern nicht ähnlich, Zeit und Geld für solch eine aufwendige Verfolgung von Cannabisschmugglern zu vergeuden. Es konnten nur die Yanks gewesen sein. Ich glitt in einen Zustand zwischen Furcht, Schlaf und Traum.

Plötzlich wurde mir ein ekelhaftes Sandwich in die Hand gedrückt, und ein Wärter fragte, ob ich auf die Toilette wollte. Er brachte mich in ein dreckiges Duschklo. Auf dem Rückweg starrte ich durch die vergitterten Fenster in den Türen der anderen Zellen und überlegte, in welcher Embley wohl sein mochte. An einem der Fenster erschien ein Gesicht. Das musste er sein. Hoffentlich nahm er es nicht zu schwer. Das Gesicht sah gequält und schmerzerfüllt aus. Tränen strömten aus den traurigen, verschreckten Augen. Das Gesicht wurde zu Judys Gesicht. Es war Judys. Durch schiere Willenskraft versuchte ich, es dazu zu bewegen, sich in ein anderes Gesicht zu verwandeln. Ohne Erfolg.

»Mein Gott, Liebling! Warum haben Sie dich hierher gebracht? Wo sind die Kinder?«

»Sie wollen mich an Amerika ausliefern«, schluchzte Judy. »Sie wollen mich von meinen Kindern fortschicken. Tu was, Howard, um Gottes willen, lass das nicht zu!«

»*Silencio! Silencio!*«, brüllte der Wärter. »*No hable!*«

»*Pero es mi esposa*«, bat ich.

»*Más tarde, más tarde.*« Der Wärter war unerbittlich, griff nach meinem Arm und führte mich zurück in meine Zelle.

Es war unglaublich. Wie konnten sie bloß Judy ausliefern? Seit ich 1982 aus dem Gefängnis gekommen war, hatte sie in keinem Land der Welt gegen das Gesetz verstoßen, schon gar nicht in Amerika. Ständig hatte sie gebohrt, ich sollte mit dem Schmuggeln aufhören. Niemand hatte sie auch nur gebeten, etwas Ungesetzliches zu tun. Was ging hier vor sich? Wo waren die Kinder? Ich legte mich hin und versuchte, ruhig zu bleiben.

Als sich die Zellentür wieder öffnete, zeigte die Uhr des Wärters, dass es sechs Uhr abends war. Ich bekam Handschellen angelegt und wurde hoch in einen Raum geführt. Judy saß in sich zusammengesunken auf einem Stuhl, von Verwirrung und Trauer überwältigt, um sie herum vier oder fünf Männer.

»Schau doch, was sie mir antun wollen«, sagte sie und reichte mir ein Blatt Papier, auf dem stand, dass ihre Auslieferung an die Vereinigten Staaten beantragt wurde, weil sie seit 1970 an einer Reihe von Haschischimporten beteiligt gewesen sein sollte, bei denen es um mehrere Hundert Tonnen ging.

»Da war ich gerade mal fünfzehn, Howard. Ich hab dich erst Jahre später kennengelernt, und selbst danach hab ich nichts Verbotenes getan. Was soll das bloß? Ich kann doch meine Kinder nicht alleine lassen.«

»Wo sind sie denn, Liebling?«

»Bei Masha, Gott sei Dank. O Howard, du musst etwas tun, du darfst das nicht zulassen! Das können die mir doch nicht antun!«

»Die spinnen, Judy. Die sind völlig übergeschnappt. Mach dir keine Sorgen, Rafael und sein Anwalt müssten schon auf dem Weg hierher sein.«

Judys Weinen wurde heftiger. Einige Bullen in Uniform führten sie weg. Ich bekam dasselbe Blatt Papier wie Judy. Meine Auslieferung wurde beantragt, weil ich angeblich der Kopf einer Schmugglerbande war, die seit 1970 Hunderte Tonnen Haschisch in die Vereinigten Staaten gebracht haben sollte. Mein Spanisch war nicht so gut, als dass ich den Rest hätte verstehen können.

In dem Raum hielten sich noch zwei Polizisten in Zivil auf, die kein Englisch konnten, ein Anwalt, der kein Englisch konnte, und ein Dolmetscher, der kaum Englisch konnte. Alle redeten gleichzeitig auf mich ein. Ich verstand fast nichts von dem, was sie erzählten, außer, dass gerade Fiesta war und die Kanzlei von Julio Morell deshalb geschlossen war. Außerdem wollten sie nicht bei Rafael anrufen. Ich musste mich also vorläufig mit diesem Anwalt begnügen, der ständig fragte, ob ich nicht lieber erklären wollte, dass ich freiwillig in die Staaten gehen würde. Er hielt mir einen Stapel Papiere unter die Nase, die ich unterschreiben sollte. Ich starrte ihn ungläubig an.

»*Puedo fumar, por favor*«, fragte ich und griff nach seinem Zigarettenpäckchen. Einer der Polizisten hatte offensichtlich einen ziemlich hohen Rang inne. Er schaute mich an, lächelte und gab mir Feuer. In leicht verständlichem Spanisch scherzte er über das Buch, das über mich geschrieben worden war. Er sagte, einige meiner Freunde seien auch gerade verhaftet worden. Wie aufs Stichwort öffnete sich die Tür, und Geoffrey Kenion wurde hereingeführt. Auch ihn wollten die Amerikaner. Wir durften nicht miteinander sprechen, und ich wurde zurück in die Zelle gebracht.

Zwei Stunden später wurde ich wieder in denselben Raum geführt, wo mich der Polizist in Empfang nahm, der mir am Morgen die Pistole in den Bauch gedrückt hatte. Er bedeutete mir, dass ich mich an den Tisch setzen sollte.

»Hätten Sie mich wirklich erschossen?«, fragte ich.

»Entschuldigen Sie, Howard. Entschuldigen Sie. *Sólo para la seguridad. Lo siento,* Howard.«

Ein Mann in Zivil setzte sich mir gegenüber an den Tisch.

»*Tiene cigarillos, por favor?*«, fragte ich höflich.

»Tut mir leid, ich rauche nicht«, antwortete er in britischem Middle-Class-Englisch.

»Wer sind Sie?«, fragte ich weiter.

»Nur ein Mitglied der Organisation.«

»Welcher Organisation?«

»Das werden Sie schon noch erfahren.«

»Wo ist Lovato?«

Er sprang von seinem Stuhl auf und rannte aus dem Zimmer. Wenige Minuten später öffnete sich die Tür und herein kam der übergewichtige Mann, der sich vorher als Mitglied der Policia Nacional ausgegeben hatte. Das also war Craig Lovato, Agent der DEA.

»Hallo, Howard«, sagte er mit breitem Grinsen.

Dann drehte er mir den Rücken zu, und sein riesiger Hintern befand sich nur einige Zentimeter vor meinem Gesicht. Er wollte nicht unhöflich sein, er versuchte bloß, sich zwischen einem Stuhl und dem Tisch durchzuquetschen. Es war nicht einfach.

»Ich bin Craig Lovato von der DEA.«

Er streckte mir seine Hand entgegen. Ich nahm sie.

»Guten Tag, Mr Lovato. Hätten Sie vielleicht eine Zigarette für mich?«

»Wissen Sie, Howard, ich habe noch nie geraucht. Ich kann mir nicht vorstellen, warum manche Leute es tun.«

»Finden Sie, dass es verboten werden sollte, Mr Lovato?«

»Das liegt nicht bei mir. Ich befasse mich mit den Leuten, die gegen die Gesetze verstoßen, nicht mit denen, die sie machen. Howard, es scheint, als hätten Sie gewusst, dass das hier auf Sie zukam, und das passt mir natürlich gar nicht.«

Ich nahm an, dass er dabei an Sunde und Carl dachte.

»Ich möchte eine Beziehung zu Ihnen aufbauen, Howard. Nennen Sie mich Craig. Ich möchte, dass Sie Ihrer Auslieferung zustimmen.«

»Geben Sie mir eine Zigarette, Craig, und ich denke darüber nach.«

Lovato öffnete eine der Schreibtischschubladen, holte ein

Päckchen Zigaretten und ein Feuerzeug heraus und bedeutete mir, mich zu bedienen. Ich nahm ein paar tiefe Züge.

»Was ist mit meiner Frau? Lassen Sie sie gehen, und Sie können mich noch heute mit nach Amerika nehmen.«

»Bob O'Neill, der *Assistant United States Attorney* von Miami, Florida, der Staatsanwalt in Ihrem Fall, wird darüber zu befinden haben, wenn Sie sich erst auf amerikanischem Boden befinden.«

»Was wird ihr zur Last gelegt?«

»Das weiß ich nicht genau. Auch das wird im US Attorney's Office, Miami, Florida, entschieden. Ich glaube, Mithilfe beim Import verbotener Substanzen der Kategorie A.«

»Sie hat mir nie erzählt, dass sie so etwas getan hätte. Sind Sie sich da sicher?«

»Eine *Presidential Organised Crime Drag Enforcement Task Force* hat den Polizeikräften in mehreren Ländern Anweisungen gegeben, Ihre kriminellen Vorgehensweisen zu untersuchen, und auf der Grundlage der Ergebnisse ist Bob O'Neill, der *Assistant US Attorney,* zu dem Schluss gekommen, dass genug Material gegen Judy vorliegt, um sie vor die Grand Jury in Miami, Florida, zu stellen. Sie ist vor der Grand Jury angeklagt.«

»Und was wird ihr nun genau vorgeworfen?«

»Mithilfe ihres Telefons Ihre illegalen Aktivitäten unterstützt zu haben.«

»Meinen Sie, weil sie unter Umständen in unserem Haus in Palma eine Nachricht für mich entgegengenommen haben könnte? Das ist illegal?«

»So etwas in der Richtung, Howard, ja. Ja, es verstößt auf jeden Fall gegen ein Gesetz der Vereinigten Staaten. Gegen welches Gesetz genau, das habe ich jetzt nicht im Kopf.«

»Meine Frau ist also hier in diesem Gefängnis eingesperrt,

weil sie an ihr eigenes Telefon gegangen ist, wenn es geläutet hat. Und Sie wollen sie an die Vereinigten Staaten ausliefern, um sie dort einzusperren. Mir war ja schon klar, dass die DEA zur Übertreibung neigt. Wie nennen Sie das? ›Zero Tolerance‹, oder so? Ihr beschlagnahmt auch einfach so Vergnügungsyachten, wenn auch nur ein Jointstummel an Bord gefunden wird. Ihr seid doch völlig übergeschnappt! Warum holt ihr euch nicht auch noch meinen Sohn? Er ist ein Jahr alt, und er ist auch schon gelegentlich ans Telefon gegangen!«

»Howard, ich achte nur darauf, dass das Gesetz eingehalten wird.«

»Ganz egal, was für ein Gesetz, Craig?«

»Egal, was für eins, Howard.«

»Sie brauchen noch nicht mal nachzudenken. Macht das Leben bestimmt wesentlich einfacher.«

»Natürlich, Howard.«

»Und was wird mir vorgeworfen?«

»Auch das kann Ihnen nur das United States Attorney's Office genau sagen, aber soweit ich weiß, liegen vierzehn Anklagepunkte gegen Sie vor, unter anderem Verschwörung, Geldwäsche und RICO.«

»Was heißt das, RICO?«

»In den Vereinigten Staaten werden Sie einen Rechtsanwalt bekommen, der Ihnen das erklären wird.«

»Ich werde mich selbstverständlich gegen die Auslieferung zur Wehr setzen, es sei denn, Sie lassen meine Frau gehen.«

»Da hätten Sie höchstens bei einem Formfehler eine Chance. Aber ich bin ein Spieler, ich bin aus Las Vegas. Und ich wette, ich kriege Sie. Wie ist der Code von Ihren Datenbanken?«

»Weiß ich nicht mehr.«

»Howard, wir können immer noch Washington darauf ansetzen.«

»Yeah, für die ist es bestimmt kein Problem, aber vielleicht machen sie auch alles falsch. Wie geht's Lord Moynihan?«

Die Frage brachte ihn kurz aus dem Konzept, aber er fing sich wieder. »Ich nehme an, er wird mit blütenweißer Weste aus der Sache herauskommen. Übrigens glaubt er, dass Sie eine Belohnung auf seinen Kopf ausgesetzt haben. Er steht unter unserem Schutz. Ich denke, ich darf Ihnen außerdem mitteilen, dass Patrick Lane gerade von unseren Kollegen der DEA in Miami festgenommen worden ist. Er befindet sich jetzt im MCC, dem Miami Metropolitan Correctional Center. Chi Chuen Lo, den Sie unter dem Namen Balendo Lo kennen, ist heute Morgen von den Kollegen von Scotland Yard verhaftet worden. Das war's dann mit Hong Kong International, Howard. Aber ich bin sicher, Sie haben noch irgendwo einen Schatz verbuddelt.«

»Ich habe nie im Leben Geld gehabt. Warum ist Balendo verhaftet worden? Was soll er getan haben?«

»Er gehörte zu dem, was wir das ›Marks-Kartell‹ nennen. Er hat für Sie gearbeitet, Howard. Das wissen wir.«

»Scheiße, er ist ein Reiseunternehmer und sonst gar nichts. Was soll das sein, das ›Marks-Kartell‹?«

»Das *United States Attorney's Office* hat Grund zu der Annahme, dass Balendo Lo, oder vielmehr Chi Chuen Lo, wie er in Wirklichkeit heißt, in vollem Bewusstsein die Reisen ins Ausland der Mitglieder des Kartells vereinfachte. Das ›Marks-Kartell‹ ist Ihre Organisation, Howard. Sie haben doch sicher schon vom kolumbianischen ›Medellín-Kartell‹ gehört, oder? Kommen Sie schon.«

»Ich dachte immer, ein Kartell wäre eine Gruppe von Leuten, die so Sachen wie Preise von Gütern miteinander absprechen. Mit wem hätte ich mich denn im ›Marks-Kartell‹ absprechen sollen? Mit mir selber vielleicht?«

»Es funktioniert ein bisschen wie General Motors, Howard. Es hängt alles zusammen.«

Ich kam nicht mehr ganz mit. Er oder ich, einer von uns beiden war offenbar verrückt.

»Es könnte Sie noch interessieren, Howard, dass auch Malik in Karatschi demnächst verhaftet werden wird.«

»Und Sie glauben, Pakistan wird ihn rausrücken?«

»Das wird das Schwierigste werden, insbesondere wegen seinem engen Verhältnis mit Präsident Zia, über das wir alles wissen. Aber irgendwie werden wir ihn schon kriegen. Er gehört auch zum ›Marks-Kartell‹.«

»Warum haben Sie David Embley festnehmen lassen? Ist der auch ein Mitglied des ›Marks-Kartells‹, das ausgeliefert werden muss?«

»Die Verhaftung von David Embley war die Entscheidung der spanischen Behörden, und es liegt bei ihnen, ob und wann sie ihn freilassen. Ich werde ihnen aber sagen, dass er meiner Meinung nach nur zur falschen Zeit am falschen Ort war: in Ihrem Haus, als wir Sie festgenommen haben. Ich muss schon sagen, Sie haben sehr schöne Kinder.«

»Könnten Sie bitte mit Judy sprechen und ihr sagen, dass sie möglicherweise freigelassen werden wird, wenn ich meiner Auslieferung zustimme?«

»Ich unterhalte mich nicht gerne mit verwirrten Leuten. Und Judy ist sehr verwirrt.«

»Das muss Ihre Gesprächsmöglichkeiten aber sehr einschränken.«

»Wir sehen uns morgen im Gefängnis, Howard. Ich muss jetzt zusehen, dass meine spanischen Kollegen nach Hause zu ihren Familien kommen. Die vermissen sie sicher.«

Der Betrunkene in meiner Zelle war schließlich aufgewacht. Er beschwerte sich lauthals auf Katalanisch. Der Peruaner verbarg sein Gesicht in den Händen, eine deutliche Geste für ›Bitte nicht stören‹. Ich lag auf dem Boden. Eine große Traurigkeit kam über mich. Es sah nicht gut aus, und alles, was ich tun konnte, war, meine Gedanken zu sammeln, meine ganze Willenskraft zusammenzunehmen und den schlimmsten Tag meines Lebens vorbeigehen zu lassen.

Am Morgen des nächsten Tages wurden meine Fingerabdrücke genommen, ich wurde fotografiert und meine persönlichen Daten wurden notiert. Irgendwie haben Wärter und Gefängnisangestellte, die für die Aufnahme neuer Insassen verantwortlich sind, immer einen Hang dazu, Namen und Adressen falsch zu schreiben. Auch verbessern sie nicht gerne. Diese Fehler führen später immer wieder zu Problemen. Vielleicht ist es Absicht. Vom Aufnahmeraum wurde ich in einen anderen Raum geführt, in dem sich schon Judy und Geoffrey befanden. David Embley war nicht dort. Lovato hatte ihn wohl gehen lassen. Judy war in einem besorgniserregenden Zustand, sie weinte ständig und stand unter Beruhigungsmitteln. Einer der Wärter begann, ihr Handschellen anzulegen.

»Hombre, es mi esposa«, protestierte ich. »No necesitan estos.« Ich konnte es nicht ertragen, sie darin zu sehen.

»Todos son iguales. Todos tienen esposas. Esposas, también, tienen esposas«, erwiderte der Wärter, und die wachsende Gruppe seiner Kollegen, die sich um uns versammelt hatte, lachte. (Es dauerte eine Weile, ehe mir klar wurde, dass der Scherz darin bestand, dass das Wort esposas im Spanischen sowohl Ehefrau als auch Handschellen bedeutete.) Sie legten uns dreien Handschellen an, wobei sie nicht gerade sanft vorgingen.

Geoffrey sah recht verwirrt aus, gab aber keinen Ton von

sich. Wir wurden zusammen in einen Bus verfrachtet und zu Palmas erstaunlich anheimelnden Palacio de Justicia gefahren. Auch während der fünfminütigen Fahrt blieb Geoffrey still. Judy weinte die ganze Zeit.

Den Gefängniswagen zu verlassen war so, als wären wir mitten in das Set eines Filmes bei den Dreharbeiten geraten. Blendend helle Scheinwerfer und Tausende Blitzlichter zeigten ganze Horden lärmender Journalisten. Wir wurden schnell an ihnen vorbei in die Wartezellen des Palacio gebracht und von dort einzeln in den Gang vor das Büro des Magistrado geführt. Hier war es wohl gewesen, dass Roger Reaves vor zwei Wochen aus dem Fenster gesprungen war. Mut hatte er, das musste man ihm lassen.

Der Magistrado war ein junger Mann mit sympathischem Gesicht. Mithilfe eines ausgezeichneten Dolmetschers erklärte er, dass ich wegen des Auslieferungsantrags der Regierung der Vereinigten Staaten festgehalten wurde und vor der Audiencia Nacional in Madrid zu erscheinen hatte. Ich konnte jederzeit selber die Auslieferung beantragen. Ich hatte aber auch das Recht, dagegen anzugehen, und würde dabei die volle Unterstützung der spanischen Justiz erhalten. Ich fragte den Magistrado, ob ich meine Kinder anrufen dürfe. Er reichte mir sofort das Telefon. Ich wählte unsere Nummer, und Masha hob ab. Die Kinder klangen ganz okay. Ich sagte ihnen, dass ich und Judy so bald wie möglich wieder nach Hause kommen würden, dafür wollte ich schon sorgen. Das war die Wahrheit, aber es sollte doch noch eine ganze Weile dauern.

Wir mussten einige Stunden alleine und getrennt voneinander in den Wartezellen des Palacio ausharren. Ein spanischer Anwalt kam und stellte sich in ausgezeichnetem Englisch als Luis Morell vor. Er war ein entfernter Verwandter von Julio Morell, dem Anwalt, den ich gewählt hatte (und der mit meinem Fall offenbar auch nicht das Geringste zu tun haben wollte), aber das war nicht der Grund, weshalb Bob Edwardes ihn beauftragt hatte, mich und Judy zu verteidigen. Ich mochte ihn sofort gut leiden. Er hatte mir einige Peseten, eine Stange Zigaretten und Kleidung mitgebracht. Er versprach, uns so bald wie möglich im Gefängnis aufzusuchen.

Als wir zurück zum Gefängnisbus gebracht wurden, waren die Massen von Journalisten immer noch da. Ich nahm an, dass sie alle von Palmas Zeitungen und Rundfunk- und Fernsehsendern kamen. Schließlich war Mallorca eine kleine Insel, und das Interesse der lokalen Medien war verständlich. Judy sah kräftiger aus als vorher. Sie hatte ebenfalls mit den Kindern sprechen dürfen. Wir sahen einander an, als der Bus vor dem *Centro Penitenciario de Palma* hielt, und wir wussten, was der andere dachte: Wir erinnerten uns an den Tag, an dem uns Rafael das Gefängnis gezeigt hatte und uns darauf hingewiesen hatte, dass es mit voller Absicht an einem Ort errichtet worden war, an dem es kein Entrinnen vor der heißen Sonne gab. Wir stiegen aus und wurden von freundlichen, lächelnden *Funcionarios* und Vertrauensinsassen (d. h., die Behörden vertrauten ihnen) in Empfang genommen, die herumsaßen und Dosenbier tranken. Sie erleichterten mich um meine Zigaretten, meinen Ehe- und den Verlobungsring. Den Schmuck habe ich nie wiedergesehen. Sie berieten sich, in welche Zellen sie uns stecken sollten.

»Könnte ich mit meinem Mann in eine Zelle kommen?«, fragte Judy. Weiß Gott, wo sie den Humor herhatte.

Die *Funcionarios* brüllten vor Lachen.

»War den Versuch wert«, meinte Judy, und der Schatten eines Lächelns huschte über ihr Gesicht. Sie wurde zur Frauenabteilung abgeführt, Geoffrey und ich in die Männerabteilung.

Wir wurden auf einen verlassenen Hof gebracht.

»Es tut mir leid, Geoffrey. Ich hätte mir nicht träumen lassen, dass es hierzu kommen würde. Ich bin sicher, sie werden dich bald wieder gehen lassen.«

»Mach dir keine Sorgen. Sie haben überhaupt nichts gegen mich in der Hand. Ich fände es furchtbar, in deiner Lage zu sein, wenn meine Frau auch hier wäre. Für dich könnte es ernst werden, Howard, sehr ernst. Und ich glaube, dass wir das alles David Embley zu verdanken haben. Denk mal darüber nach.«

Ich brachte es nicht fertig, darüber nachzudenken.

Überraschenderweise wurden Geoffrey und ich zusammen in eine Zelle gesperrt. Nach wenigen Minuten hämmerte ein Vertrauensinsasse gegen die Tür und schob einige Gegenstände darunter hindurch. Es war ein Carepaket von Roger Reaves, mit Zigaretten, Körperpflegemitteln, Stiften und Papier, Essen, Bier, Zeitschriften, Gefängniswertmarken und einem Brief in Rogers Handschrift. Er hatte unseren Auftritt vor dem Magistrado in den Nachrichten gesehen. Er hätte auch Dope, wenn ich welches brauchte.

Die Zellentür wurde geöffnet. Man hieß mich meinen Kram zusammenpacken und mitkommen, ich sollte in den *Tubo* gebracht werden, was auch immer das sein mochte. Die *Funcionarios,* die mich begleiteten, hielten vor einer Zellentür, über der in riesigen Blockbuchstaben MUY PELIGROSO stand. In der Zelle befand sich ein leerer Käfig, der nur wenig kleiner war als die Zelle selbst. Ich wurde im Käfig eingeschlossen. Der Käfig wurde in der Zelle eingeschlossen. Die Zelle war im Gefängnis eingeschlossen. Ich beobachtete die zwei riesigen Kakerlaken, die sich vorsichtig aus dem dreckigen Klo hervorwagten. Sie waren hier wesentlich größer als in den Gefängnissen von Brixton oder Wandsworth. Es würde mir schwerfallen, mich mit diesen Kreaturen anzufreunden. Es wurde Nacht. Ich legte mich auf die schmutzige Matratze und rauchte bis zum Sonnenaufgang eine Zigarette nach der anderen.

Ich hörte ein Wägelchen, das vor der Zellentür angehalten wurde.

»Ich bin der Frühdienst-*Funcionario*. Möchten Sie Frühstück, Sir?«

Sir! Das war doch mal was anderes.

»Ja, bitte«, antwortete ich.

Die Zellentür wurde aufgeschlossen, und ein Tablett mit einem riesigen Frühstück, gut genug für einen Verurteilten, wurde hereingeschoben.

»Ich komme später wieder, Sir, falls Sie noch mehr möchten.«

Er kam nicht wieder, aber es war ein netter Gedanke gewesen.

Den ganzen Vormittag lang wurde ich von Gefängnisbeamten und Sozialarbeitern ausgefragt. Nach der üblichen Fotosession und dem Herstellen der Fingerabdrücke wurde ich zurück in meinen Käfig gebracht und bekam wieder ein erstklassiges Essen. Ich schlief ein paar Minuten.

»Dennis Howard Marks!«, brüllte eine Stimme an der Tür. Ich sprang vom Boden auf.

»*Sí.*«

»*Tiene visita.*«

Die Zelle und der Käfig wurden aufgeschlossen, und ich wurde vom Tubo in den Besuchsraum geführt, in dem sich eine Reihe von Kabinen mit sehr niedrigen Wänden befand, in denen auf der einen Seite der Gefangene saß, auf der anderen der Besucher. Die Gefangenen schienen alle die Besucher der anderen zu kennen, die von Kabine zu Kabine rannten und Horden schreiender Kinder anbrüllten. Der Lärm war unfassbar. Jeder Gefangene hatte ständig etwa sechs Besucher, von denen er durch eine fast opake Scheibe aus kugelsicherem Glas getrennt war. Unten in der Glaswand waren einige Löcher angebracht, die ungefähr den Durchmesser von Zigaretten hatten und durch die die Unterhaltung stattfinden sollte. Man konnte alle sehen und hören, außer seinem eigenen Besucher.

»*Cabina número uno. Sólo cinco minutos,* Howard.«

Fünf Minuten bloß! Es war kein Besuch der Ehefrau. Ich saß Masha gegenüber. Sie schien sehr gefasst. Den Kindern ging es gut. Sie hatte auch Judy besucht. Der Anwalt war gerade bei ihr gewesen und unterhielt sich jetzt mit dem Gefängnisdirektor. Die Polizei hatte unsere Autos beschlagnahmt, auch einige Gegenstände aus dem Haus, aber mein persönliches Dopelager hatten sie nicht gefunden. Auch die Wohnung in Palma Nova, die ich von Rafael gekauft hatte, war durchsucht worden. Das machte mir Sorgen, weil ich in der Decke eine große Dose selbst angebautes mallorquinisches Gras und einen meiner falschen Ausweise versteckt hatte. Ich erklärte Masha, wo das Versteck war. Sie sagte, sie würde nachschauen. Sie hatte mir Kleider mitgebracht, Bücher und die britischen und spanischen Zeitungen der letzten drei Tage. Das Päckchen hatte sie den *Funcionarios* gegeben.

Wir hatten uns gerade erst zwei Minuten unterhalten, als ich spürte, wie mich etwas am Hosenbein zupfte. Ich schaute mich um und entdeckte Roger Reaves, auf allen vieren, der zu mir hochsah. Er hielt mir eine Dose Bier und drei Joints hin.

»Trink das Bier und versteck die Tüten in der Unterhose. Es ist schrecklich für mich, euch hier zu sehen. Mensch, ich konnte es echt nicht glauben, als ich es in den Nachrichten gesehen hab. Warum haben diese Ärsche Judy eingelocht? Ich bete für sie. Weißt du, damals in Georgia haben sie das Gleiche mit mir gemacht. Haben Marie mitgenommen. Die dreckigen Ärsche. Aber ich hab einen Weg hier rausgefunden. Ich habe zu Gott darum gebetet. Marie wird mir über die Mauer des Hofs ein Seil schießen. Mit einer Armbrust. Ich hab ein paar *Funcionarios* geschmiert. Ich kann dich auch aus deiner Zelle rausholen, nachts. Du kannst mitkommen. Wir kommen zurück und holen Judy. Dann gehen wir alle zusammen nach Südafrika und bauen Gras an. Marie und Judy würde es dort auch gefallen. Gott, es ist so ein herrliches Land. Ein Typ aus Rotterdam ist hier. Der kann das Zeug von Südafrika nach Holland verschiffen. Hast du eine Ahnung, welchen Preis man zurzeit in Holland für gutes Gras verlangen kann? Übrigens, es ist ziemlich eindeutig, dass dieser irische Freund von dir uns alle übers Ohr gehauen hat.«

Langsam wurde es mir zu viel.

»Roger, ich muss mit Masha reden. Ich hab nur noch ein paar Minuten.«

»Himmel! Oh, das tut mir leid, Howard. Entschuldige bitte. Bis dann. Gott segne dich.«

»Michael Katz ist da gewesen«, sagte Masha. »Er wird versuchen, zusammen mit dem spanischen Anwalt zu dir zu kommen.«

»Termina, Howard, por favor, ahora.«

Masha wurde gebeten zu gehen. Die Besuchszeit war abgelaufen. Ich bekam das Päckchen Kleider und Lesestoff, das sie mitgebracht hatte, und wurde zurück in den *Tubo* gebracht. Kaum war ich dort, kehrten wir wieder um und ich wurde wieder in den Besuchsraum geführt. Diesmal war mein spanischer Anwalt in der Kabine, Luis Morell. Er war gnadenlos offen. Den Amerikanern lag wirklich sehr viel daran, mich zu kriegen. Die Medien waren voll von Berichten über meine Verhaftung. Es würde so gut wie unmöglich sein, Spanien zu überzeugen, mich nicht auszuliefern. Judy hatte wesentlich bessere Chancen. Zur endgültigen Entscheidung der Audiencia Nacional würden wir beide in Gefängnisse in Madrid verlegt werden. Er wollte versuchen, Judy auf Kaution freizubekommen, oder wenn das nicht klappte, wollte er dafür sorgen, dass sie so lange wie möglich in Palma blieb, damit sie den Kontakt mit den Kindern halten konnte. Er sagte, er käme später mit Michael Katz wieder, und würde dann länger bleiben.

Wieder im Käfig des *Tubo* las ich die Zeitungsberichte über die Vorführung vor den Magistrado am Tag zuvor und die Verhaftung vor zwei Tagen. Sie schienen mir unwirklich. Sowohl die seriöse als auch die Regenbogenpresse zitierte das Florida United States Attorney's Office, dass gerade ›die größte Marihuana-Organisation, die die Welt je gesehen hat‹ hochgegangen war. Es war angeblich ›der größte Erfolg der Drogenfahnder aller Zeiten‹. Thomas Cash, der Sprecher der DEA, bezeichnete mich als den ›Marco Polo des Drogenschmuggels‹, der ›Tausende von Tonnen‹ ins Land gebracht hätte. Der *Daily Express* und der *Daily Mirror* behaupteten, dass ich ein ›200 000 000 Pfund Cannabisimperium‹ besaß und dass Teil meines *Modus operandi* Verstecke in Unterseehöhlen waren, die durch Bojen gekennzeichnet waren. Eines meiner angeblichen Verstecke, eine Höhle an der Costa Brava, war gerade entdeckt worden, und darin befand sich ein ›riesiger Haschisch-Supermarkt‹ mit fünfzehn Tonnen bestem Libanesen, mehreren schnellen Booten und ein Arsenal Maschinengewehre. Plötzlich besaß ich eine ganze Flotte von Frachtern, außerdem mehrere Finanzunternehmen und Häuser auf der ganzen Welt. Ich pflegte Umgang mit den Herrschern der Unterwelt, Geheimdiensten und terroristischen Organisationen. Ich sollte angegeben haben, dass ich ›zu raffiniert, zu intelligent bin, als dass irgendwer mich schnappen könnte‹. Der *Daily Mirror* bezeichnete mich als Kopf eines ›internationalen Multi-Milliarden-Imperiums‹ und als ›einen der größten Drogenbarone aller Zeiten, Chef einer skrupellosen Organisation, die der Mafia oder den gefürchteten kolumbianischen Kartellen in nichts nachsteht‹. Einer meiner terroristischen Mitarbeiter, James McCann von der IRA, sei ebenfalls gerade in Palma verhaftet worden.

Was zum Teufel machte Jim in Palma?

Der Bericht über McCanns Verhaftung veranlasste das Republikanische Pressezentrum in Belfast zu der meines Wissens nach ersten offiziellen Stellungnahme der IRA zu McCann. Sie lautete: ›Die Irisch-Republikanische Armee weist die Behauptungen der Medien zurück, dass James McCann, der wegen Drogenschmuggels verhaftet worden ist, jemals in irgendeiner Verbindung zu unserer Bewegung und unserem Kampf stand. Unsere Einstellung Drogen und dem Drogenschmuggel gegenüber ist hinlänglich bekannt‹.

Die Zeitungsberichte enthüllten außerdem, dass die Ermittler von Scotland Yard und dem FBI schon auf meine Organisation gestoßen waren, als sie gemeinsam nach dem Verbleib der Beute des Goldraubs 1983 am Flughafen Heathrow forschten, bei dem Goldbarren im Wert von 26 000 000 Pfund erbeutet worden waren. Der letzte Beweis meines Einfallsreichtums waren die leeren Zahnpastatuben, die in meinem Haus gefunden worden waren und dafür benutzt wurden, die Botschaften darin zu verstecken, die meine Kuriere um die ganze Welt trugen.

Ich versuchte noch vergeblich, das alles zu begreifen, als

ich wieder aus dem *Tubo* geholt wurde. Diesmal wurde ich zum Büro des Direktors gebracht, wo mich Joaquín Mejuto, der Direktor des *Centro Penitenciario de Palma,* in Gesellschaft von Luis Morell und Michael Katz erwartete. Katz trug eines meiner Hemden, eines, das Amber mir geschenkt hatte. Luis erklärte mir, dass es an der Außergewöhnlichkeit meiner Verhaftung und der anzunehmenden legalen Komplexität des Falles lag, dass Señor Mejuto es uns freundlicherweise gestattete, sein Büro für Anwaltsbesuche zu benutzen. Er würde uns jetzt allein lassen. Ob ich noch etwas brauchte? Ich sagte, ich würde Judy gerne sehen wollen. Señor Mejuto nickte und ging.

»Danke, dass du gekommen bist, Michael«, sagte ich. »Wer ist sonst noch verhaftet worden?«

»Die einzigen Namen, die ich habe, sind Roger Reaves, John Denbigh, Ernie Combs …«

»Warte mal. Die sind doch schon ewig im Gefängnis.«

»Wahrscheinlich sitzen sie jetzt zusätzlich noch wegen dieser Sache. Ansonsten noch Patrick Lane, Balendo Lo, James Newton, Teresita Caballero, John Francis, Brian Daniels …«

»Von den letzten drei habe ich noch nie was gehört.«

»Sie kommen wohl auch in der Anklageschrift vor. Und noch weitere. Insgesamt sind in neun verschiedenen Ländern Leute verhaftet worden: in England, Spanien, den Philippinen, Thailand, den Niederlanden, Pakistan, der Schweiz, Amerika und Kanada.«

»Und was wird uns allen genau vorgeworfen?«

»Das sagen sie uns noch nicht. Ich gehe aber davon aus, dass es um Verschwörung und RICO geht.«

»Was ist das, RICO?«

»Weiß ich nicht. Ich werde einen Freund danach fragen, der ist Drogenanwalt in Michigan.«

»Wo halten sie McCann fest?«

»James McCann ist nicht verhaftet worden, Howard. Die spanischen Behörden haben offiziell mitgeteilt, dass der Bericht über seine Festnahme in Palma eine Ente war. Außerdem haben sie bekannt gegeben, dass der Fund der fünfzehn Tonnen Libanesen in der Höhle an der Costa Brava nichts mit dir zu tun hat. Hast du schon jemanden von der DEA gesehen?«

»Yeah, ich hab Craig Lovato auf der Polizeiwache getroffen. Er meinte, er wollte heute nochmal vorbeikommen. Ich will versuchen, einen Deal mit ihm zu machen – ich beantrage selbst meine Auslieferung, wenn Judy freigelassen wird.«

»Nun, das ist deine Sache, aber ich würde dir davon abraten. War das derselbe DEA-Agent, der dich in deinem Haus festgenommen hat? Hat er dich verhört?«

»Ja, ein bisschen. Aber sonst keiner der Bullen.«

»Aha! Er hat gegen amerikanisches Gesetz verstoßen!«, rief Katz aufgeregt.

»Gegen was für eins?«, fragte ich.

»Das *Mansfield Amendment*. Es ist vor ein paar Jahren eingeführt worden, um die DEA-Agenten in Mexiko von weiteren Verhör- beziehungsweise Foltersessions abzuhalten. Die hatten da unten eine Menge Spaß daran, ihre Kippen auf den Eiern amerikanischer Dopedealer auszudrücken. Und seitdem sind die amerikanischen Gesetzeshüter nicht mehr befugt, Festnahmen im Ausland vorzunehmen oder im Ausland Festgenommene zu verhören. Lovato hat einen bösen Schnitzer gemacht. Das alleine sollte schon reichen, um gegen deine Auslieferung anzugehen.«

Ich horchte erfreut auf, aber Luis Morell gab sich völlig unbeeindruckt.

»Du weißt doch, dass Lord Moynihan dich hat hochgehen lassen, oder?«, fragte Katz.

»Ich weiß, dass er es wollte. Aber ich habe nie etwas mit ihm gemacht oder ihm etwas gesagt, das mir hätte gefährlich werden können.«

»Er ist der Hauptbelastungszeuge, aber der wichtige Punkt ist der, dass Aussagen von Mitverschwörern, insbesondere von Lockspitzeln, vor spanischen Gerichten kein Gewicht haben. Auch Mitschnitte von abgehörten Telefonen gelten nicht als Beweise. Um dich ausliefern zu können, brauchen sie einen einfachen, überschaubaren Fall, der nach spanischem Gesetz beurteilt werden wird. Und was können sie schon vorlegen? Kaum etwas Brauchbares. Judy wird umgehend wieder freigelassen werden. Von den Amerikanern wurde ihr Beteiligung an einer Verschwörung vorgeworfen. Die spanische Rechtsprechung kennt kein entsprechendes Vergehen. In allen Auslieferungsverträgen gibt es eine Klausel, dass die Tat in beiden Ländern verboten sein muss. Judy kann nicht von Spanien an die Vereinigten Staaten ausgeliefert werden, wenn die Tat, die ihr die Amerikaner vorwerfen, nicht auch nach spanischem Recht strafbar ist. Wenn mich zum Beispiel die Saudiaraber anklagen wollten, weil ich beim Gebet in Mekka Alkohol getrunken hätte, dürfte kein Land der Welt, in dem Alkohol legal ist, mich an Saudi-Arabien ausliefern. Judy ist der Verschwörung angeklagt. Im Code Napoleon, auf dem das spanische Recht basiert, gibt es das nicht. Also müssen die Spanier sie freilassen oder sie zumindest auf Kaution freilassen, bis der Gerichtshof in Madrid ihre Auslieferung verweigert. Meiner Meinung nach könnte ein ähnliches Argument auch in deinem Fall wirksam sein, je nachdem, was genau dir vorgeworfen wird, natürlich.«

Ich sah Luis Morell hoffend an.

»Was meinen Sie dazu, Luis?«

»Was Judy betrifft, könnten Sie Recht haben. Aber die Spanier möchten die Amerikaner nicht verärgern. Es wird schwer werden, sie daran zu hindern, Sie auszuliefern. Ich denke, wir sollten jetzt gehen. Señor Mejuto wird gleich zurückkommen. Wir kommen morgen wieder.«

Sie bedankten sich bei Mejuto und gingen. Mejuto war in Begleitung eines Vertrauensinsassen gekommen, der perfekt Englisch und Spanisch sprach. Der Direktor wollte mir ein paar Fragen stellen. Der Vertraute dolmetschte sie.

»Der Direktor möchte wissen, ob Sie mit der Presse sprechen wollen.«

»Nein.«

»Der Direktor sagt, Sie möchten gerne Ihre Frau sehen.«

»Ja. Darf ich?«

»Die Journalisten sind Freunde des Direktors. Er hätte gerne, dass Sie mit ihnen sprechen. Danach wird er Sie zwanzig Minuten lang mit Ihrer Frau alleine lassen.«

Mejuto ließ sich offenbar von einigen Journalisten schmieren.

»Okay, ich werde mit ihnen reden.«

»Der Direktor wird Ihre Frau holen.«

Ohne jede Beaufsichtigung folgte ich dem Vertrauten in einen Raum mit einigen Stühlen, einem Tisch und einem Sofa. Ich setzte mich hin. Einige Minuten später kam Judy herein und setzte sich neben mich. Sie sah erschreckend aus und war sehr aufgewühlt.

»Howard, was geht hier vor sich? Ich werde nicht mit der Presse reden. Hast du den Müll gelesen, den sie in den Zeitungen über uns geschrieben haben?«

»Judy, ich habe auch nur Ja gesagt, um dich sehen zu dürfen. Aber die Leute sollten erfahren, was dir angetan wird. Die Sympathie und das Mitleid der Öffentlichkeit können nur von Vorteil für uns sein.«

Die Tür sprang auf, und mindestens dreißig Journalisten stürmten herein. Sie drängelten um die besten Plätze, veranstalteten ein Blitzlichtgewitter und stellten an strategisch günstigen Stellen Kassettenrekorder auf.

Ich leierte dieselben Statements herunter, die ich schon im Old Bailey und bei den Steuerbehörden abgegeben hatte. Ich sagte, ich hätte seit 1973 nichts mehr mit Drogenschmuggel zu tun gehabt. Natürlich war ich mit einigen Leuten im Marihuanageschäft befreundet und ein überzeugter Befürworter der Legalisierung, aber das bisschen Geld, das ich hatte, war völlig legal erworben. Es kam aus meinem Reisebüro, meinen diversen Handelsunternehmen und anderen Projekten in der ganzen Welt, an denen ich mich beteiligt hatte. Ich beschrieb in allen Details meine Verhaftung, wobei ich immer wieder Judys Unschuld beteuerte, und bat die spanischen Behörden in aller Öffentlichkeit, sie gehen zu lassen.

Die ewigen, immer gleichen Fragen zermürbten uns. Judy war kurz vor einem Zusammenbruch, sie war viel zu schwach, um ihre Tränen noch zurückzuhalten. Die Journalisten gingen endlich. Wir waren beide zu erschöpft und unsere Nerven zu zerrüttet, als dass wir mehr hätten tun können, als uns in die Augen zu schauen und uns bei den Händen zu halten.

»Hol mich hier raus, Howard«, sagte sie, als die *Funcionarios* kamen, uns zu holen. »Um Himmels willen, mach, dass sie mich zurück zu den Kindern lassen.«

Einer der Journalisten hatte freundlicherweise angemerkt, dass ich nach altem Schweiß stank. Das musste sich herumgesprochen haben. Die *Funcionarios* brachten mich direkt zu den Duschen. Es stimmte, ich war ziemlich schmutzig. Seife gab es nicht, aber das Wasser fühlte sich sehr angenehm an. Vorsichtig, damit er nicht nass wurde, rauchte ich einen der drei Joints, die Roger mir gegeben hatte. Ich dachte an Massagesalons in Bangkok und Badehäuser in Thailand. Nichts bleibt, wie es war.

Am nächsten Morgen wurde ich nach einem sehr höflich servierten und köstlichen Frühstück erneut in Mejutos Büro geführt. Derselbe Dolmetscher war wieder dort.

»Der Direktor möchte wissen, ob Sie bereit wären, von einigen Leuten vom Fernsehen interviewt zu werden. Es sind Freunde von ihm. Sie werden wieder Ihre Frau sehen können. Der Direktor wird Sie jetzt hinbringen.«

Judy sah noch schlimmer aus als am Vortag, als die Crew von TV-AM in das Zimmer kam. Das Interview war eine Neuauflage der gestrigen Pressekonferenz. Beide baten wir inständig darum, dass Judy freigelassen werden sollte, betonten ihre Unschuld und das völlig unnötige und unverdiente Leid, das sie und unsere Kinder ertragen mussten. Gleich im Anschluss das Gleiche nochmal für das spanische Fernsehen. Und dann noch für eine weitere Horde Journalisten. Wir bekamen die Zeitungen des Tages vorgelegt. Manche Darstellungen waren blödsinnig sensationsgeil, andere sehr mitfühlend. Bob Edwardes hatte sich als wirklich guter Freund erwiesen und dem *Daily Mirror* ein langes Interview gegeben, in dem er mich als ruhigen, liebenden Familienvater mit bescheidenem Lebensstil beschrieb. Einige der Artikel waren wirklich bizarr. Einige der Boulevardblätter behaupteten, Geoffrey Kenion hätte Prince Charles und Princess Diana zu einem piekfeinen Dinner im Wellie's empfangen. Die *Times* berichtete darüber, wie die DEA vergeblich versucht habe, mich auf den Philippinen zu kidnappen, um mich ohne den langwierigen Prozess der Auslieferung nach Amerika zu bringen. Ich fragte mich, was da schiefgegangen sein könnte. Scheinbar hatten die britischen Behörden der Entführung eines britischen Staatsbürgers im Ausland nicht zugestimmt.

Judy und ich durften wieder zwanzig Minuten lang unbeaufsichtigt zusammen sein, aber wir fühlten uns immer noch zu benommen und hilflos, um rational miteinander zu reden. Noch nie hatte ich jemand gesehen, der so vom Schmerz überwältigt gewesen wäre. Wir wurden zurück in unsere Zellen geführt.

Am frühen Abend besuchten mich meine Anwälte. Katz konnte mir mehr Namen von Verhafteten geben. Es waren Patty Hayes (Ernies Freundin), Wyvonna Meyer (Gerrys Frau), Ronnie Robb und Philipp Sparrowhawk. Außerdem zählte er andere auf, die noch von der DEA gesucht wurden: Jim Hobbs, George Lane, Salim Malik, Bradley Alexander (von dem ich noch nie gehört hatte), Gerry Wills und Rick Brown. Er wollte beim Assistant US Attorney O'Neill persönlich Judys Freilassung auf Kaution beantragen. Vier Tage im Gefängnis, ohne zu wissen, was einem eigentlich vorgeworfen wurde, waren genug. Er würde darauf bestehen, eine Kopie der Anklageschrift zu bekommen. Katz' Freund in Michigan, der Drogenanwalt, sollte versuchen, einen RICO-Experten aufzutun, aber Katz wusste noch immer nicht, was RICO hieß. Morell und Katz wollten mit Judy sprechen und am nächsten Tag wiederkommen.

Diese Nacht gelang es mir, in meinem Käfig einige Stunden lang tief zu schlafen. Als ich aufwachte, fühlte ich mich erholt. Es war Freitag, der neunundzwanzigste Juli. Ich hatte Hunger und wartete auf das Geklapper des Frühstückswagens. Stattdessen wurden die Türen der Zelle und des Käfigs von einem offensichtlich sehr hohen Gefängnisbeamten geöffnet, der annehmbares Englisch sprach.

»Howard, packen Sie bitte Ihre Sachen. Sie gehen.«

»Wo werde ich hingebracht?«, fragte ich.

»Das darf ich nicht sagen.«

»Darf ich meine Frau sehen?«

»Nein, das ist verboten.«

»Darf ich meine Kinder anrufen?«

»Es tut mir leid, Howard, nein.«

»Könnte ich bitte meinen Anwalt informieren?«

»Nein. Aber sobald Sie angekommen sind, werde ich Ihrer Familie und Ihrem Anwalt Bescheid sagen.«

Ich bekam Handschellen angelegt und wurde zum Eingangstor gebracht. Roger Reaves wartete schon dort, ebenfalls in Handschellen.

»Schön, dich zu sehen, Howard, aber ich habe ganz grässliche Neuigkeiten. Die Amis werfen mir denselben Scheiß vor wie dir: RICO.«

»Was ist das denn, Roger?«

»Weiß der Himmel. Sie sagen, ich hätte auf den Philippinen Gras angebaut.«

»Aber das hast du doch gar nicht, oder?«

»Nein, aber ich wollte. O ja. Weiß Gott, das wollte ich.«

»Was hat das mit Amerika zu tun, Roger?«

»Da hätte ich es verkauft. Hast du eine Ahnung, wie viel man heutzutage in den Staaten für gutes Gras kriegt?«

»Aber du hast doch gar kein Gras angebaut und keines verkauft. Wie könnten sie dich dann anklagen?«

»Howard, lass mich dir was sagen über die Amis. Die Dreckskerle können dich anklagen und verurteilen, wegen was sie wollen. Auf Bundesebene. Bei einer Anklage vom Bundesstaat kann man sich vielleicht noch wehren. Daheim in Georgia hab ich damals einige abwehren können. Aber bei uns jetzt sind das alles Anklagen vom Bund. Da kommt man nicht dagegen an. Die einzige Möglichkeit ist, zu feilschen, um vielleicht eine Strafe herauszuhandeln, mit der man fertigwird.«

»Du wirst dich also schuldig bekennen, RICO begangen zu haben, obwohl du nicht die leiseste Ahnung hast, was das ist, und nie Gras angebaut hast.«

»Darauf kannst du Gift nehmen. Wenn die mich in die Staaten schicken, werde ich genau das tun. Aber ich bete darum, nicht in die Staaten zu kommen. Wie's aussieht, werde ich an die Deutschen ausgeliefert. Wenn der Herrgott mir beisteht, komme ich dort vielleicht frei. Vielleicht auch schon vorher. Gestern Nacht wäre ich fast rausgekommen. Erzähle ich dir später.«

Wir wurden beide in einen Polizeibus gesteckt. Meinen Ehe- und den Verlobungsring bekam ich nicht zurück. Man sagte mir, sie wären schon vorausgeschickt worden. Mit halsbrecherischer Geschwindigkeit wurden wir zur Anlegestelle der Fähre im Hafen von Palma gefahren. Das imposante Castell Bellver, die herrliche Kathedrale und die Discowindmühlen auf den Klippen huschten an uns vorbei, altbekannte Anblicke, die mich trostlos zurückließen. Würde ich sie jemals wieder mit meiner Frau und meinen Kindern zusammen genießen können?

vierzehn
SEÑOR MARCO

Der Bus fuhr direkt bis auf die Fähre. Mehrere Polizisten hielten ihre Maschinengewehre auf uns gerichtet. Sonst war niemand zu sehen. Sie nahmen uns fest in den Griff und marschierten mit uns über wackelige Gangways ins Innere des Schiffes. Am Ende eines Korridors war eine Art Gefängniszelle. Sie schoben uns hinein. Die Wachen deuteten auf ihre Gewehre und drohten uns mit dem Zeigefinger, was so viel heißen sollte, wie, dass wir bei jedem Versuch, Dummheiten zu machen, erschossen werden würden. Sie warfen uns eine braune Papiertüte mit *Bocadillos,* belegten Brötchen, als Proviant herein und knallten die Tür zu.

»Was soll das alles, Roger? Denken die, wir wären Massenmörder oder so was?«

»Ich hab so eine Ahnung, was das soll. Gestern Abend hab ich dem Gefängnisdirektor, Mejuto, eine Million Dollar versprochen, wenn er mir zur Flucht verhelfen würde. Er hat Ja gesagt. Ich hätte heute Nacht verschwinden sollen. Ich nehme an, der Sack hat kalte Füße bekommen und mich verpfiffen.«

Das war natürlich eine Erklärung. Ich fragte mich, auf welche Art der Unterbringung wir uns jetzt gefasst machen konnten.

Ein paar Stunden hockten wir schweigend da, dann begann die Fähre sich zu bewegen. Wir wussten, dass die Fähren von hier entweder nach Valencia oder nach Barcelona fuhren. So oder so wären wir acht Stunden unterwegs. Roger las laut aus seiner Taschenbuchausgabe des Neuen Testaments vor. Er betete und betete. Er bat den Herrn um ein Zeichen seiner allgegenwärtigen Güte. Kein Zeichen erschien. Wir aßen die *Bocadillos.* Langsam sah Roger verärgert aus.

»Dieser Sack von Moynihan hat mich sicher schon die ganze Zeit betrogen. Du hast mir ja gesagt, dass ich ihm nicht trauen sollte, aber ich hätte nicht gedacht, dass er mir das antun würde. Ich bring ihn um. Ich bring ihn um, diesen beschissenen alten Sack.«

»Das entspricht aber nicht gerade der christlichen Nächstenliebe, Roger.«

»Hey! Ich wünsche ihm schon, dass er in den Himmel kommt. Ich will nur, dass er sich gleich auf den Weg macht. Sofort.«

Die Geheimniskrämerei, die aus Sicherheitsgründen unsere Abfahrt aus Palma umgeben hatte, war aufgegeben worden, als die Fähre endlich anlegte, in Barcelona, wie wir feststellten. Ich sah Michael Katz, der von einer Gruppe aufgeregter Kameramänner und Pressefotografen umringt war. Wie kam der denn hierher? Wir wurden zu Barcelonas berüchtigtem Modelo-Gefängnis gefahren. Jeder spanische Kriminelle ist schon einmal dort gewesen. Die üblichen Aufnahmeprozeduren des Fotografierens und des Abnehmens der Fingerabdrücke gab es hier nicht, aber unsere Uhren und anderer persönlicher Besitz wurden uns weggenommen. Roger und ich bekamen jeder eine Plastikflasche mit Wasser und wurden dann in getrennte Zellen gesperrt, außer Hörweite voneinander. Abgesehen von mir und der Wasserflasche war die Zelle völlig leer. Es gab nicht einmal einen steinernen Sitz oder ein Loch im Boden als Toilette. Auch Fenster gab es keine.

Kein Laut war zu hören. Niemand antwortete auf mein Rufen, dass ich Zigaretten wollte, Essen, Schreibutensilien und aufs Klo musste. Mit der Plastikflasche als Kopfkissen legte ich mich auf den gekachelten Fußboden und schaffte es tatsächlich, ein bisschen zu schlafen. Ich pinkelte in eine Ecke. Es waren wirklich harte Bedingungen, aber ich wusste, dass es so nicht lange weitergehen konnte. Ich hielt einfach durch und ließ es über mich ergehen.

Es dauerte etwa vierundzwanzig Stunden, dann wurde ich in einen kleinen Hof geführt, der von riesigen Suchscheinwerfern strahlend hell erleuchtet war und in dem ich eine halbe Stunde lang allein herumlaufen konnte. Ich bekam meine Zigaretten und meine Uhr wieder. Nach dem Auslauf wurde mir ein ausgezeichnetes Brathähnchen vorgesetzt, und ich wurde in einen der Zellenblocks des Gefängnisses geführt und alleine in eine normale Zelle gesperrt. Es klopfte.

»*Cómo está, Howard?*«

»*Bien, gracias. Y usted? Habla Inglés?*«

»*Sí.* Ich spreche Englisch, Howard. Ich bin der Nacht-*Funcionario.* Roger ist in einer anderen Zelle in dieser Einheit. Er lässt Sie herzlich grüßen. Morgen, mein Freund, werden Sie beide in eine Zelle umziehen. Okay? Gute Nacht, Howard.«

»*Marco Polo, quieres chocolate?*«

Der Name, den die DEA mir gegeben hatte, bürgerte sich langsam ein. Ob ich Hasch wollte? Aber klar! Wenn ich stoned war, kamen mir die besten Ideen. Und die konnte ich jetzt brauchen. Draußen wurde es gerade Tag.

»*Sí, por favor. Muchas gracias.*«

Ein Stück Marokkaner und ein Päckchen Papers wurden unter der Tür durchgeschoben.

»*Tienes cigarrillos y cerillas?*«

»*Sí. Tengo.*«

Ich baute einen kleinen Joint. Plötzlich wurden alle Zellentüren geöffnet, und über zweihundert Gefangene rannten durch die Gänge und durch ein großes Tor hinaus in die Sonne. Jeder trug den Stuhl aus seiner Zelle. Ich dachte, es handelte sich um eine Art Massenausbruch. Das dachte auch Roger, den ich mit seinem Stuhl vorbeihasten sah, wobei er sich in alle Richtungen umschaute. Ich griff mir meinen Stuhl und tat es den anderen gleich. Es war kein Ausbruch. Sie hatten sich nur deswegen so beeilt, um ein schattiges Plätzchen im Hof abzubekommen. Es war nämlich Sonntag, und die Gefangenen durften den ganzen Tag draußen verbringen. Roger und ich saßen nebeneinander in der Sonne. Innerhalb weniger Minuten waren wir von Trauben von anderen Gefangenen umringt, die uns Kaffee, Zigaretten und Croissants anboten. Sie wussten alles über uns und löcherten uns mit Fragen. War ich wirklich der größte Dopedealer der Welt? Hatte ich wirklich schon für den britischen Geheimdienst, die IRA und die Mafia gearbeitet? Hatte Roger einem spanischen Gefängnisdirektor tatsächlich eine Million Dollar angeboten? Sie hießen uns aufs Herzlichste willkommen und meinten, dass wir uns im Modelo sicherlich wohlfühlen würden. Hier konnte man alles bekommen – Alkohol, alle Arten von Dope, Nutten, die als angebliche Ehefrauen eingelassen wurden, und mit etwas Geschick kam man sogar an Telefone. Ein Blick über den Hof bestätigte die Annahme, dass das Regime eher lasch war. Cliquen von Marokkanern, Nigerianern und spanischen Zigeunern spielten offensichtlich um echtes Geld und rauchten einen Joint nach dem anderen. Ghettoblaster dröhnten vor sich hin. Junkies gaben sich keine Mühe, ihre Spritzen zu verbergen. Roger fragte, ob es irgendeinen Weg gab, aus dem Gefängnis zu entkommen. Die anderen warnten ihn, dass er ruhig sein sollte, da es zu viele *Chivatos* gab, zu viele

Verräter. Aber Roger kümmerte sich nicht darum und fragte weiter. Mein Name wurde über die Lautsprecher ausgerufen. Mein Anwalt war da.

Katz wartete in der Besuchskabine. Ich setzte mich ihm gegenüber. Wir waren durch eine Glasscheibe getrennt, aber sie war nicht so schalldicht wie die in Palma. Katz berichtete, wie er und Morell hingehalten worden waren, als sie am vergangenen Freitag versucht hatten, mich zu besuchen. Katz hatte vermutet, dass ich vielleicht aufs Festland gebracht worden war, und war nach Barcelona geflogen, hatte ein Auto gemietet, auf die Fähre gewartet und war dem Gefängnisbus zum Modelo hinterhergefahren. Achtundvierzig Stunden lang hatte er sich mit dem britischen Konsulat, den Gefängnisbehörden und den Richtern herumstreiten müssen, ehe er die Erlaubnis bekommen hatte, mich besuchen zu dürfen. Das war gar nicht so einfach am Wochenende. Judy saß noch immer in Palma im Gefängnis, aber ihr und den Kindern ging es den Umständen entsprechend gut.

Katz' Aktentasche lag vor ihm. Er öffnete sie so, dass ich hineinschauen konnte, und ich sah mich dem Objektiv meines Camcorders gegenüber.

»Ich hab ihn hereingeschmuggelt«, sagte Katz. »Die nehmen es hier nicht so genau. Ich schalte ihn jetzt ein, und du kannst deinen Kindern was sagen.«

Ich brachte ein paar Worte zusammen.

Katz ging davon aus, dass ich demnächst ins Carabanchel-Gefängnis in Madrid verlegt werden würde. Er würde mich dort wieder besuchen. Er wusste aber immer noch nicht, was genau mir und Judy vorgeworfen wurde, und hatte nicht herausfinden können, was RICO hieß. Er war zu sehr damit beschäftigt gewesen, mich aufzuspüren und besuchen zu dürfen, aber er wollte sich gleich weiter darum kümmern.

Als wir unser Gespräch beendet hatten, kam ein anderer Häftling auf mich zu, der auch gerade Besuch vom Anwalt bekommen hatte.

»Bist du der Marco Polo?«

»Ich werde gerade zu ihm gemacht, ja. Eigentlich heiße ich Howard.«

»Ich weiß. Mein Name ist Jacques Canavaggio. Ich bin von Korsika. Wir sind uns noch nie begegnet, aber alle Welt glaubt auf einmal, dass wir alte Partner wären. Vor einer Woche haben sie mich an der Costa Brava mit fünfzehn Tonnen Hasch geschnappt. In den Zeitungen stand, es wäre deins gewesen. Es tut mir leid, wenn ich deine Probleme noch schlimmer mache.«

Wir gaben uns die Hand.

»Jacques, das ist ja wohl kaum deine Schuld. Ich für meinen Teil freue mich, dich kennenzulernen.«

»Ganz meinerseits.«

Als ich in den Hof zurückgebracht wurde, waren die anderen Häftlinge noch immer um Roger geschart. Er erkundigte sich weiterhin lauthals nach Fluchtmöglichkeiten und pries Südafrika als das beste Land für den Anbau von Marihuana. Wir bekamen die Wochenendausgaben der Zeitungen von Barcelona und Mallorca zu lesen. Eine davon zitierte die *Times* dahingehend, dass ich aus dem Gefängnis von Palma entfernt worden war, weil befürchtet wurde, dass ich mithilfe eines mallorquinischen Magistrados hätte freikommen können. In den meisten Artikeln wurde unsere Verlegung damit erklärt, dass Roger versucht hatte, sich seine Freiheit zu erkaufen. Aber alle waren sich einig, dass wir ins Alcala-Meco-Gefängnis bei Madrid gebracht werden sollten. Einer unser Mitgefangenen meinte, das sei gar nicht gut. In Madrid gibt es zwei Männergefängnisse. Das größere davon ist das Carabanchel, in dem es ähnlich zugeht wie im Modelo. Man kann alles bekommen. Einige Tausend spanische und ausländische Häftlinge sind dort untergebracht, auch solche, die ausgeliefert werden sollen. Das andere, das Alcala-Meco, befindet sich direkt neben der ehemaligen Universitätsanlage von Alcala de Henares. Es wurde erst vor kurzem und unter Mithilfe der Deutschen errichtet, um Terroristen von der ETA unterzubringen. Das Regime dort war sehr streng.

Wir wurden noch dichter umringt und bekamen wieder kleine Geschenke in Form von Kaffee, Zigaretten und Essen. Dann bahnten sich mehrere *Funcionarios* einen Weg durch die Menge, schleppten Roger und mich zu einer Doppelzelle im dritten Stock und schlossen uns ein. Roger tobte vor Wut und riss das Waschbecken und die Armaturen aus der Wand. Wasser sprudelte in die Zelle.

Erst nach einer guten halben Stunde schlossen die *Funcionarios* unsere Zelle wieder auf; bis dahin gab es schon über mehrere Stockwerke hinweg einen Wasserfall. Wir wurden mitsamt unseren Besitztümern in einen anderen Block gebracht und bis zum nächsten Morgen dort eingesperrt. Ich hatte Schreibutensilien und Briefmarken bekommen und schrieb an meine Eltern, meine Schwester und meine älteste Tochter. Es brach mir fast das Herz, diese Briefe zu schreiben. Ich stellte mir den Kummer und die Besorgnis meiner Eltern vor, als sie von der Verhaftung von Judy und mir hörten. Sie waren fest davon überzeugt gewesen, dass ich absolut straight geworden war. Die neuen Anschuldigungen mussten sie wie ein Schlag ins Gesicht treffen. Meine Schwester war siebenunddreißig und hatte gegen den Rat der Ärzte beschlossen, ein Kind zu bekommen, ihr erstes. Zusätzliche Sorgen konnte sie gar nicht gebrauchen. Myfanwy hatte mich von morgen an bis zu ihrem sechzehnten Geburtstag im August in Palma besuchen wollen. Sie hatte so wenig von ihrem Vater gehabt. Jetzt würde sie noch weniger von mir haben, möglicherweise für sehr lange Zeit.

Wir wurden in eine andere Zelle gebracht. Dann wieder in eine andere. Ich verlor den Überblick. Wir durften weder telefonieren noch mit anderen Gefangenen sprechen. Nicht mal der tägliche Hofgang, auf den wir per Gesetz ein Anrecht hatten, wurde uns gestattet.

Am Dienstag, dem zweiten August, wurde unsere Zelle aufgesperrt, wir bekamen hastig Handschellen angelegt und wurden zu einem wartenden Gefängnisbus geführt, der Ähnlichkeit mit einem Panzer hatte. Davor stand eine Limousine der Policia Nacional, bis unters Dach voll mit uniformierten Bullen und Waffen. Eine weitere stand hinter dem Panzer, und mindestens vier Polizisten auf Motorrädern warfen laut ihre Maschinen an. Über uns brummten zwei Polizeihubschrauber. Roger wirkte pessimistisch.

In dem Bus warteten Jacques Canavaggio und zwei seiner Leute. Drei bewaffnete Fahrer überprüften ihre Handschellen.

»So trifft man sich wieder, Marco Polo. Ich denke, wir reisen zusammen nach Madrid. Am einen Tag trinken wir noch Champagner, am nächsten tragen wir Handschellen. So geht es in unserem Metier. Wir werden wieder Champagner trinken, so viel steht fest.«

Nachdem sich die Fahrer davon überzeugt hatten, dass unsere Handschellen gut und sicher saßen, machte sich die ganze Prozession auf die neunstündige Fahrt nach Madrid. Gegen Mittag fühlten wir uns, als säßen wir in einer brennenden Sardinenbüchse. Wir schrien und brüllten, um eine Pause machen zu dürfen, wir wollten ein wenig frische, kühle Luft, etwas zu essen und kaltes Wasser. Der Gefängnisbus und seine Eskorte fuhren auf den Rasthof einer Tankstelle.

Die Türen wurden geöffnet, und eine angenehme Brise wehte herein. Roger sah sich um. Er hätte aber nirgendwo hinrennen können.

»*Podemos comer? Tenemos hambre.*«

O ja, Hunger hatten wir. Die Fahrer kauften uns einige *Bocadillos*.

»Gott, was gäbe ich nicht für ein Bier«, stöhnte Roger.

»Wir können ja mal fragen«, schlug Jacques Canavaggio vor.

Wir baten die Polizisten, uns ein paar Dosen Bier zu besorgen, und zu unserem Erstaunen holten sie tatsächlich eine Palette. Zu acht, fünf schwer bewachte Häftlinge und drei bewaffnete Fahrer von der Polizei, zu acht öffneten wir Bierdosen und unterhielten uns freundschaftlich über alles Mögliche, während ein ganzes Kommando Hubschrauber und andere bewaffnete Begleiter geduldig warteten. Dergleichen kann einem in Spanien passieren. Nie jedoch in England oder in Amerika.

Kurz vor Madrid verließen wir die *Autopista*. Auf gewundenen Straßen fuhren wir über Hügel und durch einige pittoreske spanische Dörfer. Dann änderte sich die Landschaft plötzlich, wurde fast unheimlich leer, karg und exponiert. Wir sahen ein Schild nach Torrejón, dem großen amerikanischen Luftwaffenstützpunkt, ehe wir in eine Straße einbogen, die zu dem hässlichsten Gefängnis führte, das ich je gesehen hatte. Es war umgeben von Wachtürmen, meterhohen Stacheldrahtzäunen und erhöhten Wachgängen. Wir mussten an unzähligen Wachposten halten, bevor wir aus dem Bus geholt wurden und die Handschellen vom Empfangs-*Funcionario* abgenommen bekamen. Er war überaus freundlich.

»*Ah! El Marco Polo de las Drogas. Bienvenido a Alcala-Meco. Conoces a Jorge Ochoa? Es mi amigo.*«

»Ich kenn Jorge Ochoa«, mischte sich Roger ein, bevor ich noch antworten konnte. »Das Schwein schuldet mir noch zehn Millionen Dollar. Der war hier? Ich dachte, hier wären nur Terroristen.«

Jorge Ochoa war der Sohn von Fabio Ochoa, einem kolumbianischen Viehzüchter, der Mitte der siebziger Jahre angefangen hatte, Kokain in die Vereinigten Staaten zu verkaufen. Jorge hatte den Familienbetrieb seines Vaters zu einem millionenschweren Kokain-Syndikat ausgebaut, war der DEA aber erst 1977 aufgefallen, als eine Ladung von dreißig Kilo Kokain, die angeblich ihm gehörte, am Flughafen von Miami entdeckt worden war.

Im November 1981 entführte die kolumbianische Guerilla-Bewegung M-19 (Movimiento 19 de Abril) Jorges Schwester Marta. Im Gegenzug gründeten Jorge, sein Vater und einige andere die MAS *(Muerte a Secuestradores),* die das Ziel hatte, Kidnapper zu töten. Die MAS war sehr erfolgreich und ermordete mehrere Dutzend Mitglieder des M-19. Marta Ochoa wurde freigelassen.

Ein Nebeneffekt der MAS war, dass verschiedene Kokainhändler, die bis dahin miteinander um die Märkte konkurriert hatten, plötzlich am selben Strang zogen. Jorge Ochoa, Carlos Lahder und Pablo Escobar beschlossen, zusammenzuarbeiten, und gründeten eine Allianz, die als das Medellín-Kartell bekannt wurde. Wenig später stellte Ochoa Roger als Pilot ein. Und Roger war der Überzeugung, bei seinem letzten Auftrag von Ochoa böse abgezockt worden zu sein.

Nach dem Mord an Kolumbiens proamerikanischem Justizminister 1984 bemühte sich der kolumbianische Präsident Betancur unter dem Druck der Vereinigten Staaten, sein Land von Kokainschmugglern zu säubern, indem er ihnen mit der Auslieferung an die USA drohte. Jorge Ochoa und andere Führer des Medellín-Kartells fanden in Panama bei Präsident Manuel Noriega Zuflucht. Gemeinsam mit Gilberte ›dem Schachspieler‹ Rodriguez, dem Chef des übermächtigen Cali-Kartells, reiste Ochoa von Panama nach Madrid. Aufgrund eines Auslieferungsantrags der Vereinigten Staaten wurden beide im November 1984 von der spanischen Polizei festgenommen.

Ochoa konnte der Auslieferung entgehen, indem er die entsprechenden Behörden in Kolumbien überredete, ihn anzuklagen und seine Auslieferung ebenfalls zu beantragen. Die USA klagten ihn an, Kokain importiert zu haben. Kolumbien beschuldigte ihn, eben dieses Kokain exportiert zu haben. Der Vorwurf war eigentlich derselbe. Wenn zwei Länder wegen desselben Vergehens die Auslieferung beantragen und der Beschuldigte Staatsbürger eines dieser Länder ist, so wird dem Antrag dieses Landes bevorzugt stattgegeben. Spanien blieb kaum etwas anderes übrig, als den Antrag der USA abzulehnen und Ochoa 1986 nach Kolumbien auszuliefern, wo er sein Gefängnis umgehend verließ und heute noch frei herumläuft.

Der Empfangs-*Funcionario* erklärte Roger und mir, dass im Alcala-Meco zwar in der Tat viele baskische Separatisten inhaftiert waren, dass es aber keineswegs ein Gefängnis ausschließlich für Terroristen war. Nicht nur Ochoa und Rodriguez waren dort gewesen, auch der sizilianische Mafiaboss Gaetano ›Don Tanino‹ Badalamenti, der von Spanien an Amerika ausgeliefert worden war, weil er Chef der Pizza-Connection gewesen war, eines landesweiten Heroindealerringes. (Dem *Funcionario* schien es gut zu gefallen, dass sein Etablissement nach Ochoa und Badalamenti, den größten Kokain- und Heroinschmugglern der Welt, nun auch Marco Polo ausliefern würde, den größten Haschischschmuggler der Welt.) Viele schwierige, zu Gewalt neigende und ausbruchserfahrene Häftlinge befanden sich zurzeit dort, ebenso Gefangene, mit denen man in anderen Anstalten einfach nicht fertigwurde. Es gab drei verschiedene Formen der Inhaftierung in diesem Gefängnis: normal, verschärft und *Artículo 10,* die strengste Art im spanischen Strafvollzug. Aus Gründen, die dem *Funcionario* unbekannt waren, waren Roger, Jacques Canavaggio und seine zwei Leute dem normalen Strafvollzug zugeteilt worden, ich hingegen dem verschärften. Mir war übel. Wie gaben uns die Hand und wurden getrennt abgeführt.

Meine Einzelzelle war in der Tat spartanisch. Die einzigen beweglichen Objekte darin waren ein kleiner Plastikstuhl und eine Schaumgummimatratze. Auch die Toilettenschüssel und das Waschbecken waren aus Plastik. Alles andere war aus Zement oder aus Stahl. Das Fenster blickte auf eine hohe weiße Mauer. Ich hatte keine persönlichen Gegenstände mehr. Die wurden von Sicherheitsleuten des Gefängnisses unter die Lupe genommen. Man versicherte mir, dass ich beizeiten alles bekäme, vorauf ich ein Anrecht hätte. Alle zwei Stunden kam ein *Funcionario* vorbei und brüllte *»Recuento«,* woraufhin ich aufstehen und mich vor das Guckloch in der Stahltür stellen musste, um gezählt zu werden.

Nach einem Tag und zwei Nächten völliger Isolation, die in den Hochsicherheitstrakten der Gefängnisse in den meisten Ländern üblich sind, hatte ich gemeinsam mit den anderen Häftlingen im verschärften Vollzug für ein paar Stunden Hofgang im *Patio.* Die meisten waren Spanier, aber es waren auch einige Nigerianer und ein paar bewaffnete Räuber aus Marseilles darunter. Die Franzosen und ein Spanier namens Zacarias, der aussah wie Frank Zappa, stellten sich mir vor. Sie gaben mir die in Gefängnissen üblichen Carepakete mit Essen, Zigaretten, und zu meiner großen Freude sogar etwas marokkanisches Haschisch.

Ich schickte ein Telegramm an Masha in Palma, damit sie wusste, wo ich war. Dann füllte ich Besuchsanträge für meine Familie, Masha, Bob Edwardes und David Embley aus, rauchte einen Joint und schlief ein.

Früh am nächsten Morgen kam mich Michael Katz besuchen. Wir waren wieder durch eine Glasscheibe getrennt. Von Kopf bis Fuß trug er meine Kleider. Er hatte auch meine Aktentasche dabei. Es machte mir nicht wirklich etwas aus, aber seltsam fand ich es doch. Er hatte Judy im Gefängnis in Palma besucht. Die Kinder waren kurz vor ihm da gewesen und sie war noch völlig durcheinander. Katz hatte den Eindruck, dass Judy nicht viel von ihm hielt. Da hatte er recht. Auch Geoffrey Kenion war noch immer im Gefängnis in Palma. Katz war in Barcelona und Palma zu beschäftigt gewesen, um sich um die Aufklärung des Begriffes RICO zu kümmern. Die Amerikaner hatten ihm auch nach wie vor nicht gesagt, worin genau die Anklage bestand. Aber in den Medien war seitenweise darüber geschrieben worden. Er würde die Zeitungen dalassen, und auch etwas Geld für mein Gefängniskonto. Ich bat ihn, den besten Anwalt für Auslieferungsfälle ausfindig zu machen, der in Madrid zu haben war, und ihn so schnell wie möglich zu mir zu schicken. Ich stellte ihm eine Vollmacht aus, um ihm den Zugriff auf mein Konto in Zürich zu ermöglichen.

In meiner Zelle legte ich mich auf die lakenlose Schaumgummimatratze und sah die Zeitungen durch. Sowohl der *Observer,* für den David Leigh immer noch arbeitete, als auch die *Sunday Times* boten relativ gute Erklärungsansätze dafür, dass meine Festnahme in so großem Stil erfolgt war. Sie berichteten in etwa Folgendes:

Im Frühjahr 1986 war Craig Lovato einer von mehreren DEA-Agenten, die in Spanien mit den spanischen Drogenfahndern zusammenarbeiteten. Die Spanier hörten mein Telefon in Palma ab. Lovato hörte meine Gespräche mit und vermutete, dass ich ein Dope-Dealer war. Die Spanier hingegen glaubten nicht, dass ich gegen spanisches Gesetz verstieß. Lovato überzeugte seine Vorgesetzten, informierte sich über mein Vorleben und las alles, was je über mich geschrieben worden war.

Lovatos Frau, Wendy, arbeitete auch für die DEA. Zu jener Zeit half sie Scotland Yard in Florida bei der Suche nach der Beute vom Brinks-Mat-Goldraub. Nebenbei las sie David Leighs *High Time,* Lovatos Buch des Monats. Die Leute vom Yard erfuhren mit Erstaunen, dass ihr Mann es derzeit auf mich abgesehen hatte, und boten ihre Hilfe an. Daraufhin riefen die DEA und Scotland Yard eine gemeinsame Aktion gegen mich ins Leben, genannt ›Operation Eclectic‹. Schon wenig später schlossen sich Kanada, die Niederlande, Pakistan, die Philippinen, Hongkong, Thailand, Portugal und Australien der Aktion an, einer wahren Orgie internationaler Kooperation.

Ich konnte zwar nicht ganz nach vollziehen, warum die Spanier überhaupt erst mein Telefon abgehört hatten, aber der Rest ergab durchaus einen Sinn.

Auch RICO wurde in der Zeitung erwähnt: Es stand für Racketeering-Influenced Corrupt Organisations, wurde aber nicht weiter erläutert.

In einem ganzseitigen Artikel in der *Newsweek* wurde erklärt, dass ich mir die Loyalität meiner Mitarbeiter und Partner erhielt, indem ich nie jemanden umbrachte. Das *People* dagegen behauptete, dass für eine Million Pfund Killer auf Lord Moynihan angesetzt seien und er unter dem Schutz der Vereinigten Staaten stehe. Wieder ein anderes Blatt meinte, dass Detective Superintendant Tony Lundy, der umstrittenste

Ermittler von Scotland Yard (der auch bald den Dienst quittieren musste), Lord Moynihan dazu gebracht hatte, gegen mich zu arbeiten. Bisher hatte es immer geheißen, dass Moynihan im Dienst von Art Scalzo von der DEA gestanden hatte.

Ein *Funcionario* brachte mir die Besuchsanträge zurück. Bob Edwardes und David Embley würden mich nicht besuchen dürfen. Nur meine Familie und die Verwandten meiner Frau. Ich rauchte einen Joint.

In einem Interview der *Sunday Times* hatte Lovato kundgetan, dass er mich verachtete und dass ich einen schwachen Charakter hätte. Er wurde ziemlich persönlich. Vielleicht könnte ich ihn damit kriegen. Ich fragte mich, was an dem dran sein mochte, was mir Katz über die Illegalität meiner Befragung durch Lovato erzählt hatte. Ich füllte einen Besuchsantrag für ihn aus. Er könnte bestimmt nicht widerstehen, zu kommen und mich weiter zu befragen, wobei er wieder gegen das amerikanische Gesetz und gegen die spanischen Besuchsvorschriften verstoßen würde. Es war den Versuch wert. Als Adresse gab ich die amerikanische Botschaft in Madrid an.

Zu meiner Überraschung wurde ich wieder zu einem Besuch aus der Zelle geholt. Diesmal saß Gustavo Lopez Munoz y Larraz hinter der Glasscheibe, einer der besten Strafverteidiger Spaniens. Er sprach fließend Englisch und drückte sich recht gewandt aus. Bernard Simons und Katz hatten ihn unabhängig voneinander gebeten, zu mir zu kommen. Gustavo meinte, er sei zwar recht teuer, dafür aber mit Sicherheit der erfahrenste Anwalt in Auslieferungsfällen in ganz Madrid. Er würde mich so oft besuchen, wie ich es wünschte. Außerdem wollte er sich mit Michael Katz, mit Bernie Simons in London und mit Luis Morell in Palma kurzschließen. Er war kubanischer Abstammung, und seine Familie hatte Anwaltskanzleien in Florida. In einer Woche wollte er nach Miami fliegen, um dort zehn Tage Urlaub zu machen. Er war oft in den Staaten. Wenn ich die Postbeschränkungen des Gefängnisses umgehen und Judy schreiben wollte, oder sonst jemand, meinte er, dann könnte ich den Brief an ihn schicken, und er würde ihn weiterleiten. Ich engagierte ihn.

Die nächsten Tage verbrachte ich im Wesentlichen im *Patio,* in der Gesellschaft von Zacarias und den zwei Bankräubern aus Marseilles, Claude und Pierre. Es war sehr heiß, aber wir konnten zur Abkühlung kalt duschen. Die Nigerianer verkrochen sich in schattigen Ecken, spielten und rauchten Dope, vorsichtig genug, dass es der einzige *Funcionario* nicht merkte. Ein paar baskische Terroristen spielten Schach. Einige junge, gut durchtrainierte Spanier widmeten sich ihren Fitnessübungen. Wir liefen hin und her.

»Möchtest du gerne hier raus, Marco Polo?«, fragte Claude, der von den drei am besten Englisch konnte.

»Klar, wer will das nicht? Wieso fragst du?«

»Wir drei haben einen Plan, am Ende des Monats abzuhauen. Wenn du willst, kannst du mitkommen. Es sind schon einige Leute von hier ausgebrochen. Es ist nicht so schwer. Wir wollen kein Geld, aber vielleicht könntest du uns draußen helfen, falsche Pässe zu bekommen. Zacarias weiß, wo wir uns in Spanien verstecken können.«

Zacarias reichte mir einen Joint. Er beteiligte sich nur selten an unseren Gesprächen. Wenn, dann sprach er Spanisch mit rauem Madrider Akzent.

»*Sí, Marco Polo. Fuga es posible, chavalo. Es muy fácil.*«

»Wird jemand verletzt werden?«, fragte ich Claude.

»Nur, wenn er etwas wirklich sehr Dummes tut. Ich werde dir alles noch erklären. Du brauchst jetzt noch nicht zu antworten, Marco Polo. Aber denke bitte darüber nach.«

Zacarias biss zwei Stückchen von seinem Piece Marokkaner ab. Eines gab er mir, das andere befestigte er mit einem Gummiband an einer Mignonbatterie und warf sie über das Dach des Zellenblocks hinweg aus dem Hof.

»Auf der anderen Seite von dem Dach sind die unter Artículo 10.«, erklärte Claude. »Wir kümmern uns um sie, so gut es geht. Es ist wirklich hart dort.«

Dieselbe Batterie kam über das Dach hinweg zurück in unseren *Patio* geflogen. Ein Zettel war daran gebunden worden: Das Hasch war angekommen, es war ungefährlich, noch eine Portion zu schicken.

Ich verstand nicht, warum ich keine Briefe bekam und auch meine Telegramme nicht beantwortet wurden. Alle anderen Gefangenen bekamen Post. Sicherlich hätte doch inzwischen noch jemand anderes außer meinen Anwälten versucht, Kontakt mit mir aufzunehmen. Ich war schon seit über einer Woche da. Langsam begann ich, mir darüber Sorgen zu machen, als ich zu einem Besuch geholt wurde.

Ich erwartete, Katz oder Gustavo in der Kabine vorzufinden. Stattdessen erblickte ich durch die schmutzige Scheibe hindurch die erschütternden Gesichter meiner Eltern. Ihre schmerzerfüllten Augen straften das erleichterte Lächeln Lügen, mit dem sie mich begrüßten. Wir konnten einander nicht berühren. Stumm und zitternd sahen wir einander an. Ich wurde mir einer schrecklichen Tatsache bewusst: Entweder wurden sie erstaunlich alt, oder ich schaffte es, hier irgendwie rauszukommen – oder ich würde ihnen nie wieder als freier Mann gegenüberstehen. Tränen liefen mir übers Gesicht.

»Howard *bach, cadw dy ysbryd.* Gib nicht auf. Wir haben gerade mit Masha gesprochen, Judy und den Kindern geht es gut. Nicht gut, aber sie halten durch«, sagte Mam, die ihre Tränen auch nicht mehr zurückhalten konnte.

»Wir werden tun, was immer wir können«, versicherte Dad.

»Mam, Dad, es tut mir so leid.«

»*Bach,* hast du unsere Briefe bekommen?«

»Nein, Mam.«

»Howard *bach,* eins muss ich dich fragen. Dad und ich werden sicher alles tun, was wir können, was auch immer du angestellt hast, aber hattest du irgendwas mit harten Drogen oder mit Waffen zu tun?«

»Nein, Mam, natürlich nicht. Diese Art Geschäfte finde ich widerlich. Die Amerikaner und die Presse sind doch verrückt geworden.«

»Die Zeitungen sind mir egal, waren sie schon immer. Ich weiß doch, wie die sind. Die würden doch alles schreiben, was ihnen gerade einfällt, nur um eine Story zu kriegen. Als wir gekommen sind, war einer vom *Daily Mirror* draußen vor dem Gefängnis, der mit uns reden wollte. Ich hab Nein gesagt. Ich werde denen nie verzeihen, was sie uns damals angetan haben, als du 1974 entführt worden warst. Nein, mit den Zeitungsfritzen werde ich kein Wort reden, im Leben nicht«, ereiferte sich Mam.

»Bei den Amis habe ich auch so meine Zweifel. Kümmer dich nicht um das, was in den Zeitungen steht. Dieses ganze Gewäsch, dass du der Größte der Welt wärst, mit Schiffen und Banken und so«, warf Dad ein.

»Bei Cannabis«, fuhr Mam fort, »wissen wir ja, dass du da so ein bisschen *penstyff bist.* Da kann man ja aus irgendeinem Grunde gar nicht mit dir drüber reden. Aber wenn ich sicher sein kann, dass es nur das war, würde ich mich wesentlich wohler fühlen.«

»Mehr war es nicht, Mam.«

»Apropos Amis, wer ist eigentlich dieser Katz?«, fragte Dad. »Der ist ja schon ein bisschen komisch. Er hat mich um

Geld gebeten. Ich hab gesagt, ich wollte erst mit dir sprechen.«

»Yeah, Dad, komisch ist er. Aber ich hab dafür gesorgt, dass er bezahlt wird.«

»Hast du denn noch Geld, Howard?«

»Ich glaube schon, Dad, aber ich weiß nicht, wie viel.«

»Gustavo fanden wir dafür aber sehr nett«, meinte Mam. »Er hat uns heute Morgen hergebracht, um sicherzugehen, dass wir dich ohne Schwierigkeiten besuchen konnten. Es ist ja alles so bürokratisiert, nicht wahr, *bach*? Jetzt fragt er gerade den Direktor, ob wir dir ein paar Sachen dalassen dürfen, die wir mitgebracht haben, Bücher und walisischen Kuchen, Howard *bach*. Er meinte, es sei eine Schande, was sie mit dir und Judy tun, dass es aber Hoffnung gibt. Dad mochte ihn auch leiden.«

»Stimmt, ich mochte ihn auch. Ich habe ihm einen Scheck über fünftausend Pfund gegeben. Und Bob Edwardes und ich werden dafür Sorgen, dass Luis Morell auch Geld bekommt.«

»Ich bin sicher, dass ich dafür noch genug habe«, sagte ich.

»Aber Mam und ich wollten es tun. Wir haben auch etwas auf dein Konto hier eingezahlt. Solange wir können, werden wir auch dafür sorgen, dass Masha und die Kinder alles haben. Wer ist denn dieser Nigel?«

»Er ist Mashas Freund.«

»Ist er in Ordnung?«

»Ich denke schon, ich kenne ihn kaum.«

Die zwanzig Minuten waren schnell vorübergegangen. Meine Eltern wollten am nächsten Tag wiederkommen. Ich wurde zurück in den *Patio* gebracht. Der walisische Kuchen wurde genehmigt. Ich teilte ihn mit Zacarias und den zwei Franzosen. Ich beklagte mich darüber, dass der Besuch so kurz gewesen war und dass ich meine Eltern nicht hatte umarmen dürfen. Zacarias meinte, er könne es einrichten, dass sie morgen zwei Stunden bleiben dürften und wir nicht durch die Glasscheibe getrennt wären. Eine der Wachen im Besuchsraum war ein Freund von ihm, und Zacarias sollte am nächsten Morgen selbst Besuch bekommen – ohne Trennscheibe. Dann würde er ihn fragen. Ich war ihm sehr dankbar.

Zacarias hielt Wort. Am nächsten Tag wurde ich nicht zu den Besuchskabinen gebracht, sondern in einen großen Raum mit Tischen und Stühlen. Meine Eltern warteten inmitten einer großen Gruppe spanischer Häftlinge und ihrer Besucher. Wir drückten und küssten uns und setzten uns an einen Tisch. Es war so laut, dass man kaum sein eigenes Wort verstehen konnte. Ich tauschte mit meinem Vater die Uhr. Es kam mir blöde vor, im Gefängnis eine Audemar Piquet zu tragen. Dad versprach, darauf aufzupassen. Zacarias, völlig ungeniert mit einem Joint in der Hand, kam zu uns und fragte, ob wir eines der Schlafzimmer wollten. Es war gerade eins frei, und es wäre dort wesentlich ruhiger. Sein Freund, der nette *Funcionario,* geleitete uns nach oben in ein riesiges Schlafzimmer. Ich betrachtete das große Bett. Wenn sie Judy freiließen, musste sie mich hier besuchen kommen. Welch ein zivilisiertes Strafvollzugssystem. Wir setzten uns auf ein Sofa und sprachen alles Wichtige durch. Wir plauderten auch von den guten alten Zeiten. Sie würden mich besuchen kommen, sooft es möglich war, mindestens einmal im Monat, wenn es ihre Gesundheit zuließ.

»Wiedersehn, Dad.«

»Auf Wiedersehen, *bach.* Sei stark, und denk dran, anderen zu helfen, wo du nur kannst.«

»Tschüss, Mam.«

»Tschüss, Howard *bach. Cadw dy ysbryd.*«

Statt in den *Patio* oder in meine Zelle gebracht zu werden, wurde ich in das Büro des *Jefe de Servicios* geführt, des Verantwortlichen für die Sicherheit der Anstalt. Bei ihm war ein junger, bebrillter *Funcionario,* der Englisch konnte.

»*Los periodistas están aquí. Quieren hablar con usted*«, sagte der Jefe.

Der junge Beamte dolmetschte.

»Herren von Zeitungen sind hier. Sie wollen mit Ihnen sprechen. Es ist aber nicht nötig. Sie müssen nicht.«

»Welche Zeitungen?«, fragte ich.

»*El País* von hier in Madrid und der *Daily Mirror* von England und das *Paris-Match* von Frankreich. Sie brauchen aber nicht mit ihnen zu sprechen.«

»Oh, ich habe nichts dagegen, mich mit ihnen zu unterhalten«, meinte ich.

»Sie müssen aber nicht«, wiederholte er.

»Ich verstehe, aber ich will sie sehen.«

»*Firma aquí*«, grummelte der offenbar verärgerte Jefe und gab mir ein Formular, das ich unterschreiben sollte.

In einem gut eingerichteten Konferenzraum wurde ich drei Stunden lang interviewt – streng vom *Daily Mirror,* sanft von *Paris-Match* und äußerst mitfühlend von *El País,* der zuerst gar nicht glauben wollte, dass ich einzig und allein wegen Cannabis angeklagt war. Alle fanden Judys Inhaftierung empörend. Die Dame von *Paris-Match* versicherte mir, dass ich in Frankreich schon ein Held war. Die Reporterin von *El País* meinte, ihre Kollegen bei der Zeitung hätten schon großes Interesse an meinem Fall bekundet, und dass ich sicher noch oft um Interviews und Fotos gebeten werden würde, solange ich hier in Alcala-Meco wäre.

Wieder einmal begann ich, den Medienrummel um mich herum zu genießen, doch diesmal beschloss ich, ihn zu meinem Vorteil zu benutzen. Wenn ich die Öffentlichkeit lange und dringlich genug auf Judys Schicksal aufmerksam machen konnte, würden vielleicht entweder die Spanier oder die Amerikaner schließlich dem Druck der Empörung des Volkes nachgeben und sie gehen lassen. Ich bat mehrmals eindringlich um ihre Freilassung.

Die Journalisten ließen mir eine Stange Zigaretten als Abschiedsgeschenk da und gingen. Der *Jefe,* sein Gehilfe mit den Englischkenntnissen und vier *Funcionarios* kamen in den Konferenzraum. Sie zogen mich aus und nahmen mir alles ab, was ich dabeihatte. Ich nahm an, dass sie sichergehen wollten, dass mir die Journalisten nichts Verbotenes gegeben hatten, aber ich täuschte mich.

»Howard, Sie kommen ab sofort unter *Artículo 10,* und zwar bis zur nächsten Versammlung der *Junta* (eine nationale Versammlung der höchsten Gefängnisbeamten), die über alle Häftlinge unter *Artículo 10* entscheiden werden. Sie werden jetzt in den *Artículo 10 Modulo* gebracht werden. Eine Woche werden Sie völlig isoliert werden. Sie bekommen täglich zwanzig Minuten Hofgang, alleine im *Patio.* Sie dürfen andere Gefangene nicht ansehen oder ihnen Zeichen geben. Nach einer Woche werden Sie zusammen mit den anderen Gefangenen von *Artículo 10* eine Stunde Hofgang am Tag haben, und Sie dürfen jede Woche einmal zehn Minuten Besuch durch Glas haben. Kein Kontakt und kein Besuch der Ehefrau. Sie dürfen sechs Bücher haben, eine Tageszeitung und eine wöchentliche Zeitschrift. Auch Zigaretten. Sie dürfen Briefe und Telegramme schicken und empfangen. Einmal im Monat dürfen Sie ein kleines Paket mit Essen und Kleidung von Ihrer Familie bekommen. Zwischen sieben Uhr früh und elf Uhr abends dürfen Sie nicht auf Ihrem Bett sitzen. Verstehen Sie diese Auflagen?«

»Warum komme ich unter *Artikel 10?* Was habe ich falsches getan? Ist es, weil ich mit den Journalisten gesprochen habe?«

»Das wird die *Junta* Ihnen bei ihrer nächsten Versammlung mitteilen. Verstehen Sie die Auflagen?«

»Und wann wird das sein?«

»Die *Junta* wird im Dezember wieder zusammenkommen. Verstehen Sie die Auflagen, Howard?«

»Nein, ich verstehe die Auflagen nicht.«

»Ich werde sie Ihnen noch einmal vorlesen, Howard. Wenn Sie sie dann immer noch nicht verstehen, werden wir Sie unter *Artículo 10 celdas* nehmen müssen, wo Sie keine Zigaretten haben dürfen, keine Bücher, keinen Besuch …«

»Ich verstehe die Auflagen.«

»Sehr gut. Unterschreiben Sie bitte hier.«

Der Zellenblock für Gefangene unter *Artículo 10* war bedrohlich, kahl und finster. Die Zelle war dreckig und von ganzen Schwärmen von Kakerlaken bewohnt. Zweimal am Tag warfen übellaunige, unfreundliche *Funcionarios* mit Schlagstöcken und Tränengasspray in den Taschen eine Portion widerliches, ungenießbares Essen herein. Durch das Fenster konnte man einen Teil des *Patio* überblicken, in dem die Gefangenen nacheinander Hofgang hatten. Außer mir gab es mindestens noch zwei Häftlinge unter *Artículo 10,* die nicht mit den andern kommunizieren durften. Während ich im Hof war, alleine, beobachteten mich Dutzende von Augenpaaren aus den Zellenfenstern. Ein paar lächelten und winkten mir zu. Ich winkte zurück und wurde von den *Funcionarios* dafür angebrüllt.

Die Tagen zogen sich dahin. Einer davon war mein dreiundvierzigster Geburtstag. Ich bekam keine Post. Sie wurde offensichtlich zurückgehalten. Meine Mutter hatte mir ganz sicher lange im Voraus mindestens drei Geburtstagskarten geschickt. Auch von Katz und Gustavo hörte ich nichts. Ich fühlte mich elend. Ich hatte keine Ahnung, warum ich unter *Artículo 10* gekommen war, noch was man mir eigentlich vorwarf. Wo war Judy? Wie ging es ihr? Ging es den Kindern gut? War Katz an mein Geld herangekommen?

Am Ende der Woche Isolationshaft bekam ich einen großen Stapel Zeitungen, Briefe und Karten, größtenteils von meiner Familie und von Freunden. Judy war noch in Palma. Der Antrag auf Kaution hatte noch nicht gestellt werden können, da das zuständige Gericht im August geschlossen war. Geoffrey Kenion war nach Alcala-Meco verlegt worden, er war jetzt im selben Block wie Roger. Der Präsident von Pakistan, Zia ul-Haq, war bei einer mysteriösen Flugzeugexplosion in der Luft ums Leben gekommen. Das war sicher nicht gut für Malik. Es könnte ihn einen guten Teil seiner Protektion gekostet haben.

Von Katz kam ein großer Umschlag. Er war an die Anklageschrift der Amerikaner gekommen, in der die Anschuldigungen gegen mich genauer ausgeführt wurden. Die Lektüre war eine nervenaufreibende Einführung in das amerikanische Recht.

Eine britische Anklageschrift ist gewöhnlich ein schnörkelloser Text von einer Seite, in dem die Anklagepunkte klar formuliert aufgelistet sind. Diese Schrift dagegen bestand aus vierzig Seiten unverständlichem Bürokratenenglisch. Es lief darauf hinaus, dass ich im Wesentlichen angeklagt war, von 1970 bis 1987 Cannabisschmuggel und Geldwäsche betrieben zu haben. Der Konspiration, da ich solche Geschäfte geleitet hatte, war ich separat angeklagt. Das waren die sogenannten RICO-Klagen. Außerdem wurde ich einer riesigen Anzahl bestimmter einzelner Taten und Verschwörungen angeklagt, vom Lautsprechergeschäft 1973 bis hin zu Geldwäsche 1987.

Einige der erwähnten Handlungen schienen völlig harmlos, beispielsweise meine Reise von London nach Rom 1973 oder die Tatsache, dass ich 1986 in meinem Haus in Palma Anrufe entgegengenommen hatte. Der Anklageschrift nach waren dies aber schon Straftaten, da sie ›meiner verbrecherischen Organisation dienten‹. Judy und so gut wie alle anderen der zwanzig Mitangeklagten wurden der Teilnahme an einer Verschwörung beschuldigt, durch die 1986 15 500 Kilo Hasch in die Vereinigten Staaten geschmuggelt wurden. Einige von uns wurden auch des Versuchs beschuldigt, mehrere Tonnen Thaigras nach Kanada zu importieren. Die Vorwürfe gegen Judy und einige andere waren absurd, aber im Allgemeinen stimmte, was mir zur Last gelegt wurde, wenn in der Anklageschrift auch etwas übertrieben wurde. Ich hatte wirklich seit 1970 Dopeschmuggel und Geldwäsche betrieben. Ich empfand es als ungerecht, schon wieder wegen dem Lautsprecherdeal von 1973 angeklagt zu werden, und es wunderte mich, in einer Anklageschrift der Amerikaner eines Imports nach Kanada beschuldigt zu werden, doch bei diesen Details konnte mir ein guter amerikanischer Anwalt vermutlich helfen. Beim Rest kam es darauf an, was für Beweismaterial sie brauchten, und wie viel sie hatten. Ich musste mir Einblick in die entsprechenden Akten verschaffen und mir eine Geschichte ausdenken, die mit den Beweisen vereinbar war. Damit hatte ich schon Erfahrung. Aber bis ich wusste, was gegen mich vorlag, konnte ich gar nichts tun. Jetzt war es wichtig, dass ich mich über das amerikanische Recht und die spanischen Auslieferungsgesetze informierte. Ich schrieb einen Brief an meine Schwester mit der Bitte, mir einführende Bücher über das amerikanische Rechtswesen zu schicken, und einen an Katz, in dem ich ihn nach Details über die in der Anklageschrift erwähnten Gesetze und die Strafen für ihre Überschreitung fragte.

Jede Stunde hatten fünf der Gefangenen unter *Artículo 10* Hofgang. Um Freundschaften zu erschweren, waren immer fünf andere zusammen im *Patio*. Während der ganzen Zeit, die ich unter *Artículo 10* war, konnte ich mich nur mit zwei anderen Häftlingen anfreunden: mit Juan, einem spanischen Zigeuner aus Andalusien, der in der Zelle neben meiner untergebracht war, und mit Darin Bufalino aus Boston, Massachusetts. Beide waren erst kürzlich aus anderen spanischen Gefängnissen ausgebrochen. Darins Großvater war Russell Bufalino, der Kopf einer der fünf größten kriminellen Familien New Yorks, der den Mord an Jimmy Hoffa, dem Vorsitzenden der Lkw-Fahrer-Gewerkschaft, angeordnet haben sollte. Darin wurde wegen eines bewaffneten Raubüberfalls auf einen Panzerwagen an Massachusetts ausgeliefert und fand es nicht der Mühe wert, sich dagegen zu wehren. Über RICO wusste er auch nicht viel mehr, als dass es schwer war, dagegen anzukommen.

Gegen Ende August kam mich Gustavo besuchen. Judy war in das Centro Penitenciario de Yeserias verlegt worden, das Madrider Frauengefängnis. Gustavo wollte auch sie noch am selben Tag besuchen und sich als ihr Anwalt melden. Die Gefängnisleitung hatte Gustavo gesagt, ich sei unter *Artículo 10* gekommen, weil ich einen Ausbruch geplant hätte. Er kochte vor Wut und war entschlossen, mich nicht unter Artikel 10 zu lassen. Er hatte auch eine Kopie der Anklageschrift erhalten, ebenso wie eine Kopie der *United States Sentencing Reform Act,* eines Strafrechtsänderungsgesetzes. Er erklärte, dass dieses Gesetz seit November 1987 in Kraft war, also seit fast einem Jahr. Es schloss eine Freilassung auf Bewährung aus, beschränkte den Straferlass wegen guter Führung auf fünfzehn Prozent des ursprünglichen Strafmaßes und sah weit härtere Strafen für Drogendelikte vor, als bis dahin üblich gewesen waren. Es handelte sich aber um eine sehr umstrittene Reform, deren Verfassungsmäßigkeit derzeit noch vom *United States Supreme Court* geprüft wurde.

Im Schummerlicht meiner dreckigen Zelle las ich die *Sentence Reform Act* durch. Es lief mir kalt den Rücken herunter. Wenn Judy der einen Straftat, die ihr vorgeworfen wurde, für schuldig befunden wurde, käme sie mindestens für zehn Jahre hinter Gitter, ohne die Möglichkeit einer Strafaussetzung auf Bewährung. Wenn ich auch nur wegen eines der Hauptanklagepunkte verurteilt werden würde, bekäme ich unweigerlich lebenslänglich, ohne die geringste Aussicht auf vorzeitige Entlassung. Lebenslänglich hieß lebenslänglich. Wenn die *Sentence Reform Act* in meinem Fall angewendet wurde, wenn ich meine Auslieferung nicht abwenden konnte und wenn ich auch nur eines Punktes für schuldig befunden wurde, wäre ich nie wieder ein freier Mann. Und wenn ich hundert Jahre alt würde, ich würde in einem amerikanischen Bundesgefängnis sterben. Nie wieder würde ich eine Bar betreten, nie wieder ein Restaurant, eine Disco, eine Konzerthalle, einen Partyraum, einen Laden, ein Büro oder ein Haus. Keine Spaziergänge auf dem Lande mehr, keine Aussicht über das Meer, keine laute Musik. Keine bekiffte Ausgelassenheit mit meinen Freunden. Keine durchzechten Nächte in Europas und Asiens Metropolen. Ich könnte meine Kinder nicht erziehen, ihnen nicht einmal beim Größerwerden zuschauen. Niemanden mehr knuddeln, keine Begeisterung mehr. Keine Freude. Nichts, auf das ich mich freuen könnte. Nie wieder mit einer Frau schlafen.

In dieser Nacht hörte ich meine Kinder schreien. Ich sprang aus dem Bett auf und rannte zur Kinderzimmertür. Sie verwandelte sich unter meiner Berührung in kalten Stahl.

Mehrere Wochen lang machte ich jede Nacht fast kein

Auge zu; kläglich versank ich in meinem Schmerz, meiner Trauer, meinem Wahnsinn. Ich bekam einen Brief von Judy, aber auch der konnte mir nicht helfen. Wo sollten die Kinder zur Schule gehen? Wie käme der kleine, einjährige Patrick ohne seine Mummy zurecht? Warum ließen sie Judy nicht auf Kaution frei? Musste man dazu wirklich kriminell sein? Die Trennung von den Kindern, von Masha und von ihren Freunden in Palma und die furchtbaren Haftbedingungen im Yeserias hinterließen ihre Spuren. Sie fragte sich, wie lange sie so noch leben könnte. Wie hätte ich ihr sagen können, dass sie vielleicht mit einer Mindeststrafe von zehn Jahren rechnen musste?

Nichts als Enttäuschung, Ungewissheit, Einsamkeit. George Bush sollte Präsident der Vereinigten Staaten werden, also war auch keine Mäßigung in der amerikanischen Drogenpolitik in Sicht.

Gustavos erster Versuch, Judy auf Kaution freizubekommen, schlug fehl. Ebenso wie seine Bemühungen, mich wieder in den normalen oder zumindest den verschärften Strafvollzug versetzen zu lassen und ein Treffen für mich und Judy zu arrangieren. Scotland Yard weigerte sich, an Katz die Gegenstände auszuhändigen, die sie in der Wohnung in Chelsea und in meinem Büro beim Hong Kong International Travel Centre beschlagnahmt hatten. Das spanische Gericht sah es nicht ein, die Polizei in Palma anzuweisen, die Autos und unsere anderen Sachen an Masha zurückzugeben.

Die Amerikaner erweiterten ihre Auslieferungsanträge. Jetzt gab es noch einen gesonderten Antrag auf Auslieferung wegen des Lautsprecherdeals 1973. Dieser war vom Staat Nevada gestellt worden, und somit wurde ich von vier verschiedenen Behörden wegen derselben Straftat angeklagt. Lovato war auf meinen Köder nicht hereingefallen. Er kam nicht herbeigeschlichen, um mich verbotenerweise weiter zu verhören. Stattdessen bemühten er und US Attorney Bob O'Neill sich offiziell bei den spanischen Behörden um eine *Comisión Rogatoria,* ein Verfahren, das den Polizeien zusammenarbeitender Länder unter anderem ermöglichte, an beeidigte Zeugenaussagen oder belastende Dokumente heranzukommen, oder an die Erlaubnis, im Ausland festgehaltene Personen verhören zu dürfen. Die *Audiencia Nacional* gab ihrem Antrag gerne statt. Im Gegenzug beantragte Gustavo, Lovato und O'Neill verhören zu dürfen, solange sie sich in Madrid aufhielten. Sein Antrag wurde ohne Begründung abgelehnt.

Nach einem weiteren Aufschub von vierzig Tagen schickten die amerikanische Regierung schließlich die Dokumente des Auslieferungsantrags. Judy, Geoffrey Kenion und ich waren aufgrund von Prima-Facie-Beweisen angeklagt. Einige der beigefügten beeidigten Erklärungen hatte Lovato geschrieben, schöne Beispiele für den typischen, mit Hyperbeln durchsetzten, grammatikalisch schlechten Stil der DEA. Angeblich hatte er persönlich über einhundertsechzig Mitglieder meiner Organisation identifiziert. Einer von ihnen, Roger Reaves, sei mein ›Agronom‹. Laut Lovato hatte Judy ›Mitgliedern der Organisation Anweisungen gegeben, wie sie in ihren illegalen Aktivitäten fortzufahren hätten. Diese Anweisungen betrafen Geldtransfers und das Koordinieren der Reisen und der Kommunikation der einzelnen Mitglieder der Organisation. JUDITH MARKS kennt alle Aliasse [sic!] und alle Codes, die von der Organisation benutzt wurden, und war von deswegen [sic!] auch in der Abwesenheit ihres Ehemannes DENNIS HOWARD MARKS in der Lage, effektiv Anweisungen zu geben.‹

Es gab Dutzende Berichte über Ermittlungen, abgehörte

Telefonate und Überwachungen durch die DEA in Palma, New York, Bangkok, Kalifornien, Manila, Florida und Karatschi (wo ihnen Michael Stephenson, der Beamte des britischen Zolls in Pakistan, begeistert geholfen hatte). Auch in London waren wir ausgiebig vom Zoll überwacht worden. Anscheinend war an keinem dieser Orte tatsächlich eine illegale Handlung beobachtet oder belauscht worden, aber dieses Problem beseitigte Lovato durch seine wortreichen Erklärungen dessen, was zwischen den Zeilen gesagt wurde und sich hinter den Kulissen abgespielt haben musste. Seiner Ansicht nach waren wir alle Doper; deshalb gingen alle unsere Unterhaltungen um Deals, jede Handlung war ein illegales Geschäft und alle finanziellen Transaktionen waren Geldwäsche. Eine eher kreisförmige Argumentation, doch in den meisten Fällen hatte er richtig erahnt, was ablief. Aber keinesfalls immer. Es gab jede Menge falsche Identifikationen, an den Haaren herbeigezogene Schlussfolgerungen und Spekulationen.

Auch US Attorney Bob O'Neill hatte eine beeidigte Erklärung hinzugefügt, in der er angeblich die zum Tragen kommenden amerikanischen Gesetze erläutern wollte. Er scheiterte kläglich, vor allem deshalb, weil er wohl davon ausging, dass Worte und Ausdrücke wie ›mittelbare Täterschaft‹, ›Grand Jury‹, ›vorsätzliches Begehungsdelikt‹, fortgesetzte erwerbsmäßige Begehung einer Tat‹, ›Verschwörung gegen Bundesgesetze‹, ›Wäsche von Zahlungsmitteln‹, ›Herstellung einer zusammengesetzten Urkunde‹«:, ›Transport illegaler Güter‹ und ›Erhebung von Wucherzinsen auf verliehene Geldmittel‹ in Europa zum alltäglichen Sprachgebrauch gehörten. Immer noch verstanden Gustavo und ich nicht, was RICO bedeutete.

Die *Audiencia Nacional* hingegen hatte keine Schwierigkeiten mit der Unverständlichkeit der Texte. Für sie waren die Papiere in Ordnung, und sie war bereit, mit der Abschiebung fortzufahren, wenn wir nicht beim nächsten Gerichtstermin Einspruch erhoben. In diesem Fall gäbe es irgendwann im neuen Jahr einen neuen Gerichtstermin. Wir erhoben Einspruch.

Im Oktober packten Judys jüngster Bruder Marcus und seine Frau ihre Sachen und schlossen ihren Schreinereibetrieb in der Dordogne. Sie hatten sich bereiterklärt, gegen Zahlung ihres Lebensunterhalts nach Madrid zu ziehen, Judy und mich so oft wie möglich zu besuchen und zwischen uns, unseren Anwälten, den Anwälten unserer Mitangeklagten, unseren Freunden und Eltern die Verbindung aufrechtzuerhalten. Sie brachten Amber, Francesca und Patrick mit, als sie mich besuchten. Ich war erleichtert, sie gesund und munter zu sehen, und beruhigt, zu hören, dass sie von Bob Edwards und von ihrer Schule nach Kräften unterstützt wurden, doch war ich nach dem zehnminütigen Treffen hinter Glas sehr deprimiert. Ein Besuch von meinen Eltern verschlimmerte die Depression noch. Es wurde mir zu deutlich vor Augen geführt, was mir alles fehlte. Ich hatte jegliche Kontrolle über mein Leben verloren. Ich wollte nicht mehr besucht werden und hatte keine Lust, auf die vielen Briefe zu antworten, die ich jetzt bekam, mit den besten Wünschen von Freunden und Unbekannten. Sogar als ich Judy bei der Verhandlung sah, fühlte ich mich nur betäubt und war nicht in der Lage, mit ihr zu reden. In ihren Augen las ich die Verzweiflung und die Vorwürfe. Wieso hatte ich nicht aufgehört, zu schmuggeln, als sie mich darum gebeten hatte? Wie konnte ich zulassen, dass sie ihr das antaten? Wieso hatte ich das Leben unserer Kinder zerstört? Jetzt war alles verloren.

Ich rollte mich in meiner Zelle zusammen. Es war Winter

geworden. Häftlinge unter *Artículo 10* bekamen keine Heizung und kein warmes Wasser. Ich zitterte vor Kälte, Verzweiflung und Angst. Was würde mit meiner Familie geschehen? Und was mit mir? Ein ganzes Leben in einer Zelle. Wenn ich nichts anderes mehr zu erwarten hatte, hatte ich lange genug gelebt.

Ich werde mich nicht ergeben, aber es gibt nichts mehr, auf das ich mich noch freuen könnte. Ich werde nie wieder aus dem Gefängnis herauskommen. Keiner wird kommen, mich zu retten. Eine Geisel kann noch hoffen, ich nicht mehr. Ich kann selber niemandem mehr helfen, ich treffe niemanden mehr. Ich kann niemanden mehr lieben und berühren. Ich werde diesen Weg wohl einfach gehen müssen. Ich könnte jede Menge Bücher lesen. Aber wozu? Ich könnte ja doch nie anwenden, was ich gelernt hätte. Ich könnte meinen Körper trainieren und täglich eine Million Liegestütze machen, aber wozu? Ich würde nur gesünder werden und all dies länger ertragen müssen. Das nächste bedeutungsvolle Ereignis wäre mein Tod. Vielleicht ginge es danach wieder bergauf. Oh, mein Gott! Warum hatte ich immer noch keine Gewissheit darüber, ob dies Leben das einzige ist, das wir haben? Die ganzen Steinkreise, Kathedralen, Klöster und Tempel, die ich auf meinen Reisen gesehen hatte, sie hatten mich der Antwort auf diese Frage nicht nähergebracht. Wenn mich ein besseres Leben erwartete, dann würde ich auch mit diesem fertig. Elvis und John Lennon waren ja auch irgendwie immer noch da, oder?

Und was war mit Jesus Christus? Lieber Jesus, wenn du wirklich den alten Macker Tod besiegt hast und wenn du tatsächlich weißt, dass die Zukunft rosig wird, dann lass es uns, die du doch liebst, bitte, bitte, auch wissen.

Ich las in der Bibel. Das Alte Testament war erschütternd.

Jede Menge Kriege und Blutvergießen. Gott war nicht entfernt so nett, wie wir es in unserer Kapelle in Wales erzählt bekommen hatten. War er etwa Amerikaner? Paulus war enttäuschend. Der Part von dem Gehorsam der Obrigkeit gegenüber gefiel mir gar nicht. Jesus war dafür klasse.

Aber wie war das mit dem Hinduismus und dem Buddhismus? Seltsame Götter und Monster und viele Leben. Das wäre praktisch. An den Gedanken könnte ich mich gewöhnen. Jesus hat nie gesagt, dass es keine Reinkarnation gibt. Während ich dieses Leben als außenstehender Beobachter verbrachte, könnte ich mich auf meine nächsten Leben vorbereiten.

Meine Schwester hatte mir ein Yogabuch geschickt. Ich erinnerte mich, wie mir dasselbe Buch geholfen hatte, als ich das letzte Mal im Gefängnis gesessen war. Diesmal waren die Bedingungen ungleich härter, aber vielleicht half es ja trotzdem wieder. Ich verbrachte mehrere Stunden täglich damit, mich zu verrenken, tief zu atmen und zu meditieren. Ich fastete oft und aß an den anderen Tagen nur sehr wenig. Meine Kraft und mein Kampfeswille kamen langsam wieder.

Juan, der andalusische Zigeuner, und ich waren im *Patio*. Wir verwendeten unseren Hofgang darauf, große Ameisen zu beobachten. Wir brauchten Haschisch. Beide hatten wir seit Wochen nichts mehr geraucht. Gelegentlich kam die Batterie herübergeflogen, doch nie war etwas für mich, Juan oder Bufalino daran. Juan meinte, es sei leicht, Haschisch hereinzuschmuggeln, man brauchte es bloß in einem Buch zu verstecken. Er hatte kein Geld, aber wenn ich ihm ein Buch mit Hasch schicken lassen könnte, würde er das Risiko auf sich nehmen, es in Empfang zu nehmen, und wir könnten teilen. Marcus sandte ihm eine entsprechend präparierte spanische

Ausgabe von James Clavells *Wirbelwind*. Danach hatten wir genug guten Marokkaner, um uns mehrere Wochen lang jeden Abend zu bekiffen.

Ich freute mich, als mich meine Eltern das nächste Mal besuchten, aber mein Vater rief mir eine seltsame Geschichte durch die Glasscheibe hindurch zu. In Bob Edwardes' Restaurant in La Vileta hatte jemand einen Tisch reserviert, der behauptete, der Sekretär des Prinzen Khalid von Saudi-Arabien zu sein. Dieser Sekretär wohnte im Valparaiso-Hotel in Palma. Unter einem Vorwand rief Bob beim Hotel an und bekam bestätigt, dass Prinz Khalid dort Gast war und dass sein Sekretär in der Tat beim Restaurante La Vileta hatte reservieren lassen. Der falsche Prinz, sein Sekretär, ein Leibwächter und eine attraktive blonde Amerikanerin kamen am Sonntag zum Mittagessen. Bob wurde höflich gebeten, sich dazuzugesellen. Prinz Khalids Double erklärte Bob, dass sein Onkel, der Bruder von König Fahd und Verteidigungsminister der saudi-arabischen Regierung, ihn beauftragt hatte, sein Möglichstes zu tun, damit Judy und ich freigelassen wurden. Zu diesem Zweck, so behauptete er, könnte er die Tatsache verwenden, dass die königliche Familie Saudi-Arabiens der spanischen Regierung schon gute Dienste geleistet habe, und außerdem stünden ihm mehrere Millionen Dollar für eventuelle Ausgaben zur Verfügung. Es folgten mehrere Treffen im Valparaiso-Hotel, und einmal wurden Masha und die Kinder sogar privat zum Tee eingeladen. Die Terrasse, die für gewöhnlich öffentlich war, wurde zu diesem Anlass extra abgesperrt. Der Sekretär wies Bob an, nach Genf zu fahren und Geldmittel für meinen derzeitigen Bedarf abzuholen. Sie trafen sich in La Réserve. Der Sekretär begann, Ausflüchte zu machen. Bob kam die Sache nicht geheuer vor, er flog zurück nach Palma und hat seitdem nichts mehr davon gehört.

»Also, ich kann mir beim besten Willen nicht erklären, was das alles bedeuten soll«, meinte Dad. »Du kennst schon ein paar eigenartige Leute.«

»Ich hab auch keine Ahnung, was das sollte, Dad.«

Ich habe es bis heute nicht erfahren.

fünfzehn
MARCO POLO

Yoga, Meditation, Haschisch und bizarre unerwartete Zwischenfälle haben zusammen eine recht belebende Wirkung, und ich fühlte mich geistig fit, als ich für die *Comisión Rogatoria* mit Lovato und O'Neill vor die *Audiencia Nacional* gerufen wurde. Bei ihnen war *El Fiscal,* der spanische Staatsanwalt, und sie machten einen zufriedenen, zuversichtlichen und selbstgefälligen Eindruck. Gustavo saß in ihrer Nähe, er wirkte ziemlich ernst. Der Richter erklärte, dass sie mir Fragen stellen durften. Ich hatte das Recht, die Antwort zu verweigern. Ob ich ihre Fragen beantworten wollte? Ich sagte Nein. Der Richter meinte, dann sei die Sitzung beendet. Lovato flüsterte *El Fiscal* etwas zu, der daraufhin fragte, ob Lovato und O'Neill sich privat mit mir unterhalten dürften. Der Richter stand auf und sagte, er habe seine Aufgabe hier erfüllt, mit allem weiteren Geschehen habe er nichts zu tun. Er verließ den Gerichtssaal. *El Fiscal* wies die Wachen an, den Raum ebenfalls zu verlassen und vor der Tür zu warten; dann fragte er Gustavo, ob er bleiben wollte. Gustavo antwortete ihm nicht, blieb aber sitzen. Lovato und O'Neill reichten mir die Hand. Ich erwiderte ihren Händedruck. Lovato schien zugenommen zu haben. O'Neill war jung, gut aussehend und relativ klein. Lovato fing an.

»Howard, ich mache Ihnen keinen Vorwurf, dass Sie vor

dem Richter keine Fragen beantworten wollten. Es lag auch in meiner Absicht, privat mit Ihnen zu sprechen, nachdem Sie mich in Ihrem Brief gebeten hatten, Sie zu besuchen. Früher gestatteten es mir die spanischen Behörden, inhaftierte Personen zu besuchen, aber jetzt müssen wir es eben auf diesem Weg machen. Ihr Anwalt hat beim Gericht beantragt, dass Sie Bob und mir einige Fragen stellen dürften. Wenn Sie wünschen, werden wir sie Ihnen jetzt beantworten.«

»Gustavo, was sollen wir sie fragen?«

»Ich empfehle Ihnen, gar nichts zu sagen, Howard. Was hier geschieht, ist absolut nicht legal.«

»Ich habe einige Ihrer Bitten um Judiths Freilassung in den Zeitungen gelesen«, fuhr Lovato fort, »und ich denke, ich sollte Sie wissen lassen, dass wir, die Regierung der Vereinigten Staaten, in dieser Sache überhaupt nicht verhandeln können. Absprachen mit dem Richter sind in diesem Land verboten; damit werden Sie warten müssen, bis Sie sich auf amerikanischem Boden befinden. Es ist auch zweifelsohne in Ihrem eigenen Interesse und in dem Ihrer Frau, freiwillig Ihre Auslieferung an Florida zu beantragen. In Miami würde die amerikanische Regierung Judith ohne Weiteres auf Kaution freilassen. Sowohl in Ihrem Fall als auch in dem Judiths wären Absprachen mit den Richtern möglich. Judith könnte Sie im Miami Metropolitan Correctional Center besuchen. Sie könnte auch die Kinder mitbringen. Die Zeit, die Sie hier in Spanien absitzen, ist schlicht und einfach vertan. Sie werden sie in den Staaten nicht auf Ihre Strafe anrechnen lassen können. Das ist doch so, oder, Bob?«

»Ich denke schon, ja, aber ich bin kein Experte auf dem Gebiet«, meinte O'Neill.

»Stimmt das, Gustavo?«, fragte ich.

Gustavo antwortete nicht, sondern schrieb weiter jedes Wort auf, das gesagt wurde.

»Warum bin ich wegen des Lautsprechergeschäfts 1973 angeklagt?«, fragte ich. »Dafür habe ich schon eine Strafe verbüßt.«

»Wir, das heißt die Regierung der Vereinigten Staaten, erkennen Verurteilungen in anderen Ländern nicht an«, erwiderte Lovato.

»Und was hat eine Ladung Marihuana in Kanada mit euch zu tun? Erkennt ihr auch andere Länder als solche nicht mehr an?«

»Nun, Kanada ist unser Nachbar. Aber davon einmal abgesehen haben wir Beweise, dass dieselbe Ware auch in Kalifornien verkauft worden ist. Die Regierung der Vereinigten Staaten ist überzeugt, dass diese Ladung zum Verkauf innerhalb der Grenzen ihres Landes bestimmt war. Deshalb sind wir zuständig. Unser Arm reicht weit, Howard.«

»Mr O'Neill, fallen diese Vorwürfe unter die *Sentence Reform Act?*«

»Nennen Sie mich Bob, Howard, das ist mir lieber. Es ist allerdings eine gute Frage. Die Antwort darauf ist einfach: Ich weiß es nicht. Ich möchte Ihnen jetzt nichts Falsches sagen. Wird die *Reform Act* angewendet, wird das Urteil unweigerlich ›lebenslänglich‹ lauten. Wenn nicht, werden Sie zu höchstens einhundertfünfundvierzig Jahren verurteilt werden.«

»So oder so eine lange Zeit, Howard«, witzelte Lovato. »Kommen Sie doch jetzt in die Staaten und verkürzen Sie sie, möglicherweise sogar beträchtlich.«

»Ich glaube nicht, dass mich Spanien ausliefern wird. Und bei allem Respekt, ich glaube auch nicht, dass Sie allzu überzeugt davon sind. Warum sonst würden Sie mich unbedingt überreden wollen, freiwillig zu kommen?«

»Nur zu Ihrem eigenen Besten, Howard. Ich will nicht schuld sein, wenn Sie hier tote Zeit absitzen.«

O'Neill schaltete sich ein. »Howard, ich werde ganz offen mit Ihnen sein. Einer der Gründe, weswegen wir Sie möglichst schnell dort haben möchten, ist der, dass der Prozess Ihrer Mitangeklagten Anfang nächsten Jahres beginnen soll. Aus Kostengründen wollen wir über Sie zur selben Zeit richten. Wenn ich Sie wäre, wäre mir ein Prozess mit mehreren Angeklagten auch lieber, als ganz alleine der Jury gegenüberzustehen. Ich versuche nicht, Sie zu überreden. Es ist Ihre Entscheidung. Es würde mich aber doch interessieren, weshalb Sie denken, dass die Spanier Sie nicht ausliefern werden. Warum sollten sie nicht?«

»Weil ich wegen RICO, Verschwörung und Geldwäsche angeklagt bin, die alle in Spanien keine Verbrechen sind.«

»Das ist irrelevant. In den Staaten sind es welche«, warf Lovato ein.

»Aber Spanien muss anerkennen, dass es welche sind, um mich ausliefern zu können«, beharrte ich.

»Howard, ich will keinesfalls in Zweifel ziehen, was Ihnen Señor Gustavo Lopez Munoz y Larraz, der ein ausgezeichneter Anwalt ist, geraten haben mag, aber Sie müssen die Zeit absitzen, nicht er. Vergessen Sie das ganze rechtliche Blabla. Sie werden ausgeliefert. Die Spanier haben uns schon einmal enttäuscht, als sie Ochoa nicht ausliefern wollten, und sie haben eingesehen, dass es ein Fehler war. Sie werden die Regierung der Vereinigten Staaten nicht noch einmal so enttäuschen. Darauf können Sie sich verlassen.«

»Immer noch der starke große Bruder, hm, Craig?«

»Allerdings, Howard.«

»Wenn es keine weiteren Fragen gibt, sollten wir besser gehen, Agent Lovato«, meinte O'Neill.

El Fiscal holte die Wachen herein, und sie brachten mich in die Kabine für Anwaltsbesuche, in der Gustavo saß.

»Howard, etwas Derartiges habe ich noch nie in meinem Leben gesehen. Das Verhalten des Richters war eine Ungeheuerlichkeit. Ich werde eine offizielle Beschwerde einreichen. Und ich werde noch heute den Zeitungen davon berichten. Aber vergessen Sie das erst mal, ich habe gute Neuigkeiten.«

»Was denn?«

»Ich bin sicher, dass wir Judy jetzt auf Kaution herausbekommen können.«

»Wie das? Hat sich irgendwas geändert?«

»Einige Ihrer Mitangeklagten, darunter alle Frauen, sind von den Amerikanern auf Kaution freigelassen worden. Selbst Judys Bruder Patrick ist gegen eine Kaution in Höhe von einer Million Dollar freigekommen. Ein anderer Angeklagter, James Newton, ist von den britischen Behörden auf Kaution entlassen worden. Ich habe sehr viele Briefe von Ärzten, Psychiatern und Bürgern Mallorcas erhalten, die sich Sorgen um das Wohlergehen Ihrer Kinder machen. Bald ist Weihnachten, und sogar Richter können sich manchmal menschlich zeigen. Ich gehe fest davon aus, dass sie Judy auf Kaution entlassen werden. Der Antrag wird möglicherweise recht teuer werden, aber Erfolg wird er ganz sicherlich haben.«

»Das ist toll, Gustavo. Vielen Dank.«

»Es kommt noch besser. Vor kurzem hat Frankreich die Auslieferung eines in Spanien festgenommenen Mannes beantragt. Es ging um internationalen Kreditkartenbetrug. Spanien hat die Auslieferung mit der Begründung verweigert, dass ebenso gut in Spanien über ihn gerichtet werden konnte.«

»Aber vermutlich hatten ihn die Spanier wegen desselben Vergehens angeklagt, Gustavo. Mich haben sie gar nicht angeklagt. Und wir können sie ja auch kaum dazu bringen, oder?«

»Genau da irren Sie sich, Howard. Wir können dafür sorgen, dass Sie durch eine *Acción Popular* angeklagt werden. Dabei handelt es sich um einen Antrag vom Volk, dass ein Gericht die Polizei anweisen soll, jemanden festzunehmen. Über Ihren Fall ist in den spanischen Zeitungen ausführlich berichtet worden. Marco Polo kennt jeder, das können Sie mir glauben. Ständig wurden die Haschischhöhlen an der Costa Brava erwähnt, und Ihr Hauptquartier war in Palma de Mallorca. Sie haben bestimmt irgendwo gegen spanisches Recht verstoßen, also warum sollte man Sie nach Florida schicken, anstatt Sie hier vor Gericht zu stellen? Für meine Amtskollegen handelt es sich um eine Art Justizkolonialismus, die Amerikaner wollen uns in unsere Rechtsprechung hineinreden. Spaniens Rechtssystem ist völlig adäquat, und trotzdem wird so getan, als handele es sich hier um irgendeine inkompetente Bananenrepublik.«

»Wenn ich angeklagt werden würde, was für ein Urteil würde ich bekommen?«

»Sie würden wahrscheinlich nicht einmal schuldig gesprochen werden, aber die Höchststrafe für Cannabisvergehen liegt in Spanien bei sechs Jahren. Nach zwei Jahren wären Sie wieder draußen.«

»Und was wäre mit Judy?«

»Sie würde sofort freigelassen werden.«

»Also, was ist zu tun, Gustavo?«

»Wir brauchen die Unterschriften von vierzig Personen, die entrüstet sind über das Ausmaß des Drogenschmuggels in Spanien und die der Regierung vorwerfen, dass sie die Verantwortung für das Problem abwälzt. Sie werden fordern, dass über Sie, Judy und Kenion für die in Spanien begange-

592

nen Verbrechen auch in Spanien gerichtet wird. Daraufhin wird ein Anwalt die *Acción Popular* an ein Gericht weiterleiten. Ich werde das natürlich nicht tun können, aber ein guter Freund von mir. Die Argumente werden von mir kommen. Er wird sie nur unterschreiben und einreichen.«

»Okay, versuchen wir das. Es klingt wirklich gut. Ist sonst noch was?«

»Ja. Ich habe wieder und wieder versucht, RICO zu verstehen. Aber ich schaffe es einfach nicht. Und wenn ich es nicht kann, kann es die *Audiencia Nacional* auch nicht. Aber sie werden so tun, als ob, und behaupten, aufgrund dieses Vorwurfs sei es völlig legitim, Sie auszuliefern. Ich schlage also vor, dass wir zur nächsten Verhandlung im neuen Jahr einen amerikanischen Anwalt bestellen, einen, der hinter Ihrer Sache steht und nachweislich ein Experte in RICO ist. Dann wird die *Audiencia Nacional* gezwungen sein, zuzugeben, dass es für RICO keinerlei Äquivalent im spanischen Recht gibt und dass es somit keine Klage ist, aufgrund derer Sie ausgeliefert werden könnten. Ich könnte wahrscheinlich einen solchen Anwalt finden, aber vielleicht kennen Sie ja selber einen?«

»Das ist eine gute Idee, Gustavo. Ich kann sicherlich einen auftreiben.«

»Außerdem, Howard, denke ich, dass wir die Audiencia Nacional bitten sollten, Bernard Simons vorladen zu dürfen, damit er dem Gericht erklären kann, dass Sie Ihre Strafe für die Lautsprecherangelegenheit 1973 schon verbüßt haben.«

»Okay. Wie ist das mit dieser Regelung, dass Spanien niemanden ausliefert, der eine Strafe von mehr als dreißig Jahren bekommen soll? Wie es aussieht, würde ich lebenslänglich bekommen, oder mit etwas Glück vielleicht auch nur einhundertfünfundvierzig Jahre.«

»Die Regierung der Vereinigten Staaten wird der *Audiencia Nacional* versichern, dass Sie nicht zu mehr als dreißig Jahren verurteilt werden, aber das heißt nicht viel. Wenn die Amerikaner Sie erst mal auf ihrer Seite des Atlantiks haben, ist es ein anderes Spiel, wie sie selber zu sagen pflegen. Aber, Howard, Sie werden nicht ausgeliefert werden. Wenn sonst nichts klappt, wird die *Acción Popular* funktionieren.«

»Ich hoffe es, Gustavo. Gibt es noch mehr Neuigkeiten?«

»Ja. Marcus hat mich gestern angerufen. Er hat mit Katz gesprochen, der zurzeit in Miami ist. Katz hat Kopien von allem Beweismaterial, das die Staatsanwaltschaft gegen Ihre Mitangeklagten vorbringen will. Er wird sie bald herbringen.«

»Ich werde es genauestens unter die Lupe nehmen, Gustavo. Noch etwas?«

»Das war alles.«

Gustavos Kollege reichte die *Acción Populär* beim Gericht ein. Um die Argumente der Antragsteller zu bekräftigen, nutzte ich meine Medienwirksamkeit aus und schrieb lange Briefe an die spanischen Zeitungen, in denen ich mich beklagte, dass die Amerikaner meine Pläne vereitelt hatten, Mallorca in ein Hongkong des Mittelmeeres zu verwandeln. Millionenschwere Geschäftsleute aus dem Fernen Osten und saudiarabische Prinzen waren bereit gewesen, immense Summen in Montagewerke, Freizeitparks und Luxushotels zu investieren. Meine Briefe wurden auf mehreren Titelseiten veröffentlicht. Wie erwartet, wurden sie als Beweise meiner bösen Pläne aufgefasst, das Land mit Drogengeld zu überschwemmen. Ich gab der spanischen Zeitschrift *Panorama* Interviews und sagte, dass Spanien ein Paradies für Drogenkonsumenten und Schmuggler sei und dass ich persönlich große Mengen Dope nach Spanien importiert hätte. Gustavo brachte einige weitere ›empörte Bürger‹ dazu, diese Zeitungsartikel beim Gericht einzureichen, als weiteres Argument dafür, dass ich unbedingt vor ein spanisches Gericht gestellt werden musste.

Als wir uns das nächste Mal sahen, hatten Juan und ich kaum noch Haschisch. Er schlug vor, ich sollte welches in eine Hose nähen lassen, die ihm zugeschickt werden sollte. Ich bat Marcus darum. Ein paar Nächte später marschierten einige *Funcionarios* in Juans Zelle. Es kam zu einer Schlägerei. Dann hörte ich das Zischen von Tränengas und schmerzvolles Gewimmer, das die metallenen Korridore entlanghallte. Andere Gefangene schlugen mit den Schuhen gegen ihre Zellentüren. Die *Funcionarios* marschierten wieder weg und schienen jemanden mitzuschleifen.

»*Juan, Juan, qué pasa?*«, *brüllte ich.*

»*No lo se, Marco Polo. Son unos hijos de puta. Pero no se preocupe. Así es la vida. Adiós, mi amigo, y suerte.*«

Armer Juan. Offenbar hatten die *Funcionarios* das Dope gefunden, und er muss ihnen eine unverschämte Antwort gegeben haben, als sie ihn zur Rede stellten. Ich habe ihn nie wiedergesehen.

Meine erste Frau, Ilze, hatte einen Freund, der an der Columbia University, New York, Juraprofessor war. Er hieß Gerard E. Lynch, war ein Experte für RICO und hatte schon viel zu dem Thema veröffentlicht. Er schickte mir einige seiner Artikel. Plötzlich verstand ich RICO. Gegen entsprechende Bezahlung war er gerne bereit, nach Madrid zu kommen und auch der *Audiencia Nacional* RICO zu erklären.

Katz brachte mir das Beweismaterial aus Miami. Es waren über zehntausend Seiten; zweitausend davon waren Aufschriebe von meinen Telefonaten. Es war keine angenehme Lektüre, aber es schien nichts darunter zu sein, was ein eindeutiges Argument für den Staatsanwalt gewesen wäre. Es ging klar hervor, dass die meisten Angeklagten in irgendwelche krummen Dinger verwickelt waren, aber worum es sich genau handelte, war Interpretationssache. Keiner der wichtigen Leute hatte gesungen, und ich war mir sicher, dass es auch keiner tun würde. Diverse Verteidigungsmöglichkeiten fielen mir ein. Vielleicht könne ich sogar noch Spaß an der Sache bekommen. Ich wollte es ihnen nochmal zeigen.

Anfang Dezember wurde ich vor die *Junta* gerufen. Durch meine Gespräche mit Juan war mein Spanisch recht fließend geworden, doch ein anderer Häftling, ein nigerianischer Junkie, sollte für mich dolmetschen. Die Mitglieder der *Junta* erhoben sich und gaben mir die Hand.

»Ah. Señor Marks. El Marco Polo de las Drogas. El famoso. Cómo está?«

»Es geht mir gut«, erwiderte ich, »aber warum wurde ich unter *Artículo 10* genommen und warum bin ich immer noch darunter?«

»Weil die DEA sagt, Sie wären der Chef einer bewaffneten Organisation, Señor Marks.«

»Das bin ich nicht, und bin ich nie gewesen«, protestierte ich. »Ich hasse Gewalt.«

»Wir haben unsere eigenen Ermittlungen durchgeführt und sind zu unseren eigenen Schlüssen gekommen«, sagte der Vorsitzende der *Junta,* »und wir können Ihnen nur zustimmen. In einer Woche werden sie in einen anderen Block unter normalen Vollzug kommen. Viel Glück, Señor Marks.«

Ich konnte es kaum fassen. Aufgeregt schrieb ich an meine Kinder und meine Eltern. Keine Besuche durch Glas mehr. Die Zeiten änderten sich.

So sah es zumindest aus, aber die Euphorie währte nicht lange. Kurz vor Weihnachten kam mich Gustavo besuchen.

In einer noch nie dagewesenen und höchst verdächtigen Aktion waren sämtliche Richter, die über unsere Auslieferung zu entscheiden hatten, ausgewechselt worden. Gustavos Freund war auch nicht mehr darunter. Vorsitzender war jetzt Orbe y Fernandez Losada, ein sehr proamerikanischer Doppelgänger von General Francisco Franco, dessen Tochter an einer Überdosis Heroin gestorben war. Jemand Schlimmeres hätten wir kaum erwischen können. Gustavo meinte, dass Judy sicherlich trotzdem auf Kaution entlassen werden würde; er war aber wesentlich weniger zuversichtlich als zuvor. Er hatte den Verdacht, dass die Amerikaner irgendwie hinter der Berufung des Richters Orbe y Fernandez Losada steckten.

Judys Antrag auf Kaution wurde abgelehnt. Sie und die Kinder würden nicht zusammen Weihnachten feiern können. Tiefe Trauer drohte wieder über mich hereinzubrechen, doch stattdessen überkam mich eine Wut, wie ich sie noch nie erlebt hatte. Dass es die DEA auf mich abgesehen hatte, konnte ich gerade noch verstehen, ich hatte mich damit abgefunden und war bereit, den Kampf aufzunehmen. Aber warum taten sie meiner Frau und meinen Kindern das an, deren einziges Verbrechen darin bestand, zu mir zu gehören? Warum ist die DEA so sadistisch und unmenschlich? Wie können sie nur unschuldige Menschen absichtlich quälen und so genüsslich zusehen, wie sie leiden? Wofür? Ich muss immer daran denken, dass die DEA schlecht ist. Sie begann als die Mafia Präsident Nixons, und in vielen Fällen waren die Agenten nicht einmal von der Rechtmäßigkeit der Gesetze überzeugt, über deren Einhaltung sie so einsatzfreudig wachten. Doch waren es eben diese Gesetze, die ihnen eine Rechtfertigung gaben und noch immer geben, grausame und mächtige Unterdrücker zu sein. Sperrt die Frauen ein, dass sie weinen. Bringt die kleinen Kinder zum Schreien.

Der DEA darf nicht verziehen werden. Sie weiß genau, was sie tut. Ich hasse sie. Ich werde gegen sie kämpfen, bis ich verrecke.

Meine Kinder kamen mich besuchen. Ich konnte sie berühren, sie an mich drücken, sie küssen. Sie schienen es so tapfer zu ertragen, waren unverwüstlich. Sie gaben mir neue Kraft. Masha und ihr Freund, Nigel, kamen mit ihnen. Nigels Augen waren merkwürdig. Irgendetwas war nicht in Ordnung. Vielleicht war er auch nur völlig stoned oder sehr müde.

Ich stand nicht mehr unter *Artículo 10* und war in einer sauberen Zelle in einem andern Block untergebracht. Ich hatte Aussicht auf Felder, Berge, Zäune und Wachtürme. Tagsüber war es hell, und nachts konnte ich Licht anmachen. Ich kannte niemanden, aber viele der Häftlinge und der *Funcionarios* hatten von mir gehört, und ich lernte rasch neue Freunde kennen. Es gab reichlich Haschisch. Alle Arten von persönlichen Gegenständen waren erlaubt. Jeden Tag brachte ich ein paar Stunden im *Patio* zu und verbesserte meine Atmung und mein Spanisch. Die meiste Zeit verbrachte ich mit Yoga und der Lektüre der zehntausend Seiten Beweise aus Miami. Marcus und Gustavo besuchten mich oft, aber wir waren immer durch die Glasscheibe getrennt. Einmal kam Gustavo in Begleitung eines mir fremden Mannes.

»Howard, dies ist der Anwalt von Roger Reaves. Sie und Roger können heute miteinander sprechen. Er wird jeden Moment kommen.«

Roger kam auf mich zugerannt.

»Alter, ich will dich verpfeifen. Macht's dir was aus? Tut mir leid, dass ich da so mit rausplatze. Herrgott, es tut mir leid, Howard. Es tut so gut, dich zu sehen. Mann, du siehst gut aus. Dem Herrn sei Dank. Wie geht's Judy und den Kleinen? Ich glaube, Marie trifft sich mit einem anderen Typen.«

»So weit ist alles okay, Roger, aber Judys Antrag auf Kaution ist abgelehnt worden.«

»Ehrlich! Mann, diese Ärsche sollte man vor ihren Schöpfer stellen.«

»Was soll das mit dem Verpfeifen?«

»Hier, ich erklär dir das. Hier, jetzt, sofort. Ich werde nach Deutschland ausgeliefert werden, bevor mich die Amis in die Finger bekommen. Dem Herrn sei Dank, es ist wahr. Frag meinen Anwalt. Und das ist gut für mich. Ich hab mit einigen Deutschen hier in meinem Block geredet, und wenn ich dort verurteilt werde, vorausgesetzt, ich bekenne mich schuldig und bekomme eine milde Strafe, dann komm ich in einen Bau, aus dem ich ohne Probleme, also ohne Probleme abhauen kann.«

»Warum musst du mich dann verpfeifen?«

»Um eine milde Strafe zu bekommen. Ich werde auch McCann verpfeifen. Mit Vergnügen sogar. Du könntest dasselbe machen, Howard. Lass dich an Deutschland ausliefern und verpfeif mich und McCann. Wir könnten zusammen abhauen und nach Südafrika gehen und Gras anbauen. Dann segeln wir damit nach Kanada. Vergiss die Staaten. Ich hab gute Kumpels in Kanada. Die würden uns einen guten Preis bezahlen, so viel ist sicher.«

»Aber bei dem Deal hab ich doch eigentlich nichts gemacht, jedenfalls nichts, was die Deutschen beträfe. Die Deutschen haben mich nicht angeklagt.«

»Das werden sie aber, sobald ich dich verpfeife.«

Ich musste lachen.

»Okay, Roger, verpfeif mich, aber nur, wenn keiner von meinen anderen Plänen funktioniert.«

»Was! Hast du einen Plan, von hier abzuhauen? Spaßig, daran hab ich auch schon gedacht. Klasse, oder? Wir bräuchten ein Stück Juwelierdraht, das Zeug, mit dem man Gitterstäbe durchschmirgeln kann. Ich hab Marie gebeten, in das nächste Essenspaket welchen reinzutun. Ich weiß aber nicht, ob sie's macht. Sie ist komisch in letzter Zeit.«

»Meine Pläne gehen eher darum, wie ich vor Gericht gegen die Auslieferung angehen kann.«

»Das wirst du nicht schaffen, Howard. Nicht gegen die USA. Mit denen musst du handeln. Tu so, als würdest du ihnen ein Angebot machen. Dann werden sie dir auch ein Angebot machen. So funktioniert das. Die Feds verlieren nicht. Die kriegen, wen auch immer sie wollen, glaub mir das.«

Gustavo, der völlig ungeniert die ganze Zeit zugehört hatte, unterbrach ihn.

»Mr Reaves irrt sich, Howard. Das FBI schafft es nicht immer, ausgeliefert zu bekommen, wen es will. Ochoa haben sie nicht bekommen. Und Sie werden sie auch nicht bekommen. Und – ich weiß, das wird Sie freuen, Howard – auch Balendo Lo bekommen sie nicht. Ich habe gerade mit Bernard Simons telefoniert. Ein Kollege von seiner Kanzlei vertritt Mr Lo. Die britischen Behörden haben sich geweigert, Mr Lo auszuliefern. Heute ist er schon wieder ein freier Mann.«

»Das ist ja wunderbar! Ist es auch ganz sicher?«

»Bernard hat es mir selbst gesagt. Er war natürlich auch nur zu gerne bereit, bei der Verhandlung für Sie auszusagen.«

»Ich denke trotzdem, dass die Feds ihn kriegen werden«, sagte Roger. »Die schaffen es immer.«

Gustavo bedeutete uns, dass er mich unter vier Augen sprechen wollte. Roger und sein Anwalt gingen, jeder in seine Richtung.

»Die *Audiencia Nacional* hat einen Besuch von Judy genehmigt. Sie wird Anfang nächsten Monats hergebracht werden. Sie werden zwei Stunden zusammen haben.«

Jeden Montag morgen gegen elf kam ein Gefängnisbus mit fünf oder sechs Frauen vom Centro Penitenciario de Yeserias, die ihre im Alcala-Meco inhaftierten Ehemänner oder Freunde besuchen durften. Die Männer warteten geduldig in einer Zelle, mit frisch gewaschenen Laken, vom Gefängnis ausgegebenen Kondomen und einer Thermosflasche unter dem Arm. Jedes Paar wurde in ein Schlafzimmer gebracht und sich selbst überlassen. Judy sah gesund aus, sie war wunderschön. Ihre verzehrende Verzweiflung war fort, und sie hatte ihren Sinn für Humor wiedergefunden. Sie war recht optimistisch, dass sie sich gegen ihre Auslieferung würde wehren können, und das Leben in Yeserias war erträglicher geworden, da sie inzwischen einige gute Freundinnen dort hatte. Durch Marcus' Besuche hatte sie Kontakt mit der Außenwelt, und er versorgte sie mit allem, was erlaubt war, um ihren Aufenthalt angenehmer zu gestalten. Wir sprachen über vieles, kamen aber nur zu wenig Ergebnissen. Wir schliefen miteinander. Es war unbeschreiblich. Umso besser. Es musste für mehrere Jahre vorhalten.

Am selben Abend kam mich Gustavo besuchen. Ich war noch so von Judys Besuch erfüllt, dass mir seine düstere Miene zunächst gar nicht auffiel.

»Möglicherweise müssen wir unsere Vorgehensweise von Grund auf ändern, Howard.«

»Wieso? Was ist passiert?«

»Die *Acción Popular* ist abgelehnt worden. Man kann natürlich Widerspruch einlegen, und ich habe meinen Freund schon darum gebeten, aber niemand versteht, warum das Gericht gegen uns entschieden hat. Während der Verhandlung ist herausgekommen, dass die DEA offiziell Beschwerde dagegen eingelegt hat, wie Sie die spanische Presse zu Ihren Zwecken manipulieren. Die *Audiencia Nacional* hat darauf reagiert, indem sie verboten hat, dass Sie weitere Interviews geben. So viel zur Pressefreiheit.

Als wäre das nicht genug, hat die Audiencia Nacional außerdem verboten, dass Professor Lynch, der RICO-Experte, bei der Verhandlung über Ihre Auslieferung vorspricht, und auch Bernie Simons darf nicht aussagen, dass Sie für eines der Vergehen bereits die Strafe verbüßt haben. Sogar den harmlosesten und einleuchtendsten meiner Anträge haben sie zurückgewiesen, dass nämlich ein Stenograf anwesend sein soll, der auf unsere Kosten bei der Verhandlung mitschreibt. Wir haben Widerspruch gegen diese Entscheidungen eingelegt, aber die ganze Situation ist wirklich unerhört. Der gesetzliche Schutz gegen die Auslieferung wird Ihnen einfach verweigert. In all den Jahren, in denen ich mich in diesem Land mit dem Recht beschäftigt habe, habe ich noch nie von dergleichem gehört.«

»Das war's dann wohl, oder, Gustavo. Ich werde ausgeliefert werden. Und Judy auch. Was sollen wir denn jetzt noch machen.«

»Howard, wie ich schon immer gesagt habe, liegt Judys Fall ganz anders als Ihrer. Judys Situation wird durch diese Beschlüsse des Gerichts nicht wesentlich beeinflusst. Und Sie dürfen die Hoffnung nicht aufgeben. Wir können noch viel versuchen.«

»Zum Beispiel?«

»Wir müssen ein *Antijuicio* in die Wege leiten. Das ist eine formelle Klage gegen die Richter, die Ihnen Ihre verfassungsmäßigen Rechte verweigern, indem sie Ihnen verbieten, Beweise anzuführen, dass Ihre Auslieferung unrechtmäßig ist, und indem sie nicht verhinderten, dass Sie im vergangenen November in ihrem eigenen Gerichtssaal von der DEA verhört worden sind. Wenn ein *Antijuicio* erst mal eingeleitet ist (vorausgesetzt, es ist nicht geringfügig, und das wäre unseres ganz sicherlich nicht), dann ist das Gericht per Gesetz verpflichtet, alle Verfahren vorläufig einzustellen. Schließlich wird ein höheres Gericht zumindest entscheiden, dass Ihnen Ihre verfassungsmäßigen Rechte nicht genommen werden dürfen und dass Sie also Ihre Argumente gegen die Auslieferung vorbringen dürfen. Es wird eine Weile dauern, aber in der Zwischenzeit können Sie nicht ausgeliefert werden, und wenn wir die Gerichte so lange beschäftigen können, bis zwei Jahre seit Ihrer Festnahme vergangen sind, dann müssen sie Sie sowieso wieder freilassen.«

»Stimmt, Gustavo, das klingt gut. Wird es sicher funktionieren?«

»Nicht absolut sicher, nein. Es besteht die Möglichkeit, dass das *Antijuicio* nicht rechtzeitig von den Gerichten zur Kenntnis genommen wird. In diesem Fall müssen Sie sich öffentlich weigern, die Rechtsprechung dieses Gerichts anzuerkennen. Dadurch können Sie dann wieder Berufung einlegen, wenn die Audiencia Nacional beschließt, Sie auszuliefern. Bitte, machen Sie sich keine Sorgen, Howard. Wir werden gewinnen. Aber ich muss gestehen, die Amerikaner üben ungeheuren Druck auf uns aus, und sie korrumpieren unser Rechtssystem. Leicht wird es nicht sein.«

»Wieso hat Spanien denn nicht den Mumm, den Amis die Stirn zu bieten?«

»Es geht nicht nur um Spanien, Howard. Ich werde Ihnen einige Unterlagen hierlassen, und Sie werden sehen, was in Pakistan passiert ist, auf den Philippinen, in Holland und auch in Ihrem Land. In dieser Angelegenheit kriegen die Amis wirklich alles, wie sie's gerne hätten. Kein Land hat den Mumm, ihnen die Stirn zu bieten. Aber verlieren Sie nicht die Hoffnung. Wir werden tun, was immer getan werden muss.

Ich werde Sie vermutlich nicht vor der Verhandlung in einer Woche wiedersehen. Denken Sie daran, dass Sie die Entscheidung des Gerichts über Sie nicht anerkennen. Ach, übrigens, die *Audiencia Nacional* hat beschlossen, dass Roger an Deutschland ausgeliefert wird.«

Gustavo hatte recht, die Amerikaner legten sich voll ins Zeug. Die *Sunday Times* berichtete, dass Benazir Bhutto, die erst kürzlich gewählte Ministerpräsidentin Pakistans, die Probleme des Landes als Hinterlassenschaft des Regimes von Ziaul Haq bezeichnete, das den Drogenhandel toleriert und sogar unterstützt hätte. Die Vereinigten Staaten zogen in Erwägung, Bhutto ein ›Hilfspaket‹ von 4,02 Milliarden Dollar zukommen zu lassen. Robert Oakley, der US-Botschafter in Pakistan, traf sich mit Benazir Bhutto und betonte, dass die Vereinigten Staaten Salim Malik vor Gericht stellen wollten. Amerika wollte, dass er der erste Mann wurde, der von Pakistan an die Vereinigten Staaten ausgeliefert wurde. Benazir verstand den Deal: kein Malik, keine Hilfe. Pakistan verriet in beschämender Weise sein eigenes Justizsystem und gab Malik auf. Diese größenwahnsinnigen Vertreter der DEA, Harlan Lee Bowe und Craig Lovato, bekamen einmal wieder, was sie wollten.

Nachdem sie erfahren musste, dass es zwischen Amerika und den Philippinen gar keinen Auslieferungsvertrag gab, überredete die DEA die Behörden in Manila, Ronnie Robb nach Amsterdam abzuschieben. Die niederländische Polizei versprach, ihn gleich bei seiner Ankunft am Flughafen Schiphol aufzugreifen. Das taten sie auch, und er kam in ein Gefängnis in Amsterdam, in dem Hobbs schon saß. Das Auslieferungsverfahren begann.

In England war Jimmy Newtons Freilassung auf Kaution rückgängig gemacht worden; er saß jetzt in Miami im

Gefängnis. Ihm wurde die Ehre zuteil, der einzige Nichtamerikaner zu sein, der jemals dafür an Amerika ausgeliefert
worden ist, dass er auf nichtamerikanischem Boden einem
anderen Nichtamerikaner einen nichtamerikanischen Pass
besorgt hatte. Was noch schlimmer war, auch Balendo Lo
war wieder verhaftet worden, und zwar aufgrund eines neu-
erlichen Auslieferungsantrags der Vereinigten Staaten wegen
genau desselben Verbrechens. Nachdem die Briten einmal
beschlossen hatten, dass Balendo nicht ausgeliefert werden
sollte, machte es ihnen dennoch nichts aus, ihn wieder einzusperren und der DEA eine zweite Chance zu geben.

Langsam wurde mir klar, was Roger gemeint hatte. Das
FBI gibt nicht einfach auf.

In der *Audiencia Nacional* drängelten sich Pressevertreter aus
aller Welt. Judy, Geoffrey Kenion und ich standen in einem
kugelsicheren Glaskasten in der Mitte des Saales. Wir hatten Mikrofone. Geoffrey kam als Erster dran. Er hatte seiner
Auslieferung zugestimmt. In der Wartezelle vorher hatte er
mir erklärt, dass seine Anwälte einen Deal für ihn arrangiert
hatten. Er würde sich schuldig bekennen und der DEA das
wenige erzählen, was er wusste. Daraufhin würde er freigelassen werden. Ich denke, er hatte die richtige Entscheidung
getroffen. Er war in kein Dopegeschäft verwickelt gewesen,
sondern hatte nur einmal Geld für mich abgeholt, und das
wusste die DEA sowieso schon.

Als Nächstes war Judy an der Reihe. Sie sagte, sie sei unschuldig und wollte nicht ausgeliefert werden. Gustavo sollte
ihre Gründe darlegen.

Ich stand auf und beschuldigte jeden einzelnen der Richter, meine verfassungsmäßigen Rechte eingeschränkt zu haben. Es lag ein *Antijuicio* gegen sie vor. Sie sollten abgelöst

werden. Ich erkannte ihr Recht, über mich zu urteilen, nicht an. Die Gesichter der Richter liefen vor Wut dunkelrot an. Sie brüllten den Gerichtsdolmetscher an, der auch nichts dafür konnte. Sie befahlen mir, zu schweigen. Die Verhandlung würde ungeachtet meines Protestes weitergehen.

Gustavo sprach lange darüber, was Judy alles hatte erleiden müssen. Lovato hatte sie im Nachthemd verhaftet und grob verhört. Sie war gnadenlos und grundlos Hunderte Kilometer von ihren jungen Kindern entfernt eingesperrt worden, was für diese ein schweres traumatisches Erlebnis bedeutete. Es lagen keine Beweise vor, dass sie gegen irgendein Gesetz verstoßen hatte. Sie war nie aktenkundig geworden. Unzählige hochangesehene Mitglieder der spanischen und der britischen Gesellschaft waren bereit, ihren tadellosen Lebenswandel zu bezeugen. Die DEA warf ihr das Verbrechen vor, meine Frau zu sein. Das widersprach allen Prinzipien des spanischen Rechtssystems.

Nach ungefähr einer Stunde wurden die Richter unruhig; außerdem langweilten sie sich. Sie vertagten die Verhandlung um eine Woche.

Gustavo schäumte vor Wut, als ich ihn in der Besuchskabine traf.

»Die Richter hören mir ja nicht einmal zu! Die haben doch schon entschieden!«

»Was, über Judy auch?«

»Nun ja, Judy hat noch recht gute Chancen, aber sie werden mit Sicherheit beschließen, Sie auszuweisen.«

»Damit habe ich mich schon mehr oder weniger abgefunden, Gustavo. Ich gehe davon aus, dass Sie sie mit Berufungsanträgen so lange hinhalten können, bis die zwei Jahre um sind.«

»Das kann ich, und das werde ich auch. Aber diese Verhandlung wird möglicherweise Ihr letztes Erscheinen in der Öffentlichkeit sein. Vor dem Berufungsgericht ist Ihre Anwesenheit nicht erforderlich.«

»Also?«

»In Anbetracht der Lage der Dinge sollten Sie vielleicht zur Taktik des letzten Mittels greifen.«

»Und die wäre?«

»Am Ende der Verhandlung werden Sie gefragt werden, ob Sie noch etwas zu sagen haben. Wenn Sie in diesem Moment den König oder das Land Spanien beleidigen, so stellt das ein schweres Verbrechen dar, um das sich die Gerichte kümmern müssen. Verstehen Sie mich richtig, Howard. Ich rate Ihnen nicht dazu. Ich erkläre Ihnen nur das Gesetz.«

»Ich verstehe vollkommen, Gustavo. Wenn ich also öffentlich Spanien oder seinen König beleidigen würde, was würde dann passieren?«

»Die Wachen in der *Audiencia Nacional* würden Sie sofort ergreifen. Der Saal würde geräumt werden. Es wäre ein Fest für die Presse. Es würde neue Gerichtsverhandlungen geben. Die Ungerechtigkeiten, die Sie erlitten haben, würden ans Licht kommen. Alles in allem würde es Spaniens größter Justizskandal werden. Außerdem würde eine Menge Zeit verschwendet werden, und das wäre uns nur von Nutzen.«

Auf diesen Part freute ich mich gar nicht. Ich hatte meine Rede auf Spanisch einstudiert. Es waren nur wenige Zeilen: ›Spanien ist von nun an eine Kolonie Amerikas. Der König von Spanien ist ein Weichei. Er ist nicht besser als eine Hure; er verbiegt seinen Körper und seine Moral, um seinem amerikanischen Herrn zu Gefallen zu sein. Ich spucke ihm ins Gesicht und scheiße auf die spanische Flagge.‹

Als der Gefängnisbus vom Alcala-Meco zur *Audiencia Nacional* fuhr, sah ich Hunderte Madrileños, die an diesem herrlichen Frühlingsmorgen ihren Angelegenheiten nachgingen. Sie blieben stehen, um miteinander zu reden und zu lachen. Sie saßen in Cafés, ungeniert kettenrauchend, und tranken noch vor dem Frühstück ihren Kaffee mit Kognak. Kinder sprangen an ihnen vorbei, die vor Lebensfreude überquellten. Die Gesichter der Männer waren stolz, aber freundlich. Die Frauen waren entweder gütige Mütter oder Sexgöttinnen. Ich liebte diese gewöhnlichen Spanier, mit ihrer gesunden Verachtung gegenüber Vorschriften, ihrer Unfähigkeit, in Stress zu geraten, und ihrem hingebungsvollen Bestreben, einfach eine gute Zeit zu haben. Sie sind die besten Menschen Europas. In Zeitungen und Zeitschriften fanden sich Fotos von König Juan Carlos und Königin Sofia bei alltäglichen Beschäftigungen – wie sie Bier tranken, wie sie an einem einarmigen Banditen spielten. Ich konnte diese Leute nicht beleidigen. Es war nicht ihre Schuld. Ich glaubte nicht an das, was ich tun wollte, und so verließ mich der Mumm. Während der ganzen Verhandlung saß ich schweigend da und wusste, ich hatte in gewisser Weise aufgegeben. Wie sollte ich denn gegen die DEA kämpfen, wenn ich es nicht einmal übers Herz brachte, die Leute zu beleidigen, die mich im Auftrag der DEA einsperrten?

Die *Audiencia Nacional* entschied, dass Judy und ich wegen der vom Staat Florida erhobenen Vorwürfe ausgeliefert werden sollten. Einen kleinen Sieg errangen wir trotzdem: Wegen des Lautsprecherdeals 1973 wurde ich nicht ausgeliefert, weil seitdem zu viel Zeit vergangen war. Es war aber nur ein Scheinsieg, da in den RICO-Vorwürfen auch der Lautsprecherdeal enthalten war. (Eine der Tatsachen, aufgrund derer die Staatsanwaltschaft RICO so gerne mag, ist die, dass damit Verjährungsfristen umgangen werden können.)

Ich legte Berufung ein. Judy war überzeugt, dass ihre letzte Chance, sich gegen die Auslieferung zu wehren, vertan war. Ebenso überzeugt war sie aber davon, dass kein Gericht der Welt sie wegen Drogenschmuggels verurteilen konnte. Sie wollte nach Florida gehen und die Richter dort von ihrer Unschuld überzeugen. Geoffrey Kenion ging nach Florida, wo der Prozess gegen diejenigen unserer Mitangeklagten, die schon dort waren, demnächst beginnen sollte. Patrick Lane bat Judy dringend, nicht nach Amerika zu kommen, bevor sein Verfahren abgeschlossen war. Er befürchtete, dass die DEA sie zwingen könnte, gegen ihn auszusagen. Widerstrebend schloss sie sich meinem Berufungsantrag an.

Mein Interesse an dem Prozess in Miami bewahrte mich davor, allzu tief zu sinken. Was mir auch half, war eine Neuorganisierung der Zellenverteilung in Alcala-Meco: Alle ausländischen Gefangenen waren jetzt im selben Block untergebracht. Es waren nicht ausschließlich Ausländer dort, aber fast. Roger Reaves, Darin Bufalino und Jacques Canavaggio freuten sich, mich zu sehen. Auch Zacarias war dort. Er hatte zu viele Connections, als dass er im selben Block wie die anderen Madrider Gangster hätte festgehalten werden können. Am ersten Tag, als wir uns wiedersahen, tat er nichts anderes als lächeln und mich mit starken Marokkanerjoints versorgen.

Am zweiten Tag wurden wir erst am frühen Abend aus unseren Zellen gelassen. Alle drängten sich aufgeregt um die neueste Ausgabe des *El País*. Die Neuigkeit war kaum zu glauben: Esteban Zacarias Sanchez Martinez war aus dem Alcala-Meco geflohen, aus eben diesem Zellenblock. Zacarias, vermutlich so zugekifft, dass er nicht mehr gerade denken konnte, hatte die Stäbe vor seinem Fenster durchgesägt, war aufs Dach gestiegen, war dann im Schatten der Wachtürme über mindestens drei Umgrenzungsmauern und Zäune geklettert und war so aus dem berüchtigsten Hochsicherheitsgefängnis Spaniens entkommen. Roger wäre vor Neid fast gelb angelaufen.

»Ich hab dir doch gesagt, dass man es von hier aus machen könnte. Herr im Himmel, das hab ich doch, oder? Ich wette, er hat diesen Juwelierdraht benutzt, um die Stäbe durchzuschneiden. Marie hat mir nie welchen geschickt, sonst wär ich jetzt in Südafrika und würde Gras anbauen. Verdammt nochmal! Warum hat sie mir bloß keinen geschickt? Ich werde Berufung dagegen einlegen, an Deutschland ausgeliefert zu werden. Ich bleibe noch ein bisschen. Wenn dieser bekiffte Hippie Zacarias hier rauskommt, dann kannst du deinen Arsch drauf verwetten, dass ich das auch kann.«

Jacques Canavaggio gesellte sich zu uns.

»Das sind gute Neuigkeiten über Zacarias, nicht wahr, Marco Polo? Wie geht deine Sache voran? Wirst du in Spanien vor Gericht kommen? Ich denke, diese *Acción Popular* war eine sehr gute Idee. Mein Prozess wird natürlich in Spanien sein. Und ich bin froh darüber.«

Plötzlich fiel mir etwas ein.

»Jacques, bis jetzt hat die *Acción Popular* nicht funktioniert, aber vielleicht könntest du da etwas nachhelfen.«

»Was immer ich für dich tun kann, mein Freund.«

»Erzähl der spanischen Polizei, dass die fünfzehn Tonnen libanesisches Hasch in deiner Höhle an der Costa Brava mir gehörten. Dann werden sie mich hier vor Gericht stellen müssen.«

»Marco Polo, ich bin Korse. Wir sagen der Polizei gar nichts. Aber vielleicht kann ich einen meiner Mitangeklagten aus Frankreich überreden, der Polizei deinen Namen zu sagen. Wäre das gut?«

»Danke, Jacques.«

»Es ist mir ein Vergnügen, Marco Polo.«

Mehr als all dies aber half mir die Ankunft John Parrys in Alcala-Meco, dem die Wäsche der Millionen aus dem Brinks-Mat-Goldraub vorgeworfen wurde. Die Spanier hatten ihn an der Costa del Sol geschnappt und ihn für den Auslieferungsprozess nach Madrid verlegt. Scotland Yard wollte ihn unbedingt haben. Nachdem ich mich nur zwei Minuten mit ihm unterhalten hatte, wusste ich, dass ich einen der sehr wenigen Freunde fürs Leben gefunden hatte, die man während jahrelanger Gefängnisstrafen kennenlernt. Sein Mitgefühl, seine Intelligenz, sein Humor und seine Fähigkeit, selbst munter zu bleiben und anderen Mut zu machen, heiterten mich immer wieder auf. Alle Zeit, die wir außerhalb der Zellen zubringen durften, verbrachten wir zusammen. Meine Eltern und seine Frau freundeten sich bei ihren allmonatlichen Besuchen miteinander an. Die *Funcionarios* verlegten ihn in die Zelle neben meiner. Wir diskutierten lange über unsere jeweiligen Prozesse und machten uns Gedanken über die Verteidigung des anderen. Um wirklich produktiv an meiner Verteidigung arbeiten zu können, musste ich auf den Ausgang der Prozesse von Patrick Lane, Ernie Combs und den anderen in Miami warten. Sie sollten im April beginnen. Judys Schwester, Natasha Lane, die jetzt in Florida lebte, und Marcus schickten mir immer wieder Berichte. Jimmy Newton, Geoffrey Kenion, John Francis (der John Denbigh bei Geldtransfers geholfen haben sollte) und Wyvonna Wills (Gerrys Frau) wollten sich für ihre sofortige Freilassung schuldig bekennen. Alle außer John Francis erklärten sich bereit, bei Bedarf als Zeugen der Anklage auszusagen. Die Anwälte derer, die sich nicht schuldig bekannten, machten wiederholte Versuche, die Mitschnitte der Telefonate als Beweismaterial auszuschließen zu lassen. Zur allgemeinen Überraschung, selbst der Anklagevertreter, beschloss Richter James C. Paine, dass die Mitschnitte gültiges Beweismaterial waren. Ernie, seine Freundin Patty und Patrick wurden von einer Jury für schuldig befunden. Rick Brown, der Ernie lange Zeit beim Dopetransfer geholfen hatte, und Teresita Caballero, eine mir unbekannte Freundin von Patrick, wurden freigesprochen. Die Verkündung der Strafen sollte in einigen Monaten stattfinden.

Die Protokolle der Verhandlungen sowie Kopien der Mitschnitte von Telefonaten und meinen Gesprächen mit Lord Moynihan wurden mir aus Miami zugeschickt. Keiner der Angeklagten war in den Zeugenstand getreten, um seine eigene Verteidigung vorzubringen. Es hatte keine konstruktive Verteidigung gegeben. Mir war klar, dass das ein Fehler gewesen war. Nur wer schuldig ist, lehnt ein Kreuzverhör ab und hofft auf Inkompetenz seitens der Anklage, um seine Freiheit zu erlangen.

Einen großen Fehler hatte die DEA begangen. Offenbar wussten die Agenten nichts von Jarvis, und so nahmen sie zu Unrecht an, dass ich es gewesen war, der 1984 die Kisten mit Haschisch bei der American President Line im Hafen von Karatschi abgeliefert hatte. DEA-Agent Harlan Lee Bowe und der Beamte des britischen Zolls John Stephenson waren davon so überzeugt, dass sie mehrere pakistanische Angestellte der American President Lines dazu gebracht hatten, mich eindeutig zu identifizieren. Zu dieser Zeit hielt ich mich aber gar nicht in Pakistan auf. Dafür gab es reichlich Zeugen, und somit würde ich wieder einmal einem Gericht beweisen können, dass sich Michael Stephenson gelegentlich irrte. Und im Gegensatz zu damals beim Prozess am Old Bailey wäre der Vorwurf diesmal sogar gerechtfertigt.

Ich hörte mir die Kassetten an und suchte nach der Stelle, wo ich Moynihan versicherte, mit dem Kanadageschäft und allen Lieferungen in letzter Zeit nach Amerika nichts zu tun zu haben. Sie fehlte. Ich suchte in den Mitschrieben von den Verhandlungen nach Verweisen darauf. Ein DEA-Agent sagte aus, dass seine Sekretärin aus Versehen zwanzig Minuten der Aufnahme gelöscht hatte, dass Moynihan aber bestätigt hatte, dass ich während dieser zwanzig Minuten meine Beteiligung an Lieferungen nach Kanada und Amerika gestanden hatte. Die DEA war also bereit, Beweise zu zerstören, die ihr nicht in den Kram passten und deren Verschwinden durch Meineide zu erklären. Das überraschte mich nicht mehr sonderlich.

Die Originalbänder der Telefonmitschnitte existierten nicht mehr. Das Gericht in Miami bekam die eher fadenscheinige Entschuldigung zu hören, dass die spanische Polizei aus Kostengründen ihre Tonbänder mehrmals verwenden musste. Es schien der DEA nicht aufzufallen, dass mit einem Bruchteil der Millionen von Dollar, die sie für diesen Fall ausgab, die arme spanische Polizei ein voll funktionstüchtiges, erstklassiges High-Tech-Tonstudio hätte erwerben können, ganz zu schweigen von ein paar leeren Tonbändern.

Craig Lovato war es jedoch gelungen, eine sorgfältig getroffene Auswahl von fünfhundert Gesprächen und Gesprächsfetzen zu kopieren, bevor den Spaniern die Bänder ausgingen. Aus diesen fertigte er eine Reihe ›zusammenfassende Kopien‹ an, zusammengeschnippelte Gesprächskollagen. Lovato war überzeugt, dass er die Identität aller sprechenden Personen genau erkannte, dabei hatte er sich mindestens dreißig Mal gründlich geirrt. Manchmal war das noch nachvollziehbar, manchmal aber auch nicht: Der eindeutig kantonesische Akzent von Chi Chuen Lo wurde einmal Lord Anthony Moynihan zugeordnet, und das ausgeprägte Cockney von Mickey Williams hielt er durchgehend für die Stimme Salim Maliks.

Jeden Tag saß ich mehrere Stunden daran, meine eigenen Mitschriften von den Bändern anzufertigen, da diejenigen, die von der Anklage gestellt wurden, geradezu lächerlich fehlerhaft waren. Viele der Fehler rührten offensichtlich daher, dass der Verfasser etwas Bestimmtes hatte hören wollen. Ich vermutete, dass sie von Lovato stammten. So war ›Teig‹ als ›Thai‹ notiert worden, ›Handtuch‹ als ›Bangkok‹, ›müde‹ als ›Tüte‹, ›Sohle‹ als ›Kohle‹, ›nicht, dass ich wüsste‹ als ›an der Küste‹, ›ohne Vorwarnung‹ als ›deine große Ladung‹ und ›an der Garderobe‹ als ›dein Geldbote‹.

Bei der Verhandlung in Miami erklärte Lovato einige passende Ausschnitte von Telefonaten vor dem Hintergrund einer Drogenlieferung von Pakistan nach Amerika. Das war nicht weiter schwierig, da die Gespräche völlig allgemein gehalten waren und kaum jemandes richtiger Name oder ein bestimmter Ort erwähnt wurde. Sie waren auf so gut wie jeden Deal überall in der Welt übertragbar. Lovato mochte zwar behaupten, dass ›drüben‹ Kalifornien bedeutete und ›Mozambique‹ für Mexiko stand, aber ebenso plausible Erklärungen, wenn nicht sogar noch einleuchtendere, waren immer möglich. Schließlich behaupteten die Spanier, als sie 1985 mit ihren Ermittlungen begannen, dass ich Haschisch nach Spanien schmuggelte. Die Holländer hingegen, die, wie sich herausstellte, zur selben Zeit Hobbs' Telefonsystem in Amsterdam abhörten, waren der festen Überzeugung, dass in die Niederlande geschmuggelt werden sollte. Beide Länder hatten dank ihrer jeweiligen Interpretation der Telefonate Beweise genug, dass ihre Vermutungen zutrafen. Wahrscheinlich hätten viele der beteiligten Länder Gründe zu der Annahme finden können, dass sie das beabsichtigte Zielland waren.

Meine Verteidigung nahm langsam Formen an. Ich war aufgeregt. Es würde keine so interessante Verteidigung werden wie die, ein Geheimagent zu sein, aber funktionieren müsste sie eigentlich trotzdem. Es war zwecklos zu behaupten, dass ich kein Haschischschmuggler war, aber ich konnte erklären, dass es mir nicht im Traum einfallen würde, welches nach Amerika zu bringen, nicht bei den Strafen, die man dort heutzutage bekam. Es wäre ja Wahnsinn, auch nur daran zu denken. Selbst die Amerikaner schmuggeln nicht mehr nach Amerika. Es gibt bessere Orte, wo man mehr Geld für sein Dope bekommt, wo man nicht so leicht geschnappt wird und wo man nicht lange hinter Gitter kommt, wenn doch etwas schiefgeht. Lovatos Interpretationen waren fast der einzige Beweis, dass ich Haschisch nach Amerika geschmuggelt hatte. Die einzige Ladung, die seit 1973 in den Vereinigten Staaten gebustet worden war, waren die zwei Tonnen in Alameda, Kalifornien, die mit der American President Line der Regierung geschickt worden waren. Und was diese Ladung betraf, hatte sich die DEA dank Michael Stephenson schon selber disqualifiziert. Welches Land sollte ich also nehmen? Wohin hätte ich die zehn Tonnen pakistanisches Hasch schmuggeln wollen?

Es musste Westeuropa, Kanada oder Australien sein, für andere Gegenden war die Ladung zu groß. Ich fing an, drei verschiedene Szenarien zu entwerfen, eines für jedes Land, und sie gegen die Anklage zu halten. Jede der drei Varianten erforderte reichlich Recherchen, aber alle drei schienen möglich. Die Millionen von Dollar in Amerika wegzureden könnte ein Problem werden, aber Geldwäsche war ein internationales Geschäft, und das Geld tauchte manchmal an den unwahrscheinlichsten Stellen auf. Es waren die unterschiedlichsten Gründe denkbar, weshalb ein Kunde (in welchem Land er auch immer saß) in Amerika und in Dollar bezahlen wollte, in der Währung aller internationalen Schwarzmärkte. Solange niemand sang, hatte ich gute Chancen, selbst wenn ich ausgeliefert wurde.

Marcus kam vorbei und brachte schlimme Neuigkeiten. Die Kinder waren zur Erholung eine Weile zu Verwandten und Freunden in England gefahren. Während eines Besuchs bei unserem Hausarzt, Basil Lee, war Francesca zusammengebrochen und hatte ihm ihre entsetzlichen Lebensumstände geschildert. Nigel war ein hoffnungsloser Junkie und Säufer. Er verschleuderte mein Geld. Er zensierte ihre Briefe an Judy und mich. Seine Hobbys waren unter anderem, Masha zu verprügeln und die Kinder stundenlang in ihren Zimmern einzusperren. Der kleine Patrick war eines Nachts im Rinnstein gefunden worden, während Nigel, bis zur Bewusstlosigkeit betrunken, in einer Bar in der Nähe eingeschlafen war. Francescas Leben bestand aus Schreien und Quälereien. Sie war verzweifelt. Und sie war erst acht.

Dr. Lee schrieb Judy einen sehr entschiedenen Brief. Nigel und Masha mussten fort. Marcus sagte, Natasha Lane wollte mit ihren zwei Kindern nach Palma kommen. Wenn ich ihnen den Unterhalt zahlte, wollten sie so lange bleiben, bis Judy nach Hause kam. Ich war so schockiert, dass ich nur noch schweigen konnte. Dass irgendwas mit Nigel nicht stimmte, hatte ich schon gespürt, aber so etwas hatte ich wirklich nicht geahnt. Natasha war in Ordnung; es war wahrscheinlich die beste Lösung. Sonst konnte ich nichts tun. Nachts aber fühlte ich wieder den Schmerz meiner Kinder, der mich rächend heimsuchte.

Auch bei seinem nächsten Besuch hatte Marcus schlechte Nachrichten. Johnny Martin war in Brighton an einem Herzanfall gestorben. Zwar war er gegen Ende ein kranker Junkie gewesen und von seinem Charakter, der mir so lieb gewesen war, war nicht mehr viel übrig gewesen, aber ich verlor doch einen Freund, mit dem ich viel Spaß und viele Abenteuer geteilt hatte. Mein Mitgefühl galt seiner Frau Cynthia und seinen Kindern.

Endlich brachte Marcus mir gute Neuigkeiten. Patrick Lane, dem lebenslänglich oder einhundertzwanzig Jahre gedroht hatten, war zu einer Gesamtstrafe von stolzen drei Jahren verurteilt worden. Nur drei Jahre! Und darum machen wir uns alle solche Sorgen? Hatte Richter Paine den ganzen Betrug der DEA durchschaut? Er musste eingesehen haben, dass wir nicht so groß oder so schlecht waren, und beschlossen haben, uns laufen zu lassen, bevor all die wirklich fiesen Kerle das Haschischgeschäft in die Hand nahmen. Wenn Patrick drei Jahre bekommen hatte, was musste ich dann erwarten? Vielleicht das doppelte. Damit würde ich fertigwerden. In ein paar Jahren wäre ich wieder frei. Und was Judy betraf, wenn Patrick drei Jahre bekommen hatte, dann durfte sie höchstens ein paar Minuten bekommen. Sie konnte nicht mehr gezwungen werden, gegen Patrick auszusagen, und es war offensichtlich nicht sinnvoll, dass sie noch länger in Madrid blieb und sich gegen die Auslieferung wehrte. In den Vereinigten Staaten gibt es eine *Speedy Trial Act,* die besagt, dass Verfahren so schnell wie möglich abgeschlossen werden sollten. Innerhalb weniger Wochen könnte Judy ausgeliefert und freigesprochen werden. Selbst wenn sie verurteilt werden sollte, was völlig unmöglich schien, würde Richter Paine kaum verlangen, dass sie noch länger im Gefängnis blieb.

Der Anwalt, der Rick Browns Freispruch erreicht hatte, war Don Re aus Los Angeles. 1984 hatte er erfolgreich John De Lorean vertreten, den Autofabrikanten aus Belfast, der verraten wurde, als ein Kokainring hochging. Er hatte ausgezeichnete Referenzen. Ich schrieb ihm und fragte, ob er nach Madrid fliegen und mich und Judy treffen könnte. Das könnte er schon tun, es würde aber 25 000 Dollar kosten. Es musste sein.

Auch Don Re war überzeugt, dass es das Beste für Judy war, nach Amerika zu gehen. Er würde sich ab ihrer Ankunft um sie kümmern und dafür sorgen, dass sie so bald wie möglich wieder nach Hause käme – gegen eine Anzahlung von weiteren 25 000 Dollar. Es musste sein. Amerikanische Anwälte waren offenbar teuer: Don Re hatte jetzt schon mehr bekommen als Gustavo.

Je mehr ich mich mit der Frage beschäftigte, desto sicherer war ich mir, dass Australien das beste Land war, das ich vorgeben konnte, 1986 mit Hasch überschwemmt zu haben, während meine Telefone abgehört wurden. Auf den zehntausend Seiten Beweismaterial gab es alle möglichen Hinweise auf Australien. Es war bewiesen, dass Ernie Combs in den Siebzigern Dope von Indien nach Australien geschmuggelt hatte und dass Philip Sparrowhawk während der Achtziger Thaigras nach Australien gebracht hatte. 1985 war mir ein australisches Visum verweigert worden. Die DEA hatte mithilfe der australischen Polizei die Wanze in Gerrys Schiff eingebaut, als es sich 1986 in australischen Gewässern befand. Carl besaß einen australischen Pass. Ich hatte einen falschen Pass mit einem australischen Visum. Moynihan hatte erwiesenermaßen Heroin nach Australien geschmuggelt und war ein Geheimagent Australiens gewesen. Während ich Moynihan in Manila besucht hatte, war Judy in Australien gewesen. Joe Smith war der erste große Marihuanaschmuggler Australiens. Mehrere meiner Mitangeklagten waren während der fraglichen Zeit in Australien gewesen. Bei kreativer Interpretation waren auch die Telefonmitschnitte voller Hinweise auf Australien. Auf diesen Grundlagen könnte ich schon eine glaubhafte Geschichte zusammenspinnen.

Marcus besorgte mir ausführliche Bücher über das jüngste Zeitgeschehen in Australien. Wo immer es sich machen ließ, brachte ich sie mit vagen Äußerungen in den abgehörten Telefonaten in Verbindung. Ich arbeitete mich in australische Politik, Verbrechen, Kriminalität sowie Drogenkonsum und Drogenschmuggel in Australien und in das Bankensystem ein. Dabei stieß ich auf die Geschichte von Nugan-Hand Ltd., einer privaten australischen Bank.

Frank Nugan und Michael Hand eröffneten 1973 in Sydney ein Bankunternehmen. Frank Nugan war ein australischer Playboy, dessen Familie in Australiens Hauptanbaugebiet von Marihuana einen Obsthandel besaß. Michael Hand war ein CIA-Agent aus New York. Er war bei den Green Berets gewesen, die an dem massenmörderischen Phoenix-Programm der CIA in Vietnam beteiligt gewesen waren. Er hatte auch schon für Air America gearbeitet, die Fluglinie der CIA, die während der Nixon-Ära tonnenweise Opium aus dem Goldenen Dreieck zu lukrativen Märkten befördert hat. Die Kapitalquelle der neuen Bank waren angeblich Investitionen in Immobilien von amerikanischen Soldaten, die gerade mal eine Pause einlegten, bevor sie weiter vietnamesische Frauen und Kinder abschlachteten.

1977 wurde in Chiang Mai in Thailand eine Zweigstelle eröffnet. Es gab Verbindungstüren zwischen dem Büro der Bank und dem der DEA. Schon bald war die Bank auch an der Finanzierung einiger Casinos in Las Vegas beteiligt, verwaltete einen Teil des Vermögens des iranischen Schahs, mischte bei undurchsichtigen internationalen Waffengeschäften mit und kümmerte sich um die Wäsche der Einnahmen aus Heroin- und Opiumschmuggel. Im Bankvorstand fanden sich nicht wenige hohe Tiere der US-Armee.

1980 wurde Frank Nugan tot aufgefunden. Entweder hatte er in einer Weise Selbstmord begangen, die das Geschick eines professionellen Akrobaten erforderte, oder er war ermordet worden. Michael Hand war verschwunden. Die Bank musste geschlossen werden. Ein großer Teil der Creme der militärischen Führungskräfte Amerikas verlor ihre Einlagen. Der Senat der Vereinigten Staaten leitete eine Untersuchung ein. Die CIA machte unter Ausschluss der Öffentlichkeit einige beeidigte Aussagen, und die Untersuchung wurde eingestellt.

Carl war einmal zu Unrecht beschuldigt worden, Frank Nugan ermordet zu haben. Die *Sunday Times* berichtete, dass Lord Moynihan Kontakt zu Nugan-Hand Ltd. gehabt hatte.

Das war klasse. Ich konnte allen möglichen interessanten Kram mit hineinbringen, wie ihn Jurys gerne hören. Vielleicht könnte ich sogar einen Teil meines MI6-Mythos wieder aufwärmen. Ich war bloß ein lieber Dopeschmuggler, der in diversen Ländern (aber nicht in Amerika!) seinen Geschäften nachging und nebenbei für seine Oxforder Kumpels beim MI6 die Augen offen hielt, falls etwas wirklich Böses geschah. Gerry Wills hatte für mich eine Ladung nach Australien gebracht, und Jacobi und Sunde hatten das Geld für mich gewaschen. Die Devisenbestimmungen in Australien waren außerordentlich streng. Jacobi kannte CIA-Agenten, die auf riesigen Geldbergen in den Staaten saßen, die sie nur zu gerne gegen Bargeld in Australien eintauschen wollten. Wir hatten unsere Methoden, um Bargeld aus den Vereinigten Staaten herauszubringen, also holten wir es ab und bezahlten unsere Leute aus. Kein Dope war jemals nach Amerika gekommen. Ich hatte meinen nicht existenten Vorgesetzten beim MI6 ausführlich Bericht erstattet, und sie zeigten sich äußerst interessiert an Details wie CIA-Agenten mit Koffern voller Dollar. In einem verzweifelten Versuch, die Sache zu vertuschen, wendeten sich CIA und DEA mithilfe der australischen Polizei an ihren Partner von Nugan-Hand Ltd., Lord

Moynihan, und baten ihn um seine Unterstützung bei dem Versuch, mich hochgehen zu lassen. Sie hatten ein verständliches Interesse daran, den Dopedeal als amerikanische Angelegenheit darzustellen, mit der die Geldwäsche der CIA in Australien rein gar nichts zu tun hatte.

Ich war überzeugt davon, dass diese Verteidigung funktionieren konnte. Sie war nicht einmal so bizarr wie die mit dem mexikanischen Geheimagenten, und selbst die hatte Erfolg gehabt. Die Frage war nur, hatten amerikanische Jurys einen Sinn für Humor?

Die Hitze des Sommers 1989 lag drückend auf dem Alcala-Meco. Täglich absolvierte ich meine Yogaübungen, arbeitete an meiner Verteidigung, rauchte Joints und lief mit John Parry im *Patio* auf und ab. Roger dachte über einen Fluchtplan nach. Mein Kampf gegen die Auslieferung lag jetzt völlig in den Händen von Gustavo und den Gerichten. Dem Berufungsgericht der *Audiencia Nacional,* dem äußerst langsam arbeitenden höchsten Gericht Spaniens und dem fast gar nicht arbeitenden spanischen Verfassungsgericht lagen Unmengen zeitraubender Einzelfragen vor.

Ende Juli kam ein vierzigminütiger Bericht über mich im spanischen Fernsehen. Er stand meinen Schwierigkeiten sehr mitfühlend gegenüber und zog Dutzende Briefe von Spaniern nach sich, die mir alles Mögliche anboten – angefangen bei der Zahlung der Anwaltskosten bis hin zum besten Sex, den ich mir nur vorstellen könnte. Alle drückten Scham aus, dass Spanien mich so einfach den Amerikanern zum Fraß vorwerfen wollte.

Nach der Fernsehsendung besuchten Amber, Francesca und Patrick erst Judy und dann mich. Sie wussten, dass dies ihr letzter Besuch sein würde, bevor Judy nach Amerika gebracht wurde, und die Mädchen hatten Angst. Patrick schien es gutzugehen; er hatte aber seit unserer Festnahme vor einem Jahr noch kein Wort gesprochen. Während ihres ganzen Besuchs saßen Amber und Francesca schluchzend auf meinem Schoß.

»Werden wir dich hier besuchen können, Daddy, wenn Mummy weg ist?«

»Aber natürlich, meine Schätzchen. Ihr werdet mich wahrscheinlich alle paar Monate besuchen kommen. Wir werden uns schon bald wiedersehen.«

Ich irrte mich. Es sollten fünf endlose Jahre vergehen, ehe ich sie wiedersah.

Jacques Canavaggio kam im *Patio* auf mich zu.

»Marco Polo, ich kann dir nicht helfen. Jemand, der es wissen sollte, hat mir gesagt, wenn einer meiner Leute sagt, die zehn Tonnen Libanesen an der Costa Brava gehörten dir, dann würden mich die Ami-Schweine ausgeliefert haben wollen, weil ich zu deiner Organisation gehören würde. Diese Bastarde von der DEA sind völlig verrückt.«

»Ich verstehe schon, Jacques. Mach dir keine Sorgen.«

»Du wirst immer einen Freund auf Korsika haben, Marco Polo. Denke daran.«

Jacques entfernte sich. Darin Bufalino kam heran.

»Hi, Tommy. Was geht?«

»Ich bin kein Tommy«, protestierte ich. »Ich bin Waliser. Ihr Yanks seid doch alle gleich.«

»Ich bin kein Yank, ich bin halb Ire und halb Italiener.«

»Und wo ist da der Unterschied?«

»Tja, da hast du mich, Tommy. Aber hör zu. In ein paar Tagen liefern sie mich an die guten alten US of A aus. Kann ich dort irgendwas für dich tun? Ich werd natürlich im Gefängnis sein, aber du weißt, Howard, ich hab Connections.«

Ich war darauf bedacht gewesen, meine Verteidigung mit Australien geheim zu halten und hatte schon beschlossen, Gustavo mein ganzes Recherchenmaterial herausschmuggeln zu lassen. Außerdem wollte ich, dass die DEA glaubte, dass ich eine völlig andere Verteidigung vorbringen würde, so dass ich sie überraschen könnte.

»Darin, könntest du gewisse Informationen an die DEA durchsickern lassen? Es wäre eine falsche Fährte. Es würde nur ihnen und sonst niemand schaden, und mir könnte es wirklich helfen.«

»Hey, ich zweifle nicht an dir, Mann. Aber wenn ich das täte, dann stünde ich als Verräter da, und das könnte meiner zukünftigen Karriere arg schaden. Ansonsten würde ich alles tun, um dir zu helfen, versprochen.«

Der Ehrenkodex unter Kriminellen erwies sich als Problem. Ich musste mir etwas anderes einfallen lassen. John Party kam zu uns. Ich erklärte ihm das Problem.

»Das ist einfach, Howard. Wenn sie dich nach Amerika bringen – da möge der Herr davor sein – aber wenn sie es tun, dann nimm falsche Unterlagen für deine Verteidigung mit. Diese Bastarde von der DEA werden sie sich bestimmt krallen, sobald du in Florida landest. Dann werden sie sie fotokopieren und dir zurückgeben, als wäre nichts gewesen. Sie denken, sie wären dir eins voraus, und du kannst ihnen dann mit deiner richtigen Verteidigung kräftig in den Arsch treten.«

Das müsste klappen.

Judy ging. Kurz bevor sie am internationalen Flughafen von Madrid an Bord des Fliegers gebracht wurde, durfte sie mir noch ein Telegramm schicken. ›Bete für mich‹ stand darin. Ich betete und weinte und hörte das Schluchzen meiner Kinder.

Darin Bufalino wurde an Amerika ausgeliefert, nach Boston. Andere meiner Mitgefangenen wurden an diverse andere Länder ausgeliefert. Roger hatte sie gebeten, ihm zu schreiben und genau zu schildern, wie ihre Reise ablief. Einige ihrer Briefe waren angekommen.

»Lass mich dir was sagen, Junge, von dem Madrider Flughafen abzuhauen, ist ein Kinderspiel. Ich hab's in Amsterdam geschafft, und ich bin mir verdammt sicher, mit der Hilfe des Herrn werd ich's auch hier schaffen.«

»Aber, Roger, du wirst Handschellen anhaben. In Amsterdam hattest du keine.«

»Hey, ich hatte auch welche an, als ich in Palma im Gericht aus dem Fenster gesprungen bin. Scheiß auf die Handschellen. Ist aber egal, in der Abflugshalle müssen die Bullen sie mir sowieso abnehmen. Ich wette, du hast in der Abflugshalle oder an Bord eines Fliegers noch nie einen Typen mit Handschellen gesehen, oder? Nein, hast du nicht. Ich werde einfach in ein anderes Flugzeug steigen, vielleicht eins, das direkt nach Südafrika fliegt. Ich kann's gar nicht erwarten, in diesen beschissenen Flughafen zu kommen.«

Kurze Zeit nach diesem Gespräch wurde Roger an Deutschland ausgeliefert. Er wurde die ganze Strecke im Auto gefahren. Wie geplant bekannte er sich schuldig und sagte gegen mich und McCann aus. Die Deutschen gaben ihm sieben Jahre und sperrten ihn in ein Hochsicherheitsgefängnis in Lübeck.

Am Freitag, dem 31. Oktober, kam mich Gustavo besuchen. Er war aufgewühlt und verärgert.

»Es ist unglaublich. Absolut unglaublich. Das Berufungsgericht der *Audiencia Nacional* und das Verfassungsgericht haben unseren Antrag gegen die Auslieferung abgelehnt. Auch die *Acción Popular* ist abgelehnt worden. Gewöhnlich brauchen solche Fälle Jahre. In diesem Fall müssen sie fast sofort reagiert haben. So etwas hat es noch nie gegeben.«

»Gibt es noch eine Chance, Gustavo, oder bin ich schon unterwegs nach Miami?«

»Das Oberste Gericht muss noch entscheiden. Bis dahin können sie Sie eigentlich nicht ausliefern. Und ich habe noch ein paar Ideen, über die ich am Montag mit Ihnen sprechen werde. Versuchen Sie einfach, das Wochenende zu genießen.«

Am nächsten Tag, einem Samstag, arbeitete ich an meiner falschen Verteidigung, mit der ich die DEA in die Irre führen wollte. Die Unterlagen für die echte Verteidigung mit Australien und die detaillierte Analyse des gesamten Beweismaterials hatte ich Gustavo mitgegeben. Ich entwarf die Art geschwindelte Verteidigung, wie sie die Behörden von mir erwarten würden: Nach meinem Dienst für den mexikanischen Geheimdienst und dem Freispruch vom Vorwurf des Marihuanaschmuggels versetzte mich der MI6 an den Khaiberpass. Es war die erklärte Politik der Vereinigten Staaten und Großbritanniens, den Kampf der Mudschaheddin gegen die Besetzung Afghanistans durch die Sowjetunion zu unterstützen. Es gab offizielle finanzielle Zuwendungen, und auch illegale Einnahmen, wie durch den Export von afghanischem Haschisch, wurden im Geheimen gefördert. Es war offensichtlich, dass die Haschischladung 1986 von den Mudschaheddin kam. Es war ja auf jede Platte gestempelt. Ebenso offensichtlich war, dass die CIA bei der Ladung, die 1984 mit der American President Line befördert worden war, ihre Finger mit im Spiel hatte. Ich hatte nicht gegen amerikanisches Gesetz verstoßen. Ich ging in Pakistan der Arbeit nach, mit der der MI6 und die CIA mich betraut hatten: die Welt von der Geißel des Kommunismus zu befreien. Es war ungeheuerlich, mir auch nur einen Vorwurf zu machen.

Einen Ordner betitelte ich ›Verwenden, wenn möglich‹ und heftete darin Zeitungsberichte ab, über heißes Geld der

CIA, das bei den afghanischen Rebellen auftauchte, über die IRA, die den Mudschaheddin Stinger Missiles abgekauft hatte, über die Entführung eines amerikanischen Flugzeugs durch die PLO auf dem Rollfeld des Flughafens von Karatschi 1986, über Stützpunkte der Mudschaheddin am Khaiberpass, die als Trainingslager für arabische und philippinische Terroristen benutzt wurden, und über Theorien, wer Präsident Ziaul Haq ermordet hatte. Um das Maß voll zu machen, tat ich auch noch irgendeine blödsinnige Theorie dazu, dass eine kommunistische Zelle in Nepal den Haschischhandel auf der ganzen Welt kontrollierte.

Genau die Sorte Verteidigung, die die DEA erwarten würde.

Den ganzen Sonntagvormittag und einen guten Teil des Nachmittags verbrachte ich, Joints rauchend, im Bett. Um vier, der Zeit, zu der wir für unsere Mahlzeit eingesperrt wurden, klopfte es höflich an meine Zellentür. Es war einer der netten jungen *Funcionarios,* die Englisch konnten. Er sprach durch die Metalltür mit mir.

»Marco Polo, packen Sie bitte Ihre Sachen. Sie gehen jetzt fort. Ich komme in zwanzig Minuten wieder, wenn die Zellen geöffnet werden. Seien Sie dann bitte bereit.«

Die Schritte des *Funcionarios* entfernten sich. Mir wurde kalt. Ich fing an zu zittern. Bebend begann ich, meine falsche Verteidigung und meine anderen Sachen in einen Kopfkissenbezug zu stecken.

»Habe ich das eben richtig gehört, Howard?«, fragte John Parry von nebenan. »Wenn ja, dann solltest du jetzt noch einen guten, starken Joint durchziehen. Es könnte für eine ganze Weile dein Letzter sein. Aber mach dir keine Sorgen. Du wirst schon durchkommen. Halt die Ohren steif. Denk an die Hamburger und die Hot Dogs. Besser als dieser Paellafraß.«

Ich packte meine Sachen fertig, baute einen großen starken Joint und steckte meinen Rest Haschisch in die Unterhose. Hastig nahm ich ein paar Züge. Die Zellentüren wurden geöffnet. Wolken von Rauch und Haschischdampf quollen aus meiner Zelle und hüllten den *Funcionario* ein. Er lachte und ging weiter. John Parry rannte ihm hinterher.

»*Funcionario, Funcionario,* schauen Sie nach Marco Polo. Er raucht *Chocolate.* Sie müssen ihn busten! Er muss ins Gefängnis kommen, und zwar hier! Sie können ihn nicht in die Staaten gehen lassen!«

»Aber nein«, meinte der *Funcionario,* »Marco Polo kann tun, was ihm passt. Nur in Amerika muss er dafür bezahlen. Von mir aus darf er das Haschisch rauchen. Aber er muss sich beeilen. Interpol wartet.«

»Ich denke nicht, dass das Marco Polo Kopfzerbrechen bereitet«, sagte John. »Eigentlich mag er Interpol gar nicht. Außerdem muss ich seine Tasche tragen. Ich habe immer seine Tasche getragen.«

»Meinetwegen, tragen Sie seine Tasche. Aber beeilen Sie sich bitte.«

John Parry, der meinen Kopfkissenbezug trug, und ich mit meinem riesigen Joint wurden den Gang entlanggeführt. Etwa zehn uniformierte Wachen und einige ernst aussehende Männer in dezenten Anzügen nahmen uns in Empfang.

»Hier trennen sich unsere Wege, Howard. Sei stark.«

Uns standen beiden die Tränen in den Augen. Wir umarmten uns und nahmen Abschied.

Ich wurde schnell in einen Kleinbus gesteckt, zur Polizeistation von Madrid gefahren und in eine Wartezelle gesperrt. Die Beamten lehnten es strikt ab, mich mit irgendjemand telefonieren zu lassen, aber ansonsten waren sie überaus freundlich, fast schon so, als wäre es ihnen peinlich, und sie ver-

627

sorgten mich reichlich mit Essen, Kaffee und Zigaretten. Als ich für die Nacht eingeschlossen wurde, schluckte ich mein Piece und schlief ein.

Am nächsten Morgen wurde ich sehr früh aus der Zelle geholt. Neben den spanischen Polizisten standen drei Männer, die offensichtlich Amerikaner waren, ein Schwarzer, ein Südamerikaner und einer irischer Herkunft.

»Sind Sie Dennis Howard Marks?«, fragte der Südamerikaner.

Ich nickte. »Wir sind vom Federal Marshals Service der Vereinigten Staaten von Amerika. Wir haben Befehl, Sie in die Vereinigten Staaten zu überführen. Wir werden Ihnen jetzt allen Besitz abnehmen mit Ausnahme der Kleider, die Sie tragen. Ich werde jetzt eine Leibesvisitation durchführen.«

»Er ist schon durchsucht worden«, log einer der höheren spanischen Polizeibeamten in Zivil.

»Ich hätte es vorgezogen, ihn persönlich zu durchsuchen. Bitte notieren Sie das für den Bericht. Mr Marks, händigen Sie uns bitte Ihre Zigaretten aus, und stecken Sie die Hände in diese Handschellen.«

»Ich bin Kettenraucher, vor allem an Bord von Flugzeugen.«

»Wir werden Ihnen Zigaretten geben, wenn Sie darum bitten.«

»Ich will jetzt eine.«

»Sie werden sich gedulden müssen, bis wir am Flughafen sind. Wir haben nicht viel Zeit. Wir warten schon seit Freitag auf Sie. Es waren sehr viele Formulare auszufüllen. Und ich bezweifle, dass unsere spanischen Kollegen es Ihnen gestatten würden, ihr Büro mit Ihrem Zigarettenqualm zu verpesten.«

»*Por favor, hombre!*«, sagte der Mann von Interpol und reichte mir eine seiner Zigaretten.

In halsbrecherischem Tempo wurden die drei Marshals, der Mann von Interpol und ich zum Madrider Flughafen gefahren. Nach einer Stunde in einer Wartezelle wurde ich mit einer Gewehrmündung im Rücken an Bord einer völlig leeren Pan Am 747 geführt. Rechts und links von mir saß jeweils ein Marshal und einer hinter mir. Normale Passagiere kamen an Bord. Der südamerikanische Marshal schien plötzlich sehr stolz auf sich zu sein.

»Das hier ist amerikanisches Gebiet. Ein amerikanisches Flugzeug ist amerikanisches Territorium, wo auch immer es sich befindet. Belehren Sie ihn über seine Rechte.«

Und das taten sie wie im Kino.

Jede einzelne Minute der Reise war grässlich. Nach der Landung in New York legte mir der spanische US Marshal eine Kette um die Hüfte und führte mich wie einen zahmen Schimpansen durch ein Labyrinth von Gängen. Zunächst wollten mich die Beamten von der Einreise nicht durchlassen, weil ich kein Visum hatte und ein überführter, Drogen dealender Schwerverbrecher war. Dann wurde den US Marshals nicht gestattet, zum Weiterflug an Bord des Fliegers zu gehen, weil sie ihre Tickets nach Miami verloren hatten. Außerdem hatten sie nicht daran gedacht, sich Genehmigungen für die Waffen zu besorgen, die sie trugen, um mich töten zu können, falls ich beschließen sollte, aus dem Flugzeug zu springen. Kurz vor Mitternacht kamen wir am Miami International Airport an, wo uns ein anderer US Marshal erwartete, ein sehr junger, sehr dicker, glatzköpfiger Schwarzer in einem ekelhaft bunten Mickeymaus-T-Shirt. Die vier US Marshals und ich stiegen in ein großes Auto mit einem weiteren US Marshal am Steuer und fuhren über eine Autobahn zu einer großen Anlage mit mehreren Wohnblocks, einer Fabrik, einer Kapelle und einem Teich. Es sah aus wie eine Gartenstadt. Ein Schild besagte, dass es sich um das Miami Metropolitan Federal Correctional Center (Miami MCC) vom United States Federal Bureau of Prisons handelte. Eine korpulente Frau mit halbautoma-

tischer Waffe und einem lächerlich kurzen Minirock winkte uns in Richtung zur Aufnahme durch. Ich war der einzige
Neuzugang. Die Gefängniswärter nahmen alle meine persönlichen Gegenstände an sich, zogen mich nackt aus, schauten
in meinen Hintern und wiesen mich an, meine Vorhaut zu-
rückzuziehen. Ich bekam eine Nummer, 41526-004, wurde
fotografiert, meine Fingerabdrücke wurden genommen, und
dann wurde ich in eine Einzelzelle gebracht. Ich konnte nicht
schlafen. Zwei Stunden später, um drei Uhr morgens, brüllte
ein Wärter durch die Tür.

»Name?«

»Marks.«

»Nummer?«

»Keine Ahnung, ich bin gerade erst angekommen.«

»Nummer?«

»Weiß ich nicht.«

Der Wärter verschwand und kam in Gesellschaft von drei
anderen zurück. Sie brachten mich in eine kalte Wartezelle, in
der lauter kolumbianische und kubanische Kokaindealer saßen.
Ich bekam mit, dass wir zum Gericht gebracht werden sollten.
Die Prozesse der meisten Kolumbianer und Kubaner hatten
schon begonnen, und sie waren todmüde. Jeden Tag wurden
sie um drei Uhr früh geweckt, für fünf Stunden in Wartezellen
gesteckt, von US Marshals gefesselt, mit dem Bus zum Gericht
gefahren, bis zu vier Stunden lang vor Gericht gestellt, mehrere Stunden in den ›Bullpen‹, den Rinderverschlag, gesperrt,
die winzige Wartezelle des Gerichtsgebäudes, und schließlich zurück ins Gefängnis gebracht. Sie konnten nie vor Mitternacht schlafen gehen und durften keine Bücher oder andere Dokumente lesen. Unter diesen Bedingungen kämpften sie
gegen die Regierung der Vereinigten Staaten um ihre Freiheit.

Ich war nur wenige Minuten im Gerichtssaal. Der Friedensrichter sagte, ich sollte am nächsten Tag wiederkommen. Vier oder fünf Tage lang wurde ich zwischen Gefängnis und Gericht hin- und hergeschoben; jeden Tag stand ich nur ein paar Minuten vor dem Richter. Die DEA und die Presse erschienen nicht. Beim letzten Mal sah ich Robert O'Neill, den Assistant United States Attorney, den ich schon in Spanien getroffen hatte. Er sagte mir, dass ich jetzt offiziell angeklagt sei. Ich hatte einen Pflichtverteidiger zugewiesen bekommen, der von der Regierung der Vereinigten Staaten bezahlt wurde. O'Neill riet mir, einen besseren zu engagieren, den ich allerdings selber bezahlen müsste.

Nach diesem vorerst letzten Erscheinen vor Gericht wurde ich zurück ins Miami MCC gebracht. Nach den ersten Tagen obligatorischer Isolation wurde ich jetzt im Hauptblock des Gefängniskomplexes untergebracht. Der nächste Morgen war herrlich sonnig, und als ich herausdurfte, spazierte ich um den Teich herum. Enten schwammen darauf, und am Ufer sonnte sich ein Plastikkrokodil. Außen herum standen Betontische und -bänke. Es gab Tennisplätze, einen Turnplatz, eine Joggingbahn, einen Fußballplatz, einen Platz zum Hufeisenwerfen, ein Basketballfeld, eine Kegelbahn, eine Cafeteria, einen Laden, eine Bibliothek, ein Freiluftkino, Billardzimmer, Fernsehzimmer und Verkaufsautomaten. Ein Mann kam auf mich zugerannt. Es war Malik.

»D. H. Marks, wir sind also zusammen hier. Es ist Wille Allahs. Und dies, sagen amerikanische Bastarde, ist Land von Gott, Land von Freiheit.«

»Wie zum Teufel haben sie es geschafft, dass du ausgeliefert worden bist, Malik?«

»Politische Gründe. Mit Zia, es wäre in hundert Jahren nicht passiert. Aber jetzt ist Benazir an Macht. Sie will amerikanische Dollar. Richter an Berufungsgericht in Pakistan liefern mich aus. Am nächsten Tag amerikanische Schweine geben ihnen US-Visa und Greencard. Jetzt, sie leben gut in Washington. Sie denken, sie haben Dritte Welt für besseres Leben verlassen. DEA sagt mir, ich soll mich schuldig bekennen und aussagen. Dann, sie werden mich nach Pakistan zurückschicken. Ich sage: ›Warum nicht?‹ Ich werde ihnen ganze Scheiße erzählen.«

»Malik, du wirst doch nicht gegen mich aussagen, oder?« Er lächelte.

»Wenn ich das tue, D. H. Marks, dürfen Sie Kreuzverhör führen. Sie werden sehen, ob ich Schaden anrichte. Ich werde ihnen Scheiße erzählen. Wir sind in Geschäft mit Papiermühlen.«

»Was ist aus deinem Neffen Aftab geworden?«

»Er hat mich verraten.«

»Wird er auch gegen mich aussagen?«

»Wenn DEA fragt, er wird machen.«

Jim Hobbs und Ronnie Robb gesellten sich zu uns. Beide waren ohne Umstände von den Niederlanden ausgeliefert worden. Man hatte ihnen ihre sofortige Freiheit angeboten, wenn sie sich schuldig bekannten, zu Verrätern wurden und alles ausplauderten, was sie wussten. Sie hatten das Angebot abgelehnt und warteten auf ihren Prozess. Dann sah ich Ernie zum ersten Mal seit zehn Jahren wieder. Er war nicht mehr übergewichtig und sah genauso aus wie 1973.

»Ganz schöne Scheiße, hm?«

»Ernie, es tut mir echt leid wegen der vielen Fehler, die ich gemacht hab«, sagte ich.

»Ach, vergiss es. Ich hab auch ein paar gemacht. Gefängnis macht mir nichts aus, aber was ich nicht ertragen kann, ist der Gedanke, dass Patty sieben Jahre sitzen soll. Ich würde alles tun, damit sie freigelassen wird, alles.«

Patrick Lane kam zu uns. Ihn hatte ich seit fünf Jahren nicht mehr gesehen. Wie Ernie sah auch er erstaunlich gesund aus und war sonnengebräunt.

»Na, du musst doch zufrieden sein mit deinen schlappen drei Jahren, oder? Das ist ja schon fast ein Freispruch.«

»Da irrst du dich, Howard. Die Staatsanwaltschaft hat Berufung eingelegt.«

»Was?! Mit welcher Begründung?«

»Weil ich noch nach dem ersten November 1987 mit Moynihan Geschäfte gemacht hab. Das heißt, die *Sentence Reform Act* müsste angewendet werden, und die schreibt eine wesentlich höhere Strafe vor, als mir Judge Paine gegeben hat. Der Staatsanwalt meint, ich sollte mindestens fünfzehn Jahre ohne Bewährung kriegen. Das wäre mehr, als Ernie bekommen hat. Er hat wenigstens eine Chance, vorher Bewährung zu kriegen. Ich nicht. Ich wäre noch gut bis ins nächste Jahrhundert im Gefängnis. Das kann ich meiner Frau und meinen Kindern nicht antun.«

Zu sechst saßen wir herum und sprachen über die alten Zeiten und über die Gegenwart. Ich hatte seit fast einer Woche keinen Joint mehr geraucht.

»Kann man hier irgendwo Dope herkriegen, Ernie?«

»Vergiss es.«

Am Nachmittag stellten sich einige Anwälte aus Miami bei mir vor. Alle hatten offensichtlich schon reichlich Profit aus der Verteidigung von Dopehändlern geschlagen, und die meisten behaupteten, Freunde bei der Staatsanwaltschaft zu haben, mit denen sie gute Deals verabreden könnten, wenn ich bereit wäre, auszusagen. Einer jedoch, Steve Bronis, trat ganz anders auf als die anderen. Er war eiskalt und lächelte nicht.

»Mr Marks, eines möchte ich gleich von Anfang an klarstellen. Wenn Sie beabsichtigen, sich schuldig zu bekennen oder mit der US-Regierung zusammenzuarbeiten, dann bin ich nicht der richtige Anwalt für Sie.«

»Sie sind der richtige Anwalt für mich. Solange ich Sie mir leisten kann. Wie viel verlangen Sie?«

»Ich werde mir beim Gericht Ihre Unterlagen besorgen und sie durchlesen. Dann werde ich Ihnen Bescheid geben.«

Abends unterhielt ich mich mit anderen Häftlingen, wieder zum größten Teil Kubaner und Kolumbianer. Alle sagten dasselbe. Wenn man nicht unschuldig wie ein Neugeborenes war und das auch ohne den Hauch eines Zweifels beweisen konnte, würde man unweigerlich schuldig gesprochen werden. Es gab nur eine einzige Möglichkeit, die schweren Strafen zu vermeiden: ein Verräter zu werden, oder zumindest so zu tun als ob.

Als ich versuchte zu schlafen, fand ich keine Ruhe. Ich kann es einfach nicht, ein Verräter werden, ein Zuträger, ein *Chivato,* ein Singvogel, ein Petzer, eine Ratte, ein Kollaborateur, ein falscher Fuffziger, ein Judas, und für alle Ewigkeit in Dantes tiefster Hölle schmoren. Ich könnte meinen Kindern und meinen Eltern nicht mehr in die Augen sehen. Wenn Patty zu sieben Jahren verurteilt worden war, was stand dann Judy bevor, die in einem Gefängnis ganz in der Nähe wartete? Auch sie kann niemanden verraten; sie wird möglicherweise jahrelang im Gefängnis sitzen müssen. Und ich vielleicht für immer. Wie würden unsere Kinder ohne uns überleben? Aber ich darf nicht aufgeben. Als ich die US Marshals im Gericht gefragt hatte, was mit meinen persönlichen Gegenständen geschehen war, meinten sie, die DEA hätte sie. John Parrys Plan hatte funktioniert. Die Leute von der DEA lasen gerade meine falsche Verteidigung. Bei der Verhandlung werde ich ihnen so richtig in den Arsch treten.

Wenn ich im Old Bailey freigesprochen wurde, dem höchsten Gericht Englands, dann krieg ich das in Miami ja wohl auch hin. Morgen früh spreche ich mit Hobbs und Malik, damit sie sagen, der Pakistane war für Australien bestimmt und nicht für Amerika. Ich schlief ein.

»Name?«

»Marks.«

»Nummer?«

»41526-004.«

»Sie kommen vor Gericht, Mr Marks. Lassen Sie alles in Ihrem Schrank liegen.«

Dreizehn Stunden später, als das Gericht Feierabend machte, saß ich noch immer im ›Bullpen‹. Ich war nicht aufgerufen worden. Ich rief einen US Marshal heran und fragte ihn, was los war.

»Wie lautet Ihre Nummer?«, fragte der Marshal.

»41526-004.«

»Sie werden in eine andere Anstalt verlegt.«

»Wohin denn?«

»North Dade.«

Den Namen hatte ich schon gehört. Judy saß dort. Ich wendete mich an die anderen Gefangenen.

»Sie schicken mich in ein Frauengefängnis«, wunderte ich mich. »North Dade. Da ist meine Frau. Das ist fantastisch.«

»Das ist nicht nur 'n Weiberknast«, sagte einer der Häftlinge. »Da tun sie auch ihre Singvögel hin. Du kriegst 'ne Pause, Tommy.«

Das North Dade Detention Center ist eigentlich kein Bundesgefängnis, sondern ein Gefängnis des Staates Florida. In Staatsgefängnissen werden gewöhnlich Leute inhaftiert, die gegen das Gesetz des jeweiligen Bundesstaates verstoßen haben. Internationaler Drogenschmuggel verstößt gegen Bundesgesetz, doch mietet die US-Regierung gelegentlich Gefängnisse von den Bundesstaaten, um sie für ihre eigenen Zwecke zu verwenden. In einem Teil des North Dade wurde eine zunehmende Anzahl Frauen festgehalten, die gegen das Bundesgesetz verstoßen hatten, im Rest der Anstalt wurden Verräter herangezogen und vor anderen Häftlingen beschützt, die ihnen Böses wollen könnten. Das Gefängnis als solches entsprach weitgehend dem Standard, den man aus amerikanischen Filmen kennt, mit Zellentüren aus Metallgittern, die elektrisch geöffnet und geschlossen wurden. Gegenüber von den Zellen waren Fernseher, die nie ausgeschaltet wurden. Es gab Telefone. Der Hof war ein kleiner Käfig, in dem eine Tischtennisplatte und ein Fitnessgerät standen und in dem sich immer nur eine Handvoll Leute gleichzeitig aufhalten konnte. Nur die allernotwendigste Hygiene war möglich. Fast jeder männliche Häftling, von denen die meisten beim Kokainschmuggel erwischt worden waren, hatte gestanden und war zum Verräter geworden. Sie hatten eingewilligt, für mildere Strafen gegen ihre Geschäftspartner und Freunde auszusagen. Einer belastete seine eigene Mutter. Jeder einzelne hatte seine Rechtfertigung: Er war abgezockt worden, es war nicht seine Schuld, dass er gebustet worden war, er hatte ihnen gesagt, dass sie aufhören sollten, er könnte es seiner Familie nicht antun, jahrelang im Gefängnis zu bleiben, und sowieso müsste jeder bald zum Verräter werden, es ging gar nicht anders. Der ›Krieg gegen die Drogen‹ der Amerikaner verlief nach einem verborgenen, finsteren Plan. Es war schon zu vielen Zeiten und in vielen Ländern ein typisches Merkmal der Unterdrückung gewesen, Geständnisse zu erpressen. Seinen Höhepunkt erreichte das Phänomen vermutlich zur Zeit der Kulturrevolution im kommunistischen China. Die Treue zu Freunden und zur Familie soll durch die Treue zum

Staat ersetzt werden. Vergiss die persönliche Ethik, gehorche dem Gesetz. Amüsier dich, aber so, wie wir es uns vorstellen: Schau so lange fern wie möglich, und dann übe den Umgang mit Schusswaffen. Und wenn dir das nicht gefällt, töten wir dich. Wenn dein Bruder etwas Illegales tut, solltest du ihn daran hindern. Tust du es nicht, bist du genauso böse wie er, und wir werden euch beide kriegen.

Das Regime im Gefängnis war nicht sonderlich streng. Die Wärter hatten ihre Anweisungen, die Verräter gut zu behandeln, schließlich waren sie wertvolles Staatseigentum. Nicht alle Insassen waren Lateinamerikaner. Einer war italienischer Herkunft. Sein Name war Anthony ›Tomak‹ Acceturo, der ehemals berüchtigte Boss der kriminellen Familie Lucchese aus New Jersey. Wir sprachen darüber, wie sehr uns Verräter zuwider waren, und die US-Regierung, die sie heranzüchtete. Dabei war klar, dass wir uns gegenseitig verdächtigten, Verräter zu sein. Warum wären wir sonst hier?

Judy und ich konnten miteinander telefonieren. Sie war keine zwanzig Meter von mir entfernt. Sie ließ sich nicht unterkriegen, doch die Art, wie Patricks Frau, ihre Schwägerin, sie behandelte, machte ihr schwer zu schaffen. Deren Haus lag mit dem Auto nur knapp zwanzig Minuten vom North Dade entfernt, und es war so ausgemacht gewesen, dass sie Judy gelegentlich besuchen würde. Niemand kam. Nicht einmal ihr Anwalt, Don Re, war bei ihr gewesen. Sie war sehr, sehr einsam und verzehrte sich nach ihren Kindern.

Steve Bronis besuchte mich früh an meinem ersten Morgen dort, und ich sagte ihm, dass ich kein Verräter geworden war. Er sagte, dass wüsste er, und erklärte, dass ich wahrscheinlich hierher verlegt worden, war, damit ich Malik, Ernie Combs und Patrick Lane nicht überreden könnte, nicht auszusagen. Dieser Tage gab es mehr Verräter als andere. Bald würden sie ganz kleine Sondergefängnisse bauen müssen. Für die wenigen, die dichthielten.

Bronis hatte Unterlagen der Prozesse von Ernie, Patrick und anderen schon durchgelesen. Er war der Ansicht, dass deren Anwälte sich nicht genug Mühe gegeben hatten, dass die Telefonmitschnitte als Beweismaterial abgelehnt wurden. Er hatte mit der DEA und mit Gustavo in Madrid Kontakt aufgenommen. Gustavo hatte Bronis die Papiere geschickt, die ich bei ihm gelassen hatte. Die DEA behauptete, dass sich bei meinen persönlichen Gegenständen keine Verteidigungsunterlagen befunden hätten. Lies nur, Lovato, lies.

Bronis konnte erreichen, dass Judy anwesend sein durfte, wenn er mich besuchte. Ich hatte sie seit sechs Monaten nicht mehr gesehen. Sie hatte sich verändert, sah sorgenvoller und angestrengter aus. Sie hatte zwei Möglichkeiten: Sie konnte etwas zugeben, was sie nie getan hatte, eine Strafe bekommen, die sie schon abgesessen hatte, und als verurteilte Verbrecherin nach Hause zurückkehren, oder sie könnte Monate, vielleicht sogar Jahre im Knast sitzen und versuchen, einer voreingenommenen Jury ihre Unschuld zu beweisen. Sie wählte Ersteres. Einige Wochen später vertrat sie Don Res fähige Assistentin Mona vor Judge Paine, der sie für schuldig befand und freiließ. Ich spürte eine Erleichterung wie nie zuvor in meinem Leben. Ihre Leiden und die unserer Kinder waren vorüber. Wir würden einander vielleicht eine ganze Weile nicht sehen können, doch beinhaltete Judys Absprache auch, dass sie die Vereinigten Staaten in Zukunft würde betreten dürfen, um mich zu besuchen.

Im Gespräch mit den Verrätern wurde mir bald klar, was für ein kleiner Fisch ich eigentlich war. Mir wurde vorgeworfen, innerhalb von knapp zwanzig Jahren an Ladungen von insgesamt etwa Hundert Tonnen Dope beteiligt gewesen zu sein. Hier hatte ich es mit Kubanern zu tun, die manchmal mehr in einer einzigen Ladung verschickt hatten. Sie konnten es beweisen. Lovato und seine Kumpels bei der DEA hatten ganze Arbeit geleistet, die Welt glaubte tatsächlich, dass ich der größte Marihuanadealer aller Zeiten war. Irgendwo gefiel mir sogar die Aufmerksamkeit, die mir alle schenkten, weil sie dachten, ich wäre der größte Schmuggler des Universums. Amerikas Medien, Journalisten und Autoren begannen, sich ernsthaft für mich zu interessieren. Ich war der Kopf des geheimnisvollen Kartells gewesen und bei dem Prozess nicht erschienen, der alles hatte, was Amerikaner gerne mögen: ein britischer Lord, der Bordelle voller philippinischer Huren besaß und gegen einen seiner Kumpel von James Bonds Geheimdienst MI6 aussagte, der in Pink Floyds Equipment Dope geschmuggelt hatte und sein Geld auf Konten in Hongkong und in der Schweiz aufbewahrte. Das war wirklich international, nicht nur ein paar Südamerikaner von gleich hinter der Grenze, sondern richtige Ausländer, Europäer und Asiaten. ABCs meistgesehene Nachrichtensendung *Prime Time* Live wollte mich interviewen. Ich sagte Ja, aber sicher.

Paul Eddy und Sara Waiden, ehemals Mitglieder des Insight-Teams der *Sunday Times,* lebten jetzt in der Nähe von Washington, DC. Sie hatten gerade ein Buch fertiggestellt, *The Cocaine Wars.* Es ging um den Kokainschmuggel von Kolumbien nach Miami. Nun wollten sie eines über mich schreiben, über meine Festnahme und den Prozess. Paul Eddy hatte mir einen Brief nach Madrid geschrieben, in dem er seine Absicht erläuterte, und fragte, ob er mich interviewen dürfte. Ich hatte nichts dagegen, wollte aber nicht auf Fragen antworten, wenn sie mir später Schwierigkeiten bei meiner Verteidigung bereiten würden. Sie interviewten mich einige Male im Besuchsraum des North Dade Detention Centre, was

eine angenehme Abwechslung von der anstrengenden Fern-
sehberieselung in der Zelle darstellte und mir ermöglichte, zu
einer objektiven Betrachtung der Beweise gegen mich zu gelangen. BBC Television wollte eine Dokumentarsendung zu
Pauls Buch über mich bringen. Der Regisseur, Chris Olgiati,
kam auch nach North Dade, um mir seine Fragen zu stellen.
Der BBC Wales drehte seine eigene Reportage über mich.
Weitere Interviews.

Der Ruhm, nach dem ich mich gesehnt hatte, seit ich ein
schwächlicher Streber in der Schule gewesen war, jetzt hatte
ich ihn endlich. Ich fand es klasse. Nur der Reichtum, den ich
auch gewollt hatte, war verschwunden. Ich war nicht völlig
pleite: Judy hatte noch das Haus in Palma und alles, was darin war. Die Wohnung in Chelsea lief noch auf ihren Namen,
und die in Palma Nova, die ich Hauptkommissar Rafael Llofriu abgekauft hatte, gehörte mir auch noch. Zumindest ein
Teil von diesem Eigentum könnte verkauft werden, um Judy
und die Kinder über Wasser zu halten. Aber ich hatte kein
Bargeld mehr, auf meinen Konten sah es auch nicht mehr so
rosig aus, und Bronis verlangte 150 000 Dollar. Meine Eltern
hatten ihr Grundstück in Wales verkauft, das wesentlich an
Wert gewonnen hatte, und ihre Ersparnisse geopfert. Ich war
fünfundvierzig Jahre alt und angeblich der größte Dopedealer
der Welt, und doch mussten meine Eltern mit ihrem beschei-
denen Lebenswandel und ebenso bescheidenem Einkommen
dafür bezahlen, dass ich den besten Drogenanwalt der Staaten
bekam. Es war eine Schande, und ich schämte mich zutiefst.

Ich erklärte Bronis meine Verteidigung. Abgesehen von
den Rockbandgeschäften hatte ich nie Dope nach Amerika
geschmuggelt. Ich war nicht Mr Dennis, und ich konnte beweisen, dass ich entgegen der Aussagen von DEA-Agent Harlan Lee Bowe zur fraglichen Zeit nicht in Pakistan gewesen

war. Mit der Lieferung nach Alameda hatte ich nichts zu tun. Aber ein Dopeschmuggler war ich schon. Das Geschäft mit Pakistan, an dem ich beteiligt gewesen war, ging nach Australien. Die Ladung aus Vietnam war für Kanada bestimmt. Die Vereinigten Staaten betraf das alles nicht. Kein normaler Mensch würde heutzutage Dope in die Staaten schmuggeln. Bronis arbeitete wie ein Besessener. Er stellte einen privaten Ermittler ein, der Belege für meine Verteidigung sammeln sollte. Es fanden sich meteorologische Daten aus Australien, aus denen klar hervorging, dass bestimmte Bemerkungen in den von der DEA abgehörten Telefonaten sich auf einen besonders schweren Sturm vor der australischen Küste bezogen haben mussten. Wir bekamen stapelweise Statistiken über Geldwäsche und Dopehandel in Australien. Jedes einzelne Wort der fünfhundert abgehörten Gespräche konnten wir erklären. Es war genug, um jede Jury zu überzeugen, dass es sich um eine Ladung aus Pakistan nach Australien gehandelt hatte. Es war wesentlich einfacher zu belegen, dass die Ladung aus Vietnam nach Kanada importiert werden sollte, da mir das die DEA ja sowieso vorwarf. Jedoch behauptete die DEA außerdem, dass dieser Fall unter amerikanische Rechtsprechung gehörte, weil sie in Kalifornien Gras gefunden hatte, das genauso verpackt gewesen war wie das, das die Royal Canadian Mounted Police in Vancouver gebustet hatte. Jeder Beutel mit als Thaigras getarntem vietnamesischen Gras trug die Aufschrift ›Geprüft‹ und als Logo einen Adler. Offensichtlich stammten beide Ladungen von demselben Hersteller in Vietnam, doch weitere Hinweise auf meine Beteiligung an irgendeinem Import nach Amerika hatte die DEA nicht. Bei dem Versuch zu beweisen, dass das Gras in Kalifornien von mir kam, hatte sich DEA-Agent Craig Lovato deutlich zu weit vorgewagt. Er behauptete, der Vogel auf den Paketen sei ein Sperber, und da Philips Nachname Sparrowhawk war und er in Bangkok für mich gearbeitet hatte, sei es offensichtlich, dass ich das Dope nach Amerika geschmuggelt hatte. Bronis und ich besorgten uns ornithologische Texte, in denen die physiologischen Unterschiede zwischen Sperber und Adler erklärt wurden. Lovato würde vor Gericht dastehen wie der letzte Idiot.

Die Arbeit fiel uns wesentlich leichter, nachdem zu meiner großen Freude und Erleichterung Old John von einem Gericht in Vancouver freigesprochen wurde. Die DEA hatte entlastendes Beweismaterial zurückgehalten, und die Richter waren darüber so empört, dass sie Old John von der Anklage in Kanada freisprachen und den Auslieferungsantrag der Vereinigten Staaten ablehnten. Er war frei. Wieder einmal war bewiesen worden, dass die DEA schummelte. Es gab noch mehr gute Neuigkeiten: Arthur Scalzo, der Mann der DEA auf den Philippinen, war aus Manila geflohen, nachdem er auf mehrere Millionen Dollar Schadensersatz verklagt worden war. Mit seiner Glaubwürdigkeit war es nicht mehr so weit her. Außerdem hatten wir alle möglichen dunklen Punkte in Moynihans Vergangenheit entdeckt. Er wusste nichts, und es wäre kein Problem, ihn unschädlich zu machen. Ich würde bei diesem Prozess meinen Spaß haben, würde ihn zum unterhaltsamsten und schillerndsten Prozess machen, den Miami je erlebt hatte. Ich würde gewinnen. Ich wäre ein Star.

Der Kläger bei Verstößen gegen US-Bundesgesetze ist immer der Assistant US Attorney des jeweiligen Bezirks. Er ist verpflichtet, jeden Fall möglichst schnell und kostengünstig zu einem Abschluss zu bringen. Gewöhnlich wird dies durch Absprachen erreicht. Der Kläger schlägt eine bestimmte Höchststrafe im Austausch gegen ein Schuldbekenntnis vor. Craig Lovato und Assistant US Attorney Bob O'Neill besuchten mich und Bronis im North Dade. Sie stellten uns vor die Wahl: Ich könnte trotz der erdrückenden Beweise gegen mich vor Gericht gehen und den Rest meines Lebens in einem amerikanischen Gefängnis verbringen, oder mich schuldig bekennen, gegen andere aussagen und in ein paar Jahren nach Hause gehen. Sie rieten mir zur zweiten Alternative. Bronis empfahl ihnen, sinngemäß, sich ins Knie zu ficken. Ich sei unschuldig. Wir gingen vor Gericht.

Schwer enttäuscht verließ O'Neill das North Dade. Er gab seinen Job auf und ging nach New York, wo er in einer Anwaltskanzlei für zivilrechtliche Fälle einstieg. Er wurde durch einen Neuling ersetzt, der noch nichts von dem Fall wusste. Es sah gut aus.

Ich wurde immer zuversichtlicher, je näher der Gerichtstermin im Juli 1990 rückte. Kurz vor meiner Verhandlung im Old Bailey 1981 hatte ich ein Gedicht von Patrick Lane bekommen, das mich sehr aufbaute. Dieses Mal hatte er mir einen Brief geschrieben.

Lieber Howard,
die letzten acht Stunden habe ich hier in Oakdale mit den Agenten Lovato und Wezain verbracht, und ich habe mich bereiterklärt, ihnen alles zu erzählen, was ich über Dich und über diesen Fall weiß. Ich werde also bei Deinem Prozess im August gegen Dich aussagen. Ich schreibe Dir das zum Teil, um mein Gewissen zu beruhigen, weil ich Dich gewarnt habe, aber auch, um Dich zu überreden, Dich jetzt schuldig zu bekennen und einen Handel mit der Regierung zu machen, bevor es zu spät ist.
Nachdem ich die letzten zwei Jahre in stoischem Stillschweigen verbracht habe, kannst Du Dir vorstellen, was für eine schwierige und schmerzhafte Entscheidung dies

jetzt war. Ich weiß wohl, dass mich die kleine Amber, die mich immer als ihren Lieblingsonkel anhimmelte, nur noch als den Mann betrachten wird, der ihren Daddy verraten hat und ihn lebenslänglich hinter Gitter gebracht hat. Aber ich muss meine Loyalität zu Dir als Freund und Schwager abwägen gegen meine Liebe und Verantwortung für Jude, Peggy und Bridie. Ich sehe mich mit großer Wahrscheinlichkeit einer Gefängnisstrafe von fünfzehn bis zwanzig Jahren gegenüber, und ich habe kein Recht, meiner Familie das anzutun, wenn man mir einen Ausweg bietet. Als Gegenleistung dafür, dass die Regierung von einer längeren Strafe absieht, bin ich kooperierender Zeuge geworden. Mit der Kooperation ist es wie mit einer Schwangerschaft – es gibt kein ›ein bisschen‹. Nachdem ich zugestimmt habe, die Wahrheit zu sagen, werde ich die ganze Wahrheit sagen. Angefangen bei unserem ersten Treffen bis hin zu unserem letzten und alles, was dazwischen lag. Sie haben heute begonnen, mir Fragen zu stellen, langsam und methodisch, und sie werden morgen wiederkommen, und übermorgen, und jeden Tag, bis sie überzeugt sind, dass sie alles wissen, was ich weiß. Als ich auf ihre Fragen antwortete, schien sich ein Teil von meinem Wesen von mir zu trennen und meiner Stimme zuzuhören, die im Gerichtssaal sprach, als gehörte sie zu jemand anderem. Und während ich dieser Stimme zuhörte, die langsam redete und nur die Wahrheit sagte, da wurde mir schließlich klar, dass Du keine Chance hast. Wenn Du vor Gericht gehst, werden sie Dich zerstören, und ich werde eines ihrer Werkzeuge sein …

[M]eine Aussage alleine wird ausreichen, um Dich zu verdammen. Wir waren zu lange gute Freunde, Du und ich, ich weiß zu viel von Dir … Es ist egal, wie gerissen und einfallsreich Du bist, ich habe Deine Fähigkeiten nie unterschätzt, aber diesmal wirst Du nicht mit heiler Haut davonkommen … Wenn Du den Rest Deines Lebens hinter Gittern verbringen müsstest, wäre es nicht nur eine schändliche Vergeudung all Deiner Talente, sondern eine furchtbare Tragödie für alle, die Dich lieben und Dich brauchen, die Du zurücklassen wirst … Und so, als ein schlechter Katholik, empfehle ich Dir, einem walisischen Baptisten, Dich der höheren Gewalt zu beugen. *Extra ecclesiam nulla salus* – es gibt keine Rettung außerhalb der Kirche. Ich fürchte, es ist mit großer Scham und einem schmerzhaftem Aufgeben des eigenen Stolzes verbunden, doch wenn Du Deine Kinder wiedersehen willst, solange sie noch Kinder sind, sehe ich keine andere Lösung für Dich als völlige Kapitulation. Du bist umzingelt; sie haben bessere Waffen und sind in der Überzahl – eine solche Niederlage ist keine Schande. Doch als Vater, als Ehemann, als Sohn und als Bruder hast Du kein Recht, Dein Leben mit einer sinnlosen bravourösen Geste zu verschleudern …

Ich will, dass der kleine Patrick stolz ist auf den Namen, den er trägt. Ich will nicht in einem Gerichtssaal in Florida stehen müssen und mit dem Finger auf Dich zeigen und alle Geheimnisse von zwanzig Jahren Freundschaft den kalten, forschenden Blicken von Fremden preisgeben müssen. Bitte, zwinge mich nicht dazu. Wie immer Du Dich entscheiden wirst, meine Gebete werden Dich begleiten.

Patrick

Mein eigener Schwager hatte mich verraten, mein guter Freund, der Mensch, nach dem ich meinen lieben Sohn genannt hatte. Wo war die Treue abgeblieben, die Einigkeit, der

Glauben aneinander, das Vertrauen, die Kameradschaft, die Romantik? Was war nur daraus geworden? War es alles nur Blödsinn gewesen? Natürlich. Wir waren nicht die Mafia. Wir waren auch nicht die IRA, nicht einmal Robin Hood und seine lustigen Gefährten. Nur ein paar lockere Typen, die den einfachsten Ausweg wählten, wenn der Rest der Welt durchdrehte und gnadenlos hart wurde. Alcatraz und Sing-Sing war nichts für Leute wie uns.

Irgendwo haben wir doch alle unsere Grenzen, nicht wahr. Halte einem meiner Kinder eine Pistole an den Kopf, und ich erzähle dir alles, was ich weiß. Aber droh mir mit einer Gefängnisstrafe, und ich sage dir, verpiss dich. Also wieso, Patrick? Du bist kein Feigling, so viel steht fest. Du hast Koffer voll Haschisch aus einem abgeschlossenen Auto vor der Polizeistation Hammersmith geholt, während der Besitzer des Wagens gerade drinnen auseinandergenommen wurde; du bist mit einem Auto voll Haschisch von Irland nach Wales gefahren; in einer Baggergrube in Deutschland haben wir zusammen eine Tonne Haschisch ausgeladen; wir waren mit haufenweise Geld und haufenweise Dope zusammen in unterschiedlichsten Ländern unterwegs. Kannst du dich nicht ein paar Jahre im Knast durchbeißen? Ich habe die letzten neun Monate in der Gesellschaft von Verrätern zugebracht. Es sind auch nur Menschen. Ich mache dir keinen Vorwurf, Patrick. Aber ich kann es nicht tun. Niemals werde ich der DEA bei ihren schlechten Taten helfen. Niemals werde ich durch meine Aussage jemanden hinter Gitter bringen und mir mein Glück mit jemand anderes Tränen erkaufen. Vielleicht tust du das Richtige, Patrick. Ich habe nur die falschen Erwartungen in dich gesetzt. Und dafür kannst du nichts.

Über die Lieferungen nach Kanada wusste Patrick nichts.

Er hatte das Geld von dem Geschäft mit Pakistan eingesammelt, hatte aber keine Beweise dafür, dass das Dope
nach Amerika importiert worden war. Ich würde nach wie
vor behaupten, dass das Geld in Amerika aus einem kom-
plizierten Geldwäschesystem zum Transfer australischen
Geldes stammte. Das könnte Patrick nicht widerlegen. Seine Aussage täte nichts zur Sache. Bronis würde ihn auf
kleiner Flamme grillen. Tut mir leid, Patrick. Du wirst die
öffentliche Schmach ertragen müssen, mich nicht verraten
zu können. Du kannst mir nichts anhaben. Das könnte nur
einer: Ernie Combs. Jedes Gramm Dope, das ich während
der letzten zwanzig Jahre nach Amerika geschmuggelt hatte,
war durch seine Hände gegangen. Und er würde im Leben
nicht die Seite wechseln und ein Singvogel der Regierung
werden.

Die DEA und der neu berufene Staatsanwalt wollten sich
noch einmal mit mir und Bronis treffen, um uns ein letztes
Angebot zu machen. Diesmal hieß es vor Gericht gehen und
für alle Zeiten eingebuchtet werden oder sich schuldig bekennen, höchstens vierzig Jahre (mit etwas Bewährung) bekommen und keine Verpflichtung, irgendwen zu verpfeifen oder
auch nur mit der DEA zu sprechen. Wieder lehnte Bronis das
Angebot ab. Ich war unschuldig. Die DEA meinte, ich würde es mir vielleicht nochmal überlegen wollen: Ernie Combs
hatte sich bereiterklärt, gegen mich auszusagen. Nicht, um
auch nur einen Tag seiner vierzig Jahre erlassen zu bekommen, sondern einzig und allein, damit seine Freundin Patty
sofort freigelassen wurde.

Ich liebe dich, Ernie, aber ich werde nie wieder Geschäfte
mit dir machen. Am dreizehnten Juli 1990 bekannte ich mich
im West Palm Beach Courthouse schuldig. Die Anklage wegen Kanada war fallengelassen worden. Es wurde erklärt,

dass ich nicht bei einem anderen Prozess vorgeladen werden durfte, auch nicht vor die Grand Jury, um gegen irgendjemand auszusagen. Der Richter stimmte der Abmachung zu, mich zu nicht mehr als vierzig Jahren zu verurteilen. Die Urteilsverkündung sollte am achtzehnten Oktober stattfinden. Von West Palm Beach wurde ich nicht zurück ins North Dade gebracht, sondern wieder ins Miami MCC. Da ich für schuldig befunden worden war, stellte ich kein Problem mehr dar und konnte auch meine Mitangeklagten nicht mehr negativ beeinflussen, um das System zu stören. Jim Hobbs und Ronnie Robb hatten schließlich aufgegeben und sich schuldig bekannt. Wie bei Judy und mehreren anderen Angeklagten war der Richter bereit, sie freizulassen, sobald sie Verbrechen gestanden, die sie nicht begangen hatten.

Das Miami MCC hatte sich in den neun Monaten meiner Abwesenheit nicht wesentlich verändert, doch war es häufig in den Nachrichten zu sehen, seit die DEA den panamaischen Machthaber Manuel Noriega verhaftet und seine Auslieferung erreicht hatte. Angeblich hatte die Intervention der Vereinigten Staaten in Panama nichts mit einer angestrebten Kontrolle über den strategisch wichtigen Panamakanal zu tun. Es ging ihnen nur darum, den Drogenhandel zu bekämpfen. Noriega war im speziellen Komplex für Kriegsgefangene des Miami MCC untergebracht. Ich sah ihn gelegentlich, sprach aber nie mit ihm.

Kurz nach meiner Rückkehr kam Balendo Lo. Die Briten hatten dem Druck der DEA schließlich nachgegeben und ihn ausgeliefert. Ihm wurde vorgeworfen, meine illegalen Handlungen unterstützt zu haben, indem er mir Flugtickets besorgt hatte. Sein Geschäft und seine Ehe mit Orca waren zerstört. Er war sehr unglücklich.

Ein US Probation Officer namens Michael Berg fertigte

ein Gutachten über mich an. Nach eingehender Beschäftigung mit dem ganzen Fall und mit mir kam er zu folgendem Schluss:

Im Grunde hat Mr Marks sich schuldig bekannt, den Import großer Mengen Marihuana und Haschisch in die Vereinigten Staaten ermöglicht zu haben, während er selbst sich in Europa aufhielt. Dieser fünfundvierzigjährige britische Staatsbürger befindet sich seit dem fünfundzwanzigsten Juli 1988 in staatlichem Gewahrsam. Als Fellow von Oxford wird er von vielen als intelligente, faszinierende und charismatische Persönlichkeit betrachtet. Ich war mir dieses seines Rufes bewusst und muss gestehen, ich kann mich dem nur anschließen.

Marks ist ein hingebungsvoller Vater und Ehemann. Seine Freunde und Verwandten haben ihn wärmstens beschrieben; all ihre Briefe wurden gelesen und mit in Betracht gezogen. Es wurde viel über Dennis Howard Marks geschrieben, und viel wird noch geschrieben werden. In Anbetracht dieser Tatsache bemühten sich die Ermittler, Wahrheit und Fiktion zu trennen. Zu einem gewissen Ausmaß ist Dennis Howard Marks ein Opfer seiner eigenen Legende geworden. Wie die Regierung mittlerweile eingesteht, ist er nicht der größte Cannabisschmuggler der Welt, und er ist auch sicherlich nicht für fünfzehn Prozent allen Marihuanas verantwortlich, das je in dieses Land gekommen ist, wie die DEA einmal behauptet hat. Er ist nicht der größte Schmuggler, der jemals in den Vereinigten Staaten vor Gericht gestanden ist – nicht einmal im Bezirk Südflorida. Es kann jedoch keinen Zweifel daran geben, dass Dennis Howard Marks in großem Rahmen geschmuggelt hat. Es ist erstaunlich, dass er so lange aktiv sein konnte, dass so viele Ladungen unser Land unentdeckt erreichten und dass er alles von Europa aus koordinierte.

Eines frühen Morgens hörte ich die Lautsprecheranlage der Anstalt: »Insasse Marks, 4 1 5 2 6 0 0 4, melden Sie sich sofort im Büro des Lieutenants.« Im Büro wurden mir die Hände mit Handschellen hinter den Rücken gebunden und ich wurde ins ›Loch‹ gebracht, dem Gefängnis innerhalb des Gefängnisses, wo ich den ganzen Tag alleine eingesperrt wurde und gar nichts durfte. Eine Woche verbrachte ich dort, ohne dass mir irgendwas erklärt worden wäre. Danach sagte man mir, dass ich als Strafe für einen Fluchtversuch dort war. Bronis schaltete sich ein, und ungefähr eine Woche später war ich wieder aus dem Loch draußen. Es gelang uns nicht, herauszufinden, wer hinter dem angeblichen Fluchtversuch stand. Bronis verdächtigte Lovato. Es wäre typisch DEA gewesen.

Roger Reaves' Schwester Kay lebte in Miami, und schließlich bekam sie die Erlaubnis, mich zu besuchen. Sie hatte aufregende Neuigkeiten. Während ich wegen des Verdachts auf Fluchtgefahr im Loch gesessen war, war Roger tatsächlich geflohen. Sein Plan war hundertprozentig aufgegangen. Er hatte gegen mich und McCann ausgesagt, war zu sieben Jahren verurteilt worden und dann aus dem deutschen Gefängnis ausgebrochen, Hochsicherheit hin oder her. Er ließ mich grüßen und versprach, für mich zu beten.

Die Presse der gesamten Welt erschien am achtzehnten Oktober in West Palm Beach. Außerdem eine Horde DEA-Agenten, US-Spione und Vertreter der Polizeien aus aller Herren Länder. Weil ich so berühmt war, wurde ich nicht wie die anderen Häftlinge, die vor Gericht kamen, um drei Uhr morgens geweckt. Die US Marshals holten mich um elf in einer

Limousine ab. Berüchtigt zu sein hat auch seine Vorteile. Der Gerichtssaal war berstend voll. Julian Peto war extra aus London hergeflogen, um beim Richter ein gutes Wort für mich einzulegen. Kay Reaves war auch da, sie betete wie wahnsinnig. Auch Patrick Lane und seine Familie waren gekommen, er wollte auch für mich sprechen, doch der Richter ließ ihn nicht. Der neue Staatsanwalt, Assistant United States Attorney William Pearson, ergriff das Wort.

»Euer Ehren, es steht außer Zweifel, dass Mr Marks ein überaus gebildeter Mensch war und ist. Ich meine, er hat alle die Talente, mit denen er gesegnet wurde, vergeudet. Er hat das Vertrauen missbraucht, das nicht nur seine Freunde und seine Familie, sondern auch seine Kollegen, seine Lehrer und alle Leute, die ihn respektierten, in ihn gesetzt hatten. Er hat sich selbst zerstört, getrieben vermutlich von seiner eigenen Gier. Zwar ist es der Polizei der Vereinigten Staaten und anderer Länder nicht gelungen, so viel von Mr Marks' Besitz ausfindig zu machen, wie es uns lieb gewesen wäre, doch sind wir sicher, und auch das Gericht kann sich sicher sein und auf die Richtigkeit der Tatsache vertrauen, dass Mr Marks in den zwanzig Jahren seiner Tätigkeit als Drogenhändler ein enormes Vermögen angehäuft hat.

Was die Empfehlung der Vereinigten Staaten von Amerika betrifft, so ist es unsere Meinung, dass eine Strafe von vierzig Jahren angemessen ist. Dieses Strafmaß liegt innerhalb des Strafrahmens. Nach einer gewissen Zeit wird zu entscheiden sein, ob eine Entlassung auf Bewährung infrage kommt. Aufgrund dieser seiner Aktivitäten und der Dreistigkeit, mit der Mr Marks seit 1980 die Vereinigten Staaten wie auch Großbritannien an der Nase herumgeführt hat, halten wir es für angemessen, dass das Gericht eine Strafe von vierzig Jahren verhängt.«

Mein Rechtsanwalt Stephen J. Bronis sah die Angelegenheit ganz anders.

»Wenn ich in einem Wort den Fall der Vereinigten Staaten von Amerika vs. Dennis Howard Marks beschreiben sollte, so würde ich sagen, ›bizarr‹. Kein anderes Wort wäre treffender dafür, dass sich ein so komplexer, faszinierender und hochintelligenter Mann wie Mr Marks in solch eine Situation manövrieren ließ wie die, in der er sich heute befindet, und kein anderes Wort vermag besser zu beschreiben, wie sich dieser Fall entwickelt hat. ›Bizarr‹ ist die einzig mögliche Umschreibung für manche der Dinge, die gewisse Beamte der Regierung über und zu Mr Marks gesagt haben. Ich weiß, wovon ich spreche, Euer Ehren: Ich beschäftige mich seit achtzehn Jahren mit dem Strafgesetz; ich habe schon Mörder und Vergewaltiger vertreten, auch Richter und Generäle, aber dergleichen habe ich noch nie erlebt.

Seit dem Tag, an dem er Mr Marks die Handschellen anlegte, erstrahlt Agent Lovato in Glorie. Am nächsten Dienstag wird PBS eine Sendung bringen, eine Art Dokudrama, und in diesem Schauspiel wird Lovato selbst seine Arbeitstechniken darstellen dürfen. Nachdem Sie mit Mr Marks getan haben werden, was Agent Lovato hofft, das Sie tun werden, wird er den Gerichtssaal verlassen und sich den wartenden Journalisten stellen, die sein Bild hier und in Europa auf die Titelseiten und Bildschirme bringen werden.

Ich bin sicher, Euer Ehren, dass Ihnen die Dringlichkeit nicht entgangen ist, mit der die Regierung Ihnen nahelegt, das schwere Urteil über Mr Marks zu verhängen, das sie für angemessen hält. Die Empfehlung lautet auf vierzig Jahre Gefängnis. Vierzig Jahre Gefängnis dafür, dass Mr Marks sich eines Cannabisvergehens für schuldig bekannt hat. Es ist bizarr, dass wir uns auch nur Gedanken über eine Strafe von vierzig Jahren machen. Dergleichen Strafen sollten den durch und durch schlechten und gewalttätigen Exemplaren unserer Gattung vorbehalten bleiben. Vom Intellekt her wissen die Regierungsbeamten das auch. Ich weiß es, und ich bin sicher, Sie wissen es ebenfalls, Euer Ehren. Euer Ehren, ich habe selber schon viele Marihuanaschmuggler vertreten, die in weit größerem Maßstab tätig waren als Mr Marks, und ich weiß von vielen anderen Angeklagten, bei denen dies genauso der Fall war. Nie habe ich davon gehört, dass jemand, der sich schuldig bekannt hat, eine derart drakonische Strafe erhalten hätte wie die, welche die Regierung Ihnen in diesem Falle empfiehlt. Wir haben es hier mit einem Marihuanaschmuggler zu tun, der sich schuldig bekannt hat. Da sind vierzig Jahre doch schlicht undenkbar.«

Schließlich hob der Ehrenwerte Richter James C. Paine an: »Mr Marks, würden Sie bitte nach vorne kommen, um Ihr Urteil zu empfangen. Mr Marks, es besteht kein Zweifel daran, dass Sie ein Mann von überdurchschnittlicher Intelligenz sind und eine ausgezeichnete Schulbildung genossen haben. Offenbar haben Sie ein beneidenswert gutes Verhältnis zu Ihrer Familie, Ihren Geschäftspartnern, Studienkollegen und Freunden. Ihrer Biografie ist zu entnehmen, dass sich in Ihrer Persönlichkeit eine Freude an intellektuellen Herausforderungen und Strategiespielen mit einem allgemeinen Gefühl der Desillusionierung gegenüber der Gesellschaft vereint.

In den Fürbittschreiben für Mr Marks war nie die Rede davon, dass er unschuldig sei. Vielmehr zählen sie seine vielen bewundernswerten Eigenschaften auf, um seine schlechten aufzuwiegen. Nach der Erklärung der vielen und diversen Talente des Angeklagten weisen einige dieser Schreiben darauf hin, welche Schande es wäre, ihn dazu zu verurteilen, viele Jahre seines Lebens im Gefängnis zuzubringen, wo er der Öffentlichkeit nur zur Last fiele, obwohl er doch in Freiheit einen großen Beitrag zum Wohlergehen der Gesellschaft leisten könnte. Kein Zweifel, es wäre eine Schande. Das Problem ist nur, dass die Gesellschaft aufgrund vergangener Erfahrungen nicht damit rechnen kann, dass er tatsächlich einen wünschenswerten Beitrag leisten würde. Gegeneinander abgewogen sind seine Beiträge bisher eher negativ als positiv zu nennen.

Es ist offensichtlich, Mr Marks, dass Sie den Konsum von Marihuana in allen Erscheinungsformen als nicht unvereinbar mit gesunden moralischen Prinzipien erachten, und ebenso offensichtlich waren Sie mehr als bereit, gegen Gesetze zu verstoßen, die den Konsum, Besitz, Kauf und Verkauf von Marihuana einschränken oder verbieten. Es machte Ihnen nichts aus, die Gesetze diverser Länder zu ignorieren oder ihnen ganz bewusst zuwiderzuhandeln. Sie haben zur Genüge bewiesen, dass Sie die Regeln der Gesellschaft, wie sie im Strafgesetz formuliert sind, nicht im Geringsten respektieren, wenn sie nicht dem entsprechen, was Sie persönlich als vertretbare Verhaltensweisen ansehen. Es gibt zwar die weitverbreitete Ansicht, dass der Konsum von Marihuana nicht in die Abhängigkeit führt, der Gesundheit nicht übermäßig schadet und somit nicht verboten sein sollte, doch ist die gegenteilige Ansicht in dieser Angelegenheit mindestens ebenso weit verbreitet. Hinzu kommt, was noch wichtiger ist, dass es Bundesgesetze gegen den Handel mit Marihuana gibt. Diese Gesetze wurden vom Kongress der Vereinigten Staaten beschlossen, und ihre Einhaltung wird von der exekutiven Gewalt überwacht, die Zuwiderhandlungen auf dem Rechtswege oder anders ahnden kann. Ich habe geschworen, Recht zu sprechen, und alle meine Pflichten im Einklang mit den Gesetzen der Vereinigten Staaten zu erfüllen. Selbst wenn ich der Auffassung wäre, dass die Gesetze gegen den Konsum und den Verkauf von Marihuana unverhältnismäßig oder gar unsinnig sind, müsste ich mich dennoch danach richten, bis der Kongress sie aufhebt. Es sind dies die Regeln der Gesellschaft, an die die Gerichte gebunden sind – gleichgültig, ob Sie diese Gesetze gutheißen oder nicht.

Die Tatsache, dass die Regierungen vieler europäischer Staaten und Völker Marihuana toleranter gegenüberstehen als die Regierung und das Volk der Vereinigten Staaten, tut hier nichts zur Sache. Wenn dem so ist, dann erscheint es mir seltsam, Mr Marks, dass Sie Ihre Aktivitäten nicht auf den europäischen Markt beschränkt haben, womit Sie eine härtere Strafe hätten umgehen können. Anscheinend waren Sie bereit, das Risiko auf sich zu nehmen.

Nun muss ich sagen, dass es mir schwerfällt, ihre Aussagen zu Ihrer derzeitigen finanziellen Situation als glaubwürdig zu erachten. Zugegebenermaßen hat die Regierung keinen Beweis dafür geliefert, dass Sie in der Lage sind, eine größere Geldstrafe zu leisten. Dennoch fällt es mir schwer zu glauben, dass Sie völlig mittellos sind.

In Anbetracht des soeben Gesagten verhänge ich folgendes Urteil. Zu Punkt eins der Anklage: Der Angeklagte wird der Verantwortung des Attorney General der Vereinigten Staaten oder seines rechtmäßigen Vertreters übergeben; er hat eine Gefängnisstrafe von zehn Jahren zu verbüßen. Zu Punkt zwei: Der Angeklagte wird der Verantwortung des Attorney General der Vereinigten Staaten oder seines rechtmäßigen Vertreters übergeben; er hat eine Gefängnisstrafe von fünfzehn Jahren zu verbüßen. Die Strafen zu Punkt eins und Punkt zwei der Anklage werden zusammengezogen. Da Sie Staatsbürger des Vereinigten Königreichs sind, lautet meine Empfehlung im Einklang mit den üblichen Verfahren und Regelungen des

Bureau of Prisons, dass für einen Teil Ihrer Strafe ein Transfer in eine Haftanstalt des Vereinigten Königreichs in Betracht gezogen wird.«

Sprachlos vor Staunen wurde ich in die Wartezellen des Gerichtsgebäudes abgeführt. Welch ein wunderbarer Richter! Ich hatte insgesamt fünfzehn Jahre bekommen, statt der vierzig, die die US-Regierung mit aller Macht gefordert hatte. Bei maximaler Bewährung hieß das, dass ich nur noch fünf Jahre würde absitzen müssen. Ich war schon fast halb so lange im Gefängnis. Noch ein gutes Jahr in einem amerikanischen Knast und ein Jahr oder so in einem englischen, und ich wäre wieder frei. Ende der Geschichte. Worüber hatten wir uns alle eigentlich so aufgeregt? Ich wusste, dass genau in diesem Augenblick Julian Peto meine Frau, meine Kinder und meine Eltern mit der tollen Neuigkeit anrief. Sie würden sich nicht mehr einkriegen vor Freude.

Die Zellentür wurde geöffnet, und ich wurde wieder vor Richter Paine geführt. Er sagte: »Notieren Sie, dass ich alle betroffenen Personen erneut zusammenrufen ließ aus dem einfachen Grund, weil ich bei der Urteilsverkündung einen schweren Fehler begangen habe. Ich sagte, die Strafen zu Punkt eins und Punkt zwei der Anklage werden zusammengezogen. Ich habe mich versprochen, ohne es zu merken, es hätte heißen müssen ›zusammengezählt‹. Ich sagte ›zusammengezogen‹, dachte aber ›zusammengezählt‹, und ›zusammengezählt‹ wollte ich sagen und meinte es. Irgendwie habe ich die beiden Wörter bei der Urteilsverkündung durcheinanderbekommen. Es ist mir äußerst peinlich, und ich möchte mich bei jedem Einzelnen von Ihnen entschuldigen. Vorhin waren noch einige Leute in diesem Saal, die nun nicht mehr hier sind, und es wird sicherlich zu Verwirrungen in den Zeitungsberichten führen. Ich habe einfach nur das falsche

Wort verwendet. Es scheint unmöglich, dass mir das passieren konnte, aber es ist passiert. Ich muss das Urteil noch einmal verkünden. Der Wortlaut ist genau der gleiche, nur dass statt des Wortes ›zusammengezogen‹ das Wort ›zusammengezählt‹ eingesetzt werden muss.«

Plötzlich erschien mir alles unwirklich, und mir wurde schlecht. Auf einmal hatte ich zehn Jahre mehr bekommen. Jetzt hatte ich eine Strafe von fünfundzwanzig Jahren abzusitzen. Gott! Ein paar Minuten lang war ich so glücklich gewesen.

Stunden später, im Miami MCC, beruhigte ich mich wieder etwas. So schlimm war das Urteil gar nicht. Bei maximaler Bewährung käme ich in ein wenig mehr als sechs Jahren raus, und die meiste Zeit dieser sechs Jahre könnte ich vielleicht in England verbringen.

Die Medien stürzten sich auf das Gefängnis. Meine Zelle war voll von Kameras, Mikrofonen und Scheinwerfern. Ich gab Dutzende Interviews und genoss weiterhin die Aufmerksamkeit und den Ruhm, die mir zuteilwurden. Wie Bronis dem Richter gesagt hatte, wurde die Dokumentarsendung von BBC, *The Dream Dealer,* von PBS ausgestrahlt. Das ganze Gefängnis sah zu. Ich mochte den Film, er war gut gemacht. Er wurde als Beitrag Englands beim Montreux-TV-Festival vorgeführt, gewann aber keinen Preis.

Lovato war lange interviewt worden, machte aber keinen netten Eindruck. Ich schon, zumindest bei meinen Mithäftlingen. Lovato beschuldigte meine Frau und meine Kinder, ihn mit antiamerikanischen Obszönitäten beschimpft zu haben, als er sie und mich verhaftete. Er behauptete, meine Skrupellosigkeit ginge so weit, dass ich sogar eine ausländische Wohltätigkeitsorganisation für meine Geldwäsche verwendet hätte. Er dachte dabei an die paar Tausend Dollar, die ich auf Sompops Bitte hin der Stiftung für behinderte Kinder in Bangkok gegeben hatte.

Bald bekam ich die schriftliche Bestätigung des Urteils. Eine Geldstrafe von 50 000 Dollar war hinzugefügt worden und die Empfehlung, dass ich den Teil meiner Strafe, den ich Amerika absitzen musste, in einer speziellen Haftanstalt in Butner in North Carolina verbüßen sollte, die über besondere Einrichtungen für Häftlinge verfügte, die sich während ihres Aufenthalts im Gefängnis weiterbilden wollten. Diese Anstalt hatte Verbindungen zur North Carolina University und zur Duke University und war vermutlich das beste Gefängnis der Vereinigten Staaten. Es war bekannt für seine guten Haftbedingungen. Ich musste nur noch einen Monat oder so im Miami MCC warten, bis ich verlegt werden konnte.

Eines frühen Abends kam der übliche Wärter in unsere Zelle.

»Marks, packen Sie Ihren Kram. Sie gehen. Bei Ihnen besteht Fluchtgefahr, deshalb werden Sie vorher durchsucht. Und Sie kriegen die ›Black Box‹ an.«

Es hatte keinen Sinn, zu diskutieren. Ein Häftling in der ›Black Box‹ wird in Ketten gelegt und bekommt Handschellen und Fußfesseln angelegt. Durch die schwarze Metallbox kann er die Hände noch weniger bewegen. Außerdem wird er getrennt von anderen Häftlingen transportiert.

»Ich glaube nicht, dass Ihnen Indiana gefallen wird, Marks.«

»Indiana? Ich dachte, Butner wäre in North Carolina.«

»Ist es auch. Aber das United States Penitentiary in Terre Haute ist in Indiana. Ich weiß es, ich war schon mal dort.«

»Ich soll nicht nach Terre Haute. Ich soll nach Butner.«

»Marks, Sie gehen nach Terre Haute. Das ist ein ganz übler Knast. Irgendwer von der Regierung kann Sie offenbar gar nicht leiden. Aber ich hab nichts gegen Sie. Viel Glück, Alter.«

siebzehn
DADDY

Amerika umfasst fünfzig Bundesstaaten. Jeder hat seine eigene Rechtsprechung. Ebenso Washington und der Rest des anormalen District of Columbia. Ebenso auch Guam, die Jungferninseln und andere Besitztümer der USA in Übersee. All diese Behörden halten insgesamt weit über eine Million Menschen in Gefängnissen fest, wegen Straftaten wie Mord, Drogenbesitz, Vergewaltigung oder sexueller Belästigung von Kindern. In keinem anderen Land gibt es auch nur entfernt so viele Häftlinge. Zusätzlich dazu hat die Regierung der Vereinigten Staaten ein Justizsystem auf Bundesebene geschaffen, welches die oben genannten Systeme einschließt und weitere Hunderttausend Menschen inhaftiert hält. Wenn die öffentliche Sicherheit bedroht ist, Staatsbeamte oder staatliche Institutionen illegal handeln, Verbrechen in Indianerreservaten geschehen, wenn sie zwei oder mehr Einzelstaaten betreffen oder mit Drogenschmuggel zu tun haben, dann kommt die Bundesgesetzgebung zum Tragen. Sechzig Prozent der durch Bundesgesetz Verurteilten sitzen wegen Drogendelikten ein. Im Allgemeinen werden Gefangene des Bundes in Bundesgefängnissen untergebracht. Gelegentlich gibt es Ausnahmen: für kurze Zeiträume während des Prozesses, wenn ein Häftling abgeschirmt werden soll, damit er zum Verräter werden kann, oder wenn man ihm das Leben mit einer ›Dieseltherapie‹ schwermachen will (ständiges, grundloses Verlegen eines Gefangenen von einem Gefängnis zum nächsten). Zu diesem Zweck sind Teile von vielen Staatsgefängnissen für den dauerhaften Gebrauch von den Bundesbehörden bestimmt. North Dade war ein typisches Beispiel. Dieses System hat auch eine Ausnahme: Wenn ein Häftling so aufsässig ist, dass die Staatsbehörden nicht mit ihm fertigwerden, kümmert sich der Bund um ihn. Von daher sind in den Bundesgefängnissen indianische Krieger anzutreffen, Terroristen, Bankräuber, Attentäter auf Präsidenten, Spione, Mädchenhändler, Drogenschmuggler und alle möglichen staatlichen Gefangenen, die für Staatsgefängnisse zu tough waren. Um dieses breite Spektrum an Straftätern angemessen inhaftieren zu können, unterhält das Federal Bureau of Prisons Haftanstalten unterschiedlicher Sicherheitsgrade, deren Charakteristika zum Beispiel Patrouillengänge sind, Wachtürme, Mauern, Zäune, Kameraüberwachung, das zahlenmäßige Verhältnis von Wärtern zu Insassen und die Haftbedingungen. Von den über Hundert Bundesgefängnissen gehörten sechs zur höchsten Sicherheitsstufe, die für die gefährlichsten und gewalttätigsten Verbrecher Amerikas gebaut worden waren. Sie wurden United States Penitentiaries genannt (USPs). Eines dieser sechs, das mit dem schlimmsten Ruf wegen Mord und Vergewaltigungen, war in Terre Haute, Indiana. Auch als ›Terror-Hütte‹ bekannt, war es Amerikas ›Gladiatorenschule‹, in deren Arena harte, wenn auch nicht sonderlich helle US-Gefängniswärter auf schwarze Gangleader aus den Großstädten, auf Biker und Psychopathen trafen. Die Hälfte derer, die dort eingesperrt waren, würden nie wieder entlassen werden. Das konnte heiter werden. Ich hatte schreckliche Angst.

Furcht ist eine Emotion, die man am besten nicht zeigen

sollte, und deshalb setzte ich ein ruhiges Gesicht auf, als ich als einer von zehn mit Ketten behängten und gefesselten Sträflingen bei einigen Grad unter null am zehnten Januar 1990 am Hulman Regional Airport, Indiana, in den Gefängnisbus kletterte. Nebenan stand ein identischer Bus, in den einige Gefangene einstiegen, die in ein anderes USP sollten, das in Marion, Illinois. Chicago war zweihundert Meilen entfernt. Sechs Wochen waren vergangen, seit ich in einer sechzehnstündigen Busfahrt vom Miami MCC nach Atlanta, Georgia, verfrachtet worden war. Im USP in Atlanta war ich fünf Wochen lang ins Loch gesperrt worden, weil in meiner Akte stand, dass große Ausbruchsgefahr bestand. Dann wurde ich zusammen mit hundert anderen in einem Flugzeug des Federal Bureau of Prisons von einer Luftwaffenbasis in Georgia zum Oklahoma City Airport geflogen. Ich verbrachte die Nacht auf dem Fußboden im eingeschneiten Bundesgefängnis in El Reno, dann brachte mich ein anderes Flugzeug hierher. Noch ein anderer Gefangener trug die Black Box. Es war Gennaro ›Jerry Lang‹ Langella, der Boss der Mafiafamilie Colombo in New York. Obwohl er eine lebenslange Haftstrafe bekommen hatte, galt er noch immer als der fünftmächtigste Gangster der Welt. Für Jerry gab es kein Entlassungsdatum. Die US-Regierung hatte ihn lebendig begraben. Während er mir das erzählte, fuhr der Bus an der ersten Einrichtung des USP Terre Haute vorbei: dem Friedhof. Ein Friedhof für Menschen, die schon vergessen sind, noch ehe sie sterben.

In den Wartezellen bei der Aufnahme wurden wir zum siebten Mal an diesem Tag gründlich durchsucht. Wieder wurden wir fotografiert, wurden unsere Fingerabdrücke genommen, wurden wir ärztlich untersucht. Wir bekamen Plastikkärtchen als Ausweise. Man konnte damit auch Junkfood aus Automaten kaufen, wenn man Geld auf seinem Gefängniskonto hatte. Dann wurden wir in unsere jeweiligen Zellen geführt.

Das USP Terre Haute wurde 1940 gebaut und hält den Rekord von zwanzig Jahren ohne einen geglückten Ausbruch. Es ähnelt einem riesigen Insekt mit einem Panzer aus rasiermesserscharfem Stacheldraht, mit der Hauptstraße als Körper und Beinen aus Zellenblocks; seine Krallen sind die Löcher, in denen die Häftlinge gequält werden; seine Arme sind die hirnlosen Einrichtungen für die 1300 Insassen; seine Facettenaugen sind Videokameras; sein Kopf eine Sporthalle. Das Stacheldrahtinsekt hockt in einem mit Stacheldraht umgebenen Abenteuerspielplatz mit Tennisplätzen, Basketballplätzen, mindestens Hundert Tonnen Fitnessgeräten, Handballplätzen, Bowlingbahnen, Footballplätzen, Baseballplätzen, Hufeisenwurfbahnen, einer Joggingbahn, einem Sportplatz, einem Raum zum Kartenspielen (ähnlich einem kleinen Casino) und einer Minigolfbahn mit achtzehn Löchern. Neben dem Casino befindet sich die indianische Schwitzhütte und ein Fleckchen heiliges Land. Nicht weit vom Totempfahl steht eine Fabrik der Anstalt, Unicor, in der Sträflinge für einen Mindestlohn Sklavenarbeit für die Regierung leisten und heimlich sogenannte ›Shanks‹ fertigen, einfache, aber höllisch scharfe Messer und Dolche. Im Inneren des Insekts gibt es eine Kapelle für jede nur denkbare Glaubensrichtung, eine Rechtsbibliothek mit Fotokopierern und Schreibmaschinen, eine gewöhnliche Bibliothek, eine Cafeteria, eine Billardhalle, zwei Tonstudios, ein Kino, eine Schule, einen Bastelladen, einen Supermarkt und dreißig Fernsehzimmer. Die Zellenblocks unterscheiden sich in der Art, wie die Insassen untergebracht waren: in Schlafsälen, Einzelzellen oder Zellen für mehrere Gefangene. Während der meisten Zeit des Tages durften wir uns frei zwischen den einzelnen Zellen eines

Blocks bewegen. Vom eigenen Zellenblock zu den Gemein-schaftsbereichen konnte man nur zu bestimmten Zeiten für jeweils zehn Minuten. Die Zelle, in die ich gebracht wurde, war schon von drei Häftlingen bewohnt: ein Redneck, der an Leberkrebs starb, ein libanesischer Heroinschmuggler und ein schwarzer Crackdealer. Es fiel mir erstaunlich leicht, mit ihnen ins Gespräch zu kommen. Sie waren unglaublich nett und rücksichtsvoll.

Das USP Terre Haute hatte einen großen Vorteil: Man konnte an keinen schlimmeren Ort verlegt werden. In einem gewöhnlichen Knast konnten sie damit drohen, einen in ein USP zu schicken. In einem der anderen USPs drohten sie da-mit, einen nach Terre Haute zu schicken. Aber in Terre Hau-te? Abgesehen vom Loch, in das viele so häufig eingewiesen worden waren, dass es seinen Schrecken verloren hatte, blieb der Gefängnisbehörde hier kein anderes Druckmittel, als län-gere Strafen verhängen zu lassen. Wer aber schon lebens-länglich ohne Bewährung hatte, den juckte auch das nicht. Es gab jede Menge schwarzgebrannten Alkohol, jede Men-ge Dope, das von bestochenen Wärtern hereingebracht wur-de, und wenn gespielt wurde, dann um hohe Summen. Die meiste Zeit begnügten sich die Häftlinge zwar damit, Bas-ketball zu spielen oder im Fernsehen anzuschauen, doch da es keine wirksame Abschreckung gab, kam es oft zu sinnlo-sen Schlägereien. Jeden Tag bekam mindestens ein Häftling einen Stich von einem ›Shank‹ ab. Täglich gab es erbitterte und blutige Kämpfe. Mord war keine Seltenheit, und Ver-stümmelungen gab es noch viel mehr. Die meisten basierten auf Streitigkeiten zwischen verschiedenen Gangs, aber eini-ge waren auch das Resultat von kleineren persönlichen Mei-nungsverschiedenheiten.

Die meisten Gangs kamen aus der Ecke der Black Muslims. Eine der mächtigsten Streetgangs aller Zeiten ist die El Rukhn in Chicago. In den Sechzigern unter dem Namen Black P. Stone Nation aus einem Zusammenschluss der Blackstone Rangers mit anderen Streetgangs Chicagos hervorgegangen und vom libyschen Oberst Gaddafi finanziell unterstützt, hatte die El Rukhn mehrere Zehntausend Mitglieder und einen großen Besitz in Immobilien, die sie durch diverseste kriminelle Machenschaften erlangt hatte. Andere Chicagoer Gangs waren aus den Blackstone Rangers hervorgegangen, darunter die Vicelords, die unter der Führung von Roosevelt Daniels, der später in der Gefängniscafeteria brutal ermordet werden sollte, zu jener Zeit die Macht über die Insassen im Terre Haute hatten. Manchmal vertrugen sich die Vicelords mit den El Rukhns in Terre Haute. Manchmal nicht. Auch viele Mitglieder der zwei größten rivalisierenden Streetgangs von Los Angeles, den Bloods und den Crips, waren den kalifornischen Behörden über den Kopf gewachsen und in Terre Haute gelandet. Im berüchtigten Gefängnis Lorton in Washington, DC, waren den Verantwortlichen die ständigen Kämpfe zwischen den schwarzen Gruppierungen zu viel geworden; auch sie waren nach Terre Haute geschickt worden. Weder die Vicelords noch die El Rukhn vertrugen sich mit den Crips, den Bloods oder den Gangs aus DC. Jede Gang hatte ihre eigene Sprache, ihre eigenen Farben und ihr eigenes kompliziertes System von Handzeichen. Von den amerikanischen Streetgangs unterschieden sich wiederum die jamaikanischen Posse-Gangs, manche mit, manche ohne Dreadlocks, und sie konnten einander nicht ausstehen.

Es gab auch Gangs von Weißen im Gefängnis: die fanatisch rassistische Aryan Brotherhood und die ebenso rassistischen Dirty White Boys, außerdem die Dixie-Mafia, die mexikanische Mafia, unzählige kubanische, puertoricanische und

665

kolumbianische Gruppen und die unterschiedlichsten Biker-gangs. Rivalisierende Gangs von Bikern wie die Hell's An-gels, die Pagans und die Outlaws bringen sich zwar auf der Straße um, sobald sie einander sehen, doch im Gefängnis hielten sie sinnvollerweise einen Waffenstillstand ein und leb-ten trotz ihrer gegensätzlichen Ideologien friedlich miteinan-der. Einer der berühmtesten Biker aller Zeiten, James ›Big Jim‹ Nolan von den Outlaws, war in Terre Haute; voraus-sichtliches Entlassungsdatum: 2017.

Die Aufnahmerituale der Gangs in der Anstalt waren un-terschiedlich. Bei einigen musste der Bewerber einfach ir-gendeinen anderen Insassen massakrieren. Da ich Brite und bekanntermaßen kein Verräter war, konnte ich Konflikte meistens vermeiden, indem ich mich nett, zuvorkommend und exzentrisch gab, aber sicher fühlte ich mich nie. Ich wür-de meine Freunde sorgfältig aussuchen müssen.

Terre Haute konnte sich damit brüsten, einige berühmte Mafiosi zu beherbergen. Neben Gennaro ›Jerry Lang‹ Lan-gella, dem ranghöchsten anwesenden Mafioso, befanden sich dort auch John Carneglia, Victor ›Vic the Boss‹ Amuso und Frank Locascio, die hohe Posten im Gambino-Clan von New York innehatten – der Organisation, die mir die Geschäf-te über den New Yorker Flughafen ermöglicht hatte. Dann war da noch Anthony ›Bruno‹ Indelicato, Sohn von Alphonse ›Sonny Red‹ Indelicato und einer der Capos im Clan von Joseph ›Joe Bananas‹ Bonanno, ferner der Sizilianer Anto-nio Aiello von der Pizza-Connection und Joey Testa von der Mafia von Philadelphia. Ich freundete mich mit ihnen allen an. Wie die Biker verbündeten sich auch die verschiedenen Zweige der italienischen Mafia im Knast gegen den gemein-samen Feind, und stellten ihre Meinungsverschiedenheiten hintenan. Sie schienen sich alle damit abgefunden zu haben, ihre Zeit abzusitzen. Über das Telefon und die Besuchszimmer leiteten sie noch immer ihre Geschäfte draußen, die weitergingen und gediehen. Ihr Hauptinteresse galt der Qualität der Pasta und der Verfügbarkeit der Fitnessgeräte. Irgendwo zwischen der italienischen Mafia und den Streetgangs waren die Westies anzusiedeln, eine sehr ernstzunehmende kriminelle Organisation New Yorker Iren. Einige von ihnen befanden sich in Terre Haute, darunter ihr hochintelligenter und äußerst charismatischer Boss, Jimmy Coonan. Die restlichen Insassen waren Psychopathen, Spione, Perverse und einzelne herausragende, nicht in Banden organisierte berüchtigte kriminelle Persönlichkeiten, die zum Teil noch Jahrzehnte absitzen mussten.

Einer von diesen, der Korse Laurent ›Charlot‹ Fiocconi, wurde zu einem der besten Freunde, die ich je hatte. Charlots Fall war der letzte einer Serie, die als die ›French Connection‹ bekannt wurde. 1970 war er in Italien verhaftet und an die Vereinigten Staaten ausgeliefert worden, wo er des Heroinschmuggels für schuldig befunden und zu fünfundzwanzig Jahren Haft verurteilt worden war. 1974 floh er aus einem New Yorker Knast und versteckte sich mitten im brasilianischen Dschungel. Er blieb siebzehn Jahre lang dort. Er lernte eine schöne Frau aus Medellin in Kolumbien kennen und heiratete sie. 1991 waren sie wegen einer Kokainsache in Rio de Janeiro festgenommen worden. Die Vereinigten Staaten beantragten seine Auslieferung wegen der nicht abgeleisteten Gefängnisstrafe für die French Connection. Die brasilianische Regierung gab ihn heraus. Seitdem war er in Terre Haute, um den Rest seiner Strafe abzusitzen.

Ein anderer Insasse, mit dem ich eine enge Freundschaft entwickelte, war Veronza ›Daoud‹ Bower. In den Sechzigern war er bei den Black Panthers gewesen, hatte in den frühen

Siebzigern einen Polizisten getötet und saß seitdem im Gefängnis. Er hatte inzwischen hüftlange Dreadlocks und hatte sich während der gut zwanzig Jahre im Knast dem Schach- und Scrabblespielen gewidmet, körperlichem Training und dem Studium und der Praxis verschiedenster Heilmethoden. Er konnte ohne Pause mehrere Tausend Liegestütze machen und so gut wie jedes körperliche Leiden heilen oder zumindest lindern. Daoud war der einzige Nichtindianer, der an den religiösen Ritualen in der Schwitzhütte teilnahm.

Das Gefängnispersonal umfasste die ganze Bandbreite von fetten, größenwahnsinnigen Militaristen bis zu fetten Irrsinnigen, die selbst der Ku-Klux-Klan nicht mehr hatte haben wollen. Indiana ist der Staat, in dem die meisten Fälle sowohl von Analphabetismus als auch von Fettleibigkeit auftreten, und hatte schon immer eifrige Anhänger des Ku-Klux-Klan angezogen. Zu den Hobbys der Wärter gehörte das Erschießen von Tieren und das Herumbrüllen in Bars. Einer von ihnen war festgenommen worden, weil er mit blankem Arsch herumgerannt war, einer, weil er Dope hereingebracht hatte, und einer, weil er an einer Pornoparty eines Insassen teilgenommen hatte. Der Gefängnispfarrer war gebustet worden, als er versuchte, Heroin hereinzuschmuggeln.

Jeder Neuzugang ist verpflichtet, sich innerhalb von achtundvierzig Stunden einen offiziellen Job im Gefängnis zu suchen, andernfalls wird er dazu verdonnert, für fünfundzwanzig Dollar im Monat in der Küche zu schuften. Es gibt alle möglichen Jobs in den Bibliotheken, der Wäscherei, den Schulräumen und den anderen Gemeinschaftsbereichen. Während die ›Operation Desert Storm‹ in vollem Gange war, stellte ich mich beim Department of Education, der Abteilung für Bildung, des Gefängnisses vor, wo ich von dem sympathischen und intelligenten Leiter des Departments namens

Webster interviewt wurde. Seine Söhne, beide noch Teenager, kämpften im ›Desert Storm‹. Er übertrug mir die Aufgabe, Kurse in englischer Grammatik für Häftlinge zu geben, die ein General Education Diploma (GED) anstrebten, was in etwa einem Abschluss an der Highschool entsprach. Mein Gehalt betrug vierzig Dollar im Monat. An meinem ersten Tag sah ich mich einer Klasse von siebzehn jungen Schwarzen gegenüber, von denen die meisten den Rest ihres Lebens hinter Gittern verbringen würden. Webster saß hinten im Raum, bereit, im Notfall einzugreifen. Es hatte immer mal wieder Probleme gegeben, einmal war zum Beispiel eine blutige, verstümmelte Leiche auf der Toilette gefunden worden. Es war immer schwierig für einen Gefangenen, selbst unter dem Schutz eines Wärters, anderen Gefangenen Unterricht zu geben, da er es nicht wagen konnte, Autorität oder Überlegenheit zu demonstrieren, und schon gar nicht versuchen sollte, irgendwelche Disziplin durchsetzen zu wollen. Wenn er nicht äußerst vorsichtig war, würde er bald als Helfershelfer der Wachteln oder als Verräter angesehen werden. Ich hatte Angst, hielt mich aber an die übliche Regel, sie nie zu zeigen.

»Mein Name ist Howard Marks. Ich hoffe, dass ich euch helfen kann, euch auf den Grammatikteil der GED-Prüfung vorzubereiten.«

»Hey! Hey! Hey! Webster! Webster! Ich will nich das kleinste motherfucking Ding von einem motherfucking Cracker lernen. Gar nix kann mir ein weißer Motherfucker erzählen. Gar nix. Kapierst du? Gar nix kann mir ein weißer Motherfucker erzählen.«

»Immer mit der Ruhe, in dieser Anstalt sind alle Insassen gleichberechtigt«, versuchte Webster Tee-Bone Taylor zu beruhigen, den Cop-Killer und Vizeboss der Vicelords.

»Webster, erzähl mir nix. Du schwallst doch nur rum,

Mann. Drück mir doch nich dieses rassistische Regierungs-
geschwalle aufs Ohr. Ich will diesen motherfucking Shit nich
hören. Dieser Cracker da hat doch kein bisschen mehr Durch-
blick als wie ich. Von den Betonbunkern, wo ich und meine
Brüder herkommen, da hat der doch keine Ahnung von. Was
weiß der schon? Hey! Hey! Hey! Teach! Teach!«

»Bitte, nenn mich Howard.«

»Ich sagte Teach, Teach. Du willst der Lehrer sein. Also
nenn ich dich Teach. Kapierst du?«

»Okay, nenn mich Teach.«

»Teach, was gibt dir das motherfucking Recht, mir Englisch beibringen zu wollen?«

»Ich bin Engländer, Tee-Bone«, log ich. Gewöhnlich verbesserte ich jeden, der mich als Engländer bezeichnete. Ich
bin Waliser. Aber diese Kerle hatten vermutlich noch nie von
Wales gehört.

»Ach? Und deshalb sprichst du wohl besseres Englisch wie
wir Nigger hier?«

»Natürlich. Wir haben die Sprache erfunden.«

»Wir haben unsere eigene Sprache, Teach.«

»Das akzeptiere ich auch, und sie ist nicht besser und nicht
schlechter als Englisch. Aber wenn ihr diese Englischprü-
fung bestehen wollt, dann möchte ich euch wirklich gerne
helfen.«

»Was werd ich davon haben, wenn ich euer motherfucking Englisch kann, Teach? Ich will deine Sprache nicht run-
termachen oder dich irgendwie dissen, aber ich will kein
Scheiß-Schriftsteller werden, Teach. Kapierst du? Ich will
kein Schriftsteller werden, Teach. Die motherfucking Regierung hält uns Homeboys hier fest, bis dass wir verrecken,
Teach. Wir Nigger wollen gar keine verfluchten Amis werden. Nur wegen euch Crackers sind wir doch überhaupt hier.

Unsere Vorfahren sind gegen ihren Willen aus unserm Land hierher gebracht worden, in Ketten.«

»Ich auch. Und weißt du, von wem? Von einem schwarzen US Marshall.«

»Fuck, was willst du damit sagen, Teach?«

»Du weißt, was ich sagen will. Wer wir auch immer sind und wie immer wir hergekommen sind, wir wollen doch alle dasselbe: möglichst weit weg von hier. Also gut, Jungs, ich bin erst seit Kurzem hier, aber ich weiß jetzt schon, dass es nur drei Wege hier raus gibt. Entweder man nimmt sich für ein paar Millionen Dollar einen Anwalt, und die haben wir nicht. Oder man klettert über den Zaun und gibt Regierungsdeppen wie Webster Gelegenheit zu ein paar Zielübungen. Oder man schreibt sich frei.«

»Wie soll'n das gehen, sich freischreiben?«, wollte ein junger Crackdealer aus Washington, DC, wissen.

»Hört zu. Die meisten von uns haben mehr aufgebrummt bekommen, als wir verdient hätten. Manche von euch hätten nicht mal verurteilt werden dürfen. Die Regierung hat gelogen und betrogen, hat behauptet, ihr hättet viel mehr Dope gehabt, nur um euch für alle Ewigkeit einbuchten zu können. Und die Schwarzen trifft es immer härter als die Weißen. Es gibt viele Leute da draußen, die diesem Rassismus der Regierung ein Ende setzen wollen. Und es gibt noch viel mehr Leute, die nicht mal wissen, dass so was überhaupt passiert. Nur die Richter, ein paar ehrliche Politiker und einige einflussreiche Persönlichkeiten können etwas daran ändern. Ich will nicht unverschämt sein, aber die meisten von euch können nicht mal einen Brief schreiben, den diese Leute verstehen würden. Und nur die könnten euch aus dieser Scheiße hier rausholen. Erzählt mir nicht, dass ihr so leicht aufgeben wollt. Ich habe es wörtlich gemeint, als ich gesagt habe, dass ich in Ketten hergebracht worden bin. Die DEA ist in mein Haus in Europa gekommen, hat mich und meine Lady hier rübergeschleppt und unseren drei Kindern Mama und Papa weggenommen. Ich hab einen größeren Hass auf eure beschissene Regierung, als ihr euch auch nur vorstellen könnt.«

»Okay, Teach. Chill out. Du bist in Ordnung. Ich weiß, wo du herkommst«, sagte Tee-Bone. »Bring uns den Cracker-Rap bei, Teach.«

»Alles klar. Also, warum habt ihr beschlossen, englisch zu reden statt spanisch, portugiesisch oder französisch? Die Typen haben euch genauso rumgeschubst wie wir.«

»Sag schon, worauf du hinauswillst, Teach.«

»Weil ihr einen guten Geschmack habt. Ihr habt uns die Musik gegeben. Wir euch die Worte. Gut. Wir fangen mit den Satzzeichen an. Wisst ihr, was Satzzeichen sind? Was ist das?«

Ich malte einen Punkt auf die Tafel.

»Ein ›Period‹, Teach.«

Ein Mitglied der Rastafari-Posse widersprach.

»Teach, wieso er sagen ›Period‹? Ich sagen ›Full-stop‹. Ich kommen aus Jamaika. In Jamaika, ›Period‹ heißen Alte, die bluten.«

Der Leiter des Department of Education zitierte mich ins Nebenzimmer.

»Marks, Sie geben doch den Kurs für das GED.«

»Richtig, ja.«

»Sie scheinen aber selber keines zu haben.«

»Kein was?«

»Kein GED. In den Unterlagen finde ich keinen Beleg, dass Sie ein GED oder einen Highschool-Abschluss haben.«

»Das stimmt, ich habe keinen.«

»Nun könnten es meine Vorgesetzten als unpassend betrachten, dass ein Insasse ohne GED anderen Insassen beibringt, wie man eines bekommt. Sie verstehen, worauf ich hinauswill?«

»Aber ich habe einen Master's Degree.«

»Es gibt jede Menge Leute mit Master's Degrees, die nicht für das GED unterrichten können. Die Friseurschule in dieser Anstalt stellt Master's Degrees an Leute aus, die nicht einmal lesen können.«

»Aber ich habe meinen Master's Degree in Oxford gemacht.«

»Oxford, Wisconsin. Wer war da Ihr Tutor?«

»Nicht das Gefängnis in Oxford, Wisconsin. Die University of Oxford in England.«

»Nun, ohne jetzt irgendwas anzuzweifeln zu wollen, die Regierung der Vereinigten Staaten ist etwas vorsichtig mit ausländischen Abschlüssen. Im Allgemeinen werden sie nicht anerkannt.«

»Im Gegensatz zu ausländischen Verurteilungen.«

»Möglicherweise. Ich bin kein Kriminologe. Ich bin für das Bildungswesen zuständig, und ich persönlich bin der Ansicht, dass jemand, der ein anspruchsvolles ausländisches Examen gemacht hat, nichts dagegen einzuwenden haben dürfte, von einem entsprechenden Ausschuss erneut geprüft zu werden. Soll ich Sie zur nächsten GED-Prüfung anmelden?«

Ich bestand die Prüfung. Mit einer leuchtend blauen Robe und einem quadratischen Barett angetan, nahm ich von dem heuchlerisch lächelnden Webster die Urkunde in Empfang.

Das Department of Education veranstaltete in Zusammenarbeit mit einer Universität der Region auch eine Abendschule. Ich wollte an den Kursen teilnehmen, was mir aber untersagt wurde, da ich kein amerikanischer Staatsbürger war. Es machte mich wirklich wütend. Erst fetzten die Leute der US-

Regierung um die Welt und ließen alle möglichen Leute ausliefern, und dann verweigerten sie ihnen die Weiterbildung im
Gefängnis, weil sie Ausländer waren. Ich ging zum Vorsitzenden des Department of Education, um mich zu beschweren.

»Ja, Marks, was haben Sie für ein Problem?«

»Das ist doch die reinste Diskriminierung. Warum dürfen
wir Ausländer nicht an Fortbildungskursen teilnehmen?«

»Sie müssen bedenken, Marks, dass jeder Unterricht, den
ein Insasse bekommt, den amerikanischen Steuerzahler zweitausend Dollar kostet. Wie viel Steuern haben Sie in Amerika gezahlt?«

»Es kostet den amerikanischen Steuerzahler 25 000 Dollar
im Jahr, mich hierzubehalten. Meinen Sie nicht, es wäre wirtschaftlich sinnvoller, zehn Prozent mehr auszugeben und es
mir zu ermöglichen, als nützliches Mitglied der Gesellschaft
herauszukommen, statt als Biker oder Crackdealer?«

»Ich weiß es nicht, Marks. Ich bin kein Wirtschaftsexperte.
Ich bin für das Bildungswesen zuständig.«

»Also mir kommt es blödsinnig vor. Und ungesetzmäßig.
Gibt es bei Ihnen nicht einen fünfzehnten Zusatzartikel zur
Verfassung, in dem steht, dass niemand wegen seiner Natio-
nalität diskriminiert werden darf?«

»Ich weiß es nicht, Marks. Ich bin kein Rechtsanwalt. Ich
bin für das Bildungswesen zuständig. Und außerdem, Marks,
hätten Sie früher daran denken sollen, bevor Sie nach Amerika gekommen sind und gegen unsere Gesetze verstoßen haben.«

»Ich bin nicht hergekommen. Ich wurde gegen meinen
Willen hergebracht.«

»Nun, dann hätten Sie gegen keine Gesetze verstoßen sollen, nachdem Sie angekommen waren, wie auch immer Sie
hergekommen sind.«

»Habe ich auch nicht.«

»Dann besprechen Sie das mit Ihrem Anwalt, Marks. Ich kann Ihnen nicht helfen. Ich bin für das …«

»Ich weiß.«

Ein Fernstudium war aber möglich. Ich bewarb mich bei der University of London, um Jura studieren zu können, und wurde aufgenommen. Ich las mich in der juristischen Bibliothek des Gefängnisses in die Materie ein. Es gab viele Gemeinsamkeiten zwischen dem britischen und dem amerikanischen Recht.

Vierzig Dollar im Monat sind nicht viel, selbst wenn Kost und Logis, Kleidung und Freizeitaktivitäten gratis sind. Ich hatte wesentlich höhere Ausgaben als der amerikanische Durchschnittshäftling, da ich jedes Mal nach Europa telefonieren musste, wenn ich mit meiner Familie sprechen wollte. Hinzu kam, dass Häftlinge, die noch Geldstrafen zu bezahlen hatten (in meinem Fall 50 000 Dollar), jeden Monat eine beträchtliche Summe abgeben mussten. Das nannte sich dann ›The Inmate Financial Responsibility Program‹; das Programm für finanzielle Eigenverantwortung der Insassen. Die einzigen richtig gut bezahlten Jobs (zweihundert Dollar im Monat) waren die in der Fabrik, in der Decken für die US-Truppen im Irak hergestellt wurden. Fuck it. Wer den Krieg nicht unterstützen wollte, musste sich ein ›Geschäft‹ ausdenken, also eine Möglichkeit finden, unter der Hand im Gefängnis an Geld von denen zu kommen, die das Glück hatten, genug zu haben oder die für ihren Einsatz für ›Desert Storm‹ entlohnt wurden. Solche Geschäfte waren zum Beispiel der Verkauf von gestohlenem Essen aus der Küche, gestohlenen Messern aus der Fabrik oder allem möglichen gestohlenem Zeug aus dem Laden, die Herstellung und der Verkauf von alkoholischen Getränken, ein illegales Wettbüro, für andere

Gefangene die Wäsche zu waschen, die Herstellung von persönlichen Grußkarten, das Zeichnen von Porträts, das Anbieten von Blowjobs, das Eintreiben von anderer Leute Schulden oder die Verschönerung der Gefängniszellen. Manche Häftlinge wurden regelrechte Gefängnisanwälte und halfen anderen Häftlingen, bei den Gerichten eine Verringerung ihrer Strafe durchzusetzen. Das war das ideale Geschäft für mich; ich machte mich daran, für meine Mithäftlinge Anträge bei Richtern, Rechtsanwälten und Abgeordneten zu stellen. Ich hatte recht bald Erfolg damit – ein Urteil wurde revidiert, eine Strafe um zehn Jahre verkürzt –, und somit wurde ich sehr gefragt. Ich habe nie etwas für meine Arbeit verlangt, bekam aber fast immer etwas dafür: gestohlenes Essen aus der Küche, einen Tennisschläger, einen Walkman, einen handbestickten Marco-Polo-Jogginganzug oder eine lederne Aktentasche. Aus New Jersey und Florida kamen Überweisungen von angeblichen Familienmitgliedern auf mein Konto. Im Durchschnitt verdiente ich etwa dreihundert Dollar im Monat. Das war mehr als genug.

Hunting Marco Polo von Paul Eddy und Sara Waiden wurde veröffentlicht, und die *Mail on Sunday* schickte mir ein Exemplar nach Terre Haute zu, mit der Bitte um meine Kritik. Ich las es. Das Buch war vom Stil her eher wie ein Polizeihandbuch geschrieben, stellte aber die Sachverhalte, soweit sie mir bekannt waren, richtig dar. Eines störte mich aber: Meine Verhaftung wurde als Höhepunkt eines Wettstreits, ähnlich einem Schachspiel, zwischen zwei Gegnern mit gleichen Chancen und gleichen Möglichkeiten dargestellt (Lovato und mir). Dabei hatte Lovato immense finanzielle Mittel und die Polizeien von vierzehn Ländern hinter sich, während ich nur ein paar nette Kerle auf meiner Seite gehabt hatte.

Zwischen meinem Verlassen des Miami MCC und dem

Erlangen des GED Ende 1991 geschah vieles außerhalb der Gefängnismauern. In einer Aktion, bei der einem von der zur Schau gestellten Tyrannei und Feigheit schlecht werden konnte, hatte die DEA die niederländischen Behörden überredet, Old John bei seiner Ankunft in Amsterdam erneut zu verhaften. Dann ließen sie ihn nach Miami ausliefern. Er wurde vor Richter Paine gebracht, bekannte sich schuldig und verweigerte jegliche weitere Aussage, bekam ein Urteil, dessen Zeit er schon abgesessen hatte, und wurde freigelassen. Balendo Lo gestand Geldwäsche und wurde sofort freigelassen. Philip Sparrowhawk war von Bangkok nach Miami ausgeliefert worden. Er erzählte der DEA alles, was er wusste, und wurde freigelassen. Von den zehn Leuten, die unter riesigem Kostenaufwand aus allen Ecken der Welt nach Amerika geholt worden waren, waren neun fast sofort freigesprochen worden, als sie sich vor Richter Paine schuldig bekannt hatten. Nur mich wollte die US-Regierung unbedingt hinter Gittern behalten.

Malik ging nach seiner Freilassung zurück nach Pakistan. Von dort aus reiste er nach Hongkong, wo er wieder festgenommen und an die Vereinigten Staaten ausgeliefert wurde. Ich habe keine Ahnung wieso, noch wo er sich zurzeit befindet. Aber mit Sicherheit hatte Lovato seine Finger im Spiel.

Die deutsche Polizei nahm McCann in Düsseldorf fest. Sie hatten in seinem Auto ein bisschen Haschisch und einen falschen Pass gefunden. Seltsamerweise beschuldigten ihn die Deutschen nicht des Anschlags auf den Armeestützpunkt von Mönchengladbach 1973, wegen dem sie sich seit zwanzig Jahren so sehr um seine Auslieferung bemüht hatten. Stattdessen, basierend auf Aussagen von Roger Reaves, legten sie ihm zur Last, ein deutsches Boot mit deutschem Kapitän mit einer Tonne marokkanischem Haschisch beladen zu haben, das nach England geliefert werden sollte. Vielleicht war es bei ihnen wie bei den Amerikanern, dass sie das als ein schwerwiegenderes Verbrechen ansahen. Ein deutscher Richter, ein Staatsanwalt und McCanns Anwalt kamen nach Terre Haute, um mich zu befragen. Ich schwor, dass ich nie etwas mit einem Marokkanerdeal zu tun gehabt hatte, und McCann meines Wissens nach auch nicht. McCann wurde freigesprochen, obwohl die Staatsanwaltschaft den ungewöhnlichen Schritt unternahm, Craig Lovato zu bezahlen, so dass er in letzter Minute vor Gericht erschien, um meiner Aussage die Glaubwürdigkeit zu nehmen. Fucking McCann. Noch nie ist er wegen Dopegeschäften verurteilt worden.

Lord Moynihan täuschte mit einer Anzeige in der *Times* den Tod seines jungen Sohnes vor, so dass sein anderer Sohn, der noch ein Baby war, später im House of Lords sitzen würde. Bei mindestens einem seiner Söhne war DEA-Agent Craig Lovato Pate gestanden. Dann starb Moynihan plötzlich auf den Philippinen an einem Herzanfall, oder so wollte es zumindest die Weltpresse glauben machen. Es gab keine Leiche.

Bei Nacht und Nebel ergab sich Tom Sunde freiwillig der DEA. Er bekannte sich eines Verstoßes gegen das Betäubungsmittelgesetz für schuldig und bekam fünf Jahre auf Bewährung. Sein Mentor, Carl, suchte nach wie vor nach Präsident Ferdinand Carlos' Millionen. Dabei trat er den schweizerischen Behörden auf die Zehen, die bei den Deutschen seine Auslieferung beantragten. Die Deutschen lehnten ab. Wenig später wurde Jacobi aufgrund eines Auslieferungsantrags der USA in Hongkong festgenommen. Die DEA beschuldigte ihn, mir Informationen verkauft zu haben. Hongkong weigerte sich, ihn auszuliefern.

Roger Reaves wurde wieder gefasst. Nachdem er aus dem Lübecker Gefängnis geflohen war, hatte er beschlossen, nach

Amerika zu gehen. Er wurde erkannt und in ein Bezirksgefängnis gesteckt. In seiner Zelle wurde ein Tunnel entdeckt. Er wurde in das USP Lompoc in Kalifornien verlegt. Ron Allen, der Chicagoer Dealer, der mit mir in Pakistan gewesen war, wurde schließlich auch gefangen. Er bekannte sich im Tausch gegen eine geringe Strafe schuldig. Nur Gerry Wills war noch nicht gefasst worden.

Richter Robert Bonner, der Leiter der DEA, reiste nach London. Nach meiner Strafe von fünfundzwanzig Jahren befragt, zitierte ihn der *Daily Telegraph:* »Ich wüsste nicht, wie wir Leute wie Marks vom Drogenhandel abhalten sollten, außer mit Gefängnisstrafen. Die Länge der Strafe bekümmert mich nicht. Er soll sie absitzen.«

Außerdem bezog sich der *Daily Telegraph* auf einen Bericht, demzufolge ich irgendwo noch fünfzig Millionen Pfund versteckt hätte. Ich schrieb einen Brief an den Herausgeber:

Welch wunderbare und wohltuende Weihnachtsüberraschung war es, in ihrer Zeitung zu lesen, dass ich der Besitzer von fünfzig Millionen Pfund bin, die auf Bankkonten in der Karibik und /oder den Ostblockstaaten versteckt sind. Ich war mir dieses Reichtums gar nicht bewusst. Es scheint wahr zu sein, was über die schädlichen Auswirkungen von Cannabis auf das Gedächtnis gesagt wird.
Die Regelungen des Federal Bureau of Prisons lassen nicht zu, dass ich über dieses Geld in sinnvoller und verantwortungsvoller Weise verfüge. Wenn Sie also meine Geldstrafe zahlen, die Hypothek abtragen, die meine Frau hat aufnehmen müssen, und für den Lebensunterhalt meiner Familie und die Schulgebühren meiner Kinder aufkommen wollen, wäre es mir ein Vergnügen, ihnen diese Summe zu überlassen, so dass Sie frei darüber verfügen könnten.

Lassen Sie mich bitte wissen, ob Sie an meinem Angebot interessiert sind. Wenn ja, werde ich ihnen eine notariell beglaubigte Vollmacht zusenden, die Ihnen den Zugriff auf alle meine Konten in allen Ländern gewährt. Übrigens sind Ihnen in Ihrem Bericht einige Fehler unterlaufen. Ich bin in einem Bundesgefängnis inhaftiert, und es befindet sich in Indiana, nicht in Florida. Des Weiteren beträgt meine Geldstrafe 50 000 Dollar, nicht 100 000 Pfund. Wenn Sie mein Angebot annehmen, bleibt also mehr für Sie übrig. Ich glaube und hoffe, dass dies die einzigen Fehler waren.

Howard Marks

Mein Brief wurde gedruckt, doch es meldete sich niemand wegen des Angebots.

Als Bill Clinton bekanntgab, dass er für das Amt des Präsidenten kandidieren wollte, keimte eine Weile neue Hoffnung auf. Ein Präsident, der in Oxford studiert hatte, Dope rauchte, Frauen nachstellte und sich vor dem Militärdienst gedrückt hatte, war genau das, was dieses irrsinnige Land brauchte. Dann sagte er, dass er zwar Joints in den Mund genommen hatte, aber ohne einzuatmen, und dass er Dope niemals legalisieren würde. Die *Mail on Sunday* kam, um mich zu interviewen. Sie sagten, sie hätten Beweise, dass ich in Oxford mit Clinton zusammengelebt hatte. Und vielleicht war er ja nur Passivkiffer. Ich konnte mich nicht daran erinnern, jemals irgendwo mit Clinton zusammengelebt zu haben, aber ich stritt es auch nicht ab. Vielleicht konnte ich dieses seltsame Gerücht eines Tages zu meinem Vorteil gebrauchen. Ich lehnte es ab, irgendwelche Fragen über meinen alten Kumpel Bill zu beantworten. Es wäre ihm gegenüber nicht fair. Clinton war am University College in Oxford gewesen und durch die Prüfung zum Bachelor of Philosophy gefallen, während ich in Garsington lebte und noch am Balliol war. Noch nie ist mir jemand begegnet, der Joints rauchte, ohne einzuatmen.

Während dieses Jahres, 1991, wurde mir vieles klar, und das Allermeiste davon war äußerst deprimierend. Meine Annahme, dass ich auf Bewährung freigelassen werden würde, sobald das möglich war (November 1996), vorausgesetzt, ich führte mich gut, war völlig unbegründet. Die Freilassung auf Bewährung hängt in den Vereinigten Staaten nicht wie in England davon ab, wie man sich während der Haft verhält, sondern davon, als wie schwer das Vergehen von der jeweiligen Regierung beurteilt wird. Das hatte ich nicht gewusst. Ich hatte noch niemanden kennengelernt, der auf Bewährung freigelassen worden war. Der Drogenschmuggel wurde als die Ursache aller großen Probleme Amerikas angesehen. Wer in größerem Maßstab geschmuggelt hatte, egal welche Droge, bekam keine Bewährung. Das waren schlimme Neuigkeiten. Anstatt davon ausgehen zu können, dass ich 1996 entlassen werden würde, musste ich mich an den Gedanken gewöhnen, bis einige Jahre nach der Jahrtausendwende eingesperrt zu bleiben. Ich suchte in den Urteilssammlungen nach ähnlichen Fällen wie meinem. Marihuanaschmugglern waren Anträge auf Bewährung abgelehnt worden, weil sie große Mengen transportiert hatten, weil ihre Methoden ungewöhnlich raffiniert gewesen waren, weil der Antragsteller in der Organisation eine zu hohe Stellung innehatte, weil er der Boss von zu vielen anderen gewesen war, weil ein Geschäft mehrere Länder betroffen hatte oder weil ein Fall zu großes Aufsehen erregt hatte. Es stimmte mich nicht gerade optimistisch. Außerdem fand ich in der juristischen Bibliothek eine Veröffentlichung der Bewährungskommission, in der als offizielle Richtlinie angegeben wurde, dass Häftlinge keine Karriere als Juristen anstreben sollten. Wer so seine Chancen auf vorzeitige Freilassung verbessern wollte, brauchte kaum noch einen Antrag zu stellen, er würde sowieso abgelehnt werden. Ich stieg aus dem Fernstudium aus.

Genauso hatte ich mich in der Vorstellung geirrt, dass meine Verlegung in ein britisches Gefängnis problemlos über die Bühne gehen würde. Zuerst wurde mein Antrag verlegt und erst Monate später wiedergefunden, dann wurde er erneut vorgelegt und abgelehnt, mit der Begründung, dass es sich um ein zu schwerwiegendes Delikt handelte. Das ergab keinen Sinn: Selbst Mörder und Heroinschmuggler waren schon in Gefängnisse in den Vereinigten Staaten oder von den USA nach außerhalb verlegt worden. Ich war mir sicher, dass Lovato hinter der Ablehnung steckte, aber ich hatte keine Beweise. Noch nicht.

Die Leitung des USP Terre Haute merkte, dass ich nicht zu den Leuten gehörte, die unbedingt in ein USP gehörten. Sie empfahlen ihren Vorgesetzten auf Bundesebene, mich in eine weniger strenge Anstalt mit besseren Möglichkeiten der Weiterbildung zu verlegen, doch die Bosse des Federal Bureau of Prisons sagten Nein. Auch hier vermutete ich Lovatos sadistisches Eingreifen, hatte aber wiederum keine Beweise. Noch nicht.

Lovato beantragte in aller Form bei den britischen Behörden, dass meine Wohnung in Chelsea konfisziert werden sollte. Mehr gestattete die britische Gesetzgebung nicht. Danach beantragte Lovato bei den Spaniern die Konfiszierung unseres Hauses in La Vileta. Die Argumentation der DEA war nicht, dass es mit Drogengeld gekauft worden war. Das war es nicht, und das konnte leicht bewiesen werden. Vielmehr ging es darum, dass ich im Haus das Telefon benutzt hatte, wodurch das Haus zum Mittel für meine verschwörerischen Unternehmungen wurde. Somit fiel es an die Vereinigten Staaten oder an Spanien. Über den gesamten Besitz dort wurde ein Embargo verhängt, das nach vier Jahren erst wieder aufgehoben wurde – schließlich brachten es selbst die gewöhnlich so kooperativen spanischen Behörden nicht übers Herz, Judy und die Kinder auf die Straße zu setzen, nur weil ihr Mann das Telefon benutzt hatte.

Das Schlimmste jedoch, was mir in diesem Jahr geschah, war die Nachricht, dass sich mein vierjähriger Sohn Patrick vom Dach eines hohen Gebäudes gestürzt hatte. Der Aufschlag seines kleinen Körpers auf dem Zementboden hatte seine beiden Beine zertrümmert. Niemand wusste, warum er es getan hatte. Hatte er gedacht, er wäre Supermann? Hatte er versucht zu fliegen? Wollte er sich in den Rachen des Todes werfen, um einer unbeschreiblichen inneren Qual zu entkommen? Wollte er sich umbringen, weil er keinen Papa hatte? Wie nie zuvor wurde mir bewusst, was es hieß, ein Gefangener zu sein. Ich konnte nicht dort sein, um zu versuchen, Patricks Schmerzen zu lindern. Bis ich wieder draußen wäre, würde er gar keinen Papa mehr brauchen. Wie viel mehr Unfälle und Tragödien, die meiner Familie zustießen, würde ich nicht verhindern können? Bitte, Gott, lass es genug sein.

Das nächste Jahr, 1992, begann genauso schlimm, wie das alte geendet hatte. Mein Vater wurde mit einer schweren Lungenentzündung in eine Klinik eingeliefert. Gott, davor hatte ich immer einen Horror gehabt, dass einer meiner Eltern schwer krank werden könnte. Gott, bitte lass keinen der beiden sterben, bevor ich hier rauskomme. Die erste und letzte Strophe des Gedichts von Dylan Thomas schlichen sich in meinen Kopf:

Do not go gentle into that good night,
Old age should burn and rave at close of day;
Rage, rage against the dying of the light.
And you, my father, there on the sad height,
Curse, bless, me now with your fierce tears, I pray.
Do not go gentle into that good night.
Rage, rage against the dying of the light.*

Dad überlebte.

Draußen vor meinem Zellenfenster hatten die Bauarbeiten für den ersten und einzigen Komplex von Todeszellen des Bundes begonnen. Die einzelnen Staaten ermordeten zwar regelmäßig Häftlinge, die besonders abscheuliche Verbrechen begangen hatten, mit Elektroschocks, Gas oder anderen Methoden, doch die US-Regierung hatte schon seit Jahrzehnten niemanden mehr wegen eines Verstoßes gegen die Bundesgesetze zum Tode verurteilt. Sie sperrten einen einfach nur ein. Unter Reagan und Bush war nun auch bei Drogendelikten die Todesstrafe möglich geworden. Jetzt waren acht Menschen, alles Schwarze, von Bundesgerichten zum Tode verurteilt worden. Es gab aber kein Gebäude, in dem sie gesondert hätten untergebracht werden können, und so waren sie auf Gefängnisse im ganzen Land verteilt. Die Regierung beschloss, einen eigenen Hinrichtungsraum und Todeszellen zu bauen. Als Ort hatten sie Terre Haute gewählt. Ich konnte von meinem Fenster aus die Baustelle sehen. Es war deprimierend.

---

* Geh nicht willig in jenes gütige Nichts, • Hohes Alter soll lodern und toben wenn der Tag verblasst; • Wüte, wüte gegen das Sterben des Lichts. • Dort auf trauriger Höh', mein Vater, seh ich Dich • Und flehe – Verfluche, segne, mich nun durch Deiner Tränen Last. • Geh nicht willig in jenes gütige Nichts. • Wüte, wüte gegen das Sterben des Lichts.

Eines schrecklichen Tages wurde mir mitgeteilt, dass mein lieber Freund Old John nur wenige Monate, nachdem er den Fängen der DEA entronnen war, an Krebs erkrankt war. Bevor er der ehrlichste Dopeschmuggler der Welt und der DEA ein Dorn im Auge geworden war, war er Elektriker gewesen. Der Asbest, mit dem er damals in Berührung gekommen war, brachte ihn nun langsam, aber sicher um. Es machte mich unsagbar traurig.

Langsam machte mir meine Strafe zu schaffen. Es brach mir das Herz, von meiner Familie getrennt zu sein. Ich war jetzt seit vier Jahren im Bau, schon doppelt so lange wie das letzte Mal. Und wenn, was sicher schien, mein Antrag auf Bewährung abgelehnt wurde, hatte ich noch mindestens zwölf Jahre vor mir. Judy würde nicht so lange auf mich warten können; niemand könnte das. Mit sechzig würde ich die Welt wieder betreten, abgebrannt, ausgebrannt, hasserfüllt, zu nichts mehr zu gebrauchen. Niemand würde meine langweiligen Geschichten von Leid, Blut, Gewalt und Trauer anhören wollen. Ich würde alt und hässlich sein. Niemand würde mit mir schlafen wollen. Und in meinen Träumen ging es nicht um Sex, sondern um mein Gefängnis. An diesem Punkt wird einem klar, dass man wirklich eingesperrt ist: Wenn man den Mauern nicht mehr entkommen kann, indem man einfach wegdöst. Bis ich draußen bin, werden meine Kinder alle nicht mehr zu Hause sein – stattdessen werde ich Enkelkinder haben. Wir werden das Grab meiner Eltern besuchen. Ich werde den Kindern von Judy und ihrem neuen Ehemann ein wohlwollendes Lächeln schenken, wenn ich ihnen einen freundschaftlichen Besuch abstatte, vielleicht nach dem Gang zum Amt, um mein Arbeitslosengeld oder meine Rente abzuholen. Ich würde an Discos vorbeigehen und versuchen, mich zu erinnern, wann ich das letzte Mal getanzt hatte. Lohnte es sich wirklich, darauf zu warten? Ich wurde krank. Ich bekam Gürtelrose und immer wieder die Grippe. Meine Lunge füllte sich mit Schleim. Ich konnte nicht richtig pinkeln und auch mein linkes Bein nicht richtig anwinkeln. Mir tat alles weh. Mein Zahnfleisch war voller Geschwüre. Elf Zähne wurden mir gezogen, alles andere wäre als medizinisch wirkungslose Schönheitsoperation betrachtet worden. Ein schlecht angepasstes Plastikgebiss klapperte mir im Mund herum. Zum Lesen brauchte ich eine Brille.

Immer wenn es mir wirklich dreckig geht, werde ich religiös. Die christliche Rechte Amerikas hatte mir das Christentum verleidet. Wenn Gott Republikaner war, dann wollte ich nichts mit ihm zu tun haben. Aber ich las wochenlang die Bibel und viele Schriften anderer Religionen. Mir wurde klar, was ich falsch machte: Ich nahm mich selbst zu wichtig. Ich sollte anderen Menschen helfen, wo ich nur könnte, gesund und fit bleiben und annehmen, was auf mich zukam. Ich kann sowieso nicht ändern, was mit mir geschah. Ich kann nur meine Einstellung dazu ändern. Ich werde also die nächsten zehn Jahre im Gefängnis verbringen. Und wenn schon. Na und. Und was kommt dann?

Ich hatte jetzt eine Zelle für mich alleine. Meine Nachbarn waren Big Jim Nolan und Bear, auch ein Outlaw. Ich hörte auf zu rauchen – nach fünfunddreißig Jahren. Da wir ständig Urinproben abgeben mussten, traute ich mich nicht, Dope zu rauchen. Bei unreinem Urin musste man noch länger im Knast bleiben. Marihuana kann noch dreißig Tage nach dem Konsum im Urin nachgewiesen werden, Heroinspuren verschwinden schon nach einem Tag. Es war kein Marihuana zu kriegen, aber jede Menge Heroin. Ich freute mich auf einen dicken, fetten Joint in so etwa zwölf Jahren.

Ich stand jeden Morgen um fünf Uhr auf, machte eine

Reihe dynamischer Yogaübungen und einige Gymnastikübungen, die mir Daoud gezeigt hatte, trank einen frischen
Orangensaft, las eine Weile in religiösen Schriften, brachte
Schwarzen aus der City drei Stunden lang Schreiben bei, ließ
das Mittagessen ausfallen, spielte zwei Stunden mit Charlot Tennis, unterrichtete wieder drei Stunden, aß eine gute
Mahlzeit, spielte wieder Tennis, lief ein paar Meilen um den
Sportplatz, lernte in der juristischen Bibliothek, verbrachte
noch eine Stunde mit Yoga und Meditation und las klassi-
sche Romane, ehe ich einschlief. Jeden Tag, über Tausend
Tage lang. Charlot arbeitete auch im Department of Education, er brachte Lateinamerikanern Mathematik bei. Wir
überredeten den Leiter der Abteilung, uns Abendkurse in
Französisch und Philosophie anbieten zu lassen. Den Black
Muslims bereitete es Freude, zu hören, wie die mohamme-
danischen Philosophen Avicenna und Averroës die Weisheit
der alten Griechen bewahrten, während die Europäer noch
lange in Barbarei lebten. Die italienischen Gangster hörten
gerne, dass viele der altgriechischen Philosophen und Ma-
thematiker, zum Beispiel Pythagoras und Archimedes, heute
Italiener gewesen wären und dass die Renaissance eindeutig
von Italien ausgegangen war. Sie hatten nicht nur das Römische Reich, die katholische Kirche und die Mafia hervorge-
bracht; ohne sie sähe es auch mit der abendländischen Kultur eher düster aus.

Ich war schlank, gesund und ausgeglichen, es schien, als
wäre ich glücklich und hätte Spaß am Leben. Ich war genauso wie alle anderen dort. Die Minuten zogen sich endlos in
die Länge, aber die Jahre flogen nur so vorbei. Ich war Teil
der Institution geworden.

Das wurde mir klar, nachdem mich 1993 nacheinander
meine Eltern, meine Tochter Myfanwy und meine anderen

zwei Töchter Amber und Francesca besucht hatten. Mit einem Mal hatte ich wieder vor Augen, was mir fehlte. Nach seiner letzten Krankheit hatte mein Vater beschlossen, noch einmal den Atlantik zu überqueren, koste es, was es wolle. Siebenmal kamen er und meine Mutter mich besuchen, es war herrlich. Myfanwy wollte ihren einundzwanzigsten Geburtstag mit mir verbringen. Das tat sie auch. Es war ein eher spartanischer Geburtstag, im Besuchsraum des USP Terre Haute. Als schließlich Francesca kam, sah sie so aus, wie ich Myfanwy in Erinnerung gehabt hatte. Amber hielt ich für Judy. Fünf Tage besuchten sie mich, ich fühlte mich wie im Himmel. Ich hatte sie so lieb. Amber schrieb mir:

It was like reopening a wound,
As I sat there.
Waiting.
Knowing that any minute
I would see him again.
Him I hadn't seen for so many years.

Him who meant the world to me.
I should have been happy,
But I could feel the tears brimming.
It had been so long.
I was beginning to feel the pains again.

No one could understand why I was crying.
I was about to see him.
should be smiling.
The sorrow felt by his absence
Was creeping out from deep inside
In long-kept tears.

And then he came.
Like I'd seen him only yesterday.
That hug said nothing
Of the years I'd longed to hold him.
We sat down.
They chatted and laughed.
I was oblivious to the conversation.
I kept looking at that hand
That I hadn't felt for so long.
And marvelling at the fact that it
   was in mine.

I remember leaving him,
having to go, to say goodbye.
It was too much. I'd turned my back,
Ashamed of the tears,
Trying, trying to control my pain,
Like I'd managed all those years.

But I couldn't.
So I walked.
One last glance at the man
   I loved most in the world,
And quickly ran out.
I wanted to go back,
Hug one last time,
But the pain was too much.
Had to get out.
Control myself.
Re-bury those tears.
Hide the pain.
Forget the sorrow.

And later,
When I peered out of that aeroplane window,
And watched his world
Slip further away,
I looked down at my hand,
Where his had once been,
But now was gone,
And wondered
If I'd ever have it there again.*

Julian Peto war so freundlich gewesen, Amber und France-
sca zu mir nach Amerika zu bringen. Er ist der treueste aller
Freunde. Judy konnte nicht kommen. Entgegen vorheriger
Versicherungen untersagte ihr die US-Regierung die Einrei-

---

* Es war, als würde eine alte Wunde wieder aufgerissen, • Als ich dort saß. •
Wartete. • Und wusste, jede Minute • Würde ich ihn wiedersehen. • Ihn, den ich
so viele Jahre nicht gesehen hatte. • Ihn, der mir die Welt bedeutete. • Ich hätte
glücklich sein sollen, • Doch fühlte ich die Tränen in meinen Augen. • Es war
so lange her. • Ich begann, den Schmerz wieder zu fühlen. • Niemand verstand,
warum ich weinte. • gleich würde ich ihn sehen. Ich hätte lächeln sollen. • Die
Trauer um seine Abwesenheit Kroch tief aus dem Herzen hervor, • In Tränen,
die ich so lange zurückgehalten. • Und dann kam er. Als hätte ich ihn gestern erst
gesehen. Unsere Umarmung sagte nichts Über die Jahre, die ich ihn hatte halten
wollen. • Wir setzten uns. • Sie redeten, sie lachten. • Das Gespräch zog unbe-
merkt an mir vorüber. • Ständig sah ich auf die Hand, • Die ich so lange nicht
gesehen, • Und konnte kaum glauben, dass sie nun in der meinen lag. • Ich erinnere mich an das Ende, • Gehen müssen, Abschied nehmen. • Es war zu viel. •
Ich hatte mich abgewendet, • Schämte mich meiner Tränen, • Wollte, wollte den
Schmerz unterdrücken, • Wie ich es all die Jahre getan hatte. • Doch ich konnte es nicht. • Deshalb ging ich. • Warf einen letzten Blick zurück auf den Mann,
den ich am meisten auf der Welt liebe, • Und rannte schnell hinaus. • Ich wollte
zurückgehen, • Ihn noch einmal in den Arm nehmen, • Doch der Schmerz war
zu groß. • Ich musste raus. • Mich zusammennehmen. • Die Tränen wieder vergraben. • Den Schmerz verstecken. • Die Trauer vergessen. »Und später dann, •
Als ich aus dem Fenster des Flugzeugs schaute • Und seine Welt verschwinden
sah, • Blickte ich hinunter auf meine Hand, • Wo seine gelegen hatte • Doch nun
fort war, • Und fragte mich, • Ob ich sie dort wohl jemals wieder spüren würde.

se, weil sie verurteilt worden war – das Urteil, das sie vier Jahre zuvor angenommen hatte, um zurück zu ihren Kindern zu dürfen.

Was tat ich bloß? Ich beglückwünschte mich dazu, im schlimmsten Gefängnis der Welt relativ glücklich leben zu können, während draußen mein richtiges Leben ohne mich weiterging. Und ich akzeptierte das auch noch. Die US-Regierung verhinderte meine Verlegung nach Europa und hielt gleichzeitig meine Frau davon ab, mich zu besuchen. Das war zu viel. Diese dreckigen Schweine waren schon vorher zu weit gegangen. Ambers Gedicht und die Tatsache, dass Judy mich die nächsten zwölf Jahre nicht würde besuchen können, erweckten meinen fast völlig abgestorbenen Kampfeswillen zu neuem Leben. Ich musste hier raus.

Irgendein Bürokrat wies zwar immer wieder meine Anträge auf Verlegung in ein europäisches Gefängnis zurück, aber trotzdem kam ich zu dem Schluss, dass ich weiter in diese Richtung arbeiten musste. Mittlerweile bekam ich wöchentlich ungefähr fünfzig Briefe von meiner Familie, von Freunden, Rechtsanwälten, Journalisten, von Leuten, die mir Glück wünschten, und solchen, die von mir gelesen hatten und sich für mein Schicksal interessierten. Ich antwortete ihnen allen. Offensichtlich standen dort draußen viele Menschen hinter meinem Wunsch, in einen britischen Knast verlegt zu werden. Alle waren der Ansicht, dass sich die Amerikaner starrköpfig und unnötig gemein anstellten. Es wurden Unterschriften für meinen Verlegungsantrag gesammelt. Meine Frau und meine Kinder sammelten in den Schulen und Bars von Palma weitere Unterschriften. Meine Eltern klapperten sämtliche Haustüren in Kenfig Hill für mich ab. Der prominenteste Befürworter der Legalisierung von Marihuana in England, Danny Roche, brachte halb Liverpool dazu, die Petitionen für meine Überführung nach England zu unterschreiben. Selbst der Parlamentsabgeordnete vom Bezirk meiner Eltern, Win Griffiths von der Labour Party, engagierte sich pausenlos für meine Rückkehr. Auch der Prison Reform Trust schloss sich ihnen an, ebenso wie die Organisationen Release und Justice und die Legalize Cannabis Campaign. Ihre Bemühungen wurden alle von einer wunderbaren Person koordiniert, die ich nie kennengelernt habe, Judy Yacoub aus Lancashire. Der BBC Wales interviewte mich und strahlte eine aufrüttelnde Sendung aus. Duncan Campbell schrieb einen ebenso engagierten Artikel für den *Guardian*. In der *Wales on Sunday* erschien folgender Leitartikel:

ZEIT, DASS MARKS ZURÜCKKOMMT

HOWARD MARKS sitzt seit über zwei Jahren in einem amerikanischen Gefängnis, und es könnte sein, dass er im Jahre 2003 immer noch dort sein wird. Seine Frau, die eines Drogendelikts für schuldig befunden worden ist, darf das Land nicht betreten und kann ihn nicht besuchen.
Dreimal hat er den Antrag gestellt, den Rest seiner Haftstrafe in einem britischen Gefängnis verbüßen zu dürfen. Dreimal ist dieser Antrag abgelehnt worden.
Es geht hier nicht darum, Howard Marks von seiner Schuld freizusprechen. Aber zwölf Jahre ohne Besuch sind eine lange Zeit. Sicherlich können die Amerikaner, die so großen Wert auf Zuhause, Mom und Apple Pie legen, ein wenig Mitgefühl zeigen und seine Verlegung in ein Land genehmigen, in dem ihn seine Familie besuchen kann.

Selbst das britische Innenministerium beantragte offiziell meine Verlegung. Amerikanische Organisationen schlossen sich dem Antrag an. Prisoner Visitation and Support, ein multikonfessioneller Wohltätigkeitsverband, der mich und unzählige andere Häftlinge in amerikanischen Gefängnissen, die keinen Besuch bekamen, besucht und getröstet hatte, schrieb entschlossene Briefe an die zuständigen Regierungsbehörden. Die bei Weitem effektivste Organisation für eine Reform der Haftbedingungen in den Vereinigten Staaten, *Families Against Mandatory Minimums,* tat dasselbe. Abertausende Unterschriften stapelten sich auf dem Schreibtisch von Justizministerin Janet Reno. Noch gab es keine Antwort, doch diesmal konnten sie nicht so schnell Nein sagen.

Einige Ehemalige von Balliol hatten mittlerweile hohe Posten in der US-Regierung inne, und auch sie sprachen wieder und wieder für mich vor, wo sie nur konnten. Ich hatte nicht erwartet, dass sich Balliol so sehr für mich einsetzen würde, wie es der Fall war, als ich in Terre Haute war. Christopher Hill, der ehemalige Rektor, und John Jones, der derzeitige Dekan, schrieben mir regelmäßig, solange ich dort war. John versuchte sogar, von den Gefängnisbehörden die Erlaubnis zu bekommen, dass ich das College-Jahrbuch vor seiner Veröffentlichung Korrektur lesen durfte. Sie sagten Nein.

In den Vereinigten Staaten gibt es die *Freedom of Information Act.* Diese soll es dem Antragsteller ermöglichen, Einsicht in alle Unterlagen der Regierung über ihn zu erlangen. Es dauert ewig. Der Antrag wird von einer Stelle an die nächste weitergereicht. Er wird verlegt. Es kostet etwas. Es bringt eine riesige Menge Arbeit mit sich. Es gibt zahllose Ausnahmen, also Dokumente, die nicht eingesehen werden dürfen. Von den Dokumenten, die man schließlich erhält, werden große Teile unleserlich gemacht, unter dem Vorwand, dass die Arbeit der DEA sonst behindert werden könnte. Meistens muss man vor Gericht gehen, um irgendwas zu bekommen, was auch nur im Geringsten aussagekräftig ist. Doch wenn man hartnäckig und motiviert genug ist, erreichen einen doch nach und nach einige Dokumente, die Anstrengung lohnt sich also. Ich hatte alle möglichen Schriftstücke bekommen.

Lovato hatte folgenden Brief an Joe Meko geschrieben, einen Gefängnisdirektor auf regionaler Ebene:

BETREFF: Antrag auf Ablehnung des Transfers von Insasse Nr. 41526004, Dennis Howard MARKS, von einer Hochsicherheitsanstalt (Terre Haute, Indiana) zu einer Anstalt mittlerer Sicherheit.

Sehr geehrter Herr Meko,

in Bezugnahme auf unser Telefongespräch vom heutigen siebten Oktober 1992 beantrage ich hiermit, dass ein Transfer des Insassen Nr. 41526004 Dennis Howard Marks abgelehnt wird.

Mr MARKS ist im Besitz eines Abschlusses der University of Oxford. Er wurde vom Geheimdienst Ihrer Majestät MI5 angeworben und kurzzeitig als Agent eingesetzt. Er wurde aus dem Dienst entlassen, als bekanntwurde, dass Mr MARKS ein internationaler Drogendealer war.

Als Leiter der Ermittlungen unter dem Codenamen (Eclectic) arbeitete ich mit den Polizeien von elf Ländern zusammen, um die Organisation von Mr MARKS zu entlarven. Mr MARKS' Organisation umspannte die ganze Welt und hatte Niederlassungen in Pakistan, Hongkong, Manila, Australien, Kanada, den Vereinigten Staaten, England, Spanien und den Niederlanden. Während dem Hauptjahr der Ermittlungen ließ Mr MARKS fünf verschiedene Ladungen Cannabis nach Europa, in die Vereinigten Staaten und nach Australien transportieren. Aus einer einzigen dieser Ladungen konnte Mr MARKS einen Profit von drei Millionen Dollar ziehen (zehn Tonnen nach Los Angeles, CA).

Das Vermögen von Mr MARKS konnte nie gefunden werden. Meiner Überzeugung nach ist Mr MARKS im Besitz von mehreren Millionen Dollar, über die er verfügen können wird, wenn ihm die Flucht gelingen sollte. Ich denke, dass Mr MARKS der Mut fehlt, einen Ausbruch zu wagen. Er wird aber versuchen, seinen überragenden Intellekt dazu zu verwenden, das ›System‹ dazu zu bringen, ihm die Pforten von alleine zu öffnen. Ein erster Schritt dazu wäre die Verlegung in ein Gefängnis mit weniger strikten Sicherheitsmaßnahmen als das, in dem er sich zurzeit befindet.

Mr MARKS schmuggelte bekanntermaßen seit 1970 Drogen. Ebenso lange war es ihm immer wieder gelungen, der Justiz auszuweichen oder ihr zu entwischen. Circa 1973 war er in England aufgrund einer Klage, die von den Vereinigten Staaten ausging, verhaftet worden. Mr MARKS wurde auf Kaution entlassen, floh und lebte (7) sieben Jahre als Flüchtling. Im Laufe unserer Ermittlungen floh Mr MARKS zweimal aus Spanien, wenn er ahnte, dass er verhaftet werden sollte. Als er 1988 in Spanien festgenommen wurde, kämpfte er ein Jahr lang gegen seine Auslieferung an die Vereinigten Staaten, bevor die Gerichte entschieden, ihn auszuliefern. Es ist bekannt, dass Mr MARKS diverse falsche Papiere und Identitäten verwendete. Mr MARKS hat Familie in England. Mr MARKS hat absolut keinen Grund, die nächsten fünfundzwanzig Jahre im Gefängnis zu verbringen, wenn sich ihm irgendwo die Gelegenheit bietet, abzuhauen.

Mein Antrag soll verhindern, dass ihm eine solche Möglichkeit geboten wird. Diverse Polizeien und Justizbehörden sowohl in diesem Land als auch im Ausland wären bereit, im Bedarfsfalle ebensolche Briefe zu schreiben wie diesen.

Deshalb also befand ich mich im härtesten Gefängnis der Vereinigten Staaten.

Der Regierungsbehörde gegenüber, die entscheiden musste, ob oder nicht ich nach England verlegt wurde, hatte die DEA ihre Überredungstaktiken nicht versucht. Sie hatte einfach gelogen: ›Bestandteil der Absprache, die der Assistant United States Attorney vor Gericht erklärt hat, war es, dass Mr MARKS mindestens zwölf Jahre seiner Strafe in einer amerikanischen Anstalt ableisten wird, bevor ein Transfer in Betracht gezogen wird.‹ Das erklärte natürlich, warum ich nicht, wie es der Richter empfohlen hatte, nach England überführt wurde.

Dem Direktor von Terre Haute schrieb die DEA:

Bitte nehmen Sie die beigefügten Informationen zu einem Ihrer Insassen zur Kenntnis, einem Dennis Howard Marks. Sollte MARKS weitere Anträge auf Bewährung oder seinen Transfer nach seinem Heimatland England stellen oder anderweitig die Umstände seiner Haft zu verändern suchen, so kontaktieren Sie bitte: Group Supervisor Craig Lovato.

Mir hingegen schrieb der Group Supervisor Craig Lovato von der DEA:

Howard,
ich hoffe, es verärgert Sie nicht, dass ich Ihnen schreibe. Falls doch, so lassen Sie es mich bitte wissen, und ich wer-

de es nicht wieder tun. Ich habe den Eindruck, dass Pauls Buch unsere Beziehung in gewissem Maße persönlicher gemacht hat. Seitdem erwische ich mich gelegentlich dabei, dass ich mich frage, wie es Ihnen wohl geht.

Genaugenommen haben mich zwei Dinge bewegt, diesen Brief zu schreiben. Zum einen hat mich Terry Burke angerufen und mir gesagt, dass Sie erneut Ihre Verlegung nach England beantragt hätten; die andere Sache war ein Artikel in der *Arizona Republik* über die Hinrichtung von zu Mördern gewordenen Drogenbaronen. Nein, ich weiß, unter diese Kategorie fallen Sie nicht, aber der Ort, an dem diese Hinrichtungen stattfinden sollen, ist Terre Haute! Ich nehme an, Sie wussten das bereits, aber für mich kam es überraschend. Es ist recht schwierig, Ihnen zu schreiben, ohne herablassend zu wirken. Ich vertraue darauf, dass Sie wissen, dass das nicht in meiner Absicht liegt. Es ist so, dass mich Ihre Ansichten und Überzeugungen als Häftling interessieren. Da Sie sich schuldig bekannt haben, erlaube ich mir, wenn Sie einverstanden sind, mit Ihnen über Dinge zu sprechen, die uns beide betreffen. Nicht wie mit Ernie, der sich nach wie vor nur stiller Verzweiflung hingibt. Mit Sicherheit widersprechen Ihre Ansichten als Ausländer gelegentlich denen des Durchschnittsbürgers. Wenn Sie Interesse daran haben, dass wir diesen Kontakt fortsetzen, schreiben Sie mir einige Zeilen, und ich werde antworten.

Craig.

Nicht nur, dass sich Lovato dafür einsetzte, dass ich weitere zwölf Jahre in dieser Hölle von Gefängnis verbringen musste, er zog mich auch noch mit Geschichten über Drogenhändler auf, die vor meinem Fenster hingerichtet werden sollten, bedeutete mir, dass er wusste, dass ich versuchte, nach England zu kommen, und wollte irgendein perfides Katz-und-Maus-Spiel mit mir spielen und so tun, als wären wir Brieffreunde. Ich hatte keine Beweise dafür, dass er selber die Einreisebehörden überredet hatte, Judy zu verbieten, mich besuchen zu kommen. Aber ich hatte auch keine Beweise, dass es nicht so war. Ich war überzeugt, er hatte es getan.

Nachdem ich in Miami verurteilt worden war, hatte Bronis eine *Motion to Reduce Sentence* eingereicht, einen Antrag auf Strafminderung. Dies wird immer getan, um dem Richter die Möglichkeit zu geben, sein Urteil noch einmal zu überdenken. Der Antrag muss innerhalb von einhundertzwanzig Tagen nach dem Urteilsspruch eingereicht werden. Der Richter kann sich mit der Bearbeitung so viel Zeit lassen, wie er möchte. Richter Paine hatte meinen nun schon seit vier Jahren. Vor der Entscheidung kann auch noch weiteres Material eingereicht werden, das einen Einfluss haben könnte, und wir hatten dem Richter diverse Briefe zukommen lassen, in denen sich Leute über die psychologischen Auswirkungen meiner Gefangenschaft auf meine Kinder Gedanken machten, und über die unfaire Behandlung, die ich erfahren musste. Bronis brachte es fertig, den Richter zu einer öffentlichen Verhandlung zu überreden, in der unter anderem die bösartige, sadistische und verlogene Einflussnahme der DEA auf meine Inhaftierung besprochen werden sollte. Der Antrag begründete sich darauf, dass die Strafe sich als härter herausstellte, als der Richter beabsichtigt hatte.

Zum ersten Mal seit vier Jahren verließ ich das USP Terre Haute. In Ketten und Fußfesseln wurde ich zum Miami MCC geflogen, mit einem einwöchigen Zwischenstopp in El Reno, Oklahoma. In Miami wurde ich wegen Fluchtgefahr wieder ins Loch gesteckt. Die Verhandlung fand in West Palm

Beach statt. Lovato war extra hergeflogen, um sicherzugehen, dass der Richter mitbekam, was er wollte. Wie immer
war Julian Peto da, um für mich zu sprechen. Lovato kam
nach vorne. Er hinkte wegen einer offenbar schmerzhaften
Knieverletzung. Er tat mir leid. War ich denn völlig verrückt
geworden? Lovato sagte aus. Bronis nahm ihn auseinander.
Dann sagte Lovato, es könne gar nicht sein, dass Judy und
die Kinder Geldsorgen hätten, schließlich war ihm erst vor
wenigen Wochen mitgeteilt worden, dass es sich Judy noch
immer leisten konnte, ihre Rolex zu tragen. Ich hatte sie ihr
1982 zu unserem zweiten Hochzeitstag geschenkt, vor zwölf
Jahren. Ich wusste, da war der Richter auf meiner Seite. Aber
Richter Paine entschied nicht sofort. Er sagte, er würde uns
sein Urteil zukommen lassen. Ich wurde in einem Bezirksgefängnis in West Palm Beach untergebracht, wo ich fünf
Wochen lang der einzige Weiße in einem Zellenblock voller
rappender, hip-hoppender Schwarzer war. Ich fühlte mich
wie zu Hause. Dann wieder eine Woche im Loch im Miami
MCC, wegen zu großer Fluchtgefahr. Weiter nach El Reno.
Und zurück nach Terre Haute. Mein Freund Charlot Fiocconi war in ein anderes USP verlegt worden. Er würde mir
sehr fehlen. Erst einen Monat später wurden mir die drei
Entscheidungen von Richter Paine mitgeteilt: Meine Strafe war um fünf Jahre verringert worden, zwanzig statt fünfundzwanzig Jahre; es wurde über meine sofortige Verlegung
nach England nachgedacht; und ich sollte in einen gewöhnlichen Knast kommen, kein USP mehr. Es schien kein großer Sieg. Ich hatte nur ein paar Jahre weniger, aber immerhin
sah es so aus, als würde ich die Vereinigten Staaten vielleicht
bald verlassen können.

Die verringerte Haftzeit bedeutete außerdem, dass ich
nunmehr in ein paar Monaten schon Bewährung beantragen

konnte. Es gab keinen Grund zu der Annahme, dass sich irgendwas daran geändert haben sollte, dass große Dopedealer niemals Bewährung bekamen, aber ich versuchte es trotzdem, stellte meinen Antrag und erschien am einunddreißigsten Januar 1995 im Besprechungszimmer des Gefängnisses, um meinen Fall vorzubringen. Webster kam mit mir und sagte dem Bewährungsprüfer, dass ich der beste Lehrer war, den er je gehabt hatte, und dass ich mit Sicherheit nicht wieder auf die schiefe Bahn geraten würde. Ich hatte erwartet, Lovato anzutreffen, aber er war nicht dort. Ich machte mich auf die übliche Litanei gefasst, wie berühmt, international, gangstermäßig organisiert und an Terrorismus grenzend mein böses Dope-Imperium doch gewesen sei. Doch stattdessen meinte der Bewährungsprüfer: »Bitte erzählen Sie Ihrer Familie noch nichts davon, Mr Marks, aber ich werde den United States Regional Parole Commissioners empfehlen, Sie am fünfundzwanzigsten März auf Bewährung freizulassen. Von deren Entscheidung, die Sie in etwa drei Wochen erwarten können, hängt alles ab. Die Sitzung ist beendet.«

Alle Emotionen, die ich je in meinem Leben gefühlt hatte, kamen auf einen Schlag in mich zurückgeströmt. Ich hatte so früh wie nur möglich Bewährung bekommen. Das hatte es noch nie gegeben. In zwei Monaten wäre ich zu Hause. Entgegen dem Rat des Bewährungsprüfers erzählte ich es meiner Frau, meinen Kindern, meinen Eltern und meiner Schwester. Alle weinten sie vor Freude. Ich weinte auch.

Ich nehme an, auch Lovato wird geweint haben. Ich weiß immer noch nicht genau, was eigentlich passiert ist, aber ich könnte mir zwei Möglichkeiten vorstellen. Entweder hat sich Richter Paine mit einem der Mitglieder der Bewährungskommission in Verbindung gesetzt und ein sehr gutes Wort für mich eingelegt, oder die USP-Behörden hatten (vorsätzlich oder aus Inkompetenz) versäumt, den Anweisungen der DEA entsprechend Lovato Bescheid zu sagen, so dass er keine offiziellen Einwände mehr erheben konnte. Nichts fürchtete ich so sehr, wie dass Lovato es herausfinden und doch noch alles kaputtmachen könnte, aber am Valentinstag erhielt ich die heißersehnte Bestätigung. Ich würde auf Bewährung entlassen werden. So bald wie möglich nach meinem Entlassungstermin würde ich nach England abgeschoben werden. Ich würde mich nicht einmal an meine Bewährungsauflagen halten müssen, da es keine rechtlichen Instanzen gab, um sie durchzusetzen, aber wenn sie wollten, dass ich jeden Tag in eine Flasche pisste und diese an die nächste US-Botschaft schickte, würde ich das gerne tun.

Niemand wird aus Terre Haute in die Freiheit entlassen. Man geht zu Gerichtsverhandlungen oder wird in weniger strenge Anstalten verlegt; der Weg zu den Gefängnistoren ist weit. Es machte mich traurig und belastete mich, die Jungs zu verlassen. Die meisten von ihnen würden die Außenwelt nie wiedersehen.

»Ich bitte dich nur um eins, Howard«, sagte Big Jim Nolan. »Schick mir ein paar von diesen europäischen Zeitschriften, wo nackte Miezen miteinander kämpfen. Dann kann ich schon vor dem Frühstück zweimal abspritzen. Weißt du, die Outlaws gibt es jetzt auch in England. Grüß sie von mir. Eines Tages werd ich mal vorbeischaun.«

»Wenn wir jemals irgendwas für dich tun können, Howard, dann sag Bescheid«, sagte Victor ›Vic the Boss‹ Amuso.

»Wenn du nach Hause kommst, Howard, wird auch ein Teil von uns frei sein«, sagte Bear der Outlaw. »Gott segne dich.«

»Nimm diesen Stein, Howard«, meinte Daoud, der Ex-Black-Panther-Rastafari. »Es ist ein heiliger indianischer Stein. Wenn sie dich durchsuchen, wird er unsichtbar. Niemand wird ihn finden. So wird ein Teil von uns immer bei dir sein.«

Macht's gut, Jungs. Viel von euch wird immer in mir sein, nicht nur bei mir. Ich werde euch nie vergessen, euren Mut, eure Trauer, eure Freundlichkeit, euer Leiden, eure Familien, eure Geduld, eure Stärke, eure Güte. Ich liebe euch.

Und so verließ ich das United States Penitentiary, Terre Haute, noch immer in ausbruchsichere Ketten gewickelt, und begann die siebenwöchige Odyssee, die damit endete, dass ich in einem Flugzeug der Continental Airlines saß, das über Surrey rapide an Höhe verlor. In Gatwick blickten die Einreisebeamten nur zwei Sekunden auf meinen Behelfsausweis und winkten mich durch. Mit diesem Stück Papier, der Insassenkontokarte aus Plastik vom USP Terre Haute und dem Buch *Hunting Marco Polo* konnte ich die Postbeamten am Flughafen überreden, mir einen britischen Besucherausweis für drei Wochen auszustellen. Ich wechselte meine US-Dollar in Pfund und rief meine gesamte Familie an. Ich kaufte ein Ticket nach Mallorca. Am Flughafen von Palma sah ich einen hübschen achtjährigen Jungen. Vor sieben Jahren war er für achtzehn Monate stumm geworden, als seine Mutter weinend in einer Zelle des Bezirksgefängnisses von Florida lag. Dann hatte er sein Schicksal und seinen Körper dem Wind anvertraut, nicht wissend, was und wer er war, und hatte seine Knochen zerschmettert. Seine blauen Augen leuchteten; seine Seele lachte. Er rannte mir entgegen.

»Hi, Dad!«

Danksagung

Den folgenden Personen möchte
ich für ihre Hilfe, Unterstützung
und für wertvolle Hinweise danken:

Ann Blain, David Godwin,
Bee Grice, Judy Marks, Francesca
Marks, Geoffrey Mulligan,
Mick Tyson und Helen Wild